上

海派收藏名家

《上海文史资料选辑》

总第一七六辑

政协上海市委员会文史资料委员会
上海联文艺术咨询有限公司
编著

上海教育出版社
SHANGHAI EDUCATIONAL PUBLISHING HOUSE

《海派收藏名家》参与人员

撰稿人

祝君波　沈路平　吴元京　陆承平　徐旭峰　孙　翼　王悦阳　陈　雷　王叔重
陈含素　钱道明　王时驷　胡韶光　徐怀玉　俞子林　郑　重　马成名　沈毓琪
赵宝培　陆　忠　劳继雄　李建忠　赵文龙　杨治堃　朱明岐　林一平　王　卫
屠　杰　邢伟英　吴少华

口述者

钱道明　陆芳耕　王时驷　汪　统　翁万戈　陈佩秋　张宗宪　蔡一鸣　刘　冰
张浦生　阮仪三　唐无忌　王良福　郑　重　陈佩芬　陈德曦　王　度　马成名
韩天衡　余榴梁　徐伟达　童衍方　许四海　陆　忠　劳继雄　黄蕙英　陈鹏举
曹海英　戴小京　赵月汀　钱伟鹏　洪　涛　张荣德　董荣亭　秦同千　王　薇
陆牧滔　郑　好　孙　翼

整理者

周　隽　夏春青　夏文萍　韦　蔚　胡韶光　康　路　王默之　刘千瑜　陈启伟
刘德媛　徐　杰　倪淑颖　刁明芳　林美姿　李伟麟　郑中荣　陈诗悦　陈志强
朱晓东　丁　峰　石建邦　张　苹　薛晓雁　刘　宏　沈　婧　刘天天　马欣乐
张　昱　滕　健　谢皓军　吴　欢　薛　晔　郭晓娜

出版说明

收藏，从广义上讲是对人类文明发展阶段富有意义的物证留存和保管。而人们平时所讲的收藏，可能更多地侧重于那些凝聚人类文化和精神创作的文物、艺术品，因为其所承载的意蕴要超出一般物证所能涵盖的范畴。

文物、艺术品收藏活动在我国具有悠远绵长的历史。收藏者不仅将文物、艺术品作为人类文明进步的物证，更是将之作为自己文化和艺术创作的镜鉴，作为自身文化艺术修养提升的媒介，汲古濯新，创造新的文明。真正的收藏，必定折射收藏者的情趣、品位和修养，对于收藏者来说，收藏过程就是陶冶自身情操、提升自身修养的过程。如何穿透时空的烟云，寻觅能够提升自我的收藏品，成为文物、艺术品收藏人士的共同追求。

在近现代历史上，上海是我国文物、艺术品收藏的“半壁江山”，拥有众多的收藏家，他们为我国文化的保存、传扬和发展，做了大量的工作。改革开放承续了这一历史传统，上海收藏以及相伴相随的收藏市场，再度风生水起，成为文化事业和文化产业的重要组成部分。而收藏家、收藏者和收藏机构，无疑是整个收藏事业的主体。为此，记录收藏界人士的史料，则是一项很重要和很有价值的工作。

秉承文史资料“存史、资政、团结、育人”的工作要求，上海市政协近年来一直努力征集各界代表性人物亲历、亲见、亲闻并有价值的史料，抢救即将湮没的一手素材，以供当代和后人进一步研究历史、传承文明所用。在多年来收集、整理与上海有关的收藏家采访资料和藏家后人回忆文章的基础上，近年上海市政协文史委又进一步扩大征集，补充了改革开放时期上海的收藏史料，尤其收录了一些新一代收藏界人士的回忆，使本书终成完璧。

经各方努力，本书上、下两册收录文章近60万字，涉及收藏、保存、鉴定、经营、拍卖、展览、出版等内容，大多是第一手资料。涉及传主50余位，本书收录的史料记载了传主倾力收藏文物，以及由此生发的研究、创作、交往、交易等相关的往事，给我们留下了宝贵的资料。文中涉及的收藏理念、鉴识技能、聚散心得，无不折射出收藏家文化和精神层面的修养及其心路历程，相信对于后来者具有积极的启迪作用。

上册收录的是自十年前开始的对一些年事已高的收藏家所作的抢救性访谈的记录，也可视作一种“口述历史”。访谈录通过采访当事人或与当事人有密切关联的知情人，留下了难得的文字记录。该项工作始于2008年祝君波先生筹办的首届世界华人收藏家大会，目的是为了保存日益流失的收藏史料。值得庆幸的是因为抢救及时，并持续进行至近年，一些知名藏家如汪统先生、王度先生、陈佩芬女士、陈德熙先生等人虽已离世，但留下弥足珍贵的收藏、鉴识经验。

本书下册主要收录回忆性文章，既有著名收藏家后人回忆先辈收藏经历的文章，也有当代收藏家以及文物艺术品经营、拍卖机构亲历者对于所从事工作的描述；另有附录四篇，其中三篇记录了世界华人收藏家大会、上海市收藏协会、上海市收藏鉴赏家协会台前幕后的往事，一篇为上海地区私人美术馆、博物馆汇编。

我们在编写此书时十分慎重，编入本书的收藏家特别是老一辈收藏家，都是在上海乃至全国具有重要影响的大家。同时收入汇编的还有记录上海地区一些重要的文物、艺术品经营和拍卖机构的文章。从个体到机构，希望能给读者相对全面的了解。

由于文章组稿到成书的时间跨度比较长，加上采访人员各有风格，我们认为，保留当时的口述状况，是最好的选择。同时，由于各种原因，本书还有一些遗憾，我们将在今后文史资料征集中加以补充。

在成书过程中，得到了原世界华人收藏家大会秘书处沈婧同志以及出版界杨治堃、张建一等同志的大力支持，在此一并表示感谢！

目录

《海派收藏名家》代序

上海收藏概说

收藏始于人类的本性和需要。秋收冬藏，从储藏食物起，超量的东西要保管、要收藏是很自然的。文化、思想、艺术凝聚在载体中，于是收藏这些载体如石刻、青铜器、书画、雕塑、手稿、文献等器物，就是自然的行为。中华民族具有悠久的收藏历史。孔子说，“吾好古而敏求”，现在全球最顶尖的华人收藏团体香港敏求精舍，就是以此命名的。传说中老子是中国最早的图书馆馆长和文物馆馆长，但他收藏了什么东西，已无从考证。

我国的收藏起于中原一带，由历代帝王的宫廷收藏和文人收藏形成两大系统，影响至今。宫廷收藏是一种政府的收藏，延续到今天中央和省、市三级庞大的收藏机构。文人收藏以古代官、商、士为主体，曾起过很大的作用，几起几落，经过改革开放，又呈现恢复和发展的势头。

古代的皇帝很有实力又极为强势，他们向天下征集宝物的能力很强。普天之下，莫非王土。所以，人间的宝物也自然归他所有。梁元帝时代、隋文帝时代、唐太宗时代、宋徽宗时代以及康雍乾三代，内府的藏品极为丰富。当然，遭遇战火和自然灾害也多，集中在一起的破坏也极为巨大。

历史在明代出了一个拐点。日理万机的皇帝不再亲自掌管内府收藏，而把这部分权力下放给太监。发不出工资的时候，将书画、文物“折俸”给官员，导致藏品大量流向民间。在明代出现了另一道收藏风景线，私家收藏兴旺了起来，浙江的董其昌、苏州的文徵明都是当时的代表。

现在有一种风气，研究上海的历史、讲上海的故事，似乎越古越好，已推到了6000年前。而上海城市的发展以及价值，在国际国内的影响，对国内的示范意义，并不在远而在近。把近现代上海的故事讲好了，情况讲清了，就是把上海的主要价值挖掘出来了。

讲上海的收藏也是如此。就空间来说，松江、嘉定、奉贤、金山、青浦、南汇、宝山、崇明等十区县是五十年代末、六十年代初分两次划拨给上海的；就时间来说，明以前或者近代以前上海的收藏，与其他地区相比，一点也不典型；就文物的创作、保存、流转和收藏而言，都产生不了全国性、甚至区域性的影响。

本概说集中于晚清民国、中华人民共和国成立以后和改革开放以来三个时期。这是三段互有联系但各有明显差异的时期，对研究全国收藏史有启示意义。历史上所谓上海占中国收藏的“半壁江山”，主要指晚清民国这个阶段，此时的上海藏品丰富，藏家云集，交易市场形成，与北京各有特色，形成南北交相辉映之势。

一、晚清民国时期(约1911年—1948年，共38年)

上海的收藏与北京不同，二者发展出中国收藏业不同的两种模式。北京以明清宫廷收藏以及皇亲国戚、达官贵人收藏为主，形成在皇家琉璃厂旧址基础上发展起来的古玩字画业。上海的收藏以江南文人收藏为基础，即官、商、士为主体，起步比北京晚，但势头比较猛，也成了“半壁江山”。清末民初，一方面国力渐衰，另一方面上海由农耕文明转向近代文明，大都市开始发端，外来资本、民族资本云集上海，接纳世界先进的工业、制造业，又引进现代建筑、交通、生活方式和文化教育，成为全国一等的大都市，生活极为安全和便捷。大部分封建遗老、达官贵人移居上海，加上在此地生活的洋人日多，大家有了收藏和交易的需求，形成了市场。

笔者在世界华人收藏家大会工作时，曾编辑出版了《中国收藏家名录》(近现代)一书，收入有成就的收藏家300余人。其中上海105人，北京80人。上海加江浙两省合计139人，比例之高，实属罕见。郑重写作《海上收藏世家》，与上海有关的收藏家43人，收藏行为大多发迹和兴盛于民国。这些藏家比较有名的有沈曾植、盛宣怀、曾熙、庞元济、黄宾虹、张元济、李瑞清、狄平子、丁福保、赵叔儒、沈钧儒、张静江、周湘云、丁辅之、吴启周、卢芹斋、叶恭绰、徐森玉、鲁迅、钱化佛、马叙伦、袁克文、吴湖帆、郑午昌、陈定山、孙伯渊、张大千、章乃器、方介堪、张鲁庵、刘靖基、顾廷龙、张文魁、许汉卿、傅雷、胡惠春、徐邦达、谭敬、戚叔玉、张衡、马宝祥、王季迁、潘达于、钱君匋、钱镜塘等，对中国文化、艺术事业影响极大。其中有一些人后来移居北京、海外，对当地中华文化的传播也起了重大影响，如马衡、张葱玉、徐邦达对于北京的影响，王季迁、张文魁对于北美书画的鉴藏，张大千、陈定山、徐伯郊对于港台地区收藏事业，都是功莫大焉的。而他们的收藏基础都是在上海确立起来的。这一族群，可以分成官、商、士三种人。官僚，如盛宣怀、张静江、袁克文、叶恭绰，但占的比重不大。商人包括实业家是一大特色，如周湘云、刘靖基、庞元济等。数量最多的“士”，即文人阶层，占的比重最大。书画家和教授很多。比如吴湖帆、张大千、钱君匋、戚叔玉、施蛰存等。用现在的职业收入情况来考量可能难以理解，而在民国时期，名画家和名教授有丰厚的收入，一个名教授月俸几百大洋，一个码头工人月薪 6 至 10 元大洋，当时艺术品价格低廉，文人成为收藏家，既有经济能力，又有鉴赏条件，还有去借鉴藏品的使用价值。这是可以理解的。

这一时期的收藏家对保护中华文物、促进后来的国有博物馆建设贡献最大。当时，随着皇帝的下台，宫廷的收藏有部分流入民间，连年军阀混战，原先收藏者的文物也处于危险之中，海派收藏家大批收藏，加以保护，避免了中华文化的损失和宝物流失，其中潘家、徐悲鸿、张大千、吴湖帆等的重大贡献，都有历史记载。1900 年—1949 年是乱世，内忧外患，战争不断，当时中国现代的博物馆体系尚未建立起来，所以这一代收藏家代替机构保存文物，有巨大的贡献，非言语所能表达。

有收藏家和收藏需求，就有物品、物流和商流，上海成为古玩市场中心，就是水到渠成的事了。光绪二年(1876 年)《沪游杂记》云：“古玩铺，兵灾后搜罗甚富。”说明古玩市场已有出现。最早的经营者是站在街头巷尾的收购者，后来他们进入了茶馆谈生意。经营者坐在茶馆泡壶茶待客，专注于从茶客中收购古玉、字画、唐三彩、牙雕竹刻、瓷器名壶。收到东西，运气好时在同一店里又加价数倍转卖给另一位茶客。

这种茶馆古玩市场，在上海最有名的两处，一是城隍庙的“四美轩”，还有五马路(现广东路)的怡园，古董客最喜欢在这里泡茶、见客、看古董。还有二马路(现九江路)清池浴室隔壁的文明雅集茶馆也富有特色，泡浴、饮茶连在一起，茶馆老板就是任伯年的入室弟子俞达夫。他们开茶馆以画会友，来者多为文人墨客、丹青名家，所以古玩、字画交易在这里兴盛起来。

独立的古董街兴盛于广东路，因为茶馆古玩模式已无法满足需要，古玩地摊就出现了，最多时街两边近河南路口有古玩地摊一百多处。

1911 年辛亥革命以后，北方的皇亲国戚、遗老遗少大批南下上海，同时紫禁城的大批官窑古瓷、御画、奇珍异宝也流落沪上。1921 年，古董大亨王汉良集股筹资在广东路江西路路口大兴土木，不久中国古玩商场建成对外营业。由于位置奇佳，军阀官宦、商贾豪绅、公子哥儿络绎不绝，很快店铺面积嫌小了。1934 年，古玩商又在老古玩商场对面新开了七开间门面的古玩店。

与此同时，书画店、碑帖古书店也在今黄浦区的范围内大量涌现。据收藏界前辈耿宝昌先生亲口告诉我，他的店开在昭通路（近福州路）这条小马路上。张宗宪先生也说，张家的店也在昭通路上，客人很多，小时候在这条街上进进出出，风光无限。书画店有成立于 1900 年的朵云轩，还有上海荣宝斋、九福堂、九华堂、清秘阁、王星记、艺苑真赏社等，大多设在福州路、河南路。据朵云轩前辈王壮弘先生告知，当年长乐路、巨鹿路交叉处的三角花园，是上海有名的古书、碑帖交易地，他在这里设过摊。

除了有形的店铺交易，还有无形的生意。一些大客、要客，大多直接通过古董商、经纪人在家中或办公室交易，有人直接送去货源。

还有一条门路，就是与洋人的交易，除了来沪洋人喜欢逛古董店购买以外，古董珍玩大多直接出口欧美和日本。最有名的卢芹斋、吴启周开办的卢吴古董公司，将大批最珍贵的文物如昭陵八骏、秦鎏金龙头、唐韩愈《夜照白图》、西周提梁卣等卖往欧美，从现在的评级来看，很多都是博物馆级的。日本人开的山中商社，也兼营文物生意，卖往日本的文物不少。

只是，当时全年的交易额尚没有一个具体的统计数据。

作为市场的组成部分还要提到海上画派的出现和油画在上海的引进。尤其是前者，对上海以及全国，都有广泛的影响。

收藏品准确地说可以分成两大主题，一是文物、古董、珠宝，二是艺术品或者美术品。

中国的美术品主体是书画，一般又把古代书画纳入文物，现当代书画纳入美术品。国际上也大致如此分类。

上海的文物，主要来自周边地区。书画，本地有海上画派。曾有书列出老海派代表人物 60 人，这是一股很大的创作力量，以张大千一生几万张作品来估算，60 名家加上准名家，是强大的供货能力了。

海上画派最早有赵之谦、任伯年、虚谷等开创者，后有无数大家，包括吴昌硕、张大千、徐悲鸿、吴湖帆、冯超然、弘一法师、丰子恺，都是在 20 世纪中国画坛有影响的人物。

而以西画论，上海无疑是引进西方绘画的大本营，出了一大批留学欧美归国的艺术家。如刘海粟、徐悲鸿、林风眠、颜文樑、吴大羽、张充仁等，对美术教育、美术创作和艺术收藏起了积极的推动作用。

二、新中国时期（1949 年—1978 年，约 30 年）

1949 年共产党领导无产阶级革命，掌握了政权，实践共产主义理想，其政治、经济、社会和文化四个方面，都与民国时期大相径庭。政治的背景是为无产阶级、为工农兵大众服务；经济的制度是在消灭私有制的前提下，实行计划经济的模式；文化实行垂直领导，分成中央和省市两级，文化的价值取向是实现社会主义新文化。简单地概括是"兴无灭资"，倡导无产阶级文化，消灭资产阶级以及一切剥削阶级的文化。与新闻、出版、教育这些核心层文化相比，收藏本来处于怡情玩赏的边缘范围，但由于与美术创作所倡导的红色取向，与产权的国有化运动有联系，也发生了很大的变化。这个变化细分一下，又可以划成 1949 年—1965 年和 1966 年—1978 年两个大的阶段。但两个大的阶段其内容、形式大体相似，在程度上则有很大区别。特点如下：

（一）确立以国有博物馆为主体的收藏思路

国家投资建立上海博物馆、上海美术馆、自然博物馆、上海图书馆等机构，重视国有收藏。将这些机构建成收藏、研究、展览的中心，实施对国民的爱国主义教育和知识文化的传播，起到了很大的积极作用。其中尤以上海博物馆、上海图书馆的收藏成就最为显著。上海博物馆大部分的藏品在这一时期征集，总体达 100 余万件，其中精品达 12 万件，多来自于向社会征集和收藏家的捐赠。在此基础上，形成了古代书画、陶瓷、青铜器、碑刻、玺印、玉器等十几个中国传统艺术的收藏门类，为后续发展打好了基础。如王羲之《上虞帖》、王献之《鸭头丸帖》、西周大克鼎、西周晋候苏钟 16 枚、春秋子仲姜盘、战国商鞅方升、唐代孙位《高逸图》、怀素《苦笋帖》等珍品，都是这一时期征集的代表作。

上海图书馆在这一时期通过合营私营图书馆建立基础，继续通过征集藏品和接纳捐赠，也建立了自己庞大丰富的体系，其中尤以古籍善本、珍稀碑帖、手稿、稀见印刷品最具价值。2018 年 11 月，上海图书馆举办"缥湘流彩——中国古代书籍装潢艺术馆藏精品文献展"，展出明清特别是近现代著名收藏家项元汴、黄丕烈、龚心钊、吴湖帆等私家装帧的珍贵典籍 100 件，其中 38 件为一级藏品，24 件为二级藏品，堪称上海图书馆"镇馆之宝"。这只是冰山一角，已可窥见上海图书馆家底的殷实。

（二）确立以国有文物商店为核心的经营体制

中华人民共和国成立初期，私人经营文物艺术品尚被允许。但由于政治、经济环境的变化，也由于有的不法古董商的走私经营，政府加以限制，经营规模逐渐压缩。经过 1956 年的社会主义改造，广东路的古玩市场改名为上海文物商店，上海的书画店统一合并起来至朵云轩（1960 年挂牌），古书、碑帖经营统一归到上海图书公司即上海古籍书店，同时批准上海工艺美术品公司、友谊商店也有文物经营权。1960 年国务院发文，全上海的文物经营机构统一归文化部门而非商业部门领导，在上海如朵云轩和古籍书店归市新闻出版局主管。

根据中央的规定，此时已取消民间文物交易市场及私人交易。上述国有文物商店担任着三项任务：一是征集最优质文物划拨国家博物馆或低价转让给博物馆。二是根据周恩来总理"少出高汇、细水长流"的文物外销政策，授权文物商店统一组织文物外销，包括举办展览，为国家创收外汇。出口文物由上海市文管会审鉴并加盖允许出口的鉴定火漆印，由文物商店出具文物出境发票。三是在店中设内柜，面向来华外宾、领导干部、高级知识分子（主要是艺术家）提供服务。

上述机构在三年困难时期、"文革"时期及"文革"结束后发还抄家物资时期，都发挥了征集、转销作用，以低价大量收购文物、字画，一方面保护了国家文物，另一方面提供给以上三个渠道出货。也有一些机构主要是朵云轩和文物商店，则有意识地建立自己的本部收藏，以期传承后人研究和学习。

1986年国家古书画鉴定组巡访上海时，发现上海地区国营机构包括文物商店、朵云轩有丰富的收藏也颇为惊讶。足见这一时期收藏力度之大。

（三）收藏家队伍的变化

上述所言民国时期上海有大收藏家一二百人，还有相当数量的准收藏家。除藏家以外，还有一大批艺术品和文物经营的行家，加上周边地区的收藏家也以上海为进出货的码头，构成了整个市场的需求。

50年代倡导社会主义新文化后，收藏已被视为玩物丧志的颓废行业，加上国有单位的统一经营和逐步限制、直至禁止民间交易政策的发布，老一代的收藏家一种情况是出于爱国主义思想，将文物捐给上海博物馆等机构；二是有经济困难文物变现家用的需要，低价转让给国家文物收藏机构；三是还维持一定量的收藏，私下在家里、朋友圈内赏玩、交流。但总体上此时的收藏群体人数和藏品数量大为减少。

新中国时期最值得一说的是“红色收藏家”的出现。“红色收藏家”指的是革命干部群体。他们戎马一生，经历了战争考验，进城以后有了和平建设的环境，其中一部分又有文化素养和收藏爱好的，则用自己的薪水开始了收藏。在北京有邓拓、田家英、孙大光等人。在上海有谷牧、王一平、李研吾、曹漫之、白书章、罗竹风等人。五六十年代，新旧书画无交易市场，价格低廉，乏人问津，他们抓住机遇，都形成了自己不错的收藏。其中以王一平先生的收藏成就最高，历经改革开放，他有一些博物馆级的精品包括林良、文徵明、华嵒的书画，在晚年大多捐给上海博物馆，值得嘉许。

这一时期，海派书画名家也有一些人承续传统，继续或者开始收藏。包括名家刘海粟、钱君匋、谢稚柳、唐云、程十发等人，他们为了绘画借鉴，都收藏自己钟情又可艺术借鉴的作品。钱君匋收书画印章，程十发收古书画及陈老莲，唐云收八大山人以及曼生壶，都卓有成果。他们的精品后来也大多捐给家乡政府或上海政府。如钱君匋捐献给家乡桐乡县政府及设立艺术馆，程十发捐给上海文化局及设立程十发艺术馆，唐云捐给杭州设立唐云艺术馆。

（四）对收藏事业打击破坏最大的是十年内乱

“文革”初期扫“四旧”和抄家，文物存量丰富的上海地区被烧毁的文物无法统计，抄家入库的总计约420余万件。为此曾设立专门的仓库和机构，由上海文物清理小组负责存储和保管抄家物资。此事涉及的家庭颇多，尚无公开的档案可以查证。

上海的“文革”抄家，一方面是对文物的破坏极大，很多文物损坏、遗失和被工艺品机构出售；另一方面，是对收藏人的心理打击，使他们一时不敢从事文物保护事业。

直到“文革”结束，拨乱反正，平反冤假错案，才先后开始陆续发还抄家物资中的文物和字画，直到80年代中后期，基本告一段落。解决办法是有原物还原物，无原物的还相仿的替代物，无法还物品的以现金折付（书画、瓷器每件付12元）。

发还抄家物资时，大部分原物主或继承人得以在政治上平反，心情比较舒畅，于是将一部分精品捐给国家文物机构，一部分变卖出售给文物商店以家用，也有一些自己留存，或至90年代国内拍卖会兴起时再出让。在此过程中，也有不少家庭不去兑付现金折物。

三、改革开放新时期

改革开放使上海的收藏事业面临市场化、国际化和开放性的广阔背景，面临中华民族再度崛起、经济发展、一部分人先富起来的形势。文物、艺术品收藏在恢复后有了更大发展，呈现了盛世收藏的大好局面。

改革开放时期，文物和艺术品收藏空前活跃，政府的政策更加开放，收藏家和艺术家两个主体形成互动力量，艺术品经营也更加多元化，出现了百年不遇的繁荣发展局面，为人民财富增值、文化艺术传播、提高市民的文化艺术素养起了很好的推动作用。

最明显的是党的十一届三中全会后修订《宪法》明确保护私人财产不受侵犯，修改了《文物保护法》以及发布新的鼓励文化创意产业、艺术品市场繁荣发展的政策法规，颁布了《拍卖法》，允许民间经营文物和民营进入拍卖业。上海市政府设立文物局，也出台了一系列促进艺术品市场发展的政策；2017年还出台了《关于加快本市文化创意产业创新发展的若干意见》（简称“上海文创50条”），把艺术品收藏产业列为上海四大文化创意支柱产业。下面从几个方面进行详细介绍。

（一）藏宝于国与藏宝于民的政策并举，恢复和促进了私家收藏

改革开放初期，上海收藏家队伍青黄不接，晚清民国时期形成的那一代收藏家逐步退出，新一代的收藏家尚未成长起来。

随着上海以及全国经济快速发展，中国 GDP 总量超过日本位居世界第二，上海以及周边地区出现了一批超高净值人士和高净值人士。超高净值人士为家有富裕可流动现金 5 000 万美元，高净值人士为家有可流通现金 100 万美元。依照人类需求的特点规律，他们中的一部分会进入收藏以及艺术投资领域。其中最有名的是刘益谦、王薇夫妇，他们从 90 年代起，在全球著名拍卖行大量购藏顶级的艺术品和文物，如陈逸飞《踱步》等一大批新中国红色油画，包括明代成化鸡缸杯、永乐唐卡在内的一大批古董，包括王羲之《平安帖》、明代《十八应真图》在内的古代珍稀书画，包括意大利莫迪尼亚《侧卧的裸女》在内的西洋美术品，多次被国际知名的 Artnew 机构评选为影响世界的收藏家。刘益谦现象的出现，说明当代海派收藏家已具有超越历史的趋势，展现出勃勃生机和时代气息。

代表传统书画家等专业人士收藏的有后来涌现的名人，如韩天衡、童衍方、徐云叔、徐伟达、许四海、王克勤、季崇建先生等人。他们都从事艺术创作和学术活动，将专题研究、收藏与创作相联系，眼光独到走出了一条以艺养藏的道路，成为海派收藏的佼佼者。其中韩天衡先生以在嘉定创办美术馆而闻名。制壶名家许四海也以收藏古旧名壶称雄收藏界，1992 年办有上海最早的私立博物馆。

继承老一代收藏后来居上的有王时驷、钱道明、吴元京、汪稟、汪顶先生等人，他们从小耳濡目染有了浓厚的兴趣，在原有家藏基础上添砖加瓦，形成自己的特色，继续活跃在收藏舞台上。

新一代企业家蜕变收藏家而知名的还有红树白云馆陆氏父子两人，他们介入收藏较早，又有正确的方法，占据先机，在古书画和铜胎掐丝珐琅的收藏方面获得成功，出版了画册，以量多质优而名；证大集团戴志康先生以收藏中国书画为主，与喜马拉雅美术馆及酒店相结合，形成浦东特色；秦森集团的秦同千先生、荟珍屋主人赵文龙先生以及闻道园主人王卫先生等以收藏古建筑、建筑构件、珍稀家具而知名，开辟了收藏与旅游业相结合的新模式；冯毅先生收藏青铜镜，天物馆柳志伟先生收藏陶瓷古玉，嘉定李家明先生收藏瓷器和竹刻，收藏各具特色，在沪上颇具格局和名气。

特别值得一提的是出现了一批特色收藏。如赵宝培先生在非洲经营企业以后，从 90 年代起收藏了非洲 20 余国的近千件非洲雕塑，涵盖石雕、木雕、铜雕、陶雕等多种质材、多元风格的藏品，开创了收藏的新领域；于善明先生以收藏历代名人绘竹画而自显特色；樊克勤先生以收藏历代佛教人士创作的书画独具一格，都形成了专题特色。以上挂一漏万，恕不一一。

民间收藏组织的兴起一方面满足了民众的收藏需求，另一方面也为培养高端收藏家建立了平台。1986 年 10 月，吴少华先生创立上海收藏协会，目前拥有会员 5 000 余人。他们分设 13 个专委会，开展收藏展览、鉴赏学习活动，成为上海收藏的活跃力量。

在市文联领导下也于 2005 年成立了上海收藏鉴赏家协会，现任会长陈鹏举，目前有会员 250 余人。这是一个文化层次较高的收藏社团，目前积聚了一批专业人才，也有品位较高的收藏，成为上海收藏界很重要的一支力量。

（二）文物经营主体的变化，国有民营共同发展

上海原来仅有的几家经营机构朵云轩、文物商店、古籍书店、友谊商店古玩分店在这一时期都还在继续经营，其中除了朵云轩在 20 世纪 90 年代初创办拍艺术品卖行等机构发展较快以外，其余大多维持原有业务，与鼎盛时期不可相比。还有一些工艺品经营机构随着国有企业抓大放小的方针，转制为民营企业或混合所有制企业，如上海工艺美术品服务部、豫园华宝楼等。

发展比较快的是非公经营体的出现。1980 年前后在上海东台路、会稽路出现了自发的旧货、古玩集市，几起几落，到 1990 年后尘埃落定，明确政策，允许 150 余个古玩摊位正常对外营业。1995 年春，豫园商场华宝楼旧工艺品市场也改名为古玩市场，受到中外客户的欢迎。此后古玩市场发展到 10 余家。

除民营外，90 年代初上海出现了外资画廊，如香格纳画廊，以经营油画和当代美术品为主。到了 2015 年，外资拍卖行在上海正式营业，如上海佳士得注册成立，举办了每年春秋两季的国际拍卖。

到了 90 年代，经营主体出现了国有、民营、外资共同发展的格局。

（三）文物艺术品经营模式的多元化发展

民国到新中国时期，上海的文物和艺术品经营一直以门店零售为主体，方式相当单调。改革开放初期则是门店加展览会的经营模式，即集中一段时间的货源举办藏品

展销会或画家作品展览会，高级的还印制图录，吸引远方的客户来看展和购物。

进入 90 年代，上海的经营者去海外考察，知道国际上的经营方式比较多元，受到启发，加以模仿、创新，形成了今日上海多渠道的经营方式，使卖出和买进都更为便捷。

1. 拍卖行的出现

1992 年 4 月起朵云轩率先去香港与当地永成拍卖公司合作，举办了四场拍卖会，取得了较好的经济效益。其中一幅张大千画作拍到 77 万港币，一幅吴昌硕花卉拍到 46 万港币的佳绩，完成了学习，取得了经验，又积累了张宗宪、罗仲荣、王仲方、陈德熙、许祥杰、杨启霖等一大批客户资源。1992 年 8 月在上海成立了朵云轩艺术品拍卖公司，也是全国第一家冠名艺术专业的拍卖行。1993 年 6 月 20 日在上海静安希尔顿酒店举办首场拍卖会，总成交 830 余万港币，成交率 74.5%，张大千《晚山看云图》以 143 万元、任伯年《花鸟草虫册》以 104.5 万元成交，成为 1949 年以来首次破百万元的单件艺术品。现场座无虚席，人气超旺，被誉为敲响了中国艺术品拍卖第一槌。此后，上海先后有德康、上海拍卖行、上海国际、上海东方国际、上海工美、城隍庙、敬华、崇源、泓盛、天衡、嘉泰、道明、嘉禾、上海保利、上海荣宝、上海匡时、上海明轩、上海佳士得等拍卖公司成立。最多时经营文物艺术品拍卖的有 60 余家之多。

拍卖行以中介形式出现，以拍卖师主持价高者得为交易方式，印制精美的图录、在豪华酒店举办展览和拍卖，这种新颖的方式很快受到收藏家、委托人和竞标人的欢迎。上海成为仅次于北京的拍卖中心，受到国际、国内的广泛关注。拍卖行比传统门店更有竞争优势，尤其是拓宽了时间和空间，使远程的客户也能在当地竞投艺术品，这大大提升了交易机会和价位。这使上海市场迈上了一个新的台阶。拍卖行以及大批非公拍卖行的出现，也促使传统国有文物店面临竞争和转型，起到了促进改革的作用。随之，在 90 年代中后期，上海也成立了拍卖行业协会以及艺术品专委会。

2. 现代画廊的出现

荣宝斋、朵云轩是中国传统的书画店格局，自明清以来延续三百多年。于是，有人引进了西式画廊。西式画廊以简洁明亮的空间、现代的陈展方式、代理人制度、策展人方式进行艺术推广，经营的画家少，但有选择性，专业化程度比较高。上海西式画廊有华氏画廊、逸飞画廊、民生画廊、大剧院画廊、奥赛、香柏纳画廊、卡赛画廊、东画廊，曾经经营得比较成功和长久。国画(水墨)画廊曾经做得比较好的有路画廊、朵云画廊(朵云轩二楼)、煌杰画廊、敬华空间、海艺画廊、集古斋、景云斋。也有一些画廊持续时间比较短,没有产生大的影响。

3. 画廊集聚区的出现

上海比较有影响成规模的有莫干山画廊区、红坊画廊区。以画廊多、集约化程度高、交易量大、位居市中心而受到业界人士欢迎。除了商业作用外,也成为传播艺术的渠道之一,许多初出茅庐的画家在此被推向市场,所以具有活力。近年由于房地产开发,这两处场地已改他用,原有业务日渐衰败。

4. 古玩店和古玩城的出现

前述提到东台路、华宝楼都由街边摊逐步走向室内古玩城,是上海也是全国性的趋势。上世纪 60 年代香港已出现荷李活道古玩店,店铺沿街两侧展开,游人如织,至今经久不衰。

上海中福古玩城是比较成功的一家,有店铺二百多家,以品格较高、位置居于市中心福州路而具发展优势。近二十年相对属于稳定,没有大起大落。另一处云州古玩城由肇嘉浜路的钱币、邮票地摊改建而集聚,由街入户,成为一大经营特色。本世纪以来,虹桥古玩城异军突起,最多时有店铺七八百家,超大规模,近年也已衰退。其他如大同古玩城、天山古玩城、静安古玩城、上海古玩城(普陀)、多宝古玩城、有方古玩城,模式大同小异。

5. 艺术博览会

A. 上海艺术博览会

1997 年创办。在上海市政府支持下,由上海文化发展基金会主办,成为固定的艺术画廊、画家、经纪人、作品的交易平台。创办以来,有来自法国、德国、俄罗斯、瑞典、意大利、荷兰、比利时、挪威、冰岛、瑞士、英国、奥地利、西班牙、日本、韩国、新加坡、马来西亚以及中国台湾、香港、澳门地区等四十多个国家和地区的 1 000 多家画廊或艺术经纪机构参展。众多名家名作在这一平台上亮相,诸如毕加索、马蒂斯、伦勃朗、马塔、达利、雷诺阿、莫奈、夏加尔、朱德群、赵无极、齐白石、张大千、徐悲鸿、傅抱石等。40 多万人次观看展览。其中法国沙耶格画廊携来参展的罗丹雕塑《思想者》以 100 万美元成交，凯撒的雕塑名作《大拇指》以260万元成交，张大千《重嶂千人图》以550万元成交。上海后来由这个艺博会分化出多个不同类型的艺博会。

B. 上海廿一当代艺术博览会（ART 021）

创办于2013年，由应青蓝、包一峰、周大为联合创办。前两年展览选取“小而精”的概念，以展示当代艺术为特色，在外滩源举办。2015年Thomas Wuestenhagen及柴成炜加入主创团队，移师上海展览中心，每次三个板块。一是主画廊单元，以经营21世纪当代艺术画廊为主，一般有80—100家来自全球的画廊参与。二是Approach单元，参展画廊以策展的形式呈现其代理艺术家的个展，或不多于三位艺术家的群展。三是特别节目，如2017由李小山策划的“永远的绘画”展示几位在年龄、阅历和作品面貌上差距很大的艺术家的作品。

ART 021作为年轻的团队，有着时尚跨界视野下经典的创新，已成为国内有代表性的年轻博览会品牌。

C. 西岸艺术博览会

西岸艺术与设计博览会创办于2014年，每年在黄浦江边的西岸艺术中心举办。博览会邀请亚洲、欧洲及美洲逾百家画廊参加，主要展出全球现当代绘画、雕塑、影像及装置作品。2018年扩大规模，首次以“双馆”亮相，在2万多平方米的空间内汇聚来自亚洲、欧洲、北美洲和南美洲43个城市115家国际重要画廊。经过时间的沉淀，西岸艺博会已成为徐汇滨江一个重要的艺术品牌活动。随着徐汇滨江周边文化设施的连带效应，如龙美术馆、余德耀美术馆、上海摄影艺术中心、油罐艺术馆、香格纳画廊等众多知名文化艺术机构入驻此地，上海西岸聚集的人气，也间接给西岸艺博会的发展创造了良好条件。

6. 互联网展示和交易

随着互联网技术的发展和广泛应用，有机构在上海寻求传统艺术品交易与网络技术的结合。目前尚在尝试中。泓盛在线钱币、邮票等的交易方面走在全国前列。朵云轩等机构也已开设艺术网店，作为主渠道的补充。

7. 艺术投资基金

用金融手段投资艺术品的方式相继出现。在2010年—2012年时达到高峰，先后由民生美术馆等多家机构尝试。以固定的时段、固定的回报率向私人募集资金，用于购入和卖出艺术品，以差价盈利及还本付息。这种方式存在风险，尚无成熟的经营模式和监管方式。

8. 上海自贸区艺术品保税区

艺术品保税仓库设在上海自贸区内，境内关外性质。藏品和艺术品在此入境可以暂存，免交高额的税收。是一种保存、展示和促进交易的辅助方式。

以上是在现有《文物保护法》《拍卖法》等制度框架下，上海已经进行的交易方式。从中看到已由传统单一零售店发展到今天展示、拍卖、交流、经营的多种方式，总体上是一种更开放的趋势。

四、艺术家的职业化和市场化

我们所处的时代艺术品或收藏品的存在结构发生了很大的变化。由于自然保存不当，“文革”的巨大破坏，又国有博物馆和私立博物馆（美术馆）的大量建立使可流通文物减少，加上中介机构增加，拼抢货源现象很普遍。这样，人们的眼光自然投向在世的美术家、工艺美术家。在中国，主要是书画家、油画家和工艺美术师。

在计划经济时期，这些专家大多被固定在某个机构，领取工资只为某机构服务，交换单位、跨地区流动以及在一个机构工作为全社会服务成为极困难的事。优质艺术家和平庸艺术家在收入分配上差别也不大。改革开放把艺术家从计划经济的模式中解放了出来，他们或一岗多职，或者成为自由职业者，艺术家的收入也大为改善。“文革”刚结束时，最好的艺术家朱屺瞻、陆俨少、谢稚柳、程十发、唐云等人的画一平方尺卖15元，后来发展到完全由市场定价、由拍卖行定价。他们出国办展、艺术访问也大为放宽。一个人的资源可以为一个单位服务，也可以为多个单位服务，资源的利用也更充分了。以上海中国画院、上海油雕院为例，计划经济时画家拿工资，没有其他收入，而改革开放的时代，他们工资外收入大大增加，真正体现了优质优价。上海人民美术出版社历史上有“108将”（名画家），大多被固定在单位画连环画、年画和宣传画，现在他们的能力包括退休以后的能力也充分发挥了出来，像贺友直、颜梅华、韩敏、汪观清都成为社会人。贺友直先生在退休后还被聘去中央美院当教授。书法家也如此，不再由国家而是由市场来养活。

油画雕塑的市场化比中国书画启动慢一些，到 90 年代中后期也大为拓展，画家一边完成国家任务，一边自由地创作、卖画，也很普遍。

最后是工艺美术师，雕玉的、刻砚的、做壶的，随着所在的厂大多关闭，美术师也走向建立自己的独立工作室，由以前产品靠单位品牌走向创制个人品牌。精英分子走上了评“大师”的道路，手有绝技，似乎走遍天下都不怕。

以上，说的是创作主体的变化，他们向市场大量提供作品，促使市场成熟。

目前艺术家、工艺美术师出现了两种情况，一是一岗多职，还有一个稳定职业，如大学教师、画院画师，然后兼职卖画；二是完全自由职业，走出校门就自己成立创作室或工坊，在社会上打拼，寻找需求。现在缴纳养老金的社保系统也有自由职业的登记，给全职艺术家以保障。

五、收藏高级阶段——博物馆的建立

在由农耕文明向现代文明转变时期，中国的博物馆起步比较晚。私人收藏家相信独乐乐，不想露宝、怕露宝。皇帝把文物置于内府，也是个人独享。乾隆皇帝刻了一方印盖在他喜爱的画上，“子子孙孙永宝之”，把国宝视为他的私人财产，希望传之于子子孙孙。法国国王开启了办博物馆天下共享的思路，这是走向了现代文明。中国皇帝到末代一位，并没有这样的意思。中国办公共博物馆的第一人是近代张謇，他于 1905 年在南通办了“南通博物苑”，比故宫博物院还早。

民国时期中国只有几十家博物馆、美术馆，进步人士有办馆意识，但国家战乱不断，财力有限。除北京故宫、南京中央博物院外，总量不多，与几千年文明史不相匹配。新中国时期办了不少国营博物馆，也因经济不发达，财力有限，又对文物重视不够，无法起到收藏加文化传播中心的作用。如上海博物馆原来在河南路的展览条件就很有限。

改革开放年代，这一切发生了巨大变化。据国家文物局统计，到 2018 年末我国共有博物馆 5 136 家，其中国有 3 736 家，非国有 1 400 家；上海博物馆总量 131 家，其中非公 32 家。1936 年，我国第一家美术馆开设在南京。到 2018 年，中国有美术馆 293 家，

私人的 26 家。2018 年末，上海美术馆 89 家，非国有的 67 家，占四分之三。上海是全国民营美术馆体系最完备、数量最多的城市。

上海国营博物馆、美术馆在改革开放时代有了耀眼的发展，建造了一大批现代建筑，如上海博物馆、上海美术馆（中华艺术宫）、上海航海博物馆、自然博物馆、科技馆、闵行海派美术馆。也有部分利用老建筑的，如上海历史博物馆、当代艺术博物馆（工厂）。这些标志性建筑场馆宽敞、设备先进，加上藏品和陈展方式的改进，常设馆和引进世界大展，已成为市民参与文化生活、吸纳知识、接受艺术熏陶的场所，为城市的发展增添了内涵。上海举办和引进的大展如晋唐宋元展、英国百物展、董其昌大展，都产生了很大的影响。上海民营博物馆、美术馆的成绩十分骄人。数量多，规模大，层次高，在亚洲区处于先进行列，如龙美术馆（浦西、浦东两个馆）、震旦博物馆、余德耀当代艺术馆、苏宁美术馆、宝龙美术馆、观复博物馆、上海玻璃艺术馆、昊美术馆、喜玛拉雅美术馆、许四海壶艺博物馆。八九十年代，日本、中国台湾私立美术馆、博物馆比较多，现在上海后来居上，设施、规模和藏品都显出不凡的气派。如龙美术馆西岸馆有 33 007 平方米，档次比较高，如中国古代书画、古代瓷器、文物、当代艺术，品质都很高。还定期举办大展，如英国创意大展、墨西哥银器展，成为上海的文化新地标。震旦博物馆设在黄浦江边的震旦大厦，博物馆由日本著名建筑设计家安藤忠雄设计，场馆及陈展一流，陶瓷、玉器和石雕三大类显示了藏品的实力。余德耀当代艺术馆收藏了 1 000 多件艺术品，展出的当代艺术具有代表性。同时还引进贾科梅蒂、雨屋、无人之际、上海星空等大展，起到了积极作用，成为吸引年轻人的好去处。苏宁博物馆收藏中国古代书画品质很高，而且聘请一流专家设计陈展以及布展，提供了很好的学术资料。宝龙美术馆是后来创办的，但在馆展和引进大展上结合得比较好，时有亮点推出。玻璃艺术馆把玻璃工业与艺术结合，既展示生产工艺，也表现艺术，还有现场互动，观众反应很好。昊美术馆与昊美酒店相互连贯，相互导入观众和客流，酒店也有艺术气氛，文商相结合，办出了特色。这些博物馆、美术馆还与社会合作，以开放的姿态接纳社会展览、活动，举办品牌之夜、各类秀场等活动，以活动收入补贴博物馆的运营费用。

上海的私人美术馆、收藏馆反映了时代的开放和进步。私人收藏由独乐乐进到众乐乐，让民众分享展品。除了陈展方式以外，还举办论坛、培训、互动，以出版和传媒为方式提供给人们研究。现在，上海每年出版的私人藏品集数量不少，反映了一种开放度。

除此以外，还出现了专门举办大展的艺术公司，如上海天协等。举办过毕加索、莫奈、雷诺阿、梵高等艺术大展，与诸展览场所结合，展期比较长，收取门票费，也形成了一种新的模式。

六、上海艺术品产业

2017 年 12 月，上海市出台《关于加快本市文化创意产业创新发展的若干意见》，明确提出"努力把上海建设成为世界重要艺术品交易中心之一"。未来，人们将清晰地看到这些目标成为现实：进一步优化艺术品产业发展布局，完善艺术品产业发展专业配套服务。积极培养和引入合格的市场主体。据《文汇报》记者范昕撰文可知，2016 年上海 426 家艺术品经营机构创出 59.36 亿元的交易规模。其中专业画廊约 300 家，全年交易额约 12 亿元；拍卖机构约 80 家，举办拍卖会 293 场，拍卖额为 34.26 亿元；举办艺术品交易展会 8 个，艺术品交易额约为 8 亿元。2019 年 2 月上海电视台报道，上海 2018 年艺术品总交易额达到 91 亿人民币，说明市场化程度和产业规模进一步扩大。

产业结构在一定程度上也是市场结构，经历改革开放 40 年，上海艺术品市场进一步成熟，市场五个要素更为明晰、关系紧密。

（一）供给方

艺术品市场也有提供者。上海市场的供货方主要是本地艺术家（包括在世艺术家和已故艺术家）。进入新世纪的在世美术家有程十发、刘旦宅、陈佩秋、颜梅华、韩敏、韩天衡、方增先、杨正新，年轻一代的画家有乐震文、车鹏飞、韩硕、施大畏等人。已故的水墨画名家数量庞大，如吴昌硕、徐悲鸿、张大千、赵之谦、钱慧安、任伯年、虚谷、弘一法师、吴湖帆、沈尹默、谢稚柳、林风眠、唐云、刘海粟、陆俨少、朱屺瞻等人。油画家包括林风眠、颜文樑、吴大羽、庞熏琴、刘海粟、朱屺瞻、陈逸飞，都是比较畅销又产生高价位的。近现代外来的艺术家难以计数，他们的作品在上海也有相当的沉淀，如齐白石、傅抱石、潘天寿、黄宾虹、郭沫若等一批画家，上海存量不少。

以收藏论，上海本地的收藏家历史上有数百人，现当代又涌现出一二百人，加上大批行家，形成了一个强大的供货量。上海藏家的实力深不可测，不仅供给本地市场，而且提供给北京、浙江的拍卖行。

元明清以来，上海周边画派林立。如元四家、明四家、清初四家、浙派、皖派、金陵画派、扬州画派、吴门画派、西泠八家等，对上海影响很大。这些画家的资源大多流向上海。此外，上海周边是工艺品的生产基地。比如玉器，扬州工、上海工都是一流的。又如紫砂壶、嘉定竹刻、苏州绣品，也形成了一个供货群。

（二）需求方

第一层，博物馆、美术馆的收藏需求。由于国有机构经费使用手续繁复，额度受限，用钱购买的收藏规模不大，但也有类似上海博物馆以450万美元购买美国安思远《淳化阁帖》，上海图书馆以巨资收藏翁同龢藏书的事例。

第二层，本地收藏家收藏和投资的需求。目前已有数百位个人藏家和投资人，包括行家。刘益谦是其中代表。

第三层，本土年轻的收藏家，特别是留学归来的年轻人，他们以收藏当代艺术、当代水墨画为主。

第四层，来自海外的收藏需求。上海初期的艺术品收藏以海外人士为主，现在购买力在下降，但还占一定的比例。其中以港台为主。

（三）中介形成

中介是供给和需求之间的桥梁。我们前面提到，上海的中介引进了拍卖行、艺术博览会、古玩店、现代画廊等机构以后，已基本满足供求双方的需求。同时，有的中介本身也有储存和转让文物艺术品的功能，如画廊和文物店。古代以来私人的直接交易如今显得越来越不重要了。

（四）艺术商品

上海的艺术市场与各地相仿，以中国书画为主，书画又分成古代书画、近代书画和当代书画三个组成部分，约占市场50%的份额。其次为瓷器，包括古玩以及工艺美术品，这个占到35%的市场份额。第三为油画、当代艺术品，约占10%。其他的包括海外艺术家的作品，至少占5%的市场份额。早先中国市场卖的都是中国货，自从中国成为世界第二(有时第三)位的艺术市场以后，来自海外的画廊带进了很多艺术品，包括西方的艺术品、西方的装置艺术。从上海佳士得拍卖可见一斑。海外名家油画、雕塑以及装置也占一定比例。

这里要特别强调的是，拍卖市场中文物的比例比较高，包括旧书画、碑刻、器物和旧工艺美术品。而在画廊、艺术公司层面，当代的艺术家、工艺美术师占的比重大。近些年新的紫砂壶、新工新料的玉器也价格不菲。珠宝、钻石也受到部分收藏家的钟爱。

在讨论上海艺术商品的时候，我们特别要介绍一下本土艺术家的作用和特点。在90年代中期以后的市场，上海的书画市场陆俨少、刘旦宅、程十发和陈佩秋居于市场高价层次，加上他们活跃在这一时期，引领市场和价格的作用比较明显。其中陆俨少的"杜甫诗意百图"曾创出当时全国拍卖的最高价，刘旦宅的红楼人物也创过全国的高价位。另外油画方面，出现了以陈逸飞为代表的一批实力派人物，在全国起过重要作用。90年代以来，陈逸飞与吴冠中一直引领油画市场的高价位。他的《浔阳遗韵》《踱步》《黄河颂》都开创了当时的高价位。他的作品无论是红色系列、西藏系列，还是老上海女性系列、周庄系列，都深受市场欢迎。"陈逸飞现象"指改革开放初留学西方、后又回归故土的这批中西合璧的油画家以及创作，包括陈逸鸣、陈丹青、俞晓夫、邱瑞敏等。

（五）价格体系

我国在民国时期和计划经济时代，文物和艺术品的价格是互相独立、个别、甚至偶然的。少数专家制定价格，与海外无联系、与市场不接轨。另一个特点是文物和艺术品价格被严重低估，珍贵的文物书画，卖一个青菜、萝卜价，与应有的价位不相符，与同时代全球产业的艺术品、文物价格也无法比。

上世纪90年代以来经济发展、买家涌现、买气旺盛以及拍卖行的"三公开"（公开、公平、公正）竞拍，使得这两个现象有了很大改变。

一是中国艺术品市场价格体系建立起来了，比较公正、透明、可查询。上海几十家文物艺术品拍卖行的数据、艺博会的标价，通过众多媒体传播。尤其是百度、雅昌艺术网以及各大拍卖公司的网站，都及时传播上海的价格。上海是仅次于北京、香港的重要信息源。

二是上海作为长三角的龙头，也形成了自己的价格高地，促使艺术品、文物向上海汇集。近10年比较有影响的拍卖有朵云轩2014年春拍卖香港朱昌言先生的藏品如吴湖帆系列，成交率和成交价奇高。道明五周年拍卖宋代尺牍2.7亿人民币，其中北京政治家唐垧旧楷书《致胡宗愈仲慰帖》9 128万人民币成交。天衡2010年6月拍卖《张大千仿巨然晴峰图》7 280 万人民币成交，2011 年秋季拍卖弘一法师《华严集联三百联》(三册)6 095 万人民币成交。在拍卖史上也值得一提。这些价位对藏家有吸引力，促使艺术品从海外回到上海，形成文物、艺术品的倒流。这是好现象。

七、艺术品延伸业务

艺术品产业和市场的形成，也拉动了周边产业的交易。得益最多的，一是印刷业。艺术品、文物大量借助高端印制的需求，产生了雅昌这类专门服务艺术的印制和传播业务公司。其他综合性的印刷厂也把印画册当作一大生意。二是传媒业。出版社、电视台、杂志都先后形成收藏热点，也是一大生意源。三是酒店业和交通业。每年春秋两季几十家的拍卖活动，形成很大的一块会展和旅馆生意。各项艺博会也促使旅馆、展厅的兴盛。此外，作为知识聚集性行业，也给人力资源安排提供了条件，从事艺术经营和文博美术馆职业的人数也大量上升。

在这一部分特别值得一提的项目，有如下几个：

（一）世界华人收藏家大会

2007 年始，在中共上海市委宣传部领导下，组成了世界华人收藏家大会组委会，由陈东同志任主任，祝君波同志任秘书长(后任执行副主任)筹备召开世界华人收藏家大会。自 2008 年起持续 10 年共召开了五届，在团结全球华人收藏家以及推动收藏事业发展方面起了积极的作用。其中第一届于 2008 年 10 月在上海国际会议中心召开；第二届 2010 年于上海展览中心召开，同时举办京沪收藏家藏品展；第三届 2012 年 11 月在台北举办，与台北清玩雅集成立 20 周年同步举行，参观了清玩雅集 20 周年藏品展，举办了“故宫之夜”以及主题论坛“收藏，回归人文的精神家园”；第四届 2014 年 11 月在上海国际会议中心举办，组织参观了上海私立美术馆和博物馆。以上每届与会 700—800 人，核心层收藏家及专家 250 人，引起媒体广泛关注。

世界华人收藏家大会是上海对全球华人收藏家的贡献。虽然方式是松散的，但通过大会主题论坛、采访收藏家、参观收藏展览、出版论文、联谊交流，起到了以文会友、加强团结、积极引导的作用。而且吸引了收藏界、拍卖界、传媒业的参与，给海外和全国各地代表留下了美好的回忆。

（二）上海的艺术培训和其他论坛

自2009年起，上海交通大学海外学院率先组织艺术品收藏高级研修班。以一年制、半年制等方式聘请业界专家研发课程，讲授文物（艺术品）鉴定、欣赏和经营知识。课程以成年人、社会精英为对象，以讲课、游学和实践三者结合的方式，吸引了众多人士参与。最多时一年同时开设数班，每班达百余人。涉及文物、美术品、书画、珠宝等内容。后由交大扩散到其他高校。

除此之外，艺博会、上海图书馆、金融机构，也不定期地组织讲堂和论坛，起到研究讨论和培训教育的作用。

（三）媒体传播

由于收藏内容丰富，拍卖业和艺术产业兴起，引发了群众对收藏广泛的兴趣，促进了媒体的关注。影响比较大的先后有《新民晚报》黄金生主持的文玩专版，《解放日报》陈鹏举主持的文博专版，《东方早报》的艺术评论。上海电视台先后有《好运传家宝》《收藏》《投资艺术》节目，起到了很好的传播效果。上海拍卖协会创办了《拍卖报》，在传播全球拍卖信息、引导投资和艺术欣赏方面作用也很大。专业的刊物在上海公开出版的主要有《典藏》《大观》。

进入互联网和移动时代，在上海活跃的网络媒体有雅昌艺术网、在艺、99艺术网、艺品生活，大多视频和文字阅读相结合，新闻性和专业性相结合，适合移动阅读，传播面更广泛。

当然，上海文物艺术品市场也面临来自北京、香港、浙江的挑战，竞争力有所下降，优势有所丧失。尤其在高端艺术品货源竞争和高端综合性人才培养方面，出现了短板。这是需要引起重视，加以弥补的。

祝君波

2019年4月

怀念祖父钱镜塘

——钱道明先生访谈

钱道明，1956 年生于上海。幼受庭训，儿童及青年时代即在祖父钱镜塘身边，耳濡目染，对中国书画有着特殊感情和爱好，也深得祖父的艺术熏陶和教育，沉湎于书画艺术的学习和研究。收藏以明、清、民国书画为主。

采访日期：2008 年 4 月 16 日
采访地点：钱道明寓所
采 访 者：周隽、夏春青（以下简称“采访者”）
被采访者：钱道明（以下简称“钱”）

采访者：您的祖父钱镜塘老先生是海上的大收藏家，如今您亦是个中高手，最近有什么收藏计划吗？

钱：我祖父是收藏家，我也喜欢收藏书画，虽然实力有限只能买些小东西，但现在的拍卖我基本每次都去。我买东西有一个目的，我祖父的家乡海宁市正在筹划为我祖父盖一座纪念馆，近年来我选择收购一些名家的作品，准备将来放入纪念馆。

采访者：钱老先生已经向浙江博物馆捐献了很大一批收藏了。

钱：对啊。我祖父一共向国家捐献了 3 900 多件藏品，他一生共收藏了 5 万多件东西，当年抄家抄了整整 16 卡车。他都是根据作品的出处选择捐献对象，因为他是浙江海宁人，所以捐给浙江省的最多，有 1 000 多件。按照地域，还曾向西泠印社和上海博物馆捐献，岭南画派的作品捐给广东省博物馆，江苏画家的作品捐给南京博物院，这样一共是 3 900 多件收藏。我祖父常感叹自己还是实力不够，对于更多其他省份的博物馆，无力以无偿的形式支持，只能通过出让丰富其馆藏，现在几乎中国所有的博物馆都有我祖父的收藏。

采访者：钱老先生不愧是中国收藏大家。

钱：不能说很厉害吧，只能说就藏品数量而言是全国藏家中较多的。捐献的部分不能说质量最为顶尖，但数量是最多的，无论哪个收藏家都没有如此丰富的收藏。

采访者：您认为收藏家必须具备哪些素质？

钱：我祖父曾说，成为收藏家必须具备三个条件，财力、眼力、精力。我还要加上一条：魄力。没有钱财你没法买东西；没有眼力就会经常买到假货；精力，做收藏需要投入巨大的心思和时间去钻研；还有就是魄力，比如说现在一件东西卖家开价 300 万，有人敢买，有人不敢，就看你的魄力。那个时候的五马路（今广东路），每天都会有人拿东西过来给祖父看，上海有许多收藏家，这些人为什么都来找我祖父，就是因为他的魄力和大气，不像有些收藏家是 100 件里挑 10 件，祖父说他们都知道我喜欢的风格和水准，所以他们送来的东西我全拿。

采访者：难道不怕有赝品吗？

钱：不会。我祖父的原则就是不能拿地摊货、“苏州片”来唬人，价钱方面是在行情价上加一成，然后他们拿来的东西他全都要，就是这样爽气，所以他才能收藏这么多东西。

采访者：外人看来，钱老先生是收藏界的风云人物，在您眼中祖父是个怎样的人？

钱：普普通通，没什么特别的，只是喜欢书画，一生以书画为乐，没有书画就不能活的那种人。

采访者：钱老先生的朋友也都是艺术家和收藏家，您对他们印象如何？

钱：我祖父最钦佩，也是对他帮助最大的人是吴湖帆。他亲口告诉我："没有吴湖帆，就没有我钱镜塘的今天。"他们的关系特别好。吴湖帆在当时可以说是画坛领袖人物，江南画坛的盟主，桃李满天下，人们对他都毕恭毕敬，而且他比我祖父大十几岁。就是这样，在一次聚会上，有人向吴湖帆问起我祖父："这是您新带的学生吗？"吴湖帆回答说："你们不认识他吗？收藏书画的钱镜塘都不认识，你们还能算画家吗？"他对我祖父的扶持太大了。

采访者：您小时候看到的吴湖帆是怎样一个人？

钱：那时还小，还不知道那许多画家都是谁，很多画面是后来回想起来才知道：哦，那就是吴湖帆。他上我们家来，总是叼着根雪茄，一看便是令人肃然起敬的人物。他家住嵩山路，离我们家茂名南路非常近，他们经常串门一起看画。吴湖帆有个特点：特别喜欢题跋。看到好东西，兴起了就题。"文革"期间我十来岁了，清楚地记得吴湖帆在华东医院把氧气管拉掉去世，祖父一接到消息就哭了："啊，吴湖帆没了！"

祖父的藏品独树一帜，的确让人服气，直到现在，无论在拍卖行还是博物馆，只要出现他曾经的收藏，大家一看就知道这是钱镜塘藏过的东西。因为他的收藏都有固定的装裱模式，非常具有代表性。一是裱工，藏品全都由严桂荣重新装裱，而且都是用绠绢挖裱；二是签条，多为吴湖帆或张石园题写。这就是钱家模式。

采访者：钱老先生自己也会非常工整地为藏品题写文字，比如对作品的考据、画家介绍、艺术风格的点评等等，这种严谨的态度已大大超越了简单的收藏行为。

钱: 对,现在还有几个真正的收藏家?虽然当代自有新生代的收藏家,但现在的观念与过去真是不同了,现在还有多少人能有我祖父辈这样的收藏境界,为国家捐献这么多藏品?所捐 3 900 多件字画全部重新装裱,请吴湖帆重新题跋,不要说签条,连里面都重新题写,而且我祖父还亲手著录画家、作品的来龙去脉,像作简历一样,这需要花多少心血?现在还有几人能做到这种程度?这就是我前面说的做收藏必须付出的精力。

采访者: 说到精力,钱老先生在他的藏品上投注了如此巨大的心血,我感觉那已经不止于对书画的喜欢,而是带有一种责任感。

钱: 是的,责任感。他的收藏都是专题性的,分门别类,捐献给各地博物馆的藏品都带有地域针对性,作为代文献保留下来,对于当地的文化事业有很大帮助。比如捐给上海图书馆的《马湘兰致王伯谷书札卷》,可能没有太大的经济价值,但文献的价值和意义是巨大的。再如捐给浙江省博物馆的王石谷《陈元龙竹屿垂钓图》,是他花 16 根金条买下,并请吴湖帆、张宗祥题跋(其中吴湖帆两次题跋),他亲自著录后捐出的,这幅画现在是浙江省博物馆一级馆藏。你说他花如此多的精力是为什么?还不是想为家乡作一点贡献嘛。祖父对于物欲看得很淡,他常说他要这么多东西也没用,只要国家需要,有历史价值,拿出来就拿出来吧,这样对得起国家,对得起家乡,也为家乡作一点贡献。他是个特别重乡情的人。

采访者: 钱老先生对藏品的痴迷热爱是出了名的,能给我们讲讲其中的故事吗?

钱: 他的藏品中比较著名的是范宽的《晚景山水图》和任伯年的《群仙祝寿十二条屏》。

《晚景图》是在原来的五马路古玩市场里买到的。当时有人打电话来说:"钱先生,我们这里有幅范宽,您来看看喜不喜欢。"我祖父跑去一看,有款无章,但他拿下了,满堂皆惊,大家都说是赝品,他就把那张画的来龙去脉告诉大家。原来那幅画最早藏于明代严嵩家,后严嵩倒台落入宫廷,清代藏于毕秋帆家,最后流到平湖葛家(葛昌楹家)。后来我碰到葛家后人也证实了这一点。他家以前的很多东西流落民间是因为抗战时日本鬼子烧杀抢掠烧毁了一部分，账房先生起了歹心又偷走了一部分，这张画就是那时流出去的。之后祖父把画拿回来给严桂荣，其实画上有章，只是被表面覆盖的油层遮住了。他们先用药水反复冲洗，然后用火烧。因为宣纸已经吃透水，燃烧时只耗表面的油，画不会有事，果然，图章显了出来。不过后来祖父私下跟我说："为了这幅画我过不了 20 年。"那时有一种迷信，那张画拿到谁家，不超过 20 年藏家就会倒霉，之前的收藏者都是这样，果然不到 20 年就碰上了"文革"抄家，好像冥冥中注定了一样。

赤金《群仙祝寿十二条屏》是任伯年现存最为顶尖的作品。我祖父特别喜欢任伯年的画，有"海内藏任第一人"之美称。那十二条屏上原来有画商加上的唐伯虎落款，唐寅和任伯年风格迥异，人家一看就是假的，所以一直卖不出去。我祖父是怎么遇到这十二金屏的呢？那时我祖父在沧浪亭吃完面条回家，路过南昌路一家画店，看到老板正拿着刀刮画上面的金子，我祖父问他在干什么？他说我刮金卖钱。祖父问他刮金想卖多少钱？他说 200 大洋。祖父说给他 400 大洋，就这样买下了任伯年《群仙祝寿十二条屏》。买下后交给严桂荣重新装裱，后因上海美协缺少顶尖藏品，经唐云先生介绍出让给了上海美协。所以我真是佩服我祖父的眼力，若是没有好眼力，他怎么可能收获这些精品？

采访者：钱老先生平时生活在怎样的状态中？是成天泡在他的藏品堆里吗？

钱：对啊。现在回想起来，祖父确实是不容易，在书画上花了那么多心思，除了走亲访友他把所有的心思都放在书画上了。每天早晨六点起床，到沧浪亭吃面，然后到八九点钟回来开始一天的工作。那时茂名路那栋房子整幢都是我们家的，二楼是客厅、卧室，楼下就是现在人们说的工作室。当时上海很多进不了画院的画家，都由我祖父接济，他们每天上午都要到我家来画画，就像上班一样，他们画，严桂荣裱，上午出作品，到了下午，老百姓话说的"达官贵人"们就来看画聊天，比如刘靖基、吴湖帆等等。祖父爱画，会根据季节更换二楼客厅里的画，他喜欢荷花，夏天就挂荷花，梅花时节就挂梅花，他离不开书画。我记得每年黄梅天一过，他都要把藏品拿出来挂在厅里，四面窗户大敞，开着电风扇"吹霉"，每天轮换藏品，整整挂两个月。哪像有些人说的拿到太阳底下去晒晒，哪里能晒啊，一晒都爆掉了。说到保养书画，我祖父还教过我一个诀窍。现在科技发展了，防霉剂、防潮剂样样都有，以前哪有这些？最多也就有粒樟脑丸，他就告诉我要用大炮仗，炮仗里有硫黄，能吸潮防霉，把引线拉掉就不会爆炸了。

他做收藏，工作量是很大的，有许多工作只靠他一个人没有办法完成。比如著录，有的画家非常冷僻，过去的参考书不像现在这么多，现在网上一查，画家的简历资料就都有了。祖父那时只有为数不多的古籍可查，其中数《南画大成》与《支那名画录》最为权威，很多资料必须自己一点点找。他灌输了我很多东西，我又喜欢刨根问底，所以积累了不少。比如了解一位画家，除了知道他的名字，还要知道他的号、哪里人、主要画什么、什么价位，你都必须有概念。例如吴湖帆主工青绿山水，书法是瘦金体，这些都是祖父教我的。所以现在我常跟很多搞收藏、搞绘画的人说，无论你喜欢什么类型的画，都必须把画家的情况研究透，画山水的有哪些画家，人物、花鸟各有哪些，什么风格，师承何处，都必须清楚。

采访者：您现在做收藏有着怎样的偏好？

钱：我喜欢老东西，不很喜欢当代艺术。一是现在许多前卫艺术作品我不太理解，二是搞当代艺术的名家作品假货太多，而且那些假货能够仿到天衣无缝，无从辨别。所以我尽量避免涉足。在我的概念里，还是买清末、民国时期一般名头的画家作品。因为冒假多是冒大名头，所以我买民国的画，一般收一些中小名家的作品。

采访者：很好的规避风险的办法。

钱：不过现在又不一样了。现在小名家也有赝品，因为现代人想法变了，讲求薄利多销（笑）。当然，有些仿得好的赝品也很有价值，也能买，收藏界里正因为有真真假假才好玩。

采访者：您如何看待现下火爆的艺术品收藏市场？

钱：乱世黄金，盛世收藏。现在是盛世。改革开放以后，国家昌盛，人们的生活越来越好，会有越来越多的人喜欢艺术品，人们也有精力和财力玩收藏。以前号称是百万收藏大军，现在可是上千万了，原来都是老先生玩这些，如今在拍卖行可以看到许多青年买家，并且有继续年轻化的趋势。

采访者：对进入艺术品收藏圈的新手有什么建议？

钱：现在很多新手喜欢现当代艺术，油画越来越受青睐。我个人还是喜欢古人的东西，当然现在年轻人的思维可能比较贴近现当代艺术，比如我看不懂抽象画，但许多小年轻就特喜欢。另外现在年轻人的家居装潢也不适合挂传统书画，所以他们一定是从当代艺术开始做起。况且，现代的画家还没弄清楚，怎么可能跳过现代去研究民国、清代的画家？就像我现在还没研究透清代的东西，怎么可能去玩宋代的东西？得按照事物的发展规律循序渐进。

采访者：您对华人收藏家大会有着怎样的期待和建议？

钱：很好的一桩事情。之前中国还从来没有办过这样世界性的会议，能够弘扬中国文化。我相信这次大会能办得非常好，我和祝局是老朋友了，他的为人我了解，能力也相当强。会议一定能办好。

医缘芳耕陆地花

——陆芳耕先生访谈

陆芳耕，1912 年出生于江苏镇江。20 多岁就读南通医学院，终身从医。上个世纪 30 年代末赴台湾。先后在台湾招商局、台航公司等机构做医生。后定居美国洛杉矶。与渡台书画家交往颇多。

采访日期：2008 年 8 月 8 日

采访地点：美国洛杉矶

采 访 者：夏文萍

被采访者：陆芳耕

过耄耋之年，近百年沧桑，依然那么思维敏捷、神清气爽、步履矫健、谈笑风生，不得不让人感叹敬佩。陆芳耕，闰年闰月过百的 96 岁老先生出现在我们面前的时候就是这样的情景。究竟何方神仙灵丹能让陆老先生如此健康高寿？随着我们采访和相互之间交流，一幕幕、一桩桩生动而耐人寻味的往事让我们似乎悟到一些个中道理。

陆芳耕老先生兢兢业业行医几十年，却与众多华人书画大家、名人及艺术品收藏家结下不解之缘。这不仅成为其生活中陶冶性情、平添雅趣的重要途径，更关键的是为他的精神世界注入了丰富营养和活力。这种因素或许正是成就陆芳耕老先生生命奇迹的泉源。

当向陆老先生说明来意后，他便顺着我们的思路讲述着那些逝去的如烟往事，没有什么重复的细节和赘言碎语，言简意赅、有条不紊，娓娓道来……

陆老先生述一：与医结缘善始善终

我于1912年出生在中国江苏镇江。虽然父亲不行医，但我受两个行医舅舅的影响很深。其中一个舅舅从江苏南通医学院毕业后东渡日本留学，师从日本千叶医科大学著名的山轮德宽教授，此人是30年代名药仁丹的监制者。20多岁开始，我追随舅舅的足迹，就读南通医学院，从此终身与医为伴。

20世纪30年代末，我为了给一个朋友治病去了台湾，这一去就是几十年。在台湾行医，我始终恪守医德仁术，困难时期，穷人来看病常常分文不收。我先后在台湾招商局、台航公司等机构做医生。最终来美国洛杉矶定居。

陆老先生述二：缘牵溥心畬终身为知己

我与溥老结识缘于一个偶然的机会。20世纪50年代我台北的家正好与溥老家紧挨着，但彼此并没有什么来往。有一年，溥老患肾结石。他起初非常相信中医，但这种病不是中医能治得好的。溥老找了一位从德国留学归来的西医治疗，几次下来效果不彰，他皇家少爷脾气就上来了，他是清道光皇帝的曾孙，恭亲王的嫡孙。这位德国回来的医生被他骂得没办法，便向他推荐说，你家邻居就是一位好医生，治肾结石很有经验。我就这样结识了溥老，并很快治好了他的病。溥老非常高兴，送给我两块匾，其中一块匾上写着“术精医伟”四个大字，另一块写着“恒其德贞”。从此我们成了很好的朋友。去溥老家看病时总被他的文采妙笔所感染，也受到众多艺术品和文人墨客影响，便逐渐喜欢上艺术品收藏。当时有很多人拿字画让溥老辨别真伪，我也有心在旁边学习揣摩，久而久之我也觉得自己长进不少。有一次，俞济时拿来一张号称是赵孟頫的画，溥老一看就说是假的。事后他跟我说，赵孟頫的字比画好，且不说那画怎么样，画上的题字都不如我写的，你说那画是真的吗？短短几句话让我受益匪浅。记得有一天，别人拿来一件董其昌的砚台，是端砚。溥老叫我来一道观赏，他一看就很喜欢，让我和人家商量，能不能用他的字画来交换。那人说自己字画已经很多，要的话就用钱买，溥老得知后有些为难，我当时做医生手头比较宽裕，于是就花钱把董其昌的端砚买下来送给他。他高兴得不行，对我说，这儿的字画随你挑。他太太也知道这件事，所以后来当溥老送别人字画怕太太阻挡时，就会说是送给陆医生的。溥老鉴别字画真伪时，还有一个特点，就是他认为是真品时就会写评语，认为在两可之间时他反而会题诗文。

溥老非常勤奋，基本上是从早晨起来洗把脸就上案台，早、中饭都会在案台上吃，即使是好朋友来了，他也不搁笔，一直到晚上。像他这样辛勤作书画的大家非常少见。溥老的字比画好，诗文更好，出手特快，而且才思敏捷。朋友称他是一步成诗。他常常能在不经意中出大作，出好东西。

生活中的溥老有些与众不同。他对自己的饮食很考究，抽烟反而要求很低，价格最低的烟也抽，这对他以后的身体损伤很大。他特别喜欢吃大闸蟹，每年都要去香港吃大闸蟹。有时在一个饭桌上，自己的那份吃完后，还会把别人的也拿去吃了。以至于有一次为吃大闸蟹失踪数小时，香港一些媒体猜测是被绑架了，弄得后来台湾当局不允许溥老去香港，这可把他憋坏了。一次朋友拿出齐白石的画作《牵牛花》给他看，他借题发挥在上面题了一首诗，以宣泄自己的情绪："牵牛开真早，早露叶初晞。草虫依砌下，嘤嘤何处飞。"最后我把这幅大作买下了，为了这个掌故，也为了这份情怀。

过端午节，相互间都要送些物品。有一回，我去溥老家送礼，看到他一只脚在门外、一只脚在门内和儿子玩打弹子。这时我发现他的脚上有块红颜色，以为是他脚破了，但仔细一看，才发现是袜子上破了一个洞，他在破洞处画了一个活灵活现的钟馗，我说画得这么好，要是在纸上多好。溥老问："你要？"我说："我要。"于是一幅精彩的杰作很快出现在我面前。当时溥老自己都惊讶画得这么好，要让这幅画在他家挂上几天。一年后，他生病了，我去看他，他把画取下来双手捧给我：这是答应给你的，言而有信。

溥老平时抽烟太多，烟不离手，而且经常抽劣质烟，这对他呼吸道损害相当大，后来得了鼻咽癌，并扩散到淋巴。他对我说"我现在喝水都要往外吐"，边说边还画了张喷水大仙图。我劝他去医院，他不愿去，他自己找中医，拖了两三个星期，把最好的治疗时间错过了。后来吃东西不行了，只得听从我的意见去医院治疗。这当中，我还专门查阅了皇家家谱，得知旗人中从没有人得过鼻咽癌，又查了他家人的资料，发现他母亲祖籍广东，而这一带人有此类病史。当时我带他去台湾荣民医院做钴放射治疗，效果还不错。当他听别人说这种疗法会掉光眉毛和头发，他很是恐惧，因为他平时非常讲究仪容，出门连眉毛都要化妆。于是溥老自己偷偷出院，并要求亲友不许告诉陆医生。由于医疗中断几天，病情很快加重。一天，溥老的儿子急切地跑来找我，要跪下求我救救他父亲，我急忙去溥老家，做他工作赶快住院，并答应他把所有藏品、作品封箱、锁房，不让任何人动。这样他才答应去医院。在医院里，他紧紧拉着我的手，不许我走开，我答应他晚上搭小床睡在病床旁陪伴他。他似乎真的有些预感，特别流露出对生活的眷恋和对我的依赖。就在住院的当天凌晨一点钟，他的手在我手中慢慢冰凉，撒手人寰。那是1963年的11月18日，溥老走完了他68年人生。从此我失去了一生中最好的良师益友。

陆先生述三：假是真来真亦假，失之交臂两重天

国画堂当时在台湾以收藏经营名人字画而闻名，国画堂老板常常拿些字画请溥老看。有一次我看见堂前的角落里放着一捆字画，十分好奇，问他这是谁的字画，有没有给溥老看。他说，这些是溥老不要看的。我问为什么，他说，是溥先生的对联。我立即打开一看，对联还真写得不错。于是我花了几百元买下了。正好我哥哥过来，喜欢这副对联，我说你想要就拿去吧。哥哥要我请溥老题个上款，我想这没问题，便上楼请溥老在对联上题款，溥老当时正准备应约赴宴，黄包车已在门外等候。所以溥老没细看，二话不说提笔题了上款，匆匆去享受他的美食去了。这件事情本来很平常，没想到过了几天国画堂老板匆匆忙忙来找我：陆医生，实在对不起，那天卖给你溥先生的对联是假的，我不能卖假东西给你，还是退给我吧。我当时听傻了眼，这对联已经让溥老题了上款，在我哥哥家里好好地挂着呢，怎么能再退给你呢？此事也就这样过去了。有一天，书画名家高逸鸿、季康、匡仲英等来我哥哥家做客，看到这副对联，一致认为溥老这副对联字写得不错，可惜上款题得却差了一点。我听了这话，啼笑皆非，暗暗思忖：名家也有看走眼的时候。

在我这辈子的收藏经历中，有两件事情至今萦绕我心，难以忘怀。有一年在台北，我从一个古董商手上买了四只雍正年间的薄胎软膜杯，又叫秋风落叶杯，极其罕见。我拿去给溥老看，他说这是雍正官窑的好东西，能否让给他。我告诉溥老一共有四只，过些日子让给他两只。后来因为溥老身体不好也就再没提这件事。我非常珍爱这四只宝物，把它珍藏在床头的搁几上。我太太说，这样贵重的东西摔下来怎么办，我说过两天专门打制一个物架来放。这期间一个日本古董商一直在找这四只杯子的下落，并且找到了卖主。一天，那位古董商带着日本人来到我家，正好我去高雄给别人看病，他们对我太太说，这古董放在家里万一摔了岂不可惜，他们现在以双倍的价钱来买，我太太经不住他们的游说就卖出去了。回到家我知道此事气得心直发痛。从此再也没看到这么好的杯子。

还有一次，我的同乡拿来八大山人的一幅手卷，让我请人看看。我拿去请教溥老，溥老说画是画得不错，但是八大山人的画做假很多，我有点拿不太准。同乡知道这个情况，劝我说你买下，我考虑到一是同乡关系，买下后如果将来鉴定是真的，明显是讨了同乡的便宜；二是溥老都拿不准，万一是假的，我对自己也说不过去。所以我没买下这幅手卷。哪知后来台湾一位古董商出了当时高几倍的价钱买下这幅手卷。经多位专家鉴定证明，此手卷是多年来难得一见的八大山人手卷真迹上品。我又一次与顶级文物珍品失之交臂。非同寻常的收藏经历，让我在实战中学到不少东西。

陆老先生述四：艺缘学仁德，大家见风范

在我与许多书画大家交往中，除了耳闻目染他们各自风范，欣赏名品佳作之外，还能亲身感受他们的为世之道，学到他们的宝贵人生精华。于右任是公认的书法大家，字写得了不起，但人更了不起。当时已是台湾"五大院"之一"监察院"院长的于右任，丝毫没有长官气盛的架势，平易近人，谦恭礼让。有一次我去他家给他孙子看病，有一位穿着平常的普通人上门向于右任求一幅墨宝，被于右任的儿子拒之门外。于右任得知此事后，二话不说，叫儿子将那陌生人找回来。来人见到于右任非常激动，说他久仰于院长多年，总想求一幅墨宝。于右任欣然同意，并说这两天事情太多，过几天写好寄给他(怕派人送去中间出什么差错)。可见于右任为人诚恳友善。他事后教育儿子说，人家找你，说明你在别人心中还有位置，不可轻易就伤了别人。以后我的朋友得知于右任为人如此好，常请我帮忙向于右任求墨宝，于右任总是有求必应，到最后我自己反而不好意思麻烦他，没能收藏到于右任真迹。但我心中始终敬佩于右任胜过拥有他的墨宝。

溥老平日字画卖得的钱款都由夫人掌管，所用的落款印章也都在夫人那儿。溥老为了应付不时之需，在我那儿藏了几方印，有时给朋友送点字画，都让他们到我这儿来盖印。有一次，我去他们家，发现溥老和夫人在吵架。原来夫人在外面听说几十块钱就能买到溥老的对联，溥老说不可能，为了证实自己说的话，他让夫人用几百块钱尝试买溥老两个字"飞凤"。几天后夫人果真买来这两个字。溥老看后乐了，他说这个人的字写得还真不错。溥老不但没有去为难人家，反而让夫人跟人家说，他的字如果不冒溥心畬的名，可以卖到更高的价钱。可见溥老的胸怀坦荡为人宽厚。

我在几十年行医历程中有机会与艺结缘，深深爱上书画作品。有幸收藏了溥心畬、于右任、张大千、吴湖帆、文徵明、黄君璧等名家的大作。试图让自己的精神与名家及作品融为一体，从中汲取内涵养分。我仰慕他们，我学习他们，我的心永远和他们在一起。我的藏品不会去卖，为了更好传承，我一直都以适当的方式捐赠。我已经 96 岁了，就是想让这些名家名品的精华嘉惠更多人。

心底无私天地宽

——王时驷先生访谈

王时驷，1951 年生。1994 年 9 月至今，任金海马集团华东区董事、总经理。受父亲收藏耳濡目染的影响，喜好收藏，主要收藏书画和古董杂件等。

采访时间：2010 年 3 月 30 日

采访地点：金海马家具沪太路精品店

采 访 者：韦蔚（以下简称“采访者”）

被采访者：王时驷（以下简称“王”）

采访者：请谈谈您的父亲王一平先生为何会喜爱艺术品，是如何走上艺术品收藏道路的？

王：此次报道可能有违父亲的本意，他向来不要求宣传自己。但是我觉得把父亲的收藏经历说一说，对现在和今后人们的收藏是会有所启发和感悟的。

我的父亲是一个知识分子出身的干部，曾就读于山东胶东地区的文登师范学校。学业之外，父亲注重不断地自学、提高。他对中国传统文化有一定的理解，在古文方面也有很高的造诣，还能写一笔潇洒的章草字。1952 年全国解放后，陈毅一个电话，让父亲从部队转业，由兵团政治部主任到上海担任组织部部长。自此，父亲知识分子的潜质逐渐体现，逐渐开始了他的收藏之路。

父亲的性格比较耿直，对历次政治运动中的极“左”思潮都有自己独立的见解和想法，因此在工作方面也不是一帆风顺。1956 年左右，父亲为了保护当时的上海宣传部长彭柏山，主动辞去了组织部长的职位，留任常委，到上海博物馆担任馆长。也正是在这一时期，父亲对艺术品有了更加深入、全面的了解，并且认识了很多文物工作者和书画创作者，从而开始较为系统的艺术品收藏。

采访者： 您父亲收藏的艺术品门类有哪些？为什么会选择这些门类呢？

王： 父亲收藏的主要是古字画，还有一些近现代书画、文房杂件等。父亲的个性独立，对于收藏的门类必须自己先弄懂、掌握，经常会亲自翻阅大量资料做周密的考证工作。在收藏研究过程中，他感觉自己对古代字画的识别方面比较有把握，对于其他门类的鉴定似乎有些难度，所以就选择了书画类艺术品进行收藏，而放弃了同样有机会收藏的瓷器等其他类别艺术品。

采访者： 您的父亲主要通过什么途径进行艺术品收藏？在不同的历史时期是否有所不同？

王： 新中国成立初期，上海的广东路一带有很多文物摊贩，后来公私合营，很多摊贩被整合进文物商店，成为文物商店的经营管理人员。收藏早期，父亲经常会和这些文物商贩打交道。记得他曾在广东路接触过一个商贩，当时那人拿了一张扬州八怪之一黄慎的画，说是真品。父亲看过并研究了一下，觉得差不多就买了下来。后来他去京津地区开会，逛当地博物馆时，竟然看到一幅一模一样的作品，当即感到买的画可能是赝品。回上海后，父亲把这个情况告诉了那个商贩，也没为难他，只是笑笑退回了画。

自上世纪50年代末，父亲所有的藏品都是从文物商店以及后来成立的朵云轩购买，并均有发票可循。“文革”之前，社会上流传有大量的文物，有些经济条件比较差的人家会把书画等艺术作品卖给文物商店或朵云轩，再由他们加20%的价格出售。那时的行规是：客人看过艺术品后，如果觉得不好就算了，如果觉得不错可以先不付钱，把东西拿回家去，看个十天半个月，或者做些针对性的研究。如果最终决定要了，就把钱付给文物商店。如果感觉东西不好或不喜欢，就退还回去。当时，文物商店和朵云轩对部分老干部会有一些优先措施，一有好的书画，会较早通知父亲去看。通过这一渠道，父亲购买了许多书画作品。“文革”的时候，造反派曾质疑父亲：共产党干部，怎么会有钱买这些画？父亲就把所有买画的单据都拿了出来。经检查核对，的确全部干干净净，所有的艺术品都来源于正规的文物经营机构。

采访者：您父亲收藏的古代书画的范围和特点是什么？

王：我母亲曾将父亲收藏的所有书画整理出一份清单。从清单上可以看出，父亲收藏的书画中，宋元的很少，主要是明清时期的一些名家作品，如明四家、清四王、扬州八怪等。那时，虽然一般的书画作品比较便宜，但宋元时期的书画作品还是比较昂贵的。父亲属于工薪阶层，当时是 7 级工资，每月 300 多元，母亲是 14 级工资，每月 140 多元。父亲的工资除了支付党费和每月从中扣除的房租费用外，几乎全用在了收藏方面，家里的生活开销，大多是由母亲的工资支付。尽管如此，经济能力仍是有限，在这种条件下，父亲不可能收藏很贵的艺术品。

采访者：您的父亲与哪些收藏家的交往比较密切？对于他们的收藏有何看法和见解？

王：父亲与收藏家刘靖基和钱镜塘的关系比较好。

记得以前每年四五月份的时候，刘靖基都会把家里的画挂出来，请藏友们前去鉴赏。父亲年年都会带我去看。1992 年，父亲和我一起去刘靖基位于武康路、复兴路的家赏画。我看了刘靖基的收藏后非常惊讶，他收藏的书画作品不仅数量多，而且尺幅大、内容精，仅恽南田的作品就有十几幅大尺幅的。回家的路上，我对父亲说，看下来好像刘靖基的收藏比你的好嘛。父亲说：“收藏这个东西，有的人是又懂又有钱，有的人是有钱但不懂，还有的人是懂但没有钱。刘靖基属于既懂又有钱的收藏家，所以可以收到好东西。”言外之意，自己虽懂，但没有什么钱，没法收到非常珍贵的东西。

父亲与收藏鉴定家钱镜塘也有来往，有相当一部分藏品正是通过他的介绍购买的。父亲也帮他解决过很多家里的困难。钱镜塘有时会把一些好画拿到我家，希望以优惠的价格卖给父亲，但是父亲都坚决表示："这画我觉得不错，但你要先送到文物商店，等他们估好价，加上20%的利润后，我再去买。"有时，钱镜塘把画放下就要走，却都被父亲婉言谢绝。父亲觉得虽然艺术品收藏的私人交易很多，但由于自己喜欢，所以这方面更要特别注意，所有的画不会托私人去买，以免任何价格上的模糊不清。

采访者：您父亲的收藏中比较重要的藏品是什么？它蕴含着哪些背后的故事？

王：父亲的收藏中，价格最贵的是一幅明代画家林良的花鸟纸本画。林良是明代著名的花鸟画家，是明代宫廷由工笔向写意转型的花鸟画家代表人物。1965年左右，文物商店向父亲推荐了这幅林良的花鸟作品，父亲将它拿回家看了很长时间，觉得比较中意。但这张画的价格比较昂贵，连同一个盒子，共需900块。因为家里的现金不够，父亲就拿了早先收藏的一张吴昌硕的《菊花图》到文物商店去估价，希望能冲抵一部分价格。那幅《菊花图》购于50年代，时隔多年后文物商店对其的估价自然高于当时的购买价格。但是父亲却对文物商店的工作人员说，就按早年购买的价格计算。对方说，我们没有给你多估，艺术品升值了，现在就是这个价钱，别人送来也是这个价钱。父亲表示，不管别人怎么样，我的画就按照当时买的价钱算。

父亲收藏的这幅林良作品日后多次出版。广东博物馆曾将它借去展览，并出版画册；朵云轩也曾将其借去做木刻水印的范本。当时，他们表示要付范本的稿费，被父亲坚决谢绝。"文革"时期，父亲所在的机关还专门有一张大字报批判他收藏这幅作品，称其"玩物丧志，用一个8级工一年的工资，买一张封资修的画"。

后来，父亲将林良的这幅花鸟画随同其他藏品，一起捐给了上海博物馆。在捐赠之前，父亲曾参观上博举办的一个明清花鸟画展，觉得展出的林良作品是绢本，而父亲收藏的这幅是纸本，纸本更罕见。捐赠之后，上海博物馆再举办明代的花鸟画展览，就用父亲收藏的这幅林良作品代替原来的展品了。

有缘的是，"文革"后有一次，父亲参观一个吴昌硕周年画展时，竟意外地看见了当年为买林良的这幅花鸟画而转让给文物商店的那张《菊花图》。看完画展后，父亲不无自豪地说，好像还是我的那幅画最好。

采访者： 您的父亲收藏过程中是否有令人难忘的经历和事情？

王： 父亲担任上海博物馆馆长不久，1957年的反右运动开始了。当时反右都是有指标的。博物馆内知识分子众多，被认为是出右派的地方。父亲凭自己是市委常委，有较高的政治地位，毅然表示："博物馆里，我都审查过了，都没有够上右派的。"这样，在非常的环境中，父亲尽自己的努力，保护了博物馆中的工作人员和鉴定专家，父亲当馆长期间的上海博物馆也因此成为唯一一家没有出现一个右派的文化单位。

"文革"时期，父亲被抄家了，所抄的物品都被放在上海博物馆里。博物馆的同志感念父亲的为人和作风，专程打来电话告知父亲已将他的物品妥善保管，要他一切放心。"文革"后，落实政策发还藏品，父亲被抄的物品因为博物馆的保管，相对完整地归还回来，不像其他的老干部或收藏家，因为管理的混乱，失散了较多藏品。

采访者： 据说，您的父亲不仅自己搞收藏，还带动了上海和外地的一批老干部一起搞收藏，而且您父亲在这些老干部收藏中也相当有口碑。是这样的情况吗？

王： 是的。当时上海搞收藏的老干部，如李研吾、白书章、郑平、张叔平、曹漫之等彼此之间都有往来。父亲除了工作上的同事外，交流的也多是这些搞收藏的朋友。久而久之就形成了一个老干部的收藏圈子。

父亲和谷牧副总理特别熟悉。他们既是老乡，又是同学。谷牧还是父亲的入党介绍人。父亲在上海担任组织部长时，他是宣传部长，后来调到北京工作。谷牧也很喜欢书画。现在我家中挂着一张邓石如的横批《是清风明月之庐》。据说，这张作品是上世纪60年代谷牧到上海出差，和父亲一起在文物商店选画时看中的。因为他没有马上付钱，所以就将这幅作品留在我家，没有带回北京。不料，谷牧的夫人反对他买画，他回北京后没能筹出钱款，就叫父亲把作品退还给文物商店。父亲觉得这张作品不错，就自己付钱买了下来挂在家里。过了一段时间，谷牧筹足了钱，又想买这幅作品。但父亲感觉这幅作品挂在房间里很不错，就没有转让给他。

父亲有个老乡叫李耀文，曾担任海军政委，现已年逾九十。他也是父亲的亲密搭档，只要父亲提一级，他就顶替父亲的职位。他知道父亲喜欢收藏中国书画，也逐渐对此着了迷。记得 1968 年底，我插队落户经过他家时，在那里小住了几天。他的夫人还开玩笑说："我家的老头就是受了你爸爸的影响，整天拿'花纸头'换'破纸头'。"当然，现在这些艺术品的价值与当时已不可同日而语。

有一次，我碰到父亲过去的老同事张耀辉之子张军，他还说起，幸亏你父亲当年带我爸爸出道买画，你父亲曾说："共产党的干部，有了钱，不买地、不买房，就是要买画。"所以我父亲才跟着你父亲买了不少的画。在他父亲去世后，那些早年收藏的书画，解决了他家中的很多经济困难。

父亲和搞收藏的老干部们经常于星期天聚在一起，谁收藏了什么就拿出来切磋一下。大家以文会友，不亦乐乎。我家墙上至今仍挂着徐文长册页的其中一张。最初买来时是一整本，但由于老干部们都比较喜欢，就一人一张，将它分掉了。

采访者：您父亲的收藏原则和审美标准是什么？他是如何身体力行这些原则和标准的？

王：父亲的收藏很注重艺术品的"真、精、新"。

"真"，即藏品必须是真品。这在父亲的收藏原则中是最为重要也是决不妥协的。如果作品有疑问，即使免费奉送他也不要。有一次，我看见父亲在拼命地磨一方印章，要把印面上的篆刻磨去，就好奇地问他原因。父亲告诉我，这个印章是请篆刻大师陈巨来刻的，自己非常满意。但在后来参加的一次文化活动上，一个中年篆刻家过来对他说："王书记，我给您刻的那方章您满意吗?"父亲问过原委才知道，原来陈巨来因年事已高，只是刻了边款、写了印章的文字，由他的学生代为篆刻了这方印章。父亲当时没有表示什么，回到家后就开始打磨这方印章。虽然他承认这个学生也篆刻得很好，甚至有超越当年陈老的篆刻水平，但他觉得印章上有自己的上款，有陈巨来为自己而刻的文字说明，如果流传下去，将有误导的可能，所以一定要亲手将其毁掉，以免成为日后的"赝品"。

"精"，即收藏重质不重量。父亲对藏品质量也是严加把关。20 世纪五六十年代，文化商品的价格很低，真正喜欢的人很少，父亲的收藏机会很多。但根据父亲的收藏清单，他只收藏了百十件艺术品而已。父亲如果在掌眼、把关方面松一点的话，可以收到多几倍的东西,但是父亲没有这样做。

"新",即藏品的品相要好。很多市场上流通的古画,因为时间久远,裱头多很破旧,品相也很差。父亲买的古旧书画,每一张都会重新裱过。虽然有人认为重新装裱古书画,会有人对其年代产生误解,但父亲却并不在意这些。他总是请裱画大师严桂荣使用最好的材料对古画精心挖裱,所以父亲收藏的每张古画都几乎焕然一新,品相完好。

父亲轻易不在收藏的古画上题字或钤印。记得当年刘海粟也很喜欢父亲收藏的林良花鸟画,曾三次和父亲要求在画上题点字,父亲都没有答应。因为他觉得画面本身已非常和谐,不需要破坏它的原始风貌。

父亲的审美标准也与别人不同,喜欢具有创新精神的艺术作品。如沿袭传统的清初四王与革新反叛的八大、石涛和扬州八怪相比,父亲就比较钟情后者。虽然艺术市场上一贯追捧被《石渠宝笈》著录的作品,市场价格也是扶摇直上,虽然扬州八怪的作品,创作之时就因不符合传统潮流而不受重视,但父亲却特别钟情于这一类具有独特艺术风格的书画艺术。

采访者:您父亲后来是如何开始收藏近现代书画的?这其中是否有某些契机和原因?他喜欢怎样风格的近现代书画作品?

王:父亲收藏了一部分近现代书画,但是数量并不是很多。"文革"前的 50 年代到 60 年代上半叶,父亲收藏的基本上全是古代书画,近现代书画几乎没有收藏。"文革"时期的 1971—1976 年,他开始集中收藏近现代书画。因为在那段特殊的时期,古画被认为是"封资修"的体现,要么抄家、要么销毁,收藏难以为继。

1966—1967 年"文革"初期,父亲受到很大的冲击,虽然 1971 年获得了"解放",起先也是赋闲在家,后来象征性地安排了一个市革委副主任的闲职,不接触政府机密事务。当时近现代书画家的境遇也是如此,"文革"初期被严加批斗,70 年代逐渐解放,但也不受重视,赋闲在家。正是在这段时间,父亲和这些近现代书画家有所接触,并常会出些题目给他们创作。当时的书画艺术家政治地位低下,精神上都很苦闷,给他出题创作,在某种程度上,是对他们极大的精神安慰和艺术支持。父亲的做法也比较聪明,多让书画家们写毛主席诗词等题材，这样，即使造反派知道了也无话可说。1976 年，周总理逝世，“天安门事件”之后，父亲的心情非常沉重，就请方增先画了一幅《鲁迅》，后来父亲仍觉不能完全直抒胸臆，又自题鲁迅诗句“灵台无计逃神矢，风雨如磐暗故园。寄意寒星荃不察，我以我血荐轩辕”，以表达对当时政治形势的忧虑之情。打倒“四人帮”后，父亲无比喜悦，请关良创作了两三张《三打白骨精》的作品以示庆祝。父亲的八九成近现代书画作品都是那个时候收藏的。1977—1978 年，社会仍比较动乱，政府要求父亲搬到兴国宾馆7 号楼居住，那所房子比较大。父亲搬入后，请谢稚柳、陆俨少画了几张画挂在客厅里，这样又少量地收藏了两三幅作品。

近现代书画中，父亲喜欢具有传统文人风格作品，不太喜欢泼辣、粗犷、涂鸦式的风格。比较欣赏的画家有谢稚柳、来楚生、唐云等。父亲收藏的近现代书画作品虽然不多，却都是精品，不是所谓的应酬之作。有时候画家送画过来，他不满意时还会退还回去，书画家们知道父亲的为人和喜好，每次为他作画也都精益求精。

采访者：您父亲在近现代书画收藏过程中是否有一些特别故事和重要事件？

王：父亲恢复担任上海市委书记职务后不久，有些老朋友和老战友知道父亲和书画家们有着很好的关系，就托父亲为他们弄一点书画作品。1977—1978 年左右，书画作品还没有市场，价格非常便宜，最好的不过十元一尺，一般的大约五元一尺。刚开始，父亲还请书画家们作画送给外地的老战友，但 80 年代后，随着经济恢复、艺术品价格日渐上升，父亲绝对不再开口向画家索画。他说，这个时候如果再要无异于向他们要钱了。记得那时有一个外地的战友给父亲写信，请父亲给他搞一幅唐云的画。父亲当时很为难，唐云作品的市场价格已日渐上升，可是老战友的请托又难以推辞。于是，他就叫唐云教过的一个二三十岁的学生画了一幅送给外地的老战友。战友不解，写来一封信埋怨父亲拿没名气的画家作品来糊弄自己。父亲考虑再三，还是不能叫唐云画，最后就把唐云在“文革”期间给自己画的画再请他加了一个款寄给了老战友。这下战友觉得过意不去了，又专程写信向父亲表示歉意。

父亲不但以身作则，而且对下属单位的同事也严格要求。前不久，我在参加一次拍卖会时，碰到早年担任过上海美术馆展览部负责人和馆长的张林博，他还开玩笑说，“文革”结束不久，你父亲在当时的文化广场给我们文化宣传系统开会，特别强调不能向画家开口要画，否则就是索贿，搞得我们都不敢要，那时要是有画，现在又何必自己拿钱拍卖呢。

关于父亲的近现代画收藏，还有一个难忘的插曲。1976 年 10 月 6 日，中央粉碎“四人帮”时，上海这边并不知情。北京方面为了了解和掌握上海这边的动态和情况，从国务院以及中央各机关抽派干部以检查工作为名来到上海。当时曾担任谷牧副总理秘书的曹大征是工作组成员，负责到上海来了解情况。谷牧交代他到上海就来找父亲。但由于他与父亲不熟悉，谷牧就专门给了他一张黄胄的画，让他以替谷牧捎画给父亲的名义来相见。曹大征连夜赶到上海时已是 10 月 7 日的晚上 10 点多钟，他在机场就给父亲打电话说，谷牧副总理叫我给您带张画。父亲说好，明天我到宾馆去看你。他却坚持要深夜拜访。等他来后，把画交给父亲，寒暄两句，就和父亲说起了中央的重要情况，并要父亲协助了解、掌握上海的动态。他走后，父亲彻夜未眠，第二天一早就去找了自己的老部下，了解市委的情况以及是否会搞暴乱等信息。在生死攸关的紧要时刻，一幅书画成了传递信息的重要媒介。

采访者：您父亲和许多近现代书画家关系良好，在与他们的交往中是否有一些难忘的故事？

王：父亲与上海的近现代书画家都保持着很好的关系，包括谢稚柳、唐云、来楚生、钱瘦铁、陆俨少、陈佩秋、关良等，他们在书画切磋方面有一些共同的语言。唐云、谢稚柳在收藏鉴定方面都有很高的造诣，父亲有时会请他们帮忙掌眼。唐云经常陪父亲到文物商店去挑选书画作品。父亲知道唐云喜欢收藏壶，就把自己收藏的一把曼生壶送给了他，唐云收到后，又回赠了父亲一幅石涛的山水小品，以供玩赏。

父亲恢复担任市委书记后，主管上海组织和宣传，位高权重。出于对艺术的喜爱和保护，他对于书画家们格外地关照。书画家的子女插队落户调回上海，父亲尽量帮他们办理；对于住房条件不好的书画家，父亲也会尽量帮助他们改善环境。因为父亲觉得书法绘画属于特殊劳动，需要相对较好的创作环境。

父亲和林风眠的关系特别好。当年林风眠一个人在上海，特别不得志，生活非常清苦。他的太太是法国人，常年生活在国外，条件也很艰苦。1971 年，父亲“解放”后有点小权时，批准林风眠每年给太太寄八张画，让她在法国出售，所得的钱款部分留下自用，部分寄到上海，供林风眠生活开销。1977 年“文革”后不久，林风眠提出想要出国。父亲为此专门给北京打电话，经谷牧副总理疏通，获得了叶剑英的批准。临行时，父亲请林风眠吃饭，并送他上了飞机。登机前，他送给父亲一张画留作纪念。画上有 11 只小鸟，寓意着当时刚召开过的党的十一大，父亲也当选为十一届中央委员。

采访者：20 世纪 80 年代以后，您的父亲还收藏过其他的艺术品吗？

王：父亲在 80 年代以后再没有收藏过艺术品。一方面因为艺术品的价格日渐上涨，父亲的工薪收入无法继续购买；另一方面，父亲感觉艺术品背后的商业意味日渐浓郁，收藏变得不再高雅纯粹。

我家曾经有一个颇有年份的崂山石摆件(宋坑小方壶)，上有清乾隆时期名家高凤翰的书法，还有谢稚柳等名家的题词，吴湖帆还专门为此壶画过一幅《宋坑小方壶》的画。父亲对此壶钟爱有加，始终摆放在客厅的显眼位置，还将自己的收藏斋命名为“小方壶石室”。90 年代末，在海外出版的《东方文化常识》一书中曾将其作为全书最为珍贵的一块奇石推介，其他一些书刊也曾对它多次刊载。一次，原嘉定古猗园奇石馆馆主胡姓老先生留美回来的女儿对父亲说，有个老外收藏家希望能以五万美元的价格购买他收藏的这块奇石。父亲客气地表示，我收藏的东西是从来不卖，不用来做生意的。对方劝说道，全世界能够出五万美元买这块石头的没有几个。这个老外收藏家已经七十多岁了，而且有心脏病，身体也不好。言外之意，父亲这次不卖，下次未必会有肯出这么高价的买家了。父亲听了，仍淡然地表示，无所谓，我不会卖的。第二天，父亲就把这块奇石送进了博物馆。如果不是有这么一件事，这块奇石可能至今还摆放在家中。

采访者：您的父亲会将自己收藏的艺术品应用于生活吗？他是怎样与其日常相伴？

王：父亲会将近现代书画挂于家中，这些作品年份少，不怕氧化。古代书画因为年代久远，会因日照、光线等因素缩短寿命，父亲多将它们小心地保管起来，只在刚买来时、来藏友时或工作疲惫时拿出来欣赏一下。每年的黄梅天后，父亲也总要把收藏的书画集中拿出，在家中晾挂几天，再收起放好。

其他的古玩杂件之类，父亲就将它们用于日常生活。他的文房用品，每一件小东西，都是一件古董。如他使用的墨是乾隆墨，毛笔是御笔，就连烟灰缸都是一个宣德炉。我一位同学的台湾朋友喜欢收藏紫砂壶，听说父亲搞收藏，就到我家来参观。他看见父亲当时在用一把吴大澂的壶喝水，非常惊奇，忍不住说："您用这个壶喝水呀，小心别打了，这个壶在台湾可以换一辆丰田车呢！"

采访者：您的父亲后来将收藏的古代艺术品捐献给了博物馆，将近现代艺术品也变相地捐献给了国家，这具体是怎样的情形呢？

王：父亲后来把大部分收藏品捐献给了博物馆，应该说这是他早有考虑的决定。父亲认为自己是共产党的干部，所有的一切都是党给的，应该把自己的一切交给党。90 年代初，父亲在一次看报时突然小中风昏倒了，虽经及时诊治没有大碍，但一向健康的父亲就此开始考虑自己的身体问题，并着手整理自己收藏的书画作品，准备捐赠事宜。父亲曾召集子女开会，表示要将古代书画捐赠给博物馆，近现代书画则留给子女作为纪念。后来父亲将古代书画分为了两批，主要的一批捐赠给了上海博物馆，另有五六件胶东籍书画家的作品捐赠给了青岛博物馆。记得最初父亲给青岛博物馆打电话，对方不知原委，未予理睬，后来他托时任青岛局级干部的侄子去和青岛博物馆沟通后，对方才恍然大悟，立即派一个副馆长和书画部负责人专程来上海面见父亲，接收捐赠藏品。

父亲捐赠时，与博物馆的同志约法三章：不要宣传，不要捐赠仪式，不要证书。当时对方问，日后展出您的藏品时如何署名？父亲说："你们看着写吧，但是一定不要写我的名字。"因此父亲所有捐献给博物馆的藏品，都没有留名，也没有收取任何收条或凭证。后来，我看到博物馆展出父亲收藏的林良花鸟作品，下面的署名是"无名氏捐"。

父亲捐赠收藏的古代书画后不久，江西发生了水灾，父亲得知后心情很沉痛，就召集子女开会，希望能够捐点钱款。他最先和我谈了想法，我说你捐 1 万元吧，我来提供。父亲说 1 万太少了。我说那就出 10 万吧，他还是表示太少。他说，我想捐 100 万，你们自己商量一下，留给你们的近现代书画有一定的价值，你们也应该对国家作出点贡献。父亲如果不给我们这些画，也不会要求我们捐款。后来这 100 万，我出了大部分，其他兄弟姐妹也出了一小部分，以父亲的名义捐献。当时的市委秘书长来了，还不敢贸然接受，特意请示了当时的上海市委书记黄菊。黄菊表示，这是王老的心意，一定要收，可以尊重他的意愿不登报，不做宣传。事后据统计，这次水灾个人捐款中，上海地区个人捐款最多者是一名捐献 100 万元的私人企业主。其实，父亲应是和他并列第一的，只是因为父亲坚决不要求宣传，所以几乎无人知晓此事。

采访者：您父亲的收藏理念和收藏行为是否对子女产生了潜移默化的影响？从中取得了怎样的收获和感悟？

王：父亲的两枚闲章基本代表了他对收藏的理解。一枚是“相逢有味是偷闲”，另一枚是“聊借画图怡倦眼”。在父亲看来，收藏是一种文化消费，通过它可以修身养性、休闲娱乐，可以了解和学习很多传统文化，可以以文会友，扩大自己的交流圈子并增添很多乐趣。

也许父亲的有些收藏理念没能与时俱进，但是他以实际行动为我们做出了榜样，告诉我们，如果仅以投资为出发点来搞收藏，绝对是以偏概全的。收藏应该还原到文化艺术本源，应该和经济价值脱离，不要纯粹追求升值和投资效应。要根据自己的经济水平，购买真正喜欢的好东西。

韫石美如玉

——汪统先生访谈

汪统（1916—2011），上海嘉定人，自署“忒翁”，因肖龙，别称“潜龙”。汪统是沪上闻名的印石收藏家，一生所藏田黄石、鸡血石、寿山石、青田石等在质量及数量上都属大观。篆刻名家朱复戡专为他治印逾百。

采访时间：2010年8月21日

采访地点：汪统上海寓所

采 访 者：胡韶光（以下简称“采访者”）

被采访者：汪统（以下简称“汪”）

采访者：汪老，您学贯中西又深具中国传统文化情结，您对收藏文化有何理解与体会？

汪：我是七十余年前在著名的上海教会学校上海圣约翰大学毕业的。但我没有陶醉于西方文化，也没有接受西方宗教的宣传入教。我推崇祖国的传统文化，对中国文字的独特的美十分钟爱。研考中国传统文化，一定要接触中国文字的演变。印章在这方面就起到了非常重要的作用，虽然印章的流传不及书籍那样丰富，但从收藏角度来看，却有其独到之处。因为从印章中可以看到不少有关传统文化的记载，以及不同的表现手法，用以补充书籍的不足。这也许是我偏爱收藏印石的主要原因之一。

采访者：请您谈谈是如何开始印石收藏的？

汪：我爱好写字、作诗，作品上都要盖上私章。不同的作品往往要盖姓名、别署、大小不一的印章，有时还要用上起首章、押角章以及闲章等。这就需要买些石章请篆刻家治印备用。买石章当然要选拣一些比较合适的，其中有未刻过的，也有很多已有刻面的，有些品相好的、手感也好的便留着不舍得用掉。因此，我最早买印石并不是冲着“田黄”“鸡血”去的，更多的还是讲求实用。起先对于石质的分档是不懂的，一方印石，我觉得捏在手上舒服、颜色可爱就买了下来，而且有些旧印石的刻面刻得不错，印文的内容也是我能用上的，我就保留下来自己使用。还有一些刻面不中意的，我就把它磨掉，另外请人刻制。因为这样不拘一格地买印石，我所收藏的石种品类还是挺多的。有些人收藏的“田黄”比我多，但是他所有的印石种类不如我全面。有个喜欢印章的朋友说在我家中看到了一些在别处已经看不到的东西。比如青田石，很多人都觉得青田石平平无奇，其实一方好的青田石入手后会让你放不下，其魅力一点都不逊于田黄石。

渐渐地，我逛的地方多了，除了经常去的古玩市场、宣和印社、大陆商场等处，有的朋友知道我喜欢印石，而且不拘于“田黄”“鸡血”，于是，他们看到合适的印石就会跑来告诉我，帮我牵线搭桥。这样一来，我收藏印石的门路多了，看到的东西多了，听到的介绍多了，便逐步成为印石的收藏者了。因此，我起初不是为收藏而收藏的。

采访者： 收藏伊始，您最早的一方印章石是怎么得来的？

汪： 有一次在市场上收到了一方黄色的石章，印匣中有一段说明：“黄田极罕见，此石精华内敛，宛然古玉，洵可珍也。”原来它不是“田黄”，而是“黄田”。后来，行家看了都很赞赏，说是难得的。于是，它就成了我的第一方正式收藏的宝石了！

采访者： 民间有“一两田黄，三两黄金”一说，您的“田黄”收藏享誉海内外，能否为我们谈谈您对“田黄”的情感和解读？

汪： 田黄石的名声很大，市场供应量又少，物以稀为贵，它也就成了宝货。我曾听说，在“田黄”坐第一位之前，“艾叶绿”曾是最名贵的，我也觉得翠绿又通透的“艾叶绿”确实很可爱，事实上，上好的“艾叶绿”比“田黄”更少。我对于“田黄”还是十分推崇的，不过从玩赏的角度来讲，如果收藏的只是一大堆“田黄”，别的很少，就乏味得很。多品种的印石收藏更值得玩赏。

采访者：上海解放前夕，旧币将废，有钱人都争相购金银物品，您却依旧在寻印买石，当时您是怎么想的？

汪：解放前夕，很多人争购金银珠宝，但当时我正在请朱复戡为我刻百钮集，所以心思就放在选购美石上，可以说已上了瘾。别人的重点不在印石，正好为我创造了舒舒服服挑选印石的机会。我记得当时在古玩市场门口有一个设摊的朋友和我比较熟，知道我的藏石喜好。他的摊位在市场门口，常常是一方印石还没进古玩市场就先被他看见了，要是觉得我会喜欢的，他就替我留下来藏在一处不让别人看到，让我先去挑选。通过这个老朋友我收到了不少印石。另外，朋友也常常帮我寻找好的印石。这样，我收印石的渠道越来越宽了。

我收印石比较喜欢从种类、颜色以及制钮工艺上来判断，“寿山”“昌化”“青田”各有各的味道，都是我很喜欢的石种。各种印石的颜色也千变万化，在赏玩的时候，我常常就每一方印石独特的颜色气韵给它们配上一个名字。比如这方煤精石，我给它取名叫“乌骓”；这方鸡血石，我给取名叫“榴火”，各式各样不一而足。收藏印石不能简单地从价值上去考虑，这方“田黄”价值多少，10 万元还是 20 万元？可能一方很普通的青田石，说不上有多么的名贵，但是捏在手心里就会让我感到舒服和安静。

采访者：人们常讲寿山石有六德，细、腻、温、润、凝、结。您认为怎样的一方寿山石才能成为美石？您是怎样选择的？

汪：寿山石的质地的确比较细腻、温润，与众不同，容易受人喜爱。我在选择时非常注意手感、色泽及品相。寿山石品类多，有白芙蓉、小桃红、嫩蛋黄等等。有了格、筋、砂、钉等瘢点便不可取，大类分坑为田坑、水坑、山坑。“田黄”亦为寿山类，为田坑。但大家因其宝贵，往往专注一类。好“寿山”大多为水坑石，水晶冻、鱼脑冻等都属水坑。

另外，对于判别一方供人把玩的印石的优劣，包浆也是一个很关键的因素。新的印石没有包浆，给人的感觉就显得单薄；而好的包浆是经人把玩了很多年才逐渐形成的，气韵充足。每一方老印石因为它的传承经历不同，或许被束之高阁、小心翼翼地秘藏，或许漂泊零落，在街角陋肆间辗转。每当我把它们捏在手里，细细品味它们或光亮或坎坷的皮壳，就好像也体会到了这方老印石的百年身世，常常叫我浮想联翩。

采访者：您对收藏的每一方印石都不离不弃，近年来常有人来重金相求亦不能得。能否给我们谈一谈您的收藏理念？

汪：我对于藏品都是有深刻感情的。我的收藏中有一方硕大的“白芙蓉”。得到时，原所有人急需现款，把这方大“白芙蓉”经友人转让给了我。后来他有了钱，便想向我买回去，但是办不到了，因为我对它已深有感情了。

我也专题收藏有“马”形象的邮票，因为我老爱人肖马，我的大儿子也肖马，我对“马”邮也就特别有感情。我对收藏的理念是收藏与游山玩水颇有些共同之处。第一，是爱好，我年轻时常常喜欢与同学、朋友结伴出去游玩，爱好是最大的动力；第二，要有时间，收藏和旅游一样要有时间，出门去游山玩水要有时间，收藏也需要花上很多的时间，去收集、揣摩、考究、交流等等；第三，要花钱，出门要花钱大家比较明白，收藏在起步的时候也免不了要付出些“学费”的。因为最初在不太“识货”时往往要被欺蒙的，但花钱必须要有分寸，量力而行。有时觉得力不能及，那就不得不割爱了。

采访者：汪老，早年您曾拿出百方美石请朱复戡先生治印百钮，并有《为瞟城汪氏刻百钮专集》出版，这一直是印坛一段佳话。朱先生曾有《为汪统治印》七律一首，其中云：“倾箧相求为刻画，桃花潭水寄深情。”以李白自比，以您比汪伦，可见你们之间情深。而今在我辈年轻后学的眼中，更添一份传奇的色彩。能否请您讲一讲您与朱先生的故事？

汪：解放前夕有一天，我买到了一个齐白石画红梅的扇面，有个同学看到扇面的背面是空白的，他说可以交给他，去请他父亲的一位好友朱复戡给我题写。复戡的作品，当年用“百行”两字的比较多，写好后，我一看是用石鼓文的字体题写的，十分满意。同学说百行的篆刻比书法更负盛名，而彼时，我正在请沪上各篆刻名家为我刻私章，就由他介绍到朱复戡住处去请他奏刀。

几天后取到两方对印，其布局和刀工的独到之处令我钦佩之至。于是，陆续地请百行刻各式备用私章，前后积到一百多方。我便想干脆钤拓成册，留作纪念。马公愚知道了，看过百行的刻件后完全赞成，很高兴地说，百钮序文由他来写。马老的序文写得非常好，面面俱到，对百行的艺品推崇备至。我便托宣和印社给我钤拓了32册。1951年春3月完成时，我36岁，百行长我16岁，52岁便已有了这样的造诣。

我和朱复戡的交往，可以概括为“石缘”，他为我刻的一方石印，印面就是这“石缘”二字。他在印章四周刻了长款：“暡城汪君忒翁，渊源家学，能诗文，好金石，所藏多佳品。当代名家，延刻殆遍，于余所镌，尤具真赏，乃倾箧择其精者百余事，嘱为奏刀，汇集成册，暇日展观，摩挲自得。金石有缘，翰墨知音，后之览者，当传佳话。然吾以抗战之将，雄豪自负，乃以雕虫，争胜印人，为愧恧耳！”后来在1986年由上海书画出版社准备出版《朱复戡篆刻》一书时，关于这方印章的刻款却产生了一个插曲——当复戡在出版前审阅内容时，看到其中收入的“石缘”刻款中有几个字用得不妥当，可是该石我已保存了三十余年，并拓入专集中，当然不会让他的刻款被磨去，复戡本人也同样舍不得。于是他给刻款做起了不少皮毛的手术。他依照要改掉的刻款地位，按照自己的笔法在另外的平石上，将要换上去的字款刻成后拓好挖补到原刻的空位上去，这样可以把新出版印集内“石缘”刻款中倒数第十三字至第二十字改成为“劫后余生，深自韬晦”，全文配合得完全看不出挖改的痕迹。这情况，想来知道的人是不多的。

采访者：当年海上许多一流的篆刻名家都曾为您治印，这其中有没有让您高兴、感动的故事能与我们分享？

汪：因为收藏印石，我多结交了很多朋友，认识了很多“老古董”，大都是19世纪后期出生的前辈，如王福厂，生于1880年；唐醉石，1886年；马公愚，1890年；邓散木，1898年；朱复戡，1900年；来楚生，1902年；陈巨来，1905年。

我认识陈巨来是通过我的同乡顾福佑介绍的。陈巨来那里我去的次数也比较多，他曾经介绍我买过一部《十钟山房印谱》。别人说陈巨来脾气不太好，老是批评别人，结下了不少冤家，在“文革”中他也因此吃了很多苦头。其实，我与陈巨来相熟之后，觉得他还是很好相处的，我与他在一起总是谈论印石。他给我刻过不少私章，其中一方，印面为“汪统私印宜身至前迫事无间愿君自发封完之印”，他说，这种印文只为人刻过一方。

我认识邓散木比较早，当时还未结识朱复戡，拜访的过程却费了一番周折。邓有一个学生和我的一个同学是很熟悉的朋友，我通过我的同学才得以认识邓散木。我最早的一批自用印大多是他为我刻的，他为我的儿辈治印也有好几方。嘉定金沙塔修建后的地宫中，有我捐赠的镇塔纪念品一件，是散木给我刻的私章一对。邓散木的篆刻理论也研究得相当好，写过一本《篆刻学》，而且这本书还是以手写体出版的，他的一笔小楷也让我很佩服。

马公愚的字我很喜欢，他为我刻的印章只有一对，但因我和公愚的关系，我的祖父汪想因和他的父亲马菊眉常有诗笺来往，成为远交诗友。他的儿子又与我的三弟是同学，我们两家前辈后辈的关系“搭”得也颇有点意思。也由此，我和他很熟，朱复戡为我刻的印我都拿给他看过，他赞赏有加，很是佩服。于是，建议我把这批印铃拓出来做成印谱，并且自告奋勇来写了序。

采访者：爱好金石篆刻的人都喜欢有一方印文为“金石寿”的印章，或书或画间用作引首。您是不是也有类似的章呢？您的健康高寿是否真的如印文所说的，因金石而长寿呢？

汪：爱好金石的人喜欢标榜“金石寿”是比较常见的，复戡给我刻的印章中就有“眉寿无疆”“忒翁长年”“汪统长寿”等三方，健康长寿是人人渴望的。不过，爱好金石的人就能达到这个愿望，恐怕还缺少科学根据。我请复戡还刻过“和为贵”“恕则忍”“何必争竞”等平心养气的印章，以克制和勉励自己。可能，这对身体是有好处的。

收藏，六代的传承与守望

——翁万戈先生访谈

翁万戈(原名翁兴庆)，1918 年 7 月 28 日生于上海。是晚清两朝帝师翁同龢的五世孙，一生爱好艺术并醉心于中国文化，编著有《陈洪绶》《翁同龢文献丛编》《美国顾洛阜藏中国历代书画名迹精选》等。退休后在亲自设计修建的“莱溪居”专心整理家藏。2000 年，将和他一起漂泊在外的翁氏收藏中国古籍善本永久传存于上海图书馆；2008 年，以 91 岁高龄护送家藏回京举办了“传承与守望——翁同龢家藏书画珍品展”。

采访日期：2010 年 7 月 11 日
采访地点：莱溪居(美国新罕布什尔州)
采 访 者：康路、王默之、刘千瑜(以下简称“采访者”)
被采访者：翁万戈(以下简称“翁”)

采访者：根据资料记载，您两岁的时候就成了翁氏收藏的第六代继承人。那么当初，您是在什么年纪开始意识到自己要对翁氏家藏承担起责任的？后来，又是如何真正变成收藏家的？

翁：我们家的血统是这样的，我的亲高祖翁同书是翁同龢的亲大哥，长 20 岁，相当于半父半兄。翁同龢因为无后，便从五哥翁同爵那里过继了一个，不想第三代也无后，便从大哥翁同书那一支借了一个第四代。这个人就是翁之廉，我的亲伯父。可翁之廉又无后。我刚一出生，翁之廉就去求祖父祖母要了我，指定由我来当继承人。次年，他就过世了，根据中国当时的继承法，所有的东西成了我的。那年是 1919 年，我两岁，就已经是收藏家了。呵呵！但是，真正变成收藏家还是因为我生父的教育。

我两岁时（翁氏收藏）由我的父亲来管。父亲是个画家，我的整个收藏、鉴赏都是跟他学的。父亲有两个一块儿研究收藏的朋友，一位是张叔诚，天津艺术馆里的好画都是他家的，是位大大有名的收藏家；另一位是韩慎先，也是位大大有名的收藏家，曾一度做过天津艺术博物馆的副馆长。韩慎先是我祖母方面的亲戚，算是我的表叔。他不但对书画很了解，而且京戏唱得非常好。他有个别名儿，叫“夏山楼主”，因藏有一幅王蒙的《夏山隐居图》而得名，这画现存于故宫博物院。韩表叔、张九叔跟我的父亲一天到晚地研究书画，他们研究时，我就在旁边看着、听着。引发我从十几岁开始就对书画感兴趣的另一个原因，是跟着父亲学画画。他有很多书画方面的书，比如《唐宋元明画大观》，所以我就抄画，什么都画。十几岁时，天津扶轮社有一个书画比赛，无论什么年龄都可以参赛，我也去了。我用郎世宁的画法画了幅猴，得了第一名。那个时候，纯是对书画感兴趣，什么“家族传人”，都不在我的意识范围内。真正有意识，大概是快二十岁的时候了。我掌管了翁氏家藏，不仅书画，连彩衣堂整个房子都属于我了。

采访者：您两岁去了常熟念私塾，可您其实出生在上海，对吧？

翁：对。彩衣堂初名“森桂堂”，为常熟大族桑瑾建于明代成化、弘治年间。后来几易其主，清道光十三年（1833）归翁同龢的父亲翁心存（1790—1862）所有。常熟相对潮湿，不适合存放书画这类的藏品，因此，我过继的父亲去世之前就在天津置了一处房产，把家藏送到北方储存，由我的继母和我亲生父母帮助照管。

母亲怀我那年，天津发大水——天津有几条河，常泛水——我们家住在英租界，底楼楼底下都是水。无奈，父母和兄弟跑去上海避灾，我也就生在了上海。直到两岁才住回彩衣堂，入私塾念书。

1937 年春夏，常熟所有大学一年级的学生和高中三年级的学生一共五千余人，被送到上海附近一个叫华漕镇的地方去军训。我们都剃头——差不多剃光，穿军装——破军装，还有枪，全副武装。集训的内容就是急行军，跑得我两条腿提都提不起来，持续了几个月。也许蒋介石预感到日本人要打上海吧，军训就提前结束了。因为上海离常熟不远，所以我立刻回了彩衣堂。

可惜只住了一个月。当时正值“七七事变”前后，常熟战火连天，我和家里人计划着从老家逃往上海。不知怎么挑的，一挑挑了“八一三”那日。当时乱得简直无与伦比，交通只能靠汽车。我的继母问我怎么办——因为我的继父不在了，我虽年轻却能做主——我说，我们走。我打了个电话给上海长城汽车公司，对方说只能派出一辆车。其实，那个时候根本没有车，因为我家是老主顾，才派出了一辆。这一辆车只够四个人坐，她（继母）、日夜陪护她的一个侄女、我的亲二哥和一个女佣人，四个人带着细软先走了，说车一到上海就回常熟来接我。我盼了一晚上，整整一个晚上，车子也没回来。“八一三”啦，怎么还回得来？日本人已经炸了那条路了。

第二天，我们的一个老佣人认识当地汽车公司的人，他有辆公共汽车，空的。他侄女要到苏州，带上我和我的佣人，还有司机，四个人坐着一辆空荡荡的大公共汽车启程了。到了苏州以后，坐火车从苏州到嘉兴再到上海，绕了个大圈子。抵沪的时候，铁门都关了，很多人在那里爬铁门，想进租界。我的继母在法租界有间弄堂房子，他们前一天到就住那儿，我有地址，才被放行进去。

采访者：1948 年战乱时，您带着翁氏收藏赴美，从而使家传很好地保存了下来。这个过程也相当曲折吧？

翁：1948 年，北方仗打得厉害，我决定把家人和天津的藏品统统带去上海法租界的房子里躲避战火。那个时候又是很乱，没有交通工具，我还记得坐的是开滦煤矿的煤船。岂料，上海的状况也已经很不好了，进租界的地方又是很多人堵在门口呀。因为我有房屋的地契证明，才能进去。但是，大局变化得很快，上海也待不下去了。最后，还是决定去美国。

我们乘坐的飞机是西北航空公司的最后一班，但是空运藏品根本不可能，除了海运别无他方——尽管海运至少要两个月的时间。我找了个俄国人，他说他可以帮我运。在当时的情况下，我只能选择相信他。他给我一张纸，说到了美国让我们凭纸去取。可是我们到美国之后，很久都没有船的消息。当时还有另外一个上海的收藏家也是用海运，结果整条船都沉了，什么都没了。为此，我夫人十分担心。后来有一天，有人给我打电话，说你的货到了。我开心极了，立刻去取，所有的东西都在呢！

从那次离开之后，直到31年之后才回国。31年呀！其间有一段时间中美关系不是那么好，在美国的华人没法回国。1972年，周总理和美国总统签了《上海公报》，我终于又可以回到祖国。1979年至今，我已经回去三十几次了，在国内的朋友、亲戚很多很多。31年没能回国，31年呀！

采访者：我们来说点轻松的吧。能否谈谈您的求学经历？

翁：我生命的头20年在中国，1937年进上海交通大学电机工程系念书。但当时，日本人已经开始全面侵华，把交通大学所在的徐家汇给占领了，交通大学只能迁到法租界。次年，交通大学要搬去重庆，我就来美国了。1938年，我入了Purdue（普渡大学）接着念电机工程，不到四年就拿到了本科学位，又念了一个暑假，得到了硕士学位，还写了论文。我那时候功课非常好，教授对我说，你再念一年就可以得博士。我越想越不愿意，决定不做工程师了。

采访者：什么时候决定的？

翁：1940年年底。而且我改了名字，改成“翁万戈”。

采访者：不是过继的时候改的名字？

翁：不是。我们家讲究排行，我是排“庆”字辈的。我的大哥叫翁开庆，现在95岁，在天津；我的五弟叫翁永庆，曾是朱老总（朱德）的保健医生——我回国的时候还见到过康大姐（康克清）。我还有个弟弟呢，也是医生。

采访者：能否请您解释一下为什么要改成“翁万戈”这个名字？有什么寓意吗？

翁：这个名字很简单。姜夔，姜白石，大诗人，他有一首“歌”。“歌”是一种古体诗。长篇的我背不上来，记得里面有一句，“万夫投戈兮，子独武”。“万夫”，指许许多多人；“投戈”，指投降；“子独武”，你一个人还打——人人都投降了，我还在那儿打。少年气盛啊，所以起了这个名字。

采访者：那么“莱溪居”又有什么寓意呢？听说是您亲自设计建造的？

翁：我不但设计，而且画详图，几尺几寸，用什么材料，怎样做，都是我一个人决定的。我这莱溪居跟常熟的彩衣堂也是有呼应的。我住的这个小镇叫“Lyme”（位于美国新罕布什尔州），可以翻译成“莱姆”，旁边有条溪水，所以就叫“莱溪居”，也是跟彩衣堂取的“老莱子彩衣娱亲”的典故有个呼应。一共有三位先生曾给我写过“莱溪居”的名，有王己千、饶宗颐——不是我索取的，都是他们自己送我的——头一个是启功写的，启功跟我关系很好。

这间屋子有个好处，底下就是溪水，后面还有一个我自己挖的小池子。挖的时候，老伴说，你付了 5 000 美元就为挖个泥坑？我运气好，一挖就有水。所以，我总说我五行里面不缺水。

采访者：我曾经看过您拍的一个关于常熟的纪录片，拍得很美，可以看出您对家乡特别的眷恋。好像那里面的旁白也是您自己念的？

翁：对。1948 年回国的时候，我只有一个 Bell & Howell 老式摄像机，还带了点 16 毫米的彩色片。我花了一天工夫在常熟拍了这部纪录片，词呢，也是我自己写的。那个词呀，很多人认为是一首英文诗。几十年之后，我又把它重新录了一次音，自己念。当时，有个从欧洲来的人也在旁边录音，他边听边对我说：“我听着这个要落泪。”他想家呀，所以感动。

你后面墙上的那首诗也是我写的，是关于我高祖的。他遭罢免之后被禁锢在常熟。你看这首诗，“相国故居何处寻，虞山道上柏油新。缓步可趋言偃墓，低咏能追萧统吟。

一变图强忧国志，两朝任教老臣心。诏草未干身先罢，盖棺弹泪莫沾襟”。这都有典故的。“一变图强”，因为他是维新派的人；“两朝任教”指的是他同为同治和光绪的老师；底下这句话呢，是说提倡维新的《定国是诏》是他起草的，没几天之后就被罢免了——1898年被罢免，1904年过世——不过他还是很幸运的，如果留在北京的话，八国联军入侵北京时，跟他平级的大臣，被杀头的都有。他临死时有一首诗，说“六十年间事，伤心到盖棺。不将两行泪，轻向汝曹弹”。“缓步可趋言偃墓”说的是我们老家的彩衣堂，如今，我已经把故居捐献给常熟了。

采访者：您说莱溪居是您自己设计的，那您曾专门学过建筑吗？

翁：没有。说句实话，我也没正式学过画画。在威斯康星州的那个暑假里，先是学油画，只看了本讲油画材料的书；后来学人体，知道了肌肉什么的。基本都是自学。

我这一生呀，私塾出身，四岁就开始背《诗经》，“关关雎鸠，在河之洲。窈窕淑女，君子好逑”，又背《论语》《孟子》《大学》《中庸》，然后再背唐宋八大家的诗，一套一套地背。上了八年私塾，国文非常好。之后三年，在天津的耀华中学念书，那是所贵族学校，老师都很好。毕业后，进了北京汇文中学——1918年，汇文大学部与华北协和大学合并，更名为“燕京大学”，再后来就成了现在的“北大”。从汇文中学毕业的学生，国文、数学、英文这三门功课都非常好，而我更是免试入燕京大学。当时，我打定主意要学西洋文学，因为在“汇文”的时候，我头一次接触到新文学，把汇文图书馆里“五四运动”之后的新文学都读完了，钱玄同、鲁迅、巴金、茅盾、沈从文等的作品全读，还读了很多翻译文学。由此，我的白话文也自学成才。有了古文根底，白话文才有词儿呀。

采访者：所以您是学贯古今而且学贯中西。您现在也在做翻译的工作，对吧？

翁：我翻译过的美国电影有几十部之多。一开始做讲述人，后来改用字幕时，有些大片会在银幕上压低英文字幕，增加一行中文字幕，再后来全部改用中文字幕，这些变革我都经手过。最早翻译的是卓别林的电影，原是默片，后来制片方给它加上了声音，又翻译成各国文字，全世界推广。中文就是我翻译的，而且从头到尾都是我配的音。此外，出自我手的最著名的片子，可算是《卡萨布兰卡》。这部片子中文字幕的版本流传到重庆，有个朋友对我说，他看过很多配中文字幕的美国电影，《卡萨布兰卡》翻译得非常之好——事实上，他当时并不知道是我翻译的。

采访者：您在美国电影界不仅做翻译，还拍了很多电影。您是怎么进入这个领域的？

翁：20 世纪 40 年代，美国没有电影学校，一个都没有。1941 年，我到 USC（南加州大学）时还没有电影系，NYU（纽约大学）更没有电影专业。当时，我加入了一个私人基金会学拍电影，教课的是两个老太太，一个苏格兰人，一个爱尔兰人。所谓教，就是让你自己做。给你个柯达 Sine Special 的老式摄像机，方的——大概你们没见过，得到博物馆里才能见到，再给你个题材，你自己做，等于是自学。当时，有两三个学生跟我一起学，有个从奥地利来的，现在住老人院了。我们是一生的朋友。真正学习拍电影是在纽约图书馆。图书馆里有很多电影制作方面的书，俄文的、德文的，当然也有翻译成英文的。我就埋头其中研究怎样配音，怎样做导演。所以，我是自学专家。

有人曾问我，您是什么大学毕业的？我说我是“三人行”大学——“三人行必有我师焉”。当然，这种方式有好处也有坏处，好处是你学得非常扎实，坏处在于也许会学得慢一点。不过，深入学的话，慢一点儿也就无所谓了。

采访者：您对西方文化没有特别的兴趣吗？为什么专拍关于中国的电影？

翁：我拍过不少小电影，都是讲中国的，比如书画，因为我对那东西熟悉呀。

我是中国文化本位者，pan-Chinese culture，虽然吸收了很多西方文化，写了很多英文书，但我一生都是中国文化本位者！现在嘛，我是 bi-lingual（双语），中英文无所谓了。更主要的是 bi-cultural（跨文化），我跟美国人混在一块儿毫无问题，哪种美国人都行，华尔街的大亨或一介小工，我都能混。

我的运气非常好，1941 年学拍电影，一年不到就进了好莱坞，当时我 24 岁。日本人轰炸珍珠港之后，整个局势变了，美国和中国结盟，中国人就不再是“低等公民”了。1942年，因为美国人不愿意去欧洲打德国，马歇尔将军就在军队里面设立了一个特别部门，叫做US Army Special Service Division（美国军方特别服务部）——听上去像特务——由当时最著名的导演弗兰克·卡普拉做头儿，他拍过的*Mr Smith Goes to Washington*（《史密斯先生到华盛顿》）、*It Happened One Night*（《一夜风流》）都是当时头等大片。马歇尔将军封了弗兰克一个上校的头衔，让他带领好莱坞里最杰出的导演、作家一起拍一部系列片，叫*Why We Fight*，中文译作《我们为何而战》。

其中，第五个片子是*The Battle Of China*（《中国之战》），讲述日本1930年建立满洲国到1937年全面侵华的事。当时大部分采用的是新闻片、纪录片，需要一个懂中国又懂电影的人，而全美国就一个这样的人，那就是我。所以，弗兰克特别派了他的副导演，是位中校，穿着军服到纽约来找我，请我做技术顾问。就这样，1942年8月，我坐着头等车，一路到了好莱坞，跟那些大亨一块儿工作了四个月，跟我一起写剧本的，是非常出名的英国作家詹姆斯·希尔顿。

同年12月，我又接到美国国务部文化司的电话，说罗斯福总统有一笔紧急的钱，准备用来拍一部讲美国国情的电影，他们想做成中文版送到重庆，让中国人了解美国。这件工作交给我做，所以我又去了华盛顿，成了国务部的技术顾问。影片从美国的实业界取材，比如美国钢铁公司。我负责去交涉，获准用他们的片子，讲钢铁是怎么炼的，然后由我翻译并配上中文字幕。这样的片子也做了有几十部之多。

采访者：您会特别看重在美国的作为吗？

翁：我们这种受过老教育的人，懂得要少有大志。我很小的时候就做过很多相当有影响的事情。

1937年在上海交通大学的时候，我对研究工程没兴趣，整天跑去看话剧，曹禺的《日出》啊、《雷雨》啦，看完就想自己搞话剧。我挑了个大题目，巴金三部曲《家》《春》《秋》中的《家》，讲的是一个青年人反抗旧制家庭的故事。这个对我胃口。我把《家》编成五幕剧，经由交通大学的话剧社进行公演。除了担任编剧和布景，演出前台都由我负责，胆子非常大。巴金也去看了。见到他时，我问，巴金先生，您觉得怎么样？巴金回答我说，你把我这个人物减到无可再减。我就很胆小地跟巴金说，我们这里根本没有演员，女演员都是从上海工部局女中借来的。哈哈，头一个把《家》改成话剧的就是我。

采访者：为什么对《家》特别感兴趣呢？

翁：因为同情《家》里的人物，反抗旧制家庭。

采访者：您在翁氏家族也有类似的体会吗？

翁：没有。我们家很好。我不是反抗家，我是反抗制度。比方说，为什么我会去学工程呢？因为当时大家都说学美术没有饭吃呀。其实，我学得很苦，倒不是不会学，是没有兴趣。一开始分数一塌糊涂，什么物理 60 分、数学 60 分，只有国文 100 分，还有就是画图，头一年，不管你是土木工程还是电机工程，都要画图。论这个，我可称得上是天才，一个电机的正面、上下、立体，我都会画，而且画得非常好。

采访者：我知道您在美国不仅拍电影、翻译电影，还曾经当过美国华美协进社的社长，为中美交流作了很多贡献。

翁：我之所以能去学电影，跟华美协进社大有关系。因为当年华美协进社的社长孟治先生见了我说，你学了工程又喜欢艺术，要不要去学电影？他和那个私人（电影）基金会的主持人是老朋友。所以经孟先生引荐，我才去了基金会学电影。孟治社长退休的时候，一定要拉我做社长，我没答应。我喜欢做事情，不喜欢搞人事，况且那时我也已经有自己的电影公司了。为此，他非常失望。

直至 1982 年，我写的英文版《故宫博物院》刚印刷完，突然接到华美协进社的董事长的电话，请我立即去参加一个紧急的内部会议，他们准备关掉协进会。出于感激，我在会上倡议不能关。大家都站起来给我鼓掌，说你说得很好，你来做社长好了——当时协进会处于负债的状态。之后，我义务服务了四年，没有拿过薪水。从甫初亏空 25 万美元，到它六十周年纪念，也就是我退出的时候，华美协进社在银行的存款有了 25 万美元。这一切，都是出于对华美协进社和对孟治先生的感激。忠孝仁义是中国的传统美德。

采访者：我们知道以"翁氏收藏"为主题的展览有三次，可不可以给我们简单介绍一下？

翁：头一次是在波士顿美术馆，题目叫"翁氏中国书法绘画典藏"，他们没有出展览图录，只借用《Orientations》杂志出了份专刊，拿我四岁的照片做封面，大家都觉得很有意思。第二次是在中华世纪坛的"传承与守望：翁同龢家藏书画珍品展"。第三次则是在亨廷顿的"六代翰墨流传——翁氏珍藏书画精品展"。

采访者：为什么会有让翁氏收藏去世纪坛展览这个想法的？

翁：是王立梅女士引发的，她是位女中豪杰。正因为她对世界各大博物馆都很熟悉，所以才堪当中华世纪坛世界艺术博物馆的馆长。2007 年，她和嘉德的王雁南女士一起去波士顿看"翁氏中国书法绘画典藏"，从而引发了 2008 年的《传承与守望》以及 2009 年在亨廷顿的展览。

采访者：那么，波士顿那次怎么会想到首次用"翁氏收藏"作为展览的主题的？

翁：盛昊，波士顿美术馆的亚洲部主任，上海人。我一直认为上海人很聪明，因为上海得风气之先，对外交流很多，所以上海人脑子很灵光，我也自忝为上海人。与盛昊初识，也许是 2005 年或 2006 年，白谦慎教授领他来的。白谦慎教授跟我非常熟，我们很投机，对于某些假学者，我们都非常痛恨，无论是中国人还是美国人。盛昊很聪明，谈话间很快就意识到我家六代的这一特殊性。实际上，我曾经问过嘉德方面的拓（晓堂）先生，中国有没有第二个传承六代的世家？他说没有。

像我这样从私塾做学问出来的，恐怕很少了吧。况且收藏、研究书画并不容易。首先，你得从中国文字着手，不但得懂得楷书，还得懂行书、篆书、草书，甚至甲骨文。看一方印，你要知道怎么读；看一幅草书，你得认识是什么字；一些典故，你知不知道、怎么理解……这都是学问。光理论还不够，研究中国书画，还得会写会画会用笔，这方面的训练都不太容易。收藏、鉴赏就更不容易了。我本来想写本书专门讲鉴赏，但是现在没时间。

目前，我在写(翁氏)收藏的研究，不是目录，而是把家藏一件一件地研究。比如，梁楷的《道君像》就可以写一本书，现在这本“小书”已经写得差不多了。另外，我在写关于赵孟頫的《黄庭经》的研究。这需要对比《黄庭经》有多少个版本。《黄庭经》最初是王羲之写的，之后变成了多少本子？本子里有临本，有唐人临本，又有石刻本，石刻本里面哪几个本最好？这些都是学问，若真要深入，花一个月都研究不完。

采访者：您对陈洪绶也非常有研究，还出过相关的著作。您为什么对他这么感兴趣？

翁：完全是家传。实际上，我们家族的收藏是从翁心存开始的，翁心存钟爱陈洪绶，现在家藏有他的《三处士图卷》，那就是从翁心存开始收藏的。

采访者：陈洪绶的东西，翁家收得很多吗？

翁：倒不是数量问题，收得相当精。家藏的这几件陈洪绶的作品都很不错，特别是由陈洪绶画的一幅画做成木刻的博古牌。这件东西，翁同龢还在后头题了诗，是一件家传之宝。

采访者：那么您可以讲讲陈洪绶的人物画吗？您认为他的画对中国画史有什么影响？

翁：我对陈洪绶感兴趣，一是因为家传，很早就藏有他的作品，另一方面，是出于个人对他的喜好。陈洪绶不仅画好，一开始就按照顾恺之白描式的方式来画，更重要的是，他的作品有着很强烈的个性表达。他为人比较孤僻，因为明朝亡了嘛，所以他画的人物造型都很奇。那个“奇”不是为了奇而奇，而是为了宣泄自己的心情。在中国，常说一个人的人格会影响他的书画，所以，陈洪绶的作品兼具历史性和美术性，可谓中国文化的结晶。

采访者：明末清初有很多著名的画家，比如石涛、八大山人。您觉得陈洪绶跟他们有什么不同？

翁：当然不同。因为陈洪绶画的主要是人物，而且用的是工笔。自成一家的八大山人则不同，他的作品基本都是花鸟，没有人物。这就是两人明显的区别。

采访者：您觉得陈洪绶和任伯年的人物画对比的话，又如何？

翁：这话要怎么说，“品斯下矣”。那是下品。任伯年的画，在我这种老年纪的人眼里，品格是不高的。虽然我总是夸上海，但是，任伯年画画这一派，对不起，不敢恭维。

采访者：“八怪”里面，您对金农的评价如何？

翁：金农好，原因同样是其出众的人格和个性。人若是人格不高，个性不强，画得再好，顶多是个画匠。传统书画里有所谓的“文人画”，前提是“文”，指的是修养，如果缺乏修养根本没法画“文人画”；当然，光有修养不会画，也不行，那叫业余。我高祖画的画，就是文人画，他一辈子做官，忙得不得了，画画权当消遣。而陈洪绶则不同，对他而言，画画是他的职业，他的一辈子是要给中国画史作贡献的。因此，从这个角度看，陈洪绶属于高于画匠的职业画家。

采访者：您觉得什么叫收藏家？会有职业收藏家吗？

翁：我是守藏家——我得到了，就在那儿守着，藏着。

采访者：那您自己有收藏吗？

翁： 有，不过，我的机会不大了。第一，我手上没有很多钱；第二，也没有那么多东西了。在有东西的时候，我没有那么些钱。比如，我最近出的一本书叫《美国顾洛阜藏中国历代书画名迹精选》，是上海人民美术出版社出版的。那里面，我详细地写了顾洛阜收藏的宋徽宗、黄庭坚的作品。他的藏品里有一幅米芾的《吴江舟中诗卷》，我本来可以收到的，可（卖的）人到我这里，问我，你愿不愿意买？我没有那么多钱呀。顾洛阜有这个钱，所以他买了。我还想强调的是，因为时代变革，好东西就会哪儿有钱往哪儿去，正因为此，既有钱又爱好书画的顾洛阜才有机缘得到。他收的都是不得了的好东西，我选了108件，写了那本书。

顾洛阜的收藏是个个案。他有钱，没有儿女，一生不做别的事情，都在收藏，是真正的收藏家。他不会中文，也根本没有研究过中国美术，全仗着本性。最后，他把东西都捐赠给了大都会博物馆。为此，“大都会”特别为他举办了一个展览，还出了一本小册子赞扬他，册子上面要写一句中国的谚语。“大都会”找到了我，知道我对“四书五经”非常熟悉，问我有没有合适的中国句子。我说有。孔夫子说“知之者不如好之者，好之者不如乐之者”。这句话再恰当不过了。我是“知之者”，也是“好之者”，当然现在我还是“乐之者”。不过，顾洛阜虽是真正的“不知”，但他“好之”，更重要的是他“乐之”。

总而言之，如果你要说“收藏家”，我认为收藏家很重要的一点就是，对于藏品你要乐之。另外，你还要有相当的学问。而我属于运气好，虽然也收了不少东西，但大多数都是祖传的家藏。所以，别人总问我“你是不是收藏家”，我会说我是“守藏家”。

采访者： 那么，您认为翁氏家藏里最重要的一件是什么？

翁： 最重要的东西就是梁楷（的作品）。

采访者： 您认为跟家族历史最有关系的家藏有哪些？

翁： 比方刚才讲的陈洪绶的博古牌。因为它背面有翁同龢题的诗，非常深刻。事实上，那个东西只有两件，一件大概在故宫博物院，从前是李一氓存的；另一件就在我这里。两件相比，我认为我的这件刻得比较好。换句话说，翁家这张是全世界陈洪绶的博古牌里最好的，全世界就这一件了。还有，陈洪绶画的《三处士图》，那是从翁心存就开始藏的，已经传承了六代了。

采访者： 我们知道您现在在潜心研究翁氏的家藏，可以跟我们分享一下您现在的研究成果吗？比如，您觉得翁氏家族收藏的王翚的《长江万里图》在中国古代山水画历史中的地位如何？有什么特殊的意义吗？

翁： 相传，中国历代许多著名的山水画家都画过《长江万里图》，最出名的是燕文贵的《长江万里图》，但极少有留存下来的。因此，王翚的《长江万里图》就显得很重要。

然而，王翚一辈子没出过南京，他真的见到长江吗？他是怎么画这《长江万里图》的呢？对此，我做了研究，也打算出一本“小书”，已经写了不少了。我从研究长江开始，着重于中国什么时候知道长江有个“源”。宋朝人以为四川的岷江是长江的源头，其实不然。长江源头真正被发现是近代的事了。那么，王翚又是怎么画的长江呢？后来我发现，沈周画过一张《长江万里图》，虽然原本已经找不到了，但曾有人很忠心地照抄沈周的画，因此留存了一个摹本，在故宫博物院。我拿着那个摹本的照片跟王翚的图比对，得出一个结论，王翚是基于沈周的《长江万里图》画的。证据在于，在长江的上游，王翚画了一座桥，而沈周画的是一只一只的船连着停在一起，不是桥，是王翚把它画成了桥。这就很容易地看出两幅画的关联。其实，古人谁也没到过长江的源头，但“黄河之水天上来”，李白的诗就是他们画长江源头的依据。历代的大师画的是诗，是诗意。

采访者： 那翁同龢的手稿呢？您觉得它在中国历史中有何特殊的意义？

翁： 不是手稿，是46年的日记，它见证了翁同龢所处的那个中国非常重要的年代，全中国没有第二件。上一次出版的时候，其中至少有5 000个错误。这一次，我跟我大哥的儿子花了两年时间整理排印版，要尽可能确保它是最全、最正确、最容易读的翁同龢日记。明年应该就要出版了。

采访者：那您也跟您的高祖一样写日记吗？

翁：我现在在写自传，我跟儿女们说了，等我死后再发表。自传里说了点真心话，说了点实话，等我过世后任人评说吧。

身为收藏家，最重要的一点，是知道什么是真，什么是假。先能分辨真假，才能论好坏。很多人问我，是不是真的都是好的，假的都是坏的？其实不然。你要问是不是坏的有可能是真的呢？我说，当然可能了，一个人画画会有败笔的嘛。

采访者：您的高祖翁同龢当官时也是比较廉洁的，所以才有挪用买房子的钱去买了《长江万里图》的故事。你在守这份家藏的时候，是否会遇到经济上的困境？有没有接受过别人的资助呢？

翁：高祖在日记里有记载。商人原先跟他开价 1 000 两，他没有这么多钱，还价 300 两，商人不卖，把画取回去了。他越想越觉得不甘，复涨到 400 两，才把《长江万里图》买了回来。在当时，那 400 两是高祖买房子的钱。

我没有接受过别人的资助。我还有个长处，会做学问也会理财。我做过很多很赚钱的事情，比如股票、商品交易领域，都有过不错的收益。

采访者：世界华人收藏家大会将于 11 月在上海召开，请问，您认为当今收藏应该探讨哪些话题？

翁：我觉得收藏最重要的一点，是鉴赏能力。这个不是别人告诉你就可以实现的，必须亲自研究。

采访者：那您觉得通过教育可以解决问题吗？

翁：教育可以，但也不那么容易。对中国文化要有了解、有认识，包括文字、书画等各个方面。一定要多看，而且不能肤浅地看，要能看出道理。这个过程中，如果有师父“领进门”的话，当然更好。但“修行在个人”，没有小道或捷径可以走。

从前，孔夫子说“益者三友，损者三友。友直，友谅，友多闻，益矣”。交朋友，要和正直的、诚信的、有学问的、见多识广的人交朋友。收藏家大会的好处在于，你可能会碰见志同道合的人。还有一点，真假之间，不能人云亦云。如果你事事“耳识”，就糟了。说假的不一定哭，说真的不一定笑，有这样胸怀的人才能做收藏家。

书画鉴定是让人耗尽心血的工作

——陈佩秋先生访谈

陈佩秋，1922年生，河南南阳人，别名健碧。擅长中国画。国立艺术专科学校毕业，上海中国画院画师。精工山水、花鸟，工笔写意皆能。

采访日期：2008年5月9日

采访地点：陈佩秋寓所

采 访 者：陈启伟、刘德媛、徐杰（以下简称“采访者”）

被采访者：陈佩秋（以下简称“陈”）

采访者： 您是一位在书画造诣上有深厚功底的画家。但近几年来，您参与了一些古画的鉴定工作，并且被多家拍卖行聘请为鉴定顾问。我注意到，2002年初，中国最权威的《人民日报》在一篇有关您的长篇通讯中说：“作为一位国画大师、作为一位书画鉴定专家、作为一个毕生都在不断学习的刚强女子，陈佩秋都足以独立名世，也足以和谢老相得益彰。”您是怎么想到要去搞书画鉴定的？

陈： 以前我也不搞鉴定。谢先生以鉴定为终身职业，因为他搞鉴定，所以我也有很多机会看到许多古书画。大概从1993年开始，书画投资、收藏、拍卖时兴起来，许多人来问画的真假。自己如果不弄清怎么对人家讲呢？所以我就关心起鉴定，并做了一些研究工作。

采访者： 您是画家，在您的绘画生涯中，曾经痴迷于临摹古画，比如五代的赵、元四家的黄公望、王蒙、倪瓒和吴镇临过三家，明四家中的沈周、文徵明、唐寅和仇英，也临过三家；对清六家，也揣摩得极熟。前几年，我在拍卖行还见过您临摹的八大山人的作品，神韵兼备。临摹，不仅为您的创作打下了厚实的基础，也为您今天成为书画鉴定家奠定了基础。

现在您搞鉴定，并且乐此不疲。您认为画家搞鉴定有什么优势？

陈： 其实，在书画鉴定中，感性认识很重要。我由临画而熟悉了历朝历代画家的用笔习惯，以及墨色、款识、著录，甚至绢的织造方式以及时间空间对它的影响。

谢稚柳当初搞鉴定，最早的动机并不是为了当“鉴定家”，而是为了画好画。因此他刻苦研究古人是“怎么画”的。结果，通过对古人“怎么画”的研究，一方面将古人的经验成功地借鉴到了自己的创作实践中，另一方面也提高了对于古人作品真伪鉴定的眼力。所以，我认为，搞鉴定的人要懂得笔墨，会画几笔，就有感性认识。

不懂绘画，不熟悉画家的风格和用笔特点，有时就会上当受骗。谢先生在 1949 年画过一幅画，在去世前两年从箱子里翻出来，发现还可以，只是当初还没有画完。他想裱成手卷。可画上的屏风是空白的，想自己补画，这年纪眼力又差了。陆俨少知道了，对谢先生说，你眼力差补不了，就请刘旦宅去补。后来刘旦宅补画了屏风，在上面画了山水。如果不熟悉谢先生和刘旦宅的绘画风格，就会上当，甚至无端怀疑谢先生的绘画风格发生了变化。鉴定古代的绘画，由于历史悠久，许多事情又没有文字记载，因此要特别小心谨慎才不会弄错。

搞鉴定的人能够画上几笔有好处。否则，讲笔法不对，对方就听不懂。那天博物馆让我去看一张赵孟頫的画。他们对我说，画看过了，图章对的，款对的。那天，我去看，画面上画了一只马头，一个人牵着马。我一看构图就觉得有问题。有哪个画家会这样来构图的？那张画只是将赵孟頫的《浴马图》原作翻个身来作的假。

当时我就说，画的笔法不对，夹叶不对，树干不对。那个款怎么可以那样题呢？边上没有了，字题在树干上。画家题款的方式是很多的，有时题个名字，赵孟頫的落款有时就落：子昂、赵孟頫，有时题“大德多少年多少月多少日吴兴赵孟頫”等，他看画的空白多少来落款。空白多时可以题几大行。他字又写得好。这张画题字题到树根子上，以赵的习性哪里会这么题的。

采访者：大画家一般不会犯这种常识性的错误。

陈：是呀。画家在自己的画上题字题诗，最早的只看见宋徽宗的。以前的人不题字的。一般就写个穷款。有时穷款写在旮旯里头，你看不见的。那时的画家从小就写毛笔字，哪有写不好字的？我们现在习惯了用钢笔写字，画家的毛笔字也写不好。

采访者：您与鉴定的关系，缘起是书画市场繁荣，叫您来鉴别的人多了。然而，您个性里面求真的态度促使您花了很多时间去研究。再者，就是厚积薄发。您一直和一位大鉴定家生活在一起，又临摹、鉴赏了许多古代书画珍品，同时您自己又是搞国画创作的，这些有利因素是您最终在鉴定道路上打开局面的根本所在。从您的角度来讲，花很大的精力去纠正已经有的评判，是出于一种什么样的责任和考虑？

陈：对一些画，明明是假的，却要说成真的，我觉得会误导收藏者，也不利于书画收藏的健康发展。一种情况是鉴定画的人，没有足够的水平作出判断。另一种则是虽有充分的水平作判断，却因利害关系明知是假而要说它是真。所以我要花些精力去弄清楚。要不然，很好的东西说不好，把不好的东西当成宝贝，都是对艺术的不负责任。作为从事艺术工作的人，应该是好的说好，不好的就说不好。我是为那些本来是真的东西被当成假的感到委屈。同样也为那些本来是假的东西被珍藏起来而觉得不应该。当然，有时自己看得不完全对。但我从画的用笔特点和造型特点去分辨画的真伪，还是比较可靠的。不从用笔和造型的特点来辨别真伪，而要看哪个收藏家的印章，不是完全可靠。

收藏家藏的不是百分之百的真东西和好东西。就是藏的作品有著录的，这也不是百分之百可靠。著录也可以造。那时不像我们现在有科学工具来检测分析，就是几条文字，几句描写，到底是否就是著录上的画呢？这要多打几个问号。有的人就专按著录造假。

鉴定一定要看用笔和造型特点，尤其是中国画，看用笔比西画更重要。一件作品，只有有很高的艺术价值，才值得去保留它，花代价去保留，花人力物力。米芾那时就说，假的多于真的作品，说所见李成的画中 300 本是假的，只有两本是可靠的，他说简直要做

“无李论”了。那时还是北宋时期。

采访者：搞不好，作假的人的智商要比我们搞鉴定的人智商要高。

陈：不要说我们现代人智商高，春秋战国时期人的思想比我们现在活跃许多，那时人的智商就不比我们现在差。我是画画的，但几十年来，我看过许多古画，临摹过许多古画，前两年，我说了董源的画有问题，有人就说你们画画的爱管闲事。画画的人谈画的事是应当的，不是管闲事，而是分内之事。

采访者：我觉得您有很大的勇气，敢于讲真话。鉴定是一门学问，需要百家争鸣，需要在争论中得出真理。现在的问题在于，门户之见、学术派别之见使我们的学术研究环境并不那么纯洁。上次，媒体透露张大千和谢稚柳先生生前对董源的画提出质疑，您要求几大博物馆举行研讨会。但中国画界有的只是沉默和私底下的牢骚，没有公开的反应倒是可怕的。敢于劳己心智，求索真谛，这是一种责任感。

您是尊重价值规律，为那些把假当真的画感到不值。这个“值”字很重要。艺术家和鉴定家的良心就是要讲艺术的价值规律。一张好的画，国家或个人花那么多的精力和财力把它收藏起来，内在的动力就是它的艺术价值。如果对一张画，鉴定的结果是一点艺术价值也没有，还珍惜它干什么呢？当然有的年代久远，还有文物价值，那又另当别论。

陈：当然，我自己的水平有限。我是画画的，也接触和研究古画。几十年来，我的实践告诉我，要识别古画的真伪，必须先看懂它们。看懂不是简单的事。中国历史漫长，画家之多，谁敢说他能弄得清晋唐五代宋元明清所有代表作家的作品的真伪问题？这样的专家是不存在的。

就我研究的古画，我首先是去认识它的绘制特点，即用笔的特点和造型的特点。中国古画在很长一段时期，多是运用笔和墨在绢和纸上构成了各种不同的笔触形态。凡是有造诣的成功的画家，他们都有各自的不同于其他人的笔触形态。这些各自不同的笔触形态，就叫它用笔特点。同样，通过笔触形态，在绢或纸上绘成的一幅幅山水人物花鸟，这些山水、人物、花鸟，凡是有造诣的成功画家，他们都有各自不同于其他人的塑造形体。这种不同的形体，就叫它造型特点。

打个比方，有的画家喜欢用弯弯扭扭的曲线来画树干，有的则是用直的短线或长些的直线来画树干，再有的则是用连续的点子来画树干，这种不同的用笔方式在画上产生的笔触形态，就叫"用笔特点"。又如有的画家喜欢画圆肥的脸，健康的身躯；有的则是瘦长的脸，细眼小鼻；有的画家常用一大块山石组成一个山头，有的则用多块小石组成一个山头；有的山头是直长的，有的则是横扁的。这些画家所创作出的这些不同的形体，就叫它"造型特点"。

其次，研究的是画家本人的款识。研究款识的重要处仍然是用笔。

再其次便是印章题跋和绢、纸的质地了。

采访者：我记得谢稚柳先生曾经说过他的"鉴定之道"。他说，鉴定的确如同"交朋友"，一回生，两回熟。所见到的画要如同见到老朋友，相熟的老朋友是绝不会认错的。正像《红楼梦》里写王熙凤出场，人未到笑声先到。在荣宁府里，大家都熟悉她的脾性，不会弄错人。我还听说一个故事，上海博物馆有一张元代赵孟頫《洞庭东山图》，因为他所画的是自然风景，而不是典章文物，不能用图式的考订方法来考证。同时，由于赵氏作品面目多样，在被认定为"标准器"的几种面目中，也找不到类似风格。因此，有不少鉴定家认为是赵题的元画。但谢先生反问一句："除了赵孟頫，元代有哪一个画家能画到这样的水平？"于是作赵画定论。这让我们看到谢先生作为权威的一面。因为他胸中有赵，才能斩钉截铁地下定论。

陈：鉴定就是要熟悉，熟悉画家和他的作品，熟悉画家所处的时代及时代风格。

前两年，有媒体说，谢稚柳的鉴定方式是"91"和"19"。说谢稚柳生前将自己的鉴定方法概括为"91"与"19"。即"如果一张画有10个因素，你鉴定时从9个因素可以确定这幅画是真的，但是倘看出有1个因素是假的，那么这张画很可能就是假的，因为造假者尽管想乱真，但是往往百密一疏，最后会露出马脚。反过来，你看一幅画如果一眼望去有9个方面都让你感到是假的，而只有1个方面看上去是真的，那么很有可能这幅画就是真的，因为造假者造假时绝对不会只考虑一个因素，而放弃其他 9 个因素。鉴定者之所以看走眼，很可能是对原作者作品的了解不够全面；或者只熟悉早期作品，不了解晚期作品；或者对同一作者的这一种风格的作品比较有研究，而对另一种风格的作品则不甚了然”。我觉得通俗地讲是可以的，但鉴定是一门严肃的学问，用“91”和“19”不是很严谨。

采访者： 鉴定中有一种现象比较普遍，那就是“双胞案”现象，张大千画真伪风波就是因为有人说它是“双胞案”惹的祸。对于“双胞胎”，一般的鉴定家认为要么一真一伪，要么两本皆伪，真本另在别处，而不可能两本皆真。您怎样看这个问题？

陈： 有个例子。过去上海博物馆藏有一件南宋张即之的书法横卷，后来发现，辽宁博物馆也有同样的一个本子，书写的文字内容一样。当时北方的鉴定家对两本孰真孰假产生了怀疑，认为上博的一本有问题。于是上博的专家拿了两本的照片，找谢稚柳一同校对研究。核对后，两本笔法一致，有些字迹上博一本写得好，又有些字迹辽博一本写得好。因此北方专家同意了两本都是真迹。

这本张即之遂得在上博公开展出，视此“双胞胎”例子，两本皆真也是可能的。

再如，台北故宫博物院的王蒙《花溪渔隐图》有三件之多，请了美国专家王己千鉴定，结果王认为其中的两轴，皆是真品。我也去观赏了此两件王蒙的笔法，确实一个样，此又一例双胞胎。再如谢稚柳过去开画展，一张兰州写生的《冬果花》，被重订了五张之多，重复的画，恨不拒绝，悔之晚矣。以上事例，如不是亲身经历，只凭闭门想象是得不出正确答案的。

采访者： 在中国鉴定界，鉴定方法有多种。有的讲究看画本身的艺术风格，有的注重考据，也有的将两者结合。您怎么看待这个问题？

陈： 任何一个鉴定家，任何一种鉴定的方法都有他或它的局限性。所以，特别对待一些复杂的对象，不能单一化，不能简单化，而要综合各种方法，综合各家见识。科班的鉴定专家，当然有他们的长处，但客串的“票友”中，事实上也有不少颇具眼力的人。特别是今天艺术品市场热起来以后，社会上的收藏家和从事鉴定的“票友”越来越多，对于他们的意见，也是值得专家们倾听的。

鉴定一定要本着实事求是的学术作风，才能得出合理的结论。现在鉴定界有一种“半卷”或“半尺”的说法，意思是有的鉴定家对于一幅画，只要打开半卷或半尺，便能立判真伪，这是他眼力高的表现。所谓半卷、半尺定真伪，诚然有之，如作伪的程度太低，毫无水平，打开半卷半尺，一望确能辨认是假；真画水平特别精良，打开半卷半尺，也确能辨认是真。但仅限于看过的半卷半尺之内。有证为例，当年，谢稚柳随张大千去敦煌临摹壁画，某一天，谢稚柳清晨起来，见老友大千大清早已在伏案作画。谢稚柳问他在画什么？张大千回答：“把画加加长。”原来他把石涛小挂幅从中断开，添加可观的一段，于是变成了大挂轴。此画如果只打开半尺，一望知是石涛真迹，而中间的那一大块又怎么知道是不是石涛的呢？碰见高明的作伪者，细心辨认还怕走了眼，何况掉以轻心只看半尺？我以为恭维这半卷半尺的自大做法，如在鉴定界推广，则是弊大于利的。

采访者：张大千做假画现在变成了文人逸事。据说，在大千的藏品中，以石涛的作品最丰。40 年代初，张大千收藏的石涛作品就有上百幅。他曾请篆刻家方介堪刻“大千居士供养百石之一”的印章，专为钤印石涛真迹之用。张大千晚年曾对友人说，他收藏石涛真迹最多时约 500 幅。美国的傅申先生在《大千与石涛》中说：“大千是见过和收藏石涛画迹最多的鉴藏家。这绝对不是夸张之词，像他这样的人不要说当世无双，以后也不可能有。”傅先生还称大千为“今之石涛”“石涛再世”。

今天，艺术品的鉴定工作比以往任何时期都来得火热。由于书画艺术品市场的兴起，伴随而来的就是书画的真伪问题。书画赝品，不仅是一个现实问题，而且是一个历史现象。我听一些朋友说，现在仿冒知名画家作品，已经有了专业队伍。有的人专门画画家的山，有的专门画水，有的专门补人物，当然还有的专练某一画家的字，在伪作上落款题诗。另外，图章已经不是问题了，用并不先进的制版技术就可以制作出与原印几乎一模一样的印章来。因此，书画真伪的鉴定也变得越来越困难。

陈：尽管作伪的条件，今人优于古人，但鉴定的条件，其实也是今人优于古人。

科技手段运用于作伪，主要是制版章、幻灯、复印机、电脑、拷贝放大等，而具体的书写、绘制，还是要人来完成的，是科技所代替不了的。另一方面，对于鉴定者来说，今人所能见到的实物，肯定要比古人多得多。不仅海内外的博物馆收藏品多有公开的陈列出版，而彩色制版印刷的水平也越来越高，相比于古代的所谓"下真迹一等"，更加接近于原作的风貌。这样的条件不知要比古人好上几十倍几百倍。你想，在古代，即使董其昌，也只能看到有限的几家私家的部分藏品，至于公家的藏品，则是秘藏在大内之中的。在民国，有了珂罗版、黑白照相版的画册印刷，又怎能比得上高科技的彩印和放大画册，尤其是日本二玄社的精美原大复制品呢？所以，面对越来越高明的作伪，也不必畏惧，而对于古代的，包括今天的老一辈鉴定家，也不必迷信。别人我不敢说，即以谢稚柳而言，今天16册的台北《故宫藏画大系》、波士顿博物馆藏品的放大画页以及二玄社印的赵干《江行初雪》，他便没能见到。相信今后的条件，对于从事鉴定工作的人，将会越来越有利，关键是要求鉴定工作者加强主观的努力和敬业精神。

采访者：最后，我想向您请教一下，有关在画上的题跋问题。

谢先生曾经说过，"中国书画题识中很有讲究。有的是直指真伪，并以广征博引以证其说。有的则出于种种原因，包括鉴定者碍于情面，生怕伤了藏家的感情；或者顾忌断了摹仿者的生计，因而心存忠厚、'笔下超生'。但又不能不题，于是往往有'王顾左右而言他'的题识。虽然，下笔千言，往往从作者的承传、艺风特征说到后世影响，但对作品本身真伪，却未着一字。对于这样的题识，真正的行家自然'会心不远'，辨得出其中奥秘"。"如果以人事相譬，例如一个朋友明明有什么缺点，顾及情面又不能当众批评，为了讲究批评的方式方法，你就不能不婉转一点，所谓'婉而多讽'，也让明眼人一望自知"。

这是否说明，今天我们看到的古代或当代书画家的作品，尽管上面有名家题跋题签，也要独立地进行分析和判断？或者说，不能一味地迷信权威。

陈：谢先生讲的情况确实存在，历朝历代都有。中国文人碍于情面，有时只好"王顾左右而言他"。既然广大的收藏者知道了这个窍门，在收藏书画时就应该看明白名家权威的题签和题跋。我知道，有的大鉴定家还有专门的鉴定章，只有他认为确凿的真品才愿意盖上自己的"真品"印章。因此,仅仅看题跋和题签是不够的。另外,也不排除鉴定者的一时错判。前几年,有人拿来一幅张大千临摹的敦煌画来让我题,画的右边有一长条谢稚柳的题跋。那天是晚上,来人急着要我马上看了写几句就带走。一般我看画必须在光线好的时候,而且不能立马就取。也是碍于情面,在看了张大千的画后,也没有看谢稚柳题了什么,就写了奉承的几句。来人拿走画后,我脑子里突然映现出画和谢的题字都有问题,于是,我只能再对他说,画是不对的,字也有问题。后来,我在一家拍卖行看见了那幅画,我当即告诉拍卖行的经理,字是我题的,但画是假的,谢字也是描上去的,希望他们对买家负责不要拍。在许多的鉴定家那里,这种情况也不会不碰上,而一旦碰上了,假画上有真题跋,一般的收藏者是搞不清的。所以,看画看画,不能草率马虎,须反复推敲,关键是一个"看"字。鉴定,关键是一个"鉴"字,只有充分运用自己的学识修养,才能鉴出一幅画的真伪,最后再是一个"定"字。要花 99%的努力,才能下最后一分 1%的"定"。鉴定是一份让人耗尽心血的工作,但它同时也是让人着迷的事业。

采访者: 您多次讲,书画鉴定中有一个时代性的问题。那么,应该如何认识传统与时代的关系呢?

陈: 比如说,我们看宋人画的叶子与元代人不同,这里就有个时代性的问题。又比如,我们现在许多画中的时代特征,清朝的绘画作品中不会有这样的现代派的东西。因此,在看一位画家的作品时,也要看他同时代的其他画家的作品,发现他们那个时代的绘画特质,这里肯定有共性的时代特征在里面。

今天,有一些专家说,画家要强调写生,我觉得很奇怪,我们这一代人,多少本的速写本,都是画得满满的,要写生的道理需要来强调吗?不经过这个过程怎么画画,光写生也是不行的,还要看经典的东西啊。写生就是一个"应物象形",这只是六法中的一部分。现在,很多人说,古人框住了我们,我们跳不出他们的樊篱,说中国画的线条没有办法表现西装,所以去怪古人。我说这真是一个笑话,古人是穿这样的服装呀,你有本事,你去创造一套方式就表现现代的西装。这个指导思想错了,怎么可能画得好呢?

中国画的"应物象形",在西方就是素描,就是基本联系,"随类赋彩"就是色彩,"经营位置”要比西方的构图复杂得多，你们可以自己去体会，还有“传移摹写”这个就是看古人的东西，不是让你去照抄，还是去理解。从事鉴定工作，首先要看宋元的作品，要研究透彻。现在一些在校艺术系的学生和青年画家，看到日本二玄社印制的宋元绘画作品，才知道古人真有本事，开始往正确的路上走了，这是一个了不起的开始。我相信，用不了多久，通过对传统的再认识，结合时代精神，中国画领域会出现一个新的飞跃，会有更多的艺术家出现新的符合时代审美的创新作品问世。

采访者：在书画鉴定中，评判一张中国画的基本标准是什么？

陈：收藏是要有眼界的。有些有眼光的人，可以很低的价格买到很好的东西。评判中国画的标准就是我们常讲的“六法”，其中最重要的就是“骨法用笔”，现在很多的画家连什么“骨法用笔”都不懂，怎么会有好的作品问世呢？一个收藏者就是用“六法”去衡量，其中五法做好就是“气韵生动”了。开了这么多的研讨会，讨论“气韵生动”，其实就是做到了前头的五点就是“气韵生动”了呀！其中的“骨法用笔”最能看出画家的特点，现在很多画家，用笔，用各种方法去做肌理，用洒，用喷笔，这个是机械的，谁上去弄都是一样的。画家用笔是千变万化的，但有一些习惯是贯穿一生的，就像谢稚柳先生晚年画的有些简单，这是身体等各方面的因素造成的，但用笔的特点还是在的。

中国画中最复杂的就是山水，各种树的形态与法则非常复杂。花鸟就相对简单，最方便就是人物画，人物画就是看线条，然后再看形体，虽然一个画家前后会有变化，但一些老的习惯是变不了的。书法也是这个道理。所以一对就能看出问题。

在今天艺术盛世的时候，我们的政府机构、学术院团，要做这样的工作：就是将所有博物馆的藏画，还有从拍卖会出来的画，做成数据库，并将数据库向社会开放，供更多的人研究学习。我们现在可能也有一些数据库，一来没有形成一个数据整体，二来还是为少数研究者使用。在信息化高度发展的今天，这种模式已经不能适应社会的需要，也不能适应艺术发展的需要。

有了数据库，还要有能够潜心研究的队伍，出研究成果。那时候，我们就有发言权了，就可以出一批懂鉴定的人，就可以影响拍卖市场，引导收藏、培育收藏。所以，我一直认为，现在是搞鉴定的最好时期：一是有那么多的好东西浮出水面，以前深藏宫殿里的作品也公开展示了，给了大家观摩学习的机会，还有那么多印制精美的画册，都可供研究；二是有市场需要；三是因为以前重视不够，懂书画鉴定的人稀缺。因此，我由衷地希望年轻人能多做这方面的工作。书画鉴定与中国书画艺术的发展是相伴而生的，两条腿走路才能平稳。有了鉴定，才能对中国书画艺术的传统进行发扬光大，才可以梳理中国艺术的发展脉络，才可以告诉社会什么是好的作品；有了鉴定，才能将中国书画艺术家的好作品留世珍藏，才能鼓励藏家的信心。我也真诚地希望这次华人收藏家大会能够为中国的书画鉴定起到推动的作用，希望我们的藏家一起加入鉴定的行列中来。

活到老学不了

——张宗宪先生访谈

张宗宪，1928 年生，江苏苏州人，1949 年移居香港，云海阁主人。是海峡两岸暨香港乃至世界文物收藏界和拍卖界的知名人物，为近 40 年来有影响力的中国艺术品收藏家及古董商。曾任苏州市政协常委，身兼多家著名文物艺术品拍卖公司顾问。

采访日期：2008 年 8 月 14 日
采访地点：上海东方曼哈顿
采 访 者：倪淑颖（以下简称"采访者"）
被采访者：张宗宪（以下简称"张"）

采访者：您最初是怎样接触到艺术品收藏的？从资料看您祖父张楫如是近世竹刻巨擘，父亲张仲英在五马路开设"聚珍斋"古玩珠宝行，从事古董生意，是否能介绍一下您的家学渊源以及收藏故事？

张：我的祖父（张楫如）是近世的竹刻专家，他在当时很有名，身价也很高。从前老式家庭里，白天人来人往很是喧杂。窗棂都是木质的，每到夜晚总有风透进来，祖父的很多雕刻，都是夜深人静时完成的。他擅长扇骨微刻，缩写金石，每以阳文刻至数百字，字小如胡麻，可谓是鬼斧神工。等我懂事时，他已过世，只留下了几件遗物。我父亲（张仲英）14 岁到上海学徒，老师是开古董店的。18 岁时，老师过世没有接班人，父亲就把店铺买了下来，在五马路开设了"聚珍斋"古玩珠宝行。父母都是苏州人，到了我们这辈都生活在上海。兄妹四个，我生于 1928 年，排行第三。小时候家人各自分开住，对父亲的生意并没有什么概念,直到战乱,一家人才聚到上海的租界住在一起。我没有帮父亲做过事,16岁就自己做生意开百货公司了。后来虽然输了,但不失败又何来经验呢?中华人民共和国成立前夕,国民党发动内战,身边的很多朋友都陆续去了香港。我就带着美元加港币总共 140 多元的家当,只身闯荡香港。父亲不舍得家产和亲友,固执地留了下来,结果死在内地。很多人想为我写自传,我都不愿意。因为我的事情太多,一天的事情可以编五本书。

采访者: 您在香港的古董生意是怎样起步的?1951 年您开设自己的古董店,店名为“永元行”,当时“暂得楼”主人胡惠春、“天民楼”主人葛士翘、“金才记”主人等都是你的常客,可谓是买卖兴隆。能否介绍您当时的事业?

张: 古董生意最初是靠和父亲来往的书信学习的。刚到香港时很苦,混迹于香港的摩罗街,做的是服装生意,每天吃最简单的饭,两顿一块钱。后来连凑带借向内地汇了 3 000 元港币,请父亲所在的上海外贸工艺品公司发来了第一批旧工艺品。在每一件古玩上,父亲都标示了名称、来历、价格和名贵程度,提醒我每一个需要注意的细节。通过书信和实物的对照,我逐渐摸索学习,对古玩有了深入的认识。当然,因为从小父亲就开古董店,我也在店里生活过,看着店铺里每天进进出出的人和货,对古董行也有些直观感受,并不陌生。那时的古玩生意,算不得太风光,在别人看来也不过就是旧货摊。做古玩生意的人,上海叫“掮客”,北平叫“跑河的”。我开始“跑单帮”也不过十几岁,从上海去北平淘货,走得很远,但当时的兴趣并不在于此。到 1951 年开“永元行”时,生意已经有点根基了,一路走来,坎坎坷坷的,直到 1967 年“香港暴动”,我就去了国外。把国外买的货拿到香港来卖,那时候我已经有四个店面了,珠宝、批发、门市样样都做。胡惠春的“暂得楼”,名字起得很好,世界上没有永远的收藏家,一切都只是暂时得到。我叫“云海阁”,因为我的很多时间都是在飞机上云海间度过的。总是坐着飞机,穿梭于伦敦、纽约、香港、东京之间,赶赴苏富比、佳士得国际拍卖公司的拍卖会。

采访者: 您何时开始收藏中国字画?

张：字画是回到内地之后才开始做的，大概是在 1985 年吧。有一个老朋友，也是我的客人，他对我说，罗伯你瓷器这么精明，别人学看字画要 10 年，你 5 年就够了，因为古玩都是相通的。于是我从齐白石作品开始陆陆续续地买。起初也不懂，请博物馆专家还有馆外的专家帮忙鉴定，一点一点收藏起来。当时 10 万元买来，后来 3 万元卖出的也不少。我对书画的收藏标准是“真、精、新”，每次拍卖都挑好的、精的买一点，当然价钱也会高一点了，但很多也没买到。每件藏品入围之前，我都要征求朋友的意见，以保证每幅作品都是画家的真迹、精品，完整如新。对于看好的东西，事先我至少会给 10 个相关的专家打电话，听意见，如果有一个人有不同看法，我就会另选拍品。拍下来之后，再给至少 10 个人打电话，问意见，一旦有人态度犹疑，就再放回拍卖场里。并且常去拍卖行听内行人的议论，虚心多问，自己还做点研究。最后到要拍卖之前，再决定怎么拍，怎么买，从多少价钱开始，用什么样的策略。拍卖就像战场，时局千变万化，一定要亲力亲为，托别人去买，别人不了解你的心思，很难称心如意。现在我不专收字画了，不过见到喜欢的画，还是想买几张，这是生活的乐趣。否则，去做什么呢？

采访者：1968 年你首次参加伦敦拍卖会，是第一个出现在国际拍卖会上的中国香港人，当时的情形是怎样的？

张：那时候我只不过是个看客，连举牌的资格都没有。记得那一场的中国拍品最贵的也只有 800 英镑，其余的也就几十英镑，不过现在这些东西都价值几千万了。从这之后我开始频繁出入欧洲国际拍卖场，都是“单枪匹马”闯天下的。我不识英文，刚开始站在一个地方，结果被人赶开，说这是本国人的位置，外国人在那边。抬头看标识，哪是本国，哪是外国，赶紧用笔在纸上记下来。不同国家的拍卖场规矩和路线图，哪里进，哪里出，怎么走，都靠自己一点点累积的。

采访者：从最初只身仅携带 24 美元，到今天拥有亿元藏品，给我们讲讲您的收藏经吧，您的收藏理念是什么？

张： 几十年来，经手过的瓷器和书画作品超逾万千。买东西要靠眼光、靠智力，不是有钱就可以买。买的时候就要想到，如果有一天落魄了，也需要再卖出去，卖出去时能不能赚钱。我始终坚持追求精品，宁缺毋滥。买瓷器，最怕买到"新加坡"（音译），即新的，假的，破的。古董这样东西，有一点点裂纹，破一点点都不行。广东人讲"全美"。瓷器之所以值钱，就是这么多年的珍藏，没有破一点点。一件完整的瓷器值一千万，有一点毛病值一百万。品相、颜色、釉光等都很重要。在书画上，我追求"独特"和"真、精、新"。首先要真，其次要是精品，再有要新，品相好。画是古画，但不能破破烂烂的，要像新的一样。

对古董，首先要看得懂，然后还要买得起，买得起还要卖得掉，卖不掉还要摆得起。玩古董不是在做戏，要经过长期地多看、多听、多问，常去博物馆跑跑，研究研究。而且必须实打实地买，一次上当了，下一次就会吸取教训，这是交"学费"。不是自己的钱，是不会进步的。我自己这么多年也是一路坎坷过来的。有的人理论很强，但没有实战经验，不会看货。中国的文物学问至深，你买一种东西，研究几十年，也不一定完全了解。研究一个唐太宗，研究一辈子也未必全部了解，更不说要唐、宋、元、明、清全都涉猎了。拿10张真画，给10个专家看，总有人说里面有几张假的；拿10张假画，也总有人说里面有几张真的。买卖之间的升值，凭的就是眼力了。一定要货真价实，只要买得对，不怕买得贵，好东西将来一定是升值的。

采访者： 您的收藏经历有过大的遗憾吗？收到过伪品吗？

张： 做古玩生意永远有遗憾的。买不到后悔，买到了嫌贵。人是永远不会满足的。

采访者： 您认为自己是一个收藏家，还是一个古董商？

张： 一半一半吧，世界上没有真正的收藏家，与其以后藏品被送走、骗走，让人在真真假假中议论不休，不如拿出来卖掉来得心里舒服。我在全世界走了几十年，是个生意人，又是个收藏家，对这个圈子的角角落落、来龙去脉都很了解。人情世故，逢场作戏，市面上的风风雨雨，我都经历过，印证了老话里的一个词叫"过来人"。曾经拥有就行了。

采访者：您是拍卖场里一贯的NO.1，为内地拍卖事业的发展也作了不少贡献。

张：全世界都知道我是NO.1，现在偶尔也举1号牌，高兴了就举。“罗伯张”这个名字，在艺术品拍卖业尽人皆知。内地很多艺术品拍卖行，起初都是我叫他们出来做的。有的人每天到我这来上课，我手把手地教他们如何拍卖，怎么看东西，怎么叫号。1992年在香港苏富比拍卖会上，我以429万港元买下张大千的《灵岩山色图》，创下当时中国近现代字画的市场最高价；另一件陈逸飞的油画《浔阳遗韵》，被我以137.5万港元竞得；1993年上海朵云轩首届中国书画拍卖会上，我共买下价值200多万元的拍卖品，是头号买家。其中丰子恺的《一轮红日东方涌》，就是我以起拍价3倍的价格买下的，创下当时丰子恺作品的最高价。中国嘉德历次拍卖会上，我也是常客。1994年中国嘉德举办第一场拍卖会，第一号拍品是《渔乐图》，底价7 000元。我开口就出18 000元！场面一下子活跃了，最后加到88 000元，由徐邦达先生敲响第一槌，我博得头彩。1994年，北京翰海首拍，也是我一口气独拿1 600万元，吃下全场拍卖会成交额3 200万元的50%，推动了中国文物拍卖市场的发展。从此往后10年间，中国拍卖业的每一场重要拍卖，我都坚持参加。

初涉拍卖的时候，要找一本书的货都很难。现在，每家拍卖行都有一叠目录，奇怪，货怎么会越来越多呢？拍卖行互相之间明争暗斗也很厉害。从前藏家也做假，请一帮人回来，一个仿画、一个仿字、一个仿图章……一张画由一班人分工完成。如今有了电脑，做假的更是如虎添翼。现在大家热炒宫里的东西，做假的就拼命仿宫里的。假货容易发财，真货找不到，找到也不便宜，不便宜就很难赚钱。

采访者：您曾为苏富比、佳士得两大国际拍卖公司移师香港做出了有益的工作，现在又身兼中国嘉德、北京翰海、北京荣宝斋、上海朵云轩等诸家著名文物艺术品拍卖公司顾问。您对收藏市场的现状怎么看，前景如何？国内的机制有什么不足？

张：现状和前景堪忧。当前中国内地的拍卖市场中好和真的东西越来越少，尤其是书画拍品中假的、劣的东西太多。拍卖行不但不制止，反而采用各种不规范的做法抬高拍卖价格和成交业绩，很不诚信，令许多藏家上当受骗，导致人情淡薄，交易大幅萎缩。

现在一本拍卖目录寄来，我看不出几件是真的。瓷器你用手摸摸都是烫的，刚从江西烧出来，画作的墨迹都还没干，石头涂点黄色就是田黄……反正没几样是真货。偶尔的几件真货，不是用来卖的，是借来摆着出出风头、吸引眼球的。凡事七不离八，不能做得太离谱。我看现在市场上的好多拍卖公司，将来都没有竞争力的。市场靠它自然生长，自然淘汰。人很难有力量控制市场，因为这不是一个小镇，一个小地方，它覆盖了全中国，全东南亚，甚至全世界。西方国家经历了300年才完善了拍卖市场，他们每个部分都有每个部分的专家，很有职业操守。我们现在的市场很畸形，不按行情、不按市场的规律来做，气死人。

采访者：您觉得现在怎样才能成为一个和你一样的收藏家？对初入收藏的人，您有何具体建议？

张：大概很难，没这样的机会了。我们那时候东西又便宜又多，现在拍卖行都很难找到货源，有钱也买不到好东西。过去几位大藏家的东西，基本已经卖光了，新藏家刚刚收藏，不可能急着卖掉。即使卖掉也是挑一些自己不喜欢，或者买错的、不好的推向市场。

从前有收藏家比如张伯驹，现在我看不出哪一个是收藏家，都是在做生意。有的今天买了，过了两三天，又放到别的拍卖行去卖了，好像投机。收藏只能是投资。以前物价便宜，货又很好，现在过了20年、30年，当时几千元的东西，现在值几百万了，这是投资。好的藏家，首先要对这方面有很好的兴趣，要肯学，且有钱去买。还要多听听，多问问，多看看，到各博物馆去比较比较，平时多看这方面的书。要虚心求教，不要只学到三分，就以为什么都懂了。做古董行自古以来就是骗局。过去的时代不懂的时候，被人家骗；懂一点了，自己骗自己；等真的懂了，就去骗人家。这叫被骗、自骗、骗人。现在的时代不同了，但对新的收藏家有一句话要说，“学到老，学不了”。不要说学一代你就懂，如果真能学十代都不一定全部了解。中国的东西范围太广，瓷、铜、玉、石，东西多得不得了。单单一样铜器你能学懂，一看就知道，起码要花100年。好的艺术品，价低的时候只要压得住就要压，一定会再高的，等个五年、十年后总会涨，因为好的东西只会越来越少。东西不是今年买了明年就卖出去的，你要藏个五年，人家都忘记了，到时出来价钱才会比较高，今天买了就在等涨价是不行的。如果买卖间隔太短，这个市场也就差不多到头了。当代艺术严格讲，不是看宏观，还是要选择画家，艺术品是以个人为代表的。要跟定画家，去钻研他的作品。收藏这东西学问很深，不是三年两年就可以磨炼出来的，要有文化，要洗耳恭听，接受人家的意见，沉进去十年八年，眼光自然就出来了；同时也要多听多看多买，在做的过程中学习。

采访者：现在，您最想过怎么样的生活？

张：最想活得长一点，身体好一点，潇洒一点。人活着潇潇洒洒是走一回，默默无闻也是走一回。我现在还是喜欢凌晨三点睡觉，第二天中午起床。还是伦敦、纽约、香港、上海、北京来回跑，从不缺席国际大型拍卖会。现在去拍卖行，很少买进瓷器、书画，偶尔挑几件自己喜欢的杂项，买着玩玩，将来还是要卖出去的。“春蚕到死丝方尽”，人要活动才有生气，生命才有价值。我喜欢热闹，喜欢朋友，喜欢拍卖，也依然在云游世界。

清玩者，毋须认真

——蔡一鸣先生访谈

蔡一鸣，1928 年 11 月生于上海，祖籍为浙江湖州德清县。曾任台湾“中华文物学会”理事长、“清翫雅集”创会会长，收藏资历长达三十多年，以“乐山堂”为堂号。早年专注收藏历代名瓷，后来又倾心古代及现代书画，已出版《乐山堂藏瓷》和《乐山堂藏中国书画》，收录所藏精品。

采访日期：2010 年 9 月 10 日

采访地点：庆山投资公司董事长办公室

采 访 者：刁明芳、林美姿、李伟麟（以下简称“采访者”）

被采访者：蔡一鸣（以下简称“蔡”）

采访者： 您会爱上收藏，有什么机缘吗？

蔡： 我在上海念中学时，很多同学的父亲或祖父都是收藏家，我从小就看过许多珍贵的古董和字书，只是那时对那些红红绿绿的花瓶、碗啦，并不太了解。当年上海的大收藏家，后来香港“敏求精舍”的创办人胡惠春就是我同学的大哥，我以前常去他家里玩，胡惠春把贵重的古董放在会客室和书房里，所以那时，他不准我们进这两个地方玩，怕我们把古董碰坏，但我还是见过他不少收藏品。

另外一位我眼中真正的收藏家，是我同学的邻居的祖父，就是创办庆云银楼的郭老先生。那时他年纪已经大了，身体很不好，成天躺在床上，但只要听到古董商拿好东西来，他马上就会起床，高兴地和古董商讨论。当时我所见的上海收藏家几乎都是只收不卖的，中华人民共和国成立后，大环境变了，收藏的观念也跟着改变。那时我对古董收藏还懵懵懂懂，后来在香港看了拍卖会的预展，才发现那些古董和我小时候见过的东西都很像，从此引发了收藏的兴趣。

采访者：那您是何时开始自己的收藏的呢？

蔡：我从1979年开始收藏，第一件藏品是在香港买的。我住在台湾，但没在台湾买古董，主要是当时台湾并不时兴收藏古董，为什么呢？因为台湾被日本统治了50年，日本人不可能留中国人的古董，所以台湾本身是没有中国的古董。一直到1949年，国民党由大陆撤退，很多人跟着搬迁过来，也陆续带过来一些古董。但因为那时算是“逃难”，这些古董多半被卖到国外去了。香港当时最大的买家是本地收藏家以及日本人，从1970年之后的十多年，日本人挟着雄厚的财力，买走了很多重要的瓷器，一直到台湾的经济起飞，大约是1988年以后，股市上了万点，有钱人多了，收藏古董的风气才慢慢起来。

1960年前后，我从事贸易，在香港设有办事处，所以每个月要到香港出差，每次都住在办公室附近的文华酒店。那时，苏富比及以后的佳士得的拍卖会都在文华酒店举办，我没事时就跑去瞧瞧，看着预展的东西觉得很眼熟，因为小时候都看过。我大约看了三年，才开始进场。买的第一件是瓷器，当时拍卖市场最被看重的就是瓷器，而在香港拍卖的文物也以瓷器居多。初期，我向古董商买古董的比较多，交了不少“学费”之后，觉得通过拍卖公司交易比较安全。当时香港的拍卖公司是很严谨的，如果买到不对的东西是可以要求退钱的，因此对于古董的真假及年代，都比较值得信赖。

早期我收藏的，多半是明清朝时期的瓷器。现在乐山堂所收藏的瓷器中，有一只明朝万历年间的紫地黄龙碗，全球有记录的不超过四个；另一件是明朝正德年间的绿龙纹碗，更是孤品，都很珍贵。

采访者：后来您的收藏范围有扩大吗？

蔡：1981年，我买了第一件字画。那时候拍卖市场根本不重视字画，因为外国人看不懂，所以字画的拍卖目录只有薄薄的几页，连风都吹得起来，哪像现在每一本都重得我搬不动。为什么买书画呢？说起来是一段有趣的故事。

当时我只买瓷器，瓷器的价格贵得很厉害，但在香港的拍卖市场上，张大千的画却很便宜。举例来说，张大千画的一幅《龙女礼佛图》起标价 4 万港元，同本拍卖目录上徐悲鸿画的马，起标价也只要 3.5 万港元。那时港元很值钱，一港元可以换台币将近九块钱，如果两万港元就将近是台币 20 万元左右。而那时候大安区敦化南路的大楼，房价每平方米才 4 万元台币左右。那次，我看中了张大千的《龙女礼佛图》，因为非常喜欢，就决定用买瓷器的概念去标，出价比较高，它起标价 4 万，我跟另外一位菲律宾华侨抢标，结果以 11 万港元标得，再加上 1.1 万港元的佣金。当时，中国书画还没有卖出过那么高的价格。拍卖结束后，立刻有很多记者过来要访问我，考虑到台湾当时还有外汇管制，不能说自己是台湾地区来的，而且我也不会说广东话，所以也不能说自己是香港来的。于是我灵机一动，就说自己是打新加坡来的，后来报纸都报道说是一位新加坡华侨出高价买了张大千的《龙女礼佛图》。

采访者：这是您买的第一张张大千的画作吗？

蔡：没错，《龙女礼佛图》是张大千在上世纪 40 年代远赴敦煌，在莫高窟临摹唐人原作的精品，工笔画得极好，不论是脸部、手部还有衣饰的线条，都充满流动性，而且用色秾丽，尤其那红色真是漂亮。

买到这张画之后，我订了上午 10 点的航班返台。在飞机上碰到一位收藏家，他问我是不是买下了张大千那张画。我说是，他就说："那是假的，你怎么会去买？张大千从来没有使用过这么鲜艳的红色，所以那张画不可能是张大千的真品。"我听了心里头很不舒服，回到办公室时还不到下午 1 点钟，我就打电话给同事的太太，当时她在台北故宫博物院的书画处工作，我请她帮我约张大千先生，我想跟他当面求证。这位太太联络了同在书画处工作的张大千的小女儿，得知张大千下午休息到三点半才会起身，于是，我准时到台北故宫博物院对面的摩耶精舍拜访他。我抵达时，张大千已经在等我了，他问我，《龙女礼佛图》是你买的吗？那时他已经看到了报纸的报道，看到拍出高价，非常开心。因为当时，张大千的画在台湾地区卖得很好，受欢迎的程度到了画商必须先付钱预订，但张大千何时可以画完，何时可以拿到画，画商并不确定的地步。可是张大千的作品在香港的拍卖价格却一直起不来。因此，我用高价在香港买了他的画，他很开心，就问我收了他几张画，因为很多人是抱着收集的心理一张张去买，但我却是一张他的画都没有，就出了高价购买，这令他更高兴了。

我问他《龙女礼佛图》是不是他画的，张大千给了肯定的答案。至于画龙女使用的鲜艳红色，他解释说是用矿石磨出来的颜色，从他去敦煌临摹开始，一直到中华人民共和国成立以前，他都是用这种颜色。但后来离开大陆就不用了，因为从前都是学生帮他磨矿石，从大陆出来后没有学生在身边，随着年纪增长，自己也磨不动了，所以很久没有再使用这种颜色了。

采访者：之后，您还继续收藏张大千的画作吗？

蔡：当日为了佐证《龙女礼佛图》的用色，张大千还拿出了一幅《红衣大士》给我看，这幅画在帆布上的观音大士，身上穿的红衣正和《龙女礼佛图》的红色一样艳。两幅画的创作大约都在同一时期，张大千很喜欢《红衣大士》这张画，他画好后，没有题款，显示他不想卖，而且也从不示人。因为我高价标得了《龙女礼佛图》，给他捧场，他很高兴才拿出来给我看。

张大千亲口对我说，《红衣大士》这幅七尺的大画，是仿榆林窟中唐人壁画的作品。为了作画，他当初必须爬进一个洞里，才能看到这幅壁画，人在洞中是站不直的，他要抬起头才看得到画，同时要另一个人带着两个马灯跟他一起爬进去，用马灯打在墙上，他先把线条勾好后，再爬出洞口，过程很辛苦。而且这幅画用的是帆布，必须先打蜡，让布结实，然后再把蜡洗掉才能作画。当日连张大千都说，“自己年纪大了，再也临不出这样的画了”。我很喜欢这幅画，当下向他表达想买下的心意，但张大千自己是不跟人讲价钱的，后来，我托了台北历史博物馆的一位友人向他买画。大概因为我把张大千在香港的字画价格从此抬上去了，他竟然愿意出让，所以，我就幸运地收藏到这幅重要的作品。

张大千的画作，我基本上不外借，上一次外借都是20年前了。我的好朋友林木和及陈筱君筹办画展时，我把《红衣大士》和《龙女礼佛图》借给了他们。展出之后，一位专收张大千画作的收藏家来找我，他出价 4 000 万元希望我出让，当时那是一大笔钱，但我回说："让我玩一玩，我不玩的时候再考虑要不要让给你。"到现在，我都一直珍藏这两幅画。

采访者： 您后来又是如何促成了台湾收藏团体"清翫雅集"的成立呢？

蔡： 1978 年以前，台湾只有三个半收藏家，一位是远东航空公司的创办人胡侗清，第二位是国泰信托董事长蔡辰男，第三个就是我，而那半个就是鸿禧集团董事长张秀政的家族，那时候他们才刚开始通过拍卖公司搞收藏。

后来随着台湾的经济繁荣，股市上冲到一万多点，台湾的收藏家开始踊跃地在拍卖公司交易。到 1992 年，收藏人数已经不少了。有次，我在飞机上碰到寒舍的老板蔡辰洋，他建议我出面成立一个像香港"敏求精舍"一样的收藏团体，让新进的收藏家彼此有交流、切磋的机会。那时候，我刚好担任"中华文物学会"理事长，所以我就同意出面号召。

收藏团体需要命名，当时很多人提供名字，我都不满意。后来我想到曾在台北故宫博物院月刊上看到一篇文章，在明朝嘉靖年间有一套古书，专门讲述收藏的事，书名叫"清翫"，内容包括"清翫字画""清翫瓷器""清翫铜器"。以古字来看，"翫"字就是"玩"，"清翫"也就是玩赏的意思。在中国已经找不到这个字了，只有在日本才有"翫"字。收藏团体的名称如果用"玩"字，感觉不够慎重，所以就决定用"清翫"。我刚提出建议时，也有人不怎么赞同，后来台北故宫博物院的瓷器专家那志良和我们一群收藏家联谊时，听到"清翫"的名字，直说"很好"，大家就同意用"清翫雅集"来命名了。

当时香港"敏求精舍"选择会员的标准非常严谨，要看你收藏的东西是否够水平，而且他们也不希望会员是拿古董做买卖的，要求真正的收藏家才能入会。"清翫雅集"也一样，我定的规则是：一位会长最多做一任，一任最多两年，之后一定要换，大家轮流做会长。至于会员，一开始我们采取主动，邀请有分量的收藏者加入，而且要开大会，取得每一位会员的同意才能入会。初创时的构想是希望每个月聚会一次，每次聚会时，大家可以把买到的古董珍品拿出来交流讨论。现在我们还是维持每个月的聚会。那时，我也希望在拍卖会之前，大家可以沟通一下，如果有人想要买的、标的，别人就不要去抢了，免得哄抬价格，但这个构想，后来也行不通。看到好东西，大家照抢。

采访者：您收藏的资历长达31年，过程中有什么甘苦可以分享吗？

蔡：我最反对收藏投资，买收藏品时，我从来没想过要作为投资。但人心都是一样的，你收藏的古董，买进的时候值1万元，后来变成20万元，虽然没有卖掉，心里头还是会很开心；但有时也会高价买进，后来变得不值钱了，那感觉就很不痛快。

刚开始收藏时，我每次去拍卖会都很不痛快，但还是要去。比如说下个月有拍卖会，我这个月就要开始准备钱了。因为我们不是亿万富翁，所以到拍卖会前要先规划一下，筹一笔钱。假如买到一件东西，买太贵，会心痛；如果买不到，心里又很波澜，可说是患得患失。有时你想了很久的古董，终于买到手了，你还是不痛快。为什么呢？因为花了很大一笔钱，买到手之后也只能摆着看，又不想卖，有什么大用处呢？现在年纪大了也就习惯了。

今年我82岁，现在到任何一个拍卖会去，都是年纪最大的收藏家，而且我还会亲自举牌竞标。只是现在的古董价位都太高了，我的心态是买不到也就算了。比如，今年春天的时候，我很欣赏一幅台北故宫博物院前副院长江兆申收藏的古画，是清朝恽寿平画的花卉，画面是菊花和石头，缺点就是画残得很厉害。这幅画定价20万港元，我举牌也买不到，最后标价成了300万元。

看过那么多收藏家，我认为，认真的收藏家是一种病态，心里头的占有欲会很强，他希望买到的东西是只有自己有，而别人没有的。所以，我建议想进入收藏领域的人，只要做一个喜欢文物的收藏家，但不要做认真的收藏家，也就是不要太着迷于收藏，心态要很潇洒，收到也好，收不到也好，看看就可以。有空到博物馆、美术馆看看，或者欣赏朋友的收藏就不错了，有这种心态会比较长命。我自己曾经是一位认真的收藏家，现在，我不希望再做一个很认真的收藏家了。

采访者：您提到有过高价买进的古董，后来变得没那么值钱，这是什么原因呢？

蔡：我曾经买过很贵的古代陶器，比买瓷器还贵。瓷器多是传世品，但陶器都是地下挖出来的。中国文物政策未开放时，陶器流出海外的不多，所以价格贵。可是后来出土的越来越多，现在变得没人要了。

我讲个笑话。1981 年，我曾经在香港拍卖会看上一个唐三彩的盘子，盘面上绘有天鹅，颜色很漂亮。当时这种文物非常稀有，估价 100 万港元，但我资金不够。那时有一位香港的古董商愿意跟我合伙，我出 50 万，他出 50 万，但我后来一想，我是想买来收藏的，但他是古董商，是做买卖的，合伙买进之后，他要卖，我不卖，这可怎么办？所以最后我没答应合伙。现在这盘子 10 万港元也没人要。因为从地下挖出来的文物无法控制数量——陪葬的制度，是远古以来中国人的传统，就算是一个要饭的，死了也会拿个破碗陪葬。文物政策开放之后，曾有三到五年间，每天至少有三到四条满载古董的船走私到澳门去，但后来供给过多，东西没人要，船也不走私了。

采访者：您曾经因为没买到哪件珍品而懊恼很久吗？

蔡：我虽然主要收藏瓷器和书画，但还有很多其他的收藏品。现在回想我的收藏史，我有些后悔，后悔如果那时候我不要太考虑价格，就可以买到很多很好的东西。很多好古董早期的价钱仅有现在的五十分之一。去年 11 月保利集团的拍卖会，我看见了两件珍品，都是多年前我在美国的拍卖会上失之交臂的宝物。

1995 年我到纽约看儿子，一家拍卖公司拿了一批书法册页给我看，其中有苏东坡和曾巩的书法。我一眼就喜欢上曾巩那一页《局事帖》，里头有几十个字，定价 8 万到 10 万美元之间。我心想，美国人向来较少收藏中国书画，所以我跟拍卖行出价 18 万美元，加佣金是 19.8 万美元，结果没标到。得标的是一位比利时人，得标价加佣金共 55 万美元。后来据我了解，这位得标者的背后有位中国顾问，他懂中国字画，但无资金，所以他向这位比利时人建议买进，未来增值赚钱后，再分一笔钱酬谢他。

再次看到这幅《局事帖》，就是去年 11 月保利集团的拍卖会，它以 1.086 4 亿元人民币打破了中国书法拍卖的成交纪录。这幅一千多年前的《局事帖》尺寸仅 29×38.2 厘米，但却是曾巩存世的唯一墨迹。只不过十多年，这幅书法就从 48 万美元飙到近 2 000 万美元，增值近40倍，简直是暴利。

另一件珍品是明朝初期一位知名的书法家宋克的作品，台北故宫博物院现存有不少他的作品，但在外流传的很少。1993年我也是在美国的拍卖会目录上看到宋克的草书作品，我一看定价，好贵，8万至10万美元。拍卖前一天，我打电话给纽约佳士得书画部的一位马先生（注：马成名），我问他，有没有来自台湾或香港的中国人要出价呢？他说，都没有。我说，那这样好了，我出8万美元，多一块钱我也不要。结果拍卖结束后，我听朋友说宋克的作品以8万美元成交，我很开心，以为买到了。但过了两天，佳士得都没来通知我，第三天我打电话去给马先生，我说："小马，宋克的书法我买到了，你怎么没有通知我？"他说："我查一查。"结果一查，他说："不是你，是别人先举牌出价8万买到的。"后来我探听，是一位洛杉矶的华侨买去的。去年，嘉德拍卖又出现了这幅作品，得标价已经超过了1 000万美元，涨了100多倍。

采访者：您的收藏对您的家族有什么影响吗？

蔡：我的家族长久以来就有堂号，就叫"乐山堂"，我开始收藏后，就沿用这个堂号，对家族的传承来说，也是一件有意义的事。

我的大儿子和孙子都念美国康奈尔大学，我大儿子义务在学校的董事会帮忙，他曾经把收录我的收藏品的两本书——《乐山堂藏瓷》和《乐山堂藏中国书画》送给学校美术馆。最近，建筑大师贝聿铭帮康奈尔大学新设计装修的图书馆开幕，学校希望举办画展，就向我儿子借展品，指定要清朝王翚的一幅《群峰雪霁》。王翚跟清初另外三位名画家王时敏、王鉴以及王原祁并称为"四王"。这幅画是他在46岁左右时画的，画风有自己的风格。这样的作品很少了，因为他之后的画作都受到明朝蓝瑛的风格影响，画风就转变了。也因为这次康奈尔大学的邀展，我的儿子和孙子才发现我的收藏原来蛮受美术馆的重视，以前他们并不了解，这也是意外的收获。

一位老人的文化之旅

——刘冰先生访谈

刘冰，1932年出生于上海。1972年从台湾地区移居美国洛杉矶，创办长青文化公司、长青新闻、长青论坛、长青艺文沙龙、长青出版社、长青连锁书局，荣任美国海峡两岸关系研讨会顾问、美国洛杉矶摄影协会荣誉会长、美国刘狮艺术基金会会长、美国上海人联谊会会长，北京印刷学院荣誉教授、陕西省博物馆荣誉馆员、岭南美术专修学院荣誉董事、美国东方文物收藏协会荣誉顾问、美国美亚记者协会荣誉顾问。

采访日期：2008年8月8日

采访地点：美国洛杉矶

采 访 者：夏文萍（以下简称“采访者”）

被采访者：刘冰（以下简称“刘”）

刘冰以他广博的学识、儒雅的气质和独特的人格魅力，被推崇为美国南加州文化界的领军人物。在南加州蒙特利公园市的长青书局，我与刘冰沐浴着加州的明媚阳光，面对面品茗交谈。隔着半个多世纪的风雨，追寻着历史的步音，我们来拜访这位长者，一种崇敬之情油然而生。满头银发承载多少历史沧桑，炯炯目光透出睿智和慈祥。刘冰这位文化名人，由出版与文化结缘，以文化来缔造历史，他以一位矢志不移跋涉者的执着，继续着他的文化之旅……

采访者： 刘先生，请您谈谈是怎样以出版印刷与艺术结缘的？

刘： 我出身于书香门第，从小就接受儒家思想的熏陶，我祖父和父亲喜好收藏文物古董。那个时候，他们在外面办事，偶得一樽一碟都会拿回来在家中研究，把玩个不停，这对我的影响很大。

先父于1913年入上海同济医工学校，翌年欧战爆发，同济停办，旋转学上海美术学院习西画，后攻国画。抗战期间他任职中国国货联营公司，抗战胜利后，应世界书局邀请赴台湾筹设分公司，可以说是亦商亦文。所以与艺术界多有往来，如江小鹣、陈晓江、汪星伯、郎静山、张大千、溥心畬、王济远等。我自小不算聪慧过人，但办事笃实热情，有板有眼，所以备受呵护宠爱。先父在外办差，我不离左右，耳濡目染，对出版印刷、书画艺术产生浓厚兴趣，继而也掌握了一些技巧和门道。

我随先父从上海到台湾就学、就业，后在世界书局从事出版编辑印刷等业务，先父总是嘱我代其劳，故有缘与各大艺术名家相识相交。1968年与诸友创设汉华文化事业公司，专门出版国画书法及有关文史专著，由于崇尚中华文化固有理念，所以不计成本力求精美，竟成当时艺术印刷出版界之权威，诸如台北故宫博物院、“中央图书馆”以及艺术家、收藏家等对汉华公司极为垂爱，刮目相看。艺术品的复制印刷出版非汉华莫属。而我与艺术界各大家互动也就日趋频繁密切。

1937年日本人打到上海，我家逃到法租界，租赁郎静山先生的房子，我家住三、四楼，郎家住一、二楼，朝夕相处过从甚密。1949年迁往台湾，我们家与郎家经常往来，包括郎家闹家庭纠纷也会请我父亲从中调解。

我经营汉华文化时，郎静山先生交付他夫人雷佩芝手绘的《八十七神仙壁》，要将其印成手卷，此画线条纤细、优美，功力不凡令人难以企及，画作前面有近代艺术名家题字，如陈含光、张大千、溥心畬。此长卷的复制品，我珍藏至今，完整无缺。

一代大师张大千是由郎静山先生介绍我认识的。当时，在台湾张大千要印一些画册复制品，郎静山先生推荐我们和他见面商谈，张大千太太拿出日本印刷的画片，印刷工艺十分精湛，当时台湾的印刷技术水准是难以望其项背的。大千先生了解情况后很是失望，不过现场气氛还是很愉快，三人在国宾饭店还拍合影留念。

大千先生返美后，画了一张《长江万里图》送给张群先生为其祝寿，张目寒先生做主交给汉华出版，也许这也是有缘，我帮他印了迷你版《长江万里图》手卷和一本《长江万里图》大画册。大千先生后来又画了一张《黄山前后图》交给张目寒，张目寒又交给汉华出版。《黄山前后图》我共做了三套版，包括小的长卷，大的长卷，以及大画册。

1972年我移民美国。大千先生在洛杉矶办了一个画展,住在罗斯福旅馆,我特地拜会他,他请我去看了他的画展。出于对大千先生的崇敬,1997年我在洛杉矶经营的长青艺文沙龙举办了张大千画展。

大千先生的作品,经我手印刷的数量不少,他送给郎静山先生的画,都是我负责印刷。到美国偶然结识大千先生的孙子张小鹰,承他赠我一幅大千先生的大弟子慕凌飞的画,从好友陆铿先生那里我有幸欣赏到大千先生十分难得的硬笔速写画作《莱茵河舟中速写》。

1949年阖家迁到台湾后,家父笔耕不辍,妙笔丹青。有一次特别宴请张大千、溥心畬等书画家在凯歌归聚餐,把酒言欢,其乐融融,家父与他们也就走得更近了。后来家父每晚总是骑着脚踏车去溥心畬家看他画画写字,聆听大师教诲,受益匪浅。父亲画了一幅《富春山居图》给溥心畬看,大师建议父亲参加全省美术展,居然那一年赢得国画组第一名。

溥心畬喜吃肉,家母烹饪红烧肉是一绝,每次都命我送到泉州街给溥心畬品尝解馋。每每他笑眯眯接过,乐得像个孩子。两家人一来二往关系熟稔。家父和我收藏的溥心畬的许多画作都随身带到美国。1995年我在洛杉矶长青书局特别举办溥心畬纪念会,展示他的书画艺术成果。

溥心畬的正楷写得工整,60年代,他书写《获麟解》交给我由世界书局出版作为字帖,溥心畬还有一册《寒玉堂书画》也在我手上出版。

在中国首开人体模特课程的刘海粟是我十分敬仰的国画大师。1989年刘海粟来洛杉矶,刘狮的夫人童建人教授打电话约我到她家见面。刘海粟正在吃饭,我称呼他为太老师,并告诉他,我父亲是上海美专第一届毕业生,没想到他的记忆力真好:“你爸爸上学时很调皮的。”

后来我时常去探望刘海粟,他出门,我当司机。我开的是凯迪拉克,车身较大,落座舒适,太老师体格壮硕,喜欢坐我的车。第二次他们来美,住在金龄新村,我每去造访,都捎带一些他们喜欢吃的蟹壳黄点心。

1989年我们长青书局在蒙市议会厅,为刘海粟举办一个快乐回忆演讲会,有人拿出画请他鉴定,太老师说,不是他画的,来者闻言悻悻而去。

太老师未曾于美国自己举办画展，为了却他的心愿，我与时任洛杉矶中领馆总领事马毓真，协同侨界人士多方奔走。但迟迟未定时间，加上太老师要赶回上海做百岁大寿，此事只好作罢。临别前，他邀我参加百岁寿诞，我欣然答应。记得当时我住在上海衡山饭店的 10 楼套房，还携带了四箱画册交给他。

人生一世，草木一秋。1994 年刘海粟去世一年有余，我在洛杉矶长青艺术沙龙为他举办怀念艺术大师刘海粟先生纪念会。缅怀艺术大师，也纪念一段情谊。我与太老师虽阴阳相隔，但他的艺德人品、亲切教诲一直铭刻在心。他第一次来洛杉矶赠予我的墨宝“自强不息”也一直激励我在艺术的道路上锲而不舍、自强奋进。

家父的绘画老师王济远，曾是上海美术专科学校的副校长。1957 年他从美国飞到我国台湾地区，住在自由之家，吃不惯那里的伙食。每天中午我用三轮车接他来我家用餐，父亲拨冗陪他从北玩到南，太老师十分开心。

回美后，他要购买纸张、刻图章都会找我办，双方一直保持密切关系。1972 年我也移居洛杉矶，他邀我去纽约度假，带我参观各家博物馆，在这期间我吸收了许多西洋画知识，也收藏了一些他的书画、扇面。

我跟谢稚柳认识，是因为我在圣盖博开长青书局，全统广场饭馆林立，他们全家经常到此用餐。饭后老先生顺道来书店逛逛，慢慢聊起才知道他就是大画家谢稚柳先生。

后来的交谈也愈来愈投机。我邀请他到蒙市长青书局参加文化艺术活动。1996 年我在长青艺文沙龙举办上海朵云轩画展，谢老作为嘉宾也欣然出席。翌年他却驾鹤西去，不禁令人嘘唏慨叹。于是我举办谢稚柳大师百日忌辰纪念会，展示他的书画大作。南加州艺文界朋友都来追思大师在艺术上的成就和大家风范。半个多世纪的文化艺术生涯，我还与黄君璧、于右任、刘狮、马白水、李嘉有、马寿华、季康、王北岳、杨之光、钱瘦铁等艺术名家都有来往，并收藏了他们的书画。另外，还珍藏了艺术界前辈王北岳、钱瘦铁、汪星伯、陶寿伯、王壮为、吴平、吴幼之、张守彝等人留下的大批金石印章。

我从小就有收藏的嗜好。小学的奖状、成绩报告单和我在台湾艺专、文化大学、醒吾大学执教时学生的名册，我都保留至今。只要有价值的东西，小到一张纸片，我都会用心收藏，这已是几十年形成的习惯。

手头上祖传的宝瓷古董，也不乏开了门的精品，如：道光瓷笔筒、康熙宝光釉印池、雍正年窑宝石蓝印池、雕瓷荸荠扁圆印合、雍正官窑硬彩小碟、雍正官窑鳝鱼黄双鱼瓶、双爵簋、鎏金小铜佛、汉代双螭玉璧等。

采访者： 刘先生，听说你收藏有个原则：就是只收不卖，为什么？

刘： 我的收藏有两个来源，一是祖上传下来的，还有一个是艺术界朋友馈赠于我的。刘家有家训："盖勉子孙创家立业，务从勤劳节俭为本，望吾刘氏子孙，承继先人德泽，以诚以信，克勤克俭，脚踏实地努力于所从事，为国家为社会多作贡献。上慰列祖列宗英灵，下为子孙后代之楷模，光大刘氏门庭，是所至愿也。"我是刘家后代，手中拥有珍贵名人字画和文物珍品，多是从祖父、先父那里传承下来的。我必须恪遵家训，把它传给后人或国家。而不能随心所欲作践变卖，做一个败家子。我不是做文物生意的，只不过是兴趣使然，如果一出手，这东西就没了，也不知道它会流落何处。收藏一件东西，没有事就会捧出来把玩欣赏，久而久之就会对它产生感情。就好像对待小 Baby 一样，呵护它，爱惜它。我所收藏的名人字画印章大多是艺术家赠送我们的，这里寄托着一份情意，十分珍贵。如果随意地把它卖了，我认为，这是对朋友的不尊重，也亵渎了我们之间的友情。有好几回大陆富商慕名来长青书局，欲收购我收藏的字画古董，尽管出了天价也被我婉言谢绝。只收不卖是我收藏的原则，我认为它体现了收藏者的修养、层次和品质，也是君子之风吧。

采访者： 听说您时常偶得一宝后完璧归赵，免费赠予，不计利益？

刘： 是的。我搞收藏是只收不卖，但如果它有合适的去处，我毫不吝惜免费赠送。我在台湾经营汉华公司，郎静山先生让我把他手绘的《八十七神仙璧》印制成手卷。移居美国后，有一年郎静山来造访长青书局，我取出珍藏的画卷给他看，他表示手头已无存稿，我二话没说把仅存的那一卷赠予他，老先生大喜过望，连声道谢。

我和书法大家于右任结缘于世界书局，为他出版书法集。父亲服务世界书局至退休，书局常委董事吴开先老师，感念先父贡献卓著，于是将于右任致赠的千字文转送他作为纪念。后来沈映冬先生说陕西要成立于右任纪念馆，向我征求于右老的墨宝，我原本应允忍痛相赠，结果碰巧让陕西画家范炳南看到千字文，直呼此宝难得一见，应当赠予陕西省博物馆才是。当晚，他就取走千字文，返回中国西安。陕西省博物馆馆长周天游亲自到机场来迎接千字文这一“海外游子”荣归故里。2001 年陕西省博物馆特地为千字文举办赠予仪式，我与沈映冬相偕赴会。为了不让于右任纪念馆失望，我另外携带于右老写给先父的一副对联送给三原于右任纪念馆，也算对沈映冬先生有个交代。

1997 年，我得悉上海朵云轩早年的木版水印诗笺已失存，于是我把家藏 1904 年印制的朵云轩诗笺无偿赠予他们，成为镇店之宝。

我家藏有一件稀罕之物——乾隆年仿澄心堂纸，纸面光滑涂蜡，犹如现代无光铜版纸。我也一并捐给了上海朵云轩。仿澄心堂纸，是否人间仅有之物不得而知。

2001 年，我去访问蒋介石故乡奉化溪口，将蒋介石题字“此书为我少年诵读之书，教大孙玩读珍藏，四十四年七月八日于角板山”给蒋孝文的一册《神童诗》，转赠给浙江奉化有关当局。此《神童诗》一书，原为蒋孝文在陆军军官学校读书时，送给时任班长刘沛（我弟弟）的纪念品。

家藏书画家吴湖帆赠予祖父石溪公的《联珠集》，上海画家劳继雄是我的好朋友，也是谢稚柳的学生，他看到吴先生的诗集爱不释手，我即赠送给他收藏。好东西能适得其所，我非但不遗憾，反而觉得是心中一大快事。

采访者：刘先生，您在与艺术大家交往中，有什么印象深刻、难忘的事情？

刘：我认识中国现代艺术家，交往时间最长的要算郎静山先生。先生贵为大家，一辈子两袖清风，一身飘逸。对于他的为人修养，做晚辈的十分敬佩。张大千知道他经常生活困窘，有时送他画作让他挣点钱花用，这些画作通常由维新书局经销发行。

维新书局年代，郎老在“中华彩色印刷公司”印了张大千的画和“中国摄影学会”的刊物，原本侯华先生任“中华”总经理，同为文人，念及苦衷，对郎静山印的东西只记账不收钱。后来换了新的总经理，一看郎静山欠账 12 万，就跟他催收。郎静山一年四季永远一袭白衫长袍布鞋，无钱还账，怎么办？郎老一筹莫展，便向侯华讨教求援。侯先生给他指点迷津，你找刘冰就有办法。我经营出版印刷，与“中华”那些负责人都是行内老友，我把他们印刷的东西拿出来"挑毛病"，这样七扣八扣，约莫扣了 9 万块钱，然后就向他禀报：郎家伯伯，还有 3 万块我扣不下来了。郎老想了想说，那就找"新闻局"来帮帮忙吧。难题就这样迎刃而解。"中华"卖了我的面子，呆账算是结清，也算是文坛一段趣事。郎老为了答谢我，提议让我出版郎静山人体摄影艺术集来赚钱，但我担心当时"新闻局"和"警备总部"找我麻烦，谢绝了他的美意。

我经营汉华文化公司，与艺术家的交往频繁，经常与他们餐叙，在一起也是无话不谈。有一次，同桌的郎静山、黄君璧、庄尚严、叶公超、侯华、那志良在一起闲聊，叶公超先生瞅见女服务员面容姣好，赞美之余，随口问郎静山，郎老你现在还行吗？当时郎老 70 多岁，闻言点头笑答："还可以，还可以。"文人相聚，果然风流。

张大千先生 1973 年在 LACinega 开画展，结果大幅画作只卖 5 000 元，其他小幅画作则二三千元不等，看到他的画在美国这般行情，我建议他应该拿到台湾去卖，台湾的国画市场要比美国旺盛得多。后来他回台湾定居，他的画在台湾果然炙手可热，风靡久远。

制印名家王北岳未成名时刻了一批印章。80 年代到美国拿到绿卡，结果他的印章无人问津，事业没有发展。我劝他回台湾发展。不多时，他的印章在台湾的价格高过同行好几倍。

我在收藏过程中也得到一个经验，追讨艺术家的墨宝要锲而不舍。有一次，艺术大师黄君璧要汉华印刷一张贺卡，我拿来彩样给他看，黄老非常满意，直说要送一幅画来酬谢我。苦于我脸皮太薄，没有跟着追讨，终究未能得到他的画作。我们刘家与王济远交情甚笃，姐夫在船公司服务，经常到纽约，父亲央请他带去两件古董寄放在王济远家中，一件是汉朝雁足灯，一件是大明加紫兽。我定居洛杉矶，一次王济远来信，说他的腿肿了，是瘤火，催我抽空取回古董。我托纽约同学邓远志前往索取，可惜太老师已经病故。后来，我去遗产委员会要求物归原主，答复是缺乏证明，而且处理旷日费时，所以这两件古董至今下落不明，我心中一直耿耿于怀。

采访者：刘先生已是古稀之年，应该颐养天年，您为什么还在为传播中华文化奔走呼号？

刘： 我从小接受传统文化教育，儒家的忠孝仁义思想已浸骨入髓伴随我长大，再加上父亲对我的影响，我喜好中华文化，对艺术收藏产生兴趣，我把玩一件文物古董就好像与一个文友知己交流对话，十分惬意。文人雅聚互相观摩，交流心得，怡情养性，提升文化品位，增加历史知识，让人赏心悦目，何乐而不为？后来我远离故土，移民美国，依然从事的是文化事业，没有忘了中华文化这个根。中国五千年的历史和灿烂文化是我们海外游子最宝贵的精神财富。孟子曰："天将降大任于斯人也，必先苦其心志，劳其筋骨，饿其体肤，空乏其身。"先师的教诲更激励我们炎黄子孙，要有一种使命感、责任感在海外弘扬中华文化，让中华文化血脉基因得以传承发扬光大。

回首过去，在台湾我从事出版印刷工作，有缘与艺术大师交往，得到中华文化的熏陶。移民美国我创办长青书局，成立长青艺文沙龙、长青论坛，举办书画展、文物展、文物鉴定讲座、新书发表会和各种学术、政论性讲座，使长青书局成为南加州华人文化活动中心。

我的画家朋友杨之光在广州开办岭南美术专修学院，希望艺术界朋友多多支持，我即捐赠台湾艺术图书公司出版的艺术图书全套集，后又捐赠中国美术出版社全部艺术图书。2001 年，他邀请我去广州参观岭南美术学院，向学生发表演讲，聘我为荣誉董事。

洛杉矶亨廷顿图书馆中文藏书不多，馆内希望有艺术、园林、历史和文学方面的中文书籍，我得知后立即将一套 30 册精装的中国绘画全集赠予他们。在过去 30 多年的海外生涯中，我捐赠过许多有价值的藏书给美国公共图书馆和大学图书馆。我曾把家中收藏的线装书捐给了加州大学台湾分校的东亚图书馆。1995 年我捐赠十套每套精装 100 本的中国古典小说名著给洛杉矶十家收藏中文图书的公共图书馆。1999 年我捐给南加州大学和长堤加州大学的图书馆各 25 000 元的中文图书，我还捐赠 25 000 元给加州大学洛杉矶分校东亚图书馆成立中文图书馆基金会。

我在美国创办长青文化公司，营造华语环境，研发引进华文印刷，传播中华文化，发行新移民丛书，出版儿童国语读本，邀请各地华人来美展览演出，裨益中美文化交流，帮助华侨社会了解祖国历史文化。为此，美国华美博物馆特别颁给我历史缔造者文化奖，同时获奖的还有诺贝尔奖得主朱棣文。我做了自己喜欢做的、自己应该做的事情，社会给予我如此厚重殊荣，我深感不安，在今后的人生道路上，我将继续以传播中华文化为己任，为中美文化的交流发展尽绵薄之力。

因瓷成名　以瓷为魂

——张浦生先生访谈

张浦生，1934 年生于上海，祖籍安徽省歙县，1957 年 9 月毕业于复旦大学历史系。现任国家文物鉴定委员会委员，南京博物院研究员，复旦大学、西北大学、南京艺术学院兼职教授，中国古陶瓷研究会副秘书长，中国民主促进会会员。曾任江苏省第六、第七届政协委员，南京市玄武区第十二、第十三届人大代表。

采访时间：2012 年 3 月 7 日

采访地点：片瓷山房

采 访 者：郑中荣、陈诗悦（以下简称“采访者”）

被采访者：张浦生（以下简称“张”）

采访者： 据悉，您早年毕业于名门学府的历史专业？是否因此与文博结缘？

张： 1953 年，我进入复旦大学历史系，1957 年毕业后被分到了江苏省文管会工作。刚到文管会，我就参与了田野考古工作，先是在南京，后又到徐州。1959 年，国家为庆祝建国十周年筹办历史馆、革命馆等四大馆的建设，其间我参与了近现代史革命文物的征集活动。1959 年下半年，根据省委的意见，南京博物院、江苏省文管会和江苏省博物馆三个单位合并，就此，我去了南京博物院。南京博物院在中华人民共和国成立前是国民党的中央博物院，也是国家博物院，第一任馆长是蔡元培先生。相对来说，它有着较长的历史，而且设备设施先进。我就是在这样一个文化底蕴深厚的博物馆呆了近半个世纪，受到各方面的熏陶。

1957 年我开始从事文博工作，到 2007 年离开南京博物院，整整有半个世纪的时间。

2001 年 10 月,我受邀到连云港博物馆去做鉴定,回程的路上遭遇重大车祸,整个人伤得很严重,可以说连命都是捡回来的,直到现在手脚里都是钢筋。从那时起我的外出活动就很少了,只是教书这一件事一直放不下。

采访者: 怎么会对陶瓷研究情有独钟的?

张: 我走上陶瓷研究这条道路,有两个方面的因素。

一是 1962 年我被调到南京博物院,正如我提过的,南京博物院过去是中央博物院、国家博物馆,馆藏瓷器有 20 多万件。所以今天我能够成为所谓的"陶瓷教父",很重要的原因就是去了这样一家实力雄厚的单位。

另外一个因素是我遇到一位好老师。当时的老师王志明家里一直有做古玩的传统,尤其值得一提的是老师的姐夫是当时上海最大的古玩商。老师耳濡目染,对古玩同样有着很大的兴趣,甚至在抗日战争那样困难的时候,他也没有停止过古玩经营。他毕业于西南联大的数学系,有理科生的思维。新中国成立以后,他选择了老师职业。我跟着他受益匪浅,其中有两点最为重要:第一,他的理性思维,经常以数学的思维来启发我。他跟我说过,你是大学毕业的,肯定书看得很多,但是学文物的,不光要看书,还要看物。不同于历史学,从事文物鉴定和文物收藏是研究文物,不仅要有理性知识,也要有感性认识。现代科学是思维逻辑,而我们的研究是形象逻辑,这是我们的学科和历史学的不同之处。我们南京博物院有这样优厚的条件,有几十万件瓷器可供研究。

与此同时,老师给我提供了一个新的学习方法——礼拜天,他常常带着我到外面去捡瓷片。南京是历史文化名城,有很丰富的资源,稍微动动土就有东西。空闲的时候我们还会去旧货摊"淘宝"。20 世纪五六十年代还没有古玩市场,南京夫子庙会有少量的私人小店,但那时这些都是供给少数人的,大多数人买不起。我曾经碰到过这样一件事情,老师和我去南京中华门,门口有旧货店,收报纸之类。老师一眼就看上了一个明嘉靖的鱼缸,他说收进来时只要一元两毛钱。而铜器,我们都是到供销社论斤称,就像废品收购站。我们在江苏省文管会的时候还专门到地下收购站去收购,有春秋战国的青铜器,还有太平天国的铜镜,应有尽有。买一个明代的大罐可能只要几块钱,但那个时候大家的工资普遍很低，像我们刚刚大学毕业只有 44 元钱，过了三四年，才加到 49 元，最后加到了 53 元钱。经济上是个很大的问题，所以很少人玩这些。还有一种情况就是有些人可能也买，但买了以后只能偷偷赏玩。中华人民共和国成立以后，玩古董虽然谈不上是一项罪名，但完全可以说是错误的思想倾向。一些老干部虽然很喜欢，但也只能悄悄地玩，因为客观形势不允许，那个时候玩这个被认为是玩物丧志。但是今天要改了，叫作玩物长志。

自此我开始变成一个瓷迷，一天到晚看瓷片，我的斋名也因此叫“片瓷山房”。

采访者：能否请您用通俗的说法给我们讲解一下您多年的研究成果？

张：过去的古陶瓷研究，第一是文献研究；第二是靠经验，像旧社会的古董商那样；第三就是田野考古，跑窑址；最后就是科技考古，也就是同自然科学结合起来。我收藏的很多瓷片都做过科学测试，测试其中有什么成分。中国古代瓷器色彩缤纷，有的利用锰和铁，青花的蓝色是钴，另外还有铜。到了清代还有用锑、金、锡，等等，材料越来越丰富。所以，我们要懂得一点自然科学，特别是要懂一点化学，因为陶瓷是土、水、火结合起来的艺术。瓷土要通过水来淘洗，而任何一件好瓷器都离不开一个“火”字。所以海外也有人称中国的瓷器是火的艺术，而非人的艺术，因为人只是其中一个方面，而最后决定一件瓷器质量好坏的是火。火焰的变化和在窑炉中的放置，对瓷器最后颜色变化都有很大的影响。在窑炉中发生的化学变化有两种，一种是还原气氛，另一种是氧化气氛，然而最好的瓷器都是在还原气氛下烧出来的。

采访者：请问，研究陶瓷最基本的问题是什么？

张：学习古陶瓷，首先要辨别陶器与瓷器的区别。我们通常笼统地称作“陶瓷”，事实上两者还是有本质区别的。第一，从历史上讲，陶器是世界人类所共有的，有几万年的历史，在中国至少有一万年，而瓷器只有三千多年的历史。第二，陶器和瓷器的原料不同，陶器用的是黏土，取材很方便，而且黏土大都有颜色，可分红土、黑土；而瓷器用的是矿物瓷石，它的密度大，颜色比较白。第三，瓷器都要上釉，陶器一般不上釉，只有少量的唐三彩上低温釉，而且很容易脱落。最重要的一点是，陶器和瓷器烧制的温度不同，陶器只要五百到六百摄氏度就能烧制出来，瓷器则要一千摄氏度以上，而青花更是要达到一千三百摄氏度左右。这些区别就导致了陶器和瓷器的物理化学性的一些差异，比如陶器胎质疏松，吸水率大，而瓷器吸水率就很小，等等。

采访者：我们要如何区分官窑和民窑？

张：以我在陶瓷界半个多世纪的经验总结来看，古陶瓷鉴定主要看造型、装饰、工艺。但鉴别青花瓷器的重点第一是要看青，青花颜色的变化，是国产料、进口料，还是回青料，不同的料反映出不同的颜色。比如回青料，它要与两种料合起来，不然颜色就会像紫药水，因为钴太丰富了，所以它要“翘青”。第二要看花，官窑瓷器重点在青，因为官窑有条件，料是青花的主要成本，所以官窑侧重青；民窑注重花，民窑的画相对比较活泼。因为官窑的瓷器是按照内务府所出的规格要求来制作的，一个碗要多大，用什么颜色，画什么花，都有一定的规矩。而民窑就没有这么多的束缚。民窑大多根据社会的需要而制作，器型上也如此，社会需要什么就生产什么。所以官窑同民窑最大的差别在于，官窑是精工细琢，质量第一，民窑是品种新、造型新、装饰绘画新，因此民窑显得更加活泼，器型也比较多样化，绘画也更生动。

比如我收藏的一件民窑青花碗，碗上的绘画很像当代欧洲流行的抽象画，可是我们的老祖先在五百年之前怎么会知道画抽象画了？画的这边是位女士，在想念一位男士，所以这幅图可以叫“思念”，或者叫“廊桥遗梦”，再通俗一点可以叫“鹊桥相会”。民窑的一幅画可以从不同的角度去理解。

采访者：请问，学习研究陶瓷，有什么方法吗？

张：要用现代的方法而非单凭经验，要进行比较、概括和总结。各种学习方法中，比较学是最好的，后代同前代相比，真的同假的相比。我们要提倡搞收藏的人不光迷信书，还要读物，因为我们的研究对象不是书，加上我们现在的书很大部分也不规范。读书要选读名家著作，择师也应选名师。俗话说“名师出高徒”。有人说学习的人分可三类，第一类人叫先知先觉，第二类是后知后觉，最怕的是第三类，不知不觉。学习文物需要有悟性，通俗地讲就是要有灵气。所以总结来说学习要读书，更要读物，方法用比较学，然后选名师。

陶瓷学习的重点在款识上，特别是带干支年号的，比如是弘治五年还是壬子。一般带款的瓷器用来作为学习的标志，将其器型、纹饰、胎釉、工艺、款识的特点记录下来。古代的瓷器多无款，带款的较少，那么带款的是标准器，作为标准参照。

青花瓷器中最具艺术性的要数人物绘画题材的元代青花。元青花现在是最贵的，因此上当受骗的人也最多。青花瓷器第一是看青花的颜色，另一个是看胎。鉴别的要点在于首先胎不同，元青花的胎是二元配方，磁石加高岭土，所以不是白色而是灰白胎，而且密度不紧，因为它是两种材料混合在一起，因此会有空隙。第二，元青花的釉都是青白釉而不是白釉，通常是白中带青。最重要的一点是，元青花的进口料黑色，这个铁是沉在下面的，从胎质下面发出来，而现在仿制的是从上面加下去的，这是不同的地方。好比我们写毛笔字，颜色不深，加点墨，所以它的颜色浮在上面。另外，仿的瓷器绘画大多比较死板、拘谨，画笔不自然；真的则相对生动、流畅。

在学习瓷器上一是要有人指点，二要有好的方法，要比较，多看才有经验。我个人觉得学习古陶瓷另一个好方法是瓷片标本，为什么我家叫“片瓷山房”？因为有大量的瓷片。还会叫“天瓷山房”的，因为上天给我的最好的老师是瓷片，一个人不可能把什么东西都买回来，有了瓷片就可以比较、化验。比如永乐和宣德的相比较，永乐的釉比较白，宣德的就比较青。所以我提倡要多读物，求实证。

采访者：到目前为止，您的研究过程中，有哪些方面留有遗憾？

张：我最初在博物馆当仓库保管员，有非常好的条件看实物，等到离开了库房看不到的时候，我就去市场里看。所以我的经历是从目不识瓷，一点也不懂，学历史学，搞考古，搞历史革命文物征集，搞书画，最后慢慢接触实物，通过自己的奋斗和老师的指点，慢慢走上这条道路。

我觉得知识要不断更新，所以我提倡要常常同年轻人在一起。老年人最怕的就是自满，我今年 79 岁，还在学，向年轻人学习，向科学学习。我现在最大的遗憾就是不会用计算机，所以涉及计算机方面还要学生帮忙。陶瓷艺术是一个人文科学，不光是胎和釉，同样有很多文化因素在里面，所以我们应该要文理结合，以文为主。

采访者：这些年来，有哪些研究成果较为重要？

张：在青花瓷器上面，我认为有几件重要的事情对我影响很大。

第一件事情是，1964 年在南京明故宫进行水利工程、疏浚工程的时候，我发现了大量明代的瓷器，这批东西被确定是出于洪武年间。去年，在我的倡导下，南京开了"南京洪武瓷研讨会"。洪武官窑瓷器的最大特点是，纹饰中龙是五爪，而过去的唐宋元都是三爪、四爪。当时发现的洪武瓷即使是半个盆子也是一级藏品，因为它揭开了洪武瓷器的特点。另外从洪武开始，把黄颜色作为皇帝的象征。所以明清两代黄瓷器都是宫廷瓷器，而这在宋元是没有的，因为从朱元璋开始才把黄瓷器作为一种精贵的象征。在纹饰上，到了明代以后，官窑瓷器都是龙和凤。所以在古陶瓷研究中，我最得意的一件事情就是在明故宫的遗址里找到了洪武瓷器，揭开了洪武瓷器研究。

第二个收获，是把青花的历史从元提到了唐，将中国青花的起源提出来了，最早就在我们南京。那时发现的是一块枕头片。为什么认定它就是唐代的东西呢？首先它出土的地点是唐代的实物遗址，但是对于出土的这块枕头片，大家众说纷纭，有人说它是外国来的，因为上面的纹饰明显是西亚的伊斯兰文化。1999 年，印度尼西亚打捞出菏泽号沉船里出水的有三件完整的唐青花，但是扬州的为什么都是破的呢？因为扬州当年就相当于今天的上海，是主要的运输港口。这一件是 1983 年我们在扬州办国家文物局第一期陶瓷班时捡回来的，上面都是中国画，后来经过科学测试，是河南巩县窑烧制的，就是以前烧唐三彩的地方。巩县在北朝时就烧白瓷，唐代除了烧唐三彩，还烧制唐青花。这个唐青花料里有铜，所以泛绿。当时引起了国际上多方注意，英国大英博物馆、牛津大学还有日本的一些专家都专程来研究中国青花是否从唐代开始。这个发现把青花从十三四世纪提到了公元九世纪。

采访者：当下，您正在潜心研究的内容，能否透露一下？

张：今天我们看到的很多人物题材的元青花，很可能都是元末或者明初时期的。明朝的开国皇帝朱元璋参加农民起义，1351 年农民军到江西，1362 年他将另外一支具有强大力量的农民军陈友谅打败。朱元璋打下景德镇以后，自己南下过长江，称“吴王”，派他的大将管理景德镇。所以在 1368 年（朱元璋登基）之前，有七到八年的时间，景德镇就是被他掌握的。很可能在此期间他指导生产了许多符合其理念的器物，其中最有名的就是萧何追韩信的人物画。这件器物出土于朱元璋最得意的干儿子——沐英的墓。中国青花中最有艺术价值的就是描绘人物的器物，所以我准备写一篇关于“横空出世——元代人物画元青花述谈”的文章，这部分东西应该不是蒙古文化，而还是我们中原文化，因为蒙古人的文化里没有萧何追韩信的典故，他们也不知道有昭君出塞，所以这个应该还是属于我们汉族文化、华夏文化。这是我在青花研究上将要努力完成的课题。

元青花的人物画恰恰符合了朱元璋的政治理念，前面提到的萧何追韩信，朱元璋就是想借用它来提醒沐英无论什么时候都不能骄傲。沐英很能干，本领很大，也很聪明。另外还有一个故事“单鞭救主”，讲的是李世民最困难的时候，单雄信打他，最后是尉迟恭和秦叔宝来救他。这些都是朱元璋最困难的时候，打陈友谅和南方张士诚的时候所制作的，所以朱元璋用许多典故来反映他的心理。我们研究这些东西要有一种历史观念，要懂得这些历史，蒙古人则对这些文化并没有太多的了解，所以这是我正在考虑的问题。

我们目前看到的中国的元青花，大家如此喜欢它的原因很大程度上是它存世量极少。而元青花大部分是窖藏，就是兵荒马乱带不走的东西，挖个洞埋下去，所以元青花墓葬出土的不多。窖藏出来的东西大都是元末明初，不一定是蒙古农民军的窖藏，很可能是朱元璋死了以后，他的孙子建文时期的，那时候他的叔叔永乐讨伐他，开国功臣手里都有些好东西，所以我们发现有保定的窖藏、高安的窖藏。目前我们国内博物馆收藏的元青花主要是窖藏出土的。我现在研究的另外一个问题，对元代的窖藏我们应该怎样认识，是明代的、元代的，还是元末的。

采访者：对于当前收藏界的现状，您的看法如何？

张：关于收藏我有几点看法。第一，收藏的主要内容是收藏历史文化艺术，简单来说是保护与弘扬祖国的文化遗产。我认为收藏的最高目标，不管一时的动机怎样，在客观上要把中国五千年的历史文明、文化遗产无形地保护起来。所以收藏文化对我们今天来说就是保护与弘扬中国文化遗产，但是每个人的目的都不同。当前我们的收藏队伍号称有七千多万，但是这些人归结起来有两种目的：一种是大众收藏，包括收邮票、粮票，等等；第二种是高雅收藏，就是收集古代的艺术品，我们今天要扶持的、宣传的和提倡的是高雅收藏。我们开这个华人收藏家大会，第一次效果并不是很好，让一些海外人很失望，说搞得像展览会。

而我们今年开会要提倡的就是高雅收藏，而在这我认为七千多万人的收藏队伍里，高雅收藏归结起来也不外乎三种人：第一种是只收不藏，这种人俗称"倒爷"，这种人坏处还不少。第二种又收又藏，也卖，这种人还可以，加上现在有一个新名词叫"以藏养藏"。因为过去搞收藏的人都是些达官贵人，都是公子哥儿，有一定财力，现在是大众收藏，全民收藏，所以这样的人还算可取。第三种人，又收又藏，不卖，这种才是如今最少数，才是真正的收藏家，他收了就藏，收、藏、赏。要研究，而不是孤芳自赏，有条件的话还要搞展览、写文章。此外，还有一种，最高境界，要献，捐献给国家博物馆、基金会，我想我们今天要提倡的是像这样的藏家，是大家努力的方向。西方有戴维德基金会或者别的什么基金会，我国香港地区也有"敏求精舍"，台湾地区有"清翫雅集"，等等。所以中国目前这样的藏家还太少，同我们十三亿人口的大国不相称。基于此，我觉得上海搞这个收藏家大会是个方向，但是要搞起来也不容易。

采访者：请问，您是否也有收藏？

张：每个人收藏的目的不一样，我的收藏是为了教学和研究，收藏的瓷片大都做过科学测试，例如约为公元三世纪东吴时期的一片彩绘瓷，我做过热释光，做过切片，是我国年代最早的。现在这片瓷片的价值就要好几百元，因为这个太少了，就只有南京出，完整的在国家博物馆。中国古代的彩瓷是怎么出现的？这是我研究的心得，我认为是借鉴了古代的彩绘漆器文化。我这片瓷片上面的画就是同马王堆漆器上面的画相一致，从笔触到内容。我们博物馆文物工作者，研究就是搞收藏的目的，要看实物，看东西讲话。

采访者：您认为要成为一名收藏家，需要具备哪些素质？

张：第一要有财力，饭也吃不饱，怎么搞收藏？

第二要有眼力，眼力比财力更重要。现在的一些老板钱很多，但是家里到处都是假货，为什么？他没有眼力。加上有些人很自信，觉得我做其他工作几个亿都能赚，这个东西我怎么可能不懂？但他忘记了这不仅仅是玩，这也是一门科学，所以我们要锻炼眼力。而自以为是的人出发点就错了，加上学习又没有正确的方法。初学的人首先要看博物馆，而不是先跑市场，好多人现在走到歧途了。因为人的思维是先入为主，你一天到晚跑市场，假的东西看多了，真的东西就不会看了。我有的学生空下来就上博物馆，他这个学习方法比较快，把真的东西都记在脑子里了。现在社会很浮躁，很多人想一夜暴富，是我们应该坚决反对的，搞收藏绝对不是一夜暴富，是知识的积累，是经验的积累，包括经济也在积累。

第三要有魄力，好东西到你面前了，看准时该出手就出手，绝对不能像在菜场里买菜那样加五块十块的，这样是买不好的。所以我说收藏有三性，一是趣味性，现在大家物质生活好了，缺少精神生活，收藏活动可以丰富精神生活。二是知识性。不管大收藏家还是小收藏家，不管你买到真的假的，你都要去看书，增加知识，提高自己的品位。三是有理财性，保值升值。有钱买点好东西，但是你的主次不能颠倒，收藏历史、收藏文化和收藏艺术，这一目的远在理财之上。

我认为在中国更重要的一条是：收藏能改变社会风气。今天要提倡收藏文化，并且在某种程度说，在家庭里我提倡夫妻俩都收藏，这样家庭生活也和谐。我有好多学生，夫妻二人都喜欢收藏。2011 年 12 月，我们一行 20 人去土耳其考察，其中有六对夫妻，都很开心，因为大家有共同的志趣。

所以我想，当下中国的收藏除了三性之外，更重要的是能够转变社会风气。今天我们确实贫穷的也不少，但是一部分人先富起来不差钱，差的是文化和素质。所以我们提倡他们好好用收藏文化来丰富自己的业余生活。

最后还有一个，就是我们好多人今天收藏陶瓷，明天别人说书画卖钱了，就把陶瓷卖掉买书画；刚刚书画好了，听说玉器更卖钱，石头都能卖钱，就又去投资玉器了。这样的人缺少一种持久性。所以我说藏家需要有眼力、财力、魄力还有毅力，坚决不能跟风走，否则多半一无所成。

采访者：话说回到陶瓷收藏，您有什么建议？

张：陶瓷收藏中不要片面强调官窑。我们收藏讲究历史文化艺术，民窑有民窑的艺术性，而且相对而言，民窑假的少一点。所以奉劝搞陶瓷收藏的人，不要一味迷信收藏官窑，官窑物以稀为贵，价格比较高，现在做假瓷器的，多数都还是做精品。民窑不是没有假，也有，但相对来说少。即使民窑有假，你损失也没那么大。

我希望把陶瓷收藏作为中国一个很重要的文化内涵。因为只有陶瓷是世界文化，玉器书画都只是东方文化。现在有的人说书画能卖钱，这是立于经济角度而言，但是你字也不认识的话还谈什么收藏呢？现在出现一种怪现象——中国的书画最好的是宋元的书画，但宋元的书画没人买，卖不过现代书画，卖不过齐白石、傅抱石，不是笑话嘛。紫砂现在也是这样的，现代的大家要卖几百万、几千万，那么古代的时大彬这些大家怎么卖啊？说明我们现在很肤浅很浮躁，偏重于经济。所以我们提倡收藏有理财性，但是还是应该把历史文化艺术放在第一位，这样人的心态就比较平和。

还有，不要跟风走，现在市场操作太多，最近好多人都买画，画卖钱快，连假画都能卖钱，包括送礼都送画。有些领导也学风雅，管你真的假的唐伯虎，他连字也不认识就要买，这样的作风太商品化了。我们要提倡的是像张伯驹这样的藏家，像上海博物馆、南京博物院好多字画都是大收藏家捐献的。我最近在苏州讲学，像顾家、潘家，都是大家，在抗日战争时为了保护一件东西把命都送掉了，最后都捐献给了国家，这是我们提倡的方向。这种精神我们在当今经济社会背景下，尽管做不到，还是要宣传提倡和弘扬的。

采访者：请问，您对世界华人收藏家大会有什么建议和意见？

张：对于收藏家大会，我有几个看法。

第一，我们没有把真正的收藏家聚集起来，很多收藏家是不声不响很神秘，而那些成日叫嚣却不管东西真假的人现在都称自己为收藏家，我们要鼓励的是真正的收藏家。

第二，我们每次开会有一个偏向，偏向于现代艺术品，还有偏向于书画，画家来了一大帮。其实我们也可以把景德镇的陶艺家也请几个，陶瓷也是一个大宗，这是世界文化，要搞一个顶级的陶瓷展览。今后搞这些活动要面面俱到，但是这也不容易。还可以把各个收藏家编的书，建立起一个数据库。我传授知识不分对象，不光是文博单位、高等院校，还有社会上真正搞收藏的，他们搞好我就替他们写前言，我写了很多前言。希望陶瓷艺术能作为一个文化传承下去，我们要提倡的就是这样的人，不是那些沽名钓誉的生意人，这样层次就提高了。上海是艺术品市场的半壁江山，应该率先树立几面旗帜出来。

保护古建，另一种收藏

——阮仪三先生访谈

阮仪三，1934年出生于苏州，1961年毕业于同济大学建筑系。现任同济大学建筑与城市规划学院教授、博士生导师，国家历史文化名城研究中心主任，全国历史文化名城保护专家委员会委员，国家历史文化名城保护专家委员会委员，国家历史文化名城学术委员会副主任，上海市规划委员会专家咨询委员会专家。曾获得法国文化部颁发的“法兰西共和国艺术与文学骑士勋章”，获“UNESCO办法亚太地区文化遗产保护杰出成就奖”，被誉为“都市文脉的守护者”“历史文化名城的卫士”“古城的守望者”。曾主持周庄、同里、角直、乌镇、西塘、南浔、平遥等古镇的保护规划。担任苏州、扬州、绍兴、杭州、开封、平遥、丽江等城市的建设顾问。

采访时间：2012年7月

采访地点：同济大学建筑与城市规划学院

采 访 者：陈志强、陈诗悦（以下简称“采访者”）

被采访者：阮仪三（以下简称“阮”）

采访者：您的专业是城市规划，是什么促使您走上了古建筑保护这条路？

阮：20世纪50年代我在同济大学念书，当时学校请到一位德国专家开了一门课叫作“欧洲城市发展史”。这位德国专家在1958、1959两年的时间在中国跑了一圈，发现中国正在大规模地建设。

1958年在建设过程中，发生一个重大的事件就是拆北京城墙。虽然当时梁思成和林徽因都极力阻止拆迁，但最后还是没能改变北京城墙被拆迁的命运。这在中国的建筑界引起了很大轰动。自此以后，全国掀起一片拆城风。当苏州城墙面临被拆迁的时候，我们学校的教授、学生们还专门赶去制止。同去的就有这位德国专家和我们系主任、城市规划教研组的负责人。我们认为苏州城的历史非常悠久，从春秋战国的吴国保存至今，与此同时，苏州古城的格局和形态自宋代起就有完整的记录，街巷名城、河道方位、重要建筑，比如韩世忠与梁红玉住过的沧浪亭、北寺塔、双塔、虎丘山，还有白居易诗中提到的桥梁，按照宋代《平江图》的记载现在完全都可以找到，一旦拆除了就再也不会有了。这中间发生很多争论，苏州当局说，北京都拆了城墙，况且现在改朝换代、革故鼎新，要破除封建社会留下来的印迹。专家们也都面面相觑，不知该说什么好。

同一时间，欧洲正兴起一阵古城复兴运动。因为20世纪40年代战争的破坏，欧洲许多古城都遭劫而变得破败了。到了50年代，欧洲人意识到不应拆掉老的建筑，而应该原样修复，去糟粕，取精华。当时欧洲同时出现两个运动，一个是古城复兴运动，以巴黎为首，还有东欧诸如华沙、布达佩斯、布拉格等城市因为被战争破坏得严重，都对其进行了悉心的保护。而另一个则是新城建设运动，比如伦敦建卫星城市。德国专家将这些西方先进的思想带进来，启发了我，让我觉得中国那么多好的城市，应该注意城市发展的规律，而不是都要拆掉旧城建新城。这给了我们很重要的思想指导。在他的建议下，我们也开始研究城市建设史。我就是比较早地跟着我的老师研究城市建设史。

1961年我从同济大学毕业后留校做了助教，主要任务就是跟着我的老师董鉴泓教授，帮助他编写《中国城市建设史》。我们利用每年暑假前后空余的三个月时间，对中国所有城市做了一些调查，将中国的古城基本跑了个遍，大概有几百个。那个时候我年轻，跑了很多地方，今年东北，明年西北，后年又是东南，一大圈转悠下来，我看到近百个中国的古城，感到极其精彩。当时收集了满满一柜子的资料，还亲手绘图。

记得我在新绛看一个隋代的园林，十分精美，就带着当地的学生一起画下来。那时已经有机会接触到一些国外的数据了，都是外国专家带来的。当时有个问题，各个地方请的都是苏联专家，但是我们同济老师觉得苏联专家水平不高，请来了德国魏玛大学的专家。他们的到来对我们教学和研究起到了很重要的作用。我们在走访全国许多城市之后，回上海继续研究。上海有个得天独厚的条件，就是徐家汇藏书楼珍藏了全国各地方的地方志。都是过去明清传教士从各地拿来藏在教会里的,后来被上海图书馆收藏了。总共 43 万卷的县志,是非常宝贵的数据,在全国也是独树一帜,无可比拟的。即使后来被北京调走一部分,上海现在还留存有 42 万卷的县志。我们翻阅这些县志,再与自己沿途的考察相比较研究。

在调研的过程中,我们发现中国东南西北不同的古城都有不同特色,其中好多都留存了完整的古代形态,其中最早到唐代。我们走访陕西、山西一带的时候,像平遥这样的古城少说也有 25 座,十分完整。还有长城一带的边防城市,也都是跟历史记载的一样,城墙、城堡、城门全都完整留存。但是 80 年代全都被拆光了。1962 年国家正处在经济困难时期,国家建委主任李富春下达通知说,停止城市规划三年,并停止所有城市建设机构。但是我们同济大学的几位老师觉得,城市规划是门科学,是不能停止的。所以就阳奉阴违,中央要求停但我们不停,换了个名称。原来的城市规划系改名为"建筑系(城市规划)",这样才得以保存下来。而清华大学、天津大学、中山大学、东南大学的城市规划专业和机构,全部都停掉了。

你问我为什么会选择走上古建筑保护这条道路?因为我们亲眼见到了 50 年代和 80 年代两次大规模的破坏,感到非常痛心。当时不仅是我,很多老一代的建筑家都想要留存一些,因为亲眼见到祖国优秀的文化遗产历经破坏,就想要用城市规划的手段来保存一些东西。

采访者: 您认为传统建筑在一个古城、古镇中扮演怎样的角色?它如何体现一个城市的精神气质?

阮: 这个和中国传统文化是一致的。传统文化就是用以体现一个优秀文明古国的主心骨。对于建筑来讲,中国的建筑和城市都有自己的特点,独树一帜,和欧洲所有的城市都不一样。而且中国的历史悠久,是其他国家无法比拟的。曾经的古国:古巴比伦、古埃及、古印度,都已不复存在。中国的传统建筑,作为留存在地面上的形态,其强大的具有震撼力的艺术形象,是一直保存到现在的,其具有独特性的艺术风貌,丰富的文化内涵的聚集,都是我们用来理解中国传统文化的精华。

举个例子，中国的传统建筑是木结构体系，在地震中就显示出了其绝对的优势。伊朗的巴姆是世界文化遗产，在1995年12月6日发生里氏5.8级大地震时，城市全部毁于一旦，被取消了世界遗产的资格。而我们的云南丽江，1995年10月申报世界遗产，在1996年2月4日发生里氏7.4级大地震，由于所有的民居房子都是木构体系，没有遭到大的破坏。中国的老话称我们建筑为“墙倒柱不倒，房塌屋不塌”。还有我国重要的世界文化遗产——山西应县木塔，是世界上最高的木塔，75米高，历经8次大地震都岿然不动。另有天津蓟县独乐寺观音阁，57米高，经历1976年大地震也巍然不倒。这两座世界文化遗产都是木结构，就很能说明问题。2005年到2007年期间，我们修葺了四川广元市昭化古城的很多历史传统建筑。5.12汶川大地震后，所有没有修的现代建筑都坍塌了，政府修的房子也坍塌了，而我们修葺的木构建筑却没有倒塌。我就在报上发表了许多篇文章说，你说我们修的建筑不好看，但是地震一来就见分晓了。这可都是事关生命的问题。

中国传统建筑除了它艺术的形象之外，还有重要的内涵，是呈现出家庭中人与人和谐相处的重要场合。比如说北方的四合院，上海的石库门，苏州、扬州的厅堂式住宅，都是合家团聚的场所。我们的住房讲究格局，主房、两厢，按序有进落：纵向有一进、二进、三进等，横向分中落、边落，组合在一起形成如胡同、街巷、里弄。四合院是这样，石库门就算很小，也是如此。以前我们住胡同、里弄、街巷，都说有街巷风情、里弄情结、合院和谐的气氛。现代的房子都学欧洲，只讲求舒适，只有合理性、绿化率、停车位，却没有举家团聚的概念。中国传统建筑，不论建筑群（比如城市）还是单个的建筑个体，都有很浓厚的中国特色，讲求天人合一。木结构就是一个很大的体现，中国建筑用的都是自然材料，考虑自然通风采光，考虑人和自然的关系。天井也是个很好的例子。为什么会有天井？人们住在一起，被房子围起来，虽然能够保暖提供庇护，但是人不能离开天和地，于是就在当中设计一个天井，以通达天地。现在的房子只剩阳台，将人禁锢在混凝土的盒子里面，开个窗户透透气而已，而过去是把自然环境融入自己的房子里面。江南园林也是这样，把大自然的山高水秀缩小到我自己的家里来，仿佛微型的山林，这就是中国艺术的特点，向往自然，与自然和谐相处。这就导致了建筑也好，其他艺术也好，都带有天人合一的感情，敬天畏地。

采访者：您致力于保护规划的第一个古城是哪个？能谈一谈当时规划和具体实施的情况？

阮：就是平遥。通过对平遥的保护我自己学到了一套经验方法：一是要运用合理的规划手段，二是要对相关人员进行思想上的培训教育。

1980年，平遥为了开通公路而要拆迁。当时他们启用自己单位里的人，会一点技术、绘画和测量就来做规划，完全不专业，一味地要拆除旧城换新城。我觉得这种规划方式和思想很不对。当时全国的口号就是“要致富，先开路”“汽车一响黄金万两”“推倒旧房建新房”，上海当时提出的口号“一年一个样，三年大变样”也在全国流行起来。为什么要变样？因为这是社会主义新气象，都是政府的政绩。直到现在为止，一些地方仍旧热衷于旧城改造、旧区改造、旧民居改造。所谓的改造，就是拆除旧房盖新房。我觉得危房是要拆的，因为不能再住人了，但旧房也是有好有坏的，就好像古董，也是旧东西，却有很高的价值，越久越值钱，房子也是一样的道理。为什么欧洲的运动叫作旧城复兴？所谓复兴就是留存好的东西，而让衰亡的东西重新生长出来。所以当时我们看到平遥的规划就感到不能这么做。

我对平遥的领导说，我来帮你们做规划，不要拆掉旧城，而是留住旧城另建新城，这样又省又便宜，唯一的不足大概就是不能即刻看到政绩。为什么不喜欢旧城要拆除旧城，因为人们不知道它的好，就好比古董，你不知道它是古董就随意丢弃，知道了以后再去找就来不及了。当时我们在平遥发现有近两百处明代民居，三四百处清代建筑，而且这种情况在当时山西几乎所有的城市都是一样的。我同政府的人说，这些老房子是非常好的东西，特别是如此完整的城墙在全国都是很罕见的。当时全国的城墙只剩三座半了，兴城一座，荆州一座，西安只能算半座，然后就是平遥了。这样好的城墙怎么能够拆掉呢？因此我就去往北京申报了国家文物保护单位，顺便也申报了城市里的另外两座古建筑，申报以后得到了经费，就重新做了规划。当时我把北京的几个领导、全国政协常委请到山西去视察，山西省省长亲自出来接待。这时候我说话就起作用，借着省长的力，同相关的人员说旧城不能拆。还拨了8万元修城墙并将其列为国宝级单位。

更重要的是，自此以后，我办了培训班，将许多城市的领导人都请到我这里来学习。

有些偏远贫困地区的领导，我就替他出旅费。我还专门请专家来讲课，包括联合国教科文组织的权威专家。并且带他们到苏州、扬州等江南的一些城市去考察。每年都组织培训一批地方领导人，这些领导思想有了改变，回到各自的城市以后，看待城市规划的眼光就不同了。

采访者：在您这么多年的努力之下，您认为现在大家对于古城保护的意识较之以前有了怎样的变化？

阮：应该说大家的观念同80年代相比有了很显著的提高，特别是我们保护了一些古城以后起到了很好的带头作用。但是现在回过头来看也存在着一些副作用。从80年代到现在，大家从一无所知到有一些自觉，认识到古建筑是个好东西，可以被用来发展旅游，可以赚钱了，这就是副作用。

我认为我们对于古建筑的认识还需要进一步地提高，不仅仅是文化的收藏有其本身的价值，而且古建筑对于今后的发展也是有很重要的作用的。特别是对于城市建设来讲，是建造新建筑的重要范例和科学基础。比如我刚刚说的木结构能够抗震，直到现在也没有人好好地进行研究。我国现在高层建筑的抗震都是采用一套国外的技术，和中国的木结构是两码事情。中国的建筑讲究天人合一，采用仿生技术，值得好好研究。再举个例子，比如中国的八卦，长期以来一直被当作封建迷信，但是八卦的“太极生两仪”“阴阳”的思想，在解决计算机程序的问题时就被派上用处了，使我们苦苦不能解决的问题迎刃而解。而据说冥王星的发现也与八卦的排列有一定的关系。这就是中国的传统文化，但是现在都被我们丢弃了，很少留存下来。最近有个很好的例子，王澍拿到有着“建筑诺贝尔”之称的普利兹克奖，他设计的东西，像南京三合宅、宁波五散房，都是有中国传统特色的民居式建筑，所谓民族的就是世界的，他的得奖很能说明些问题。

现在我们要紧的应该是要摒除功利的观点，因为它会造成物质上的破坏。像那些不懂的人乱修文物，修坏了。我们的历史建筑也是这样。

采访者：您的保护对象范围很广，从都市、历史街区、江南园林、江南水乡到历史名城，你认为在这些对象之间存在着怎样的联系与共性？

阮： 这些东西都是一脉相承的，中国的城市、中国的建筑以及其所派生出来的园林，派生出来的景色，都是有中国特色、有中国传统理念，以及中国人心理的表露的。

不同点在于地理环境的不同。比如江南的水乡，北方的窑洞，岭南地区气候炎热也出现了完全不同的建筑，不同的自然环境和地理形态造就了不同的特色。第二个不同点，不同地区的历史背景、人文特点各不相同，但只要是华夏的、中国的，就万变不离其宗。问题是我们现代人，特别是80年代以后对中国传统文化的偏离，使其受到了很大的干扰和影响，偌大的中国一些很好的环境正在被破坏，许多城镇正在消失。并且在当今新一轮的建设环境下，我们的工作更加显得紧迫和重要。我最近看到一个数字说，我们每天有近20个历史村庄在消失，虽然说江苏、浙江等省市都要规划建设新城镇，这是改善生活的好事没错，但是回过头来看看，这些新城镇是不是中国式的？这就值得我们思考。我经常站在城市中放眼望去，高楼林立，但是这些高楼有哪些是百年以后仍能留存的？天安门一定可以，天坛也一定可以，还有苏州园林等，因为它们已经留存了几百年，经过历史的沉淀被认为是好东西了。

我们应该传承的是有民族特色的、地方特色的，还有个人特色的东西，比如王澍的设计理念。我们上海历史上有一个非常有名的建筑师，叫邬达克，匈牙利人。他在上海生活了30年，共设计了60幢建筑，其中25幢是上海市优秀历史建筑。他的每幢房子都是精彩的，国际饭店、大光明电影院、光明中学、沐恩堂、上海汽水厂等。他做每一幢房子都很认真，不以功利为目的，无论古典的还是现代风格的，比如大光明电影院就非常时髦，而沐恩堂就很古典。现在的园林都是乱造的，同里有个新造的园林叫作静思园，主人很得意炫耀自己造了中国最大的园林、中国最贵的园林和最精美的园林。结果我去看了，进门就是老板的一座铜像，铜臭味十足。为此，我写了一本关于中国园林的书——《江南古典私家园林》，客气点说，我认为对于文化的东西我们还需要反思。

采访者： 您认为城市的现代化发展和老的历史遗迹保护是否存在矛盾？应该怎样平衡呢？

阮: 这个问题就问错了。城市的发展和历史建筑的保护怎么会有矛盾呢？不存在任何矛盾的。一个是传承文化，一个是发展现代化，难道现代化就不要传承文化了吗？传统文化应该是现代化的重要内容之一。江泽民同志提出的"三个代表"就有代表最先进文化，中国的传统文化是先进文化还是落后文化？自然是先进文化，需要继承和发展。所以说保护历史文化遗产和发展现代化是相辅相成，不存在矛盾的。

上海曾经提出要搞"一城九镇"，什么德国城、法国城、意大利城等。一位市领导来问我意见，我当时就说，要建设有中国传统特色的，同时又是现代的，有地方特色的，再吸收外来文化，这样结合在一起。这样实施的，我可以举出一大堆例子，比如王澍做的东西，一看就是中国式的，但是它又符合外国人的理念，既先进又很有特点。还有贝聿铭设计的苏州博物馆，外表看上去很现代，但是再看第二眼，小桥流水人家，白墙灰瓦，是典型的苏州特色的。钢结构的现代建筑，里面有好的意境和空间布局，层数又不高于三层楼，不是高楼大厦。种种特点结合在一起。贝聿铭很厉害，他说："你要我做可以，但是我收费很贵。"苏州市领导还是很有魄力的，从此留下了一个传世杰作。

采访者: 遗产保护、旅游发展和居民生活，您认为应该怎样有机地结合在一起？

阮: 这个问题本身和前面一样，应该说三者都是相辅相成的。合理的遗产保护，首先应该考虑居民能够怎样更好地生活，对于城市而言，居民是遗产的继承者，应该考虑在历史城镇中的生活方式。而旅游只是在合理保护下派生出的功能，如果历史文化遗产保护得好，旅游必然发展得好，而旅游事业发展得好了，有了一些收益，再来回馈给遗产保护，这样就可以形成有效的良性循环。反之亦然。拿周庄来做例子，我计算过，0.26 平方公里的面积，饱和的游客量是 6 000 人，但是周庄的门票一张 120 元，并且对出票不加限制，现在周庄每天的游客量是一万人，多出 4 000 人，这样旅游环境必然很差，人挤人，游客也有怨言。旅游管理部门不作为，没有考虑到遗产的保护，并且造成了很多的破坏。同样看看邻国日本，日本许多重要的旅游景点我都去看过。日本的旅游景点都不收费，以另外的办法比如里面的卖品来积累资金，但是它会用预约的方法来控制人数。参观这些景点必须严格按照预约。预约的话，会有一天中的几个时间给你选择，并且给你一次改变的机会。整个京都桂离宫大花园只有300人，这样的参观环境就十分舒适，而我们一个园林中有多少人？少说也有3 000，人挤人，失去了欣赏的意义。可以说所有的旅游景点、遗产地，都因为旅游过度发展而带来了严重的破坏。

再举个例子，比如九寨沟，国际上享有很高的声誉，却遭到严重破坏。九寨沟为什么叫九寨沟，字面上解释，就是九个寨子的沟嘛，可是现在寨子都到哪里去了？那里的负责人说我搞旅游业不用寨子的，我就骂他。九寨沟的这些风景都是怎么来的，就是寨民几千年来和山林和谐共处才留存下来的。现代人破坏山林，砍树的时候才发现了这片人间仙境。而且九寨沟的寨民是不杀生不随意砍树的，每年都要拜山，规定只有这几棵树可以砍，他们不吃鱼不打猎，与大自然和谐共处。现代人发展旅游业，把寨民都变成了旅游服务者，一年赚个两三千块，把一个个非常生态的人都变成了非常世俗的人。看看澳大利亚对待毛利人是怎么样的，国家议会中毛利人一定要有几个席位，规定家族中一定要有一支住在原来的地方，并且全部由政府出钱支持。如果小孩子出来念书了，念完还是要回到原族。我们在保护的观念上还是有很大的差距的。

采访者：何为改造旧城中的“医源性疾病”？

阮：这个问题主要讲的是城市的交通。城市发展交通主要是要开路，而开路的目的是为了走车，可是一开始如果没有考虑周全，路开得不好，车子反而越来越多，就叫作“医源性疾病”，就是指“头痛医头、脚痛医脚”带来的疾病。高架走车，一开始就要考虑城市应该怎样合理地生存。比如保护历史文化遗产，是为了传承历史文化。我刚刚提到的九寨沟，把寨子全部拆掉，把寨民全都赶下山，就是一个“医源性疾病”。看起来以为是保护，其实却是破坏，完全是治疗思想上的错误。

正确的做法应该是留存完整的山林，而旅游是派生出来的，所有的旅游项目都应该维持景点原来的完整性。如今在新闻里常常听到要注意环境、空气质量、加强食品监管等，这些都是“医源性疾病”。你说要加强食品监管，但是为什么会有这样那样的问题，应该一开始做好，而不是出了问题再去监管惩处。你的措施反倒成了问题的原因，这就不对了。

采访者：现在很多有着悠久文化传统和历史的城市都在申请世界遗产，从而形成了近年来的一股“申遗热”，您对此有怎样的看法？

阮：这就是我刚才讲到的，在申遗的所有城市中90%以上都抱有功利的观点——所有申遗成功单位的领导都升官了，而所有旅游景点都发财了，所以许多人现在都将申报文化遗产作为一条升官发财的重要途径，当作政绩的标准，这是很可悲的，是我们政府部门的问题。

最近上海外滩要申请文化遗产，来问我，我采取了不冷不热的态度。从外滩本身来讲，作为申遗的对象是没有问题的，因为它本身内容很丰富。但是我问，你申遗来做什么？答，是为了更好地保护。我又问，那你采取什么样的措施呢？外滩现在就保护得很好，申遗以后呢？事实上外滩就是一层皮，它应该一直延伸到河南路，而北面一直通达虹口区，这整个一段路都应该很好地保护。另外有一点是，申遗以后就要按照文物的要求来对待，这是根本做不到的。很多过去的银行大楼现在都开了店面，这从建筑使用来讲是可以的，但是按照《文物法》却是不行的，我们的《文物法》规定历史建筑里是不可以开店的。况且申遗了以后，要求会比《文物法》更加严格，反而给自己带来了很多麻烦。其实现在的外滩可以说保护得已经相当有成就了，不需再多此一举。如果上海要申遗的话，石库门可以算一个，全国大多数地区的民居都没有申遗，因为很难做，太复杂了，而且政府也不会支持，因为有那么多的地方受到了保护，就很难办。

采访者：您认为在古建筑保护这一方面，政府、专家和民间分别应该起到怎样的作用？

阮：应该让民众提高认识，共同以积极的力量来保护文化遗产，只有当大多数民众认识到遗产保护是有重要意义的时候，保护遗产的工作才能够更加有效地推行，而这一点我们在全世界做得较差。我认为政府在遗产保护上应该有所作为的就是制订方针政策，完善法律制度，筹集足够资金。中国现在只有《文物保护法》，而1890年法国就颁布了《历史建筑保护法》，1962年又有了《城镇保护法》，中国都没有。而且许多的国家对历史建筑的修缮都有专门的款项，我们中国却没有，全部由房管局包办了，资助房地产有钱，修缮历史建筑没有钱，眼看着它成为危险建筑，正好拆掉建新房。

更可悲的是现在有些专家也很功利，为这些错误的政策和理论充当吹鼓手，利用自己的地位和专业制造理论依据。比如前一阵，北京拆梁林故居时就出现了“保护性拆迁”的说法，这完全是新造出来的词汇，没有任何根据。包括在城市建设上有人提出叫作“有限拆除”，难道还有不有限的吗？还有积极保护和消极保护，要积极保护不要消极保护——要我说，保护就是保护，何来积极不积极的?!

还有很重要的一点，很多知识分子也只为经济利益服务，有钱赚的、能出名的才去做。以我自己的经历来说，30年兢兢业业，从未想过名和利，只愿在我手上能够保住更多的历史建筑。20世纪八九十年代我和很多知识分子的一个争论就是，他们觉得我们国家许多好的历史文物、遗迹，把它们画下来，拍照留存，很好地写在书上就完成了任务，我却觉得这样还不够，应该把真的东西留存下来，要做许多社会工作，付出很多努力，但是很多知识分子都不干，为此我还退出了很多学会。包括我申请国家科学基金，不被理睬，说我们城市保护不是技术科学，文科说我是工科的，工科又说我是文科的，两边推脱。法国人给我这个“骑士”称号我也并不在意，我觉得脚踏实地做一点真正为人民的事情，才是我们作为专业人员应有的态度。我常教育我的学生们，我们这一行并不是很赚钱的，但是我们做的东西每一项都很有意义。

采访者：您也去很多国外的城市考察过，您觉得他们对于历史名城的保护做得如何，有什么值得借鉴的地方？

阮：所有的国家特别是欧洲国家，从观念上就有很强的保护意识，这一点中国做得较差！

我们有个最大的问题——有法也不依，更不要说执法不严了，根本都不执法，知法犯法。我当时保护福州的三坊七巷，那里被香港一个大老板把整个城都买去了，要拆掉老房建新房，我就去提醒政府。政府却跟我说不要提，香港大老板太大了，又是爱国华侨又是全国人大常委的，“不好动”。后来崔永元《实话实说》的栏目找到我，我就说了这件事情。不知怎么的，这事儿后来被一位中央领导知道了，他就让建设部开会讨论，建设部认真翻阅了资料，查证很早就有城市规划和城市保护的法律明确规定这个三坊七巷是需要完整保护的。所以当时建设部领导就和福州市的领导说，你们拆除旧房是违章违法的，他们才停止了拆房。我竟然是依靠《实话实说》这样一档电视节目才保住了三坊七巷。所以说，我们就算有法也执法不严，更不用提没有法了。

采访者：很多人都会提到收藏是历史文化的一种传承，这其实和您保护城市历史的初衷不谋而合，您怎样看待古城保护与私人收藏的关系？

阮：本质上都是留存祖国优秀的历史文化遗产，所不同的是建筑是不可移动的，而文物是可移动的，文物的保护相对简单，因为较少受到岁月的摧残和自然的侵袭，比较容易留存完整的原样。而建筑还有一个使用权和使用效益的问题。比如说外滩的老房子，原来不装计算机、空调的，现在铺了电线，进了电器，破坏了原有的建筑，所以需要找到合理恰当的方式来解决。包括江南水乡的那些老房子，又破又矮，但是景色秀丽。可老百姓要住在里面，就嫌装个电风扇都太低了，所以怎样改善老房居民的生活条件，同时又能够原样地保存，是我们亟待解决的问题。现在对历史建筑的修缮都讲求仿古，我对古代的形式很喜欢，那么就仿造古代的形式，但是问题就在于标准在哪里。

对此，我提出了“五原”的标准。比如对老房子的修缮，梁思成说要“修旧如旧”，我觉得这是不完善的，我觉得应该是“修旧如故，以存其真”。修旧如故需要研究，建筑是会随着岁月的流逝发生变化，每个时代都会给其留下印迹，我们应该要把完整的东西留存下来。我所谓的“五原”原则就是：1. 原材料；2. 原工艺，如果是石灰砂浆的就不要用混凝土；3. 原样式；4. 原结构；5. 原环境。要以这五个法则去修复一栋建筑，这样历史才得以很好地传承。梁思成的后面两句话是：“延年益寿不要返老还童。”一个反例，宋代的雷峰塔，重新修缮过后，外面是包了铜，里面是电梯，你说像什么话?!

采访者：我们这次世界华人收藏家大会的主题是“收藏，回归人文的精神家园”，您对我们大会有什么期待和希望吗？

阮：希望通过大会，以正视听，回归人文的精神家园。只有通过这种高层次的会议，专家以身作则，同时出来唤起民众觉醒，才能真正把不良之风消除掉，形成良好的社会风气。

西洋艺术品的收藏鉴赏家

——唐无忌先生访谈

唐无忌，集邮家。中华全国集邮联合会会士、英国皇家集邮协会会员。连任七届上海集邮协会副会长。得过多个集邮大奖。藏品中尤以西洋艺术品为特色。

采访日期：2008年8月17日

采访地点：上海唐无忌寓所

采 访 者：朱晓东（以下简称“采访者”）

被采访者：唐无忌（以下简称“唐”）

采访者：请先谈谈您的家学渊源和第一件藏品。

唐：讲到我的收藏活动，是从集邮开始的。那是1947年，我12岁，在“圣芳济中学”读书，那是一所教会学校，马路对面就是现在的静安公园，当时叫“外国坟山”，是外国人的殡葬场。学校路口的一条弄堂里有很多邮票摊贩，颇吸引我，就经常去闲逛并开始购买。但最重要影响是来自我的外祖父周今觉，他是华邮收藏家，1925年创办了“中华邮票会”，是最早的华人邮票收藏组织。他藏有中国最名贵的邮票，叫“红印花”小一元四方连，由于老人家的邮识精湛，藏品丰富，且不乏孤品，遂被誉为“中国邮王”。外祖父是清朝两江总督周馥的长房长孙，早期经营盐业，又是自学成才的数学家，辛亥革命后从家乡来到上海从事房地产开发，当时不少楼盘都是他的产业。我幼年时常在外祖父家玩，听他谈邮票，参观他的藏品，潜移默化，深受影响。但那时因为年纪太小，外祖父1949年去世时我才14岁，所以老人家也没有传给我什么东西，因此外界说我得到外祖父的藏品那是不真术品的高标准就可想而知。第四，是作品一定要求手工绘制或纯手工制作。任何艺术品必须是个性的人工之作，机制的、印花的谈不上有多少艺术价值，只能当作一般的用具。

我在上述四大标准的基础上，方再考虑器物的造型和实用性。美的东西其实没有统一标准，再好看的东西也会有反面意见，再“差劲”的东西也总有人认可，这要辩证地看，不能过分。因此，对一些难得一见的珍品，有独特造型或特殊用途的，则可以适当放低要求。

要说明的是，我的收藏都不属于文物，只是工艺品、艺术品，不是古董。通常有一百多年历史就行了，外国两三百年以上的东西有时缺乏美感，而且往往有残缺，不好玩了。

采访者：能否介绍一点您的收藏特色？

唐：问得好！讲点我的收藏经给你听听。在众多的西洋艺术品门类中，我的收藏重点在于陶瓷器、玻璃器皿和银器这三大类。就收藏品的数量或价值而言，我的个人收藏实是微不足道，但是我对这几个类别的研究倒确有40余年了，不可谓不用功。

我的西洋藏品主要都是欧洲的产品，墨西哥、日本、印度、埃及等国的产品尽管也有许多精品，但我从不涉及。我的陶瓷器以德国、奥地利、丹麦、英国等为重点对象，尤其是德国的迈森（Meissen）、柏林官窑（KPM）、奥地利的维也纳（Old Vienna）、丹麦的皇家哥本哈根（Royal Copenhagen）、英国的韦奇伍特（Wedgwood）等。这些瓷器虽仅有不足300年的历史，但其高超工艺和精美造型是无与伦比的。

玻璃制品我是以收藏“套料”（也叫“浮雕”）玻璃为主，对车料和水晶玻璃兴趣不大，但有些磨砂玻璃或变色玻璃历史悠久，我也很喜欢。重点放在法国玻璃制品上，非常著名的有茄莱（Galle）、道姆（Daum）、拉利克（Lalique）等。另外有些品牌国内很少见，也非常名贵，如莫勒、洛埃兹、斯奈特、萨皮诺、巴卡来脱等，法国的这一类品牌有好几十种，一般只要上“谱”，都具有相当高的艺术价值和欣赏价值。此外，比利时的套色车料玻璃也为一绝，我认为胜过波西米亚白车料。

银器中较多的是美国货和英国货，但是真正的精品是早期的俄国货。银器上的成色标识各有特色，美国用Sterling，英国用尾巴上翘的狮子表示925银（表示成色为1 000分之925)，俄国用84(足银用96)表示，日本则用中文的“银”字。那些仅用“Silver”来表示的银器，一般均非名牌，要特别当心。我的收藏重点放在俄罗斯19世纪末至20世纪初这一时期的制品。其工艺细致，用料考究，造型别致，不惜工本。尤其是大师法勃奇(Carl Farberge)的制品，真可用巧夺天工来形容，可惜我只收到两把调匙，其珐琅制品在国内是不大可能见到的，更不要说用重金去购买了。

还要说明的是，收藏西洋艺术品，对自身的外语水平有相当高的要求，因为几乎所有的参考书籍、名厂介绍和款识(Mark)簿等都是外文，主要是英文、法文、俄文、德文等，只有阅读这些资料，再配合以图片和实物(可以在欧洲各大博物馆参观)，逐渐掌握各类西洋艺术品的艺术特点、设计风格、制作工艺、材质选择、著名工匠以及不同时期的标识演变情况，才能真正“入门”。

采访者：您以为收藏家必须具备的素质有哪些?

唐：这是个很有针对性的问题。我认为首先要有扎实的文化底蕴，这是重中之重。搞收藏必须要善于学习，勤于请教，不能高傲，永远要相信山外有山，天外有天。哪一天你认为所有的人都比你差了，那你可能就是世界上最差的！对藏品要选择恰当，量力而行。收藏的范围宜由小到大，集中几个类别，集中几个时期，集中某些国家，集中某些款式，甚至集中某种品牌、品种，一定要相对集中，分类越细越容易成功！兴趣与知识都重要，但兴趣更重要，不要因为某些东西市场看好，明明自己不懂，也不喜欢，还硬挤进去凑热闹，这样很难提高收藏的乐趣。藏品知识的吸取也重要，收藏一样东西，就要弄懂它，必须具备考证的学风，如历史、经济、地理条件、文化背景、艺术观点、制作工艺、技术特点等，既要知其然，更要知其所以然。还要不断总结经验教训，不要怕付学费，要吃一堑长一智，收藏家都有吃亏的时候。要有宽容的态度，要有一颗平常心，还要善待他人，乃至与你“争好”的“劲敌”。

采访者：请谈谈您收藏中的得与失。

唐： 这个问题其实很难回答，收藏家实际上应该是不计得失的，如果一定要问我的“得”，那我得到了艺术享受，也得到很多科学知识，因为艺术品都是科学和文化的结晶。应该说收藏把我带进一个美好的艺术世界，一个升华的精神世界，不搞收藏的人是无法感受的！再者，我通过收藏不仅学习到丰富的知识，更学会了人与人之间的交流与互助。不要光看到金钱的残酷，而更要看到人情的可贵。文化素质的提高是在潜移默化中体现的。满足收藏欲的愉快，也是一种“得”，我曾经有每天不进点货就感到不舒服的心境，不逛旧货店感到浑身难过，还有“捡漏”也使人乐趣无穷，如用铜的价钱买到银制品是莫大的欣慰，觉得自己有眼力。当然，从长远来说，自己藏品的升值也是很重要的“得”，这是任何收藏家所不可否认的。

说到“失”，恐怕我不曾有过太多失去的感觉，失去什么呢？可能是与家人的关系有点失吧！比如房间里有限的空间都给我的藏品占用了，老伴的大衣没处挂，常会有埋怨之声；还有淘旧货有时也会走眼，买到假货，把铜当作银子买回来的事也是有的。其实这些都是我的笑谈，说说而已，我觉得对我来说，“得”远远大于“失”啊！

采访者： 请您来总结一下收藏的魅力所在。

唐： 精神、物质、经济三重魅力，可以说收藏真是奇妙无穷！欲望就是魅力！觅寻、整理、欣赏，使藏品“变废为宝”“起死回生”的整个流程更使得收藏行为充满兴趣。我认为真正的魅力体现在收藏的过程中。收藏家生活在一个充满希望与梦想的世界里！

采访者： 收藏与投资在您看来是怎样的关系？

唐： 这肯定有关系，但不是很大。客观地讲，收藏本身一定与投资相连，收藏家都是有投资意识的。这并不一定是指简单的期待赚钱，但也不会期望自己的藏品越来越不值钱。从长远看，投资艺术收藏永远是会升值的。我自己的收藏主要是为美化环境、艺术欣赏和装饰生活。我不会因为一件藏品增值就出让，但我也绝不会期望我的藏品贬值。这是我对收藏与投资的理解。

采访者：您认为收藏家的社会责任应该体现在哪些方面？

唐：我首先想到的是普及收藏知识的责任，先要普及才会有提高。宣传、介绍、展览都是普及的途径。营造风气，构建和谐，收藏是一种渠道，也能起到好的作用。藏品记载历史，是文化遗产，而发扬文明，弘扬艺术，是收藏家责无旁贷的使命。愿收藏家都成为爱国家、爱文化、爱艺术、爱科学的使者。我自认为我是这样一个使者！

艺术价值是收藏的关键

——王良福先生访谈

王良福，出生于20世纪30年代。祖籍浙江定海，生长于上海，20岁左右移居香港。主要收藏近现代中国画，尤以收藏林风眠作品闻名于收藏界。对油画、水彩、版画、漫画亦有涉猎。

采访日期：2008年4月25日
采访地点：上海王良福寓所
采 访 者：丁峰、刘德媛（以下简称“采访者”）
被采访者：王良福（以下简称“王”）

采访者：王先生，我们知道您是一位有成就、有个性的收藏家，我想知道您是怎么喜爱上收藏的，是家庭的熏陶吗？

王：我父母并不喜好美术，所以我的艺术爱好应该并非得自他们的遗传。我给自己的收藏起了个堂名，叫“三槐堂”。“三槐堂”这个“招牌”倒确实是我们的家族遗产。《古文观止》里面有苏轼的《三槐堂记》，讲的就是王家祖上的事。所以三槐王氏是有很高知名度的。后来我承先祖遗风，也在院前种了三棵槐树。我的父母非常喜欢戏曲，受他们影响，我十二三岁开始接触戏曲，京剧、越剧、沪剧看了不少。我一直认为艺术都是相通的，后来从欣赏戏剧逐渐扩展喜欢上了美术，十四五岁开始，就到书店里去看画册。最初没有经济能力，就买明信片。当时内地的明信片也便宜，书店里苏联（俄罗斯）画家的东西比较多，像格拉西莫夫、列宾等的画册、明信片我都买过。

到了中国香港后，看到法国印刷的艺术品明信片制作得非常精美，就收了不少以西方绘画为题材的明信片。所以国外画家我比较熟悉，很多画我一看风格就知道是谁的作品，那都是年轻时候收藏明信片和画册打下的功底。现在的时代和环境与我年轻的时候相比，发生了很大的变化，很多年轻人对以前优秀的传统艺术已经相当陌生。传统艺术的传承到了今天产生了危机，尤其是在书画方面。所以如何推广优秀艺术，培养高雅艺术的欣赏水平，这是摆在大家面前的课题！

采访者： 近三年来，收藏界有一批人钟情于当代艺术，您怎么看待当代艺术？

王： 我从小喜欢美的事物，音乐、绘画、戏曲，一切与艺术有关的美的东西我都喜欢。我认为中华人民共和国成立以来，在艺术方面，进步最快的是西洋音乐，无论是指挥、乐队、歌唱家、演奏家，技巧和内涵都比 1949 年前好。当代中国油画家写实基础非常好，现在很多外国的画家不太愿意花力气在这方面，而较多地搞概念性的东西。我年轻的时候只喜欢西洋画，那时候对国画不太懂，看了不少西洋画，从文艺复兴开始一直到野兽派、立体派、印象派等，都有涉猎。大多还是从画册上了解，起初去博物馆现场观看得还不多，后来才逐渐到展览馆、博物馆看得多了。那时对西方美术非常着迷，尤其喜欢印象派的东西。但是对现在的前卫艺术，却不太能懂了。我看画作，主要是要发现真善美，如果没有美的东西存在，即便名气再大我也不会去收藏的。现在有些不太好的风气，买卖画作如同买卖股票一样，买者是为了升值，而不是为了欣赏艺术。我觉得，有些作品的艺术价值不高，同质的东西太多。如果仅仅是为了炒作升值，这样的收藏出发点就有问题了。

其实现在市场上好的作品并不少，价格也并不高。最近我在泓盛拍卖公司竞拍一幅汪志杰的静物画《玫瑰》，色彩运用非常好，但却应者寥寥，只有一个人跟我争，最后我 8.8 万元就买了下来。这张画画风比较传统，但非常精彩。这么精彩的作品却只有 8.8 万元。

不过当代一些国外的大师确实很了不起。如美国画家 Klyne，他有些绘画风格有点类似中国的水墨画，当然原料还是油彩。他的画多采用近似中国书法的线条来表现，看上去只是简单的黑和白，却非常有味道。还有一位是 Robert Motherwell，也是堪称经典。可惜他们的画现在非常贵，动辄几千万美元一幅，所以我只能望而却步！但他们的画确实很具收藏价值。恕我直言，现在有些藏家的艺术欣赏水平实在是有些问题的。有的是在炒作，有的只是跟风。现在一些当代艺术品真的不值那么多钱啊！花几千万买一幅画，在我看来只是些漫画性的东西，不值啊。同样的价钱买一些国外画家的精品，再捐给国家博物馆多好！一些所谓的前卫艺术，一样的脸孔可以画个几百张，没什么太多的变化，只是同类反复。

采访者：现在中国的西洋画，相对于西方市场来讲价格还算是低的。您觉得中国的西洋画价格在今后的一段时期还有没有上升的空间？

王：中国的人口多，热衷画画的人也很多，今后中国西洋画的价格是否会上涨，要看它属于什么风格流派。有些绘画如同是音乐中的 pop music，过了五年或是十年火过一阵之后就会慢慢消退下去。即便有一段时间价格的上涨，也是暂时的，炒作的成分居多。我 60 年代在香港买过一本书叫《画出来的真理》，是一个外国人写的，其中说到在外国有专门机构从事艺术品的炒作，机构如果觉得一位当代画家有发展潜力，就会请一些艺术评论家写连篇的画评，先在评论界炒热，再通过拍卖机构将画价炒高，有的甚至炒到天价。但有些到了一定时期之后，画价就会下跌。但好画的价格永远会上涨。

采访者：面对五彩缤纷的艺术天地，选择很重要，有人说这是一个收藏家成熟的标志，请问您买画选画有什么诀窍？依据什么标准？

王：我选画的原则，是看画的质量，一定是要好的东西才买，如果画得不好即便名气再大也不会买。买画的时候，很少考虑它的经济价值和升值空间，纯粹是因为自己的喜好才买的，当时大多是凭着直觉的，喜欢就买下来。所以我买的很多的画，过了十多年都还是亏钱的。当然近十年来不一样了，有的画升值了十几倍甚至几十倍。这都是由于内地经济的飞速发展，收藏的人多了，艺术品价格就自然而然升得快了。但是艺术品的艺术性还是第一位的，艺术还是要表现美，要有真善美的东西。作为藏家，不能老是把焦点放在经济利益上。要问我选画的“秘诀”，我认为学会判断艺术品的艺术价值是投资艺术品的关键,艺术价值要经得起时间的检验。有些西洋画看似很丑,但细看之下丑中有美,这个我也欣赏。但一些太过前卫的艺术看了让人感觉不舒服,感受不到美的东西,我就不能够接受。

采访者: 请您谈谈林风眠好吗?

王: 我收藏林风眠的画是在20世纪70年代中后期,当时买林老的画的人还不多,但价格已经比较贵了。我一见林先生的画就非常喜欢,所以常去那家画廊看画,时间久了和林先生就熟悉起来。后来画廊老板告诉我,林老当时这样评论我:"这个人比较懂西方艺术,否则不会买这样题材的画。"

林风眠是近现代中国画家里中西结合的大师。"诗中有画,画中有诗",这是沈柔坚对他的画作的评论。沈柔坚很佩服他,说他的画不需要题诗,画里自有诗意,所以百看不厌。1977年后,林先生定居在香港,我通过买他的画而与他逐渐相熟,但真正与他见面的次数也并不很多。每次碰到大抵都是谈论书画艺术,谈对绘画的见解。

林风眠本身的性格不喜多言。林老在绘画艺术方面涉猎很广,凡是好的艺术,有可取之处的,他都下功夫去研究。他的艺术分为几个时期,早期的水墨画受过岭南派的影响,后来逐渐将中西方艺术技法结合,并有所创造。有人说,林风眠的仕女图头部风格有莫迪利亚尼的影子,有人说他的色彩受了敦煌壁画的影响,有一个时期他的画色彩比较沉重,就是受到敦煌壁画的影响。另外我们也可以从他的画里面看到西方野兽派、印象派、皮影等各种艺术流派的影子。他曾笑称自己的画是"炒什锦"。林先生早期的水墨画好,晚期则是彩墨画更见功力。他早年的画色彩阴郁,画风很辣,线条粗犷;晚年画的色彩丰富、奔放。

林先生存世的油画并不多,我想真迹最多不超过50张,以早年画作居多,当时他比较穷,所以油画画布和颜料都比较普通,色彩大多较为暗哑。我收藏过他的《霸王别姬》,后来让给了朋友,那时候转让的价格很便宜,才2万多块。林先生的戏曲人物多吸取皮影、剪纸和漆器的风格,对汉代画像砖的研究也颇有心得。林先生的国画十分全面,人物、山水、花鸟、静物都很了不起。他对我说,在各题材中,画仕女最不易,比山水还要难。

他在香港的画室很小，画仕女、静物都不写生，直接凭着记忆和感觉作画。

在中国，林先生创办的杭州艺专在中国美术史上是值得大书一笔的，出了很多的大家，在国际上都赫赫有名。像李可染、潘天寿、李苦禅，上海的吴大羽，法国的朱德群和赵无极，美国的赵春翔及中国台湾的席德进等。他们都是杭州艺专出来的，有的是学校教师，有的是学生。林风眠致力于美术教育，培养了一大批优秀的人才。

采访者：除了林先生，您还认识其他画家吗？

王：我认识的老一辈的艺术家，人品都非常好，孜孜不倦地追求艺术，很少追逐名利，在这一点上很值得当代艺术家学习。比如关良、陆俨少、唐云、程十发，人品很好，性格也好，整天嘻嘻哈哈，话并不多。

我也收藏了一些陆俨少的作品。陆俨少的画受到清湘老人石涛影响很大。他的山水画，尤其是早年的山水十分出色，曾沿着三峡一路写生过来，他的山水画对云和水的把握非常到位。他画的激流，没人能比，别人画不出来的，没有他的那个神韵。古代山水画，《芥子园画谱》所谓的山水十二法，我看陆俨少的画已经超越了十二法。而且他的书法功力也非常深厚。中国画需要很深厚的文化底蕴，这和画油画不同。

对于在世的画家，我亲耳听林风眠评论过几个当代的画家。他说朱德群的抽象画里有很深的东方艺术内涵；赵无极的画，光、色彩、节奏运用得极佳；关良的画是越小的画越精彩，有的画只有香烟盒子大小，非常精彩；潘天寿也是小作品好。在上海的画家中，林先生非常推崇谢之光。谢之光的大写意的东西很好，他是画月份牌出身的。1978 年、1979 年，我在香港买林风眠的画定价已经挺高的了，一张 68×68 厘米的画当时定价 2.8 万元港币，那时一两千块的月工资已算是不错了。我那时有了钱就买他的画，现在林风眠的画高的要卖到几百万元，那是百倍的回报了！

采访者：在收藏的过程中，您有没有买到赝品的经历？要怎样才能尽可能地避免买假？

王：我倒从来没有收到过赝品。我想要尽量少买到假货，唯有多看多学，原作和画册都要看。光看画册也不行，要到博物馆、画展去欣赏原作。你没有收藏过这些画没关系，但凡是有大艺术家的展览，都应该去，去研究画家如何用笔，如何用色，久而久之你就会对画家的风格和笔法有所领悟，也就能最大限度地避免买到假画。

为收藏家立传

——郑重先生访谈

郑重，1935年出生。1956年考入复旦大学新闻系。1961年大学毕业被分配到《文汇报》社，先后从事卫生、科学、教育、文艺、理论、评论等方面的采访和写作。高级记者，享受政府专家特殊津贴。

采访日期：2008年4月13日

采访地点：郑重书斋“百里溪”

采 访 者：石建邦、周隽（以下简称“采访者”）

被采访者：郑重（以下简称“郑”）

采访者： 您记录了许多文化人的故事，并与他们成了好朋友，一开始怎么会去结交他们的呢？对于有学养有情操的人产生要去亲近的想法，是这样吗？

郑： 这是很重要的原因之一。我喜欢文化人，与他们交往并不为了讨画讨字，单纯地觉得看他们的画，读他们的诗词很好玩，那并不是一种崇拜名人的心态，而是一种好奇心。我从小就喜欢书画，也说不出为什么，我父母甚至都不识字，一定要追究的话大概和我父亲种地有关。我父亲是个种田高手，种田对他来说好像进行艺术创作，他很讲究作物品种的搭配、耕种的诀窍，即便耕地都比别家耕得漂亮，他翻的地像瓦片一样一片片地隆起来，跟幅图画一样。这样的庄稼自然长得特别好，然后他每每还要自我欣赏一番，这大概对我有一些艺术熏陶（大笑）。另外，我大舅父是中医，那时住在小镇上，他平时也画画，我从乡下到他家玩，经常看到他在画画或者正和朋友交流书画，于是我就跟着学，在光连纸上画梅兰竹菊，糨糊一贴挂在家里。大舅父对我影响很大。小学、中学时的美术老师也影响了我。其实我自己不怎么画，就是喜欢看。

采访者：最初如何与上海的收藏家们相识的？

郑：最早其实是认识了一些书法家，比如沈尹默（杰出学者、诗人、书法家）和胡问遂（书法家，师从沈尹默）。20 世纪 60 年代，我进入报社工作，社里要给报道写标题，胡问遂住得离我们社近，我就找他给我们写。与沈尹默相识则是因为我有个同学向他学书法，我就一天到晚跟着同学去沈先生那儿。然后开始接触到画家，上海老一辈的画家我全都接触过，有些水平不高的我接触接触就跟他说拜拜了（大笑）。最后才通过画家们认识了一些收藏家。否则不会无缘无故接触收藏家这个群体，他们又不是新闻人物。

采访者：对那个年代上海的收藏家是何印象？

郑：上海的收藏家和北京的不一样。北京的多为前朝遗老遗少，上海这边多是资本家，他们都是自己花钱买东西，我觉得那才算真正的收藏家。一般资本家给人的印象只是做生意、赚钱、玩乐、穷奢极欲，其实收藏家都很节约，他们的兴趣不在吃喝而在书画古玩，一有闲钱铁定拿来跑古玩市场。我碰见过一位藏家，在那个年代就已经买了转椅，房间四周挂一圈画，转椅放中间，人坐上去“呼”这么一转，这样看画。我到他家去他也让我这样欣赏他的藏画，一边看他还一边感叹：“唉！神仙过的日子！”真正的收藏家就是这样的，把书画当作老朋友。“文革”前后，我跟他们相识的时候那些人多数已经“倒霉”了，他们虽然住得破破烂烂，却能变戏法一样忽就掏出一块古玉，从大衣口袋里抽个卷子出来，那真是视藏品如生命，视财产如浮云。收藏家们是值得尊敬的，他们并没有玩物丧志，作为民族资本家，他们将自己的事业打理得很好，又多是爱国人士。其实我觉得历朝历代的收藏家都是一群“超人”，超脱的“超”，即使古时一些收藏家身处官场也是一样超脱，比如米芾。

采访者：能给我们讲讲您的第一件藏品和收藏经历吗？

郑：是沈尹默的一幅字。他给我写过几幅字，第一幅是毛泽东的《沁园春·雪》，一整篇的草书。当时我还不怎么懂行，后来拿给谢先生一看，他说这张字难得啊，沈先生很少写草书，非常稀奇。那便是我的第一件收藏。

采访者：很高的收藏起点。

郑：我不经营收藏，藏品都是免费得来的，所以我有一方印叫"见时容易"，朋友相赠的嘛，得来时还挺不以为然的，当然后面还得加一句"别时难"啦。

采访者：张大千有一方闲章叫"别时容易"。

郑：是嘛，张大千是够洒脱的。你看，做收藏真是乐趣无穷的事情，光研究画家的印章就很好玩。吴湖帆有一方"与美人同梦"，这里有个故事，他读《美人墓志帖》，睡觉时都把那帖放在枕边，于是刻了这方章。这些人既有学养又性情，研究起来会很有意思。每一方闲章的背景，什么出处典故，那真是一门学问。

采访者：闲章也是一种心情的写照，表达艺术家的情趣，包括他的遭遇。

郑：所以说收藏是件乐事，但对人的要求很高。张大千说搞收藏需要雅根，要有钱，还要有闲，眼力是次要的，只要有钱有闲看的东西多了眼力自然能提升。现在很多人无法完全陷入收藏的快乐中就是欠缺这些条件。

采访者：您如何看待和理解收藏这项事业的意义？

郑：我对收藏的认识是一个逐渐深入发展的过程。开始只觉得这群艺术家、收藏家很好玩，我自己并不懂书画，但后来和唐先生、谢先生接触多了，在他们面前敢说敢聊，久而久之才意识到收藏里有文化。中国文化在书画中传承，收藏与文化有密切的关联。尺牍、题画的诗词、题款，反映着当时的历史和艺术家之间的交往。

采访者：书画是反映传统文化的形式和样式。

郑：将收藏作为一门学问去研究是非常有价值的。有很多东西可能已经遗失，但你能从传统书画中找回它们。比如书画鉴定中对于材料的研究能够反映其时的经济、手工业状况。一种材料的出现可以印证当时生产工具和科技的发展，具有巨大的历史价值。单是中国纸和丝绸的发展史便很值得研究。比如丝绸吧，从画画的绢到裱画的绫，各朝代不同的工艺导致了不同的卷面，宋代的卷面是多宽，元代是多宽，包括织法都有很多讲究。此外，我们还可以通过古画中人物的服装、家具来研究当时的社会生活。如《韩熙载夜宴图》就是对当时社会风俗的记录，从画里能看出那时候的人怎样娱乐怎样生活。收藏书画因为蕴含了这些东西，它对中国文化的传承有极大的意义，那已经超越了书画本身，上升到了整个文化的高度。

采访者：另外，传统书画传达着一股文人精神，很无形的东西。

郑：对。文人心胸的宽阔、散淡、超脱，不问世俗的气格，那种无形的东西很感染人。画如其人，那些艺术家的风骨、性情也令我叹服。那些老先生对我的影响甚至比大学更深。就如张大壮先生，那完全是一位高人！整天躺在床上称病不接应酬，但我们这样的年轻人、小朋友跟他讨教他就很乐意，巴金带着毛笔跑去求他的画他都不肯，他却给卖油条的画了很多。那完全是六朝人物，非常清秀，穿着素净，干干净净的一位老先生。还有白蕉，放荡不羁、目空一切的一个人，名啊利啊什么都不在乎，说话尖刻，但眼光确实厉害。像唐先生、谢先生这样既是艺术家又做收藏的，人也都非常好，记得有一次唐先生给我看他的收藏，他趴到床底下这儿掏那儿掏地找东西给我，他块头大肚皮又厚，就那样趴着跪着从床底下掏他的好东西与我分享。对于纯粹的收藏家我则是佩服他们的胸怀，那也不单体现在捐献藏品那些大事上。我曾经带着一幅谢稚柳的画，没任何引荐就去北京见张伯驹，他说画你放这儿吧过几天来拿，都不用我明言他就明白我想请他题画。那时的人就能如此性情，简单。我和他面对面坦诚相见，这么大一个卷子搁他那儿都不用担心画被“吃”掉，他也不会因为衰秋之年就拒绝我不给我题，当时我可是什么谢礼都没带，甚至连求什么句子都没想好。

采访者：撰写收藏家、画家传记的初衷是什么？

郑：深入了解了那些收藏家的经历之后，萌生了为他们立传的念头。通过谢先生，我认识了一些上海博物馆的鉴定家及工作人员，他们整天给我讲收藏家的故事，那时我才真正开始对收藏家产生兴趣。但对收藏家的深刻认识还要归功于80年代上海市委组织的一个写作项目。当时我申报了博物馆与收藏家的选题，于是开始收集资料素材，我从博物馆调出当时的收藏档案，翻箱倒柜地把那些资料统统找出来看了一遍，从中获得许多发现。这些收藏家令我肃然起敬，他们太了不起了，为国家捐献出如此多珍品。没有他们就没有现在的上海博物馆。潘达于的青铜器，过云楼的书画，胡慧春的瓷器，就这样集各大家所藏才支撑起一个上海博物馆，中国整个历史文化的发展脉络才可能透过藏品体现出来。当时我就想，他们对我国文化事业的贡献太大了，一定要把他们的付出写出来让更多人了解。就是带着这份感恩的心情，我开始为他们写书，整天走街串巷，背着小包出入那些收藏家家里，那些人的孙子辈可能都没我了解他们。

采访者：您的《收藏大家》等书出版以后反响如何？是否有很多读者给您写信？

郑：没有，我也没作什么宣传。现在搞收藏的都不读书，即使读书也只是想看传奇故事或者作为信息收集，这件东西哪里买到的呀，原来在谁那儿现在又在哪儿呀，藏品出手赚了多少钱呀……他们不会去品味我这些书的深层内容。只有一个宣传部的小青年看懂了我的书，他跟我说你其实是以收藏为载体写着中国文化。

采访者：您对华人收藏家大会有何期待与建议？

郑： 我是搞新闻出身的，注重现实性。上海老一辈收藏家为中国的收藏事业作出了巨大贡献，但他们都已过世；现在举办华人收藏家大会，应把目光投放于新兴收藏群体，展示中国新一代收藏家的成绩与风貌。

青铜研究一甲子

——陈佩芬女士访谈

陈佩芬（1935—2013），上海人。1952年进入上海博物馆，历任征集编目组副组长、组长，青铜器研究部主任和上海博物馆副馆长，主要从事中国古代青铜器研究和鉴定工作。现为国家文物鉴定委员会委员，享受国务院政府特殊津贴。在青铜器研究领域有独到建树，著述有《夏商周青铜器研究》《上海博物馆藏青铜镜》《中国古代青铜器》等。

采访时间：2012年4月24日

采访地点：陈佩芬上海寓所

采 访 者：郑中荣（以下简称“采访者”）

被采访者：陈佩芬（以下简称“陈”）

采访者：据悉您是在偶然的情况下进入上海博物馆工作的，我们都知道上海博物馆在青铜器、陶瓷器、书法、绘画等方面各有特色，那么当初您为什么只选了青铜器？

陈：那是1952年，我17岁，还在读高中二年级。家里父亲病重，因为兄长是军人，当时国家规定，可安排一人就业。我有两个姐姐，两个弟弟，选谁去呢？妈妈思来想去，决定给我去报名。不久接到居委会通知，把我们地区的人召集起来，去文管会参加考试，事出突然，因此都没有准备。考试的内容主要是历史和语文，因为我一直在上学，没有间断过学习，几天后我顺利接到录取通知。当时招进的这批人员来源比较复杂，大部分是中小学和社会青年，只有极个别大学一年级的。这批共招了一百多人，被分为两部分，一部分到博物馆，一部分到图书馆。

1952年10月，我到博物馆工作后，当时，陈毅市长很重视文化发展，提出首要目标建设图书馆、博物馆，为此博物馆专门请来杨宽、蒋大沂、蒋天格、郑为等教授和专业人员，为这批新招收人员上历史、文化和各类文物知识课程。开馆后我的高中老师曾来参观，看见我问："你怎么在这里工作？你年龄还小，应该回到学校读书。"我仔细考虑后，觉得在这边和学校一样都是在学习，而且和学校偏重学习理论比较，这里边学边看实物更能学以致用。于是便决定留在上博工作，由此开始了我这一辈子的文博工作。

1959年，上海市政府决定，上海市文物保管委员会和上海博物馆合署办公，彼此相同的职能部门合并，原来我所在的编目组变成征集编目组，主要是负责进馆文物的初选工作，即判断文物是否能入藏博物馆。之后，馆里领导决定每个人要有专业，实行老师带学生"一对一"教学方式，培养年轻的业务人员，我有幸成为三个培养人之一。这时我就选择了蒋大沂先生为老师，学习中国古代青铜器。

采访者：众所周知蒋大沂先生一生中只收过一人为徒，那就是您，是什么原因让他打破不收徒弟这个原则的呢？这和您的个人努力肯定是分不开的，和我们具体聊聊这其中的细节吧！

陈：成为蒋大沂先生的学生，是缘分，当然也和我个人的努力是分不开的。起初蒋先生不愿带我这个学生，他觉得我基础差，干不了青铜工作。我很倔强，就说："不行，就学！"非常坚持。蒋老师觉得这小姑娘挺有志气，先考验下，给我布置了作业，并说完成作业去见他。

蒋先生给我第一份作业，是用毛笔临摹容庚《金文编》。我想争口气，又拜师心切！那时候每天都起早摸黑，除了平时上班以及共青团员社会活动时间外，利用一切可以用的时间不停抄写。就这样坚持，我大概花了半年多时间抄完《金文编》，装成厚厚三大本，交给老师。老师看我诚心诚意，这才收了我这个学生，开始给我上课。

一开始是学《史记》木刻版40本和辞典。他对我说："这些史书每一篇文章，你先标点，断句，看不懂的字，自己查字典。每天中午在馆里讲给我听。主要检查你的看书理解情况；每个休息日和节假日到我家里来上课。"老师授课方式很独特，上课的时候要我讲给他听，讲错了他指出来，补充他的观点。那时候除了上班，回家就一头栽进这些文史书籍里面。

周六、周日我到先生家里学习，有时候早上到时，他已经外出，师母对我说："作业他给你放在桌子上了，要你先准备，他一会回来。"那时候我的午饭都是在先生家里解决的。这样子的教学一直持续了五六年，真是受益匪浅。

蒋先生在学术上是个非常严谨的人，但在生活中却非常和蔼随意。记得那时候年轻，我很喜欢打乒乓球。为了参加比赛，我向老师请假，并告诉他比赛地点。第二天蒋先生真来看了，我赢了，还送了两个鸡蛋作为奖励。

通过五六年的学习，我的历史和文物方面知识逐步提高。"毕业"了，老师对我说："你在我这里学习的只是书本知识，想学青铜器鉴定知识要向马承源去学，他看青铜很有一套。也可去修复组向老师傅学。"

采访者：您与马承源共事50载，对马先生有很深了解，可否谈谈您眼中的马承源？

陈：上海博物馆开馆迎来的第一位观众，就是马承源，所以马先生和上博有很深的缘分。自从上博搬迁到中汇大楼工作后，马承源是保管部的副主任，他和我们征集编目组在同一个办公室，这样就增加了我们接触的机会。在编辑工具书《中国青铜器的形制》的时候，我有幸参与一起收集材料。在马先生的指导下，我先后对郭沫若《两周金文辞大系图录考释》和陈梦家《西周铜器断代》有关观点，专著中照片大概两千多份进行系列整理、排列，用于工具书的编辑。马先生说鉴定青铜器单单识别形制不够，还要掌握纹饰和铭文的传拓技巧，我们几个同事在他的指导下，几乎每天都要在光素无纹的玻璃板上练习传拓，每个工作人员的传拓技术达到墨色均匀、背面白皙、边缘清晰。长期的坚持形成了上海博物馆所特有的传拓新技术，其特征是传统的陈介祺墨拓法和江南拓碑技法的结合，产生既好又快的传拓技巧。我们将上海博物馆所收藏的部分有铭文的青铜器做了拓本，装帧成六大册，作为当年献礼的成果。这阶段系统的动手学习，加上之前蒋大沂先生讲的历史、文物知识，可以理论联系实践，这样我对青铜器有了更深入的了解。

犹记"文革"期间，我主要负责抄家文物保管工作。1971年一些主要的业务人员基本上过了“清理阶级队伍”和“斗、批、改”，陆续获得“自由”，我就请他们一起参加整理抄家文物，有马承源、郑为、张公午、沈之瑜等，一起整理文物。当时我最感兴趣的还是青铜器，很多青铜器都到上博。在整理文物过程中，我发现一件春秋早期鳞纹壶，壶颈内有铭文，奇怪的是这器型、纹饰是春秋时代的，铭文却是西周时期的，显然这铭文是后来刻上的。但这壶颈又细又长，那用什么办法刻进去的？我百思不得其解，就与马先生一起研究，把器物表面的泥土和锈清除，我一看上面自口至腹有曾经切割过的痕迹，便一下明白了，这是用切割的方法后刻铭文。

改革开放后，我经常和马馆长一起参加国内外的研讨会和青铜器鉴定活动，一直到2004年他去世，我们一起共事长达50年，他给我留下深刻的印象，工作认真、严谨好学、人缘好！

我退休后第一件事情就是整理《马承源文博论集》，一方面是对他的怀念，也是作为他的同行，出于对中国文物界的责任感而为。

采访者：“文革”期间提出的“破四旧”，社会文物首当其冲。据资料可知，这期间经您手保存下来的抄家文物多达15万件，工作中一定有很多难忘的记忆吧！

陈：“文革”十年，一群群红卫兵布满上海大街小巷，到处破“四旧”。上海博物馆的日常业务停顿，为了保存文物，马承源和沈之瑜以馆的名义向市政府打报告，趁着北京的红卫兵还没有到，主动要求配合清点抄家文物，并代为保管，这样我所在的编目组的职能就变成抄家文物代为管理组。当时，馆内大多领导在所谓的“清理阶级队伍”“斗批改”中被批斗，关牛棚，一下子没人管事情了，我曾是保管部的人，业务熟悉，造反派要我接管此项工作。那时候，我和组里的同事24小时轮流值班，只要接到电话就立即把文物运回博物馆。

“文革”中记忆深刻的，一次到李荫轩家接收文物。据说李荫轩是李鸿章侄孙，他手里有大量青铜器和钱币。此前他曾和马承源先生有几次接触，此人非常低调，很少有人知道，以后卖过几次文物给馆里，对上海博物馆印象比较好。“文革”期间抄家，这些大藏家是肯定要遭殃的，他曾打电话给马承源说要把文物捐给上博，但红卫兵已到他家并抄出鲁侯尊、厚趠方鼎、毛公方鼎、杞伯簋，还有后来和上海博物馆配套成十件的邵黛钟，其中四件是他家出的。那时候我们着急啊！很害怕晚一步，一些好东西就毁在红卫兵手里，我们自半夜到天明，做完清单，将文物运到上海博物馆。

保管抄家文物这一工作长达 7 年之久，其间把抄家来的各藏家的东西都做好分类，写上标签，造册，拍照，书画做画套，文物做好盒子。被抄家的藏家大概有两百多家，文物共收到的有 15 万件。1975 年上海市成立文物图书清理小组，我才将 7 年来所保管的 15 万件各类文物、图书移交给工宣队。后来大批文物在国家落实政策时还给收藏家，很多藏家看到自己的宝贝保存完好，很高兴！很多藏家还自愿和我们联系将藏品捐给我们，有的愿意转让给我们。除文物外，我还将外滩的一对铜狮子，马勒别墅的铜马，寺院的大佛、大钟都保存下来。

采访者：20 世纪 60 年代，上海博物馆工作小组复制透光镜，一时轰动海内外文博界，可以和我们分享一下汉代铜镜中“魔镜”之称的透光镜的复制过程吗？

陈：这件事情我曾参与，但主要负责的是马先生。

我们馆里面有几件东西和科学实验相关的，因为不知其原理是没有办法陈列的。1961 年 7 月周恩来总理来上海，到我们上海博物馆视察。我们将库房藏品给周总理看，其中就有一面西汉“见日之光”镜，这镜子背面有花纹，正面是光的，用强光照镜一面，背面的花和字也会显示出来。总理问为什么？我们也不知道。总理说：“两千多年前的人们能铸造的镜子，我们要搞清楚这透光原理。”

70 年代“文革”结束，马先生和我们商量，要赶紧争取时间把铸造原理弄明白，并依此原理和方法铸成有同样透光效应的铜镜。我们请到阮崇武先生主持这一工作，他之前是管理冶金，和这方面的厂、工作人员关系很熟。他非常乐意参加这工作，许多研究员在实物和文献的指导下，提出若干个方案，由博物馆、几所大学和工厂一起实施。这个工作主要是从青铜器的铸造入手，后来上海交通大学做出来了。1976 年，我在《文物》上发表《西汉透光镜及其模拟实验》一文，介绍了几种复制方法，最后阐明了青铜镜“透光”原理。本来想献上我们成功的喜悦和总理一起分享，可惜他已去世两个多月了。

采访者：你在上博工作了一辈子，见证了上博的成长。我想上博有今天和很多藏家捐赠是分不开的，您还能记得当年有哪些藏家为上博捐赠过文物吗？

陈：上海博物馆征集藏品相对比较难，为什么这么说？一是政策，二是地理位置。我们不像北京国家级博物馆用一纸政令可向各地级市索调文物；我们的地理位置也不像陕西、河南、山西等地方可以就地考古挖掘，文物来源比较丰富。

我们馆文物主要是接收一些藏家捐赠和向社会上的藏家出资收购。这些藏家和文物爱好者在中华人民共和国成立后，看到国家呈现一派欣欣向荣的景象，收藏家都是从旧社会过来的人，新旧社会的强烈对比，激发了不少人的爱国热情。他们知道，文物收藏不出三代，于是，很多藏家纷纷把自己收藏的文物捐献给国家，以求得文物的好归宿。捐赠给上博的藏家和爱好者有潘达于、李荫轩、周子伯、景俊士、邱辉夫妇、吴清漪夫妇、孙鼎等，他们主要是捐赠青铜器，还有很多藏家捐赠书画、瓷器。由于他们的捐赠充实了上海博物馆的库房和陈列室，上海博物馆不会忘记他们的慷慨，在上博大堂墙面上列有《历年来文物捐赠者铭录》，而且在各陈列馆中文物说明卡片上也写上了捐赠者的姓名，以表示上海博物馆和上海市人民对他们永远的感激之情。

采访者：上海博物馆的青铜器除了社会人士捐赠和购买外，还有个特殊的来源，作为参与者能否和我们分享下？

陈：因为上海是工业城市，大小冶炼厂很多，当时华东六省较大的冶炼厂就是上海冶炼厂，各地废铜铁杂都会来到上海大熔炉，其中有很多文物，那时候人们对文物几乎没有概念，很多人当作废铜卖。

上海自1951年起，由华东文化部组织人力，成立了文物整理仓库，开始了文物抢救工作。到1952年秋，这一工作由上海市文物管理委员会负责。1954年在西安过来一批废铜里面，我们捡到很重要的青铜器。从此，我们的脚步遍布上海冶炼厂、重工业上海仓库等地，逐步扩大到全市各废品回收站。我们在这些废铜中共挑选出青铜器多达三万余件，其中重要的有贤簋、鄂叔簋、邾太宰簋、梁其钟、三羊首乳钉雷纹瓿、大鼎、龙耳尊、兽面纹钲等，这些青铜器已经调拨各地博物馆，有很多现在还陈列在上海博物馆内。其中夏代和商代早、中期的陈列品，绝大多数是从冶炼厂的废铜中抢救出来的。

我们和工厂的同志同在高温的冶炼炉旁边守着，一点小差也不敢开，一不留神宝贝就化为铜水了！

采访者： 上海博物馆除了收集中国文物，有收藏外国艺术品吗？

陈： 有的，还做过专题展览。这批东西是我经手的，主要是18、19世纪法国赛克勒、英国道尔顿、奥地利维也纳、丹麦哥本哈根的瓷厂烧造的器皿，还有些欧洲玻璃器皿、陶瓷器、铜器和木器等。这些艺术品是从上海日用品调剂商店划拨给上海博物馆的。“文革”中这些物品在“四旧小组”手里，“文革”后期要转手给上海博物馆。当时我们馆里只有几件外国艺术品，但作为一个城市代表性的博物馆，应该有些外国艺术品，但上博没有这方面的专业人才，我建议商店来一位专业人员，将专业知识也带过来，培养了两位年轻人。上海博物馆曾将这批外国文物运去深圳等地展出，外界反响很好！

采访者： 我们知道您在20世纪80年代初，曾相继在复旦大学和上海大学为学生传授系统的《中国青铜器》教学，请问您是从哪几个方面入手的？

陈： 我是讲授青铜器的初步概念，从青铜器的铸造技术、器型、铭文、纹饰、表面锈蚀等方面，用理论对照实际器物来阐述鉴定青铜器真伪的原则和方法。根据我工作中鉴定青铜器的经验，结合库房实物以及我长期在第一线做征集编目工作时所收集的各类伪作为标本，拍成照片播放幻灯片授课。学生一边看实物一边听理论，这样授课比较有效果，提高他们兴趣。

采访者： 您的著述《夏商周青铜器研究》，主要从哪几个方面入手研究青铜器的？能否简要介绍您的专著？

陈：书中所著述的大都是中华人民共和国成立以前大约百年之中，在国内流散而可能寻觅到的器物，也有不少是20世纪从境外收归的精品，共推介研究青铜器六百余件、组，系国家一、二级文物，有极少数三级品的佳作，分为夏商篇、西周篇、东周篇三编六册，每个都表明时代、器名和尺寸、重量，并对实物形制、纹饰和铭文内容进行记录和叙说，书中图文并茂。

西周时代铸有长篇铭文的青铜器，是上海博物馆的一大特色，我的这本书籍铭文方面占了较大篇幅。铭文反映了史实，可以清晰地看到各国文字优势的不同，从春秋早期到春秋晚期294年间东周文字构型和文字词藻变化，来充分掌握文字和文化迎合时代进步的需要。我希望这本书籍能够起到推动中国青铜器研究的作用，我将继续努力，在青铜器方面做一些力所能及的工作。

力所能及心之所好

——陈德曦先生访谈

陈德曦 (1936—2012),生于上海,祖籍广东汕头。1951—1953 年就读于上海行知艺术学校美术系,后肄业;1953—1957 年南京艺术学院美术系求学并毕业;1957—1981 年在南京艺术学院美术系任教;1981 年移居香港;1986 年起在香港中文大学艺术系任教,1987 年与人合营"万玉堂"画廊;90 年代初自营"雅林堂"(ARTLINK CONSACTANS)艺术顾问公司。

采访日期:2008 年 7 月 21 日

采访地点:上海东方曼哈顿

采 访 者:倪淑颖(以下简称"采访者")

被采访者:陈德曦(以下简称"陈")

采访者: 陈先生,您最初怎样接触到艺术品收藏?是什么吸引您走入收藏界的?

陈: 1957 年我毕业于南京艺术学院,后来留校成为老师。常跟着亚明、大羽(陈大羽)老师和江苏的一批画家,一起出去画画。大羽老师是齐白石的学生、南京艺术学院的教授,亚明老师是江苏国画院的院长,都是我的老师,也都待我很好。我从事国画创作,做过江苏美协国画组副组长,兼人物画组组长。当时很多画家自己都收一点东西。收藏对于专业人士来讲,是最好的老师。出外旅行写生,每到一地,不是钻博物馆,就是跑古董市场。遇到唐云、谢稚柳先生,互相交谈时,少不了对收藏里的好多故事津津乐道。耳濡目染之下,虽然没什么钱,我也会省一点下来,买些文玩用品,但书画是买不起的。60 年代,师生之间常有书画相赠。唐云、来楚生、亚(亚明)老师、大羽老师等老一辈画家,都送过好多画给我。可紧随而来的“文化大革命”，打碎了一切的美好，老师们一一被扣上资产阶级黑画家的帽子，亚明老师成了当权的“走资派”，形势非常严峻。藏的画就是“黑画”，就像藏“毒品”一样，不得已之下，我把藏在家里的画作纷纷撕毁了。而今想来真是很愚蠢、很悲哀。与这种对文化的摧残相比，现在大家能公开谈论收藏，并以此为好，以此为荣，真是天壤之别。盛世就在于此。

1980年，我来到香港，在杂志社工作、写文章、教书（曾任香港中文大学艺术系兼职人物画导师）。直至1987年与Mr.Stephen McGuinness（史蒂芬·麦坚尼斯）（我给他起了个中文名“麦史镝”）先生共同合作经营万玉堂画廊（Plum Blossom），担任艺术顾问，也是股东。“万玉”二字，取成千上万朵在寒冷中绽放的梅花，凌霜傲雪，远飘暗香之意。麦史镝先生来自美国一个中下阶级的家庭，做过的士司机，教过书，也是textile（纺织品）方面的专家。他很热爱中国艺术，我和他做一个travel（旅行），走访了过去南艺的很多师生，以及国内的很多画家。那时的中国，仅凭电话联系上的往往不是画家本人，而可能是组织上的领导或党委书记。我们的这次旅行，为后来画廊的成功经营铺平了道路。吴冠中、石虎、杨延文、陈逸飞、徐乐乐、王孟奇等都是我们的签约画家，也可以说是“旗下明星”。从此，艺术顾问和画廊既是我谋生的手段，又是兴趣所在、能力所长，三者有机地结合在了一起。

我从进行艺术创作本身，参与了艺术的买卖流通。时而会自嘲自己“远书香，近铜臭”。但光靠书香，如何吃饭，如何能送两个女儿出国念书呢？人还是需要一个谋生手段的，能做一份谋生与兴趣相统一的工作，已多有不易了。吴（吴冠中）先生讲过一句话：艺术不是职业，是事业。职业是被人雇佣的，事业是自己追求的。没有一个老板会花钱让你追求自己的事业。接着他又说：没有任何人雇佣的凡·高，成了世界上最伟大的画家。这一句话是很感人的真理。

我虽买过一些古玩、字画，现在家里也藏有一些，但给自己的定位，只是一个在收藏圈，或字画圈内的从业者，涉及了商业的买卖行为，收藏家是担当不起了。偶尔，开玩笑说自己是A、B、C、D、E，就是英文中的画家、商人、顾问、经纪人、专家的第一个字母，动物中有“四不像”，我是“五不像”。收藏，也需要流通渠道，必须有一班从业人员。这里面有专家、学者、收藏家、企业家等。其实角色并无高低之分，但各人的定位要明确，不能强作风雅。在西方，艺评家、画廊经纪人和画家都各司其职，各谋其利。而在中国，常常有所混淆，也缺乏职业操守和规范。

采访者：您的第一件收藏品是什么？您在艺术上的造诣与您的收藏有什么关系吗？

陈：第一件藏品，应是亚明老师送我的画吧。那时候，生活并不富裕，自己没有什么好的收藏品。收藏，在艺术上是我最好的老师。历代的传统，就是在字画的实物流传下，得以传承的。虽然我的财力买不起顶级的经典，但我可以买自己喜欢，且又力所能及的。这当中的确受益匪浅。

回顾过去，从买卖方面来讲，我常后悔自己卖得太早了。罗伯张（张宗宪先生）说：首先要看得到，还要看得懂，然后还要买得起，买得起还要卖得掉，卖不掉还要摆得起。“摆得起”，是很要紧的。但倘若留着不卖，生活水准何以提高呢？或许买卖的人悲哀也正在这里。欣赏和拥有是两回事，能拥有多少财力去喜好它，这种代价是非常高的。这方面，罗伯张真是不简单，好多 dealer 都是把精品先卖出去套现，留下一堆残品，而他不是。他的一只清乾隆御制珐琅彩杏林春燕圆碗，拍卖之前多少人盯着他要，价格出到 5 000 万、8 000 万的都有。换作我，或许早就卖了。结果，2006 年底的苏富比秋拍，这只碗以 1.5 亿港元的“天价”被他的妹妹张永珍拍走。张永珍可以说是位大藏家，她曾经出 4 000 多万港元买了一件清雍正粉彩蝠桃纹橄榄瓶捐给了上海博物馆。现在，我也有这种心得，好东西不怕贵，只要它独一无二，将来只会更贵。

当然，收藏不只是一种财富，它一定要有历史文化和知识背景作为支撑。在这两方面，我略有优势。尽管，钱财上的能力与知识并不相称，但偶尔也能以小搏大，即所谓的吃仙丹。我觉得收藏的范围，应该宽泛一点，不该局限在名作的范畴。一些名头并不一定大，但笔头很好的画家作品，同样值得收藏。在这方面，我很仰慕和欣赏黄仲方先生的收藏观和藏品。我平日勤做功课，发掘出别人看不到的潜在价值，也能买到一些既便宜又精彩的好画、好东西。

闲来无事，我也会自拈几句牢骚诗，聊以自娱。“你吞你的大力丸，我服我的逍遥散，横财发不到，浑水不愿趟，时时进些滋补膏，间中吃粒小仙丹。”还有两句“春耕夏种，秋收冬藏，万物有常，只得应时顺势；南来北往，东奔西忙，一事无成，惟求心之所安。”再有“衰年逢盛世，老来入画丛，夕阳无限好，黄昏又何妨？”像我们这样的人，补药、仙丹、泻药、砒霜，都吃到过。既然自以为懂艺术，买到不对的，就只能自己扛下。过去，我帮别人做顾问，现在也做得少了。一方面是责任重大，一方面也很辛苦。有钱可以买知识，没钱只能卖知识。虽然我仍不甚有钱，但知识也卖得少了。脑袋和口袋，往往脑袋满的人，口袋是瘪的；口袋满的，脑袋却是空的。这是一种遗憾和矛盾。若能做到既有脑袋，又有口袋，这人定厉害得了不得。

采访者：很多人惧怕伪品，您是怎么看这个问题的？您是否收过赝品？万一收到您如何处置它呢？

陈：肯定收到过。一旦看得不仔细，或对某个画家不甚了解，就可能出错。但一般都会很谨慎，尤其是替客人买，责任很大。对于自己存疑或者没有十足把握的藏品，一般我不会推荐。

鉴赏家不是全能的，即使是徐邦达、王己千先生，也有他们不擅长的领域。从经验上讲，常见的未必是真，少见的也不一定是伪。作伪之人，一般很少关注一个画家的另类画风，总是以仿制他的常见面貌为主。至于拍卖行方面，苏富比、佳士得有约定，虽然它们不担保藏品的真假，但如果能找到两位以上的权威专家论证，且结论是可以信服的，它们同意退货。古玩这一行，圈子很小，是非不少。画作的真假，确实是一件很复杂的事情，有时会和很多人情世故牵涉在一起。每一个买家，都要为自己的行为负责。一般买之前请我看的，我会发表意见，买之后才来找我的，我就很少表态了。

采访者：在您的工作中，结识了无数的收藏家，能说说哪几位给您留下深刻印象吗？

陈：在这一行里，我属于变色龙、多面手，是画家，是老师，是画廊经营者，也是艺术品顾问。平日里与人为善，各方面关系都相处得比较好。香港有几位很严肃的藏家，金山实业的老板罗仲荣先生是其中一位。他是企业家，也是很有实力，且颇具风度的收藏家。

我曾是他的顾问之一,“梅洁楼”是以他夫人(刘梅洁)的名字命名的。他对顾问很信任,每次都非常虚心地听取意见,但不盲从。在经济上也少有私心,基本没有短期的炒作行为,对藏品质量要求很高。收藏某一画家的作品常常会问“是不是他最好的东西”,相识十几年,他是一个有责任心,对自己十分严格的收藏家,故而他的收藏现在很可观。此外,维他奶的老板罗桂祥先生,北山堂的利荣森先生,虚白斋的刘作筹先生,天民楼的葛士翘、葛师科先生父子等也都是很有风范的大藏家。他们为人谦和,每收到一件好东西,就像找到一个好朋友一样,和大家一起分享,从不摆出主人的架势,以炫耀自己的财富。

采访者: 收藏既是一个目的,又是一个过程,您认为哪一点更重要?您在收藏过程中的收获是什么?

陈: 收藏是很崇高、很奢侈,也很神圣的。有些收藏家,从不以营利为目的,倾家荡产地购置文物,在动乱的年代使文化得以传承,这是一种真正的热爱,比如张伯驹。而今,收藏虽然可以保值、升值,但创造财富,仍应是收藏的结果而非目的。真正的收藏家,不应为一时的有利可图而收藏,而应该抱着一种对文物的热爱和保护的心态,以此来从事收藏。做到过程愉快,不苛求回报,升值与否是自然而然的一个结果。罗仲荣先生讲过一句话,当你把什么事情都做好了,你就做对了。收藏也是一样,若过程中的每一步都走正确了,结果一定是好的。一个在事业、收藏上都很成功的人,一定有他独到的人生哲学。这方面,我也一直不断地学习着。好的收藏家,品性、心态和风度都是一流的。藏家信任行家,行家操守第一。古语云,士为知己者死。人的感情都是互相的,当你信任顾问,顾问也会尽心尽力地为你付出。

采访者: 您的收藏理念是什么?能否用一两句话概括?

陈: 收藏既能得到身心、视觉的享受,又有价值回报。同时也是我艺术生涯的好老师。谋生与事业相统一,赚钱与兴趣相统一,正是我现在的心态。我的收藏理念,即“力所能及,心之所好”这八个字。

采访者：现在很多文章在讨论收藏家的条件、素质，您认为收藏家必须具备哪些条件或素质？

陈：做收藏家谈何容易，我自认为是担当不起的。这是一件很神圣、很风雅的事情。收藏家从概念上来说，是一个收藏者。原则上，不能是做字画生意的生意人，他们往往是只买进不卖出。讲得通俗一点，收藏家是花钱的，买卖人是赚钱的。

我想，一个收藏家功利心不会太切。对古玩，有发自内心的喜欢，并具备一定的专业知识，投资和炒作的心态不能太盛。尽管，附庸风雅比附庸风骚好，但若谋利的气息太重，也不是健康的。我总觉得收藏是很神圣很伟大的，像过去意大利的美蒂奇家族，在辉煌的历史和文化大背景中，不仅收藏还培养了很多优秀的艺术家。一般买家或许做不到这一点，但至少要落得一个喜欢。如果连喜欢都没有，光是要赚钱，还不如买股票、买房产。

采访者：传统的收藏家是私密性的，请问在一个开放的社会里，收藏家还应如此吗？您认为收藏家还有什么社会责任？

陈：收藏家对收藏的执着，本身就是一种责任。将一些流落海外的珍贵藏品买回来；或将散落在市场里的文玩字画，收集成系列展览、出书都是一种贡献。还有的收藏家将毕生心血，送入博物馆，捐献给国家。他所拥有的情操，就更是令人尊敬了。收藏与眼光、学养、视野和经验等都息息相关。诠释收藏，离不开它的文化内涵。

采访者：您是如何看待艺术收藏与投资之间的关系这个问题的？您是如何看待投资收益的？一个收藏家也赚钱，是否会影响他的收藏品质？

陈：作为一个收藏家，赚钱是自然的结果，而不应是他追求的目标。严格来讲，只要你买得对，一定是赚钱的。目前，收藏还是停留在较浅的层次，买家往往没有自己的眼光和定位，或一味追逐《石渠宝笈》等著录过的作品，或者大名头、时鲜货，谁红了就抢着买谁的。

想起朱襄咏牡丹的绝句:“漫道此花真富贵,有谁来看未开时?”由花及人,人情世故都是一样的。西施之美,要在浣纱时发现,等她成了范蠡的人,再多赞美又与你何干呢? 艺术的价值,关键在于“识”。真正在艺术上有价值的,经济上也一定有它的价值。即便当下没有走红,将来也一定有潜力。自古圣贤皆寂寞,收藏家也是孤独的,能够力排众议,倾家荡产地去买一件好东西,更是不简单。其中甘苦不足为外人道。

我想,收藏还是要基于个人的知识、喜爱和能力,不要迷信走势、潮流,一哄而上、盲目跟风。心念邪了,急功近利,判断往往容易出错。这里面有很多复杂的因素。关键在于,一个人知识的坚强性和定力,能支撑到什么程度。知识本身就是一种财富。当然,有的人只懂得怎么做,有的人有能力去做。一个好的收藏家是既有眼光,又有能力的完美结合。

采访者: 艺术品拍卖行出现以后,给了收藏家与买卖很多的便捷。您常年涉足拍卖,对中国的拍卖行有什么忠告呢?

陈: 忠告谈不上。在我看来,拍卖行最大的资产,就是人才和诚信这两方面。中国的拍卖行,还有很长很长的路要走。目前在国内,嘉德和朵云轩是我比较熟悉的两家,它们还是比较规范的,体制相对健全,人员的操守也很好。未见有炒作、抬价、自买自卖的情况发生。同时,拍卖行本身的工作人员,也不被允许收藏,这样能够避免把个人利益牵涉其中。但总体而言,中国的拍卖市场还是比较混乱,鱼龙混杂、自买自卖、哄抬价格的比比皆是。那么多拍卖行,将来肯定要优胜劣汰的。

采访者: 当前收藏出现了很大的变化,收藏品的范围越来越广,当代艺术就是一个新现象,您如何看待这些新门类呢?

陈: 严格来说,我看不懂,也不敢妄加评判。我自己并不收藏当代艺术,身边的朋友中也少有人收。对我来说这完全是另外一个领域,另外一种文化。

采访者： 对于刚开始收藏的新手，您有什么建议和忠告吗？

陈： 一定要热爱，要喜欢，不能为投资而投资。收藏品和股票不一样，它有观赏功能和人文内涵，并不是单纯的投资工具。作为一个收藏者，首先你要热爱它，如果既不喜好又无感情，那么就失去了收藏最初的意义。此外，我认为还要具备三方面能力：一是知识，没有知识，就没有资格买到便宜货。知识除了自己充实外，最直接的方法就是找一个好的经纪人。二是财力，高价买到好货，是省钱而不是浪费钱。好东西是唯一的，是无价的。收藏家不怕买贵，只怕买错。三是心态，从事艺术收藏，要当成“花钱之事”而不可当成“赚钱之事”，想要炒短线赚钱，买股票、房地产比较实际。

采访者： 您对华人收藏家大会有何期待和建议？

陈： 这次大会的召开本身就是一件盛事。盛世收藏，我们出生于1949年前的旧社会，又经历了十年“文革”的动荡，如今正是有生以来最好的时代。这一时期，社会、经济和人的各方面地位都显著提高，在这样的时代背景里，召开收藏家大会，是值得欣喜的。记得1992年，北京第一次举行国际拍卖会时，我曾在当时的香港报纸上发表过一篇名为《步履艰、意义大的第一次》的文章。那时候，文物能公开流通，已是一个天大的创举了。现在，收藏已不再是“封资修”，不再是资本家和地主的恶行，而是一种良好的风气，一种传承文明的途径。

希望通过这次大会，大家能互相交流心得，并且明确每个人的应有的职责。行家要有操守、有规范；拍卖行要有规矩、有诚信；藏家要端正心态和目的。努力使欣赏、鉴赏和收藏，这三方面都更加规范。此外，除了专业人士的献计献策，也希望能引起政府层面对收藏更多的关注，对现行法律上存在的很多问题进行探讨。如果能在税收方面有进一步的政策，将会更好地促使海外文物的回流，以及私人对博物馆的捐赠，更好地鼓励和推广民间收藏。

坐在金山上的乞丐

——王度先生访谈

王度 (1938—2015)，1938年6月生于香港，祖籍浙江杭州。现任立时文化事业有限公司董事长、美术刀剑保存协会理事长、"中华文物保护协会"荣誉理事长。收藏资历近半个世纪，品项包括古镜、鼻烟壶、如意、扳指、带钩、带扳、漆器、西藏文物、玉器、家具、核桃、铺首衔环等将近40项，以茶壶和刀剑收藏最著名。曾多次捐赠文物给海内外大学，"中正大学"设有"王度文物馆"。

采访时间：2014年7月14日

采访地点：立时文化事业有限公司

采 访 者：林美姿、张苹（以下简称"采访者"）

被采访者：王度（以下简称"王"）

采访者：您因为收藏而获得荣誉博士学位，这样的成就在收藏界不多见，有人称您是"文物达人"，也有人说是"文物狂人"，您个人有什么看法？

王：我单纯是为了喜爱而收藏，并不是为了赚钱。中华文物之伟大，除非不涉入，一旦进去了就无法自拔！其实还有人叫我"坐在金山上的乞丐"，因为在逾半个世纪的收藏生涯，我是卖掉美国七家赚钱的连锁川菜馆和中国台湾两栋房子，并欠了一屁股债所换来的。

以前，我收藏是只进不出的，但后来抱持着"独乐不如众乐"，希望让珍藏进入大学成为公共财富，因此，除了曾就读的中国台湾强恕中学、政治大学，另外还有中国台南康宁大学、中国台湾艺术大学以及美国康奈克州州立纽海芬大学等，都有我的捐赠。2009

年，北京大学庆祝建校 106 周年时，我精选了包括西藏文物、带钩、紫砂壶、暖炉等 300 多件珍藏品，捐给了北大赛克勒考古与艺术博物馆，作为长久性的展品。

我一个小小的商人，能拿到北京大学所授予的荣誉博士学位，不是因为我是高官或是名人，也不是因为我有钱，而是因为 50 年来我对中华文物的用心保存，不曾间断地尽了一分力量。目前在内地之外，华人圈中只有三人获得北大的荣誉博士学位，除了我之外，另外两位都是知名的大企业家，包括香港首富李嘉诚先生以及台湾“唐奖”的创办人尹衍梁先生。另外，在 2011 年 10 月 31 日蒋介石诞辰纪念日时，我也以寿山石为主，并挑选清朝双喜罐、圣旨柜以及玉如意、茶壶、瓷器、铜狮、铜雕等上百件收藏品，捐赠给嘉义“中正大学”，成立“王度文物馆”。也由于“中正”的校名，我将珍藏的一对黄埔三期、二十一期的“中正剑”赠送校方收藏，并在同时获颁为“中正大学”名誉博士。这些都是我在投入收藏领域时，完全没有预期到的，也终于达成了父母当初期待家中能出个博士的心愿。

采访者： 您也因为收藏的关系，而与“法务部调查局”结缘？

王： 这真是很妙！“调查局”目前也只有三位荣誉顾问，一位是美国已故洗钱防治专家布鲁斯·萨格里斯博士；一位是我初中同学国际刑事鉴识专家李昌钰博士；另一位就是我了。而能跟“调查局”结上缘，也好像是冥冥中注定！

20 多年前在香港的一场古董拍卖会，我曾购得一批制作精巧的鸦片烟具，虽然在当时这是冷门项目，但由于深具历史意义及基于保护文物，我就全数买下。没想到十多年后，我到历史博物馆参观，在走廊上巧遇当时要承办“百年烟痕”的策展人苏启明先生，他着急地问我家里有没有鸦片烟具的收藏。因为合办单位——福建林则徐基金会因筹备不及，相关展出文物无法在预定期抵达台湾地区，眼看展览就要“开天窗”，所幸苏启明及时碰到我，我便提供了 50 余组鸦片烟具以及吸食鸦片的两张罗汉床让他应急。没想到展览结束后，“调查局”官员也立即找上门，因为他们想成立烟毒博物馆，希望我能够协助。也因先父是黄埔军校出身的军官，长期从事军事情报工作，与“调查局”也甚有渊源，且基于爱国心与参与社会公益，于是慨然捐赠了 50 余组鸦片烟具和一张鸦片烟床。其中这张床当时为方便运送，先将其拆卸，没想到拆开后才在床脚内侧赫然发现“大清嘉庆元年造”几个字，霎时，我陷入天人交战。但心想既已承诺，就不能打折扣，得说捐就捐了。而“调查局”为了感谢，也聘请我当荣誉顾问，自然我也相当开心，更感到荣耀。

采访者：您从何时开始收藏的？

王：虽然我收藏鸦片烟具主要是为了勿忘国耻、警示世人，但自己对于收藏却犹如上瘾般，一旦沾上就难以自拔。

我真正进入收藏界大约分为两大时期：一是从 1965 年赴美求学毕业后开餐馆开始，一直到 1984 年回台湾前近 20 年的时间，那时以收藏西洋刀剑、清代茶壶及一些中国的文物为主；二是从 1985 年开始一直到现在，回台之后因为时间更充裕，收藏管道更便利、多元，藏品品项也扩充到古镜、鼻烟壶、如意、扳指、带钩、带扳、漆器、西藏文物、玉器、家具、核桃、铺首衔环等将近 40 项。其实在念小学的时候，学校的对面就是当时的台湾“邮政总局”，那时就爱上收集邮票。不过真正疯狂地展开收藏，缘起却是一把 100 美元的茶壶。如果喜欢上一样东西，我就会不顾家计、疯狂地展开收藏，一定要让收藏品自成一个系统后才肯罢休。这种收藏方式，就等同于要准备开一家博物馆。因此也让我的最爱——刀剑与茶壶这两项，都快速累积达上千件，尤其是古刀剑和紫砂杂项，质量均佳。早期在台湾的收藏圈，只要谈到紫砂壶，大家都会想到我，我的疯狂程度是只要手头上有 1 000 元，就敢买 1 500 元的壶，即使入不敷出，连房子都拿去抵押也在所不惜，所以收藏界曾一度有人戏称我为“壶疯子”。

采访者：您在美国的事业对您的收藏起了很大的助力吗？

王：在美国经营餐馆期间，有两件深烙我心底的事件，成就了我的事业，也让我有财力搜罗想要的文物。

一是在 1969 年，台湾金龙少棒队第一次赴美参加世界少棒联盟大赛，事前没人看好他们会得冠军，但我却不在意地跟总领事馆的工作人员说：“如果打输了，小球员一定要来我餐馆，我免费招待，如果打赢了，来不来你们决定，我都OK!”没想到中华少棒队很争气，在美首度夺冠，成为美国及华人媒体的大新闻，各主流媒体纷纷跟随报道，我的餐馆因为免费招待的新闻播出，一时间声名大噪，店里天天客满，不但加快我开分店的速度，也增加财富及藏品的累积。

另一件是在1978年的圣诞节前夕，我以一个华人餐厅老板的身份，把两家餐厅暂停营业三天，准备了3 000多份的中式热食，在冰天雪地的圣诞节当天，供应无家可归的纽约游民。这件事当时也以显著的版面，再度登上了美国报纸、电视等各大媒体，意外地让我的餐馆更加红火兴隆。当初只是单纯的善念，成就了我的事业，而事业又成就了我的收藏，环环相扣，皆因缘法。60年来我跑遍全球，似乎只为寻回数万件流失的中华文物。

采访者：您第一件珍贵的收藏——100美元的清朝茶壶，对您产生了什么影响?

王：那是清初制壶大师陈鸣远的“束柴三友壶”，距今已有400多年了，经专家鉴定为目前发现最早、最有价值的宜兴紫砂壶，世界上仅存两把。

收藏到这把茶壶是在纽约开餐馆的时候，那时经常利用下午打烊时间逛进古董店。有天无意中看到六把典雅小巧的宜兴茶壶，一把就要价100美元，那时我一个月大概也才赚300美元，就只想买其中的一把，但老板不肯单卖，只好忍痛六把一起买了。回到台湾问了行家，才知道自己中意的那把竟是陈鸣远的极品之作，并想以十万台币向我收购。那不是就有超过30倍的获利嘛！我心中暗喜，回美国后就一头钻进了紫砂的世界里，并沉浸在中国古文物的收藏天地中！20多年来，收藏各式各样名壶最多时达上千把。

采访者：您在刀剑方面的收藏也很特别，为何会对刀剑特别钟情?

王：应该是从小受军官父亲的影响，他对刻有“黄埔第四期毕业校长蒋中正赠”的佩剑与随身佩戴的两把左轮手枪爱不释手，那时对我来说，刀剑就等同于英雄。

真正开始刀枪的收藏历程，是在美国开了七家餐馆之后，因为跟当地警官建立了很好的交情，很自然地申请到随身带枪执照，并加入了美国刀剑暨射击协会。当时一把枪的价格大约300到500美元，我陆续收藏了60把美制及德制长短枪，很可惜后来全部被偷了。之后就把重心转为收藏手工刀剑。在美国，制刀大师都有排名，前十大名家多数是一人独力完成的工艺师，他们做工细腻，从订货到交货通常要等待十年的时间，但一转手，立即有10%到20%的利润，所以在收藏界非常抢手，与我们古人“十年铸一剑，成功天下知”相当类似。

当然，我能在西洋刀剑的收藏达到国际级的地位，自有不为人知独到的小秘诀——与铸刀大师交心，并以中国菜满足他们的味蕾。当时全美排名前四大名师：莫兰（Bill Moran）、法兰克（Henry H. Frank）、雷克（Ron Lake）、史密斯（James Schmidt）的作品我都有。他们大都来自乡下，平日很难吃到中国菜，我总是借着在纽约举办刀展大会时，邀请他们到自家的川菜馆里餐叙，用中国人热情、诚信的交友之道，以食会友博感情。这四位大师中，我最最喜欢排名第二的法兰克的作品，一般要得到他亲手打造的刀，至少要排队等五年以上，但我与他“食交”三年后，终于获得邀请到他的家乡——位于美加边境的蒙大拿州拜访。我千里迢迢转了三趟飞机，每天清晨五点就起床，一边拿着驱赶蚊虫的树枝叶，一边陪他慢跑，三天下来法兰克被我真情感动，答应专门为我制刀，第一把只算我800美元。据说，我可能是只等了一年时间，并以此低价就得到法兰克刀的第一人呢。

至于中国刀剑的收藏，是于1984年自美返回中国台湾后才开始的，当然依旧难改“收藏狂人”的性格，也是大量有系统地收藏中国古刀剑，其中明朝“东厂双刀”是我最珍爱的。这把双刀共享一个刀鞘，刀柄上端内侧分刻“东”“厂”两字；刀刃有一点点砍劈痕迹，但全部刀身完好无缺，甚至一点锈痕都没有。更难能可贵的是，当时恶名昭著的东厂锦衣卫队至少有上百人吧，但20多年来我却再也找不到另外一把。除此本身稀有性之外，最重要的是这把双刀还充满着我对故人——台北故宫博物院前院长秦孝仪的怀念。秦院长非常喜爱这把双刀，好几次来家中，都要我拿出来让他把玩把玩。2006年我受邀到金门举办“刀剑收藏展”时，秦院长及金门县县长李炷烽还专门为双刀题字，当时他已经90高龄了，仍特地亲自到金门出席开幕典礼，这也是他在我主办的展览中最后一次出席了……

刀剑代表一种气节，它是钢做的，宁断不屈，正如有志气的中华儿女，这也是我喜爱收藏的主要原因之一。另外珍藏的还包括：成吉思汗随身佩戴的元代“可汗配刀”、明朝的“郑和剑”与“双蛇剑”、清朝嘉庆皇帝谕令特制的“牡丹剑”、西藏“水波刀”等。

采访者：您购进藏品的原则是什么？

王：我收藏的原则有“三喜”：第一，自己要喜欢。心动的文物多看几次，真正喜欢了才出手。第二，送给别人，别人会喜欢。这代表你没看走眼，你喜欢的文物别人也喜欢。第三，卖给别人，买家也喜欢。这代表你真正识货，买到的文物能够不断增值。

就像在金门举办“刀剑收藏展”时，我赠送金门文化局一百把抗战期间二十九军大刀队使用的大刀，这是我通过友人长年辛苦才收集到的，文化局非常欢喜、珍惜，在展出期间，曾有老先生望着这些杀敌无数的大刀，还忍不住流下了眼泪。我从不以一件物品的价值，或它是不是能卖个好价钱来考虑收藏的条件，而是以文物典藏的角度来衡量，中华文化博大精深，我希望每类品项都能做系统的收藏与保存，然后一边展览、一边编印成册，如此可以世代流传下去。

采访者：您为何偏爱收藏冷门的品项，又如何卓然成一家？

王：有人估我现在身价十亿，但那只是多一个零或少一个零，一点也没有意义。我并非生长在大富大贵人家，买文物的钱也是自己省吃俭用、苦哈哈一点一滴赚来的。收藏并不是有钱人的专利，希望年轻人能明白，只要有心，小兵也能立大功，何况文物不像台北101大楼，过几年还会出现102、103……它是只会少不会多，收一件少一件，坏一件就没一件。

冷门品项“小兵立大功”的例子就像核桃。近年来，文玩核桃的收藏在内地很火，而早在这股风潮之前，我就收遍了北京和天津的老核桃。现代人把核桃当健脑的养生食品，但在2000多年前，它是王公贵族、文人雅士的收藏品。老北京有句话说：“贝勒手里三样宝，扳指、核桃、笼中鸟！”这里的核桃，行内人称它为“文玩核桃”，是当时身份和品位的象征。

我则是因为儿时的记忆，十多年前每次到内地逛古玩行，睹物思情就会不自觉地拿起把玩，成双成对的核桃也愈买愈多，曾一口气把北京、天津两地数百对老核桃搜购一空，后来我只要一踱进当地古玩商场，摊商老板们就会大声吆喝着：“核桃大叔来啰！”我收藏文玩核桃至今已约有500多对了，很多都是从清代流传下来的。有些体积小如拇指的指甲盖，有些则大如乒乓球，还有变形的异形核桃或核雕巧件。由于文玩核桃是要靠把玩才能升值，不同于一般以收藏为主，所以挑选时要以一对儿两个为单位，尽量挑选个大、质量重的，并要把握“质、形、色、个”这四字要诀，这是核桃界的名品，才有收藏价值。

我另一项冷门的藏品是“衔环”和“铺首”。衔环是俗称的门环，铺首是大铁环上面那个镶嵌的狮子头。它们在中国至少也有3 000年历史，具有各朝代不同的浓厚文化特色，早期它散见在各种各样的容器上，但从战国晚期到两汉，它就大量出现在墓门和各种建筑的遗迹上。研究发现，衔环、铺首总是伴随着中国厚葬风俗，总共出现过四波发展高峰。我历经30多年的收藏，现在也有几百件了，逐渐已成为另一个藏品体系。最近我就在整理核桃及铺首、衔环的相关收藏资料，准备出专书以飨同好。

采访者：您收藏的品项涉猎广泛，还有哪些是您很想收藏，但还未达成心愿的？

王：从小家里就敬拜观音，我深信“缘法”因果的法理，深信人的一生中所有重要事件、亲密关系都有深深的缘由。我与古文物的亲密关系，一半是我去找的，一半是它主动来找我的。

多年来我也系列地收藏佛教文物，中国藏友们都有个愿望，就是有朝一日，能够收藏到真正的唐朝夹纻佛。它是一种体积大、重量轻的佛塑像，这种漆器佛像从魏晋时期就有了，直到唐代才流行，便于在举行佛教庆典时，信徒把佛像请出寺庙，扛抬着绕境巡行，由于使用的材料是天然的麻与漆，经常搬动容易耗损，因此不易保存。

我只收藏了几尊清末在福建福州生产的小型夹纻佛，目前中国各大博物馆里，也几乎没有一件明朝以前的夹纻佛，那唐朝以前的究竟在哪里呢？据了解目前在美国大都会以及西雅图博物馆各有一尊唐代夹纻佛坐像，日本奈良大寺正仓院及唐招提寺也都有，并奉为国宝珍藏。讲到此，深深感到遗憾！所幸在台湾地区中台禅寺，开山方丈上惟下觉大和尚有心保存这项传统工艺，目前供奉于中台禅寺四天王殿两侧的十八罗汉像，就是以生漆夹纻脱胎工艺所制，虽然是新的但也深具意义。

面对满屋子文物常想，老天爷已经是太厚爱我了！江山代有才人出，宝物的拥有者也会换人，但是我有一件宝贝是愈陈愈香，一生一世都绝不会换手，那就是坐在你旁边，一生默默陪伴我的老婆孙素琴女士。哈哈，愈老愈觉得她好！这也证明我是慧眼独具的收藏家。

采访者： 今年世界华人收藏家大会的主题是“收藏家的社会责任”，请问您有何看法？

王： 所谓“乱世讲黄金，盛世讲收藏”，21 世纪中国崛起，收藏界里也展现出华人的实力，纷纷在拍卖场上动辄花费上亿，只求买一件最贵、最好的。但我希望有钱人要为国家、社会、学校和老百姓做些值得纪念的事，有系统地保存古文物，因为再珍稀的宝物也都是曾经拥有，不会也不必天长地久。但属于中华民族的文物，就应留在自己国家，不能流落异乡，绝不能永远把他乡当故乡。

收藏是我的教师

——韩天衡先生访谈

韩天衡,1940年生于上海,江苏苏州人。号豆庐、近墨者、味闲,堂号百乐斋。自幼好金石书画。师从方介堪、方去疾、马公愚、陆维钊、谢稚柳、陆俨少诸家。擅行草、篆书及篆刻,国画以花鸟为主。

采访日期:2008年7月4日

采访地点:海上同乐坊

采 访 者:倪淑颖(以下简称"采访者")

被采访者:韩天衡(以下简称"韩")

采访者: 您6岁起就接触文物古董,沉溺其间超过60年,称得上出于家学渊源了?

韩: 家学渊源多少是有一点的。父亲虽不是个职业文人,但性喜诗书,日常从事象牙生意,对古物颇有兴趣。在他的训导下,6岁起我开始学习书法、篆刻。小时候,没有"收藏"的概念,因为"收藏"往往暗示着与金钱的对等关系。我喜欢"赏玩",是与生俱来的,是一种对艺术的敏感和对艺术的思考。而这种对赏玩书画、古董的喜好,与我立志追求的目标是一致的。我追求艺术,古物是修行之路上很重要的老师。我从不曾视它为一种财富,西方将收藏作为投资的新理念,在我小时候的脑子里是没有的。

直至今日,我仍无法将收藏与赚钱画等号。6岁浸淫,沉溺60余载,我只进不出,从没卖过一件。这一点或许是我与众多收藏家的不同之处吧。拍卖业刚兴起时,各大拍卖机构都找过我,希望有所收获,但都空手而回。现在,他们知道我是抓螃蟹的篓子,只进不出的,慢慢就不来了。收藏,是我学习的重要资料,是艺术生命的一部分,岂能拿人生的一部分割下来换钱呢？我一直固执地这样认为。

我曾开玩笑地讲，养宠物，吃喝拉撒睡都要管，一天落不得；玩古物，有钱多买，没钱不买。摆放起来，赏心悦目。十年后拿出来，它仍是鲜活的，仍那么具有魅力。“赏玩”是一种修养、一种阅历、一种文化，也是我的一种兴奋点。搜罗古物几十年，时而赠送同学，时而惠及好友，有搬家时“哐”的一声，满地粉碎，惨不忍睹的……唯独，没有做过买卖。

我始终认为，在所有的消费里，唯独艺术品是“费而不消”的。很早以前，我撰过一篇小文谈及艺术品的神奇，和它区别于一般消费品之所在。“消费”，即花钱购物，买来之日即此物贬值之时。用床单，床单旧了；买家电，家电坏了；穿衣服，衣服破了……即便现在流行牛仔裤的残破之美，终有一天，它也会破到你不能再穿，总之日日都在折旧。唯艺术品不同，买来之日钱是花了，还赏心悦目，更能提高人的艺术审美。三年五载过去，它不但不折旧，忽然一天发现它大增值了。如此“费而不消”，是艺术品、古董与其他商品之间最大的差异所在。当然，这仅是我的一家“歪”论。但随着时间的推移，它一定是保值、增值的。在市场经济环境下，当钱越来越被看重时或钱被认为越放越贬值时，收藏更是大家热衷的重要通衢。

采访者：是什么吸引您涉足收藏呢？

韩：从小习字，好的碑帖就是艺术品；篆刻图章，好的印谱就是艺术品；勤于绘画，书画原件就是珍贵的艺术品……耳濡目染的都是上下五千年文化，文化的背后是赏玩，赏玩的背后就是金钱。60年前的整个大环境和今天，大不一样了。那时候古董店林立，每家每户都能拿出点旧东西来，不似现在了……我和儿子（韩回之）写过两本文玩鉴赏的书《砚印赏读》和《文玩赏读》，都是人民出版社出版的。书中并未点明，里面的实物，都是我的私家收藏。若非买而不卖，岂会留下那么许多藏品。收藏，我有几条原则：一、假的里面挑真的；二、差的里面挑特别的；三、便宜的里面挑珍贵的；四、用自己的“土产”（自己的印章、书画）去换好的。我们当初都是小工资，小打小闹的，比不得大老板、大玩家有实力，争妍斗丽，以彰显财大气粗。

采访者：在您看来，如何才能成为一个出色的收藏家？

韩：最近，一家日本报社采访我。我提出，收藏需要五大能力。一、眼力。无眼力不足以言真，不言真何以谈收藏。二、财力。无财力不足以言精。如今一个普通的汉代陶罐，三五百元，年份二千年，也有文物价值，却难彰显艺术价值、经济价值。民间百姓收藏总是一个由粗到精、由劣到优、由野到文、由低到高的过程。蜕变，靠的就是财力。三、魄力。关键时刻，机不可失，一锤定音，有魄力才不会因交臂之失而懊悔终身。四、毅力。坚忍不拔、朝朝暮暮、年年月月，遇到好东西要坚持不懈。从爷爷辈追到孙子辈，最后方能瓜熟蒂落，功德圆满。五、潜力。无数烧钱的人，今日是富翁，明日可能成了乞丐。富翁之所以是富翁，断是比他人精明的。收藏如同股票，有一定的预测性、前瞻性，都等涨至天价才介入，是难成大藏家的。此五大能力，是我在收藏和鉴赏领域摸索多年得出的经验。

50年代末60年代初，古物异常便宜。当时的文物商店称之为古玩市场，吴昌硕的对联4—6元一副，一挂几十副，少人问津。1957年，我工资60元，去除一月的吃用开销，能买上十副对子。现在，一副吴昌硕的对子，少则三五万，多则十几万，前后不可同日而语啊。中国艺术品大起大落，可窥其一斑。中华人民共和国成立后，有一段时间“收藏”被视为资产阶级思想，是属于“封资修”的。做古董买卖，更被视为资本主义复辟。家藏的多是毛泽东像章、毛主席语录，挂的是毛主席相片。经历过那样的年月，如今能谈收藏，玩收藏，真是身逢盛世了。

但真正当一个出色的收藏家，绝非易事。有些藏家开始也未必富裕，但当他获得第一桶金后，往往前景无限。而有些人，尽管起初颇有资产，最后也落得倾家荡产。收藏实在是一件有趣的事，不仅有文化，还是一种挑战。一件东西，搁在面前，谁人能看懂，又有谁敢买。譬如前些年，浙江藏家拿一张吴昌硕的画来，说很多专家教授看了，认为是假的。此人心存疑虑，请我鉴定。我仔细看罢，认定画是真迹。为何能确定无疑，就牵涉到书画鉴定的眼光了。常人看画，往往只熟悉于某个人的典型风格，对此人各个时期、各年龄段的作品，少有全盘了解的。如同认一个人，只识其二十岁的照片，小时候长怎样，老了又怎样，一无所知。看人，我无法判断他将来的样子，但鉴定字画不同。古董，是过去留下的艺术品，对它的前世今生我们可以做非常认真、深入的全面研究。由通盘深入的研究，才有准确无误的判断。

就说吴昌硕，10多岁喜刻印章，苦读不辍，21岁中秀才，30岁离开安吉，走出穷乡僻壤，眼界大开。远走寻师问学。移居苏州，来往于江浙之间，结识一批名士，得传统滋养，艺事精进。他的印章，而归其本于秦汉，融合浙皖两派之长，参以邓（顽伯）、吴（让之）诸家，这是从印章来谈。绘画上，他自谦说“三十刻印，四十学诗，五十学画”，但其实目前所能见到最早的画是30岁出头的。若迷信他本人的话，那30至50岁的，岂不都成假画了？深入研究他的画，30岁时笔性如何、构图如何、怎样的风格，之后又如何演变。一个人在不同时期、不同环境下，他的个人风格和审美追求，绝非一成不变的。画如此，书亦如是。吴昌硕40岁时，写的行楷书相对比较嫩拙。随着他对金石的研究深入，在60岁左右，所写行书，往往蕴含金文字篆书的结构。到70岁上下，书法写得异常放纵，字的结构、运笔、行气都十分狷放，75岁左右又复归平整。78岁以后，尤为刚健老到，步入人书俱老的境界。此外，在篆书方面，四十几岁时偶尔临摹石鼓文，是非常杨沂孙的。五十几岁开始写石鼓文，笔迹稍细而趋生动，到六十几岁后就写得个性突出，相当自在。七十几岁笔迹沉稳，八十以后就积点成线，淳厚雄强。当你对一个艺术家各个时期，甚至细致到每一年的书风变化都清楚、透彻时，他的字画放到你面前，根据画、题跋、图章三者立体交叉佐证地综合判断，基本可以确定一张东西的真伪。有的作品，即使上面没落年份，凭着长期积累，你也能大致判断出是哪一年的创作。所以，系统考察一位艺术家整个艺术发展轨迹，对于收藏是相当必要的。任凭感觉，臆断真假，是极靠不住的，难免差错连连。

诸如前面谈到的那张画，依画风判断是50岁出头，字也是50出头的字，关键在于印章。吴昌硕有一枚两面印，丁丑年所刻，时年34岁。一面刻着“昌硕”两字，是白文，另一面刻“俊卿之印”，乃朱文。这两方是吴昌硕最常用的印，现藏于上海博物馆内。若仔细比对，不难发现，晚年的这两方图章与早年的有很大差异。原因在于，石质图章，长时间地反复使用，会导致印面磨损不平钤盖不清晰，需要磨过后，重新挖、刻，因此，同样是这两方印，前后钤出的印花会有很大差异。既如此，就必须弄清，这两方印是哪一年重挖的，这对鉴定而言至关重要。我耗费十余年，读了吴昌硕的几千件书画真品，一一比对。终于功夫不负有心人，我考证出它是在丁酉年（吴53岁时）春天被重刻的，一直使用到82

岁时被人窃去,遂请王个簃先生摹刻了两方。把握了这一手可靠的资料,去判断有关的书画作品,就底气十足,胸有成竹了。

鉴定不是猜谜,随口一个“真”或“假”,人人都会,无须研究。难的是讲其真,为何它真;讲其假,又假在何处。不可轻易地肯定或否定一件作品,凡事要多问几个为什么。至今为止,对中国传统书画印的鉴定还是凭经验、凭修养、凭目测、凭史料。我戏称为“目测心感法”。就是用眼看,用心悟。这还是千年延续下来的古老方法。然而“目测心感”时间长了,用心久了,就会积累许多知识。当然,一位鉴定家也不是万宝全书,样样都懂,件件都识。《中国美术家大词典》一书搜罗近两万人名,难道一一都有所研究吗。至少我没有。诸如,明末清初,我对张瑞图、傅山有一个研讨,如近当代,对赵之谦、吴昌硕、程十发、陆俨少、谢稚柳等先生我研究过,可以发表意见,但像林风眠、石鲁先生,我就不曾涉猎了。医院分科室,鉴定家也分专项,如今,拍卖行满地皆是,真正的鉴定家又有多少呢?一场拍卖,常是闹得真伪莫辨,心绪难宁,甚至对簿公堂。抛开专家学者的架势,虚心谨慎,以一种做学问的心态,仔细研究考证,才是鉴定者真正应有的心态。至少,我是这样一个严肃的庸才。

采访者: 老一辈的藏家中,有谁给您留下深刻的印象?

韩: 老一辈的收藏家很多我都很熟。我的老师谢稚柳先生,是一位大家,学识好,眼力凶,对我的帮助非常大。书画鉴定,一定要有实战的经验,没有实战经验的鉴定家是没用的。现在,有些鉴定家,完全仰赖书本。岂不知,道高一尺,魔高一丈,作假的人就是以著作里的详细文字记录为依托,伪造假字画的。但像谢老、徐邦达先生、启功先生等,那都是对古画鉴定独具慧眼的,对中国文化作出过难以估量的贡献。

我这个人,年轻时有个坏毛病,喜欢与人争论,但凡有惑,总大胆求教。比如张旭的《古诗四帖》,谢老讲是真迹,从学术上、理论上和书法实践上,都非常有理有据。徐邦达先生认为绝对是假的,并且认为是“劣迹”。我百思不解,一到北京,遇到邦达先生便争论起来。我说,真假之疑,谢老与您各执一词,我学问不够,不可妄断,但您讲《古诗四帖》是劣迹,凭的哪一点?从书法艺术的高度而言,古代写的大草为后汉张芝所创,但直至唐

“颠张醉素”方真正“狂”起来，如入无人之境。《古诗四帖》以篆书180度的逆笔用锋，左驰右掣，千变万化，如此创造性的用笔是前无古人的，如何被称为“劣迹”？老一辈有学问的大鉴定家，真是胸襟很大，他不计较我的唐突鲁莽。自此之后，谈及此作，“劣迹”二字，邦达先生似乎再也不提了。古语云，不打不相识。在争论中，我们产生了深厚的友谊。1979年，即争论后的一年，西泠印社召开“75周年社员大会”。那是“四人帮”粉碎后，老一辈书画家、鉴定家的集体亮相。十年浩劫，生离死别，还能有幸相聚，对逝者的哀痛，对生者的庆幸，重现艺术人生的希望，都使人慨叹万千。笔会上，笔歌墨舞，一片欢腾景象。我和邦达先生都是第一次入社，邦达先生主动拖着我，与我共同合作了一张画，现仍保存在西泠印社中。老一辈的爱护和提携令我感恩。

老一辈的学者，皆有爱才之心，你若有独立之见解，真心求教，他断不会认为你狂妄。我与启功先生，也是在争论中相识的。我这个人，年轻时很轻狂，老了反倒谦恭很多。记得第一次在小乘巷见启功先生，我上来便问，您凭何写文章说王羲之的《兰亭序》是假的？就这么直截了当、不加掩饰地冲了上去。启功先生见我执谢老的信，知我是他学生，自然客气很多，便不无感慨地说：“天衡啊，你不知我是有苦难言啊。当时，右派帽子扣在头上，郭老（郭沫若）写条子给我，要我起来反驳高二适。这文章，我能不写吗？”由此可见，启功先生的《〈兰亭〉的迷信应该破除》，原是违心之文。此中曲折，不宜细究了。

这场真伪之争中的高二适先生，与我也是好交情。高二适先生，一生没留下更多著作，但实际上章士钊的《柳文指要》里倾注了他大量的心血。“文革”中，也是缘分，高老请全国41位印人为他刻印章，他唯独看中我的。当时，他心脏病突发在南京住院就医，病床上写了二首诗送我。书信往来间，情谊愈深。他说今后不再用他人所刻之印，专用我的。此时，很多老一辈篆刻家还一一健在，我内心无疑是莫大的欣喜。前前后后共刻印五批，因“文革”动荡，时局混乱，印章皆由学生带去南京给他。直到1976年秋先生临终，二人都未曾见上一面，实为终身之憾事。但他写给我的信，我一直保留着。高先生一字难求，很多人知我藏有书信，就上门来买，皆被我一口回绝。老辈与我之间的信笺，岂可图金钱而随意买卖呢？

采访者： 在您几十年的收藏经历中，有哪些难以忘怀的事呢？

韩： 我一生的故事很多，也曾撰写过一些收藏方面的有趣文章。但要说值得回忆，令我感到很争光的，应该是1992年我去日本的经历。自1982年首次东渡，至今已20余年，每次去都会跑一些古董店、古书店，与日本收藏界朋友往来交流。90年代初，中国刚改革开放，老百姓中还流行着“万元户”，中国大陆的人很少到日本去买古董。一天，我在日本古董店里看中一方端砚，价格不高，大概几万日元的样子。店主见我带着翻译（女儿），知我不是日本人，便问我是什么地方的。我请他猜，猜遍了中国港台、韩国、新加坡、东南亚……当得知我来自中国上海时，老板像疯了一样惊呼：只有我们日本人到中国买古董，现在居然有中国人到日本来买古董了！后来我写过一篇文章，叫《用不多的钱为中国人争一回脸面》。现在，这居然也成了一种风气。近五六年来，大小拍卖行如雨后春笋般兴起。分析这支庞大的文物收购大军，有开到日本的中国古董店，有在日流动的华人收藏家，还有一大批中日书画艺术家。中国人赴日购物已是普遍现象，日本经济虽停滞不前，但日本的艺术品市场没有后退。10年前卖100万日元的文物，现在至少可以卖1 500万日元，是中国艺术品市场的繁荣推动了日本艺术品市场的复苏。每谈及此事，我都感到很荣光，很自豪。

在我的个人收藏里，至少有一半古物都是从海外购回的。我当过兵，受过党的多年教育，内心很不情愿看到中国的文物流落海外。这是一种自然流露的爱国情结。看到中国的古董出现在海外的古董市场里，随意散落在地摊上，就像是看到自己的同胞流落海外街头，无依无靠。那时候，只要袋里有些钱，我总要买一点，或者用字画换它们回来。

1985年，我和程十发先生一起去澳门。那时候江西挖墓，整船整船的从墓里挖出来古董，沿澳门的外海，偷运到大三巴边上的烂鬼楼。当时一进烂鬼楼，粪便满地、臭气冲天，墓里挖出来的古董，就随意扔在地摊上，港币三五百元一件，甚至有国宝级的珍品……简直难以想象。那时候，国内已恢复稿费，文物在海外如此低廉，实在叫人心疼。我便尽一己之力搜罗。有些好心的朋友劝我将之留在外面，拍卖是都可卖大价钱的。但这与我的意愿不合。为避免误沾走私之嫌，我特地到澳门新华社（当时叫南光公司）咨询政策。听他们说此举是纯属爱国表现，便将这些古董全部带回到国内。

采访者： 对中国蓬勃的艺术品市场和收藏热，您怎么看？

韩：盛世兴收藏。当前的中国经济发展，人民富裕，政府推动亲民政策，社会提倡人文关怀，是五千年来未有过的太平盛世。毫无疑问，艺术品市场的兴衰总与国家的经济发展联系在一起。早在1995年，我在马来西亚开画展时做过一次演讲，专门谈论艺术和收藏。当时我就预测中国的书画印、古董和艺术品将大涨。原因很简单，中国经济增长推动一部分人先富起来。保守统计，20%的中国人先富起来就有2.6亿人，其中若有10%的人喜欢艺术品收藏就多达2 600万人。举例来说，世纪老人齐白石实际活了94岁，一生留下大约3万张画、1万方印，也就是说齐白石存世作品4万件。如果2 600万人竞逐齐白石作品，平均每600人才能得一件齐白石作品，供求关系之紧张可见一斑。况且中国的古董、已故艺术大家的作品，皆是不可再生的，能再生的是假货、伪作。所以，当艺术品或流向海外，或被公家收藏，或被私人成批购入后，必然会造成"物以稀为贵"的现象，形成竞购局面，推动价格上扬。前年我又到马来西亚，带西泠印社的一个代表团去开展览会。老友重逢，很多人说："韩先生，11年前你讲的话都一一灵验了。"这便是收藏鉴定中的最后一种能力——潜力，即对大势要能做出有前瞻性、预见性的判断。

采访者：对于刚开始收藏事业或艺术品投资的新手，您有什么建议和忠告吗？

韩：当今中国风光的艺术品市场有几种倾向：一是纯粹艺术品投资；二是个人收藏以为研究之用；三是其他投资不保险，以艺术品作替代性投资；四是购入艺术品作高级馈赠礼品等。但艺术品收藏在历史上有高潮也有低谷，往往与社会动荡、政局不稳、朝代更替、经济周期等因素密切相连。当前中国的艺术品市场已经趋于高潮。收藏本是小众文化，现在已成为大众文化，甚至是娱乐文化了。报纸、电视台纷纷开辟专栏，中央台还搞《鉴宝》节目，鼓动全民参与。我总感到，一旦小众文化变成娱乐文化，可能更要警惕了。没那么多古董可以收藏的。鱼龙混杂、泥沙俱下、以假充真、移花接木，各种诈术层出不穷，切记一定要冷静。口袋里有钱的收藏者不宜跟风，要有理智清醒的判断——选择收藏品，宁缺毋滥，宁缓毋急。一个清醒的收藏家千万不要有饥饿感，企业人士涉足收藏也需量入为出，不要把鸡蛋都放到一个篮子里。什么时候不理智清醒了，就是破财的时候。

采访者： 收藏对于您的意义是什么？

韩： 收藏是我的老师之一。它促使我去学习，增加我的知识，丰富我的阅历，也是我艺术创作的借鉴和源泉。我的收藏面比较宽泛，纸、墨、笔、砚；字、画、印章；竹木牙雕以及犀角器、漆器和文人书斋中的杂玩，凡有兴趣的，我都收。这么多年，我主要精力是放在文房四宝、玺印、砚印及漆器的系列收藏上。收藏对于我来讲，是学习借鉴，是陶冶性情。

采访者： 您对于自己的作品进入艺术市场，怎么看？

韩： 作品进入艺术市场，这是商品社会不变的规律。尽管如此，艺术家仍应用崇高的责任心和非常严肃的精神，来对待自己的创作。秉持着一颗热爱艺术的真心，严格要求自己。不因为一时能卖高价，而迎合世俗，拼命多画；也不因少人赏识，而放弃追求、随波逐流。

我认为一个艺术家，身前身后，能否站得住，取决于三个条件：一、他的作品无论是画、字、印章，都必须是独立的，具有鲜明的个人风格。这种风格，不应是对传统"拷贝"式的一味模仿，也不该像横空出世的孙悟空般没爹没娘，应该是既耐人回味又与众不同的。学印时，我曾刻过一方图章，边款上刻了16个字："秦印姓秦，汉印姓汉，或问余印，理当姓韩。"一个艺术家，只有坚持创新，创造一种既有别于古人，又区别于他人，而只属于自己的个人风貌，才能称得上是这个时代的艺术家。"创新"与"守旧"的问题，一直困扰着很多人。艺术与科学技术不同，科技讲日新月异，新技术无情地替代旧技术，促使了生产力的大发展，人类社会的大进步。而文学艺术不然，它始终是一条长链，讲究推陈出新，承前启后，是继承性的。20年前，我曾讲过一个观点：创新和守旧，归纳为一句话就是"传统万岁"，创新是"万岁加一岁"。这话后来常常被人引用。近两年，我有了更深一层的思考，我说：推陈出新的本质，是推新出新。是推前人创造之新，塑今日、明日之新。从绘画上看，八大山人、石涛、扬州八怪、吴昌硕、齐白石等一批杰出画家，谁都不曾因有新风格的画家出现，而被打倒。之所以能屹立不倒，因为他们在历史上都创造过属于自己的新风格，随着时间的推移，蒙上了一层光阴的尘埃，却永远不是旧的。无论后人如何出新，他始终占着自己的一席之地，唯有模拟之人是旧的。文学艺术必须讲继承，讲四世同堂、共存共荣，推陈出新是它与科学技术最根本的分水岭。这一观点在去年篆刻艺术研究院成立之时，我第一次讲。艺术长河是不断向前发展的，一味讲传统的守旧无出路，但因一味讲创新，而彻底抛弃传统更是没有出路。历史上真正发出过光芒的出新风格，将永远光芒万丈，绝不会因时间的久远，而淡漠它的价值。

二、作品必须有丰富的文化艺术内涵。风格强烈而底蕴全无的作品，如同放炮仗，“嘭”一下子，开始吓人，随后无声无息。一个优秀艺术家的作品，如孔夫子所讲“闻韶乐，而三月不知肉味”，要耐咀嚼、有回味，使人流连于作品之中，如痴如醉。这就必须要有丰富的文化艺术内涵，内涵从何而来，吟诵古典诗文，徜徉于古今历史，乃至对艺术品、古董的观赏把玩等，都是汲取养料的重要方面，我将它归纳为“诗心文胆”四个字。有前辈说，文学艺术，到最后就是玩修养，确是真知灼见。一件作品的风格，更多是形式上的表现，形式背后的内涵，是一种文化，一种精神。它与你个人的学识、修养，紧紧联系在一起。所以好的作品，除了强烈的个人风格外，必须和丰厚的文化艺术内涵结合在一起，才真正是不朽的。

三、文化人爱惜羽毛。不因为今天有钱赚，就拼命去画，时不我待。艺术市场是客观存在的，但艺术家的创作不应以经济为出发点。“文革”时期，别人忙着搓麻将、打扑克，忙着斗走资派、斗反动学术权威的时候，我关起门来写字、画画、刻图章。那时候，字画一分钱都不能卖，我仍勤勤恳恳、没日没夜地钻研着。外面的风吹草动，对我没有什么干扰，我将艺术视作生命的一部分，平生的唯一爱好在此。现在，有了艺术品买卖，但买卖的好坏，对我并无影响。创作，不是为了金钱，是自己的喜好，和那份与生俱来的喜好。

采访者：您对年轻艺术家进入市场怎么看？

韩：这很难讲。若能进入市场而不为经济左右，仍是一个虔诚的艺术殉道者，市场不会影响到他艺术的长进。反之，一旦进入市场以后，经济在他创作上产生了腐蚀作用，令他感到很至关重要的话，那么他的艺术品或者纯粹为了金钱去创作，对他的负面影响可能就会很大。需因人而异，不能一概而论的。

采访者: 对华人收藏大会您有什么见解?

韩: 我只是个手艺人,写字、画画、刻图章,偶尔写点歪歪斜斜的小文章……淡泊之余,少问世事了。但开这个会肯定是好的,是对艺术品收藏的一种促进。过去,读毛选、做好事、喊口号是正面的,谈及收藏,就被认为是资本主义复辟,是属于被批评、被批判的范畴。今天,收藏成了人们生活的一个部分,经济社会很重要的一个方面,我感到,还是不要忘记它的文化功能。盛世兴收藏,希望收藏者在收藏过程中能成为该领域的专家。这样,收藏就不会玩物丧志,而是玩物励志,整个收藏队伍的层次就会得到提高。

精诚鉴古谋立身

——马成名先生访谈

马成名，1940 年生于上海。在朵云轩工作廿年，1981 年移民美国。1987 年加入佳士得拍卖公司纽约分公司中国书画部，精于碑帖和中国书画的鉴定，编著有《六朝墓志检要》，并撰写了大量学术文章。

采访时间：2010 年 6 月 9 日
采访地点：上海马成名寓所
采 访 者：胡韶光（以下简称“采访者”）
被采访者：马成名（以下简称“马”）

采访者： 马老师，您可谓经历了中国艺术品市场从封闭到开放的整个过程，这一路是怎么走过来的？

马： 中华人民共和国成立初期，上海有好多家经营文物、书画的店铺，像荣宝斋、九华堂、九福堂等，但规模都很小，只有一两进门面。1960 年，朵云轩进行了重组，合并那些小店家搬到了现在的南京东路 422 号，权衡之后决定沿用“朵云轩”的招牌。

次年，我从上海印刷出版学校毕业，被分配到朵云轩工作。此前，只知道有朵云轩这家店，却连门也没进去过，更没有接触过中国书画、碑帖方面的知识。甫就业，可算大开眼界。当时的朵云轩，分书画部、碑帖部、金石部、文房四宝、木版水印和收购处，其中，自然以收购处最为重要，很多珍贵文物都曾经他们之手。和我一起进朵云轩的同学共有七人，两人直接被分派到收购处，其余五人则每个部门轮流实习两个礼拜之后，再确定谁进哪个部门。而我选择了碑帖部。

采访者：当时，您为什么会选择碑帖部呢？

马：因为兴趣的原因吧。那时的我对书画的认识还很模糊，对于齐白石、李可染等现代书画名家，也仅限于知道他们的名字，而“欧柳颜赵”之类的名头，于我则是全然陌生的。两个礼拜实习之后，我对碑帖产生了好奇心——这东西很玄，同样一张帖子，有人说真，有人说假，可为什么在我看来都是一样的呢？我很想弄懂。

在碑帖柜台，我最早的师傅是旧时在上海宣和印社一角经营“墨林”的碑帖老前辈尤士铮，文化程度比较高，可惜两个月后他就退休了。第二任师傅黄小玄，早年曾专门在城隍庙摆地摊贩卖碑帖，浦东本地人。文化水平虽不高，衣着也很邋遢，但他的实践经验相当丰富，经手过的碑帖非常多，很多拓本他看一眼就知道年份。对当时的我来说，有这本事是一件很神奇的事。我跟着他学习了一年。1962 年处于三年困难时期，时局变得很困难，朵云轩不得不辞退一部分人。黄小玄因为是摆地摊出身，文化程度也不高，被辞退了。事实上，我对碑帖的兴趣正是这一年被培养出来的。从 1961 年到 1966 年这五年，我接触到了大量的碑帖，学到了很多知识。

1966 年“文革”开始，红卫兵上街“破四旧”。我们很怕红卫兵来，因为朵云轩经营的大多是“旧东西”，9 月就关了店门，连招牌都取了下来。后来再开业时，改名为“东方红书画社”，卖毛主席像章、《毛主席语录》等；再后来，大批量复制售卖由上海油雕研究所首创的毛主席石膏像，又称“毛主席标准像”。这成了朵云轩之后六年的主要经营业务。当年，油雕所和朵云轩一直有着良好的合作关系。1972 年开始，我们重新可以开展一点书画买卖业务了，但那时书画艺术品的价值和价格是完全不成比例的，近现代的收购价高，古代的作品因为《文物法》限制不能出口，收购价反而低。

1973 年，中国书画价格经历了一次重大的转折。当时，国外的收藏家知道中国经历了一场浩劫，很多珍品都遭到了破坏，所以中国艺术品在国外的价格开始大幅上升。朵云轩获知了这一情况后，将书画的出售价格一下子上涨了 100 倍。比如齐白石的画作，1961 年我刚进入朵云轩的时候是 15 元一方尺，一般三尺的画就 45 元——我们当时一个月的工资基本就可以买到一张齐白石的画了；而 1973 年，一张 120 元的普通齐白石的画，涨到了 12 000 元，这在当时几乎是个天文数字了。我还记得，朵云轩在那年涨价前一次性发给香港集古斋一大批书画，整整六大箱——当时向集古斋供货的主要是上海的朵云轩、上海古籍书店和北京的荣宝斋——等到发出去之后我们才知道，国际市场上的书画价格已经涨得非常高了。

采访者： 您还记得在20世纪70年代，哪些名家的作品在朵云轩卖得比较好吗？

马： 年长一点的人都还记得，“文革”时有“批黑画”运动。李可染的山水画被批是“黑山黑水”，就因为他用墨特别深；批黄永玉画的猫头鹰“一只眼开，一只眼闭”，是讽刺对现实社会的不满……但这些作品当时卖得好，一张画能卖到3 000元左右。

那个时候，对这些画家不叫收购，叫“组稿”。比如“程十发，我向你组稿。你画10幅画！”如果是8尺整张的画，10幅就是80尺。最早的时候，程十发一尺是10元，80尺就是800元。其实，这在当时也是一笔很可观的收入了。组稿对象主要是上海书画院的画家，喜欢他们作品的人很多。比如唐云、程十发等，谢老有时候也会给我们画，但比较少。

采访者： 请问，上海六七十年代书画的收购情况是怎么样的？

马： 60年代初，上海有四个地方收购字画，朵云轩、文物商店，另外还有两家规模比较小的画廊，淮海路的“新隆”和石门路的“人立”，上海古籍书店则是不收购书画碑帖的，只收古籍本。“文革”开始后，朵云轩停止了本业，只有古籍书店仍在用论斤称重的方式收购古籍、书画、碑帖。因为局势特殊，很多人对这些“旧东西”避之不及，成捆成捆地卖给了古籍书店。1975年，古籍书店要整理这一批书画碑帖时，把我借调过去。我记得他们的确收到了很多好东西，印象十分深刻的是一本宋拓本《嵩山三阙——泰室铭》，而且拓本前还有吴湖帆画的碑图，是难得一见的精品。

收购恢复后，原先的分工逐渐被淡化，另有几个地方也加入了进来。尽管齐白石、吴昌硕、徐悲鸿作品的售价已经飙升至1万元到3万元之间，但收购价还保持着1973年调价之前的水平。1977年，我去无锡参加过一次全国文物工作会，我做了详细的会议笔记，记录了当时主要的几十位书画家的作品的买入价和卖出价，其落差相当之巨大。比如齐白石的一张普通的作品，我们收购价仍只几十元，而卖出的价格则是上万元。

采访者： 工作多年之后，20 世纪 80 年代您漂洋过海去到美国，当时的西方艺术品拍卖市场上，中国的传统书画作品处在一个怎样的位置？

马： 我从 1961 年开始接触书画市场，历经多年，自问也算是对这个市场有一定的了解。但是，出国之后才知道，影响国内市场价格的是美国，是西方。1982 年的时候，苏富比、佳士得对中国书画的筹拍已经开始形成规模，每次拍卖都有相当一部分很珍贵的作品，而且成交价要比国内好得多，有指导市场的作用。

采访者： 当时，同样的作品在国内和国外价格相差大吗？中国书画和西方油画来对比，其价格又相差多少呢？

马： 国内外差距不是特别大，比如一张齐白石画在国内卖一万元，在佳士得就可能拍到两万元左右，差了一倍。但中国书画在国际拍场中"破百万"的时候，凡·高、毕加索的画已经超过 3 000 万美元了。

采访者： 跟我们讲讲 1989 年您在佳士得时，中国书画拍卖"破百万"的经过吧？

马： 我是 1987 年上半年去佳士得的。两年后，佳士得的中国书画拍卖实现了一次高峰，非但出现了百万美元以上的成交价，更成就了当时全世界中国书画拍卖的最高纪录。

那次，我们为拍品做了两本图录，比较精的 30 件中国书画汇编成一本，最终卖掉了 29 件，其中有两幅画的成交价破了百万。一件是《石渠宝笈》有著录的《元人秋猎图》，拍出了 187 万美元。今年保利春拍拍出的《元人秋猎图》，就是当初我拍出的这一件，另一件是董其昌的《婉娈草堂图》，拍了 165 万美元。与此同时，29 件拍品中，大概有 50％以上是台湾地区的买家买走的。

采访者： 请问，当时在美国主要是哪些人在收藏中国书画？

马： 20 世纪 80 年代，苏富比、佳士得这两大拍卖行都在纽约，受其影响，西方人开始重视中国书画。其实，旅居海外的中国人也一直在关注，特别是 1985 年后，台湾作为"亚洲四小龙"之一，经济开始腾飞，岛内的收藏热也随之兴起。

买中国书画的那些美国人，有一部分是博物馆的人，但他们买东西并不多。还有一部分长期对中国文化有兴趣的中产阶级收藏家，我曾经向他们了解过，为什么要收藏中国书画。这些人都对艺术相当热爱、兴趣浓厚，以他们当时的财力，要去买西方艺术品有所不济，而买中国书画则是有这个能力的。他们对明清书画的兴趣比较高，因为这段时期的作品内涵比较容易弄懂，相对而言，宋元的书画显得莫测高深，他们基本没有兴趣。他们对中国艺术品的欣赏，主要还是从艺术的角度出发，但因为财力的局限使他们很难达到一个更高的水平。

采访者： 20 世纪 80 年代初期，日本的经济正处于一个高峰，他们的中国书画市场又是怎样的情况？

马： 有一个日本人给我的印象很深，几年里陆陆续续收了不少好东西，但他的年纪比较大了，后来就再没看见过他。

其实，日本基本没有大的买家。日本的收藏大体上是这样一种情况，在 19 世纪末和 20 世纪前半叶这段时间里，日本对中国艺术品非但很推崇，而且还很有研究，成就了一批汉学家，日本几个大财团的中国艺术品收藏都是在这一段时间里开始的。但这批推崇中国文化的日本人相继过世，后辈受西洋教育的影响很大，对前辈所爱兴趣寡淡。因此，收藏中国艺术品在日本社会上不再是一种主流风尚，这种变化在七八十年代日趋明显，日本逐渐地由买方变为了卖方。

采访者： 那么当时，香港的书画市场是怎样的情况？

马： 香港当时有一批藏家的素质相当好，他们在 60 年代就成立了“敏求精舍”这样的收藏团体，专业水准也相当了得。他们中有许多是 50 年代从内地到香港的，比如“暂得楼”的主人胡惠春等，以前都是内地的大收藏家。

采访者： 说到香港的书画市场，能否介绍一下当年香港佳士得成立时候的情况？

马： 香港佳士得是 1986 年成立的，成立之初只有两个人，总经理袁曙华女士和她的一位秘书，从拍品征集、图录印刷、预展、拍卖等，都是我们纽约和伦敦公司派人到香港一同开展工作。当时，佳士得只在香港拍卖近代书画，古代书画则都在纽约拍卖。

1991 年海湾战争爆发，台湾的股市一落千丈，整个拍卖市场也随之萧条，这种情况持续了相当长的一段时间。相反，内地的艺术品市场逐渐兴起。朵云轩、嘉德、瀚海等拍卖公司相继成立，并且开始到香港来观摩佳士得的拍卖。尽管从各方面来讲，当时的内地市场还很不成熟，起伏相当大。

我记得那时候香港有位藏家叫杨永德，一下子拿出了上百张齐白石的画在嘉德做了一场专拍。不巧，正遇上东南亚金融危机，那一场拍得非常不理想，成交率只有三四成。如此始料不及的情形，对齐白石作品的价格打击也很大，市场开始浮现犹豫不定的情绪。就在嘉德拍完那场后的半年，我在美国很偏僻的一个小镇上，从一个华人老太太家里征集到十几张齐白石的画，原是她父亲的旧藏。她的父亲从前做过国民党军驻南京的卫戍司令，喜欢齐白石的画，齐白石当时去南京，就住在他家里，所以这批画的质量非常高。这批画之后在纽约拍得非常好，我记得当时一副对联拍到 6 万美元！这也是前所未有的。自此，齐白石画的价格又重新开始好了起来，市场逐渐恢复了信心。

采访者： 据我了解，您还有一个收藏故事也很有传奇色彩，请您再讲一讲当年在戴福保家收到谭敬旧藏的前前后后吧。

马： 这件事情要先从谭敬这个人讲起。谭敬祖上是清朝广东十三行之一，京中第一代买办，做的是洋庄生意。谭敬的父亲早年留学英国，与民国时的外交家王宠惠是同学，回国后在外交部任主事。谭敬从小随岭南词人潘飞声学习诗文，同时对书画收藏产生了浓厚的兴趣。

当时上海滩的大收藏家中，庞莱臣渐渐老去，富有三代收藏的张葱玉，也成了赌场一宵输掉大世界房产的破落人家。庞氏急于套现，所藏赵氏一门“三竹”图即被谭敬狠狠杀价买下；张葱玉的赵子固《水仙图》、赵孟頫《双松平远图》、赵原《晴川送客图》、倪瓒《虞山林壑图》、颜辉《钟馗出猎图》也都陆续进了谭敬的书房。谭敬曾说：“目今虚斋落伍，葱玉无力，上海之收买宋元字画一门，谁与我敌！”张葱玉是谭敬的童年朋友，在张葱玉的指导下，谭敬又购进柳公权《神策将军碑》、米芾《向太后挽词》、马远《踏歌行》、柯九思《上京宫词》、夏仲昭《竹泉春雨图》、黄山谷《伏波神祠诗卷》、沈周《移竹图》等名作。

谭敬的收藏逐渐名震海上，上门看画的朋友也越来越多，如何保护书画不受损，就成了令他伤神的事了。1947 年端午节前夕，谭敬找到师兄汤安，请他想想办法，可否做成复本，以应求观者。汤安答应想办法试试。谭敬随即将赵孟頫的《双松平远图》拿去制作。汤安找了许征白、郑竹友、胡经、王超群等一班人马分工合作，许仿画，郑摹款字，胡做印章，汤全色做旧，以后又有金仲鱼仿画，最后由王装裱成轴。仿制古画谈何容易？要把流传几百年甚至上千年的书画所经历的沧桑，在很短的时间里做出来，没有几下子是无法达到的。他们先把画画好，裱在版子上，用水冲得似有似无。完了以后，又像旧画流传过程那样，反复揭裱，并要像修旧画那样进行接笔补残，最后进行全色，使之古貌盎然。

洪玉林是谭敬的密友，谭仿制的书画都交洪处理，后洪玉林又交给了戴福保。中华人民共和国成立前，戴福保在卢芹斋的卢吴公司里工作，中华人民共和国成立后他去了美国，并与国内古玩界的朋友还都保持着联系，一直还在做古玩生意。他主要经营古代石雕、青铜器，在纽约收藏界看来，他这方面的藏品被公认水平是相当高的。但是少有人知道他还有一批谭敬当年仿制的书画，在他美国的库房里沉睡了近 60 年。我和戴福保接触的时间比较早，经常有联系。他也是上海人，讲一口上海话，我们就常常在一起讲家乡话，比较能沟通。1991 年戴福保去世，接着儿子也去世了。他的夫人戴张萍英以戴氏的收藏家产组织了“戴萍英基金会”，做慈善事业，致力于健康民生方面的工作，定期拨款资助癌症协会、心脏病协会及联合国儿童基金会，有所建树。1998 年，戴张萍英也去世了，基金会的执行人是戴太太的一个好友，也是上海人，我们又是老乡，常常联系。又过了几年，到了 2006 年的时候，他就来找我，因为基金会的日常运转需要经费，想把这一批书画出售。这才使得这批秘藏了近 60 年的谭敬旧藏重见天日。

采访者：您在佳士得主持中国书画拍卖，除了收到谭敬旧藏，还有哪些藏品的征集过程给您留下深刻印象？

马：在收到戴福保的这批谭敬旧藏之前，我还找到过一批藏品。这是 1996 年秋拍的图录，其中有一件就是 2009 年 11 月北京保利拍出 1.09 亿元的曾巩的《局事帖》。这是它近年来第二次被拿出来拍卖，而第一次是由我发掘出来的。

那是 1992 年，我一得到消息就即刻从纽约直接飞去巴西，抵达圣保罗后再转飞两个多小时才到了巴西的一个小地方。见到了那位藏家，竟然还是个上海人！真是让我想起了旧上海人们都说“十里洋场，藏龙卧虎”，一点都不夸张。单说书画界，庞莱臣、吴湖帆、谭敬、张葱玉等大收藏家，人尽皆知，而让我找到《局事帖》的张文魁张家，则是藏龙之辈，很少有人知道。张文魁的收藏以现在的眼光来看都是十分惊人的，特别是宋代、元代的信札尺牍，多达四五十通，这里面就包括了曾巩的《局事帖》以及石介、左肤等人的尺牍，都是存世的孤本。还有沈周的丈二匹的大中堂《茶花梅石图》、王石谷 46 岁时仿巨然《长江万里图》十二屏通景。另有宋拓《二王帖》，上面有祝允明、王世贞的题跋，也是存世的孤本。

一本图录中汇集一户人家拿出的十多件宋人的信札，而且其中三件是孤本，可算得上是中国书画拍卖有史以来独一无二的。后来，我在香港还拍过一件宋人手卷，里面有七八通宋人信札。除此之外，再也没有大规模的宋人信札同时出现过，所以那次拍卖也是很轰动的。

采访者：您在佳士得从事中国书画鉴定工作多年，能否透露一下作为世界顶级的艺术品拍卖公司，佳士得对藏品是怎样把关的？遇到复杂的问题又是怎样处理的？

马：一般来说，书画最终把关还是由我一个人来决定的，因为佳士得并没有“鉴定委员会”之类的部门存在。我一直说，鉴定的时候要尽量小心，做出判断前，我通常都要研究很长时间。当然了，我不可能什么都懂、都精通，所以我和国内博物馆的许多老专家都保持着联系，也常常带一些东西回国给他们看，听听他们的看法。

就拿刚才讲到的那批宋人信札来说。第一眼看到的时候，我确信这些信札为宋代是没有问题的。但有些信札的签字很多只有一个字，究竟是谁的，不敢定论。我当场要求拍下一套照片，从巴西回纽约后，开始了大量考证工作，一件一件确定其所属。直到四个月后这批信札确定上拍时，我又把实物全数带到北京请专家研究。当时在书房斋展览了两个小时，两小时后，故宫所有的书画专家，徐邦达、刘九庵、启功等继续坐下来开研讨会，细看这批信札。其中曾巩的这件《局事帖》，故宫曾有意收购，但最终因为价格的原因没有谈成。

往后每次去北京，徐邦达看见我就说：“可惜，太可惜了，这么好的东西怎么被外国人买走了！”1996 年，《局事帖》以 55 万美元被一位比利时藏家买走，时隔 13 年被我们中国人买回来的时候，花了一亿多人民币。

采访者：现在我们时常能在拍卖会的一些书画作品上看到题签落款“庄澄章”，而在图录的说明上写的是“朵云轩已故资深鉴定家”，再想找寻更详细的资料却很难。您和庄先生是老同事，能否讲讲你们之间的点点滴滴？

马：我和庄澄章是很好的朋友。我是 1981 年移民美国的，五年后的春节回过上海一次，还特地请他一起吃饭。我返美后不久，5 月间，他就突然过世了。后来别人告诉我，当时他连续三天没去上班，大家都觉得不对劲，他们联系了派出所、居委会一同赶到庄的住所，率先从气窗爬进去的同事发现他已经走了多时了。他死在家中没人知道，我想可能是心脏病突发去世的。

庄澄章只比我大五岁，河北石家庄人，很小的时候就在北京荣宝斋当学徒了，而且天赋异禀，弱冠就能鉴定齐白石的画。中华人民共和国成立初期，北京荣宝斋要来上海开分店，派了梁子衡来开展业务，梁就把这个十几岁的小学徒一同带到了上海。那个时候，上海荣宝斋开在河南南路上，是一家一开间门店的小店，庄澄章年纪还小，很贪玩，常常在店隔壁的弄堂里和其他小孩子一块儿打弹子。每当有人拿齐白石的画来卖时，店里人就会冲着弄堂喊："小庄，看画！"他跑回店里看上一眼："假的！"转身又去弄堂里玩耍。荣宝斋会让一个小孩子来看齐白石，本身就是很传奇的一件事，可见庄卓尔不群，只是其命运很坎坷。

1961 年我进入朵云轩的时候，庄澄章已在收购处工作了。当时收购处一共只有方之木、彭仁甫和他三个人，梁子衡已经不太管这些日常业务了，只负责同客户联络，与画家打交道。先前说过，庄澄章天资聪慧，也很用功肯钻研，所以后来他为朵云轩收进了很多好东西。我记得有一段时间，他非但看字画，还看碑帖。1962 年或者 1963 年的时候，他拜了吴湖帆先生为师，成为吴湖帆最小的弟子。庄澄章很崇拜吴先生，也很自负——吴湖帆叫吴倩，而庄澄章有一方章就作"小倩"。

庄澄章是北方人，脾气比较直爽，看到好的书画敢出高价去收购，若有疑问，则去请教吴湖帆，那是他的"后台"。有这样的权威把关，也使得他的眼力与经验迅速提高。有这样一个故事：有个卖主带着一幅徐悲鸿的画作来，庄澄章断定是精品，出价 200 元，这在当时已经是比较高的价格了。卖主犹疑后又拿着画去了上海文物商店、古籍书店、工艺美术出版社、友谊商店……当时上海收书画的单位，他基本都跑了个遍，最高的出价 400 元。这个人又回到朵云轩，庄对他说："你不要再出去跑了，我给你 500 元！"结果就以此价收下了那幅画。不料，彭仁甫和庄澄章大吵特吵，说庄给的价钱太高了。庄澄章发了脾气，反问彭道："这幅画，你能卖多少钱？"事实上，这幅画当时能够卖到好几万元。可见，庄澄章既有眼光又有魄力，类似的收购例子还有很多。

庄澄章还是个才情俱佳的人，字学怀素，诗词皆能。现在，我还保留着他当年写给我的三幅字。一幅写的是我初入朵云轩时他对我说的一句话，"君子立身务修其本"——这是他的座右铭。他告诉我，如果对这一行有兴趣，你就一定要用功学，"用功"两个字非常重要！在我 1981 年去美国前，他特地把这句话写下来送给我。

另一幅是 1962 年他写的："雄才大略海天阔，风华正茂志澄河。年来渐觉人间事，醋味浓于酒味多。近来诸事冗纷，心中每有所感，不觉成二十八字。成名弟见之以为意味深长，颇合实况，命予书之于纸。予以为此诗此字只能自我解嘲，不可向外人道也，澄章并记。时岁在壬寅六月初五日，室外大雨滂沱。"

还有一幅，是我1986年回国看望他的时候，他写给我的。当时万没有想到，这是我最后一次见他，而且这首诗确实有着自叙一生的味道，不能不叫人感叹："少年曾负凌云志，精诚鉴古谋立身。蹉跎廿载寥落甚，故国前路竟无云。天生我才必有用，苦心劳骨且安贫。神驰纽约城关处，因思往事倍沾襟。成名贤弟以一九八一年赴美，予于一九八四年感赋此诗，不期客岁抄莅此，今将别矣，因书旧作以赠之留念焉。一九八六年春节，澄章记。"

这是庄澄章1984年写的一首诗，当时我在纽约。1986年回国约他一同吃饭，席间他拿出这首诗来给我看，我就请他写下来。他还有一首词写得非常好，可惜当时没叫他写下来，这么长时间了，我现在只能想起下半阕了。那是他年轻的时候为情所困写的："去矣，青灯黄卷，且将偎翠依红。男儿何必要浮名，忍把良辰断送。"

有一段时间，庄澄章很喜欢宋词，也写了很多，写一首就给我看一首。那时候他30岁不到，不但鉴定书画的眼光好，文学诗词也无一不精。只是人长得其貌不扬，头大、身矮，衣衫邋遢，一直也没有结婚。他要是活得久一些，今年应该75岁了，才真正是眼光、经验各方面都最成熟的时候。我一直在想，如果现在庄澄章还在世的话，一定是全国书画鉴定界的绝对权威。

采访者：您和庄先生可谓莫逆之交，我们知道您与钱镜塘也交情匪浅，当时您还很年轻，是什么样的机缘结识了这位大收藏家的？

马：钱镜塘先生是上海著名的大收藏家、大玩家，他与当时市委里喜欢书画收藏的领导们都有交往，关系非常好。1963年我第一次去钱镜塘家里的时候，是梁子衡带我一同去的。记得当时有位首长也正要去钱镜塘家里看画，因为这位首长喜欢，所以钱家屋子里挂满了金冬心的作品，竟有十几张之多，我看得惊呆了。新罗山人的画更是有一百多张，真是非大藏家不能有的手笔。1964年，钱镜塘为了筹一笔钱，决定卖出一批书画，朵云轩收了一部分，文物商店收了另一部分。其中，朵云轩收进的有四张吴湖帆画给钱镜塘的"青绿山水"，四尺整张的四大张，画得相当精彩。当时以2 000元成交，也算是很高的收购价格了。"文革"期间，钱镜塘被抄家，从他家抄走的书画整整运了16卡车，他也从南昌路的房子里被扫地出门。“文革”后，他把自己的收藏捐给了上海博物馆和浙江博物馆，因为他的祖籍是浙江海宁。

采访者：王壮弘是您在朵云轩时候的老同事，也是著名的碑帖鉴定家，你们还一起合著出版过学术著作，您能不能给我们介绍一下他？

马：王壮弘能文能武，也是个很有本事的人。他最初开始学拳，大约是 1963 年从青浦农场回来后和我一同在碑帖柜台上班的那段时间，他告诉我：“小马，我现在每天很早起来，到人民公园去学拳。”没想到，这么一学就学出了师。上世纪 80 年代我在纽约的时候，有天接到他的电话，让我去接他，我这才知道，他已经是“世界武术冠军”了。王壮弘 1989 年退休，90 年代有一段时间，新加坡三军司令请他去做特种部队的搏击教练，可见他的武术有多厉害。

采访者：您与王壮弘先生在学术上有过很多次的合作吧？

马：对，王壮弘一共写过六本书，《增补校碑随笔》《崇善楼笔记》《六朝墓志检要》《帖学举要》《碑帖鉴别常识》《艺林杂谈》，其中《六朝墓志检要》是我和他合著的。2008 年，上海古籍出版社把这六本书结集为一套《崇善楼书系》出版了。

从前他在香港教授拳术的时候，我常常去看望他，书出版前，我大概已经有两年没见到他了。收到王壮弘太太寄给我的一套书，又忙完当年佳士得秋拍之后，12 月初我特意去看他。他的头发已经全白了，人也衰老了，但精神看上去还不错。王太太对我说：“这段时间他在发脾气，你劝劝他吧，你们是几十年的同事朋友了，你的话，他还是听的。”原来这次出版，有的地方校对得不好，有些差错、别字，让王壮弘很不满意。我劝他说，现在的情况和从前不一样了，你不能再要求那么高啦，书能出来就很不容易了。同年 12 月底，他也过世了。

我们每次见面总会聊起共事近 20 年的往事（1962—1981），印象最深的是 1963 年他从青浦农场回来后，我们俩把朵云轩所有的碑帖拓片整理了一遍。当时朵云轩碑帖拓片的库存十分庞大，大概有十几万张，都放在四楼的仓库里，平时没有人去翻动，蛛网、灰尘，脏得一塌糊涂。我俩把所有碑帖拓片按年代整理好，每张拓片上都贴上一个贴头，还登记编写了一份目录。这项庞大的工程，我们俩前后一共弄了8个月的时间。现在你要是有机会去看一看，应该还能看见当时我们写的贴头。

采访者：您精于碑帖和中国书画的鉴定，请问这两者在鉴定中有没有可以相互借鉴的共通点？

马：有一句话叫作“书画同源”，如何来理解呢？我认为书法是基础，把书法的来龙去脉弄清楚，再来看画的用笔和线条就会相对容易一些。而我最早参悟书法的精妙，就是从研究碑帖开始的。我现在来看一张画，打开以后首先看的就是题款，最容易找出毛病的恰在书法当中。看东西、做鉴定，一定要了解每个画家、书法家的用笔习性是怎么样的，因为哪怕你能把字临到一模一样，但终究个性细节是没办法复制的。所以，鉴定碑帖对于鉴定书画来说，绝对是有帮助的。

采访者：作为资深的鉴定专家，又对当代市场非常了解，您认为传统文化意义上的古玩书画收藏家与当代的一些投资型的收藏家，明显的区别在哪里？

马：从前的藏家必然是内行，很多人本身就是大学者、大教授，而且在某一门类的收藏上，还会有其独特的造诣。我以前在朵云轩的时候，从那些老藏家身上学到过很多东西，若是碰到问题，就会去请教他们。他们也很乐于同我交流，为我解答。久而久之，我和他们就成了很好的朋友。

我现在还保存着不少当时施蛰存写给我的信，他和我非常要好。70年代初，他被打为右派，于是闭门不出，专心研究碑帖，那时他所要研究的都不是一般的普品，很多都冷门到柜台上根本买不到。他每个星期来一次，开一张目录给我，我就替他去仓库里逐件逐件寻找。后来，他写了《唐碑百品》。最早的《唐碑百品》是用油印纸刻印出来的，他送了我一本，笑着告诉我说，其中就有很多碑帖是我替他觅到的。还有北京的明清史专家谢国桢。那时候他常常写信告诉我，什么时候会到上海来，需要些什么东西，要我帮他准备一下。帮这些老先生找东西和别人不同，通常，我只需要到仓库里顺手便能拿到，但他们所要的东西，我必须一包一包打开，细细翻检才能找到。

触摸历史的印记

——余榴梁先生访谈

余榴梁，生于1942年6月，浙江乌镇人。曾在上海江南造船厂技校担任铸造专业课教师，后跟随上海博物馆钱币学专家马定祥学习走上了钱币收藏的道路。现收有中外古钱五万多种，并出版相关著作二十余本，在乌镇开设有余榴梁钱币馆。

采访日期：2014年3月4日
采访地点：上海余榴梁寓所
采 访 者：陈诗悦（以下简称“采访者”）
被采访者：余榴梁（以下简称“余”）

采访者： 余老师您好，我知道您最初并不是为了收藏而收藏，能讲讲您是怎么走上钱币收藏之路的吗？

余： 我最初收藏钱币只是作为教具。1958年我从上海江南造船厂技校毕业，留校担任铸造专业课的教师。为了更好地给同学讲解历代钱币的制造方式而开始收钱币，用实物进行教学。“文革”的时候宣传把“封资修”都扫地出门，但是我觉得上课和那一套没有关系，于是别人扫地出门的我就扫进门。当时的钱币很便宜，论斤称，我就收了很多，主要都是为了教育目的。

1982年，《新民晚报》复刊，当时晚报有位记者听说我收藏钱币就前来采访。报道刊登以后被上海博物馆的钱币学专家马定祥老师看到，他找到我说，现在钱币学的研究后继无人，希望我得空的时候可以带着自己的藏品去他那里交流切磋一下。自此，在马老的指导下，我的收藏从教学之余的爱好逐步走向正轨。

采访者： 您和马老师之间的交流是怎样的？

余： 马老一生就爱好钱币。当时他问我还有没有别的收藏钱币的朋友，我就介绍了一些人，大家一起聚到他家里。后来我们形成习惯每周两天，下班后6点到10点在马老的家中，他会拿出他收藏的钱币和拓片，一边讲解，一边让我们整理，然后让大家分工编书。在上世纪90年代，我们可说是最早一批出版与钱币收藏相关书籍的人了。师兄弟8人，有的负责编机制币，有的编新疆红钱，而我负责编写中国花钱。我们编书的方式是用钱币讲故事，后来成为很好的学生课外辅导读物和普及读物，出版量很大。

采访者： 什么样的钱币会吸引您的关注？

余： 一些贫穷的小国的钱币，比如现在朝鲜和越南很像过去的中国，因为不富裕，许多钱就往外流。上海市场上朝鲜币和越南币相当多见并且便宜，这些钱就是我所关注的。另一方面就是战争冲突频繁地区的钱币，比如在丝绸之路一带，这几年国家间争端不断，颇不太平，那里国家的优质钱币也都陆续地往国外流。曾经最早的中国丝绸之路上的钱，只能在大英博物馆看得到，但是现在中国本土数目也很多。一方面，整个国家的贫富稳定状况能影响到收藏的氛围，另一方面，同全体国民的收藏心态和保值心理也有千丝万缕的关系，这对我来说是有意思的课题。

采访者： 我注意到和别的收藏家只注重藏品的精贵不同，您的收藏范围十分广博，这也是出于教学的目的吗？

余： 教育需要当然是一个方面。我的收藏其实注重两点，一是冷门有趣，二是面广求全。

冷门有趣，就是说别人可能不怎么关注但是有其独特意趣的。比如我收有一张中国机制钱的鼻祖，上面有一位叫罗丰禄的晚清官员的头像。当时光绪帝见外国科学技术发达，很感兴趣，决议改革，改革的内容之一便是货币，于是便由张之洞派这位罗丰禄大使出使英国，学习先进的造币技术。大使来到英国伯明翰造币厂参观，当天临走时，造币厂就赠予他一枚当天铸造以他头像为图案的钱币。自此开始，1887 年张之洞决定向伯明翰造币厂定购了全套造币设备，在广州建立了中国第一个省办造币厂，这枚银币也可算是中国近代机制币开端的一个见证。这样的故事就让我对这枚钱币产生了很大的兴趣。冷门的东西终究会热门的，这是永恒的定律。

面广求全是从数量来说。我现在收藏的各类纸币、机制币、花钱、古钱等总数有五万种，而且这五万种全都不重样。中国的钱讲究朝代的历史脉络，某一皇帝的钱币，别人收一个我要收一套。而国外的 290 多个国家和地区，我几乎一个也不少。我收的东西广，东边不亮西边亮。有些藏家专门收一套东西，总有一个两个很难遇到，可是我面铺得开，过了这几十年，倒也齐了很多。我自己用个照相机，给每一个钱都拍照整理。还请塑料厂做了专门的盒子，一格一格，再分门别类，以国家、图案、年代等排列好。纸币也是这样，现在已经放满了一整面墙了。

我认为全才是真正的收藏，量变最终是会引起质变。钱币的收藏要立体不能平面，别人没有的我有，别人有的我品相好，别人品相好的我收集全面，你会发现，如果一条线上收集全面了就可以研究很多问题。

采访者： 您现在有哪些钱是成套的？

余： 凡是有名头的，历朝历代中发行品种最多、时间最长的钱我基本都收集全了。我很注重品种，比如汉代五铢，两汉 400 年间基本不变，这在其他历史时段是很少见的，在通货膨胀严重的现代社会更是不可能的。钱币的规律是发行的时候大，其后会越来越小，这就是劣币驱逐良币。但是五铢钱从两汉到六朝甚至隋代，大小都没有多大变化，不过版式有所不同，同样是五铢，有的版式是稀罕品种，这就说明普通品中也可以找到珍品，这种历史就很有趣。有很多人也许觉得没有价值，就不玩了。

采访者： 提到研究，您的收藏似乎和研究是不可分割的，您如何看待两者之间的关系？

余： 在我看来如果只是收藏那无异于仓库保管员。从民国至今，研究货币史的专家熟知历史脉络，但却不能辨别真伪，而收藏钱币的人则只关注价格涨跌，不懂背景知识，理论和市场呈现严重的脱节状况。我有历朝历代的各类钱币，如果好好研究，上升到理论阶段，就是一部中国货币史。

有许多钱币过去只在收藏界流通，但是大家对它的基本情况甚至哪个朝代都弄不明白。当然客观的原因可能是诸如南北朝、五代十国这些历史阶段战争十分频繁，一些小国几个月就被攻破，所以他们造的钱没有留下什么明确的线索和脉络，也很难为后人所知，到现在都存在许多争议。我在收藏钱币的时候，就会根据实物的造型特点，结合文献做对比，自己看的钱多了就会熟悉每个时代的钱币特征，再根据大的方向去找资料。

我举个例子。清代到民国期间北方出土了一批“助国元宝”，因为出土量少并且只分布在内蒙古地区，很多人就判定这个钱是辽国铸造的。可是辽国的钱币我很熟悉，当时就觉得这批钱没有辽币的特征，在比对了文献又经过详细考证过后，我认定这是五代后晋时期石敬瑭所铸的钱。后晋是个只存在了 12 年的小国，在大战之中老百姓生活很困苦，统治者石敬瑭就造了一批钱流通想缓解一下经济上的压力。后来后晋被契丹人所灭，这些币也就流传到了辽国。

讲这个例子是想说，从收藏转到研究收获很大，许多东西通过研究可以了解其价值。不过当然，理论可以指导实践，实践也可以补充理论，是相辅相成的。

采访者：您觉得收藏钱币的意义在哪里？

余：我其实看得很长远。和其他门类的藏品相比，钱币对于历史的记录价值是非凡的。但凡大事，在钱币上都有很清楚的表现。比如日本在第二次世界大战时侵犯各国，它留在各地的钱币就是最好的证据。那一个时期在中国，既有日本政府发行的纸币，伪满洲国也有自己的钱币。在内蒙古有蒙江银行，汪伪政府有联合准备银行，这些钱币将中国那段屈辱的历史都串联起来，是最好的实物证明，对于学生的爱国主义教育也很有意义。这些与战争有关的钱币我都会有意识地去收藏。

不仅在战争方面，对于经济史，钱币也是极佳的佐证。民国时期当局腐败，很多有名的百货公司往往会自己印钱来保证流通，比如老上海知名的四大百货公司，包括大新公司、永安百货等，都有自己发行的代用币，有些只是穿孔的小木片。这些钱从来没有出现在钱币史的课本上，但是最真实地记录了那段历史。所以我说理论和实践是相辅相成的，就是这个道理。

采访者：您觉得现在钱币收藏中存在哪些问题？

余：现在有一种现象，有些人喜欢动辄几百万地买一件孤品，但是几百万的东西往往赝品居多，仔细分析一下，可能还不是钱币。我举个不恰当的例子，好比怀胎十月却胎死腹中的孩子，到底能不能算是孩子呢？这个问题落到钱币上，就是历史上有很多钱原本是计划要造的，但是由于种种原因最后并未生产发行，所以数量十分稀少。不生产的原因多种多样，也许是政治的，也许是经济的，也许样版出来后遭到百姓的反对，这种情况很多。这种钱因为少所以被人认为物以稀为贵，但我并不认可。严格来说，这种没有经过发行的钱怎么能算是钱呢？

采访者：在收藏的过程中您有无碰到过赝品呢？

余：有，很早，20世纪七八十年代的时候。那时我下班后会去市场上转转，买些东西，但当时经验不足就会买到一些假的。后来经验丰富了就逐渐少了。

但是随着科技进步，造假技术也越来越精进。以银币为例吧。最早90年代初，虽然是用真的银子造的，外形很相似，但是假币上的字距、边形都还是和真币有区别。到了2000年初期，开始流行制造大批量的礼品。最近几年，造假者将字距尺寸的问题也解决了，除非化验，否则肉眼根本很难辨别出真伪。可是如果化验，就势必要取样破坏原有的钱币，并且测定的费用很高，这又是很多藏家不愿意付出的代价。

现在造假者有三点很强：第一是设备很强，有的设备甚至超过造币厂，全部是进口的现代化机器；第二就是顾问很强，往往会高价聘请有经验的人来看，经由他们的判定，那么这件东西基本没有问题；第三就是他们高价到拍卖行里买真的东西，用以造假。这些真的钱币在利用完后还可以流回拍卖市场，基本没有损失。造假者有三强，但我们没有应对之策，将来就会很苦。

和造假者买真币一样的道理，后来我也开始专门收假，收假币是为了研究真币的特性，了解真币。

采访者：很多藏家都对自己的藏品秘而不宣，而您似乎非常乐意和大众交流收藏心得，这是为什么呢？

余：中国有句话叫“国富民强搞收藏”，从前穷的时候，文物都往外流，管也管不住。现在都流回来了，价格相差上百倍。所以说收藏是一种保值的手段。

我觉得收藏就应该是大众玩、一起分享的东西。钱币的受众面很大，是最容易入门的一个门类，但是很多人并不是专家，存了保值的心却往往被套住，因为他不了解旧的规律，也不知道新的动态。我就希望给大家做一些普及的工作，教别人如何识别。

一是用写书的方式。之前也提到，在跟着上博马定祥老师学习的时候，他鼓励我把收藏的心得写下来和大家交流，将货币史和钱币学结合起来，就有了我 1994 年出版的第一本书《中国花钱》。这本书后来在成都举办的第六届全国书展里从几万本图书中获得了“社科类十佳”的称号，一下子激起了我的劲道，自此就一直一边收藏，一边研究，一边出书，到今天大概有 20 多本了。我的书里面大都用自己的藏品，自己拍摄的图片，也做一些比对，方便读者辨认。

第二是我参加的钱币学会每月会组织一次对外开放的鉴定活动，全国各地的人都可以拿着他的藏品来交由我们鉴定。我还在大众收藏网上做顾问，也在东方广播电台分享自己的收藏经验和心得，每星期 15 分钟，已经六年了。

第三是在我的家乡乌镇，政府投资建造了一个钱币馆，以我的名字命名专门陈列展示我的钱币收藏。展出的面积虽然不大，但因为我的藏品丰富，经常能够组织起很有特色的专题展，比如奥运会的时候我就展出各个时期奥运会的钱币，反法西斯战争胜利纪念年的时候我就展出各个解放区的钱币，到今天为止已经有八批了。到老了反而越来越忙了，但就是喜欢这个。

采访者：您的收藏和投资之间是怎样的关系？

余：我是把收藏和投资分开的。虽说我觉得投资有很大部分是炒作，但是我的收藏也需要金钱去支持，所以我就投资现代币来养我的收藏。

现代币最讲究发行量，而且要在别人还没有进入的时候入手，别人入手了就收手。比如1982、1984、1986年的硬币，当时面值1.88元的一套硬币卖6元，有人觉得很贵，但是我做了一点研究发现它们的发行量只有五万套。五万套在流通币来说是很低的发行量，只能算是零头，于是我就跑遍所有的店去换，有一套买一套，现在早已经涨到了1.6万。所以归根结底，不论是收藏的古币还是投资的现代币，收藏和研究都是一体的。当然现代币自己留一套当作纪念就可以了。

其实说来市场也很不平衡，20元的奥运纪念钞，一出现就被炒作到了600万，而明代的大明宝钞，现在仅存的不到千张，也不过6万，两者从价值上来说根本不能比较，但是市场如此没有办法，我只能以藏养藏。

采访者：收藏家大会到今已经是第四届，这一届的主题是“收藏家的社会责任和素养”，您是如何解读这个主题的？

余：说得通俗一点就是打假。我认为每一行的专家都不应该为了蝇头小利参与到造假的队伍里去。现在许多造假的地下组织中都会让有经验的人来进行把关鉴定，这就很让人痛心，竟然是专家在做这些。一方面是国家没有管，但也没有办法管，做行政的人自己不懂，有些往往抓进去了又放了出来。

但关于打假还有更进一步的问题，王刚的节目致力于打假，但是他的假有些是后仿，就遭到很多人反对。因为后仿的东西也是有其历史意义和收藏价值的，比如说光绪朝仿乾隆时的瓷器品种，打了乾隆的款，严格来说应该是假货，但事实上也是好东西。这就牵扯到对真假的辩证认识了，在钱币上也有这样的问题。有很多民国仿制前代的“老冲头”，从前业内是完全反对的，但是现在也慢慢趋向认同。我觉得钱币还是要一分为二，一些不流通的但是具有纪念性质的钱，比如明清都有铸造的花钱，就不能说是假的，而原本就是明代的钱币，清代再造那就是假的了。

世界华人收藏家大会的宗旨是提倡文人收藏，文人收藏就是理性收藏。收藏里面有很多学问，要懂，要玩得有意义，钱币还只是一个小小的缩影。

鉴·赏·收·藏
——徐伟达先生访谈

徐伟达，1945年出生于上海。1962年进上海古玩市场（上海文物商店前身），师从书画鉴定家朱念慈先生和谢稚柳先生，学习历代绘画、书法作品的鉴定和征集。在长期的实践工作中，积累了丰富的书画鉴定经验和知识，1990年获聘国家文物鉴定委员会委员。

采访时间：2010年4月8日
采访地点：上海中国画院
采 访 者：薛晓雁（以下简称“采访者”）
被采访者：徐伟达（以下简称“徐”）

采访者：您是哪一年，怎么进入上海文物商店工作的，师从哪位前辈？

徐：1962年我高中毕业，正好赶上三年困难时期，很多大学都停止招生，我所在的班级54个人中只有两个考进大学，剩下的人都要找工作。

当年，我家住在上海黄浦区。那时黄浦区商业系统正要招一批学生，到下属的综合贸易公司工作，有煤球店、古玩市场、瓷器店、棺材店等。我想，饭都吃不饱，哪能继续读书呢，就去了。那是黄浦区、也是上海商业系统第一次招收练习生。当时高中毕业水平还是比较高的，所以这批人之后都成了黄浦区商业系统的精英。我在学校就喜欢画画，为此，招生的人把我招去了古玩市场（即上海文物商店的前身）。

进文物商店后，专业方向就是书画鉴定，我的师傅是朱念慈。后来（1964年），经师傅建议，又拜了谢稚柳为师。1962年进去，1964年毕业，两年内什么都要学，有书画、瓷器、玉器、钱币、英文五门功课——因为要接待外宾，所以外加了英文。朱力、蔡国声等我们一共七个人一起上课，每周五天专业课学习，周六实习，周日休息。因为各专业都要学，所以瓷器、翡翠我都会看，但我的专业还是书画。当时领导抓得蛮紧的，也的确培养出了一批人才。

采访者：您是如何走上文物鉴定师这条道路的？您更擅长哪类文物的鉴定呢？

徐：1964 年，我开始跟谢稚柳先生学鉴定书画。鉴定不同于画画，画画是需要有一定技巧的，但鉴定书画不止简单地由老师教授，而要自己领会，靠的是悟性。最多老师能和你说说这画是真的、那画是假的，怎么真怎么假却必须自己领会。如果你领会不到，老师再教也没有用，把着手也教不出来的。

因为我是职工，我们所有的师傅都是小业主，都有一定的业务关系。有了这层关系，所以我和唐云、钱镜塘、吴湖帆都很熟悉，平时经常听这些鉴定家和他们一些朋友的谈话，听听看看，领会领会。

后来“文革”开始了，我参加了上海博物馆的“文清”小组，专门清理抄家抄出来的画。两年左右的时间里，看到的画特别多，甚至一天经手上千张，分类、作价、记账，样样都要做。平常在店里根本看不到这么多东西，通常是客户上门或者我们去他家里拿，都没有这么集中的。所以说，“文革”期间对我们来说是一个相当好的机会，每个人都独立操作——没有师傅带着，师傅也靠边了。

我鉴定的是书画，特别是近现代的海派书画，也包括北京齐白石、李可染等的作品。其他也鉴定，反正当时看到的东西很多。

采访者：那些画后来都到哪里去了呢？

徐：特别好的进了博物馆。譬如我当时经手的宋元的画、八大山人和石涛的画都进了博物馆。“文革”结束后，抄家得来的一些被退了回去。当时，文物只能卖给国家，私人不能流通，不像现在，不但能私人流通还能拍卖。

当年文物商店物品的来源，一是工艺品进出口公司移交过来的一批东西，二是“文清”小组撤销时，一批退不掉的东西就存了下来。因此，文物商店收藏的画的数量全国第一。1991年我离开文物商店的时候，单单书画就有四五十万件的库存呢，瓷器可能也有几十万件。

如今，那么多宝贝放在很大的仓库里慢慢整理吧。天热的时候不能整理，仓库里都是跳蚤；天冷的时候也不行，手要龟裂。只有春秋天才能整理。整理出来的可以放在店里销售，有人会来收。现在生意也不错，一年也有两三千万营业额呢。上海博物馆新馆的部分建造经费就是文物商店提供的。

采访者：上海文物商店曾经是上海唯一的国家级经销文物的指定商店，当时经您手的文物珍宝举不胜举，您能举例说说最让您心动的珍宝吗？

徐：上海文物商店和上海博物馆是兄弟单位，同隶属上海文物管理委员会。上海文物商店的第一个任务是为全国各地博物馆提供藏品，第二个任务是自己也收藏一部分，第三个任务是文物的流通买卖。

心动的珍宝不胜枚举，举个例子吧。1962年进文物商店上班的第一周，店里就卖掉一张张大千的《仕女图》，15元，两方尺半。我2009年在苏富比拍卖行看到过这张画，标价80万，后来成交多少钱就不知道了。

还有个故事，好像是1983年，来了一家五个人，送来大大小小12张虚谷的画，都是精品。你想，平时虚谷的画一张都很难得，一下子出现12张，真是很让人吃惊，用现在的话就是很“惊艳”。我问他们打算怎么样，他们说是刚退回来的抄家物资，兄弟们不打算要画，准备卖了拿现金大家分，让我出个好一点的价钱。当时，虚谷的画一般100多元一张，200元的简直是凤毛麟角。我发了个善心，报价400元一张——我当时是收购部主任，能作主。五个人开心极了，马上签字卖掉。后来他们告诉我，“文清”组对他们说，你们能卖到100元一张就不得了了。现如今，一张画50万，12张600万。如果当时他们不是要分钞票，一人分几张画，留到现在多好。

采访者：您是著名的文物和艺术品鉴定家，还是全国文物鉴定委员会委员，请问当时是怎么评选的，有什么要求吗？

徐：1988 年，我被评上全国文物鉴定委员会国家级委员，发证书给我们的是国家文物鉴定委员会主任启功。上海入选的只有谢稚柳等几位先生，年轻的，好像就只有我和许勇翔，他是鉴定瓷器和玉器、杂件的，比我小一岁，那年 43 岁。我们是当时第一批年轻的"鉴定家"。

评选是有很严格的标准的，要看你曾经收到过的东西有多好。我当时经手鉴定确认的国宝级文物，比如徐熙的《雪竹图》，当时很多人不认可，但谢稚柳先生看好，是我们文物商店提供给上海博物馆的；再如唐伯虎的《东方朔》人物像，当时一批人不看好，但我坚持了下来，现在也是上海博物馆的馆藏珍品；还有夏昶的《墨竹图》、陈洪绶的"春夏秋冬"花卉四条屏，都是国宝级的文物，现在都是博物馆馆藏的一级文物。

当初(这些东西)都是人家自己送到文物商店来的，父母去世就拿出来卖掉了。他们不知道其价值，但我们知道。我们是国家单位，价格比较公道，不会骗人家。《雪竹图》收来时是 2 000 多元，现在已经几千万了。陈洪绶的四条屏，当初是 200 多元一张，四条也就 1 000 多元，现在一条就要 2 000 多万。

采访者：我看到许多拍卖的书画作品上都有经您的鉴定章，我想知道，如果您对请您鉴定的物品没有十分把握，您会如何处理？在鉴定过程中您是否"打过眼"，有过什么教训，能谈谈吗？

徐：那是 1987—1988 年，我受邀去新加坡帮小范围的一些优秀收藏家看藏品，还给他们上了三次课，这是商业行为，通常搞文物鉴定是不大有机会出去的。我很少在外面盖章，网上有很多是别人假冒的。我盖鉴定章是有规矩的，一般不盖在画里，而盖在边上。我现在家里收藏的画也不大盖鉴定章。

1991 年我到了香港后就几乎不给人看画了，因为进入市场，不像以前是为国家。我给苏富比拍卖行做过不挂名的顾问，后来为台湾星云法师的艺术馆收了不少东西，也是顾问，也不挂名。当时我出去的时候，上海博物馆的马承源馆长让我要低调。现在，除了好朋友让我帮忙看画，一般我不帮别人鉴定。拍卖行有很多东西，真的假的都看得出，但我不能说，现在社会很复杂，几百万的东西如果说实话了，得罪谁都不知道。

至于说“打眼”，搞鉴定的都会碰到。启功、谢稚柳、徐邦达、刘九庵都是全国最有名的鉴定家，都进进出出地经手过买卖，若没“吃”过“苦头”，不会长进。早前我们“吃苦头”都是国家的经费，现在不同了，要小心再小心，除非几千块或一两万的小东西不会太在意，几十万上百万的东西我就不敢乱收了，要慎重再慎重。几万元吃了张假画就算了，作为资料，但我绝不会花几百万去买张假画。

现在编故事的人很多，说这张画怎么怎么的，那都是假的，故事其实都在画面上了。

采访者：听说您当初是辞职去的香港，那是哪一年的事？您是从那时开始搞个人收藏的吗？

徐：1991 年，我辞掉文物商店的经理职务去了香港。之后，上海博物馆的马承源、汪庆正经常来香港，我陪他们去抢救文物，收购文物。我原来在文物商店是帮国家搞收藏，去香港后才真正开始搞私人收藏。因为在文物商店工作、研究文物的人，有个相当重要的原则（规定），自己不能买文物。我在文物商店时除了新画家给我的画——譬如唐云、程十发、谢稚柳、陆俨少，他们都画了不少给我——旧的东西我一律不买，否则讲不清楚。所以家里一张旧的都没有。博物馆也有这个规矩。

采访者：那请您谈谈自己的收藏吧。

徐：去香港之后逐渐有了点钱，也开始买进卖出，特别好的就自己留着。

除了自己收藏，我还有几个很好的朋友，也帮忙收了不少。

弘一法师有个最好的学生叫刘质平。20 世纪 80 年代初期，刘质平的小辈拿来不少弘一法师的作品，每次都是两副对联，当时一般市价是 20 元一张。因为我个人比较喜欢弘一法师的作品，所以我出的价格比较高，最高给他 40 元一张。现在，我去文物商店买当年那些自己用三四十元收购的对联，已经要5万到8万元一张了，还算比较便宜，因为市场上有很多假冒弘一法师的赝品。

有句古话，“乱世藏黄金，盛世藏古董”。其实，真正艺术品的投资回报要远远超出房地产。现在，我周围有几十个朋友都是收藏字画的，平时自己看看、把玩把玩，朋友来了就互相切磋切磋收了什么新的藏品。喜欢收藏字画，总比买别的奢侈品要上档次得多。

采访者：听您说到那些名画家都画了不少的画给您，那是怎么回事啊？其中是否还有很多趣闻，能说来听听吗？

徐：当时进文物商店只有18岁，什么都不懂。那些收藏家、画家经常到文物商店来，后来彼此熟悉了，他们要买卖画都通过我的手。我和吴湖帆、钱镜塘都很熟。吴湖帆当时住在嵩山路，来文物商店买好画，我就帮忙送到他家里，向他收钞票去。钱镜塘买好东西也是我帮助送到家里。那时候，我在他们眼中是个小朋友、小辈，所以不管我瞎问什么，他们都不会嘲笑我，还会很详细地告诉我真假原委。

我到吴湖帆家里送他买好的东西，一去他就给我喝杯牛奶，那时候是1963年，一杯牛奶不得了了。牛奶喝好后，要看什么就提出来。我那时候只知道唐伯虎，他就把唐伯虎(画)拿出来给我看，还教我辨别。我记得那时候他在家里画那幅“原子弹”，画了半年还没有画好。我就问：“你怎么画得这么慢啊？”当时谁敢这么说啊！只有我们这种小朋友。他回答说：“侬勿懂啊，要慢慢地画，要画得厚。”我当时不知道什么叫“厚”啊、“薄”啊，我认为宣纸上都是薄薄的，根本不明白。现在我知道什么叫“厚”了。如今，这张画就在中国画院收藏着。

当年，朱念慈师傅业务上虽懂，但讲不深，可是谢老、吴湖帆、钱镜塘他们讲解一幅画好在哪里却讲得很深刻，还教我如何运笔，如何画画。当时吴湖帆要教我如何画竹子，可惜没有学下去。和程十发、陆俨少等一批朋友接触后，知道了什么叫画得重，什么叫画得好，什么叫笔头好，这都很重要。但是会画不一定会看画，会看画的不一定画得好。像张大千、谢稚柳这样，画又好眼力又好的实在不多。当然，现在的鉴赏家看、画、写都在行，至于水平高低就另当别论了。

唐云买好的东西，也都是我拿了送过去的。他们到店里看好东西，钱没带，我就骑车送去，再把钞票拿回来，任务也蛮重的，要 200 元左右呢！有时候，送了去还会给我画张画，很有意思，钱也不要我的。最好玩的一次，大概是 1966 年，唐云买了三个镜框，对我说："小徐，帮我送到家里，我帮你画张画。"我说"好的"，就帮他把东西送去。从广东路外滩到长宁路江苏路，三轮车踩了一个小时。到那儿，唐云问我："你要画什么东西？"我说："我要画小鸡，因为我属鸡。"他就给我画了六只小鸡，还笑称"我的小鸡是 1.5 元一只的"。

我和程十发的关系还要好，他总是说给我画，我傻傻地还不要呢。

采访者：听说你和很多名人、名藏家是好朋友，想必也一定有很多故事吧。

徐：比如钱镜塘，上海近现代最大的收藏家，他们家被抄家，是我去接收的。当年钱镜塘仗着财力买了上万张件藏品，单单扇面就有 1 000 多张，尤以藏有 300 多张任伯年的扇面而被誉为"海内藏任第一人"。现在任伯年的扇面一张都好几万、十几万呢。他的孙子现在是西泠印社的，他也许还不知道爷爷的那些收藏呢，我知道得比他多。

我在文物商店是负责书画部的——当然后来当经理了什么都要管了——接触的藏家特别多，包括几个大收藏家如刘靖基、严惠宇，还有记不得具体名字，只记得是橡胶大王、印染大王都来买画。还有就是那位住在永嘉路上的工商联副主席，后来去了香港的大资本家。当年，那些藏家买好画都让我送上门去，送去后，他们就给我吃蛋糕，喝牛奶，客气得很。

此外，田家英、陈伯达、萧劲光、王一平、郭沫若、孙大光等领导也都喜欢画，都来过文物商店，还留了电话号码，让我有好的书画珍品就给他们打电话。因为当时只有文物商店有画，古籍书店也有些，但没有文物商店多。当时那些领导的月工资也就是 180 元左右，要买张 200 元的画，起码三个月不吃饭，他们可也真是些画迷啊。

采访者：现在中央电视台和许多地方电视台都开设了诸如《鉴宝》和《收藏》之类的栏目，甚至还有明星参与拍摄一些讲述文物鉴定和收藏的电视剧，引发了全民收藏的热潮。您是如何看待这一现象的？

徐：那些“国宝”假的多，哪有那么多“国宝”可供鉴别啊。有的将洗脚盆都拿出来鉴定，真是笑话。其实真正要搞鉴定不是简单的事情，要多看多领会，不是看看就算的。一般人也会看，猜一幅画的真假最起码一半是对的：或真或假。如果正好猜对了，就能说是鉴定师吗？不是这么回事。现在鉴定师多了，大家都标榜自己是“鉴定家”，那么谁来鉴定“鉴定家”呢？当然，这种活动对于推广收藏起一定作用，倒是可能的。

采访者：作为鉴定家，您对如今不少大学开办的文博专业、鉴定师培训等课程有什么看法？您认为是理论知识重要，还是实战经验更重要？

徐：我认为两者都需要，但是实践更重要。

1990年年底，华东师范大学要成立文物鉴定学院，找到汪庆正，汪向他们推荐了我。三个教授来找我，我请示了马承源和谢稚柳，他们都说好，于是我口头上答应做副院长，人员我来安排。当时说好开铜器、瓷器和书画三门课，我自己就兼上书画的鉴定课，主讲明清书画。那次，我是很想和他们一起做这件事情的，因为有个有利条件，文物商店的藏画特别多，我可以拿出来做实战的教材。而且，全国各地上档次的学员有60多个都慕名前来报名。不料次年3月，因为我要去香港，要坐“移民监”，必须住满一年以后才能回来。如果像现在这样一两个月可以回来一次，我就会继续和他们一起办学。后来，学员只有三十几个了，他们办了两年，因为师资缺乏，停办了。没有办成那个学校，我也是很遗憾的，那时候真的很需要、也很想培养一批人才啊。

采访者：那么，现在还有可能重新办学吗？

徐：不可能了。现在文物商店不可能拿实物出来了，博物馆隔着玻璃看不清东西。没有实物看，空对空，怎么讲课啊？拍卖行倒是有实物，但老师能说真假吗？再说，现在都走市场了，谁还会把自己的知识经验传授给别人呢？教了别人，不就抢了自己的饭碗啊（笑）。其实，大家聊聊、看看可以，若真要正式上课，很累，要准备很多资料，没有实物是不行的，除非把自己家里的藏品拿出来。

虽然我也痛恨“文革”，但我能从事文物鉴定，却得益于“文革”，看了那么多抄家物资，积累了经验，现在是不可能的了。现在拍卖行虽有东西，看也可以，但真的要学却有障碍。因为看东西最好真的假的放在一起比较，没有假的对照是没有用的。此外，现在最好或最差的拍卖行，我都会去看，在最差的拍卖行可以看到最差的假画，而在最好的拍卖行却也可以看到最好的假画，通过这个途径能增长见识，甚至捡漏。

现在的假画比以前“真”多了，造假技术五花八门，甚至可以嫁接，这张接到那张。字可以打幻灯，可以用复印复好了再描上去，纸张也可以作假，什么都能作假。以前最多一个锌版的图章不得了了，现在对比图章，只只没有问题，因为就是按书上做的，但是印泥却能看出新旧。这就要考验你的眼光了。

鉴定有很多诀窍，要看画家早、中、晚各个时期不同的风格，要多到拍卖行去看，知道什么是假画，也就知道什么是真画了。鉴定很难，不要随便否定别人的东西。

缘分来自有准备的头脑

——童衍方先生访谈

童衍方，生于1946年2月，浙江宁海人，号晏方，别署宝甓斋、爱竹庐。师从来楚生、唐云等，现为上海中国画院画师、国家一级美术师、西泠印社副社长、中国书法家协会鉴定评估委员会委员、上海书法家协会副主席。兴趣甚广，书法、绘画、拓片、印章、砚台和鼻烟碟等杂件都有所藏。

采访时间：2010年6月10日
采访地点：上海童衍方寓所
采 访 者：薛晓雁（以下简称"采访者"）
被采访者：童衍方（以下简称"童"）

采访者：您是著名的书法篆刻家，又是西泠印社的副社长。讲到西泠就想到杭州，您现在经常去杭州吗？谈谈对杭州的印象吧。

童：我去杭州（的次数）确实比较多。我小时候在杭州生活过一段时间，记性特好，很多小巷子，我七转八转都能找到。我对杭州很有感情，因为她既有美丽的自然风景也有浓郁的人文环境。我早在1983年就加入了西泠印社，而西泠印社的拍卖公司成立至今已是第六年了，当时我帮助他们一起组建拍卖公司，现在又是拍卖公司的董事和顾问。

虽然我是董事，但因为我本身还是个艺术家，如果让我全身心陷在里面，身体也吃不消的。我有两大爱好：静的方面，我喜欢写字、刻章、画画、写写文章、听听音乐；动的方面，我喜欢旅游，外出走走，去有文化气息的地方。日本我去得比较多，主要是参加文化交流。

采访者： 童先生专事书画、篆刻，同时还写有很多专业理论和实践的专著。请问，您是不是从小就喜欢呢？

童： 我走上这条道路是兴趣使然，天性所致。读书的时候我就对理科不感兴趣，喜欢文学、诗词，喜欢写字，也喜欢刻章。上化学课的时候，我就私下里刻章，还被老师抓住。现在想来也蛮幼稚的。

我小时候字就写得比较好，我们学校图书馆让我帮助写卡片，我情愿不做功课而去抄卡片。这样有个好处，老师能借的书我也能借着看，偶然还能把书借回家。所以，我在初中的时候就已经接触了很多大人看的书，这对我以后的发展起到了潜移默化的作用。

现在看来一个人在某方面有成就，第一要有天赋，其次要热爱——不，仅仅是热爱还不够，还要痴迷。这种原始的痴迷要保持下去，我直到现在还是如此。譬如，现在将我一个人关在房里三个月，我照样可以很开心，因为我有很多让我痴迷的东西，看书、刻章、写文章。所以说，现在的小孩课余时间弹琴或学画画，具体学什么还是要家长观察，看他到底对哪一样痴迷，再决定他学什么。

采访者： 具体谈谈您的“从艺”前奏吧，比如您的师承关系。

童： 因为从心底里喜欢书画，喜欢刻章，所以会去钻研，从而有了机缘。我 17 岁就工作了，下班后和休息日经常去朵云轩，到处逛逛，看看买点东西，就会碰到喜欢刻章的同好。我在那里碰到一位中学老师，姓张，名友白，是位数学老师。虽然他是理科老师，但他也喜欢刻章，而且所刻的章、收藏的印谱都是很高级的。他的眼界也很高，对篆书和金文都很有研究，可深藏不露，只是“玩”。当时正值“文革”之前，政治气氛比较紧张，他又当过右派，所以只能更加小心翼翼。我们好几次在朵云轩遇见，虽未讲过话，彼此却也面熟了。

朵云轩和张小泉剪刀店之间有个弄堂，弄堂口有个红庙，红庙边上有家碑帖店，我是那里的老主顾，买的都是最便宜的碑帖，三角、五角、一元啊，因为那时候学徒工工资每月只有十几元。而张友白看的东西却比较高级，他经常看见我，会问我几个问题，觉得我也有点懂。他看过我写的字，觉得不错，但他认为我的章刻得很差——因为我没有好好训练过——要我好好钻研印谱，还让我去他学校的单身宿舍找他。之后，我每周去一两次，把自己刻的章带去请他指点。他对我帮助很大。

我在碑帖店还碰到过一位高手，名叫傅式诏，竹刻专家。他喜欢汉铜印谱，家藏的印谱都是些很高级的原拓本，不是印刷的。他把我带到他家里，给过我很大的帮助。傅式诏比较固执，懂三国语言，19 岁就当了右派。他的刻竹是跟金西厓学习的。他的竹刻集，拓片上还有齐白石的题词。金西厓刻竹是不计时间不计成本的，因为他不需要去卖钱。后来，他的很多竹刻名品由他女儿捐给了上海博物馆。我很幸运，当时碰到了那么多很愿意教我的高手。

采访者：除了这两位启蒙者，您正式拜过师吗？

童：1969 年，我认识了若瓢，他是我的恩师。我这儿有张照片，是 1943 年赈灾义卖书画扇时的集体照，我把其中的若瓢和唐云的人像单独复制出来，插在文徵明的扇片里，天天给他们请安，对自己有恩的人不能忘记。

我一生有三位老师，一位是若瓢，他认识我后把我带到了唐云先生、来楚生先生家里，他们都是我的恩师。认识了他们，我的眼界更加宽阔了。唐云先生的收藏很有名的，而且他情趣广泛，收藏类别众多，除了书画还有茶壶等。

对帮助过自己的人要懂得感恩。今年 6 月，我牵头联络，在澳门艺术博物馆举办了纪念唐云诞辰 100 周年的展览；去年是来先生诞辰 105 周年，我也在杭州办过一个展览，还出版了来楚生的书画篆刻长手卷。

采访者：据我所知，您和一般的收藏家不同，您是创作和收藏相结合，是吗？

童：是的。事实上，从明朝开始就有这样的模式，艺术家在创作过程中，自己有条件的就收藏一些精品，为自己的创作开阔视野，同时激发灵感，收获经验。近现代好多大的艺术家都有收藏，如张大千、谢稚柳、唐云等。

采访者：您曾经说过："乾隆皇帝也收不尽天下宝贝，何况我一介布衣？过手看过皆是缘。"您对待宝贝，做得周到，看得通透，"都是过眼云烟，收藏的人只是宝贝的一代保管员"。如此云淡风轻的个性，是天生的还是收藏过程中逐渐培养的？

童：收藏最主要是讲缘分，得之淡然，失之坦然，想穿了，就不会有烦恼。藏品的得或失是生命中的过程，表示了你的眼光、缘分和是否具备一定的经济实力。没缘不要强求，有缘不要错过。更重要的，"缘"不是简单的机会，还取决于你平时下的功夫。如果没有平时的积累，很多好的东西都会在眼皮下溜走。平时要时刻准备着，要看很多书，看到文物，要在最短的时间里决定它的真伪、好坏。要"痴迷"，要"养"，有"养"才能有"缘"。

譬如，我这儿有一张石涛的画，此画上面是书法，下面是山水，上面的书法烂得一塌糊涂，落款写在书法里，下面画没有本款，但前面有一条张大千 30 岁左右的题签，一般人看不出来；收藏的人叫李国松，是合肥的大收藏家、李鸿章的后代，上面有他的收藏章。既然是名门之后，相对而言就不会收很差的东西。

这张画从本体上看是真的，原因在于，第一，我了解石涛的画风，第二，有对石涛很有研究的张大千的签条——那是张大千对石涛最有研究的年代，他经手研究过后才题签条的，而不是为了卖钱。由此综合来看，这是好东西，可以买下来，何况价格很便宜，被当作烂东西卖的。尽管便宜，却买得很值，它书画合璧，书法坏了画还在。这是捡漏，更是上苍给我的缘分。艺术的东西不是个人的，是社会的，如果我没有平时的修养，对石涛不熟悉，对张大千早期的字也不熟悉，就失之交臂了。所以，"机会是给有准备的人的"。

采访者：想必在您几十年的收藏生涯中，这类富有传奇色彩的经历还有很多吧？

童：的确。再举一个例子，说明缘和平时学习的关系。我写的《吴昌硕铭书的象牙鼻烟碟》在《新民晚报》上发表之后，有位读者打电话给我，说"我还有赵之谦的鼻烟碟呢"。我问他有几只，他说有两只。之前，我看过 1924 年西泠印社以珂罗版刊印的《悲盦铭志集存》，其中就有赵之谦（悲盦）的两个鼻烟碟的拓片。我赶紧联系那位读者，看到了实物，就是那两个。

采访者：赵之谦曾著《勇庐闲诘》："鼻烟碟以象齿为之，刻铭四周，出入怀袖，久则色变，如蜡或如琥珀，亦可爱也。"我看您的两个牙碟，正如其所描写的一样。

童：是的是的，就是这样的。其实，那位读者以前在香港时，曾准备把赵之谦的那两个鼻烟碟低价卖了，兜了一圈，香港人还要还他价，他不高兴了，就没卖。我知道赵之谦的图章很珍贵，他一生刻过 400 多方图章，留下来大概有 200 多，但鼻烟碟至今仅有两个。当我听说有人手里收着，马上赶过去看，确认之后把身边的现金全给了他，东西先带走，第二天再把剩下的钱补给他，总共算来还是很便宜的。那位卖者也是开拍卖行的，但他不懂这个东西。他和我同岁，蛮可爱的。他说，我只有一个愿望，你写篇文章把我的名字写上去就可以了。后来，我在《新民晚报》上撰文写这件事情："上海拍卖行书画部经理孙宗礼先生，读报后即来找我，慨然将珍藏了 20 年之久的牙碟，割爱予我。说是'物常聚于所好'，期待我对此有更进一步的研究。"香港有很多懂书画的人，但他们不懂鼻烟碟，如果知道它这么名贵，恐怕再贵也会收下来——这就是和我有"缘"，也和我平时的"养"有关。

后来，有很多日本人来看过我这个鼻烟碟，因为他们喜欢赵之谦。甚至有位日本人曾对我说，童老师，我有个不好的但真实的想法，恨不得把这个鼻烟碟吃进肚子里去。哈哈！

采访者：听说您曾经拜唐云为师，他将一副吴昌硕 81 岁时写的对联，作为新婚贺礼赠予您，讲讲其中的故事吧。您收藏了不少吴昌硕的珍品，是否缘起于这一副对联啊？

童：那是唐老送我的结婚贺礼，是吴昌硕先生 81 岁时所书的石鼓文，是他晚年的精品。我一直珍藏无损，并且还生了不少"孩子"——大大小小十几件吴昌硕的作品。

再举个例子吧。七八年前，有一天，我去朵云轩约一个人见面，早到了 40 分钟左右，就到四楼的古玩公司去看东西。一大堆的册页被当成"垃圾"扔在边上，我把每本都拿起来看了一遍，看到最后一叠的最后一本，啊！吴昌硕的！而且不是一般的石鼓文，是小戎诗，是他 42 岁所作的精品，对研究其篆书的演变过程，是很珍贵的资料。据我了解，吴昌硕一生只写过四五篇，和一般的石鼓文相比，尤其珍贵。比它早 9 年、晚 9 年、晚 12 年的作品，上海博物馆各有一件，此外，吴家后代有一件，日本有一件，我也看到过。显然，这件是其中最早的。它原来的收藏者也是位篆书专家，为了方便观看和收藏，把最初的四条屏割下来裱成了册页。我大喜过望，灵啊！当时的标价大概是三万，因为我是老主顾，就打了个 8 折，2.4 万元我就买下了。

采访者：虽然是捡漏，但也缘于您渊博的知识和“该出手时就出手”的魄力啊。

童：正是这个道理。后来，书画出版社将这个册页出版，我写了篇序，把缘由讲了一下。由此，又引出了一段这个故事的“前传”：

2005 年我第七次去台湾，有个著名篆刻家叫杜三鑫，他说，那本小戎诗册页是他先翻到的，本来想买，但有点没把握，打算查好资料再带着钱去买，所以把它藏在了角落里的一堆册页的最下面，他觉得一般人不会有那么好耐心的。没想到我就是一个做事一直做到底的人。朵云轩的工作人员曾劝我说，童老师，这些东西没啥看头的。但我觉得既然翻了就翻到底，想不到最后发现了宝贝。出版后，杜三鑫在给很多人上课的时候总说，“这是我命里不该有的啊”。

这个故事很有戏剧性，经历了三个波折。第一，卖家不知道这是好东西，三万就出手，扣除佣金后到手不到三万；第二，收的人也没有好好研究，没能发现它的妙处，别人寄卖的，他们也不辨真伪地定了个三万的价格；第三，有人发现了，却因为无法准确判断，失之交臂。我呢，有眼光，但是如果不细心，没有恒心和认真的态度，不翻到底，那么最后一本也就漏掉了。

采访者：您收藏了不少吴昌硕的珍品，听说还有个砚台，这也显示了您深厚的文化底蕴，是吗？

童：那是三年前，我在拍卖行买到的一方吴昌硕刻的砚台，当时大家都在场，却没有人敢下手买。那是方端砚，是文人随身携带，写写诗或写便条所用的。它是吴昌硕 50 岁时刻的，而且用单刀刻图章边款的方式刻的，很难得，很珍贵。“云腴”是标题，下有“渔川珍藏，题记昌硕，时甲午”。

“渔川”是字，姓“吴”名“永”，是位很重要的人物。据《中国近现代人物名号大辞典》记载：“(吴永)光绪二十二年任直隶怀来知县。八国联军侵犯北京，两宫出走，至怀来，吴以接驾有功，为慈禧所赏识。”因为保驾有功，得了个官，民国后也曾任国务院秘书。“吴氏从政外，善书法，学董其昌垂三十年，几可乱真。为曾国藩孙女婿。”所以，绝对不会是假的。这又和平时的积累分不开——因为没有多少人知道吴永，但是，野史、清朝的很多章回小说却写到过吴永。我回来查好资料，果断出手，花 6 万买下了这方有着历史渊源的砚台。

采访者： 据说为了让更多的人了解吴昌硕的印章，您还编辑出版了他的 12 方田黄的印谱。

童： 吴昌硕早年经济状况不是很好，所以刻章所用的石头也较为一般。但他有 12 方田黄印章，其中也有很多故事。“文革”中险些被弄到国外去，还好没能流传出去，最后都捐给了西泠印社。但是拓片和照片都没有很好整理，模模糊糊的。五六年前，我把上海博物馆摄影师请到西泠印社，拍了一套，把边款全部拓出来，影印出来，让这 12 方田黄印章以最好的姿态面世。

采访者： 不久前，在上海中国画院有个关于上海世博会的“万国印谱”展览，那本印谱做封面的印章就是您刻的，此外，比利时、英国和委内瑞拉的章也出自您之手。您也很喜欢搞一些专题性的展览和活动吗？

童： 是的。印谱算是我的本行，但我也很喜欢通过活动来学习，给自己立一个新课题，开辟一方新天地。

五年前，我 60 大寿，想搞个有意义的纪念活动，因为石头本身就代表长寿，所以我就想搞一个关于石头的活动。我想起我们西泠印社有块奇石，是明末四公子之一冒辟疆曾经赏玩的灵璧奇石，1897 年为吴昌硕所得，后面有缶老所刻铭文。这块灵璧石一直放在西泠印社后面的孤山上面，也没有人去动。

我决定用这块石头作引，把它搬到杭州的别墅区富春山居，另外我有个台湾朋友，家里有 20 方各类奇石，我请他用两辆车子把它们也运到富春山居。这期间，我又去了次台湾，把台北故宫博物院宋、元、明、清有奇石相辅的名画十六帧也拍了下来。在我生日那天，请了 200 多位嘉宾，陈佩秋先生也来参加的。活动主题是“观奇石·赏名画”。后来还出了一本书，每位嘉宾人手一本。这个生日过得很有意义。

我过去对灵璧石不熟悉，但是为了搞这个活动，我查阅了很多资料，了解颐和园有什么石头，杭州的公园有什么石头，文澜阁又有什么石头，都一一去查看，还买了许多有关奇石的书。这又开辟了一个领域，弄通了很多东西，知道了古代人如何赏石，知道了什么是英德石，什么是灵璧石……现在，对它们各自的特征，我都很熟悉了。

采访者：有道是“同行相轻”“同行是冤家”，但您却时常说，在您的收藏过程中经常会碰到“好同行”，是吗？

童：是，我们得到了前辈的帮助，也要帮助后人；同道是朋友，要相互关心，相互谦让。如果他收这件比我合适，那我就让给他，由此体现出彼此间的友情和品格。

举个例子。我有张拓片是“三老碑”，上面有吴昌硕题字，旁边还有吴昌硕次子吴臧龛把“三老碑”的流传经过都写在了上面，这是西泠印社画院里一个同行收藏的。我要出一万元买这个拓片，但他只肯收 5 000 元。拖了很久，最后还是以这个价格卖给了我。后来，我就这个“三老碑”拓片搞了个活动，把所有不同时期的“三老碑”拓片全部集中在一起，完整汇集出版了书。

“三老碑”有个爱国主义的故事——它当时在余姚出土，运到上海。有个姓陈的商人和日本人谈好，8 000 大洋卖给日本人，甚至已经打包好了。事实上，浙江汉碑很少的，一共只有两件。如果卖给日本人，是浙江的损失，也是国家的损失。所以，当时，吴昌硕等人知道后，通过书画募捐集到一万元，用其中 8 000 元把这个碑赎了下来，剩余的钱在孤山造了个“三老”的亭子，把碑供奉在里面。

采访者：您说过“中国传统文化是我的生命”，“我们的经验来自前人，每个人要在文化传承中起一定的作用”。您在收藏的同时也写文章宣传，独乐乐不如众乐乐，让大家知道您的收藏品位、收藏经验和过程，这和我们举办“世界华人收藏家大会”的主旨是一致的。请给那些已经进入和正打算进入收藏领域的后辈提些建议吧。

童：首先，要为自己的收藏确立个范围。我是搞金石书法的，所以我的收藏就限于金石家的书画篆刻作品，我的《艺苑清赏》是本专辑，也是有体系的；其次要有闲；再次要有经济实力。其中眼光最要紧，要知道什么是雅什么是俗，价格不是唯一的因素。

搞收藏，追求的不单单是结果，最大的乐趣在于过程。不要为了渔利而去收藏，要学习，要积累，要多看书、画册、拍卖图录，多去拍卖会和博物馆。要培养自己真正的兴趣，用了真心才会有回报。

研究方法需由近及远，由浅入深，最好确立一个主题。像八九年前，北京有人专门研究出土砚台，砚台虽不是很高级，但年代久远，有着几千年历史，也很有意思。另外，像道光、咸丰、同治、光绪小名家的书画，技法都很不错，也有将近两百年的历史沉淀，“吃”假货的可能性小，可以适当参与购买。而当代大名家的画就比较容易作假，因为纸张、印章都能仿冒。

收藏不受年龄、学历限制，它是一个积累过程，无论什么时候开始都不算晚。年龄大了，记忆力衰退了，但经验丰富了。我学历虽然只有初中，但我的导师——唐云、来楚生老师都是“博导”。当时，我每周去一两次，而且还都是开的小灶啊。老师或鼓励，或指疵，或示佳绘供赏，或出秦砖汉瓦、古砚印章，任我摩挲拂拭，使我受益良多。

我可以把我的兴趣和我的工作结合在一起，创作、理论、收藏三者相结合，这是我的幸运，我要感恩、惜福。有时候工作完成后，晚上拿点藏品把玩一下，这是学习的休息，休息的学习。我一直觉得中国传统文化是我的生命，我的乐趣、我的人生都寄存在这里面。最近，我正用隶书和篆书在十把扇子上写“西湖十景”。

我们这代人比较缺失的是人文精神，很多艺术家对地位和金钱看得太重。在物质和精神方面的取舍，名利地位和学术研究方面的取舍，我们都要有自己的定力。我们要引导年轻人，不能光追求西洋物质享受，多引导他们发现中华民族与生俱来的人文情结，如绘画、书法、杂件、瓷器等。

一个拾荒者的文人情怀

——许四海先生访谈

许四海，1946年生于江苏盐城，字紫云，壶艺大师。制壶始于20世纪60年代，受清代陈曼生、杨彭年等人作品影响，与唐云、谢稚柳、程十发、胡问遂等书画家合作，将壶艺与书、画、篆刻等艺术糅合起来，制作了许多书画壶。与台湾李奇茂教授合作“秦权壶”，上有韩天衡题“珠联璧合”四字，此壶被顾景舟编选入《宜兴紫砂珍赏》一书。其代表作有束柴三友壶、睡翁壶、如意三足鼎。1992年四海壶具博物馆落成，2010年百佛园及四海艺术馆正式对外开放。

采访时间：2011年12月6日

采访地点：百佛园

采 访 者：郑中荣、刘宏（以下简称“采访者”）

被采访者：许四海（以下简称“许”）

采访者：和我们聊聊您在从事壶艺之前的经历吧，是什么原因让您辞去公职，扔掉了“铁饭碗”转做陶艺的？

许：我和著名表演艺术家赵本山有着相似经历，逃荒要饭，小学文化，我们都是草根出生。我和他的名字也呼应——“一山一海”，赵本山不仅是表演艺术家更是收藏家，当前我们紧密合作，他将在百佛园建莲花阁，我们俩都意在复兴中国传统文化。

1957年，我大概十一二岁的样子，带着老母亲一路从盐城逃荒要饭到上海周家桥，因父亲过世得早，我和母亲相依为命，靠捡垃圾为生，吃上顿没下顿的，一直持续了两年多。这也是为什么我后来在印章上用“拾荒人”。拾荒拾到居委会都看不过去，给我找了份工作——到建筑工地上当水泥工，工作了一段时间。1960 年，市建四公司木材加工厂招人，但厂在福建，我有老母亲不能带着，只好留在上海。后到 1 路有轨电车当售票员，电车是从静安寺开到虹口公园，后改成 20 路，售票员一直当了四年。1964 年 9 月参军，应征广州空军惠阳机场的通信兵。由于在部队表现积极，1965 年光荣入党并担任班长。1967 年越南战争爆发，当时我既是党员也是班长，就选我到越南作战，又选我当了排长。一年半以后，美国打不动了就和谈，我们部队撤回广州。我提升了一级，当上了警卫连指导员。时逢中共第九次全国代表大会召开，组织内没有人搞宣传，当时在部队没有多少大学生的，都农村出来的，文化程度不高，组织上觉得我字写得好，画画得好，就让我到机关当宣传干事，主要负责树碑立传，如：某某战士永垂不朽等。我的字就是那个时候练的，参军之前可能 100 个字都认不全。

1980 年上海空军政治部要我，但警卫连不肯放。这时候我三十来岁，寻思着年纪大了若再不回去不知道什么时候能回上海，就提出申请要求转业，后分配在上海市公用事业学校当科长，负责学生科。有些老师开玩笑说，我们学校是一个“丘八”管秀才，“丘八”是兵，是土包子管理大学生。我就说：“再过几个月我这个丘八就要和你们分手了。”没到两个月我申请辞职，到宜兴做紫砂壶。他们都说：“这是不是傻了，好好工作不做，跑去捏泥巴。”当时局长还找我谈话，这是 1984 年的事情。我觉得真正让我放弃稳定工作，选择紫砂壶不仅仅是自身的兴趣，更多的是唐云老师的一句话点拨了我，“现在不缺科长，缺制壶大师”。这句话对我的触动很大。

1984 年底我到宜兴做紫砂壶，我这个“门外汉”从来没有学过，就是喜欢，在当科长的时候经常找点泥巴自己做，这些作品现在还在我的博物馆里。我去宜兴应聘时给对方看，他们都大吃一惊，我被聘为厂长助理，工资待遇月薪 200 元，在当时已经很高了。

采访者：20 世纪 80 年代紫砂壶的风潮波及大江南北，能否回忆下那段“疯狂”日子？

许：20 世纪 80 年代之前，可以说紫砂壶市场一片萧条。当年，在上海首创紫砂协会，是紫砂与文化的成功结合，从提出设想并组织实施，成立全国第一家，我是主要参与组织人之一。紫砂协会先后举办“宜兴紫砂民间收藏展”“复兴茶艺研讨会”等活动，在上海文化艺术界激起层层涟漪，扩大了宜兴紫砂在上海的影响力。当时，我们正处于文化“饥荒”状态，久旱逢甘霖般的渴望，令已经中断近半个世纪的“紫砂热”在一系列活动和展览的推波助澜下，借着台湾和东南亚的热潮，在上海滩快速展开。敲开上海，随即进入北京，接着闯进香港，一股“紫砂热”吹遍大江南北。

中央二套节目《谁为紫砂狂》的主人公是我，里面讲述了这段壶风传奇的故事。我记得 1985 年“宜兴紫砂民间收藏展”在虹口公园举办，我是展览主要策划人。展出的紫砂壶都是经我精挑细选的佳作，如“八壶精舍”“曼生壶”。我还把我的老师唐云的作品统统拿到展览上，展览共展出 200 多件展品，吸引了很多文化名人及无数的爱好者观看展览。壶都是名家名作，一定要保证安全。展览过程中，为确保安全，降低隐患，我还特意请武警值班，我自己也睡在里面。1988 年我们又举办了“复兴茶艺研讨会”，在研讨会上我以“复兴”为主题，探讨紫砂壶相关问题。经过这几次活动及展览，紫砂壶市场大大升温，毫不夸张地说，紫砂壶热就在此时开始被炒作，有的壶甚至炒到了很高价格，带有相当异常的神秘感。

随着紫砂壶的时来运转，也产生了很多社会问题。社会上有的人为紫砂壶犯罪、破产等等，惊险很多！宜兴政府见状，出动所有警力，封锁路口，看到有人携带紫砂壶就要没收。最后我们做紫砂壶的成了“地下工作者”。我想找谁的壶，到谁家都要对暗号，比如去潘家，敲门时“咚咚咚”三声，他家就知道许四海来了。不同人家不同暗号。当时紫砂壶到了疯抢的地步，这种情况一直持续到 1995 年。当时台湾人是不允许到大陆来，但大陆过去的老兵思念家乡的心情非常急切，希望看到家乡的东西，像江苏、安徽过去的一些老兵，他们看到紫砂壶就像看到了母亲一样。后来国家实行改革开放政策，一些台湾人在大陆买一把紫砂壶，若是 5 000 元，到台湾转手就是 25 000 元，基本上五倍价格往上翻。由于中国台湾、香港地区及东南亚当时经济比大陆发展得好，很多壶那时候都被买走了。所以百分之七八十的好壶都在这些地方。

采访者：据您说，紫砂壶发展之快，得益于两个地方，一个是宜兴，一个是上海。能给我们讲讲您是怎么看上海这个码头对紫砂壶兴盛的贡献？

许：拿陈光明举例吧。陈光明是什么人呢？清朝末年，他是拖儿带女第一个进上海的制壶人，是紫砂壶开源的领头人。紫砂壶为什么在今天有那么多故事，得益于两块宝地，一是制作基地，宜兴，二是销售基地，上海。

上世纪40年代，海派艺术原生态的还比较少，像唐云、刘海粟、张大千、齐白石都是外来的。他们都在上海过过堂，走出国门。像朱可心、蒋蓉、顾景舟、王寅春他们都是在上海发的财，发财以后到别的地方花。王寅春个子很高，大概1.9米，他的小拇指都比别人的大拇指还要粗。中华人民共和国成立前，他一个月做了100把壶，一把壶一块大洋，一个月拿到100块大洋。他把大洋裹在身上，穿上外套坐船回宜兴。当时交通不便，只能坐船。回家后搬了个台子，把儿孙们都叫来。孩子们想，爷爷发昏了，叫我们干啥？王寅春站在一个破台子前，把钱往上一倒，100块大洋："哈哈哈，开心啊！这是老爸用一个月做紫砂壶赚来的100块大洋，奇迹啊！"这就是上海这个码头对紫砂壶的贡献，经济上的贡献。

采访者：据悉，1984年到1987年，您应聘到江苏宜兴紫砂二厂担任厂长助理，描述下当时您的工作环境和情况？

许：当时，我工作的宜兴紫砂二厂还没有完全建设好，我们将厂房划一块地放泥巴，划一块地睡觉。我在当厂长助理时，带了46个徒弟，徒弟最大的20岁，最小的只有15岁。我们住在厂房里，每天大部分时间都在做紫砂壶。1985—1986年，这两年时间我们每年给工厂带来25万美元的净收入。紫砂壶主要销售到国内市场，慢慢地转往国外。每年的产值是500万元，以后逐年增加。紫砂厂因为良好的业绩，厂长史俊棠被评为"中国十大优秀农民企业家"。

采访者：您在宜兴学习陶艺期间，常在壶上落款"门外汉""拾荒者"，这两个称谓对您有什么特别的意义吗？和现在业界对您的称谓"江南壶怪""江南壶痴"又有什么本意上的差别？

许：在中国这块土地上“拾荒人”这个称呼，我是当之无愧的。拾荒人在大众眼里是捡垃圾，但我这个拾荒人有两层含义：一层是真正捡垃圾，上世纪50年代是为了生存；另一层是从部队回来后，既是国家公务员又是“拾荒人”，我在捡社会上别人不要的东西，“文物之荒”“文化之荒”。起初我连衣服都没得穿，我这辈子是不怕冷不怕热，舍不得吃舍不得穿都要买壶，到今天为止我都没穿过毛线裤，到北京零下10摄氏度都这样子，习惯了。我“拾荒”到什么程度了？可以说百佛园都是我一手拾出来的，这里的一草一木、一砖一瓦我都亲力亲为的，百佛园被评为“非物质文化遗产”。很多人对我的落款“拾荒者”不解，我的回答是这是天意、责任和使命。

“门外汉”是因为我是小学文化，谁让我进门啊？我都是自己“瞎搞”“瞎悟”出来的。我这个门外汉不比正式的学员交“学费”交得少啊！大概交了200多万吧！社会很复杂，我是在吃亏上当中慢慢走过来。有时候花五万买个壶回来一看假的，怎么办？也从来没有退还给别人，吃亏都往自己肚子里咽，通过吃亏上当，我这门外汉慢慢走上道，并总结出五点认识。这五点是收藏家、鉴赏家必备的智力、眼力、财力、体力、魄力。

现在的所谓“江南壶怪”“江南壶痴”，这些称呼都是业界对我的抬爱。但是我认为我们不要把自己打扮得多么高雅、了不起。凡事应积少成多，一个人必须严格要求自己进行持久战，有理念有信仰地去拼搏，慢慢会得到社会上的认可。

采访者：在宜兴工作期间，结识顾景舟、朱可心等制壶大师，谈谈你们之间交往的趣事吧，谈谈您印象中的两位制壶大师。

许：紫砂壶主要是明清之际的古壶，大师有明代万历至清代康熙之间的时大彬、陈鸣远等。中间由于战乱等多种因素断了一段时间，后来是20世纪近当代壶，50年代初期大师有朱可心、王寅春、蒋蓉、顾景舟等。1984年我到宜兴做紫砂壶，结识了顾景舟、朱可心两位大师。顾景舟在宜兴喜欢制壶、藏壶，他的东西现在成为中国紫砂壶界标杆。他这个人非常有文采，有内涵，做事严谨。严谨到做壶多一两不要，少一两不行，没有一两的误差，才是最佳。最佳到什么程度，图章也必须是名家刻的。他的书法写得非常棒！在制壶艺术家里很少有人达到他的高度。

我在紫砂厂做厂长助理的时候，一有空就去顾老师工作室学习，有时候带些好酒去。一次，香港朋友带了瓶XO，我带去和老师一起分享，这段学习时间很开心啊！

在宜兴还有幸结识了朱可心老师，当时的生活条件很差，朱老师夏天穿的汗衫都抽纱了，我实在看不过去，回上海时买了汗衫，两元钱一套，送给他。我说："朱老，这个送给你。"他幽默地说："我没有壶送给你啊！"

采访者：众所周知，您是沪上著名画家唐云先生的关门弟子，也是他唯一一个陶艺方面的学生。和唐老师合作的"云海壶"在业界更是首屈一指，能否向读者介绍此壶的创作理念，以及与老师交往的趣事。

许：我能成为唐云的徒弟是天意，更是巧合。我在当科长的时候有个会计叫张英英，是唐云的外甥女。我经常在办公室写写画画，她看到问我："你也喜欢画画啊？我舅舅唐云也是画画的。"我说："唐云是现在上海的画院院长！什么时候带我去见见吧？"由她介绍，认识了唐云老师。我们一进门，到处都是壶，床上、桌台上。唐云用杭州话(他是杭州人)问我是干什么的，"喜欢画画？"

"我是丘八。""这是什么意思啊？""当兵的嘛！我喜欢喝茶玩壶，画画。""你喜欢玩壶？"便随手拿了个壶考我。"陈曼生的，阿曼陀室的。""我还没有见过像你这样喜欢壶的人，现在不缺科长，缺制壶大师啊！"唐老师的这句话我记在心里，我会有今天也是老师当年的点拨。当天他有把清朝嘉庆的莲子壶没有盖子，让我回去配盖。我回去帮他配好盖子，送去给老师。老师一看，很是满意。无论大小、颜色都把握得刚好！后来这壶在上海拍卖行拍出一百多万的成绩。到现在很多人不知道壶盖是后配的。

我和老师的缘分就是这样慢慢开始的。可以说我们是相见恨晚，无所不谈，谈书画，谈人生。他说："四海，我日子过得很苦啊！"他的夫人比他大五岁，大家闺秀。唐云早期是杭州一个县官的秘书，后来到上海来。他有五个孩子，家住在上海静安区江苏路附近的老房子，这房子的产权还是清代丁辅之的(杭州西泠印社的创始人)。当时我每两个礼拜去老师家一次，他喜欢吃肥肉。记得有次我去他家，他说："四海过来，今天有好吃的。"我一看吓死人的，很大的一块肥肉，肥的占百分之八十，百分之二十瘦的。

他说："来，我一大半，你一小半。"那天正好我带了一瓶绍兴最好的酒。我们吃到什么程度——喉咙不能动，一动油就从里面流出来了。

老师还和我说了很多生活上的事情，听了能把人笑死。他家里小孩多，没有东西吃。当时老师有个女学生看老师苦，听说老师喜欢吃鱼头汤，就会给老师炖花鲢鱼头放点豆腐，我老师最喜欢吃。定时做好叫老师去吃，我老师就去了。但是"老太婆"（唐云夫人）一听，就跟在后面追到学生家里。鱼头汤刚在桌子上摆好，两个人准备吃了，师母过来一把掀了。老师说："没有办法，吃不上啊！"我在静安区当政协常委的时候，办公室里一个女孩子问我："你是唐云老师的徒弟啊？我妈妈和老师的关系很好的。"我说："啊！就是你妈妈会烧鱼头汤叫老师去吃，最后一次还打了一架？"把人笑死了！哈哈哈！

我和唐老师一起合作的云海壶，一共设计 40 多个品种。每种壶三把，大部分都在老师那里。老师当时是院长，走动比较多，大部分壶都送领导，出访新加坡、台湾地区的时候送人了。云海壶时值是五万一把，现在这些壶都看不到了，我也不知道都在谁的手里。

当时和老师合作，是我做壶生胚，老师画画题字。后来，陆陆续续我还和许多老师合作过，有吴冠中、谢稚柳、朱屺瞻、陆俨少、程十发等。

采访者：您入行这么多年一定结交了很多志同道合的专家、朋友。还有和哪些朋友的交往是您难以忘怀的？

许：我和刘海粟关系很要好，在他一百岁生辰时，我为他做了紫砂壶送给前来祝寿的宾客。刘海粟纪念馆的工作人员用的袋子是蓝色底白色字，我说颜色不好，不吉利。由于时间赶不及，他们也没有换掉。刘老师没过一年就过世了。过世后，他的夫人找我商量如何给子孙们分家产："四海啊！现在家里跟'文化大革命'一样要分家产，你给我出出点子。"我说："夏老师你听我一句，四六分成，百分之四十你自己留着，百分之六十分给儿女们，这样子合情合理。"最后大家分得很高兴。

我们家靠谢稚柳家很近，那时我经常带朋友去拜访他。我当时住在静安寺，散步就能到他家。我们很熟悉，我和他儿女关系很好。我和谢稚柳合作过六把壶。

采访者：可否从创作理念上分析您的三件代表作：束柴三友壶、睡翁壶、夏意壶。

许：水是茶之母，壶是水之父，水、壶、茶三者是一家。束柴三友、睡翁、夏意等壶的创作理念都来源于生活。例如夏意壶——我之前在机关单位上班，夏天天气炎热，就自己种苦瓜吃来解暑。从一个苦瓜籽慢慢地成长到变黄成熟，整个生长过程我都清楚的。我把自己的感受用到创作上，苦瓜做成快熟的样子，碧绿有点开裂，裂的部分有点泛黄，发红。把我做的苦瓜挂在瓜藤上找不出来，很逼真。我在苦瓜上做一个吸苦瓜汁的知了，做出来的壶栩栩如生。夏意壶参加比赛，评委会用无记名投票方式，我有幸获得最高分 96 分，加上题材新颖，评委加上 2 分，98 分。

睡翁壶是怎么来的——当时交通不便，从上海到宜兴早上 6:30 出发，晚上 7:00 才能到。龙华路几号车子我记不清楚了，坐车到车站，乘火车到无锡，到无锡后转长途汽车到宜兴。在车子上时间很久，没有事情做，很闷很无聊。我就趴在车子上睡觉，胳膊下还夹着钱包，怕被小偷偷走。一路摇摇晃晃，迷糊中醒来，一个念头冒出来，睡觉姿势不就是壶的造型嘛！睡翁壶就这样来，后根据这个壶，还创作了寿翁壶。

采访者：作为“世博汉字壶”的设计者、制作者，此壶将传承中华数千年历史元素的汉字与中国传统手工紫砂工艺珠联璧合而成为精品茗具，您的设计理念是什么？

许：用中华元素、世博元素、上海元素三个核心设计“世博十八式”，对每个人都是一大挑战。当时上海市市长韩正下批文，要求一周内设计世博礼品。在那一周时间里，我几乎每天晚上仅睡三个小时，前前后后一共想了五天时间，领导看了稿件非常满意。同时，在世博会期间，用中国文字设计了汉字壶，将中国汉字特色、世博元素、上海文化有机结合在一起，突破了制壶历史从未用汉字制壶的历史，获得了世博会的大奖。

采访者：除了自己制壶以外，您爱好收藏，被您称为“夫妻团圆壶”的清代名师华凤祥的汉方珐琅彩壶，可否和读者分享下获宝的经过？

许：我平时喜欢逛古董店。有一次出差到安徽，空余时间到当地古玩市场逛逛，在一个地摊上看到一个没有盖子的壶，拿起来一看是清代华凤祥的壶，当时很激动，但是遗憾的是没有看到盖子。我当即花了600元买下，买下在家里一放就是六年时间。六年后一天，我在上海文物街看到个盖子，和我当年买的壶口大小、颜色都刚好，花了50元买下来。拿回家一盖刚好吻合，一模一样，就是这把壶的。我猜可能是兄弟分家还是什么情况，壶身在安徽古玩店，壶盖在上海地摊。相隔400年后的今天，他们在我这里终于相遇，经过时间的洗礼，壶盖富贵，壶身贫穷。壶身用得比较多，使用痕迹明显。

采访者：您的收藏之多，在收藏艺术品过程中是否有过收赝品的经历？或者有没有因某些原因而失之交臂的珍品？

许：我在收藏壶过程中没有少花"学费"，赝品、仿品买了很多。我记得一次在复兴东路附近逛古玩店和地摊，逛到快天黑的时候看到一家店还没有关门，就进去看，问老板："有没有好壶？"老板："买壶啊？你买不起啊！很贵的。"老板拿出来给我看，我一看是陈光明的壶，当下激动，要价5万，后来还价到3.5万。买到家对照一看，假的！当时老板家灯光暗，没有看清楚。通过这件事情我总结一句话，冲动是魔鬼！生活中没有后悔药，吃亏就是吃补。我就这样慢慢一路走来，在吃亏中慢慢成长。

因为经济原因没有买到的壶太多了。我唯一一件比较遗憾的是为了买陈光明一把壶，放弃一样"东西"。这个"东西"，我此生就看过一次，当时要价5.5万。陈光明的壶5万，我斗争了一个星期，最后还是买了陈光明的壶。

采访者：那是什么壶？

许：它不是壶，是整套的翡翠麻将，碧绿碧绿的。紫檀盒子装着，下面是象牙的。我想这个价格比壶高，这壶不买，过了这个村就没有这家店了，所以就放弃了麻将。现在那个翡翠麻将值多少钱啊？起码五千万以上。碧绿啊！色彩都一样！是个大资本家家里出来的，你说遗憾吧！为买一把壶。哈哈！

采访者：对于藏家而言应该保持怎样的收藏心态和收藏理念，您有哪些建议？

许：我认为收藏是责任、事业，我个人是不在这方面争利的。我的建议是宁愿买精、少，不要买多。买小名家精品，不要买大名家一般作品。要有超前、长远的眼光，发展、前瞻性地看。我觉得保持“玩”的心态，收藏是一种过程。人的一生四大皆空，收藏到最后也不是你的，就像我这个博物馆是我的吗？将来是我儿女的，若干年后呢？可能是国家的。不要为这个争名争利！没有意思，一切随缘！所以我提倡“无事喝茶，喝茶无事”。

采访者：请问，百佛园集四海壶具博物馆、四海陶瓷艺术研究所、茶室、茶叶加工、紫砂壶生产制作工厂等设施为一体的茶文化城，创办之初的理念是什么？曾面临过哪些考验？克服过哪些困难？

许：百佛园我用了15年的时间，这期间我每天都在这块土地上翻来覆去地打造。你现在看到的花草树木、红砖绿瓦都是从无到有，由我自己一手做成的。这里的琉璃瓦几千吨，上海没有吧。几千吨分到卡车上要多少卡车？宜兴到上海运输是2000元一车，需要多少车？多少人民币？你算算。但是我没有花费这些钱物，都是自己从无锡一块一块搬来的。百佛园的建筑风格也是我自己设计的。我的理念是把赚来的和省下来的钱财百分之九十都用于百佛园。百佛园是茶具博物馆、茶馆、宾馆、酒店为一体的园林建筑。

百佛园未来发展规划，本来计划是六个馆，有四海壶具博物馆、四海陶瓷艺术研究所、紫砂壶生产制作工厂等，占地100亩。但是土地不够，我们的恐龙园只好搬到外面建设，现有三个馆在建设中。土地问题这两年是比较敏感的，为什么百佛园花了近15年时间？其中盖章盖了很久，图章大大小小盖了几千个，现在我们这块地完全符合国家的政策。15年来困难太多，太多，不讲啦！凡事我们都要往好处看！

采访者：四海壶具博物馆作为百佛园不可或缺的组成部分，曾被业界评为“中国十大民间博物馆”之一，可否谈谈此博物馆发展历程。

许：1987年，四海壶具馆在上海愚园路48弄34号成立，占地面积40多平方米。地方太小，很多壶不能展示，因需购买了200多平方米，还是不够。1993年搬进百佛园，1995年我买了四十多亩商业用地，为什么会买商业用地？我看到政策上对公用、农业土地有局限性，只有商业的用地最牢靠，最永久。我的设想是用商业用地做文化，这种模式目前来看是比较成功的。现在这土地上的一草一木都是我自己来支配，这也是我的一个梦想，回想当年能够从越南战争中活着回来，我就告诉自己一定要做个好人，能为社会做点事情。龙的传人，茶的故乡是我的追求。壶具博物馆，通过展示壶体现中国文化。希望感动中国，影响壶具发展。

我认为发展过程中心态很重要，所以我最想看到的是通过制壶去影响他们，希望扭转社会上一些不良现象，能够真正做到物质文明和精神文明同步发展，人与人、人与自然和谐发展。

四海茶具博物馆起初搬到百佛园，就一个原因——这里面积大，地方足够展示我的壶具。原来地方只要来40个人，就走不下了。现在的地方，100人没有看到，500人也没有什么感觉，可能来1 000人才感觉到有这么回事情。五湖四海茶具馆在河南有三家、北京有两家，我们计划在国内超百家。

采访者：百佛园的宗旨是“低头品茶，抬头见佛”，横批是“茶禅一味”，能和我说下您的用意吗？

许：可以说壶和茶最初使用较早的是佛教人，比较出名的是金沙寺僧。壶的文化涵括天地，博大精深，壶小天地大，壶中有乾坤。壶像宇宙，把水、气诸多元素融在里面。为什么紫砂壶泡茶，茶叶隔夜不会馊掉，是因为透气。壶一直都是随着富人，酒是跟着穷人嘛！茶可以明目、消食、解毒，还可以抗病毒，这么好的好事哪儿找啊！我今年66岁，20多年都不用药，头不晕、眼不花、血压不变，都是茶给我带来的。我们现在要引导正确、健康的生活观念，不再是酒文化，取而代之的是茶文化。

采访者： 紫砂壶艺术品最能体现中国人文精神，您能和我们说说做紫砂壶那么久，您坚持的原则是什么？最大的收益是什么？

许： 我从壶中得到的也是我本人的做人做事原则，有两条：第一是不妨碍他人，第二是承担责任。四个标准，第一，政治上成熟；第二，经济上平衡，钱是为我服务，我自己不能变成钱的奴隶；第三，文化上优秀；第四，生活上低调。最大的收益是健康的生活！

古书画中论乾坤

——陆忠先生访谈

陆忠，1947年生。古玩收藏家，多年从事艺术品收藏投资，精于中国古代书画及铜胎掐丝珐琅的收藏、研究与鉴定。

采访时间：2014年7月10日
采访地点：上海佘山陆府
采 访 者：沈婧、刘天天（以下简称"采访者"）
被采访者：陆忠（以下简称"陆"）

采访者：陆先生，您好！您收藏研究古代书画多年，听说现在还在讲授专业课？

陆：对于古代书画艺术品，我明显感觉到近年的关注者和参与者越来越多，而我自己很想把20年来的收藏经历、感受告知他人，使那些新入行的收藏爱好者少走一些弯路。所以我现在在上海交大海外学院书画班和艺术品班讲授两门课程，"中国古代书画的收藏与鉴定""铜胎掐丝珐琅的收藏和鉴定"，已讲了三年。最近又去广州美术学院讲授"中国古代书画的收藏和鉴定"。这是这几年来，我比较喜欢做也很重要的一件事情。同学们都很感兴趣。每次讲课，大家都听得很认真，有些同学甚至听完今天的课，下次再来重复听。我现在已经上到第十一期，时常还能看到第一、第二期的同学来，自己也感觉挺好、挺开心。

我授课的主要内容，第一是应该以怎样的心态来玩古代书画。一般有两种人，持不同的心态。一种人以真假为标准，另一种人以赚钱为标准。而这两种人的比例，可能后者比前者多。现在有很多人看见艺术品市场的巨大收益，便以经济效益为目的，往往不太在乎作品本身真假，只要赚钱，就可以买和卖，这样的人玩一辈子也看不懂真假，实在很无趣。所以我认为，以真假为标准，是玩古代书画重要的前提和原则。第二，目前形势下是否还能参与到艺术品市场中来。从一些媒体的观点来看，当下艺术品市场极其复杂混乱，似乎不能参与进去。

采访者：您认为媒体提出这一观点基于哪些原因？

陆：我总结后认为有四条原因。

首先，价格涨幅惊人。我举几个例子。第一个例子是杨维桢的一幅书法。20 年前，嘉德从美国征集到这件东西，拍卖底价 50 万元，成交价却只有 45 万元，低于底价。那这 45 万元是怎么来的呢？当时拍卖行收取了买家一方 10%的佣金，得到 49.5 万元，支付给卖家 45 万元后，剩余 4.5 万元就是嘉德的毛利。但买家当时没有付款，嘉德古籍部主管就找到秦公，最后秦公买了下来。没过几年，秦公就逝世了。后来，瀚海举办了纪念秦公逝世十周年拍卖专场，这幅杨维桢书法再次出现，落槌价高达 6 100 万元。

第二个例子是王石谷的《唐人诗意图》，这幅画著录于《石渠宝笈》，乾隆爷多次在上面题字。嘉德拍卖 750 万元流标，后被人以 710 万元买下，低于底价 40 万元。六年后再次拍卖，却成交一亿多元。

第三个例子是任伯年的《华祝三多图》，这幅画最早出现在上海德康拍卖，德康是与朵云轩同时起步的拍卖公司，当时拍了 240 万元，据说被一位台湾买家买去。几年后，该画再次现身于山东一家拍卖公司，大约拍了 1 400 多万元。后由海南张先生接手，具体接手价格不详。2011 年 7 月杭州西泠再拍，1.2 亿元。

由此可见，20 年前的艺术品市场比较脆弱。当时的市场形势，一件藏品若有五位买家看中，而你志在必得，那完全可以说服另外四人让给你。现在一件好的拍品，可能是 50 人看中，想要说服 49 人的难度，可想而知。

从上世纪 70 年代至今，中国古代书画有着几十倍、几百倍，乃至几千倍、几万倍的涨幅。回看上世纪 80 年代文物店售出的进士对联，都以一两元的价钱卖给了港台地区的中国人或日本人。当时他们使用的是等同于人民币的兑换券,但只发放给外国人。到了上世纪 90 年代,李鸿章的对联一两万元,袁克文的对联 5 000 元,现在一副品相好点的普通进士对联几万、十几万很正常,李鸿章和袁克文的对联更高达几十万。这种趋势下是否能参与,成为大家非常关心的问题。

其次,拍卖公司的特殊性。第一,拍卖公司不对任何拍品的真伪负责。我曾经遇到一位学生在拍卖公司拍下一张吴冠中的《池塘》,后经吴冠中本人鉴定为伪作,并亲笔在画幅上题写了伪作说明。这位学生拿着伪作去退货,结果没有成功。无奈之下,寻求法律援助,向法院起诉拍卖公司和送拍人,结果一审、二审都以败诉告终。原因竟是画家本人对自己画作无鉴定权。第二,拍卖公司对送拍人有保密权,这使得"托"和"空手"有可乘之机。

再次,交易成本高。一件 1 000 万元落槌的拍品,需加 15%的佣金才是真正的买入价。当你再想卖出时,又需要 5%—10%的佣金,1%的保险费,1%的图录费,3%的所得税。那么,1 000 万元买进的藏品,1 277 万元卖出是没有利润的。这导致就投资而言,古玩及古书画不适合短期投资,而应长期。何况好的书画难逃专家法眼,如今早已是天下无漏的局面。谁功课做得好一些,思考得深一些,或长期投资的欲望强一些,或许就能拿到这件作品。

最后,真假问题。近现代书画大家,如程十发,他晚年估算自己一生所绘作品约有 12 000 张,其中包括应酬作,但艺术市场上可追踪的程老作品已达几十万张。齐白石的同样多达几十万张。这只是中国近现代书画的情况,古代书画因为年代久远,考证资料稀缺,造假的数量更是可想而知。

采访者: 您对当前的市场又如何看待呢?

陆: 在我看来,现在的古代书画市场仍然可以参与。关于涨幅问题,虽然已到达看似惊人的样子,但如果对价格细细对比、研究和分析,还是会有所发现。拿现在和民国时期对比,1911 年到 1949 年,从清代灭亡,军阀混战,北伐战争,国共战争,抗日战争到解放战争,兵荒马乱 30 多年,却是中国古代书画不断飞涨的 30 多年,高端绘画、书法的价位非常高。

举几个例子。民国期间，韩慎先给张葱玉包括苏东坡《功甫帖》在内的几件东西，报价两万元。我认为其中《功甫帖》是最重要的，算它为 5 000 元，相当于上海当时四川路 5 幢小楼的价格；刘益谦先生花了 5 000 万买下《功甫帖》，按现在的房价，5 000 万在四川路买不到一幢小楼。另一件是我去年买的张葱玉旧藏的《唐后行从图》，张葱玉曾在日记中提到过这件东西，说有人想用 15 000 现大洋买他的周舫《婴戏图》，他没卖。后来，周叔重得到《唐后行从图》，提出拿它来换《婴戏图》，最终张葱玉同意了。根据这一记载可以推断，《唐后行从图》当时的价值比 15 000 现大洋要高，相当于上海四川路 15 幢小楼的价格。我去年买下这幅画花了 4 000 万人民币，对比现在的房价，买不到四川路的 1 幢小楼。

类似的例子不在少数。燕文贵的《溪山图》在民国时要价是 12 000 现大洋，徐邦达先生看中了，但对方要求在 15 天内付款，徐老筹不出，最后是被张大千买去了。张大千后来卖给了萱辉堂，萱辉堂又卖给了林百里。如果现在把这件作品拿出来，估计要上亿，是四川路一幢小楼的价格，但在当时相当于 12 幢小楼呢！

从这些例子可以得知，对比民国时期的古代书画价格，现在的并不离谱。所以我认为中国古代书画市场仍有上升空间，甚至有很大的上升空间。

采访者：古代书画的收藏门槛较高，对于一些年轻的爱好者，您有哪些忠告？

陆：首先是读书。张葱玉、徐邦达、启功、傅熹年、谢稚柳、刘九庵关于古书画鉴定方面的书都要认真读，这是教科书。张葱玉的《怎样鉴定书画》、徐老的《古书画鉴定概论》、傅熹年的《古书画鉴定文集》，我都不知道看过多少遍，每一遍都有新的收获。《中国美术家人名辞典》《中国美术家人名补遗辞典》《中国历代人名大辞典》《中国佛教人名大辞典》，这些工具书，一边查人名，一边读书。《历代著录画目》《历代法书目著录》《中国书画全书》，这些也是工具书，一边查著录，一边读书。《中国古代书画图目》，这是玩古代书画的必读之书。上面提到的这些老先生，中国几百年才出一个的群体，用了八年时间，过目古书画 60 000 多件，制作卡片 30 000 多件，才出版了此书。对许多重要作品，每个老先生都写了按语。无论是寻找和确定样本，还是比对实物，这套书是不能不读的。《明清画家印鉴》《中国书画家印鉴款识》《中国鉴藏家印鉴大全》也要读，一边对印，一边读，平时有时间可以通读。再深入一些，读绘画史、书法史、美术史，唐、宋、元、明、清史。书是读不完的，读来都有用。

其次，要选好样本。样本是学习和收藏艺术品比对的标准。所以选好样本十分重要。所谓"一对对百件，一错错百件"就是这个道理。再次，找好专家。这一点非常重要，专家的人品比他的鉴定水准更重要，如果专家的人品不好，鉴定水平越高，你跟着他走的弯路越多，在错误的道路上走得越远。又次，更多考虑长线投资，不追求短期利益。短线玩古玩，不论从玩的角度，还是投资的角度，我认为都不适合。最后，拒绝空读、空谈。如果只是翻看图录而不实际参加拍卖，就欠缺了重要的实战经历。

当然，参与过程中也会有买错的情况，但通过比对才能发现问题所在，获取宝贵经验。鉴定，并非常人所想象的那样神秘，真正有大学问的人都会把它看得很寻常。徐老曾经说过，鉴定就是一个认人的过程，最初认识你，大街上看到一个与你相像的人会误以为是你；两人交往时间久了，大街上看见你的背影，就可以判断是或不是。张葱玉先生更认为书画鉴定是每个人都可以学会的。古代书画亦是如此，你对王石谷陌生，可以把北京故宫藏的王石谷看一遍、两遍、三遍，多看、多比较，对王石谷也就基本熟悉了，这是一个反复接触和参与的过程。

纵观古代书画收藏，我总结了"三大纪律"和"八项注意"。三大纪律：一、安全。历代都有人玩得不安全，武则天时的张易之，康熙时的高士奇很典型。现在国家在这方面有严格的法律、法规。出入境规定、地下文物规定，都开不得玩笑。二、以真假为标准。三、根据财力情况参与。如果是企业家，可拿出资金的20%；行家、藏家最好也别超过60%。长线投资，也别把钱放到一个篮子里。八项注意：一、标准件，样本选对；二、选好专家，品行尤为重要；三、尽可能不作私下交易，确保安全；四、从小名头、冷名头开始入门；五、注意拍卖公司的特殊性；六、收藏到一定程度了也要做点买卖；七、如果后代不懂，也不喜欢，要规划好藏品的未来；八、熟悉作假市场避免上当。

采访者：您除了鉴定古代书画，对其在市场上的形势也做了很多功课。

陆: 确实。除了学习鉴定理论、各种历史知识之外，对藏品在历史上的市场价格也要了解，不了解历史价格的变化就很难对现在的艺术品准确评估。另外，也要了解艺术品市场当时所处的社会环境。民国时期的价格相对比较明确，虽然长期处于兵荒马乱的战争状况，但也保持一定涨幅，主要是当时有着优质的受众群体，比如官僚资本家、民族资本家、清代皇室后裔，都与市场相匹配。

到了 1949 年以后，古玩艺术品何以近乎一文不值呢？当时国家文物政策在改变，买卖双方也在改变，只能卖给博物馆或文物商店，私下交易属于违法行为，古玩市场一度黯淡。再者，古玩书画定价权由国家决定。当时，最高干部每月工资有 400 元左右，除了干部以外，刘靖基那样的人会有几万元红利。文物商店或朵云轩一有藏品，就会先给刘靖基之类的人看，第二批轮到各地干部看，最后才是谢稚柳、程十发等人。对于谢老和程老这样每月仅有几十块钱工资的人而言，工资是要养家糊口的。于是，他们以两三块钱一幅画的价格售卖自己作品，换来的钱就去文物商店买东西。著名的《鸭头丸帖》，15 个字，14 000 块，真是一字千金啊！现在已是上海博物馆的镇馆之宝，如果拿出来拍卖，几个亿都很正常。而当时的年代，就那样的价格。

到了上世纪八九十年代，拍卖公司出现，其正常运作必须具备三个条件，拍卖平台、退回的被抄家的文物、市场上重新出现相匹配的买家群体——当时最早一批积累到财富的人，比如股票里赚到第一桶金的、开饭店的，他们有了一定的资本，就进入到艺术品拍卖市场中。

艺术市场的高潮是从 2008 年到 2011 年，我认为这几年大涨的原因，一是海外回流的出现使得艺术品越来越多；二是资本关联。有产业资本、投资资本、基金等，大量资金开始涌入市场。手握几亿、几十亿，乃至几百亿资金的人入场，很多艺术品单件过亿。以嘉德为例，一季的拍卖总量从几亿到十几亿到接近五十亿。这是一个变化过程，了解这样的价格走势和变化，你会觉得今天的艺术品价格其实是合理的。所以，我认为刚刚入门古代书画市场的人，更应该多关注冷名头和小名头。我常常告诉我的学生，如果你们资金充裕，可以去买顶级艺术品，倘若资金有限，就要先从小名头、冷名头开始。明清两代小名头、冷名头书画价格，近 20 年内都无太大变化，有的甚至和十几、二十年前差不多。我相信这批书画如能好好研究，将来前景会很可观。

采访者： 您一直和拍卖行打交道，有没有难忘的趣事和我们分享一下？

陆： 2013 年我拍下《唐后行从图》，是比较难忘、有意思的经历。

当时这幅画出现在法国一家叫“Thierry De Maigret”的小拍卖行，这家小拍卖行其实是专做遗产拍卖的。欧美国家征收遗产税，老人过世后，子女会将老人生前遗物送拍变现，所卖款项用来缴纳遗产税。但很多子女不具备古董方面知识，遗产拍卖公司也不具备中国文物艺术品的鉴定和评估知识，所以《唐后行从图》的底价只有 1 500 欧元。

法国研究中国文物艺术品的梁博士听说这幅画将要拍卖，第一时间告诉了北京的古书画收藏家朱绍良先生。朱绍良经过多日的研究后决定竞拍这件拍品。当时，著名的书画鉴定家傅熹年先生认定《唐后行从图》是北宋作品，它自北宋以来一直流传有绪，出现在许多著名收藏家的著录中，后来被日本人购买，经日本裱工重新装裱后又流回中国。朱绍良认为，如果该作品绢素与孙位《高逸图》相符，就能断定为唐代真迹；如果与张萱《捣练图》一致，那就是北宋宣和画院摹本。全世界北宋的画作不超过 50 幅，即使是摹本，也是一件不可多得的国宝。朱绍良认为，这幅画的珍贵价值超过了于 1995 年、2002 年北京拍卖的张先《十咏图》和宋徽宗的《写生珍禽图》。他委托梁博士到预展现场帮他验看作品后，更坚定了竞买的信心。

没有想到的是，现场这件拍品一直被举到 370 万欧元后才落槌，朱绍良举到 200 多万欧元时放弃，最终没能买下这件东西，成为倒数第三个竞争买家。300 万欧元后，就是浙江慈溪收藏家黄柏林先生在和我争抢——这里要再一次感谢黄柏林太太，如果不是她坚持退出，我估计还要花很多钱——事后得知，竞拍的 7 个人竟然相互都认识。当晚一切都大白天下，有互相打电话聊天的，也有互相打电话祝贺的，这就是艺术品拍卖的情趣和魅力所在。我之所以志在必得，是因为徐老在很多年以前和我们同读《韫辉斋藏唐宋以来名画集》时就告诉过我们，《唐后行从图》不晚于北宋。

采访者： 您和徐邦达先生朝夕相处过一段时间，能谈谈你们之间的故事吗？在您眼里，徐老是个什么样的人？他是如何教您鉴定古书画的？

陆： 我和儿子入行古书画时，在没有任何经验的前提下就出手交易，买了一大堆东西后，才想到去找徐老鉴定。徐老看了我们的藏品，认为其中有用的只有30%，其他都是一文不值的垃圾。我们留下那些有用的，剩余的那批“垃圾”都送去拍卖行以无底价拍卖了。说句实话，当时真的很心疼，有些几十万元买来的东西，卖掉时只有几百元。这个教训非常深刻，交了不少学费。仔细想来，交学费在任何行业都存在，房地产有，股票中也有，只是古玩行业的学费来得尤其触目惊心。交了学费，要有好的心态，要有把学费挣回来的念想，这是关键。

后来，徐老来上海和我们朝夕相处了将近一年，可以说是手把手地教我们，毫无保留。真假为标准是他的鉴定原则，也成为我们最严格遵守的原则之一。他活到101岁，是一个非常纯粹可爱的老人，那种内心的纯净度是一般人所不及的，对古玩的态度简单而专注，没有丝毫杂念。他不会因为你的地位、金钱、想法而去改变他对艺术品的态度，也不会因为一件艺术品的价格来决定其真伪。

采访者： 我们知道您还收藏了一批掐丝珐琅，能否分享一些它的鉴定方法和您的个人感悟？

陆： 曾经有位藏家告诉我，在民国时期，一件珐琅的价格相当于同年代的10件瓷器；而现在买同时代的一件瓷器可以买10件珐琅，我认为其价值空间很大。

收藏之初，先找了几位珐琅专家，确立样本，对照样本再不断进行比对。珐琅这个东西，元、明两代完全由宫廷制作，清代康、雍时也是宫廷制作。乾隆时所需极大，除宫廷造办处外，广州海关和扬州盐署也帮助制作。所以，铜胎掐丝珐琅和铜胎画珐琅的皇家气息特别浓郁。目前，全世界珐琅的数量并不多，北京故宫博物院与台北故宫博物院合计收藏不足万件，法国艺术馆、大英博物馆、瑞士博物馆，包括海内外一些个人收藏约在上千件。我们收了100件，也算1%了。

珐琅的鉴定，首先是器型。元代、明早期、明中期的器型都各有特点。对照故宫编的书，明代和清代都分为早、中、晚期。各个年代的器型分清后，再看纹饰。瓷器的纹饰是用笔在表面上画出来的，铜胎掐丝珐琅是用铜丝在铜胎上掐出来的，具有时代特征。第三是珐琅釉色。总体而言，颜色是一代不如一代，元代最好，明早期相对差一点，以此类推。主要原因在于材质，元代珐琅颜色晶莹剔透，玻璃质感特别强，这是之后任何一个朝代都不及的。虽然明早期还能保持这种效果，但也有出入；再到中、晚期则无法相提并论了。康熙、雍正、乾隆时期在掐丝和镀金上有诸多造诣，也创造了很多新器型，但珐琅的颜色却不如先前了。第四是掐丝的形式和所用铜丝的粗细，这在各个年代也有区别。第五是镀金。器物最后都需要鎏金，相隔这么多年，元代的金依旧保持着光鲜亮丽的效果，而明末清初的金，有些已褪去，更有完全脱落的。第六是看落款。元代没有款，目前所见，铜胎掐丝珐琅明代有宣德、景泰、嘉靖和万历款。清代康熙、雍正、乾隆和嘉庆都有款。这是明证，一定要弄清楚的。当然，有些会有难度，雍正朝有款的，只有台北故宫博物院的一件，没法比对。如果能把这些掐丝珐琅的断代问题弄清楚，会是一件很有意思也有意义的事情。

采访者：能否谈谈您的收藏理念？

陆：我也卖藏品，卖藏品的理念在于，一个藏家只有在买卖过程中才能体会到自己哪些地方需要调整，哪些地方需要完善，哪些地方需要提高。对于藏品，完全不考虑价格因素是不可能的。如果一件古书画的价格非常高，那再好我也不会买入。我认为购买藏品出于喜欢，收藏则是看中缘分。世界上仅此一件的东西被你找到，那不是缘分吗？

我在嘉德已做了十多个"一粟山房珍藏"中国古代书画拍卖专场。我家住在上海松江佘山之东，月湖之南。佘山虽只有 98 米高，却是上海九峰之巅。我家不小，与佘山相比乃一粟，故取斋名"一粟山房"。徐老（徐邦达）和程老（程十发）亦题为"红树白云楼"。

做拍卖专场，是希望"山房"多年来所藏的绘画和书法能遇见新主人，得到细心呵护而长留人间，也希望能借助这样的方式，百年后的艺术品古玩界能留下松江佘山脚下亦号"红树白云楼"的"一粟山房"的名号。

古代书画在修复上的花费是惊人的，粗略算下，我在这方面的投入已超过 1 000 万了。修复，也是跟徐老学习后受到的影响。他认为该修的要修，你买回的藏品，应该认认真真善待它们，只有这样，好的作品才会有缘到你这儿来。徐老这么一个单纯的想法，深深地影响着我们。善待每一件藏品，云烟瑞霭虽为过眼，却定会围绕"山房"。

艺术品应该藏之于民

——劳继雄先生访谈

劳继雄，1972 年任职于上海博物馆，从事书画研究。1979 年师从谢稚柳先生。1983 年参加全国古代书画鉴定工作，历时 8 年。1990 年移居美国。辽宁省博物馆、安徽省博物馆特约研究员。

采访日期：2008 年 3 月 13 日

采访地点：劳继雄寓所

采 访 者：夏春青(以下简称“采访者”)

被采访者：劳继雄(以下简称“劳”)

采访者： 在您的人生经历中，曾有机会与许多老前辈共事，您从老一辈书画鉴定家那里学习继承到什么？

劳： 书画鉴定最根本的一条就是要看画，看得越多，对书画的认识就越深。书画鉴定是比较学，只有经过大量比较，同画家交了朋友，才可以谈鉴定。说起来简单，其实有一个相当长的认识过程。我 1972 年进上海博物馆，当时好多这方面的专家权威还未“解放”，当时还没有机会跟他们学习。直到“文革”结束后，才有机会接触到像谢稚柳先生这样老一辈的专家。我正式拜谢老为师学习书画鉴定则是在 1979 年。那时要成为谢老的学生必须先交一张画，然后再通过考试，其考试内容除美术史外，还包括书画著录及有关理论。谢老曾说过，要搞书画鉴定，首先自己要会画画，因为你会画画才能对中国画的笔墨技巧有更深刻的理解，否则往往隔靴搔痒，看不到点子上去。他带学生的要求就是，既要有实践经验，又要有理论知识。为此，谢老要求我们在两年的时间里做两件事，一是读书，二是读画。读书，他开了许多有关历代书画的文章及著录，并要求我们每读一书，就要写一篇读后笔记，再交给他批；读画，则让我们进入上海博物馆的仓库，一家一家地看，从清初四王恽吴、四僧等主要流派开始，往上追。为什么要从清初往上追呢？因为整个清代受四王影响，绘画走入了摹古的死胡同，所以要向上追，从清六家、四高僧，追至董其昌，然后上溯至明四家、元四家，再到北宋。在具体看画的时候，则是要一家一家看，比方说今天看王石谷，就把王石谷所有的画都集中起来，按年份给它列个表，然后从他最早的画看起，从二十多岁（的画）一直看到八十几岁。这样看就可以对每个画家各个时期的风格都有系统的研究和认识。因为画家作画不仅仅是一个个体的创作过程，而且还带有许多情绪化的成分，他们的画风在各个时期都有很大的变化。我们画画的人都知道，自己的画在不断地变，这一阶段看自己的画是这样，回过头再看以前的画，好像不是出自同一人之手了。所以鉴定书画必须做系统的研究。当时看完一家，就写一篇读画笔记。谢先生每星期到库房对着真迹当场指点，教导从哪里切入。这样一家家看下来，历史上主要画家的风格就一目了然了。跟随谢老学习研究绘画，一个是研究它的流派，一个是研究个人风格，还有一个是研究时代风格。一旦你把时代风格拤住后，有些结论就容易得出。比方说，你看到一张画，明明署的是唐伯虎所画，但其画里已流露出清人的风格，那此画肯定是清人做的唐伯虎假画。再比如，有的时候一张画拿来，并无款识，但是我们从风格上就能判断出这幅画的年代，或者明末的，或者清初的，或者是乾隆时代的，因为画本身都透出它的时代风格来。

画的真假与好坏是两回事。有时真的东西不一定张张全是好的、精的，有些画虽画笔很好，却是假的。因为这些作假者本身水平就很高，甚至有时作的画比真画还要漂亮。比如张大千作石涛，作得就非常好，几可乱真，比真的石涛（的画）还要漂亮。真的石涛（的画）有种古拙感，张大千则不可能做到那个地步。要去仿人家，总会有自己的风格在里面，所以我们在鉴定画时，一定要看他的画风，是不是属于这个画家的笔性，而不是只关注图章、纸张。图章只是起辅助的作用，如果你对某张画一看就认为是好的，风格也是对的，甚至能拤到他的创作时期，然后我们再去看图章。当你对画（的风格）有疑问时，也可以再从图章、纸张入手去考证，看看它们之间有什么疑点。石涛有句话叫“千笔万笔，始于一笔”，就是指任何一幅画都是从一笔画起的，而这一笔，也就体现了画家的个性和功力所在，比如提笔、收笔的习惯以及所画出的每一根线条可以看出是否都经过严格训练过的。大多作假者，本身功力不够去模仿他人的画，虽然画得有些像，但内在的笔墨，就会发现不具备应有的功力，它只能达到形似，达不到神似。即使是非常高明的作假，如张大千，虽然笔墨的功夫够了，但他还是会流露自己的个性在画面内，这就是鉴定的重要之点。鉴定还存在这样一个问题：即认定某位画家的一种风格是真的，一旦画家风格稍微变一变，就觉得它是假的了。我们知道，画风会随不同时期而变化，同时画家作画也不可能每幅都是好画，有时他们也有所谓的应酬之作，这类画的流传于世很容易被判定为假的。所以我们说鉴定画看真难，看假易。

采访者：能否请您谈谈八年的全国书画鉴定小组过程中，您跟随老一辈鉴定家们的心得体会？

劳：其实在1962年就搞过一次，当时由谢老、张珩和韩慎先等老先生，组成“古代书画鉴定三人小组”，首先从北方开始，然而工作进展不久张、韩两位老先生相继过世，这件事便搁置下来了。20年后，经时任国务院副总理谷牧提议，文化部国家文物局又把这个小组成立起来。1983年全国鉴定开始，我从头至尾都随组工作，共看了十几万幅，记了近70本笔记。这七八年全国书画鉴定经历，对我其实是一种升华。此鉴定小组由谢稚柳、启功、徐邦达、刘九庵、杨仁恺、傅熹年等几位老先生组成，谢稚柳为组长，启功为副组长。鉴定组像个大家庭，又像一个学术团队，经常在一起讨论书画的真伪，从中我也看到南北鉴定家鉴定风格的不同，这对我来说又学到了许多鉴定的方法，开阔眼界得益匪浅。

南方的鉴定风格，以谢老为代表。他认为对于一张画，要扩大地去理解，所谓扩大地去理解，就是不要抃住一个风格不放，因为画在变，它变的风格，不一定是假的，而是要去认真地研究和认识它，不做轻易的否定。北方的鉴定风格，抃得比较紧，画风稍微有变，往往认定是假的。在考据学上运用较多，凡文字上有记载的某位画家曾有过学生代笔的，就倾向于将画风稍变的画，认为是其学生的代笔。北方鉴定流派中，把能看出画作的代笔，被认为是鉴定中的最高阶段，这在南方鉴定流派看来，似乎有点悬。我曾写过一篇《关于唐寅的代笔问题》，就是探讨通过资料来鉴定实际不足为训，因为有时当时的记录有误，著录者可能也是听说、记录传闻，而且毕竟只是文字资料，要将文字资料引入到实际鉴定中去，依靠它来确认代笔的依据，仍值得商榷。关于代笔，当时在鉴定小组中也是争论最多的一个问题。

书画鉴定，一方面是比较学，另一方面也带有一定的模糊性，不能搞得太清楚，并且也不可能搞得太清楚。一张画，特别是传世旧画，一定说它是假或者一定说它是真，这中间还有一个模糊回旋的余地。即便看画看得很多，也不敢保证自己百分之百能看得准，只能保证鉴定错误的概率小一点。不能确定真假时，还要再研究。这一点，老先生们做得都非常好，在无法确定真假时，情愿往真的上靠，除非一看便是假的、不用研究的。有些画很难判断它的真伪，就尽量去换位思考，站在当时的条件和情形之下，如心情因素、环境因素、工具因素，都会直接或间接地影响到画的好坏。

采访者：那么您认为鉴定家应该具有什么标准？

劳：一是职业道德，再一个是悟性。鉴定就像画画一样，还是要有一定的悟性，如果没有悟性，有时看一辈子可能也看不好，看画时，要去体会，要去吸收它。所以，鉴定也是一门综合的科学，本身要会画画，还要看画看得多，其他方面的修养也要跟上，再加上悟性好，这样才有可能成为一名好的鉴定家。要培养一个真正的鉴定家，难度很大，第一他必须看大量的原作，包括好坏真假，当前虽然能看到大量的印刷品，但印刷品和实物毕竟又不一样。我们鉴定画是不以印刷品、照片为依据的，照片是死的，而我们要看活的（实物），实物能反映出画的灵气够不够。有时照片上看看很好，但一看实物，是假的；有时候照片看上去不好，但实物一看倒是真的。这就跟人照相一样，尽管有的人上照，有的人不上照，但与人的本身相比还是有很大的差距，因为人本身是有灵气的。鉴定就是这样一个道理。另一方面要有接触精品的条件，那样看画的眼光才会更高，不能一开始就看不入流的画，这样起点就低，很难再提高，往往会把假的当成真的，因为他真的画看得太少了。

采访者：谢老先生"传统、生活、创新"的寄语对您的意义是什么？

劳：这是指画画。鉴借传统是针对中国画来讲，中国画延绵几千年，是我们的国粹，中国画就是讲究笔墨技巧，这个笔墨技巧随着时代迁延而越来越得到升华。我们学习中国画，一定要把其中传统的、好的笔墨技巧传承下来，它已经形成这样一个高度了，所以我们的书画创作，一定要有传统。但是如果全盘去继承笔墨技巧，不去创新，那叫“摹古”。就像“四王”，他们的功力非常高，笔墨技巧是一流的，到了无可匹敌的地步，但忽略的却是推陈出新。而创新就要结合生活，脱离了生活怎么谈创新？所以必须到真山真水中去体会，去写生。从传统里学到笔墨技巧，运用到创新中去。传统、生活、创新这三者的关系，其实是中国画最关键的、统一的、不可分割的要素。如果不讲究传统，说老实话，这样的中国画，如没有地基的房子，是永远盖不高的。所以传统、生活、创新，是我们学习中国画的唯一一条正路。

采访者：对于民间收藏您有何看法？

劳：我觉得艺术品还是应该“藏之于民”。现在民间有一股收藏热，这是个好的现象。说明国家富裕了，人们有闲钱收藏艺术品，应该让一部分好的东西在民间收藏。上海博物馆是全国有名的大馆之一，它的藏品，许多都是从民间征集而来，特别是明清的收藏，比故宫有过之而无不及。这都要归功于民间那些大收藏家，如庞莱臣、吴湖帆、刘靖基、钱镜塘等。但目前民间收藏的水准还有待提高，主要有两个问题：一是收不到好东西，好东西留在社会上太少，因为大量好东西都进入了公家仓库；二是收藏家的素质还需提高。过去许多收藏家，自身的涵养功夫、文学功底都很好，他们也真正是从爱好文物、保护文物这个角度涉足收藏。而现在不少收藏都带有投资性的，今年买进来，明年卖出，或者这里买进那里卖出，最好像股票那样马上变现钱，其实在当前的经济市场也是无可非议的，但随之而来因画的真假牵涉出许多的问题。譬如买了一张画，有人说是真的，又有人说是假的，收藏者觉得自己亏了，要退画，弄不好到最后还要打官司。其实以前的收藏家，他们也收到过假东西，然而非但不声张，还作为是买教训、交学费，反省自己为什么会看走眼，摆在那里不断深入研究，提高自己的眼力，以至下回再去收时，少走弯路。要么不进入收藏这一行，否则一定会收到假东西，也一定会“交学费”。今天哪怕你请了高手帮你掌眼，也不一定不走眼。

采访者： 您认为有素质的收藏家应具备哪些特点？

劳： 有素质的收藏家需要通过实践来培养。随着总体收藏水准的提高，拍卖的水准也越来越高，慢慢地就会形成一波新的收藏热，也会逐步形成一批高水准的收藏家，甚至一些收藏大家。这些收藏大家，他们本身要热爱这些艺术品，不能光顾着买卖。当然，投资也是一个方面，文物的流通是正常的，但不能光为投资而投资。作为收藏家，（作品）收来就是因为喜欢它，要研究它、保护它。好在如今有一些企业家，有志建私人博物馆，向大众开放，为大众提供研究、学习的场所，又能把自己的收藏品保护起来，我觉得这是一个非常好的方向。所以，作为收藏来说，一是靠财力，二是要自己喜欢，再是要有一定的学养，最后要有保护这些文物的强烈意识和愿望。这样的话，我想中国慢慢会出现具备高素质的大收藏家。

采访者： 您对华人收藏家大会有何期待？

劳： 这是第一次由我们政府来举办这样的大会，而且听说要作为一个常设机构，今后每两年要开一次，我觉得很好。上海不仅是中国也是世界的文化、经济、金融中心，这样，大会的影响力会很广，意义非常重大。而且现在举办也正是时候，因为中国文物的收藏拍卖这十几年来已经到了一个相当的阶段，需要有一个总结。其实我们收藏家大会也是一种总结性的大会，要探讨怎样使收藏往健康的、更深层次的方向发展，收藏与拍卖更需要向规范化的方向发展，需要有这么一个机构，通过大会的形式，让有志者聚集一堂，共同探讨和规划，我想这对我们今后文物的流通、鉴定水准的提高，都会有深远的影响。我相信大会会开得非常成功。

独辟蹊径赏珍玩

——黄蕙英女士访谈

黄蕙英，美籍华裔收藏家。先后毕业于复旦大学国际贸易专业和法国布鲁塞尔大学服装设计专业，1974年定居纽约，师从王己千先生学习中国古典书画鉴定，并从事书画、犀角雕及古代宫廷画像的研究与收藏。

采访时间：2010年6月

采访地点：纽约

采 访 者：马欣乐（以下简称“采访者”）

被采访者：黄蕙英（以下简称“黄”）

采访者：记得上世纪90年代中期在纽约王己千老师那里得知，您是一位很了不起的收藏家，时常在欧美的拍卖会上竞拍中国书画，当时只了解您喜欢书画且有不少的藏品，后来才得知您的犀角雕和宫廷画的收藏享誉国际。我想问问，您是怎样独辟蹊径，走出自己的收藏之路的？

黄：我自幼喜欢艺术，20岁从上海只身跑到香港从事服装设计专业。我的犀角雕收藏纯属偶然——40多年前，我在香港已经拥有了自己的品牌“潘多拉”和上百人的生产工厂，前来订购服装的多是当时香港名流和演艺界国际明星，包括玛丽莲·梦露。

出于工作需要，我每年都要周游世界各地，尤其是巴黎、伦敦等世界时装之都。因为对中国传统文化和艺术充满感情并由衷地热爱，所以，除了参加表演会和访问客户以外，我最大的兴趣就是参观大都市的博物馆和艺术品展览会。不过在拍卖会上，当大家都抢拍瓷器和传统书画时，我却将注意力放在了不受关注的犀角雕刻上。历经几十年的搜寻和积累，我的犀角雕藏品已经具有了一定的系统性、全面性、艺术性和历史性，可以说，除了国际上为数不多的几个博物馆和私人收藏家之外，我的收藏具有一定的代表性。

采访者：据我所知，犀角有亚洲和非洲之分，我们亚洲的犀角质地为上乘，宜于雕刻。请问，它们还有什么样的特点？目前在国内几乎看不到几只犀牛啊？

黄：同为犀牛，亚洲和非洲的有着极大的不同。非洲的犀牛生双角，且角比亚洲的长、大，质地较亚洲的更细腻、坚硬，并有较高的透明度，但缺乏柔韧度，经过雕刻后则容易受气候的影响而变形或破裂，成品往往工艺粗糙不精，在藏家心目中谈不上珍品。

自古以来，亚洲犀牛所产的犀牛角具有很高的艺术收藏价值和极高的药用价值，它有吸收毒质、化毒和辨毒的效用，它们产于印度、泰国、缅甸、越南、印度尼西亚等地，犀牛的纤维较粗，如同甘蔗的线条一般。中国在远古之时也盛产犀牛，在陕西等地的博物馆中都能看到出土自商、周、秦、汉的犀牛青铜器皿以及铁或石质的犀牛造型，可见当时的犀牛之多且大量出现于人们的生活之中。后来由于战争中用犀牛皮制作铠甲和盾牌，用犀牛角制药或制盛酒器，再加上气候和生存环境的变化，犀牛几乎绝迹于中国大陆。

采访者：今年香港佳士得春季拍卖会上，几只精品犀角雕均以500多万美元成交，打破了犀角拍卖的最高纪录，可见犀角雕刻作为一个艺术门类越来越受到藏家的重视。那么，历史上这些犀牛角都具有哪些用途？作为一门艺术，一般犀角雕都有哪些题材？

黄：中国的犀角雕刻是中华传统艺术的一朵奇葩，举世无争，它历经漫长的岁月和不同的朝代逐渐成熟。元明之前的犀角雕多为犀角杯、碗、鼎等饮用器具，施简单饰纹或不加饰纹，重在实用和自然美；明初之前犀角原料缺乏，基本以外国贡品为主，朝廷选用优良工匠雕琢成精美的犀角杯等器物供皇家享用或赏赐功臣；明初，犀角雕多为素身或饰以商周青铜纹样或浮雕龙凤图案以象征皇权。犀角雕兴于明朝中叶，盛于晚明及清代的康、雍、乾年间，目前所见的犀角雕大部分是16到18世纪的亚洲犀角雕作品，19世纪之后则以非洲犀角雕见多。

犀角雕的题材丰富多彩。明代以后由于海运和贸易的发达，引进原料的大量增多，犀角雕刻逐渐由皇室的专利流传至民间，而民间工艺高手和文人的参与，使得犀角雕刻艺术出现更多意趣清新的作品。这些雕刻有历史故事、山水人物、花卉草木、花鸟鱼虫等，将大自然和民间的诗情画意刻画得淋漓尽致，有天人合一之美。其余更多的则借谐音以寓吉祥之意，诸如莲花禾穗预示"年年和谐"，莲花和鱼表示"年年有余"，以瓜蔓和多子果实等祝愿多子多福，子孙昌盛，以帆船祝愿一帆风顺等。此外，有《赤壁赋》《兰亭序》等文学作品，有"太白醉酒""羲之戏鹅"等典故，还有罗汉、观音等佛教人物造型。犀角雕是古代皇室御用之物，也为帝王赏赐功臣王侯之用。部分作品雕刻有作者落款，如犀角雕刻大家鲍天成、"直生"等，也有部分作品因为供奉皇帝，作者没有落款留名。

犀角雕的造型多彩多姿，争妍斗艳，有不规则的素身杯，有各种仿古青铜的饮酒器具，如三足鼎、四足炉、高足爵和壶具等；也有葫芦、木叶、瓜实或者可以欣赏把玩的摆件。由于犀角的形状合适圆雕，所制对象则十分顺手可爱，且大部分清代早、中期的杯器雕工纤细入微，如杯柄后最难雕刻的地方也精雕细刻，一丝不苟。因为每件犀角的大小、颜色都不一样，加上不同的工匠和工艺，故不会有完全相同的犀角雕，所以，收藏犀角雕是件怡情乐事。

采访者：作为收藏，犀角雕刻到底有多大的存世量？是否像书画一样让不同阶层的收藏家或者爱好者都可以拥有和保存？

黄：寻常的犀角雕，诸如山水杯、素色杯等倒不难见，偶尔在拍卖会上十几万到几十万美元就可购得。但我喜欢收藏年代更久远、造型更珍奇、工艺更精湛的精品，尤其是举世无双的绝品。我的老朋友、知名犀角杯研究专家霍满棠先生曾言及目前存世的犀角雕刻作品不足 4 000 件，精品更少，不到 200 件，且大多数收藏于几个世界知名的博物馆和几位私人藏家手中。在 2000 年香港博物馆推出的历时两年的"中国古代雕刻大展"中，展品包括竹、木、牙、角、玉雕珍品，其中有 13 件犀角雕精品全部是我借给他们展览的，这些精品也是从我当时收藏的 40 多件犀角雕中挑选的。前些年，美国几个大型博物馆也都曾先后借去我的部分藏品举办展览。我觉得这是对中华文明和文化的一种宣传，也为此感到自豪。

采访者：在您目前的收藏中，有哪几件是您最满意的代表作品呢？

黄：看到我喜爱的犀角如果拍不到手，我会几天失眠和遗憾的。在上世纪七八十年代经历过这类事情之后，对我有很大的震撼。有一次，为竞拍一件难得的犀角雕，我与其他藏家展开激烈的竞争，最后以8万美元得手。80年代中国对外开放的初期，8万美元可以购得大量的古董或者当代大师的代表之作，但是我喜欢收藏犀角雕，只要看到中意的作品必然志在必得，绝不遗憾终生。我的每件收藏都像是我的孩子，都有它的故事。如果说有偏爱的话，我可以举出两三个例子。

张骞乘槎器是件17世纪后期的作品，器身以整枚印度犀角用圆雕手法做成粗壮的大树槎，容貌祥和的张骞五官清晰，神态宽容闲逸，稳坐船中，身后及两侧饰以花果树叶并镂空雕成，甚为精巧。全器内部挖空，饮料可通过槎尖流出，构思巧妙，比例均衡。船的底部雕以浪花水纹，细如发丝而层次分明，犹如古人作画的铁线游丝描而以刀工来表现，更可见其难度之大和雕工之高超。据资料显示，目前国际上现存的船形犀角雕最多也不超过20件，此件当属珍品之列。2007年3月纽约苏富比拍卖会上有件来自美国Painter先生收藏的类似作品，最后以200万美元成交。

还有件莲花水注杯，也是17世纪作品。它的造型厚重又不失精巧，用一片大荷叶作为犀角杯的主体，以扭曲的莲茎作柄，再以荷花和荷叶陪衬，翻卷自然，荷叶上的浅浮雕表现出叶脉与花筋，富有质感和手感，构思精巧，不愧是件绝妙的犀角雕刻逸品。2008年香港佳士得春季拍卖会成交了一款与此件十分相似的莲花杯，当时的成交价为816万7 500元港币，而此两件竟出自同一犀角雕刻名家“直生”（尤侃）之手。不同的是此件雕有螳螂，栩栩如生，更有生活情趣，更富有浪漫之意，也更加艺术化，使人无限崇尚、喜爱有加。

古铜纹棱形杯。由于受犀角本身形状的限制，一般只能雕刻不规则形的器件。然而，这件为隆庆皇帝所制的古铜纹棱形双柄对称犀角杯可谓举世无双，绝无仅有。隆庆皇帝在位时间本来就很短，此间所制作的犀角雕则少之又少了。此杯呈八瓣棱形，中部浮雕一犀牛头，双目前视，炯炯有神；两侧浮雕各刻有行书五字“不碍市井爱”“自得山水趣”，流畅飘逸，颇有法度；杯上部四周是阳刻回纹和浮雕精雕的贝叶纹样，均衡又有装饰性，双柄对称，柄底端上钩，正中见巧、直中有圆。可见该件珍品选料之难、构思之精、工艺之美，可谓犀角雕艺术的一朵奇葩。

英雄杯是18世纪早期作品，它的造型为两个大小相同的圆筒状杯子并排雕刻在一起，中部透雕一只鹰状展翅兽，嘴衔圆环，足踏俯伏瑞兽，貌似熊首，二兽神态生动，栩栩如生，取音“鹰熊”，是帝王赏赐功臣之用，同时也寓意二性和好，和谐相处，又称之为“鸳鸯杯”。杯口饰有精致回纹，杯体浮雕有古铜纹，背后中央将二兽的尾部连接成把柄，浑然一体，整个器件制作精巧，琢磨精炼，手感莹厚润滋，把玩欣赏，无疑是一件让人爱不释手的犀雕杰作。目前除国际上几大博物馆还有收藏之外，此件是唯一收藏于个人手中的一件。

采访者：其实，您收藏的宫廷画像绝不输于您的犀角雕。在20世纪末中国经济真正得到发展之前，中国书画在国外的价值还非常低廉，当时您为何会选择大家还不很理解的宫廷画像？

黄：40多年前我从香港移居纽约，在纽约很快就和书画鉴赏家、收藏家王己千先生熟悉，受他的影响，我购买了一部分书画。但王己千先生是实力雄厚的内行，在宋元明清画和文人画的鉴藏方面，我根本无法与他相比，同时也受经济能力的限制，只能另辟蹊径，将目光投向了过去不大为人们所注意的清代宫廷绘画中的功臣肖像画和犀角雕刻。经过多年的努力和在全世界范围的拍卖会上寻觅，我目前拥有四幅比较重要的《紫光阁功臣像》。

采访者：据说，目前在全世界出现的《紫光阁功臣像》最多也不过二十余幅，而大多都收藏在博物馆，中国大陆目前只有天津博物馆藏有两幅。您可否谈谈您的四幅功臣像的主要特点和它们的特殊意义？

黄：要说《紫光阁功臣像》，就要说说紫光阁。它位于今天北京西苑中海的西岸，原址在明朝武宗时为平台，后废台，改建为紫光阁，清朝依旧。清康熙时，紫光阁前曾作为阅试武进士的场所。乾隆二十年即1755年，清政府平定西域准部、回部，次年平定大小金川，在庆功的同时，乾隆嘉赏众将诸臣之绩，葺新斯阁，封列前后五十功臣，令宫廷画师绘制功臣像并御撰《前五十功臣赞》，《后五十功臣赞》由儒臣拟撰，到了乾隆后期，又制《平定廓尔喀功臣像》30幅。乾隆一朝，历次绘制并悬挂在紫光阁内的功臣像，总共有280幅之多。以后几代皇帝，对《紫光阁功臣像》仍然不断增添。

数百幅的《紫光阁功臣像》现在早已散佚各处，七零八落不复完整了，目前所见到的画幅和原先的数目相差悬殊，可见是因为遭遇重大的变故才出现如此不幸的命运。据北京故宫博物院专家聂崇正先生调研，现在收存于国内博物馆的《紫光阁功臣像》仅有两幅，即藏于天津市历史博物馆的平定西域的功臣《散秩大臣喀喇巴图鲁阿玉锡像》轴和平定大小金川的功臣《领队大臣成都副都统奉恩将军舒景安像》轴。而这批《紫光阁功臣像》散佚的原因和时间未见任何文字作确切记载，我们推测是在“八国联军”占据北京的光绪二十六年(1900年)间，当时紫光阁所在的中南海一带驻扎着外国军队，“八国联军”的司令部就设在紫光阁，原先的皇宫禁苑成了完全开放的地区，内中的陈设物品遭到破坏、劫掠，损失惨重也就不足为奇了。史料有关文字中并没有直接提到《紫光阁功臣像》的下落，但是在那样的情况下，它们是不可能幸免于难的。

目前，所剩无几的《紫光阁功臣像》流散在海内外各处，有些由博物馆、美术馆收藏，还有一些归私人所有。据了解，目前全世界发现留存下来的《紫光阁功臣像》总共也不到30幅。当然，这个统计数目仅仅是参考近些年从拍卖市场中露面的《紫光阁功臣像》而言，实际可能不止目前所见到的这部分。因为如前所述，《紫光阁功臣像》散佚的时间是在“八国联军”占据北京期间，掠夺者是将中国的文物作为“战利品”携往国外，所以，进入拍卖市场的《紫光阁功臣像》全部都基于海外市场，国内则一幅未见。

聂崇正先生曾做过大量这方面的调研，并撰写过有关《紫光阁功臣像》的文章。对于这批组画做过一番钩沉，其中涉及的作品，有的过去仅见到过图片，有的甚至从未耳闻。2001年秋天，当他在纽约看到我的功臣像时，便觉得非常震撼和激动。当时，我展示给他的分别为《大学士一等忠勇公傅恒像》轴、《三等侍卫克什克巴图鲁伍克什尔图像》轴和

《成都将军法什尚阿巴图鲁云骑尉鄂辉像》轴三幅。另外我还收藏许多清代亲王、显贵和其他名人像，如林则徐画像等。

采访者：在您收藏的四幅宫廷画中，三幅作品上部都有乾隆皇帝的御题赞文，汉文书于右侧，左边是同样内容的满文赞语。我觉得傅恒这幅最为精彩，人物刻画造型准确，栩栩如生，画中的傅恒是一位仪表堂堂的中年人，直身端立，方圆脸，蓄鬓，面色红润，身穿亲王级别的朝服，头戴双眼花翎，身后佩带腰刀，威仪雍容，气度不凡。这幅作品是否是您藏品中的重中之重？作品的背后又有什么样的故事？

黄：《大学士一等忠勇公傅恒像》轴是绢本设色画，高 155 厘米、宽 95 厘米，画面上部是乾隆皇帝的题赞，书写于乾隆庚辰，即乾隆二十五年(1760)，作画的时间也应当在这前后。傅恒是满洲镶黄旗人，官至保和殿大学士兼军机大臣，在军机处任职二十余年，曾督师指挥大金川之役，后又参与筹划平定准噶尔的战争，以其赫赫战功封为一等忠勇公。除此以外，傅恒的姐姐又是乾隆的皇后，所以其身份更为显贵尊崇。按照史料上的记载，凡是画像上由乾隆皇帝亲自撰写了题赞的，均为前五十功臣，傅恒又排列在前五十功臣的首位，足以说明此幅作品的重要性。

相对而言，《三等侍卫克什克巴图鲁伍克什尔图像》轴上的诗堂中为大臣刘统勋、刘纶、于敏中(1760)奉旨拟撰的汉文赞语，左边为同样内容之满文赞语。画面中，伍克什尔图侧身而立，左手持弓，右手拿箭，佩带腰刀和箭囊，头戴单眼花翎，颧骨高高的，在红红的脸膛上，留下了军旅生涯的痕迹。这两幅《紫光阁功臣像》画的均为乾隆二十年(1755)平定西域得胜的功臣，经查《平定准噶尔方略》一书所载，傅恒在百名功臣中排名首位，完全吻合。

另外一幅画像主人公鄂辉是乾隆时平定台湾战役的五十功臣之一，也有乾隆皇帝御题赞语，可知其功劳之大；后来又参与平定西藏之乱，官至四川总督及云贵总督。这幅《成都将军法什尚阿巴图鲁云骑尉鄂辉像》轴可能是五十幅《平定台湾功臣像》中唯一存世的作品。第四幅是《二等侍卫哈什哈巴图鲁达尔汉像》轴，此幅上世纪八九十年代曾经在德国柏林经历过两次拍卖，柏林科隆东亚博物馆的研究员 Annette Bugener 博士发现图中的哈什哈巴图鲁达尔汉正是其馆藏的另一幅清代画作中的相同人物造型，根据档案记载，知道哈什哈巴图鲁达尔汉为后五十功臣，排名第四十三位。

采访者： 傅恒的面部刻画酷似郎世宁所描绘的乾隆皇帝的画像，注重明暗和立体感的表现，解剖结构上十分准确，面部除去色彩外，几乎看不到墨线的痕迹，以色彩的浓淡、深浅来塑形，表现起伏凹凸。很显然，这体现了欧洲绘画的特点。而人物的身体部分，以线条勾画轮廓，有些衣纹的皱褶处也用线条加以描绘，并不强调立体效果的反映。色彩运用上以平涂为主，体现了浓厚的传统中国绘画的特点，中西合璧，光彩夺目。那么，这些作品是否有作者的记录？

黄： 至于《紫光阁功臣像》的作者是何人，因为画面没有著款和印章，因而无法确定具体的画家。但根据档案记载，在《紫光阁功臣像》画成挂轴之前，画师曾经对着真人写生。参与《紫光阁功臣像》大挂轴绘制的画家，档案内写出姓名的，有欧洲派来中国的意大利画家郎世宁、捷克传教士艾启蒙和浙江画家金延标等人。有的人物的面部是由郎世宁等西方画家执笔绘制，而人物的身体部分是由金廷标等宫廷画家完成的，这些画像由中外画家非常融洽圆满地合作，体现了乾隆时期宫廷绘画"中西合璧"的风貌。正像您说的《大学士一等忠勇公傅恒像》，人物的面部应当是郎世宁所绘。专家们曾经比较过现收藏于法国巴黎吉美博物馆的郎世宁作品《哈萨克贡马图》卷，画中站立于乾隆皇帝旁边的一人就是傅恒，两者的表现手法极为相似。平定西域得胜后，皇帝曾命令郎世宁、王致诚、艾启蒙等中外画家，赴热河承德描绘来归降的蒙古族首领和部分功臣的肖像，比如郎世宁就画过阿玉锡的肖像，所以傅恒像的面部刻画手法与《哈萨克贡马图》中的傅恒极为相似，加之傅恒又为百位功臣之首，此幅作品的头部一定是郎世宁所作了。

采访者： 请问在收藏之外，您还有其他的爱好或希望从事的事业吗？

黄： 欣赏艺术和收藏就是我毕生的爱好和事业，与此同时，我也很喜欢在动物保护和慈善事业方面的投入和支持，我希望能为传承和弘扬中华民族优秀传统文化尽责尽力。作为一个生活在西方的东方人，我觉得这点很重要。当然，这也是为人类和大自然的和谐美好奉献自己力所能及的力量。另外，为了丰富犀角雕刻和宫廷画的系列收藏，自上世纪 70 年代开始，我走遍世界许多国家，也经历了大量传奇式的磨难和经历，好多人都认为我应当将这些传奇式的寻宝奇遇记写出来与大家分享。我已经和一所美国大学的教授共同实施这个计划，在不久的将来，大家会看到我的传记小说。我觉得自己是个大半生浪迹天涯的海外游子，看到祖国这些年翻天覆地的巨大变化，看到自己的民族文化、优秀历史和珍贵的艺术受到国人的爱戴和国际的崇拜与尊重，内心充满自豪、喜悦和无限的感激之情。

从文化角度考虑收藏

——陈鹏举先生访谈

陈鹏举，浙江定海人。1981 年进上海《解放日报》文艺部任记者、编辑。编《朝花》副刊 15 年。1995 年独立创办、主编《文博》专刊至今。上海市收藏鉴赏家协会副会长，上海诗词学会常务副会长。

采访日期：2008 年 4 月 17 日

采访地点：解放日报社

采 访 者：倪淑颖（以下简称“采访者”）

被采访者：陈鹏举（以下简称“陈”）

采访者： 您个人是由何因缘接触中国传统文化的？是否有家学渊源？

陈： 没有渊源。说起来，我只有中学学历。翻译家叶庆桐和傅雷是好朋友，傅雷常给他挑选林风眠的画。因友人介绍，我到他家玩。一进门，他便问：“你是复旦毕业的吗？”“不是。”没进过复旦，没读上大学，是我一生最大的憾事。“那你是书香门第？”“也不是。父亲是个平民，我自己当了 13 年工人。”“那你遇上过名师？”“之前没有，30 岁进《解放日报》后，喜欢的人，大多都碰上了。”缓了缓，他接着问：“你是哪儿人？”“浙江定海人。”“这地方也不出人，想来，也就一种说法了，你是天才。”他当场把他收藏的清人册页拿来，随便我在册页上读画题诗。

小时候，家里没别的书，只一本唐诗，唐诗短小，我很喜欢看。之后，迷上写诗，三两句话，可以酣畅淋漓地把我即时的状态表现出来，特像我的性格。今年四月，我出了一本《陈注唐诗三百首》，写对诗的理解和感动。关于书名，还有个故事。我和黄老（黄永玉）

是圈里的忘年交，在凤凰时，我请他题个书名《陈注唐诗三百首》。他说“这书好”，就题了，字写得严谨规范，看着很郑重。其实，那会儿书还没有，是回来再写的。要说注解，历代多是学者注解，他们把字句断开，一词一注、一句一注，总给人隔离的感觉。我恣意而为，混沌着几百字一起注，就成了现在的模样。历代学人中，研究诗的多，擅长写的人少，我自己写诗，自然颇能体悟作者原初的心情。这本书现在的发行量很大，一万多本都卖完了。甚至有人说，我是当今中国旧体诗的代表人物。当然，这是一句戏语，但说诗词是我的看家本领，是没错的。

采访者：陈先生，您能谈谈创办《文博》版的初衷吗?

陈：谈及收藏，先要讲讲我的思考。目前，对繁体字的困惑尤为突出。五四运动颠覆了文言文，也没颠覆繁体字。可惜连五四运动也没颠覆的繁体字，后来被颠覆了。中国的简化字出现，改变了中国人的思维方式。当然简化字的出现有其合理之处，是为一时应急扫盲之需，但它恰恰是缺乏生命力的，它割裂了繁体字所保存的文化内涵的延续性。现今，这一代用简化字养大的孩子，他们心里只有几十年的文明。他们是中国人，他们生来有一颗属于远古中国的心。他们被简化字耽误了。他们无法追溯先贤的足迹，只能热捧余秋雨的《文化苦旅》，迷恋于丹的《论语》心得，甚至是周杰伦的歌词。其实，每一个中国人的内心都有一块柔软的地方，那是对于过往文化的深深眷恋，对5 000年文明的冥冥向往，当他们发现自己无法回头时，才会对周遭的通俗文化如韩剧倍感亲切，实质上这些对中国文化而言是很浅的，事实证明文化的断代层就在于此。

很多人误以为我熟读廿四史，其实没有，至少没系统看过，我的知识多在古体诗的诗注中得来。注解里的典故是活着的，由此展开去，人对历代的艺术品和文物都会有亲近感。因为我们是中国人，唯是这样我们才有依靠，心里才有海晏河清的安稳感。收藏于我，已20多年，在这之中，我不断地看，藏品多似过眼云烟。后来巧了，1995年，报社有几个编辑提出要做个收藏版面，起初社里并不重视，拖了半年，方才通过。当时我负责《朝花》副刊，要我兼办《文博》时，说好先编三版，再交给他人接手。三版过后，我脱不了手了，就一个人努力至今。后来《朝花》反倒不编了。《文博》改变了我的人生方向，文字、瓷器、书画，一样样都大饱眼福。三年前上海成立了上海市收藏鉴赏家协会，挂靠文联，成立之初多是艰难，现在也只 100 多人，他们选我当副会长，因此我还有这样一个身份。

文艺出版社正在出版我在《文博》版上的每期一篇的“文博断想”专栏集，取名《文博断想全集》，先出时间跨度为 17 年的卷一、卷二。报上的我的这个专栏的文章，全国各地许多读者收藏着创办以来的全部报样。这让我很感动。感动于读者的厚爱，也感动于读者对文化的关注。文博的概念比文物大。《文博》版努力着，在文物、收藏、鉴赏等方面提出我们的看法。文物是历史和传统的物证，我们通过它理解自身的文化，和读者一起走进文化。

采访者：您主持《文博》版多年，全国知名的藏家、文化人，您都有接触吗？

陈：当然。近 20 年的濡染，我采访、交往的文人、艺术家已近百位。比如赵无极、刘海粟、谢稚柳、程十发、马承源、朱家溍、王世襄、黄永玉诸位先生，先后都见了，都教给我许许多多。“听君一席话，胜读十年书”，他们是我人生一笔不小的财富。黄老（黄永玉）不是一个简单的文人和艺术家。他和我关系最好，每次去看他，临走时，他会哭。在北京，我还接触过黄苗子、郁风。

采访者：您和黄老在一起聊得最多的是什么？

陈：什么都聊。十几年前初识黄老，是以诗会友。他在他的一本画册里写道：“一梦醒来，我竟然也七十多了！他妈的，谁把我的时光偷了？把我的熟人的时光偷了？让我们辜负许多没来得及做完的工作，辜负许多感情！”我看了很感动。恰好当时《文汇报》请他来上海谈事。谈话中，他提及早期很多知己老友，现今都过世了，若他们还活着，定能聊起更多有趣的故事，而今……言语间，多有伤感。吃饭过后，我写了首诗，朋友起兴拿给他看，他看后很感动，对我说：“你什么时候到北京来？”事隔很久，我到北京，他一个人在万荷堂外面路边的亭子前等着我，两人都内心在微笑，就这样开始了交往。

2000 年秋，我第一次在上海办个人诗书展，一个礼拜前他恰好来了，我很尴尬，怕忙乱之余怠慢了他。宴席快结束的时候，我只得对他说了，不料他说他已知道，说一定参加开幕式。又说，“你尽管忙，不要管我，我在上海有饭吃、有地方住。到时，你让人接我一下就是了”。还说要送样东西，花篮通俗了一点，画一个花篮吧。开幕前两天，他给了我他画的大花篮，作为交换，要我两个月后的春节到他老家凤凰陪他过年。

我们谈到许多文字。许多文字都是很美好的。宋人姜夔词句“桥边红药，年年知为谁生”，说了芍药的今生来世。近人寿石工有副联“与君之别，略多白醉；毋我为念，不改朱颜”，写得真是好。因为分别，什么酒喝了都是白醉，可还是远远地惦记你，愿你快乐，永远年轻。我曾见一副清人七言联，遂改成五言“岁月荒唐过，文章恐惧成”，交予黄老看。黄老说：“上联好，说‘荒唐’就是不荒唐。下联‘恐惧’二字不好。写文章有什么好怕的呢？可以改成‘文章腼腆成’。”细细品来，“腼腆”二字，可算是黄老对待文字的深情写照了。他是为着文字才到这世上来的。因为文字，他永远微笑着。尽管在北京万荷堂的院墙上，轻轻地刻着他的心里话——“我的灵魂从来不笑”。

采访者：您的大多数朋友都是以诗会友会来的吗？

陈：人与人交往，讲究真心。我若认一个朋友，就老想着人家，想帮人家做点事。友情与交情是两回事，交情是两人之间互相有个交换，友情是你真心待人好。以诗会友，或以棋会友，都不重要。两人之间，看有没有缘分，有时一见面，冥冥中就已注定。人活一世，总要在人世间留点故事，太世俗就没意思了。

采访者：对于文化，您有什么看法？

陈：文化是人的文化，不是文化人的文化。一个人不识字，可能很有文化。文化讲到底是做人的道理，一个人如何修身立世。每个人都要忠于职守，职业有操守。文人也是一样，要有文化良知。

采访者：文人是怎样一类人？是不是只有古代才有，现代有没有？

陈：我曾有个绝对的比喻，认为程十发是最后一个文人画家，这个结论本身很悲哀。如果不割断历史，文人应该一直存在，可怜我们割断了历史，一切都很难回去了。文人，必须在内心对国家有一份热爱，有一种责任，有一份不敢忘忧的情怀。一个国家若不强大，这一民族在世界上就无立足之地。再说生活，古代文人是很讲究的，一个"玩"字，并非现在所谓的吃喝玩乐。"玩"就是玩味，是一种很高级的东西，诗也是一种"玩"。

采访者：传统中国文化的魅力是什么？

陈：传统文化最大的魅力就在于，它能让你活得像一个中国人。中国的书法，深奥得平易，人人都能分辨优劣，这种博大的艺术，在一开始的时候，便已揭开了人类所有艺术的真谛。无论在哪儿，无论是什么肤色的人，见到书画，都会明白这是中国的艺术，是有关中国的一个概念。而中国人在任何地方，都会觉得自己和别人不一样，所有的品行，所有的心情，都是中国人的品行、心情，是由 5 000 年文化积淀而成的。

20 多年前在杭州，我曾采访过赵无极，当时他住在望湖宾馆。那是抽象画被深深误解的日子。"你认为，谁最懂你的画，是法国人吗？""法国人怎么懂，抽象画应该中国人最懂，所有的抽象绘画，都是走入中国古典精神的。""作为十大杰出画家，你的画和别人有何不同？""肯定不一样，我画的是中国人的画，用的是中国人的语言，讲到底我这是中国人的抽象画。"他约我过两天去浙江美院看他画人体，"你到了那里，在门的上面敲三下，下面敲三下，我就知道你来了"。我感觉到了他的好意，可我觉得自己不是画家，不该去看人体的，便爽了他的约，现在想来非常遗憾。

刘海粟曾讲过，"我是中国人，我画的油画也是中国画"。中国人，从小吃米饭长大，用筷子启智，和惯用刀叉的西方人是不一样的。我一直对现今的当代艺术持怀疑态度，价格之高，似乎有刻意炒作之嫌。好的艺术，应能经受时间的打磨、推敲，时间可以改变一切。古玩的另一好玩之处，就在于我们现在看到的唐三彩，比唐人看到的还要漂亮，这就是时间的魅力，它会带来岁月的厚重和积淀。市场和收藏是两个层面，齐白石的画好，可不是大多数人都能看懂。更多的人只是听到了齐白石的大名，如雷贯耳，就在那里掏钱竞拍。

采访者: 现在的收藏行为与古时相比多有异化,何谓真正的收藏家?

陈: 人的一生是如何自我完善的过程。文物收藏是奢侈的,它传承文化,不仅陶冶情致、怡情养性,还有这么一点神圣的含义。历史上出名的大藏家,哪个靠收藏致富呢?没有。这些大收藏家,其实都是因为有了钱,才去收藏书画,随着眼光的提高,日积月累,去粗取精,去伪存真,这内中"玩"坏的很多。何谓玩坏,即投入大笔的钱,身陷经济危机,仍沉迷其中、不可自拔,能收支持平已是高手了。

一件瓷器并无能力保护自己,为什么能"活"下来?因为它凝结了中国的文化精神。所以每一代的优秀之人,对此有所感悟之人,都心甘情愿、倾尽家财,甚至用生命去保护它。它永远活着,而收藏家说到底,就是保管员,一些义无反顾的保管员。他们都以金贵之心,做着草民的事情。

收藏家不是单纯意义上的收藏者,他需要对历史、对文化有独特的理解和解读。若单单以家中有很多藏品,那就定义为收藏家,这种"收藏家"的地位是很低的。真正的收藏家,是内心藏有火种,以一己之力,传承中华文明的人。"收藏家"可能是一个光环,更可能是一种担当。担当是一个人内心的压力和伤痛,当然也是一种气概,一种幸福与光荣。

现今的收藏家大多执着真假,说到底是仍把古玩当作升值、不升值的筹码,远离了收藏文物的本质。真正懂画的人,未必买画。一线的考古学者,不是鉴赏家,他们是制定规则的人。鉴赏家只民间才有的,为这些流落在外面的物件,做出评判。一块玉,离开了自身的土壤,就好像流浪猫,本身是什么品种,已不再重要了。玉、瓷器、字画……把玩手中,默默凝视,人与物之间心意相通,它的线条、姿态,看着感觉和中国的人一样,谦恭、温和。

市场和艺术品永远是两回事,艺术品流落在一个对它没任何感觉的人手上,是一种浪费。收藏是拥有,拥有的感觉只在刹那,犹如过眼云烟,个人再厉害也收不过博物馆。文物最后的归属是国家。

采访者: 对新入门的收藏者,您有什么建议?

陈： 要多从文化角度考虑。收藏是文化奢侈，是花钱欣赏，而非买卖升值。每个人都有一个饭碗，这世上许多地方可以赚钱，不是非收藏书画不可。一个人如果做房产，就做房产赚钱，不要沦落成为文物贩子，毫无意义。我曾路过一个画店，老板不懂画，里面少有真迹。逛了一圈，看到一把清中期榉木圈椅，坏了藤面，仍不失古朴雅致。"这圈椅很好，你卖给我吧。""好的，我买来500元，卖给你也500元。"我说这不行，多少你也赚点钱，他却说："这钱我不赚的，老天爷给了一个饭碗，人不能贪第二个。我做字画行当的，就只卖字画。"当时，我很感动，心里暗暗敬重他。他卖的多是假画，很难做生意，但做人的道理却是对的。活在世上，每个人都要解决自身的温饱，但一旦有了一个饭碗，就不该再到处伸手，这也是文化。就我而言，我的一生可能做过许多很荒唐的事，但《文博》这个版面，是我的饭碗，是安身立命之本。人一辈子总要做一件踏实的事情，不然自己都对不起自己。

人世的财富、地位最后终是一场空，收藏家的古玩玉器也不过是过眼云烟，人生最后的心情不是拥有，而是淡定。

采访者： 老一辈收藏家痴迷收藏，但拿出来捐献时，也真是舍得。

陈： 这是一种平和的心态。一个人做事，不是为了崇高，而是做自己喜欢的事，对得起自己，历史怎么评判，是后人的事。70年前，张伯驹为了保管《平复帖》，破家逃难，经历绑票，险些丧命。为之担当风险20年，最后捐献给了国家。历代的包括帝王在内的大收藏家，都在《平复帖》上钤下了自己的印迹，只有这个张伯驹，白驹过隙，不留丝毫痕迹。薄薄的一页，1 700年，居然能留到今天，在它有着最大风险的时候，遇到了张伯驹那样纯粹的收藏家。这是《平复帖》的福分，也是中国人的福分。对张伯驹而言，自然也是他一生难求的福分。这就是真正意义上的收藏家。

采访者： 您对钤盖收藏印怎么看？

陈： 水至清则无鱼，一个人的一生想过得很纯洁，实际是不可能的，画也一样。一张画，历经光阴,必定经过很多人的手,每个人有每个人的心情,无可强求。盖个印,证明他拥有,也作为一种记录,流传有绪,本是无可非议的。问题是,盖在哪里,用什么印盖,如何不破坏画面,甚至为之添彩,这体现了一个人的审美品位和儒雅修为。人的名誉是珍贵的,若是盖得不得体,你的恶名就随着这张画一直流传下去,这也是一种历史的亮相。

采访者: 现在很多藏家都愿意开私人博物馆,公开展示自己的藏品,而以前多是藏家们小圈子里把玩。

陈: 这些都很自然。精英文化是小众化的,大众未必能懂。大众化,是至今不到百年的说法。比如 72 件国宝到上海,公众看得最多的是《清明上河图》,而这张画不算是最好的。因此,艺术仍是小众化的,三五知己相聚小酌、赋诗把玩,有它特有的文人乐趣。办私人博物馆,有它的大众功能,但世界上所有私人博物馆的存在,最后大概都难以为继,无非是一个比较长期的展览而已。因为博物馆本身需要大量的持续投资,否则是无法生存的,这是一个现实问题。在重新回归人文状态的要求下,许多事情不能先下定论。办私人博物馆,不能武断地说好或者不好。文化应该怎么发展,一步步如何走下去,只能走着看,将来自然会形成一个状态。

采访者: 对本次大会,您有什么期望或建议?

陈: 希望办成一个讲坛,大家随便讲,无须计较结果,让各种声音,都能呈现出来。

历久弥坚书画情

——曹海英女士访谈

曹海英，1951年生，曹漫之的三女儿。自幼随父亲流连于朵云轩、博物馆观赏书画，深受父亲传统文化思想熏陶，同样喜爱中国书画艺术，藏有海上名家赠予父亲的各类书画作品。

采访时间：2010年4月13日

采访地点：上海曹海英寓所

采 访 者：韦蔚（以下简称“采访者”）

被采访者：曹海英（以下简称“曹”）

采访者： 作为老一辈革命工作者，您的父亲曹漫之先生如何会与艺术结缘？他是怎样走上艺术收藏的道路的？

曹： 父亲的一生与书画艺术有着不解之缘。早年，父亲就读于家乡山东荣成县立一小学。他不仅学习好、口才好、具有组织才能，绘画水平更是在班级名列前茅。他的写生、水彩等作品经常被挂在墙上，供同学们观摩、学习。毕业后，父亲留校任美术教师，利用绘画宣传抗日和革命。据家乡的人说，当年荣成几乎每家每户灶壁上的风景画都是父亲所画。1932年，父亲加入中国共产党，走上了革命的道路。

父亲在战争年月对胶东革命以及对解放和接管上海都有着重要贡献。中华人民共和国成立初期，他曾担任上海市政府副秘书长、民政局长等职务。1952年“三反”运动中，父亲遭受错误的批判和处理，被开除党籍，撤销党内外一切职务，安排到华东政法学院政治经济学教研组当教师。但他毫无怨言，仍以坚韧不拔的精神潜心于法学、哲学和社会科学等学科的研究。

1958 年后，父亲担任上海哲学社会科学联合会的秘书长。社联是个社会团体，包含美学、哲学、社会学等各种学会。因此，在那段时间里父亲接触了一些书画艺术工作者。

1966 年"文革"开始，上海社联停止了一切业务活动。父亲成为"走资本主义道路的学术权威"，被批判抄家，查封书籍字画。直至 1968 年 12 月，父亲被派往上海奉贤"五七干校"，边搞运动边劳动。

1970 年末，父亲以及一批干部和高级知识分子获得所谓"解放"，从"五七干校"回到淮海中路市党校 7 号大楼组织学习。父亲因身体有病，多赋闲在家。那段时间，他结识了谢稚柳、陈佩秋、唐云等一批书画名家。"文革"期间，这些书画名家多被打成"牛鬼蛇神"，相同的人生际遇和对于书画艺术的由衷喜爱，使得父亲与他们日渐结下珍贵而深厚的友情。在那段特殊的时期，他们白天挨斗写检查，晚上聚在一起谈古论今，吟诗作画。父亲收藏的许多近现代书画作品也多是由此得来。

采访者：您的父亲主要收藏什么类别的艺术品？他的收藏规模怎样？

曹：父亲收藏的基本都是近现代书画和少量的古画，规模在几百张左右。父亲喜欢逛古玩市场，上世纪 50 年代末、60 年代初，父亲每逢星期天都会泡在文物商店、朵云轩、古籍书店等处观摩、研究和购买书画。父亲喜欢把收藏的书画挂在家中，一有新画就会把它们挂起来欣赏，每隔一段时间调换一批作品。70 年代初，在经济并不宽裕的情况下，他曾花了 16 元钱买下两个大紫檀镜框用于挂画——当时 16 元相当于一个月的生活费。在挂画时，父亲也非常讲究搭配和布置，如两个紫檀镜框中的大幅画基本是彼此呼应两两相望的，镜框旁边常会点缀一些小幅书画，客厅门框上方挂横幅作品，两边则挂条幅或对联。父亲的书房墙上挂的是画，桌上放的是画，地上堆的还是画。

采访者：您父亲与许多近现代书画名家友谊深厚，在与他们的交往过程中，是否有一些难忘的故事？

曹：与父亲多有交往的近现代书画名家有谢稚柳、陈佩秋、唐云、沈尹默、吴湖帆、陆俨少、程十发、方去疾、赖少其、白蕉等。其中，父亲与谢稚柳、陈佩秋、唐云的友谊尤为深厚。

在那段特殊年代，父亲与这些书画艺术家们同为天涯沦落人，对人间的冷暖有着相同的感受和体验。当时没人敢和所谓的“牛鬼蛇神”来往，彼此不可以串门，收藏或画画更是被视为违禁的活动。但是父亲却不管这些。1970 年末，谢伯伯获得“解放”后的第一个晚上，父亲专程到他家中看望。之后每晚 7 点，如同上班一样，父亲必准时到，他们视彼此为知音，谈书论画，不亦乐乎。在与谢伯伯的交谈中，父亲常向他表示想要的某种风格或题材的画，谢伯伯总是心领神会，不负他的期望。我的母亲和陈佩秋阿姨的关系也很好，他们夫妇也经常来我们家串门，大家一起聊天、包饺子。那时，两家经济都很困难，一个月就几十元生活费，串门时通常只有两三个家常小菜招待，但大家却都非常开心和满足。吃好聊好后，他们就开始挥墨作画，以资消遣。

记得 1973 年父亲六十大寿时，母亲叫谢伯伯为属牛的父亲画一幅牛。谢伯伯说，我从来不会画牛。母亲说，老曹生日，你一定要画一幅。另外，陈佩秋阿姨曾耗时近一个月为母亲绘制一幅白荷图，荷花绘于麻布之上，为了衬托荷花的洁白明丽，她将双面均勾勒上色，其传统精细的工笔画法堪与宋人之画媲美。谢伯伯也曾多次为父亲和母亲创作作品，记得他曾在一幅为他们所作的《落墨牡丹》图中，题有“漫之同志……以为何如”的词句。据谢定伟(谢稚柳之子)说，凡是父亲认为得意的作品，都会题上某某“以为何如”。

唐云伯伯也常来我家做客，他的性格非常开朗，喜欢开玩笑，也喜欢喝酒，尤其是黄酒。他来我家后，会自己跑到厨房，拿个酒壶把酒温热，弄一盘花生米，我母亲再给他炒个鸡蛋，就坐在那里吃开了。当时，雕刻家徐孝穆也喜欢和唐伯伯一起来。他们吃好喝好后就摊开桌子，泼墨挥毫直至深夜。他们临走时，父亲总是让我先下楼看看马路上有没有红卫兵，如果有就暂不出门。

父亲和沈尹默先生的关系也很好，正是他向父亲介绍和推荐了谢稚柳这位书画名家。50 年代至 60 年代初时，父亲经常去拜访沈尹默先生。沈先生眼睛不好，只要碰上好天气，有阳光，家里人会在院子里摆上一张大桌子，铺上纸，磨好墨，就开始写。沈尹默先生前后共写过 37 首毛主席诗词行书赠予父亲。

父亲与方去疾叔叔也颇有交情。方叔叔来我家后，两人就关在书房里畅谈印章和书画，一聊就是一下午。方叔叔是温州人，父亲是山东人，两人语言不同，却也能彼此心领神会、畅聊无阻。

父亲和其他书画名家如吴湖帆、来楚生、钱瘦铁、赖少其等都关系甚笃、多有来往。

采访者： 您的父亲身边还有一群老干部收藏家朋友，他们彼此之间的关系和交往如何？他们是怎样一起进行艺术品收藏活动的呢？

曹： 父亲与老干部收藏家的关系非常融洽。在老干部收藏圈中，父亲与谷牧、王一平、李耀文的背景经历和志趣爱好都颇为相似，都喜爱书画艺术，曾被并称为胶东"四大才子"。他们都来自山东荣成，既是同学关系又是战友关系。在学校时，谷牧写文章，父亲画漫画，一同宣传抗日思想。战争年代他们四人一心投身革命事业；和平年代，生活稳定之后，他们身边都有很多书画家、学问家，这些共同之处使彼此间结下了深厚的友谊，并不约而同地走上了艺术收藏的道路，一有机会，就聚在一起看画、评画、买画。

谷牧和李耀文后来去了北京工作。有时，他们会将收藏的古书画托人带到上海，让父亲帮忙找人鉴定，父亲会请谢伯伯为他们掌眼。谷牧或李耀文有时想求谢稚柳或陈佩秋的字画，都会和父亲联系，告诉他想要的题材、尺寸，由父亲代为转达。

除他们之外，父亲与上海的白书章、韩蓬飞、李研吾等老干部也因书画结缘，互为玩友。父亲如果有了某幅佳作，其他老干部见了也喜欢的话，父亲会要求书画家为其他老干部也画几幅同题材的作品。如谢伯伯曾为父亲画了一幅《金笺绿梅八哥》，其他玩友都心生羡慕，于是谢伯伯给王一平、白书章、李研吾、韩蓬飞每人都画了一张同样大小和材质的《梅花八哥图》。此外，父亲请谢伯伯画过一幅《白鹰劲松图》——白鹰是较为经典的创作题材，宋代画院宣和体的绘画就有这一题材；中华人民共和国成立之初，谢伯伯也曾为陈毅市长画过白鹰。其他玩友见了后，也纷纷前来求画。于是，王一平、白书章、韩蓬飞每人都有了一张谢伯伯画的《白鹰图》。

老干部收藏家之间彼此也经常交流切磋、互赠藏品，谁喜欢什么，大家会想办法帮助收藏，哪里有什么好东西也会互通有无。林风眠曾为白书章画了一幅《白鹭图》，父亲喜欢，白伯伯就送给了他。王一平叔叔有一块唐云画、徐孝穆刻的多边形砚台，父亲喜欢，就拿回来把玩。父亲去世后，我看到上款“平公”的署名，就拿去给王一平叔叔看，他一看便说，是我的，你父亲拿去玩的。据后来王时驷说：“我爸拿着砚台看了老半天，自语道，老曹从我这儿拿去玩了，不还给我，现在他女儿还给我了。”

采访者： 您的父亲是西泠印社的顾问，并是其第二届（1979 年）和第三届（1983 年）的理事会成员。他与西泠印社之间有什么渊源和故事吗？

曹： 中华人民共和国成立时，西泠印社被收归国有。1957 年，为将金石书画传统艺术发扬光大，国家着手进行西泠印社的恢复工作。但当时经过战乱的西泠印社已经徒有空名，没有一枚印章和一本印谱。为此，父亲也积极作出了贡献。

1962 年，父亲到杭州疗养时，浙江省委的江华、林乎加等同志与他谈起恢复西泠印社的事情，父亲也认为西泠印社的恢复对继承和发扬我国优秀的民族文化传统有着积极的作用，对此表示非常支持。他提出，西泠印社的上海老社员张鲁庵先生一生专制高级印泥，并对历代名印、精拓印谱广泛搜集，他的收藏不但数量多，而且都是精品。如这批藏品能够成功捐献，西泠印社才能称得上是名副其实的全国印学团体。父亲的提议得到了他们的认同，于是，他们开始着手动员张鲁庵先生的家属落实捐赠事宜。然而在运作过程中，上海主管局却表示，这批藏品应该留在上海，不同意捐给杭州。为此，父亲陪同当时的杭州市文化局局长、西泠印社副社长孙晓泉拜访了时任上海市委分管书记王一平和市委宣传部副部长陈其五，向他们说明情况，讲清理由后，他们表示上海东西够多了，篆刻印谱之类的东西还是物尽其用，由西泠印社保管比较好，并会向有关单位去打招呼。经过一番周折和努力，1962 年 12 月 15 日，终于举行了正式的捐赠仪式。经过清点，张鲁庵先生的藏品包括：历代印章 1 525 方（其中秦汉铜印 305 方，历代名家刻印 1 220 方），历代印谱 433 部，计约 2 000 余册（其中明代精拓、孤本、善本 33 部，计 200 余册）。此批藏品，大大充实和丰富了西泠印社的收藏，并可通过陈列、展览、研究和出版等形式，充分地发挥作用。

采访者：您父亲的收藏中有哪些比较珍贵的书画作品，其背后是否有着一些故事？

曹：父亲曾收藏过一件海内外罕见的珍品——徐文长的丈二匹草书。这幅字长535厘米，宽104厘米，是其草书巨制。上书唐代岑参的一首诗："鸡鸣紫陌曙光寒，莺啭皇州春色阑。金阙晓钟开万户，玉阶仙仗拥千官。花迎剑佩星初落，柳拂旌旗露未干。独有凤凰池上客，阳春一曲和皆难。"落款为徐渭，款后钤有"天池山人""青藤道人""湘管斋"三方印章。整幅字结体率意，笔势酣畅，布局茂密遒劲，用笔纵肆淋漓。通过用笔的提、按、顿、挫等技法，使线条的虚实、长短、敧正、枯润、收放及空间的留白等跃然于纸上，充满了作者内心情感的宣泄和个性的张扬，体现出"书为心画"的至高境界，可谓是徐文长的代表作品，堪称国家一级文物。原上海市文化局局长徐平羽曾说，这幅字可送故宫。

徐文长的这幅丈二匹草书，是父亲在绍兴用八张古画换来的，其中包括四张八大山人和两张石涛的作品。1962年，父亲将徐渭的这幅草书巨制捐献给了恢复期的西泠印社，现在是西泠印社的镇馆之宝。

当时，因为父亲捐赠了徐文长的这幅巨幅草书，杭州方面拿出许多字画让父亲挑选作为交换，父亲看后只挑了一幅鲁迅的书法《悼丁君》诗。

采访者：他是否对鲁迅及其作品比较钟爱？这其中是否也有某些历史的原因？

曹：父亲之所以只挑选鲁迅的这一书法作品，是因为他年轻时代就热爱鲁迅，受其影响并走上革命道路。早年，父亲在胶东与谷牧组织过鲁迅读书会；抗日战争时期，他在胶东创办过多所鲁迅中学与鲁迅小学；抗战胜利后，他所领导的地下贸易行还资助许广平出版《鲁迅书简》。因此，父亲对鲁迅的这幅《悼丁君》书法作品非常钟爱，特意钤上"胶东曹漫之印"的白文收藏印，并精心装裱。但"文革"中这幅作品遭到了破坏，后来父亲又将其重新装裱。

说起鲁迅的这幅《悼丁君》书法作品，也是饱含故事。丁君，即丁玲。在"左翼"文艺运动中，丁玲和鲁迅关系密切并建立了诚挚的革命友谊。在鲁迅的帮助下，丁玲逐渐成为才华横溢、"在青年中有相当影响"的左翼作家。1933年5月因叛徒出卖，丁玲遭国民党当局秘密逮捕。6月，社会上盛传丁玲被关押到南京并遭杀害。鲁迅闻讯，以悲愤之情吟成了悼念丁玲的诗篇，并发表于当年9月的《涛声》杂志。诗云："如磬遥夜拥重楼，剪柳春风导九秋。湘瑟凝尘清怨绝，可怜无女耀高丘。"全诗充满了愤慨与痛惜的感情，既是对国民党当局迫害进步作家的强烈谴责与无声抗议，又是对丁玲的高度赞美和对其遇害的扼腕叹息。1934年，当鲁迅得知丁玲并未遇害的消息后，又将此诗收录进自己的著作《集外集》以表达对其怀念和信任之情。鲁迅《悼丁君》的诗稿墨迹，后来以三份不同的款式流传于世，据书画家们鉴定，父亲收藏的这幅是最好的一幅。

父亲收藏的这幅鲁迅《悼丁君》书法，尺寸为65×40厘米，无题目，右起竖书，诗句凡四行，后有题款"陶轩先生教正"和署款"鲁迅"，并钤"鲁迅"白文方印。此幅墨迹结字、布局有着很强的形式感，通篇结构严谨、运笔凝练、笔法质朴而浑厚，体现了鲁迅的情感和风骨。据考证，题款中的陶轩姓周，是浙江杭州的一个文人，其祖父与父亲是清朝官员，家境宽裕，喜欢结交文人。鲁迅与陶轩本不相识，但鲁迅的挚友郁达夫与陶轩颇有交情，常去周家喝酒。一次饮酒时，郁达夫向陶轩索要其家中所藏的咸丰、同治年间的贡墨。陶轩提出一个条件，要郁达夫向鲁迅索字相交换。于是，1933年6月，鲁迅应郁达夫的请求，为陶轩书写了这幅《悼丁君》。1962年初，周家因为经济拮据，将这幅字出售给了杭州书画社，后来就成了父亲的收藏。

沈尹默也非常喜欢父亲收藏的这幅《悼丁君》，认为这幅字比鲁迅的"运交华盖欲何求"一诗写得更好，并曾将这幅作品借回家去挂了半个多月。他还专门为鲁迅的这幅字写了一首赞美诗给父亲，可惜"文革"时期遗失了。

1983年，上海鲁迅纪念馆的工作人员得知父亲收藏了这幅鲁迅《悼丁君》初稿墨迹，专程前来拜访，还请当时的王开照相馆的摄影师来拍照。这幅字日后将捐赠给上海鲁迅纪念馆，这样，父亲在天之灵也可以安心了。

采访者： 您父亲的收藏理念是什么？他的收藏经历及品格情操是否对后人和子女带来了启发和影响？

曹： 父亲认为，书画艺术能提高人的品格修养，陶冶情操，增强审美观，因此，一直把收藏定位为工作之余的兴趣爱好。在他人生最低谷的时期,有书画为伴,他还是过得很潇洒。他生前大概没有觉得自己是个收藏家,他的收藏也多为交往甚好的近现代书画名家作品。

父亲乐于提携喜爱书画的年轻人,并热心为他们提供机会。他常会将初出茅庐的年轻书画艺术者引荐给谢稚柳等书画名家,请其教诲指点;他曾送给下属毛主席诗词印谱及书画小品,以提高他们的情趣爱好;他也曾将家中的书画作品慷慨地送给喜爱书画的亲朋好友。

作为他的孩子,我们也在耳濡目染中深受父亲的影响。如今,我们看到谢伯伯等名家的书画作品就会倍感亲切,对书画艺术也很感兴趣,哪里有展览和拍卖也会去看。至今,我们和当年喜爱书画的老干部子女以及书画名家的子女们都还有来往,大家经常见个面、吃个饭,聊聊我们父辈的故事,聊聊以前的事情。我们感谢我们的父辈,也感谢那些书画名家,因为有了当年老一辈的这段书画情缘,给我们这些后人留下了精神和物质上的丰厚财富。这深厚的友谊一定会随着岁月传承下去。

一位拍卖师眼中的中国拍卖廿年
——戴小京先生访谈

戴小京，生于1952年，祖籍山东博兴。书法兼擅长楷、草、隶三体。出版有《康有为与清代碑学运动》《二十世纪文化名人与上海·吴湖帆》《严峻的思考》等。现为中国书法家协会理事、上海市书法家协会副主席兼秘书长、国家一级美术师、第十一届上海市政协委员。

采访时间：2012年3月23日

采访地点：戴小京寓所

采 访 者：张昱(以下简称“采访者”)

被采访者：戴小京(以下简称“戴”)

采访者：戴老师，您可谓见证了国内拍卖行业的起步，能否请您回忆一下当年是个怎样的环境？

戴：1992年朵云轩成立拍卖公司之前，只有一个门市部出售艺术品。当时海外价格高于国内，同今天恰好相反。我们把收藏、收购或征集来的作品，加上一点钱卖到中国香港或者国外的某些华人地区。但后来发现，有些作品在国外市场上可以卖得更贵。时任总经理的祝君波先生(后文简称祝先生)又比较早地前往国外及中国香港考察过，于是我们产生了组建拍卖公司的想法。

同年邓小平“南方谈话”之后，在浦东开发开放这一重要的大背景之下，朵云轩率全国之先成立拍卖公司。当时，国内拍卖行业没有任何指导性机构，或像行业协会这类的资质认证机构，只能在本单位内物色拍卖师。朵云轩书画社和拍卖公司是“两块牌子，一家人家”“一社一店”这样的机制。我那时正在社长室当总编辑助理，社长室就一间房，坐五个人，三个社级领导，两个助理。我和祝先生坐得很近，我们俩每天都有接触，也许在平日交流中他发现了我，祝先生认定我来担任拍卖师，事先我并不知情。当时，我配合卢辅圣做编辑方面的工作，主要分管几个书法编辑室和杂志。所以组建拍卖公司时，我并没有被安排在其中。直到现在，我都没有参加过任何拍卖公司经营性或业务性的活动。所以我对外面讲，自己只是中国拍卖行业中的一个票友。只有在拍卖会要举办的前夕，适当地介入一点，主要是略微看一看此次拍卖的拍品，把图录仔细地研究研究，这同我本身的编辑工作也有联系。

在有拍卖会之前，我国只做门店收购，出价比较低。事实上，中华人民共和国成立后直至“文革”后，一直有另一个市场——民间艺术品市场。因为兴趣所致，尽管我们没有能力从事经营活动，但圈内人可以在这个市场上相互交流。每天都会有一些东西被拿出来，以高于卖给国家的价格，又低于国家卖出去的价格进行交易。这种情况下，有时候我们会看到一两件在当时——也就是我大学毕业，20 世纪 80 年代的时候——几十元，也许在今天要卖几万、几十万元，甚至更贵的东西，我们偶尔也会碰一碰。没有其他目的，只是觉得作品画面很好或很喜欢这位作者，我们就在力所能及的范围内交流。

朵云轩拍卖公司成立次年，也就是 1993 年年初，祝先生跟我说，朵云轩首场拍卖会将于 6 月 20 日下午在希尔顿酒店举行，并且决定了由我担任拍卖师——对此，我完全没有想到过。随后，公司帮我办妥了手续，让我在 3 月底或者 4 月初到香港去一次，其间佳士得、苏富比有两场拍卖会将举行，还有一些香港当地拍卖行的拍卖会。我主要去观察拍卖师的一些方法，其他的包括收件、做图录，落锤后哪些人跑单、登记、确认、提货、付款等场面上的运作，这些祝先生已经基本掌握了。当时，有一些老的上海买家在香港，他们获悉朵云轩将筹办拍卖会，就在我们抵港之后，陪同我们去看了几场拍卖会，使我对拍卖的大致情况有了一个初步了解。拍卖师通常用“三口”，特别像佳士得、苏富比等，都比较简练，很规范。我当时觉得并不复杂，也许就像别人说的“无知者无畏”。直到后来拍的经验越来越多，才发现这里面的道道相当之深。

采访者：1993 年 6 月 20 日午后的希尔顿，是个怎样的情形？

戴：在那之前，我只是在叫口方面研究琢磨了一番，做了些准备，所以并没有感觉太紧张、太难。直到拍卖会的前一天晚上，我才稍觉紧张。

拍卖会当天，我在家里吃过午饭前往希尔顿酒店。会场里人已经非常多。当时，我们除了给一些特邀宾客送票之外，对外都是售票的。作为中国首场拍卖会，还没有办法做到事先控制现场人数。那天，后面的走廊上站满了人，过道上也都坐满了人。有些人千方百计想找一两张票，也有相当一部分人花钱买门票，还有许多媒体记者，荣宝斋以及后来成立的嘉德、瀚海拍卖公司的同行作为嘉宾被邀请来观摩。所以看到了这样的场面，登台后刚开始的时间内，我还是有点紧张的。

不过真的开拍，拍品一件接着一件，原先的紧张感没了，变得非常机械，跟着节奏不断往上走。叫口规则一般遵循的是“2580”的节奏，除非到了一定的价格后，买家会提出，价格坡度不要那么大，这一般是被允许的。不过第一场拍卖会时，并没有提出加一半价这种现象，反而是后来拍卖会发展到一定阶段时才有人提出，买家也考虑到能尽可能加得少一些，能在尽量低的价位上买到。所以这都是大家不断成熟的过程。第一件拍品是丰子恺的《一轮红日东方涌》，最终叫到了 11.5 万，确认报价后，依照事先的约定，请谢稚柳先生上台敲下中国艺术品拍卖会的第一锤。

总体而言，第一场拍卖会是在对于拍卖会和拍卖师的操作都不是非常熟悉的情况下进行的，是仓促的。但效果却出乎意料，非常不错，没有发生任何不愉快的事情，大家都对拍卖会充满新奇。反观现在，拍卖师都非常小心翼翼、如履薄冰地操作，因为买家与拍卖师之间发生冲突的情况时而有之，可能是在叫口、漏锤等多方面。我慢慢地发现这其中值得注意的事情非常多，所以，正因为当时大家都不了解，因此即使有什么不足之处也不会被别人诟病。

采访者：拍卖会在国内刚刚兴起时，买家都是些什么人？

戴：当时有我们内地艺术品市场的一些过去在“地下战线”活跃的人，占了相当一部分。但这些人可能只是抱着来看看风向、看看行情的心态。港澳台地区、美籍华人的买家也有相当数量的一批人，他们确实是来买东西的。还有一批内地文物商店、画廊的工作者，包括香港的一些画廊工作者。他们也许对某一位画家——大部分是当时还在世的画家——例如程十发、刘旦宅、谢稚柳等的作品会特别关注。可能是因为这些画廊长期有这方面的客户。另外，一些艺术家和收藏家也会来，包括陈逸飞也来看了首场拍卖会，同时也表达了能够在自己的故乡上海看到拍卖会，证明改革开放之后，上海乃至中国已经进入了一个新的高度。还有一些当时已经有一定经济能力的国内企业家，他们对于自己比较关注的某位画家的作品，一般都限于近现代乃至现当代的作品，不会买很多，可能就买几张。这些买家都比较有针对性。

不过一些高价位的作品都是港澳台或是海外买家购得的，这是当时的一个特点，同近十年或近五六年的情况不一样。如今，大价位的拍品都由国内买家购得。而且一些国内买家已经到国际市场，包括佳士得、苏富比的拍卖会上去购买艺术品，这种现象已是屡见不鲜。

采访者：当时那些买家中有哪几张“熟面孔”？

戴：张宗宪是我们第一场拍卖会上最出风头的人，他领了一号牌，一举打入了大陆市场，引起了瀚海、嘉德、荣宝斋当时的负责人的高度关注。当时我们总共有一百三十余件拍品，张宗宪一人买下了四十余件，将近三分之一。黄仲方已经好多年没有看见了，当时仅次于张宗宪，也是很重要的一位买家。第一场拍卖会上几件比较重要的拍品，他都有参与竞标。

第一场拍卖会没有古代作品，大多是近一百年的作品，而且有相当一部分是在世艺术家，包括程十发、陆俨少、方增先、陈家泠、张伟民等人。当时买家并没有表现出特别明显的偏向。

采访者：从 20 世纪 90 年代至今，拍卖会买家的人群范围有什么变化？您是否还是会经常遇到一些“熟面孔”？又涌现了哪些“新面孔”？

戴：1993 年和 1994 年还只是一年一拍，1995 年开始有了春拍和秋拍。前三年的拍卖会中高价位的拍品基本都由海外买家购得，他们在人数上不占多数，但购买力比较强，国内买家几乎没有办法同他们竞争。

1995年下半年开始，这种情况略有变化。特别是到1996、1997年之后，有些高价位的拍品被国内买家购得。我记得比较清晰的是1997年吴湖帆的一本《江山如此多娇》册页，被刘益谦购得。当时国内许多人还不知刘益谦为何人。另外，当时国内还有一位买家叫汪建。他们都是在国内买家中比较有购买力的。一般他们要的东西，一旦咬住了就不放手。所以，在20世纪90年代中后期已经出现国内买家不一定输给海外买家的局面。

到90年代末，境内买家开始与境外买家平分秋色。在此之前的拍卖会上，境外买家基本是以东南亚为主，例如第一场拍卖会时，有许多新加坡的买家，他们后来就逐步退出了。可能因为东南亚金融危机的影响，他们受到的冲击很大。而当时中国经济还没有与世界全面接轨，对中国没有形成太多的影响。所以从那时开始，境外买家阵营的人数逐渐减少。

2000年之后到现在，我认为境外买家的人数比重连10%都不到。像最初的张宗宪、黄仲方、陈德熙现在都很少来了，丁美清有时还能看到。不过总体而言，现在香港、台湾的买家逐步减少，不会每场都到，或者说不会全国的拍卖会都参加，他们可能有选择地看好某个拍卖会的某一两件拍品，其他的不会再全程参与了。近五六年中，好像内地买家的人气越来越高。2003年“非典”之后，许多人预计中国经济可能会受到一点影响，没想到下半年开始出现了一个转折，大陆的艺术品市场突然崛起，并且持续走高，其中的原因至今很难解释。而且在这一阶段中，基本上都是大陆的买家统领市场，刘益谦就是其中的代表人物。

采访者：新涌现的藏家有哪些特点？令您印象深刻的有哪几位？

戴：90年代以后拍卖市场上基本以熟面孔为主，包括大陆艺术品市场的经营者，占了买家人数的70%左右，因为他们是对市场整体行情和某件作品行情判断最准确的一群人。所以他们拍到的价格一般还能再加一两成再出手。

现在新出现的买家似乎对价位没有太准确的把握，他们并不太在乎价位，如果看中某件拍品，他们就会一直拍到得手为止。所以这样也就推动了艺术品价格的不断走高。除业内人士外，现在市场上有越来越多的外界人士，所以新面孔不断出现。

2003 年之前，我会在预展展厅中听参观者的电话交流，或看他们做的笔记，有时他们会相互探讨，或者与我们探讨，告诉我这件拍品他很喜欢，或者某位老板很喜欢……收集到此类信息，我就可以对我主持的这场拍卖会有一个预估，哪些作品引起了哪些人的关注，因为都是熟面孔。但是 2003 年之后，参与一场拍卖会的人，可能根本不清楚底细，但他们购买时却非常强势。有一些人是整场参与到底的，也有一些人是买到几件拍品后就走的。

采访者：拍场上有没有令您印象极其深刻的人或事？

戴：2007 年杭州西泠印社的拍卖会上，有一位女买家令我印象很深刻，但那场拍卖会之后，我再也没见过她。当时，那位女士要买王铎的一幅手卷，这幅手卷是我的老师——中山大学商承祚先生的藏品，亦被我的另一位老师容庚收藏过。

50 年代，商承祚先生的父亲——晚清探花商衍鎏还在世时，商衍鎏拿了一件王雅宜(王宠)的小楷手卷与容庚老师的这幅手卷对换。对换时，容庚老师在这幅手卷后面题了字，大意是说王铎的字是纵横直冲、非常激荡的风格，而王雅宜的小楷书风非常雍容，两幅作品风格不同，就像我和商衍鎏性格不同，故而将这两幅作品互换。

这幅王铎手卷，我是大学毕业前夕在商先生家里第一次见到。当时上海书画出版社吴建贤(现在已经过世了)到商先生家里去谈事，最后商先生就拿出这个手卷给他，说，拿去出版吧。所以我们书画出版社出版过这幅作品。当时，吴建贤给商先生打了一张借条，到了 1984 年，这幅作品在吴建贤手里已有两年多。吴建贤把它交给了我，让我去广州时把手卷带回给商先生，再把他的借条带回来。我去了商家，商先生说借条找不到了，说收到就行了。但我想着这事怎么也不对劲，就找中文系主任，说这事将来可能会有后遗症，如果商老之后又借给了谁，万一有什么事，就说不清了，我会有干系，上海书画出版社也会有干系。那位系主任第二天就陪我去找了商老，请他打了个收条："由戴小京带来的王觉斯手卷收到，谢谢！"我带着收条回来交给了吴建贤。商老师曾经说他的藏品以后都要捐献给国家，但这件藏品后来居然在市场上流了出来，并且以250万的价格在广州被一位买家买走。

1995年朵云轩曾拍过一件已经出版过的王铎的条幅，当时标价9万至11万，最后抢到50万，被张五常购得，当时创造了王铎作品的天价。2006年西泠印社拍过一幅王铎的巨幅长条作品，以170万成交，又创造了当时的新高。所以那位买家以250万将王铎的这幅手卷送到西泠印社时，心里是忐忑不安的，不知能拍到什么价格。当时的标价是300万，如果300万落锤，那么那位卖家扣除佣金，基本上也只是打平而已。但当时300万能不能卖得掉，大家都不敢说。

拍卖那天，有人说愿意出到500万，因为这毕竟是书画出版社出版过的。所以我登台时，陆镜清总经理就对我说这件东西能拍到500万至600万。其实我当时想，如果能叫过300万，那么王铎作品的价格基本上也就定格了。但是开拍后叫过500万之后，仍然有三四个人在竞价，不一会就抢过1 000万了。这时候买家就提出叫口需要改变，加价稍小一点，就以20万至30万再往上走，最后落锤价是1 710万。

所以我印象非常深刻的两点，一是叫价的是一位非常年轻的女士，从来没见过。拍到最后她也不抬头了，每次给10万向上叫价。所以出现了1 710万这样的价格，再加上10%的佣金，基本上要达到1 900万左右了。这位女士我之后没再见过，也可能她参加了其他地方的拍卖会，我不知道罢了。二是这幅手卷曾经在我手上放过很长一段时间，又是我老师的藏品。

采访者： 就拍品而言，有哪几件令您印象最为深刻？

戴： 第一场拍卖会的第一件拍品是丰子恺的《一轮红日东方涌》，口彩非常好。这幅作品应该是画在1949年中华人民共和国成立之际。画面是一群华人看到太阳冉冉升起，大家都欢欣鼓舞的场景。丰子恺以漫画的形式创作，题字"一轮红日东方涌 约我华人捧"。这同我们第一场拍卖会的场面又有相呼应之处。因为当时无论是来自内地、港澳台地区，还是国外的买家，都是华人，没有洋人。这幅作品尺幅很小，当时的底价是一万元。

这样大小的一张丰子恺的作品在一般文物商店中是卖不到一万元的，当然这张相对来说题材和口彩都特殊一些。但令我们出乎意料的是，居然会不断有人叫价，价格一直攀到了十几万。所以当我报出 11 万时，现场连连发出了惊叹声，大家都没想到怎么会一下拍到这么高的价格。当时的一万元是非常厉害的，我们的工资最多也不过千把块钱。

另外在第一场拍卖会上有一件汪精卫的书法作品，3 000 元底价，一直被拍到 26 万元。其实价格上了几万元之后，就只有两位买家在竞价。其中一位来自海外的年纪稍长的先生，他原本不是奔着拍卖会来的，可能是住在希尔顿酒店的一位客人。到楼下进来看了发现是一场拍卖会，就决定买一件拍品。他并不熟悉艺术品市场上的价位，但“汪精卫”这个名字可能他很熟悉，所以就在这件拍品上出手了。而另外一边是一位台湾地区的客人的代理，他们两个人坐得很近，所以你一口我一口，互不相让，价格一直上到 20 多万。这也是出乎在场人意料的一个场面。像这种场面在今天是绝对不可能再发生了，因为这也是台下买家们不太成熟的一种表现。

第二场拍卖会的第一件拍品是吴昌硕的《寿桃》，也是很小的一幅作品，当年就拍到了 40 多万，这在当时也是出乎意料的。因为吴昌硕作品的价格在那之后即使是大幅作品也只是在 10 万至 30 万元之间。

2000 年，祝先生兼任了人民美术社的社长。当时人民美术社经济困难，就从库存中拿了一批东西出来，中间有些拍品拍了几百万，包括郑板桥的竹子 170 多万，另有一张宋代赵大年款的作品拍了 350 万至 360 万。此外，前几年八大山人的《竹石鸳鸯》拍到了 1.187 亿元，也是几位买家一起竞价的结果。

这些是比我们当时心里价位高出比较多的几件拍品，所以不太容易忘记。

采访者：您之前提到的都是成交价高出您预期的作品，有没有拍得留有遗憾的？

戴：留有遗憾的就是 2003 年的春拍，很冷，我觉得同“非典”的关系很大。

当时上海市文联的书画院下面有一家拍卖公司，现在已经没有了。我想那时候如果有个五六百万，或七八百万就能把那场拍卖会所有的拍品“通挂”，现在我看那场拍卖会的拍品估计可以值上亿元。当时华新罗（华嵒）的作品就 12 万至 13 万元。吴湖帆的山水小手卷，后面还有长题的，一口 8 万元就落锤了。还有陆俨少的山水，是他的儿子陆亨拿出来的，底价 8 万元流标。后来有一本程十发的小册页，非常有意思，比连环画大一点点，一共十开，前一开是题头，最后一开他题了跋，中间八张小画，8 万元底价流标。周慧珺老师后来抄底 1.9 万元买回去了。

到了 2003 年的秋拍，行情有了扭转，一下飙升，形成了一个逐步向上攀升的通道。

采访者： 您现在屋里挂着的这些作品，有什么收藏故事吗？

戴： 过去有这样的要求，在文博单位工作的不允许介入市场。但在没有介入拍卖这一行之前，包括我读大学期间，还有我大学毕业后的几年中，偶尔遇到机会有人愿意转让，又觉得在自己力所能及范围内的，我就会留下一些。

其实我现在的许多藏品都没花钱，即使是花了一些钱购得的，也没有一张再卖出去，仅仅供自己赏玩。像挂着的这幅吴湖帆的扇面，是 80 年代我写完《吴湖帆传》之后，吴湖帆的儿子说我为他父亲做了那么多的工作，花了那么多心血，将它赠送给我的。这幅陈佩秋的兰花，是我在香港的画廊里买来的，当时 1 000 元再打 75 折，750 港元，回来后我请谢老给我题了个章。这两幅谢稚柳和陆俨少的作品，都是画家自己赠送给我爱人的。这幅吴湖帆的对联也是我爱人的老师送给我的。那边“千锤万击出深山，烈火焚烧若等闲”的对联是商承祚先生的作品，是我读书时，他给我写的。这幅作品是沙孟海先生写给我的，上面还写着“小京同志”。那边启功的作品是启功先生写给我爱人的。我们一直对书画很喜欢，后来也很有幸一直在这个行业中工作，将自己的兴趣和工作结合在一起。

这些年，在不是我主持的拍卖会上，有时候我遇到合适的也会购买一些。像这张张大千的竹子，就是在 2005 年上海另一场拍卖会上以三万元购得的，那一场也很冷。事实上，这几年的拍卖市场有强者愈强、弱者愈弱的情况。90 年代以来，一方面是买家结构发生变化，另一方面是拍卖格局也发生变化。大拍卖行越来越强势，小拍卖行根本拿不到市场的份额。越是有名的拍卖行，买家卖家都会关注，小拍卖行因为无法获得好的拍品，买家卖家都不光顾，有时有几件好东西，也因为没有人来而卖不到像样的价钱。

2005 年那场拍卖会上，谢稚柳的青绿山水手卷已经出版过三次了，18 万流标，我也没敢伸手。也就是那次，我看到了这幅张大千的竹子。当时，有许多经营者在做功课，在图录上打钩，我就问有谁打钩了吗？他们说没有，我说没有的话，那我就买了。他们说太小了，当年三万元他们还觉得有点偏贵，我说我不是经营性的，我就是自己赏玩的，也不管是否在市场上有升值空间。现在别人看到，都说你买着了，捡着了。后来诸如此类的，有时候在不是我主持的拍卖会上，在力所能及的范围内，或者有时候我觉得自己买也不合适的情况下，就请人帮我去买一下。他说多少钱呢？我说在这个上面再加几口就差不多吧。自己喜欢，不做经营。

我们这个时代，依据各自经济实力成为收藏家几乎不可能，一方面实力不够，另外一方面东西已经没了。像刘益谦还有可能，他也只能是在某一个领域，不可能每个领域都有涉猎。像当年吴湖帆、钱镜塘这样的人在今天这样的时代已经不可能再有了，物质条件和经济能力都不可能。现在有许多人因此而摔跟头，包括我们许多领导干部过于痴迷流连，因此出了一些问题。我觉得就是因为没想明白这样的道理。

我的家也就是这样一间房子，都已经基本挂满了，要再多我也没地方挂。所以这两年我就只买一些很小的小玩意，比如扇子、小品，就是自己赏玩。要是再大一点，那样的价格我们也没有办法承受。

采访者：今年是中国拍卖第 20 个年头，如今拍卖市场如此热火朝天，在您预料之中吗？

戴：谁也没想到。包括在改革开放初期，甚至 90 年代后期，大家也都没有想到，都在感叹当初要是多买几套房子就好了。我买这房绝不是因为有先见之明，当时是出于工作需要，觉得应该有一个像样的可以工作的地方。现在家里有一个房间就成了我的工作室，而这个厅可以做一些人来客往的活动场所。当时就没敢买更大的，否则现在就能有一个更大更方便的工作空间。

艺术品市场也是，当年觉得不敢买，90 年代后期，一两万的都不敢买。而一些有这样经济能力的人，却不能保证他们有这样的先见之明。很长时间内，古代书画的价位不如现当代的作品，不断有人对这种局面提出疑问，但是古代的作品就是卖不过现当代的作品，而且很长时间内都没有行情。直至古代市场启动，绝大多数人的眼光都属于比较短浅的，具有超前眼光的人很少，所以现在这样的局面是超过包括我在内的绝大部分人的意料的。

采访者：在您看来，目前的市场存在哪些主要问题？

戴：有些方面还是过热，从百万时代、千万时代，跨入现在的亿元时代，甚至是数亿元时代，这种趋势能不能一直不断地攀升，无法保证。2004 年、2005 年的时候，中央电视台有位记者采访我时，我就表达过这样的看法，拍卖会与一个社会 GDP 的上升、与一个企业利润的提高应该是不同的。因为这些是在一个正常的轨道中运作，而每一次拍卖会的拍品却是不可预知的，是无法以去年或上半年的拍卖作为参考和向上攀升的基础的。比如去年拍了 5 亿，那今年一定要 6 亿？这种设想有点主观。我觉得每一场拍卖会，只要是从拍卖公司、拍卖从业人员到拍卖师，能够尽心尽业，做到公正透明，确实是为买卖双方服务了，就可以了。

有一次讲课中，我讲过这么一个观点——也许有些人不同意——拍卖师并不是以创造最高价位为目的的，他的操作应该是尽自己的能力把拍品拍到最合理的价位。因为拍卖师和拍卖机构都是中介，不可能与经济生产一样追求利益最大化，而是同时为买家、卖家服务的。拍卖师不能让买家买到一件东西而后悔，产生一种被套住的感觉，不能盲目地煽动和刺激这样的需求。所以一场拍卖会的业绩不应该以上一场拍卖会的业绩或者是其他拍卖行的业绩作为攀比的参照。如果非要次次上升的话，我觉得是不可持续的。

另外，现在拍品、拍卖行、拍卖业鱼龙混杂的现象也对市场产生了干扰作用。现在没有一家拍卖行能够做到完全“保真”的承诺。要是都能做到，我想很多诉讼就不会发生。拍卖行和拍卖从业人员应该实行什么样的操作方式，是接下来需要探讨的，否则艺术品市场要往下走会有难度。我们在市场的另一边听到有经济能力的人一提起艺术品市场或拍卖会，就说“都是假的，里面都是骗子”。我会解释说你们这种认识是比较片面的，可能是道听途说，以耳代目，也可能是本人吃过一次这样的亏，但是还有一种可能是你们买到家的一件东西被其他人否定了。这种否定可能有依据，但也有可能压根就是错的。

不正确也有多种原因，一方面他本身就不太懂，冒充专家，另一方面他有其他目的。比如你是一个有一定经济能力的人，如果说你总到一家拍卖公司去买，那其他的拍卖公司完全可以起一些不良的作用来影响你。或者有些人本来是依靠一些代理人在帮助他的。也许你从其他地方买来了东西，对于这个代理人来说在你这里的被重视程度就会受到影响等。出于种种原因，这种否决票都有可能出现。因为很多外界的人对这一行业并不了解，所以市场要发展，必须要对这些方面的问题进一步解决。

现在一些难以为继的拍卖行的拍品，可能存有大量的赝品。我看过一些拍卖会，里面全是齐白石、张大千等大家的作品，全是无底价的，不用问，基本都是假的。而且现在卖家也有市场，就像假烟假酒有市场一样，假艺术品也有市场。因为有些人需要用假艺术品作为公关的一种手段，可能就用这种假东西去骗一个老板和领导，骗得某些资源和项目，所以一次性地购买。我觉得现在很多政府部门在这方面监管是不够的，强者很强，致使中小拍卖公司很难生存，一些倒闭了，一些只能制假卖假，如果这个问题不解决，我觉得再往前走，很难。一方面天价不断出现，一方面市场很乱。现在“拍假”“假拍”的现象很多，需要规范管理。当然也不要笼统一概地否定，一提到拍卖会就认为拍品全是假的。

以我这些年的观察，中国大公司举办的大型拍卖会上，真的东西要远远比假的东西多得多，这一点我至今仍然敢这样说，当然也很难说绝对没有假东西。但中小型拍卖会的情况就很复杂了。一旦让人受骗上当后，可能会让人一辈子都望而生畏了，这种教训可能会很深刻。事实上，作伪手段也在不断发展，水平越来越高，这又是一个新课题。现在中国书画仅凭眼光去判断，会大有问题的。

采访者：以您对收藏市场和拍卖市场的了解，对今年第三届世界华人收藏家大会的主题“收藏，回归人文的精神家园”，您是怎样理解的？

戴：现在人文精神的缺失，不仅仅是拍卖行业的问题，而是整个社会的问题，至少是整个文化界的问题。所以怎样回归人文家园，我觉得首先社会主流价值观的弘扬还远远不够，整个社会到底崇尚什么、宣传什么、鼓励什么，我们这个社会现在到底是以什么作为主流价值？其实从中华人民共和国成立到现在为止，我们一直都没有一个很清楚的认识。具体到拍卖行业，最重要的应该是“以诚为本”“以人为本”，每个人都应该从不做假、不售假做起。

中华人民共和国成立后到“文化大革命”前，因为艺术品市场成了一个垄断的领域，只有国有单位可以经营，私下经营不合法，这一市场才逐步变成了地下市场，而且一直存在。那时在这一市场上，我以为比我们现在的很多方面要公正。东西买家可以先拿去，如果不要还可以还回来，不过要扣除一些卖家的损失费和劳务费。一般旧社会有这样的规则，八折就可以退，卖家就是赚这两折的钱。卖家卖得掉能赚两折，卖不掉还能赚两折，就是这样一种理念。我觉得在艺术品市场上追求利益、追求利润并不可耻，艺术品市场上一定会追求利润，否则也不可能生存，但问题是这个利润不能建筑在作假的基础上。如果连真诚都做不到，那是不应该到这个领域中来的。

而今，我们的一些监管部门、管理部门没有起到该起的作用，没有作为。所以现在艺术品市场这么乱，这么多的小拍卖行，相当一部分拍品是假货。我上次在文联文艺会堂里的一场拍卖会的预展中，看到一张谢稚柳先生写给我的字。因为上次纪念谢稚柳百年诞辰时，我们书协搞了一个活动，出了一本作品集，这幅字被收录其中，出版过。而这幅字当天就出现在那个预展中，做得很差，但章法和布局安排都完全一样。我老远就看到了，觉得眼熟，很敏感。我走过去就问他们谁是负责人，我就跟他说这是假的，连标价都是假标价——2 000 元。我说这件作品还在我家里，是我在上大学之前谢老写给我的。所以在这种现象之下，我们的管理部门如何作为很重要！

无形永远大于有形

——赵月汀先生访谈

赵月汀，1953年生于浙江绍兴。1972年应征入伍，先后在上海警备区、武警安徽省总队、武警上海市总队任领导职务。1990年始涉足收藏，2009年初注册成立“上海世华民族艺术瑰宝回归基金会”和“上海世华艺术馆”，先后于2009年和2010年举办古陶瓷“百壶珍藏特展”和“皇帝的瓷器——景德镇出土‘明三代’官窑瓷器珍品特展”，并出版大型画册《壶中日月》。

采访时间：2010年4月29日

采访地点：世华艺术馆

采 访 者：韦蔚（以下简称“采访者”）

被采访者：赵月汀（以下简称“赵”）

采访者：作为一名军官，您为何会对中国传统文化和艺术品感兴趣？又是怎样走上艺术品收藏道路的？

赵：我的老家在绍兴，那里世代注重传统文化教育，孩子自幼就被教导要勤奋读书，将来为社会作贡献。另外，我来自部队，部队历来有保护文物、弘扬民族文化的优良传统。在战争年代，毛主席就非常重视保护文物。陈毅老总也在战争时期收集了很多文物并捐献给上海博物馆作为其第一批馆藏。同时，部队为了保持思想的纯洁，对军人业余时间的安排有着严格的要求和规定。中央军委很早就下达了“八个不准”：不准去洗桑拿，不准去美容美发店，不准去卡拉OK，不准去棋牌室等，客观上也给予了我们充分的学习和研究时间。因此，我利用业余时间看了很多历史书籍，研究中国的传统文化和古代艺术品。

在这些因素的综合影响下，我对这方面的兴趣越来越浓厚，并走上了艺术收藏的道路。

采访者：您的艺术品收藏开始于何时？最早收藏的艺术品是什么？现在收藏的主要门类是什么？

赵：我的收藏始于1985年，最早收藏的是近现代书画。1985年至1988年期间，书画的价格相对来说比较便宜。但1988年后，商品经济的意识日渐显现，书画的市场价格也水涨船高，我就没有再继续。

1992年，上海博物馆筹建新馆，需要把河南中路老馆的藏品搬运到龙吴路临时库房保存。当时，我负责带领武警上海市总队一个排的战士，协助他们装箱、打包和搬运，并在40天时间内，将五万多件艺术品安全转移。也正是这一期间，我认识了原上海博物馆副馆长、古陶瓷专家汪庆正先生。他孜孜不倦地给我介绍什么是南宋官窑，什么是哥窑，什么是汝窑，它们的艺术性、稀缺性和独特性各在哪里。汪先生告诉我，这些古陶瓷在历史上是非常名贵的，即使博物馆想收藏一些真品和精品都非常难。在书画价格日渐上升的情况下，古陶瓷价格则相对便宜，学习和研究的人也比较少，若当时进入，从时间上就已领先他人。通过他不断地点拨和灌输，我逐渐对古陶瓷产生了兴趣，觉得它既造型美观，又富含历史文化，便开始转向古陶瓷收藏。

采访者：除了汪庆正先生的点拨外，还有什么原因使您最终将自己的收藏定位在古陶瓷领域？

赵：艺术品收藏一定要选择一个正确的方向和途径。中华五千年文明，创造出无数艺术珍品，再多的资金也不够收藏。因此只有选准目标，专题性收藏才能有所成就。什么都买一点，最后成不了收藏家。

我将收藏定位于古陶瓷领域，还有一些其他原因。首先，古陶瓷历史悠久，窑口众多。每个朝代、各个地方都有分布，具有很高的历史文化价值。中华文明源远流长，古陶瓷是中华文明传承中最为灿烂的文化之一。五千年文化中，仅有陶瓷文化从未间断。青铜文化在夏、商、周时期最为鼎盛，汉代以后就日渐衰落；铜镜自唐代以后就少有问津；宋代之前的绘画完整保存下来的更是凤毛麟角。然而，古陶瓷和人民的生活紧密相连，无论帝王将相庆典祭祀，还是侠士豪杰煮酒论英雄，抑或文人雅士围炉品茗、吟诗作画，以及寻常百姓饮酒喝茶和日常生活，都与陶瓷息息相关。因此，历代均有古陶瓷精品问世，并且随着社会的进步和人们生活水平的提高，不断发展演变。

其次，古陶瓷的价格早期非常便宜，用很少的钱就能够买到真品和精品，比较适合我这种“工薪阶层”收藏。特别是在上个世纪90年代初，国内兴起基础建设时，铁路、高速公路的建设规模巨大，出土了较多古陶瓷品。当年京九铁路建设期间，江西和周围省市曾出土了大量湖田窑青白瓷器，一个带有婴戏图的直径18厘米的碗，再配一个锦缎盒子，只需三四百元人民币左右，而现在的市场价格已达到三四万元。那时市场上东西便宜，也比较能看到好东西，所以我常去古玩市场看看，有价格合适的就买回来收藏。

此外，高古陶瓷在审美上更具古意、高格，而尚古之风一直是鉴赏家的主流审美。古陶瓷的时间跨度长、信息量大、知识面广，每个时代、每个地域的每个窑口均有各自的艺术风格和工艺特点，内容更具深度和广度。

采访者：您觉得高古瓷器的美主要是从什么方面体现的？

赵：以宋瓷为例。宋代经过唐后期的动荡之后，建国伊始就奉行“以文治国”的理念，这使得文化艺术有了很大的发展空间。宋代崇尚一种简洁、明快的艺术风格，它的五大名窑所产的虽然都是单色釉瓷器，但每件器型都清丽秀美、饱满大气。宋瓷的每个窑口都有各自的特点，每个窑工都可以在美的基础上自由发挥，创作出百花齐放、精美绝伦的瓷器。相对而言，明清瓷器只有景德镇一个窑口，初看青花、斗彩、五彩非常华丽，但久看会感到其中的绘画和美都非常格式化，所有的画稿都经皇帝审查之后，工匠依样照做，有时几百几千件瓷器上花卉的大小、尺寸、纹路都一样。这种太规矩的美缺少艺术家自然发挥的空间。古陶瓷则不同，每个朝代都有其不同的艺术魅力。尤其是宋以前的陶瓷，艺术和文化价值更是高于明清陶瓷。因此我认为，如果一个陶瓷收藏家，不研究古陶瓷的历史文化和艺术内涵，不懂得古陶瓷的鉴定欣赏，不收藏一定数量和档次的古陶瓷，就不能算是真正意义上的陶瓷收藏大家。

采访者：您目前的古陶瓷收藏规模如何？

赵：我目前收藏的古陶瓷精品约为1 000件，年代从公元前5000年至南宋时期。每个窑口、每个年代的典型器物、标准器物甚至一些孤品都有收藏，包括壶、瓶、盆、罐等多种类别。

采访者：您主要通过什么途径进行收藏？

赵：我的收藏途径主要有三个。一是上海的古玩市场。最早在福佑路，星期六、星期天早市时，四点多天不亮就拿着手电筒去寻宝。之后主要在藏宝楼、珍宝馆，再后来就是日后开设的静安寺、中福、云州等古玩城。二是全国各地的古玩市场。武警系统在全国开会交流的机会比较多，会议结束后，其他人去旅游观光，我就跑去当地的古玩市场，或者到老百姓家里去寻宝。所以每次开会，我几乎都能收到好东西。三是收藏家之间互相交换或者转让。我基本是通过正规的古玩店、古玩市场以及外地直接寻宝等途径收藏，从来不和文物贩子打交道，因其中真假混杂，存在风险。我也不通过拍卖行收藏，拍卖价格比市场价格至少要贵一倍以上。

采访者：您的收藏原则是什么？会以什么样的标准来挑选艺术品？

赵：我的收藏理念是“首当真，力求精”。

首先，一定要买真品。要做到这点，需要自身有非常扎实的基本功和鉴别真假的独到眼光，只有自己看得懂，才不会买到假货。古玩商也是行家，他们把东西拿给你看，你能把真假好坏分得很清楚，人家就会打心底里佩服你，有好东西也愿意卖给你，而且不会乱开价；如果你看不懂，人家也不会给你看好东西，你也估不出合适的价格。此外，要以诚相待交朋友，以合理的价格买到合理的东西。不要有捡漏的心态，100元的东西就老实地用 100 元去买，不要想用 10 元钱去捡个漏，这样的概率是很小的。去年，一些朋友叫我去看他们收藏的东西，我一看，一房子的东西全是假的。为什么呢？价格 100 万元的东西，他只花 10 万元收回来，这样的东西不可能是真的。古玩界有一个游戏规则，价值 1 万元的东西，你出 8 000 元、9 000 元，人家不好意思给你假货，但你若出 500 元、1 000 元，那买到的肯定是假货。因为你出真品的钱，人家不会给你假货，否则第二次就没有生意做；你出假货的钱，就只能买到假货。所以一定要在诚信的基础上买真品。我在古玩界的名声比较好，我从来不欺货，也不压价，是什么价格就给什么价格，所以多年来建立了比较好的渠道，有什么好东西都能第一时间知道。同样的价格，对方也愿意先把东西送给我看。

其次，要在真品的基础上买精品。普通的东西无论研究价值，还是升值空间都相对欠缺，因此要尽量买品相好的、具有稀有性和艺术性的东西——这也是收藏档次和升值空间的体现。稀有性即东西稀少，并且在国内外收藏中属于相对顶尖的，越是稀有的东西价值越是高。艺术性即东西看起来要非常美，收藏一定要善于发现和把握艺术品的美，艺术价值高的东西价值也一定是高的。原先，只要东西是真的、对的，我就会收，现在我在窑口收得比较全的情况下，开始逐步提高藏品的档次。如果东西不是很好我也不收。一是因为经济有限，二是自己确实已有的就不收了。

采访者：您觉得怎样才能提高鉴别能力，收藏到比较好的艺术品？

赵：要想收藏到比较好的艺术品，必须提高鉴别能力，并且讲究收藏的理论和策略。第一，多做功课，打下深厚的理论基础。要多看各种书籍、查阅多种资料，了解各个朝代有什么窑口，生产什么器物。要经常检索国内外各大博物馆网站，知道它们什么年代有什么好东西，尺寸、品相如何，历史价值和艺术价值怎样，要多关注市场信息，了解现在出现的东西大概在什么价位等信息。第二，多实践，多逛古玩市场，多看好东西，多请教行家。很多古玩经营者在某一方面都是专家，都有其独到之处，因此，一定要不耻下问，多问多看，眼力自然就会随着时间的推移日渐提高。第三，多研究领会、总结提高。有的人三年、五年能对某个窑看得很好，有的人搞了一辈子，也没能看懂。因此，收藏要有悟性，注意总结和研究，要对各个时代窑口的形制、釉色、装饰工艺、风格特征等方面深入研究，找出规律和特点。

采访者：您收藏的最为珍贵的艺术品是什么？背后是否蕴含一些故事？

赵：我的藏品中最具研究价值或者最为宝贵的，是一件二里头灰陶人首形三乳足壶。因为陶器遇土就会土侵，年代久远的陶器更是难以保存。通常，夏代二里头的陶器在考古研究院里会有一仓库之多，但是距今4 000年的完整陶器却一件都没有。我收藏的这件陶器不但器型完整，而且品相相当完好，它被考古学家张忠培教授赞为“夏朝二里头文化最完整、最精美的古陶壶”。在日本陶瓷专家的考查中发现，此壶还是全世界最早的人物雕塑，被誉为“人类人物雕塑艺术的起点”，有很高的艺术价值和考古价值。这件宝贝是十多年前，我在逛古玩店时“捡漏”得来。当时，店主因为这件东西一直乏人问津，愿以1 000元的价格转手给我。我觉得这件东西虽然看着不起眼，但应该是件好东西，就装作不在意地说，放这么久也卖不出去，800元卖给我吧，店主不想再压货，就同意了。没想到就此捡了个“国宝级”藏品。

还有一件“五代秘色瓷刻团花纹壶”。秘色瓷类冰类玉，将越窑青瓷艺术推向完美的境地，在高古瓷器中具有极高的价值。秘色瓷是皇家专用，其烧制方法因不外传现已失传。当时卖家开出天价，为了购买这把壶，我甚至抵押了自己在上海市中心地段的房子。

采访者：您在收藏过程中是否遇到过什么困难？是怎样解决的？

赵：最大的困难是自己经济实力不够，看到好的东西买不下来，只能眼睁睁看着别人把好东西买走。我又不舍得卖掉自己的藏品。有的时候我看到好东西，会把房子抵押出去，贷款购买，再想办法把贷款还掉。我觉得看到好东西需要把它买下保护起来，漏走就可惜了。因此一有钱就会买艺术品，不会放在口袋里。所以收藏家的口袋永远是羞涩的，是精神上的富有者，物质上的贫困者。

采访者： 2009年3月世华艺术馆落成，是什么促使您创办私人博物馆？是一直以来的心愿还是收藏到一定程度水到渠成的结果？

赵： 我的收藏分为三个阶段。第一阶段，只求真品，不问品位和档次；第二阶段，上升到收藏精品；第三阶段，也就是现阶段主要是创办私人博物馆，把自己的收藏回报社会和民众，在弘扬民族文化的同时和大家一起分享中国古陶瓷的艺术成果。

这个思路也是经过不断发展和调整的。我觉得一个收藏家最后一定要回报社会，不可能把藏品卖掉，也不可能完全交给子女。我希望通过建博物馆的方式将它传承下去，将这批藏品留在社会、留在上海。

海派文化在中华人民共和国成立前堪称全国的先锋文化，既有引导性，又有前瞻性。当时，文学方面，鲁迅、巴金是中国文坛的先驱人物；戏剧方面，沪剧、越剧唱响全国；文物方面，琉璃厂出来的东西，很大一部分是由上海资本家买来收藏、传承或捐献给上海博物馆，上海也由此得到收藏界“半壁江山”的美名。然而，如今人们却对既具历史厚重性和传承性，又具现代先进性和导向性的海派文化知之甚少，更别提发扬光大了。2000年时的艺术品拍卖市场，北京和上海差不多都是3到5个亿左右，而2009年时，北京的拍卖总额已达67个亿，上海却连北京的零头都没有达到，多是从上海将艺术品送去北京，再由收藏家从北京将艺术品拍回。如今，上海也缺乏比较好的民间博物馆。绍兴，在政府拨地、贷款等多项扶助下，已有不下十个上档次的民间博物馆。西安拥有面积近五万平方米的民间博物馆。虽然杭州、南京、云南等地经常有人向我邀约，承诺给我批地、造馆，让我把全部收藏迁移过去，但我还是希望将这批东西留在上海。因为我是喝绍兴的水长大的，是喝黄浦江的水成就事业的。我在上海收来的东西，拿到别的地方去搞馆，不是很合适。而且上海的建埠历史比较短，本身地下也没有很多很好的文物。因此我希望能在上海建立一个优秀的民间博物馆，举办高质量的展览让全国知道，上海也有好的收藏家，也有好的民间博物馆。虽然我的力量比较薄弱，但也希望能为上海收藏界和文博界重振雄风出一小份力。我选择在去年推出世华艺术馆，也是希望借2010年上海世博会的契机让世界知道，上海不但有高科技和现代化，还有历史传承和收藏文化。

采访者： 您为何将艺术馆命名为“世华”？世华艺术馆将会以怎样的形式在艺术品收藏领域发挥作用？

赵： “世华”代表世界华人、华侨，具有同宗同祖、海纳百川的寓意。中国的文物艺术品是历代智慧与艺术的结晶，是中华民族最宝贵的财富，但在历史上却几度遭到流散。英法联军火烧圆明园时有近百万件珍贵文物遭到抢劫。20 世纪以来，由于国内外不法分子互相勾结盗墓等各种原因，至少有 50 万件文物流失海外。因此全球的华侨华人应该团结起来，形成一股抢救、保护民族历史文化遗迹，促成文物艺术珍品回归祖国的强大力量。为此，我将艺术馆命名为“世华艺术馆”，希望能吸引众多的华人收藏家来此举办展览并且开展出版教育活动。我计划每年搞一个全国性的古陶瓷展览，展出大家评选出的 100—200 件最精良藏品，出版相关画册或专著。

比如，日本向来非常关注中国的宋瓷，认为宋瓷无论釉色、器型等方面都代表了中国瓷器的最高水平。在我们没有重视和研究的时候，他们就暗中收藏了很多中国的宋瓷，包括众多窑口的顶尖瓷器。日本的收藏家甚至认为，中国宋瓷的收藏研究在日本，元代瓷器的收藏研究在土耳其，明代瓷器的收藏研究在英国。前几年，日本搞了个宋瓷展，自认为是世界第一。我很不服气，希望也能把国内个人收藏的最好的宋瓷集中起来举办一个宋瓷展，和日本比一比，让他们知道我们华人收藏家也有很好的宋瓷。

采访者： 您于 2009 年 8 月成立了“上海世华民族艺术瑰宝回归基金会”，它的主要工作和作用是什么？

赵： 基金会的主要工作有几个方面，一是募集国外爱国华侨、华人社团、企业和个人资金以及国内社团、民营企业和个人资金；二是动员、接收和收藏国内外爱国人士捐赠的文物艺术珍品；三是征集回购中华民族流失海外的文物艺术珍品；四是征集国内流失在民间的文物艺术珍品，减少走私外流。

采访者： 同年 10 月，您又成立了“世华古陶瓷保护收藏研究会”是出于何种考虑？

赵：研究会的具体名称和形式还在进一步商榷之中。因为北京和上海两地的朋友建议说，不要搞成协会的形式，现在全国大概有几千个协会，良莠不齐、鱼龙混杂。因此北京提出可与北大考古系结合，搞成一个古陶瓷研究保护学院的形式。目前正在与文化部、文物总局和北京大学等单位深入交流之中。建立这一形式，主要想开设专门的古陶瓷研究、保护方面的讲座和培训，让古陶瓷的鉴赏家和收藏家能够真正懂得辨别真假，收藏到好东西，大家一起研究、一起探讨、互相交流、共同提高。

采访者："世华艺术馆""世华古陶瓷保护收藏研究会""世华民族艺术瑰宝回归基金会"三者之间的关系是怎样的？

赵：艺术馆和研究会都是在基金会下面运作的不同形式。艺术馆提供展览和出版教育的平台，研究会把全国古陶瓷的专家、学者、收藏家集中在一起，相互学习提高。我还想搞一个鉴定检测中心，为收藏家辨别真伪，在眼力目测的基础上，再用科学的方法精密检测，使藏家不再因为真假难辨而不敢收藏，不再花冤枉钱。

采访者：现在世华艺术馆和基金会的运营情况如何？您对私人博物馆的运行和可持续发展有什么看法和意见？

赵：现在世华艺术馆的运营基本是靠我自己辛苦赚钱来维持现状。虽然也通过基金会募集了少数企业家的赞助基金，但是大多数企业家觉得自己是生意人，一切从效益说话，公益事业和自己没有关系，对于没有回报的事情是不会投入的。我也借此建议企业家，有了钱以后，还是要回报社会。回报社会的方法很多，保护国家的传统历史文化、避免国家的文物外流，也是一个很重要的方面。无形的东西永远大于有形的东西，一个没有文化的国家是没有发展潜力的。因此，企业家赚了钱以后，不要把钱花到不该花的地方，要多做善事和公益事业，多来参与和保护传统文化艺术。

目前，个人的收藏之路很艰辛，私人博物馆的生存很艰难。上海还没有相应的政策支持和资金补助，每搞一个展览都非常辛苦。全国范围内，西安的艺术产业化发展相对较好，省委省政府出了政策，如果评估下来，收藏家确实有好东西，并且形成一定规模的，政府会给予一定的支持，如拨地、贷款以帮助运营。其他如浙江、江苏、云南等地也非常重视这方面的发展。我由衷地希望，在国家已明确提出大力发展传统文化艺术、文博艺术产业的思路下，上海方面也能有所行动。博物馆是一种社会资源，是公益事业，有利于提升本地区的文化层次和内涵，只有国家的政策扶持，才能阳光明媚。如果国家在私人博物馆建成并正常运营后能够支持一部分，博物馆就可以集中精力搞其他项目。现在私人博物馆的精力还是主要集中在正常维持，显得有点举步维艰。

采访者：您对世华艺术馆未来的发展有何规划性构想？

赵：现在，我的目标是每年搞一个高质量的专题大展，出一部书。这部书是行业专家经验的总结，总体上深入浅出，通俗易懂，是大家都可以借鉴的工具书和学习资料。现在古玩市场有两个不太健康的现象。一是学院或机构的专家会写文章，但是缺少实践经验，不逛古玩市场，不去田野考古，理论很精通，但却根本不会看实物。二是从市场和实践出身的行家，会看实物，但却不懂理论，不做研究。这也直接形成了专家会写文章，不会看东西；行家会看东西，不会写文章；行家理论上不如专家，专家眼光不如行家，两者又互不服气的局面。我希望两者能相互学习，专家向行家学鉴定，行家向专家学理论。我自己也尽量做到这两者结合，既有理论基础，又会看东西。

长远而言，如果有国家政策的支持和保证，再通过基金会和公益性的捐款，我有信心和决心将世华艺术馆办成全国最好的民营博物馆之一。

采访者：您怎样看待“古陶瓷的历史价值和文物价值高于艺术价值”这一观点？

赵：这种观点其实是一个误导。中华人民共和国成立前，宋代的一个碗可以换乾隆时期的好几个瓶子，为什么现在倒过来，宋代瓷器价格不如明清瓷器呢？这实际上是中国大陆五六十年代一段特有的历史造成的。“文革”时期，我国为了争取外汇，文物商店等机构中，一个乾隆时期的赏瓶，三五百元的兑换券就可买走。在这一时期，市场经济意识比我们较早觉醒的一些港台明清瓷器收藏家低价购买了许多明清瓷器。他们的收藏形成一定规模后，需要将其转化成财富，就通过拍卖行将这些明清瓷器不断地热炒直至天价，再卖给中国大陆的收藏家，从中赚取高额的利润差价。现在明清瓷器的市场价位已经基本到顶。一个乾隆瓷瓶可以卖到8 000万元，这8 000万元现在用来买宋瓷的话，起码可以买80件左右。然而10年后一件精品宋瓷的价格，将远远超过8 000万元。如今很多人都明白过来，港台很多明清瓷器收藏家除了保留一些精品之外，大部分明清瓷器都已抛向市场。回过头来，他们又开始收藏唐宋等时期的古陶瓷。他们觉得宋瓷的价格还未达到应有的地位，五年后可能要翻五到十倍以上。从国际而言，日本、英国、法国等收藏家都重视宋瓷更甚明清瓷器，尤其是清代瓷器时间较短，只有三四百年的历史，而宋瓷，他们多是出高价购买收藏。目前宋瓷市场价格偏低的另一个原因在于，我国文物法规定，明清瓷器允许拍卖，宋以前的瓷器不能拍卖。这也在一定程度上限制了古陶瓷价格的回归。如果文物法放开，唐宋瓷器的价格必定超过明清。因为不管是历史价值还是艺术价值，唐宋瓷器都是高于明清的。

采访者：您是否关注中国的当代艺术陶瓷，对它的发展现状有何看法？

赵：我曾于2009年7月和9月分别两次前往景德镇考察了很长时间。这期间，我拜访了一些陶瓷收藏家，也接触了当地的政府机构。我感觉景德镇的瓷器已经走上了一条歧路。从北宋时期的湖田窑到明清时期的官窑，景德镇瓷器在全国乃至世界都有很大的影响，但是目前的发展现状却比较混乱，铺天盖地的全是现代仿古瓷器。人们不注重在陶瓷原有的基础上发展创新、完善提高，而是从经济利益出发，仿制高古瓷器用以牟利。虽然也会有一部分人在原来的基础上进行一些现代艺术研究，但总体上可说是每况愈下，毫无北宋、明清时期的雄风。如今那里谈论最多的是谁谁仿得最好，把拍卖行和收藏家骗了，卖了什么价钱等。很少有人谈论谁谁在原来的陶瓷工艺基础上发扬光大。其实他们的仿制瓷器与明清时期的瓷器相比，无论材料、工艺、拉坯、修胎、绘画等方面都相差甚远。一两百元的仿制成本，却以一两千或一两万的价格骗人。拍卖行中也多充斥着这些冒充古陶瓷的现代陶瓷工艺品。我觉得作为中国最有名的瓷都，景德镇还是应该继续支持和弘扬陶瓷文化，传承优秀的工艺水平，培养有理想的现代陶瓷专家，而不是仿造害人。这与传统文化的传承和创新是不相符的。

不过，造成这一现象也有一些外在的原因：中国从事收藏的人较多，出土的东西相对较少，而真正的老官窑更少，收藏家都想收官窑的心态促使了低劣仿品的泛滥。另外，中国没有针对仿品的相关法律。在国外，仿品绝对不能说是真品或古玩，否则就是诈骗，要负刑事责任。中国没有这个法律，拍卖行即使拍卖仿品，也多不能通过法律途径解决。所以瓷器、字画、青铜器等仿品泛滥，不是流传有绪的东西拍卖行不敢轻易拍卖，不是专家也不敢轻易出手收藏。

采访者：您觉得在新的时代背景下，新生代收藏家与老一代收藏家相比有何异同？

赵：老一辈收藏家多是出于喜欢及保护文物不外流的因素而收藏。现在的收藏家多出于投资和经济利益的因素而收藏，往往市场价格上涨后就急功近利地把艺术品卖掉，这与成熟收藏家或优秀收藏家还是有距离的。我希望自己向老一辈收藏家看齐，把保护和传承艺术品放在第一位。

采访者：您觉得收藏给您带来的最大乐趣是什么？

赵：收藏的最大乐趣是收藏到好东西。收到了好东西，有时会三天三夜甚至一个星期都特别高兴，这是一种无可比拟的喜悦心情。我从来不卖出藏品，最多是拿重复的东西和朋友交换，以丰富自己的藏品。虽然我卖掉一件藏品就可供艺术馆运营三五年，但我由衷地舍不得，它们就像是自己的亲生儿子，不忍割舍。

驻英淘宝“天物”使者

——钱伟鹏先生访谈

钱伟鹏，1956年生于扬州。从事文物鉴定工作近30年，1984年任扬州文物商店副经理，90年代曾受命派驻英国，任驻外文物专家，专职从事中国文物回流工作。擅长景德镇窑元、明、清时期瓷器鉴定，也涉及玉器、书画、杂项等领域。2000年被南京博物院聘为高级顾问，曾为英国国家展览中心古董展示会高级顾问，英国伦敦奥林匹克古董展示会高级顾问，美国纽约艺术品检查委员会高级顾问，英国伦敦东方古董公司董事长。2010年和柳志伟先生创办天物馆，专注于中国古代精品官窑瓷器的收藏和投资。

采访日期：2011年11月22日

采访地点：天物馆

采 访 者：郑中荣、滕健（以下简称“采访者”）

被采访者：钱伟鹏（以下简称“钱”）

采访者： 起初，您是在什么时候，又是如何和古董结缘的？

钱： 我生活的城市扬州是我与古董结缘的开始。扬州自隋朝开通大运河之后，成为各地商品集散中心，到唐代富甲一方，清代中期则有“扬一成二”之说（扬州第一，成都第二）。扬州北面有个小丘陵叫蜀岗，唐代曾建衙门于此，历史给这里留下了丰富的唐宋标本。我们小时候在这里经常看到汉代瓦当、唐三彩碎片，也偶尔捡些好看的。我有个同学的父亲是历史系教授，小孩子经常捡到东西给他看，他会说，“是古代的好东西”，所以自小我就对身边拾到的这些宝贝感到稀奇。真正与古董结缘是1979年进扬州文物商店工作，当时文物商店是事业单位，但用商业手段收集流散到民间的文物。

采访者：能否描述一下20世纪80年代的文物市场？彼时，您在扬州工作期间有无令您印象深刻的人和事？

钱：乾隆以前，我们曾是世界上最发达的国家，当时的文物始终处于单向流动状态。道光以后，鸦片战争赔款使得大量白银流失，自此，好东西开始流失海外。1860年的英法联军洗劫圆明园，1900年八国联军大肆掠夺，1924年溥仪逃离紫禁城带走了一批，二战时日本又从中国掠夺了大量文物，最后一次是蒋介石政府逃台，把以前2 000多箱南迁的文物都带到台湾，几经折腾后又逢“文化大革命”……1979年我参加工作的时候，可以说文物已经非常匮乏，加上国家在改革开放初期，只能靠文物、工艺品、土特产等来换外汇，虽然那时国家的政策是“少出高汇，细水长流”，就是卖得少点多赚点外汇，慢慢卖，细水长流，但实际操作过程中大家都在拼命地卖，赚外汇盖大楼、买好车。文物的特殊性在于它是不可再生的，这样一来我们的文物越来越少。早期的文物商店，挂着文物保护单位的牌子，实质上是靠买卖文物营生，也间接成了文物流失中较大的管道，这种现象一直延续到1990年。

1979年我进扬州文物商店时在外宾门市部，当时要求我们会英语，我只好一边上学一边工作。1982年单位出了一个大的走私案件，业务科科长和副科长因卖掉了不该卖的文物而被抓，这样一来导致业务上缺人，领导没有办法就选拔我们其中一部分人到杭州参加二省一市（浙江、江苏和上海）的古陶瓷文物培训班学习，为期三个月。我们一边学习一边坚持在杭州古运河边上捡标本，有唐代秘色瓷、龙泉、青花等，都很重要，当时很多人都不理解我们捡瓷片，以至于被当地人误认为是在捡垃圾。杭州学习期间我有幸认识张浦生老师，他当时是南京博物院江苏省文物鉴定组的副组长，1957年毕业于复旦大学文博系，师从王志敏。他是中国最早一批提出空白期研究的人，在元青花研究方面有独到建树。这个班的学习为我的陶瓷鉴定打下了坚实基础。

采访者：1983年在扬州开办的陶瓷鉴定培训班，您是主要参与者。能否给我们介绍下该班的情况?

钱: 1983 年陶瓷鉴定培训班招收华东地区七省一市的学员,邀请了国内最好的专家授课,诸如冯先铭、耿宝昌、汪庆正、黄云鹏、朱伯谦等。上午理论课,下午捡瓷片,晚上谈标本。这种学习方法给学员们带来了巨大收获。办学的成功,除了良好的教学方法外,和大的时代背景也有关系。20 世纪 60 年代国家基本上对文物无暇顾及,1966 年故宫办班,没几个月,赶上"文化大革命"就停了,但留下了一大批像张浦生老师这样的中坚力量;改革开放之初急需要文物人才,我们刚好赶上这拨,有幸成为文物鉴定第一代接班人。当时老师教得带劲,学生也学得卖力,希望能得到社会的承认。

课外,我还负责接待冯先铭和其他几位老师。一次和冯老师聊天,无意中提到浙江博物馆标元代青花的东西,依我看应该是清代的。冯先生说:"从理论上来讲,唐代就有青花。我曾在河北巩县考察时,发现窑里烧青花、烧白瓷的同时也烧钴蓝的唐三彩。当时窑工的技术发达,有可能随手把青花画在白瓷上,这也就是最早的青花。因此只要是巩县出的白瓷,你就要注意,可能有青花出现。"根据他的说法,在他走后第三天,我到扬州一个开挖的工地上守到了一件玉璧底,玉璧底是唐代青花典型器物。这个玉璧底后来轰动了全世界,从此证明了唐朝有青花,也从某种程度上把中国烧造青花的历史向前推了 500 年。唐青花的消息传遍各地,引来各国博物馆馆长、研究人员。鉴于我们的办学理论联系实际,加上扬州的地下标本丰富,唐、宋、元、明、清地层清清楚楚,标本非常齐全,为学员提供了便利条件。我们这个班引起国家文物局的高度重视,决定把扬州培训班作为国家文物局扬州培训中心。

采访者: 在 20 世纪 70 年代,扬州文物商店的业绩在全国同行业遥遥领先。您作为当时文物商店的副经理,给我们介绍一下当时的运营模式?

钱: 1984 年我当扬州文物商店副经理时,生意不好做,我采取的办法是不和上海、北京卖一样的东西,学以致用,一定要卖最好的东西,酒香不怕巷子深。培训班期间接触到的全国各地学员也为今后交往打下了良好的基础;我们用自己的专业优势,跑北京、上海、天津等文物店买他们最好的东西。以好东西吸引香港、澳门古董商，他们在海外经营，普通品差价不大，但好东西差价还是很大的。当时的信息流通不像今天，他们不知道这些好东西都是我们刚刚从全国各方“挖”来加价后再转让的，就算嫌贵也不得不佩服我们的眼光。比方说今年是紫砂壶年，我们就会把紫砂壶相关知识，以及一些名家，如杨彭年、时大彬、陈鸣远和近代一些大师壶的鉴别方法印成小册子，发给业务员派他们到全国各地找。这样的运营模式为扬州文物商店带来丰厚的利润，也因此一跃成为同行业全国交易额第一的单位。

采访者：能否回忆下您跟恩师耿宝昌的学习和交往经历？

钱：1986 年我参加广州陶瓷研究班学习，在全国共招收十几名学员，由耿宝昌老师授课。耿先生带着我们浙江、湖北、江西、广东等各地跑，受益匪浅。其间逛市场时我无意间发现一个香炉，底下隐约有字，我用铲子慢慢铲开，上面写着“大明崇祯年制”。在这之前，1983 年故宫院刊《紫禁城》刊登过此香炉，标明是康熙的精品，实际上是明末转型期的东西。因为打仗，徽商建筑停建，一些徽雕砖雕大师没活干就跑到景德镇去打工，他们以笔代刀，画出一批具有版画风格作品，这个香炉就是其中代表作之一。正是这个香炉影响了这一品种，其重要性是从这个时候开始的，小香炉后来成了广东省博物馆的一级文物。这次发现也是我和耿先生等专家一起努力的结果，算我们广东班对当地的一个贡献。

采访者：作为我国最早一批驻外文物专家，您是如何获得这次难得机会的？请您就工作中难忘的经历和我们分享一下？

钱：1990 年国家文物局想找一批业务员到国外，当时想派耿先生这批老专家过去，可是考虑到语言、生活习惯、年龄等综合因素，最终决定让老先生们推荐一批有眼光的年轻人过去。1988 年，在人才济济的江苏省九个文物商店陶瓷鉴定比赛中，我有幸获得古陶瓷鉴定第一名。1990 年，北京出差时我顺道去看望耿宝昌老师，他喜欢勤奋的年轻人，每次我有好的标本也总和他分享。他让我去一趟文物局，我不明就里，老先生说：“你去了就知道了。”当时文物系统有 98 000 人，从中推荐出一两人要求还是非常严苛的。筛选的条件大致是：第一，要求政治面貌，党员；第二，要有实战能力，理论和实践能力都要强，熟悉国内业务能力情况；第三，是人品问题等。当时考察了不少人，最后选了我。

国家派我们出国，先用一个月时间选定目的地，我们考察了英法两国，最后选了英国。因为英国是世界上最大的艺术品集散地，佳士得、苏富比总部在这，而且百分之七十的英国人有收藏文物的习惯，所以收藏范围广，东西齐全。可是难题并没有结束。到英国工作许可证办理很复杂，条件是你所从事的工作必须在英国及欧盟找不到这方面的人才，要玉器、瓷器、书画各个方面都要懂，还要懂古文。结果，经过两年的时间才办好。1993 年我才到英国。在此前，我被调到北京国家文物局工作，考虑到生长在南方，我怕因对北方情况理解不够深入，会给到国外工作带来不便，因此跑遍了原来没有去过的北方窑址，做深入的调查研究。

1991 年春，国外考察期间，我在伦敦的古玩市场淘到一对明代碗，外面是珊瑚描金，里面是青花，款是“富贵佳期”嘉靖时名品。开价 150 英镑，相当于当时 2 000 元人民币，我毫不犹豫地买下。后来，我把这对碗带到法国，专家估价 6 万法郎，我一看到这情况就把碗带回国内，想作为一个范例呈报给领导，专门写了份报告，表明文物不能单向流动，要双向、多向流动。因为我国当时的实际情况，文物始终是单向流动，长此以往，将如无源之水，文物匮乏。1991 年我发表这篇文章，主要希望国家批外汇并找一批“实战型”专家到国外淘宝，可惜并未得到响应。国人都认为外国人都来中国买，肯定是中国的便宜。应该说在当时的英国，我们有很多机会。

1991 年在伦敦设点以后，我们主要是挖掘老华侨家里的东西或在英国古董店淘宝。在英国生活工作期间很艰苦，我们要把国外的各种信息发送到国内，还要及时掌握国内文物市场销售情况，定期给国家缴钱。别人都眼红，以为我们在国外都发财了，事实上并非如此。在我工作的最后一个月里，我和当地有业务来往的华侨道别时，他们要将藏品变卖的一部分收入来送我表示感谢，我分文未拿。我说：“你们要谢就谢国家吧。”后来有个华侨说：“我这里有 1 400 多件玉，你帮我拿去卖，一年以后给钱。”这批玉非常难得，我们都运回了国内。

在国外时，一个英国古董商找我做他的艺术顾问，帮我办了一年的工作许可。当时英国规定凡在英国工作期满四年，可拿到永久居留证。在英国留下来，我自己做，比较自由，主要是把中国文物往国内买，做回流工。当时资金比较少，国内最缺少外销瓷，这些外销瓷可以弥补国内的空白，还可以赚点钱。

采访者：驻外十余年间，经您手回流文物超过十万件。请您就印象深刻的几件文物，和我们分享一下获得的经过。

钱：1993 年我刚到英国工作时去了次香港，在那里发现了一批元代珐琅彩。这批珐琅彩是用山东颜神镇上琉璃，在胎上绘制了龙纹、八宝纹和祥云莲花纹。元代时把一批烧制景泰蓝的波斯工匠按匠籍制发配到景德镇去，用景泰蓝的办法做到瓷器上，当时只有那批特定工匠有能力做，所以没有大批量生产，东西非常重要。我们决定要这批珐琅彩。回到英国我们立刻给国内寄照片。在焦急等待中，第七天早上终于等到国内来的电话，回复“一定要买到”。因为这批珐琅彩是 1988 年 8 月故宫“跑掉”的一批。

当年故宫里一个烧锅炉的王先生，找到耿宝昌老师家请他看东西。耿先生一看是国宝，就对他说：“告诉他，故宫感兴趣，你下午拿过去吧。”耿先生当下和工作人员联系：“下午有人送好东西来，你们留心点，有事情叫我。”结果下午他们来了，工作人员出价两万，这俩人说：“两万太便宜了，我们弟兄回去商量商量。”其实他们只是想知道，这东西好不好，既然故宫要就是好东西。这批珐琅彩是他们在内蒙古一个元代贵族墓里挖到的。耿先生左等右等，怎么还没有来，就问今天有送东西的人来了吗？他们说：“已经来过了，那个送国宝的没有来，送了几个破碗。”耿先生说：“就是那批好东西。”赶紧通知文物局去追，文物局和公安部在东北追到他们的时候，他们已经在一家旅馆卖给陌生人，查找买家登记的身份是假的，这批东西就此消失。所以在耿先生心里一直是个遗憾。

没想到，事隔几年后，这批国宝漂到香港，被我发现通知国内，耿先生亲自到香港，我们找了个地方看东西商量价。他和我说：“有你在，海外好东西跑不掉。”这句话对我来说，是最大的肯定，就算以往再多的累、苦都值得。实际上也是老先生对我们年轻人的厚爱。后来这批东西对方出价，7 件东西要 100 万英镑，最后 72 万英镑成交。对方为了感谢我慧眼识宝，付款时给我百分之十的佣金。我上交给公司，替公司节省 8 万英镑。这批东西现藏上海博物馆，其意义在于证明中国珐琅彩不是从康熙而是从元代开始的。

采访者：您能和我们聊聊2005年“成化大碗”获得的经过吗？

钱：2005年我带着一个中国学生去苏富比拍卖行看预展，无意中在柜子角落发现一个瓷器，苏富比专家定为19世纪，我仔细一看是成化时期的。因为我对成化瓷器有特别研究，成化的釉和其他的釉不同，因为含有大量的钾，特别肥润，像羊脂玉一样。成化时期的工匠很会配釉，在釉中放少许的钾并把温度控制在正常烧制温度1 340度以下（1 300度）。我们知道钾在高温的时候会流失，加上马蹄窑烟筒不高，釉的湿润度偏低，1 300度的时候熄火，这样钾就含在里面了，所以，成化的釉面的肥润度是前无古人后无来者的。再加上明代马蹄窑有点漏气，局部氧化，它的胎质有点漏红。这两个特点是后来人永远仿不了的。

我怕引起别人的注意，让学生去看它有没有问题。他看后和我说：“碗没有问题，但碗底落款是‘大明宣德’年制。”我一听机会来了——景德镇出土过一批宣德和成化东西，它们摞在一起烧，少年的成化对爷爷很敬重，为此将这批瓷器写上“大明宣德年制”——这一点很多人都不了解。1987年我在景德镇看到过类似的碗，因此我很肯定。拍卖当天让学生挑一个不引人注意的位置举牌，十万英镑之内不用问我。起拍价350英镑，一直叫到50 000英镑，我担心这种情形一直到十万英镑的话，我也就买不到了，说明大家都看懂了。到50 000英镑的时候竞拍人越来越少，突然停了一下，52 000英镑落锤。当时国内外专家都认为这件东西是19世纪的仿品，当他们看到这个毛头小伙子举到52 000英镑的时候，有一些比较精明的藏家，就跑到仓库去看什么碗，怎么卖那么高，看到实物才醒悟。这个时候我已经付钱准备取碗了。

采访者：在您的收藏过程中，有没有因某些原因而失之交臂的珍品？

钱：我拿到成化的碗就去了好朋友埃斯凯纳奇家里。我和他关系很好，他买“鬼谷子下山”时就东西和价格征求过我的意见，当时马未都的客户愿意出1.6亿，我朋友愿意出到

2亿，后来知道当场竞价的下一口买家是台湾的“寒舍”，“寒舍”也准备2个亿。当时我一听2亿，我们肯定是买不了，但就在拍卖的同一天乡下一个地方拍卖一个大的元青花葫芦瓶，可以说是全世界完美无缺的唯一一件。卖方定的是明代嘉靖款，15万英镑。

拍卖头一天我就住到乡下等，结果发现我广州班的同学丘小君也来了，见面我就问他是不是冲着这个瓶子来的，他说：“是的。”后来我们商定各出100万英镑一起买。拍卖当天叫到200万英镑时，我们叫了230万，下一家叫了240万，咬咬牙算了。当时为了买这个瓶子想把自己的房子卖了，实际后来想想当时真的买了，房子可不那么好卖的。这件东西当时的市价在一个亿，最终我们没有买到，很遗憾！

采访者：据悉2005年，您以320万元人民币，从香港苏富比秋拍中购得被误以为粉彩的清代乾隆黄地珐琅彩子孙万代大吉瓶。您当时如何确定该瓶被误认？又是如何巧妙地以低价成交的？

钱：2005年香港有个珐琅锦吉瓶拍卖，预展时放正中央位置，所有人都慕名去看。我一看是郎世宁画的，因为当时的中国画家很少知道用冷暖过渡色，一定是油画家的作品，但是估价太高，底价一亿港元。我向旁边一看，惊奇地发现另外一件被标为粉彩的瓶子，标价270万港元，价格比较便宜。我拿起来一看，是珐琅彩而且底款被磨过，里面隐约有两条暗线。我为这个瓶子准备了1 000万，但是拍卖场上变量多，不知道会拍到多少钱。我就打电话给朋友希望合起来买，没想到270万港元，第一锤就敲给我们了。拍卖场上看到一个朋友，他很高兴地和我打招呼：“今天买了一个珐琅彩。”他是替新加坡的林建伟先生买的。我回了他一句：“我也买了一件珐琅彩。”“啊？这里面还有第二个珐琅彩？”“那个葫芦瓶。”“这件葫芦瓶是自己从美国买回来的，1946年美国驻以色列大使拍出来的，一些专家都说是粉彩，害得我的客人花了400万买，现在卖出赔了！”

实际上外国人在粉彩和珐琅彩工艺上，概念不清，我一看到瓶子就知道是珐琅彩，和粉彩一点关系都没有。回上海的飞机上，我翻阅冯先铭编的清宫文献档案，“乾隆四年十一月初八，郎中海望收到景德镇送来八个葫芦瓶胚胎送做珐琅，乾隆五年初二绘出一对。”一只在圆明园洗劫时被毁，另外一只被外国人偷出来后在北京卖了。后来慈禧下诏，凡是宫中流出器物一律上缴，不缴者死。很多人不想上交又害怕杀头，只好把款磨掉，于是当年的那个瓶子就成了这样。后来我还专门找了景德镇的珐琅工艺大师看，他也认同这是珐琅，和粉彩一点关系都没有。我在北京光华路五号展出过这件东西，当时朱汤生也去现场看，看了后无限后悔，只说他们对工艺上认识还是缺少了解。

我们知道苏富比和佳士得是乾隆前后成立的最早拍卖行，但是他们里面的专家最多也就做十年，有点经验就自己当老板，所以像我们这样一辈子在市场上滚打的人，每天都要与时俱进，如果三个月不下海，再大的专家也是不行的。举例来说，我的老师耿宝昌先生都 90 岁了，还经常到处打听关于瓷器的消息。最近景德镇怎么样啊？市场上有没有什么新发现？高仿水平怎么样？他都始终了解这些信息。一年不去景德镇，腿都发软，随时要掌握景德镇的动向。尤其现在我们做基金了，损失不是个人的事情，也不是钱的问题，而是品牌。今年我们基金会收了 700 多件官窑瓷器，能在短时间里收到这么多好东西是收藏史上少有的。每件东西都要层层把关，百分之百确认非常不易。当时文物局的一些老局长到我们光华路五号看展，感觉震撼，震撼的是那么短时间就买到那么多好东西。其实现在我们中国各个省都在投资建造博物馆，有些博物馆里面没有内容，只好用照片、声光电、影像来代替。我们现在把文物弄回来一方面做基金，更重要的是给中国历史加上一笔，希望将来我们的子孙后代在自己的国土上共享这些祖先留下的宝贵资源。文物的魅力就在于它们为人类文明史留下的最后一点痕迹。

采访者：您入行这么多年来，一定结交了很多志同道合的专家、朋友吧？如朱汤生。能否回忆下你们交往的趣事？

钱：我和朱汤生相识于 1991 年，当时我作为国家文物代表团去拜访他，其间我们相谈甚欢，他向我们讲述苏富比整个发展过程和历史，当时陪同的还有他的两个学生，一个是司徒河伟，一个是黄林诗韵，他们现在是苏富比的主席和副主席。一个星期后朱汤生飞到北京，他觉得中国市场快要开放，苏富比想和中国合作，在中国成立办事处。后来我到国外后，有机会经常和他们合作。1994 年我们在英国搞了一个成化瓷片展览，我和朱汤生还有北京一朋友，三人一起去景德镇挑选藏品。在一家工厂里发生一件事情，后来因此改变了苏富比的进货制度——这家工厂当时仿古做得最好，专门仿明清官窑，我们去的时候他们放了一仿制品在外面，朱汤生一看："你们真厉害，还有真的在这。"负责人说："不是真的，是三年前仿的。"朱汤生一听吓了一跳，回去之后决定苏富比的进货一定要有传承。因为经常接触，我们之间还互相看藏品学习交流。1973年他促成苏富比在香港成立，对推动中国文物价格和文化普及作出了巨大贡献。

2009年11月，我在沃利渥小镇上最后一次见到朱汤生，当时他面容憔悴。他和现任太太应邀去英国驻比利时前大使巴特瑞勋爵家看东西，便高兴地邀请我一同前往。巴特瑞勋爵一生最大的兴趣是中国瓷器，藏有900多件瓷器，为了这些瓷器他宁愿吃最垃圾的食品，开破车。他太太受不了就离开了他，女儿也没有和他住在一起。他把自家后院改成博物馆，瓷器无规则地摆放在里面，他说每天最大的快乐是把自己关在家里欣赏这些瓷器。交谈中我为他讲述了很多瓷器中的小典故，他高兴得像个孩子拿笔认真做记录。过了一会，朱汤生感觉很疲劳，需要休息。快离开时，我及好友柳志伟分别与他留影纪念，这也是我们最后一次合影。朱汤生是20世纪对中国瓷器研究最深的外国人，他从1962年进入苏富比就一天都没有离开过，他在为他的拍卖行服务，同时也普及中国文化。他常常开玩笑说：自己上辈子一定是中国人投胎，下辈子投胎一定做中国人，他很喜欢中国。

采访者：时下，很多国家级的藏品被私人收藏。对于新起的民办博物馆，您是如何看？

钱：海外工作近20年的经验和眼光，让我在全世界古董行业畅行无阻，在日本，很多大的古董店，限制人员参观，可是我们去了会把最好的东西拿出来。总结起来，在我们这一行需要两个翅膀都要硬，要有坚实的理论还要有好的眼光，在此基础上还应前瞻性看待文物及文物价值潜在力的发掘。现在艺术市场我们提倡"反清复明"。过去40年，周边国家比我们发达，他们已经收了很多康雍乾，现在还跟在他们后面买乾隆肯定没戏，大头都被他们买了。所以我们要做的是跳到他们前面买元青花、洪武、永乐、宣德的东西，这些东西本身存世量少，要赶在他们前面收购，这也是为投资人谋取最大的利益。这些东西的最终归宿点是国家的博物馆，等到我们的投资人都有钱，愿意做公共事业，博物馆都建起来，我们可以借给这些博物馆展览，只要标上藏家的名字足矣。与其一个人放在家里享受不如放在博物馆让全人类分享，这种办法对于推动文化事业发展，比起单独的国家部门做效果更好。

改革开放，我们希望真正走出一条适合国家的新路子。前段时间我们和祝君波局长一起建议，能否在上海浦东创建陈逸飞纪念馆。陈逸飞纪念馆的意义在于他并不是世界上最好的画家，但是他是外国人都知道的中国画家，他的系列作品非常鲜明地反映了中国改革开放时代的步伐，而且陈逸飞除去画家之名外，他还举办过服装模特大赛，拍过电影。我们可以把他的纪念馆结合现代科技立体呈现。上海博物馆是有限的，但民间的力量是无限巨大的。

采访者：请问天物馆创办的背后，您有着怎样的思考？创办过程中曾面临过哪些考验？

钱：在创办天物馆之前，2008年我在北京光华路五号帮朋友办了一个博物馆。起初的想法是为爱好文物的人提供学习的机会。当年9月1日金融危机时，我和朋友到香港一个大收藏家里看藏品，我和他说这是我们收藏的目标。我们在经济最低迷时花了1.3亿购买400多件官窑，经济转好后这批东西涨到4亿，但是后来因为债务关系，停了一段时间，这些经验为我们创办天物馆打下良好基础。

我和柳志伟先生认识多年，一次聊天偶然提到艺术品投资问题，他很感兴趣，我们便开始一起买东西，买到3亿时，觉得好东西太多，这样一直买也不是办法，便结合当时市场考虑以基金的方式操作，基金是柳志伟的强项，通过我们的努力，天物馆越办越有特色，懂的人看了我们的东西知道是好的，其他人也慢慢地从不理解到理解，很多人自愿参与我们团队。全国各地文物爱好者都可以到我们这里交流学习，我们都很欢迎，现在一些朋友把自己藏品放在馆内展示，他们需要把藏品拿回去了，就交藏品价格的百分之二十给基金。我们的成果吸引了银行，他们主动和我们谈基金合作。现在我们比较谨慎只做了两个基金，一个是2亿，一个1.75个亿。我们的运营模式是2个亿里面，我们拿出5 000万，如果赔自己先赔，如果是增加50%抽成给基金，如果涨到100%我们可能就要分产，我个人认为3年增个200%应该没有问题。从这里可以看到只有基金才能做大，基金一旦进入文物市场，传统交易模式就发生变化。比方以前市场上有100件官窑，有30人平分，基金进入后很多人一下子吃到15件，这样一来很多人就买不到。我们去年10月买的东西，到今年基本上涨了80%，有的50%，有的一倍，基本已经拉平。但隐患也时刻存在着，就是真假的问题，买了一个赝品你的维护费就白费了，所以我们买东西的时候如履薄冰，比自己买还要谨慎，有疑问宁愿放弃，但是要买就一定买真的。

采访者：能否给我们介绍一两件天物馆的镇馆藏品？

钱：我们馆藏的永乐黄彩盘子，全世界只有两件。这个盘子原是南斯拉夫贵族的旧藏，曾经在日内瓦展览过。另外一件是康熙五十四年粉彩缸，粉彩真正成熟是雍正时期，雍正的粉彩有价值。这个缸上是鱼绕图，鱼一共36条，为什么是36条？雍正在众多皇子里面排名老四，最后能登上宝座和他的计谋运筹有很大的关系，他把36条鱼比作36计，36计连环使用，在两边设置两个类似开关，等于掌握36计的开关，这样就更有价值。之前人们看到这个缸只想到，古时候水缸一结冰容易裂，古人就用铜胆放在里面，一方面铜可以杀菌，二来结冰的时候软的铜可以把力量吸收掉。

现在馆藏中有很多有价值的藏品，如清雍正黄地青花云龙纹折沿门笠碗、元青花缠枝牡丹纹罐、南宋龙泉粉青釉七弦瓶等。在藏品上也许我们不能超越故宫和国家博物馆、上海博物馆等，但在某些品种方面会起到弥补它们空白的作用。天物馆和其他博物馆一致的很重要一点，就是内容大于形式。我们从发现价值到研究发掘价值，通过管理价值到最终实现它的经济和艺术价值。

采访者：随着中国经济的稳定发展，瓷器拍卖屡现高价。对此，您如何看？您认为当下藏家应该抱怎样的心态？

钱：我认为收藏本身是一个过程。今天中国经济快速发展，人民不再为温饱犯愁，开始买车、买房，等到这些都有了你买什么？健康和精神。中国人真正谈收藏并且买得起好艺术品的时间不长，也就短短10年。普遍认为我国艺术品市场活跃时间是2007年以后，随着一些鉴宝、拍卖把市场带动起来。人们对收藏有认识，开始翻翻家里面的东西。在这之前古玩极少人玩，只有两种人参与，企业界成功人士或者政坛上高级人物。普通百姓是玩不起的，你让他花一亿或两亿去买乾隆瓶是不可能。能买得起的人身价起码50亿以上，所以古玩是成功人士的收藏品。

很多人觉得古玩是暴利，“捡个漏，一件定江山”，这个观点是错误的。现在市场真正能捡漏的机会和五年十年前完全不一样。当时信息是封闭的，还有这种可能，现在靠的是专业知识和行业经验。前天晚上我听一个专家说：“现在捡漏就像飞机失事一样少。”虽然有点夸张，事实上国内情况是这样的。

采访者：您对即将举办的第三届世界华人收藏家大会有何期待和建议？

钱：做任何一行都要有很深厚的文化底蕴，我觉得台湾在中国文化传承上没有断过。当年国民党迁台时，蒋介石带走三类东西，人才、黄金、文物。在危急的情况下他都没有忘记把文物拉到台湾，为什么？如果没有这批文物，他就是流落荒岛上的草寇，有这批文物支撑，在台湾国民党就有所谓正统的地位。台湾在继承传统上有很深的底蕴，文化也基本未间断。国民党遗老遗少留下来的东西，加上台湾经济崛起和台北故宫博物院教育的影响，台湾的收藏基础比我们大陆扎实，比我们占领了很多先机，档次也比我们高，尽管岛很小但是底蕴很厚。

他们有成熟的组织，如清翫雅集，这方面比我们早十几年。第一任会长蔡一鸣，我们很熟悉，我也参加过几次“清翫”的活动。大家把好东西拿出来一起交流，我很希望未来中国大陆也有这样的团体，然后把自己心仪的东西拿出来大家共享。

人类在大自然面前都是匆匆过客，对藏品也只是临时拥有者，大家应该学习交流，像世界华人收藏家大会这样的组织为我们创造了很多机会，可以为中国文物事业的发展作出贡献。

让“三无”匾额有个家
——洪涛先生访谈

洪涛，生于1957年8月，上海翰林匾额博物馆馆长，馆藏有“堂号匾”、“官宦匾”（二品官以上）、“翰林匾”（进士以上）、“民国要员匾”四大系列的历代匾额，达一千七百多方。

采访时间：2010年9月
采访地点：上海翰林匾额博物馆
采 访 者：朱晓东（以下简称“采访者”）
被采访者：洪涛（以下简称“洪”）

采访者： 请问，您的收藏之路是怎么开始的？

洪： 我生在甘肃最穷苦的地方，长在最普通的家庭，学的是航空材料，1986年毕业四年后被派到深圳特区工作。也许由于自己的字写得太差，才喜欢上古代名人书法。特区相对较高的工资和20世纪80年代的低物价，使我开始玩收藏，很快就小有起色。但这一切被两次意外打破，内地的家与特区的住所相继被盗，沙发都被剪开，全部收藏一扫而空。当家都得不到安全时，事就没法做了。

心里痒，情还在。当我第一次在古镇祠堂中看到匾的时候，惊呆了，三四个字，两米多长，金碧辉煌，前倾高挂，威震四方。几百元就可以拿回来，没人偷没人抢。我的兴趣又来了，一发不可收！就此，成了现在这个匾额博物馆的馆长。

采访者：您曾经说匾额是“三无产品”，收藏了这么多，怎样给它正名呢？

洪：匾额的所谓“三无”，真是一个奇怪的现象——历史上没有专门的典籍记载，近现代没有专门机构研究，当代没有任何部门管理。前不久，文化部蔡武部长来我的博物馆视察，当我说到这个事时，还专门向陪同的有关领导求证，结果证明确系如此，也颇为感慨。

2008年10月，上海大学世博设计研究院邀请30多位专家讨论世博中国馆装饰方案。世博的主题是“城市，让生活更美好”，各国家竞相展示的是城市发展中的智慧，中国馆是一个建筑，建筑是城市的细胞，匾额就是中国建筑对世界建筑的贡献之一。中国建筑的对称性，留出了视觉中心，中心挂上匾额，就给凝固的建筑赋予了生命。所以，我当时极力呼吁中国馆不挂匾就没有中心，就没有生命，没有魂！可惜后来还是没能实现。

采访者：可否谈谈您此论的依据？

洪：《说文解字》里写，“匾，从户册，署门户之文也”。也就是说，最早是写在“门”上方的文字。什么时候有门呢？有建筑就有门。什么时候有建筑呢？早了，3 000年前，不，5 000年前就有了。但有了门并不一定要写字，只有大型建筑、公共建筑需要题字，要告诉别人它是谁，它的地位、功能与气魄。

中国文字是方块字、象形字；西方人用26个字母组合成几万个字，做模子也只做26个就行了。而中国字的模子……但久远的、优良的、独特的就是遗产，两个象形字就是一个完整的意思。一个“林”字，一个“鸟”字，寓意鸟在林中飞，优美的书法就像一幅优美的风景画，边框加上祥云，林鸟贴上金银，悬入高山之亭，银林金雀，与山同飞，与天共舞，与晨雾共呼吸……活了，全都活了！26个字母必输无疑。中国馆为什么要挂匾，知道了吧?!

匾额在中国古代真的非常重要。那时，做一块匾要花很多钱，而且最少要三个月，贴金全部都用真金。小事不能送匾，送去的就得挂，挂起来就是让别人看的，看了之后就有了竞争。大户人家挂匾，文人撰句、书法、木料、做工、仪式，尽其所能，这可是家族的脸面呀。

采访者：说说您收藏中的趣事吧。

洪：有趣的事可太多了。比如收藏谭延闿的匾，我去了他家乡湖南茶陵。一个老乡说他睡觉的木板好像有字，请我去看。我一掀被褥，赫然见到了“谭延闿”三个大字，一阵欣喜，脱口而出说道：“你就睡在国民政府主席、行政院长的身上啊！您是不是姓谭?”老乡说：“是啊！”我又调侃道：“那我拿走了，你睡什么呀?”老乡以为我不要，急了：“你一定要拿走！当时我们家兄弟几个分家，我是长兄，才得了这块匾。其他几个弟弟得了书画、古玩，这几年卖了都发财了，就我得了这匾的没有发财。”事实上，这块“名家耆福”匾金碧辉煌，品相极好，我毫不犹豫地买了回来。

再说那次收到32块匾的故事。我去到福建客家人的一个村落收匾，当地人表示，得去书记家看看。原来，人民公社的时候，大家都响应号召，有钱出钱、有力出力一起改造猪圈，造完了发现没有盖板，当时的书记说，大家回去把祠堂里的匾取下来，长的锯短，就当作盖板了。我赶到当时已经废弃的猪圈，老乡们帮忙用水冲掉杂草一看，一整排金灿灿的匾，整整32块，只可惜有些匾被锯掉了一截。

采访者：您完成了设立博物馆的愿望，下一步的目标是什么?

洪：对于收藏家而言，在不足以设立私藏博物馆的时候，会把收藏当作一种境界；而有了专属的博物馆之后，便会对自己所藏的器物产生不同的认识。

就收藏匾额来说，在“三无”的环境下，怎样弘扬、宣传、研究、保护并使之发扬光大，就是一项很繁重的任务，远远比一般收藏要费力得多。通过展示和交流，很多信息会反馈过来，文化含量太多，认字、工艺、功能、匾中的故事等。尽管国内很少有同行，我个人的水平和精力也都有限，但深入研究是我这个馆长的责任，观众心目中你就是专家。因此，收藏家办私藏博物馆绝不是终极目标，而是一个动力，推动着我不断努力地研究。很多慕名而来的观众，是弘扬匾额文化的一个很好的渠道，逼迫你去研究，答疑解惑。因此，博物馆的任务要远远超出一般的收藏意义。

往后的计划，还是尽我所能吧。继续“抢状元”，“抢”到一个算一个，有钱当然先“抢”

大的，擒贼先擒王嘛；“抢”不着大的，或“抢”不起大的就“抢”小的，何况小的也不算小。状元、宰相、省部级（二品官），等他们的后代日后领他们“回家”吧。也许那些后代现在还不知道，所以我还有个重要任务就是要让他们知道，我想建个“中国百年状元、宰相、家族堂号招领处”。改革开放三十年来，变化都这么大，更别说是几百年后了。让后代们找祖上的宝贝，肯定找不到，这不，都跑我这儿来了。

但我最担心的是我们的孩子。几千年、几十亿人传下来的好东西，就要断了！电脑让人看不到汉字的美，再也不能让鸟飞起来（象形字），再也不能与山同飞，与天共舞了……

采访者： 您对民间博物馆的可持续发展有什么设想和建议？

洪：“可持续”不是一个人能做的。人生一世，有时间、有精力、有财力能聚集一批收藏，自然是好。若办了博物馆就不仅是私人的了，应该得到社会的帮助以及政策的扶持。比如欧美国家利用需要保护的古建筑办博物馆，既宣传了古建筑，又发挥了博物馆承载、保护、传播文化遗产的功能。其次，博物馆有了场所，还要有“造血”功能。这方面，国外主要由专门的基金运作，但在国内则非常欠缺，政府对此关注较少，也许还需要一个形成共识的过程。我认为迟早应该设立一个门槛，制定一些政策（如退税）。盖茨能捐献一半财产，其中一定有保护遗产、传承文化的用途。博物馆如果老是去考虑赚钱，对发展是不利的。除此以外，我认为“非遗”应该发扬光大。老瓶装新酒，古为今用，虽可谓是一种改良，但是遗产就是遗产，要保留原样才能有研究价值。这方面，意大利、日本等国就做得比较好，保留了传统文化的原汁原味。仪式、遗制的保存与发扬光大并不矛盾，法律应该对“非遗”的母本有保障，在资金上应该有投入。

回归主题。匾额所承载的信息，是一个地方、一个家族、一段历史的重要实证，各级政府应该在发展地方文化、旅游等功能上充分重视匾额的作用。匾额是宗族社会的象征，孝廉也是古代考核官员的重要依据。堂号匾、贺寿匾、孝廉贞女的故事，对保持文化传统，倡导和谐发展有利。民族文化的精神，要有氛围，要依靠遗产的力量，喜爱匾的文化人、文化机构更应对它扶一把。

实践见真章

——张荣德先生访谈

张荣德，1959年生于上海，曾就职于上海书画出版社，历任朵云轩副总经理，朵云轩艺术品拍卖公司总经理，曾任上海道明拍卖有限公司总经理。擅长中国古代书画及近现代书画鉴定鉴赏，《中国当代思想宝库》一书中有《论中国大陆艺术品市场的形成》论文发表。

采访日期：2012年1月8日

采访地点：上海大时代广场

采 访 者：郑中荣、谢皓军（以下简称"采访者"）

被采访者：张荣德（以下简称"张"）

采访者：起初，您是在什么时候又是如何与书画鉴定工作结缘的？

张：1976年我高中毕业，逢"文革"刚刚结束，中国大地各行各业开始复苏。作为中国书画出版专业工作人员的培养对象，上海书画出版社在本市招收两名应届毕业生。我因参加了上海市"文革"后第一届中小学生毛笔字展览，有幸被选为两个人选中的一个。进入出版社之后，我被分配到朵云轩书画收购部门，学习书画鉴定，主要负责征集、收购流散在民间的中国古今书画、碑帖拓本等。在这个岗位上，我接触了大量的中国书画，通过多年的实践，逐渐走上了书画鉴定这条道路。

采访者：能否描述一下上海六七十年代书画的收购情况？彼时，您在朵云轩工作的状况又是怎样？

张：十年“文革”时期，传统文物、艺术品被定为资产阶级的糟粕，“破四旧”首当其冲。当时无论是单位还是私人所拥有的文物、艺术品，都会被抄家、查封，甚至收为国有。“文革”结束后，书画作为传统文化艺术品被重新认定。1976年国家开始把抄家充公的文物、艺术品归还物主。当时的中国还处在计划经济时期，百姓的生活水平亟待提高，许多人为了改善生活把发还回来的文物、艺术品出让给国有文物经营单位。这样，我在朵云轩的工作中，每天能接触并经手大量的书画碑帖。

上世纪六七十年代，文物、艺术品都由国家统一经营，私人经营是不被允许的。在上海主要由朵云轩、文物商店、友谊商店、古籍书店等单位垄断文物、艺术品市场。朵云轩除门市经营笔墨纸砚、木版水印等普通商品之外，还有专门经营中国古今书画、善本碑帖的收购和销售部门。收购的书画、碑帖部分被分配在门市，销售给日本、美国、中国港澳台地区等地客户之外，其余的存放到仓库保管。如果征集到上级别的历代精品，则会提供给上海以及全国各地博物馆以充实博物馆的馆藏所需。朵云轩曾多次提供藏品给上海博物馆、北京故宫博物院以及辽宁省博物馆等国有博物馆收藏。

采访者：您在朵云轩工作期间是跟着哪位老师学习？那段学习经历想必很难忘吧？

张：在朵云轩那段工作期间，我有幸跟随庄澄章老师和马成名老师学习业务，受益匪浅。庄澄章老师是荣宝斋出身，50年代公私合营后到朵云轩工作。刚开始我缺乏专业基础，看不懂东西。每次看老师们鉴定书画碑帖都觉得很神奇。看似一模一样的东西，他们一眼看去就能辨出真伪、好坏，并且能当即估出价格的高低，不仅准确，而且快速。我想，如果有一天我也能学成这样的本领该有多好。当时两位老师工作有侧重，庄老师主要负责书画，马老师则是碑帖。两位老师的眼力都很好，他们“分工不分家”，在书画碑帖方面，都具有很高的鉴定水平。他们靠的是几十年的执着努力，在实践中练就的本领，他们认真严谨的治学作风给我留下深刻的印象。记得有一次庄老师带我去拜访谢稚柳先生，庄老师向谢稚柳、陈佩秋老师介绍说：“这个小青年学习很用功，对书画鉴定很上心，有机会请你们多加指导。”陈佩秋老师笑着对我说：“别听你老师这么说，他这是谦虚，他看明清字画不比谢先生差，在业界可是首屈一指的，你跟着他好好学习就足够了。”可见，庄老师的鉴定水平在书画界是公认的。

我记得无论春夏秋冬，马成名老师每天一上班就从仓库里准备好当天要查看的碑帖，然后对着实物查对数据寻找考据，一坐就是几小时。哪件汉代摩崖，哪件唐朝碑刻，哪套宋元明清法帖，什么石陨考据，何时的拓本，他都一一去熟悉，详做笔记，直至能默记在心。一本碑帖经他上手便能一目了然，判断出是宋元拓，还是明末清初拓。我有时候觉得，他们的脑子和眼睛简直就像计算机，甚至比计算机还厉害。计算机的数据是死的，但他们的脑子是活的。他们不仅熟知考据，还知道这个考据是真的还是假的。即使已经达到这样的水平，他们总还是不断地寻找新的考据，以求详尽。工作中，我注意观察老师们在辨别书画碑帖的时候，是如何关注具体细节和关键之处的，及时发现并捕捉他们下结论的具体理由，并把这些记在脑子里，仔细琢磨，在以后遇上类似的情况中加以求证。在遇到百思不解的问题时，再去问老师，这样进步会更快，收获会更多。我觉得能遇到这么好的老师，不认真学习对不起他们，更对不起自己。因为"文革"结束，有大量发还私人的书画碑帖要出让，我们当时的工作量很大，每天能看到很多好东西。因为当时具备了学习环境和专业老师的指导，加上自己的兴趣爱好和努力，我较快地在书画鉴定方面取得了明显进步。

采访者：1986年怎样的缘由促使您到日本求学？在求学过程中又有哪些趣闻和感受？

张：1986年上海掀起海外留学热，我受其影响，有机会选择到日本留学。留学日本是因为在朵云轩工作期间，接触到一些日本书道界的人士，交流中我发现他们对中国书画、碑帖有相当精深的学习和研究。当时在日本有不少专门研究中国碑帖和书画的书道团体，我想了解他们是怎样学习，怎样收藏中国书画的。带着这样的想法，我放弃了当时已经是朵云轩副总经理的工作岗位，选择了赴日留学。去日本之前，我已有一定的日语基础，在日期间，要找一个各方面条件好一点的公司工作，并不十分困难。为了能继续接触和学习中国书画碑帖，我找了一家跟朵云轩有着相同经营业务的公司，边上学边工作。在日本，我有幸结识了在东京的今井凌雪、村上孤舟先生等，他们是日本著名的书道家，对中国书法有相当的认知，对中国留学生也非常友好。偶尔，他们也会把自己收藏的中国书画拿来我看，听取我的意见。记得有一次去大阪村上三岛先生的府上做客，村上先生亲自给我们端上了茶点。一般日本家庭对来客的端茶倒水都由家中女性担当，这是他们的习俗。我想这是因为他们酷爱中国书画艺术而表现出一种超出"规范"的言行吧。还有，东京千叶县的伊藤志先生，他对中国碑帖甚为熟知，每次见面，他总是对碑帖津津乐道，不觉疲累，只要是有关中国碑帖的，他都表现出浓厚的兴趣和相当深的认识。

留学期间，我感受到在日本对中国书画碑帖的收藏爱好者中，不乏造诣深厚之人。他们对中国传统艺术的见解，于我有他山之石之借鉴。

采访者：在上世纪七八十年代日本藏家是如何收藏中国书画的？对于推动中国书画发展起到怎样作用？

张："文革"结束，中国大陆传统书画流入市场的，像赵之谦、吴昌硕等金石名家的书画，大部分都流到了日本，流向中国港澳台地区和新加坡的，则以近现代书画为主。日本藏家收藏中国书画的范围相对固定，也比较执着。一些藏家热衷某些中国名家的书画，往往自始至终就只收藏这一类的作品。不管这类作品的行情在中国市场有怎样的变化，他们依旧按着自己的判断和理念去收藏。因为王铎、赵之谦、吴昌硕的书画在日本普遍受欢迎，这些作品在中国市场的行情也随之水涨船高。正是由于日本藏家对中国晚清民国金石家书画作品的执着追捧，一定程度上推动了中国艺术市场上的价格早早地昂贵起来。

采访者：七八十年代，同样一幅中国书画作品在国内外差价大吗？

张：相当大，有几倍甚至是几十倍的。当时国内并没有拍卖会，只有像朵云轩、文物商店这样的门市直接销售，而像佳士得、苏富比那样的国际拍卖公司在国际市场独占鳌头，中国艺术品的价格在国际国内基本处于两个相对封闭的不同空间。

1993 年起，随着国内艺术品拍卖会、艺博会、大型画廊的兴起，艺术品市场得到迅速的发展。中国市场大，收藏群体多，经过十多年的努力，中国艺术品和中国艺术品市场都已成为国际市场关注的焦点。现在，中国艺术品在国内外没有明显的差价，有些甚至是国内市场好于国际市场。

采访者：您觉得日本藏家和中国藏家主要有哪些区别？从收藏角度看两方的优劣势在哪？

张：日本的艺术品收藏多数以个人喜好为出发点，他们收藏时会量力而行，并且会较长时间持有藏品。收藏过程中，会做一些相关的学习和研究，基本可以用欣赏、收藏、研读来概括。

中国的艺术品收藏，既有因欣赏为起源的，也有以投资为目的的。因为历史、文化、时代等背景的原因，相对传统意义的收藏，现阶段大陆的收藏发展更为迅速。因为发展迅速，参与快而起点低，重投资而轻研究。我认为艺术品收藏，艺术价值和市场价值的同时认知才是全面的收藏。艺术品和大众商品相比有其特殊性。艺术品从发现、认识到实现价值（包括艺术价值和市场价值），是需要时间，甚至较长的时间的。实现艺术收藏价值，实际上就是实现艺术认识的过程，时间必不可少。

日本收藏注重“藏”，大陆收藏偏重“投资”，各有利弊。日本藏家对收藏的范围相对集中，对藏品的研读也较下功夫，对藏品有较多的认识。但他们在研读时往往较多关注藏品的传承形式和背景分析，考证多于理解，分析多于欣赏。

我们知道，中国艺术品尤其书画，是讲究意境的，除却材料、形式、背景和流传过程，一件书画的评价和最终认定，作品本身表现的意境也就是艺术高度是最为重要的。宫廷收藏、士大夫收藏、文人雅集、大众收藏，历史悠久且形式多样，中国藏家在这方面的认识能力无疑得天独厚。可以说，中国艺术品无论在其收藏还是在其市场，它们在中国都有着更广阔的前景。

大陆的收藏形式正向多元化的方向发展，除国有博物馆、美术馆、研究收藏单位之外，这些年，私人博物馆、艺术基金、私人收藏不断出现，拍卖会、艺博会、画廊等以各种形式丰富了艺术收藏和艺术市场。

采访者：据您了解日本拍卖有哪几种？

张：日本的艺术品拍卖会一般有三种模式：投标式、现场竞价式和常规式拍卖。

投标式拍卖是由某个团体的会员或该会员介绍的熟人提供委托品，这个拍卖会的预展参观和拍卖竞买，也须是该团体的会员或熟人才能参与。拍卖会预展时，拍品标有预估价，竞买者各自提交书面报价给拍卖公司，拍卖公司汇总买家报价，综合权衡后决定拍品出让给谁。拍卖公司最终把拍品出让给了哪个买家，出让价格是多少，这些是不公开给其余未成交的买家的。拍卖公司可能会把拍品出让给最高出价者，也可能会出让给出第二高价者甚至出第三高价者。这是因为，如果拍卖公司觉得出最高价者并不合适收藏该件拍品，就可以考虑给出第二高价者或出第三高价者。拍品的归属不完全由出价的高低来决定，还会考虑到该作品是否归属到最合适的买家。

现场竞价式拍卖是近年来在日本流行的一种拍卖形式，它不限制参拍者的身份，谁都可以参加。拍卖会不设预展，拍卖当天在现场把拍品打开，参拍者在观看拍品数分钟后，当即举牌竞买，决定要与不要。这种拍卖十分考验买家的眼力与魄力，买家不仅要当场判断拍品的真伪，还要判断这件拍品的市场价格和潜在的市场价格。这个同中华人民共和国成立初期在中国文物市场当场看货当场报价的交易很相似。在这种场合，如果你眼力不济，你不仅会失去这一次得到这件作品的机会，在场的同行也会因此了解了你的眼力，在以后的交易中，优先给你看好东西的机会也会随之失去。

常规式拍卖就如同现在中国常规艺术品拍卖会一样，由预展、拍卖两个阶段组成。采用这种形式是因为近年来在日本举行的中国艺术品拍卖会，其参与者的百分之九十以上都是中国买家的原因。这种形式的拍卖在最近较多采用。

采访者：在日本您有参加过拍卖会吗？有无印象深刻的经历？

张：在日期间，曾陪同一家公司参加过投标式的拍卖会，标得一件董其昌山水册页，标价30万日元，相当于3 000美元。册页保存完好，因为没有出版，目标不是真迹的价格，而作品本身是典型的董其昌真迹，数年后拿到纽约佳士得拍卖公司，拍得10万美元，成交的是真迹的价格。

关于书画鉴定中的出版，我同意谢稚柳先生的观点，就是有无出版只能作为参考，关键是看作品本身。有过出版，不一定是真迹；没有出版，未必是伪作。因为出版与否也是依据鉴定结果而定，但鉴定结果的精准度偏差同样在所难免。还有鉴定书画中的所谓见仁见智，只能对鉴者而言，对鉴定结论而言，还是有真伪之分的。鉴定结论只有两种：不是真的就是假的，如果还有，那就是辨不了真伪不是结论的结论。

采访者： 留学回国后，您担任朵云轩拍卖公司总经理一职，任职期间，有没有哪些拍卖经历令您印象比较深刻？

张： 2000 年留学回国后，我任朵云轩艺术品拍卖公司总经理，负责拍卖工作。2003 年秋，一位老先生带着一帧董邦达山水轴来朵云轩要求上拍，希望委托价 30 万元。我见此画画面精细，品相完好如新，有乾隆御题诗一首，且钤有"五福五代堂古稀天子宝"等玺印 13 枚，断定应为《石渠宝笈》著录的董邦达作品。当即接受了老先生的委托，并建议老先生说，如果这幅画能查到著录，把估价调整到 100 万更为合适。当晚，我果然在《石渠宝笈》中查到了董邦达《雷峰西照》这件作品。第二天，老先生不仅高兴地接受了调整底价的建议，还带来了另外一函十册 120 开倪田《摹任熊大梅诗意册》，底价 45 万。拍卖结果《雷峰西照》轴和《摹任熊大梅诗意册》分别以 290 万和 800 万的落槌价成交，拍出了当年的好价位。

后来得知，这位先生来朵云轩之前，曾将这两件作品拿到其他拍卖公司咨询过，因为两件作品的保存状态过于良好，乍看之下犹如崭新的一般，所以被当成是新的伪作而遭到拒绝。因此老先生在本公司要求委托底价时，就特别保守。出版著录可以帮助我们认识鉴定作品的真伪优劣，但不少优秀的作品往往是在被认定为真作品、好作品之后才相继查到出版著录的。由此可见认识作品本身才是鉴定的前提和根本。

2003 年秋拍，我经手的沈周《柳燕图》做了图录的封底，以 47 万的成交价被一位熟知的买家买走。2010 年春，我在道明拍卖公司再次经手这件《柳燕图》时，做在了请柬上，底价 6 万，18 万成交。成交不久，新的买家欣喜地告诉我，他查到了多个关于这个作品的权威著录和出版，他的一个朋友直接出价数百万希望他能割爱转让。也是后来才知道，从朵云轩买去的藏家曾将此幅《柳燕图》给过北方著名的拍卖公司看过，结果是这家公司没有给予肯定的答复，于是此画又以低价经我手上了拍卖，成全了后来新的买家。

作为艺术品拍卖公司的老总，除了公司的总体管理，对其经营的拍卖品，如有一定的专业理解，自然能更好地增加公司的竞争力。

采访者：艺术市场上南北艺术品一直存在差价，您认为造成差价的原因是什么？您觉得未来走势将如何？

张：近五年来，南北方艺术品拍卖的差价客观上不断扩大。究其原因，是由诸多方面形成的。当然，公司综合能力是体现拍卖公司业绩实力的主体。地方政府的倡导，行政部门的支持，公司股东的企业理念，经营领导的实施方针，业务骨干的专业水平，还有社会审美潮流和买家不同认知等因素，同样会给拍卖公司的业绩带来影响和差异。

拿吴昌硕和齐白石举例，他们两人都是诗书画印俱佳的金石书画家。吴昌硕长齐白石 19 岁，齐白石对吴昌硕的艺术推崇备至：“青藤雪个远凡胎，老缶衰年别有才。我欲九原为走狗，三家门下转轮来。”两人的艺术境界在伯仲之间，而作品市场价格却相去甚远，这样的差价不得不说是除了艺术本身之外，由各种主客观因素的影响所造成的。这样的影响也会随着这些因素的变化而变化，不是一成不变的。

南方，尤其是海派中的佼佼者，他们的作品存在着较大的空间，包括吴昌硕、吴湖帆、郑午昌、冯超然、吴琴木、贺天健、江寒汀等都是既有深厚传统功底，又有鲜明个人风格的艺术家。他们的作品，存在着相当的升值空间，随着买家认识的提高和市场的成熟，会体现其应有的价格。

采访者：后来您在道明拍卖公司拍卖的听帆楼后人藏宋元明尺牍暨明清精品书画，在业界反响颇大，能否和我们聊聊具体过程？

张：2010 年秋，时逢道明五周年秋拍，我在香港意外地征集到番禺大藏家听帆楼后人所藏包括北宋司马光、唐炯，南宋范成大在内的15通宋元明尺牍，十分欣喜。显然，这些尺牍是经其他拍卖公司挑剩下的。在卖家同一页附图的目录单上，我看到有一些作品已被选走，剩下的是包括这15通尺牍和其他一些没被选中的。所以，在商量底价时，我不敢开口建议，而是完全听从卖家的要求定的底价。我唯恐我一旦建议较高的底价，卖家会改变主意而取消委托。几乎不成为底价的底价，让我在制作图录时，只能不标估价范围，而是直接标上起拍价是多少，以示这些拍品的标价有别于常规的拍品标价。

宋元书画的珍贵由来已久，以至于在市场上出现的宋元书画如果没有确切出版著录的，少有人愿意下真伪判断。公司在做拍卖宣传广告时，一些杂志婉言谢绝给予做封面广告，其真正的原因是这些杂志不敢相信这些要做广告的宋元尺牍会是真迹。最终，北京的《No艺术》做了封面广告，台湾的《艺术新闻》做了封底广告。拍卖结果，唐炯《致胡宗愈伸慰帖》以9 128万成交。15通册页合计成交两亿一千余万人民币。数十年来，在艺术市场难得一次性集中出现的相当数量的宋元尺牍，得到了市场的充分肯定。

采访者：您是如何看待藏家、行家鉴赏眼力的提高与拍卖公司之间的关系？

张：现在拍卖市场的参与者有些眼光相当不错，此前情况就不同了。10年前，拍卖公司推出的拍品中往往有不少空间，也就是"捡漏"的机会较多，现在这种机会就越来越少了。有时偶尔有了空间，基本上也会被大家补上。拍卖公司的成长和藏家、行家的成长是相辅相成的。这些年，拍卖公司给藏家、买家提供了机会，促进了买家的成长，历练产生了一些藏家和行家。反过来，好的拍品有藏家的认可，行家的推介，价格行情快速上升，拍卖公司自然快速成长，不断成长中的买家又提高了市场对拍卖公司的业务要求。回顾拍卖公司十多年前的图录，对照今天的图录，无论质量与数量，都有了长足的发展。快速成长的拍卖公司中，有的公司有些专场已然超越了国际知名拍卖公司的业绩。

采访者：当下在艺术市场存在古画拍价不及一些近现代画作，对于这个现象您是如何看的呢？

张： 艺术品价格的高低跟市场对艺术品的认识不无关系。首先，相对古代书画，近现代书画的存世量较多，通过展览、画册等可学习可参照的机会也多，要认定作品本身的真伪优劣相对容易。其次，相对古代艺术品，近现代艺术品的时代气息和时代审美更贴近大众，更容易被大家接受。有了认识和认同，参与时的价格自然容易提高。要认识年代久远的古书画，相对需要更多的时间和专业知识。所以，近现代书画容易被认同，市场价格自然容易提升，但古书画相对有挖掘潜力，有较大的未来空间。

采访者： 您自己曾收到比较得意的藏品吗？能否讲讲收藏经过？

张： 我在拍卖公司做的是中介工作，谈不上什么收藏。有时在市场上见到心仪的书画，偶尔参与一下而已。

数年前，偶尔发现南方某家拍卖公司的图录上刊有吴镇的《竹石图》，图录在作者后面标有“款”字，估价仅为八万元。但透过图录可以感受到元代书画的气息呼之欲出。于是在拍卖当天，我早早赶到拍卖现场，调出原作仔细辨认，确认此件为原作。最终通过委托拍卖，成功竞得此件难得的“元四家”吴镇的佳作。

出现在市场上的书画，有的原来是名家收藏，后经流散而再次出现，这类作品可能会查到曾经的著录出版；有的深藏民间，属“藏龙卧虎”，并无来龙去脉而崭露头角的。因此，有根有据的出版著录自然能帮助我们辨别真伪，靠火眼金睛般目力辨别真伪，或许是更为直接、更为客观、更为可信的鉴别方法。

采访者： 作为鉴定家，又亲身参与书画市场，您认为传统意义上的书画收藏家与当代一些投资型的收藏家，明显的区别在哪里？

张： 所谓传统意义上的藏家或资深藏家，他们对艺术品有较深的认识和相当准的眼力，会有选择、有范围地进行收藏，并进行一些专业上的分析和理论总结，对书画的系统收藏和理论的提高作出了贡献。所谓投资型藏家或新型藏家，他们更注重藏品的价格，更积极参与市场，他们更关心藏品将来的升值空间。他们对投资的认识大于对藏品本身的认识，他们在获利的同时对市场价格起到积极的推动作用，对艺术市场的发展同样作出了贡献。

我以为，真正的艺术品收藏是喜欢，是参与，是提高。分享艺术品带来的快乐，与此同时，伴随一定的市场效益，何乐而不为？如果将欣赏把玩和投资收益两者结合于一体，可算相得益彰了。让传统收藏在收藏过程中慢慢积累收益，得以持续收藏；让新型收藏在收藏过程中慢慢也找到投资之外的乐趣，这样，大家都会成为艺术欣赏和市场推进的受益者。

采访者：能否请您从专业角度给年轻藏家一些建议？

张：准备进入收藏行业和进入不久的参与者，最好要先做到"胸有成竹"，不能操之过急。多看书籍画册、展览、拍卖预展，尤其是拍卖预展。可以先到拍卖现场去实地观看，不着急实际参与，等有了一定的认识之后，可以交几个业内的朋友，学习请教一番，然后带着一颗平常心去有选择地参与，实际操作是最重要的学习提高过程。

采访者：对于"收藏，回归人文的精神家园"这一主题，您有着怎样的思考？

张：这个主题好，"回归人文"这个词用得很好。收藏有投资的一面，但艺术性不能被忽略。如果离开艺术品本身，我们便无从谈起。前几年当代艺术的价格直线上升，最终形成泡沫。而今，我们要回归，回归到收藏行为的本意，否则难以持续发展。"回归人文"使大家全面、理性、客观地理解构成和影响艺术品价格的基本要素。当下艺术品市场依旧发展迅猛，买家可以出高价买一件艺术品，但你出高价的理由是什么？这个理由必须和人文精神息息相关。所以我觉得这个主题太好了。

用收藏延续艺术梦想

——董荣亭先生访谈

董荣亭，1962 年出生。上海王朝连锁企业董事长，王朝艺术公司董事长。自幼研习中国书画，得画家吴野洲面授。1985 年任上海纺织局老干部活动中心书画教师，1986 年下海经商，上世纪 90 年代初开始收藏中国书画，出版《苦乐斋藏中国近现代书画选》。

采访时间：2010 年 3 月 31 日

采访地点：上海董荣亭寓所

采 访 者：韦蔚（以下简称“采访者”）

被采访者：董荣亭（以下简称“董”）

采访者： 您作为沪上私营餐饮业的成功人士，缘何会走上艺术收藏的道路？这其中有什么渊源和故事吗？

董： 我的艺术收藏有别于他人之处，在于我从小喜爱绘画并立志成为画家。我对绘画有着一种天生的喜爱，五六岁时就开始画画，一直持续到二十多岁。记得小时候，家里条件不是很好，只有一张桌子，吃饭、写字都用这张桌子。我总是希望能早一点吃好饭，就可以用那张桌子画画了。那时，我也不懂中国画、油画、水彩、素描等各种画科分类，只是用铅笔在阿姨从印刷厂带回的白色边角料纸上涂画着。1972 年“文革”时期，我担任学校的宣传委员，负责学校的黑板报宣传画。十三四岁上初中时，我曾逃课去看即将闭幕的朵云轩画展。从家所在的四平路一直步行至南京路，并携带纸张去展览现场临摹作品。十七八岁时，我开始拜师学画。教导过我的既有不出名的民间老师，也有名师吴野洲等。

改革开放初期，1979 年、1980 年初，我的求知欲特别旺盛，除画画之外还写书法、搞篆刻。那时，我刚刚接触到海上画派的吴昌硕等一些作品，就一下子被这种激情豪迈的风格吸引，一改以往比较拘泥于小写意的风格，全力投入到这种画风。记得当年吴野洲看过我的画后还鼓励我一定要坚持画下去，“将来必成大才”。可惜，由于父亲在“文革”时期受到了冲击，家里的生活非常困难。中学的老师也善意地劝我说，中央美院、浙江美院每年的全国招生名额仅三五个而已，报考这个不太现实，让我抓紧时间多读书、钻研功课。1979 年，由于我偏科较严重，只能考入二纺机技校。1985 年我 23 岁时，在纺织局老干部活动室教退休老干部学习书法和绘画。1986 年，我开始下海经商。

说起来，我从商之路与艺术也有不解之缘。我做生意所需的第一桶金正是得益于自己的篆刻功底。那时，我每月为别人刻一些印刷版子，除每月 60 多元的工资外，能额外获得两三百元的收入。凭借这点积累，我开始慢慢尝试各种生意。1992 年，在有了几十万积累后，我开始经营王朝酒店。也许是物以类聚、人以群分，由于之前学习书画的背景，我早先位于乍浦路美食街的王朝酒店，在 100 多家私营饭店中尤为吸引文艺界和文化界的各类人士，朱屺瞻、陈逸飞、丁绍光等都曾前来光顾。由此，我在饭店经营上逐渐稳步发展。

虽然自己弃艺从商，不能圆绘画创作的梦想，但我内心深处对于书画艺术的情结却一直萦绕不去，始终喜爱和关注着书画领域。随着经济实力的增强，我开始不断地收藏书画作品，希望通过艺术收藏来延续自己长久以来对于书画艺术的执着梦想。

采访者：您最早的艺术品收藏始于何时？当时的情形是怎样的？

董：我最早的艺术品收藏始于 1990 年。那个时候还没有拍卖行，多为调剂商店，即旧货商店，通过委托寄卖瓷器、红木家具、老怀表等旧货赚取佣金。当年上海提篮桥的利群日用品调剂商店建立了一个虹口拍卖行，开展拍卖业务。1990 年时，虹口区检察院通过虹口拍卖行集中拍卖查处的某进出口公司贪官的贿赂物品，其中就有一些书画，包括程十发、王个簃、应野平等名家作品。

看到这些心仪的书画名家真品，我非常希望能够拥有。过去，因为条件有限，加之出版业不发达，连印刷的书画作品都很少看见和得到，只能到新华书店翻一翻画册，或者买一些印刷报废的未装订单页作品。即使圈子里的老师会赠予几张画，也多是教习所用的简单小品，称不上是作品。如今，这些过去只能在展览会上看看的书画作品，切实地呈现在自己的眼前，着实激发了我潜藏于内心深处对于书画的喜爱和需求。那时，我已有十万元左右的经济积累，因此特别希望能实现早年一直渴盼的愿望。当时拍卖的书画作品只需一两千元，田黄石也只需 1 000 元。于是，我花了将近一万元，拍下四五幅书画作品和一些田黄石。很多人对我的行为感到不解，连我的爱人也觉得奇怪，认为我对这些东西特别舍得花钱。那时，一台电视机也就一两千元，一套商品房不过几万元左右。人们没有收藏投资的概念，更想不到艺术品日后还可以升值。而我只是单纯地觉得由衷喜欢，自己过去没有条件拥有，如今条件具备了，希望实现多年的夙愿而已。

采访者：您收藏的艺术品门类主要有哪些？为何对这些门类情有独钟？

董：我的收藏基本以近现代书画为主，还有少量的古画和一些印章。我也想收一些古代书画，因为它除了具有艺术价值外，还有文物价值。但是由于各种原因，收藏古代书画显得难度颇大。一方面，古代书画年代久远，数量稀缺；另一方面，古代书画真伪难辨，赝品比较多，很多甚至是同时代作假，没法通过纸质材料等方式实现科学鉴定。此外，我们这些 40 多岁的收藏者，在眼光方面也比不上那些从小书香门第或在博物馆中看过很多古书画的老一辈鉴赏家。因此，现在很多购买古代书画的人，均是依照是否经过《石渠宝笈》著录的标准，觉得皇帝看过并认可的东西应该是真品。实际上，编著《石渠宝笈》时并没有照相技术，只是通过文字记载，记录作品画了什么内容、落了什么款而已，因此并不是完全准确无误的。

所以，我的收藏多集中在近现代书画，并以海派书画家的作品居多。自幼年接触中国书画时，我就经常在展览中看到谢稚柳、唐云、陆俨少、程十发等书画名家的作品。如每年正月初一时，中国画院都会在上海博物馆举办迎春画展。在他们的艺术熏陶下，自己的爱好也不知不觉包容在海派艺术之中。

采访者：您的收藏原则是什么？对艺术品的价值问题是如何看待的？

董：我的收藏原则是随心而发，根据自己的喜好和心愿。如果是自己喜欢的东西，经济能力也达到，就会收藏一些，不会太在意日后升值与否。在我看来，艺术的价值和价格并不完全等同。好的艺术家，并不一定要用价格体现出来，而是要大众认可他艺术存在的价值。好作品永远是好作品。如果不是用做股票的心态去收藏，艺术品总有其价值被发现的那一天。

因此，我的收藏更多着眼于艺术价值发现的角度，这与有些收藏者从经济价值发现的角度收藏不同。有些收藏者觉得某一段时期、某一个画家的作品被低估了，就会出手收藏，等市场回暖的时候再逐渐推出，类似股票的潜力股形式。如2006年之前，徐悲鸿作品的艺术市场相对低迷，而傅抱石作品的艺术市场很高涨（但却很少有人了解傅抱石当年正是由徐悲鸿发现和扶植的）。有眼光的字画商人和收藏家在2005年和2006年大量收藏徐悲鸿的作品，这类收藏就是所谓的价值发现。还有一些收藏者可能会炒作一些题材（如红色题材、“文革”题材等），或者炒作一些当代书画家的作品。他们事先囤积相关作品，再慢慢地向市场推出——这些都有商业炒作的成分在里面。不过，我还是坚持自己的审美原则，不会根据市场价值走。所以我收藏的东西，没有被市场套牢的情况，也不会增值很高。即使增值了，我也不会轻易卖出藏品。除了有时朋友的拍卖行周年大庆或者新开张时，碍于情面，拿出一两幅书画捧捧场外，几乎只收不卖。有时拍卖行的朋友也会开玩笑地感叹说：“这个东西给你收掉，以后就看不到了。”

采访者：您比较喜欢哪些近现代书画名家的作品，对他们的艺术风格又有哪些认识和体会？

董：吴昌硕是我最喜欢的近现代书画家，我也收藏了他的大量作品。吴昌硕书、画、诗、篆刻样样俱全，在中国书画领域堪称大师。他过去拜任伯年为师，五六十岁时期的画还比较工整秀美。晚年画风突破，将书法用笔应用于绘画，以石鼓文入画，笔笔力透纸背。八十岁左右，他的作品大俗大雅、气势磅礴，透露出大师的风范。有人说“文如其人、字如其人、画如其人”,爱画也是这样。我的性格就类似吴昌硕的画,着重大处,不拘小节。所以每每看到吴昌硕的作品,就会倍感熟悉和亲近,都会忍不住想象他作画时那种激情四溢的豪迈风格。我对吴昌硕的喜爱也可说是到了一种痴迷的程度,自己画画的风格、用笔、题词等也都是学他,有时甚至可以达到以假乱真的程度。

我也比较喜欢谢稚柳的作品,较早就开始收藏他的书画作品。谢老从宋元比较传统的东西入笔,山水、花鸟画的宋元气息比较浓厚。他目前的艺术品价格与他的艺术地位相比还有一定的上升空间。

陈佩秋的书画既有传统的东西,又有当代的气息和创新性。她早期的作品还是笔笔有交代,现在她画的青绿山水气势磅礴,一种全绿笼罩画面,不经意处会有个小房子,房子里有个人,用鲜艳的红色点染而出,很有趣味,颇有一种大俗大雅的风格。她的这种画即使不用红木、紫檀木的传统镜框,只是挂在现代流行的白色镜框中都可以作为当代艺术作品,也能与任何简洁明了的家具相配。

吴湖帆把山水经营得很细腻,笔笔精到、层层渲染,用色堪称一绝。

在收藏过程中,我会因为喜欢画家的作品,进而去了解画家本人,研究他的性格特征、人生经历,有时会因为了解而更加喜欢他的作品,对艺术欣赏也更有帮助。

有人认为中国画的创作很快,一幅画可能半小时到一小时就成功了,所以价值不大。我不认同这种时间决定艺术价值的观点。中国画的创作特点与中国的传统文化一脉相承,很多都是从偶然中得来的。灵光乍现中常得自然天趣,刻意琢磨反而匠气十足。

采访者: 请您谈一谈与艺术名家的交往情况。

董: 我和陈佩秋老师是忘年交。我很仰慕她,她也喜欢请一些艺术界的朋友到我的酒店吃饭。我曾用毛笔给她写过一张帖子,说王朝旗下所有饭店的经理,见到拿此帖的人一律免单。这也是我所写的唯一一张全额不收费的帖子。老太太看了高兴地说,小董,其实我真的不缺钱,不过我知道,这种帖子,在近代中国书画史上,只有张大千曾经有过。张大千是个性情中人,喜欢交际,经常邀请朋友上酒楼喝酒。过去在四川时,有个酒店老板很喜欢他,就给了他一张帖子,说张大千来时一律免单。今天你写了这个给我,我非常开心，要把它好好装裱起来。

陈老师现在不单是位画家，还是位鉴定家。有时，我也会带点书画作品请陈老师帮忙鉴定。好东西拿出来，她几秒钟就看出；不好的东西，她常会说："哎呀，这个有问题。"鉴定过程中，她也会教我一些方法，如从哪些地方看出破绽，从哪笔看出画家是怎么画的，作伪作旧的手法，怎样看谢稚柳的作品等。以树枝为例，大师观察就与常人不同。同样画树干、树枝和树枝上的叶子，大师所画的叶面底部总是有一个大的结点，很多假画就常常忽略这个细节，径直平拉过去。由此可知，虽然造假的人也常是绘画高手，但还是缺乏艺术大师对生活的细致观察。大师不只是勤学苦练就可以产生了，更需要像植物学家一样对事物仔细地揣摩观察，了然于胸。"画到熟时是生时"，虽然大师有时为了追求个人风格，不是每一笔都去交代，画出来的常是变形处理后的形态，但即使是写意画，也一定会有顿笔等体现细节的笔墨，其他人往往会忽略这些地方。以此推之，鉴定书画的真假，要对画家的一贯作风、所用颜色、喜用印章、哪些篆刻家为他治印等方面都熟悉了解。

采访者：除了常向艺术名家请教鉴赏技巧外，您还有哪些提高鉴定能力、避免收到赝品的方法和体会？

董：我会向很多从业多年的老鉴定家学习、讨教，提高鉴定能力要多看正规专业机构举办的高水平画展。如20世纪大师画展、朵云轩的周年收藏展、中国画院画家的画展等，这些机会都不能错过。艺术创作和艺术收藏都要做到"眼高手低"，必须多看优秀的书画作品，提高自己的艺术眼光和对艺术品的独特见解。如果眼光低下，那么收的东西层次就会更低。好的画册等印刷品虽然也可以透露出很多东西，但真正有感染力的还是真品，它的每条笔墨都更加清晰可见，扑面而来的气息能产生和大师面对面交流的感觉。

收藏的门道，其实不像数学解方程式那样有一定的步骤，就是多看好东西、多培养感觉。人有百态，画也是各有姿态。如果看到似是而非、捉摸不透，乍眼看似乎有些别扭的作品，可能还是要放一放。

采访者：2002年，您开始真正大规模的艺术品收藏，是出于何种考虑？

董：2002 年，中国书画市场是比较低迷的。我感觉中国经济到了 21 世纪后，虽然物质生活水平提高，但精神生活和文化差距与 90 年代初刚刚拍卖时却相差无几。因此，有必要投入资金购买中国书画以满足精神消费的需求。正好 2002 年时，我的企业有了经济实力和底气，所以，在中国书画市场还没有完全觉醒的时候，我一次性投入了几千万购买艺术品。虽然当时觉得比较昂贵，可是现在看来还是远远不够的。

采访者：2004 年至 2005 年，您的收藏开始走精品路线，又是出于何种考虑？

董："非典"之后，2004 年中国书画市场一下子大爆发，各拍卖公司蜂拥而起，全国一下子新出现几十家拍卖公司。拍卖公司一多，作品也就多，精品、赝品鱼龙混杂。这时，更需要审时度势，购买一些艺术精品。

与欧洲的艺术品市场每年稳中有升、逐级提高的情形不同，中国书画市场往往大起大落，此起彼伏。当某一拨行情到来的时候，很多民间收藏喷薄涌出，许多对书画艺术一无所知的所谓艺术领域内的"涨停板敢死队"都奋勇前冲，一下子把泡沫吹大；当一拨行情过去的时候，很多艺术精品价格低迷却又乏人问津。以前自己喜欢画画，看到某个画家的作品就直接拍下，也不管质量究竟如何。后来，我日渐觉得中国书画存量很大，谁也无法统计各个画家一生共创作多少作品。以为是精品的东西，比它更精的还会不断冒出。在艺术市场缺乏规范、好东西层出不穷时，还是要耐心地等一等，看到确实喜欢的东西才出手。另外，收藏必须与自己的经济实力相匹配，量力而行。现在，我的艺术品收藏在所有资产配置比例中基本保持在 30％左右。

采访者：您在收藏过程中是否遇到一些比较特别的事情？

董：我在拍卖行参加拍卖时，被人"抬轿子"的情况比较多。有一次，我在某拍卖行看中一件谢稚柳的 16 开山水册页精品，当时的标价是 120 万元左右。我觉得拍场上有人认识我，会故意顶我的价格，就没有自己出面，找了两名眼生的下属在场内竞拍。离目标拍品还有两三件的时候，我起身离开，来到隔壁的卫生间对场内进行电话遥控。结果拍卖价格在我出价的时候越来越高，一下子涨到390多万，超出了我的心理价位，于是就电话授意说不要了。随后我关掉手机，若无其事地从卫生间内走了出来。这时，一个人突然找到我说，谢稚柳的这幅画280万元给你怎样？我觉得奇怪，就问怎么知道我要这个画？他说，我们叫到390多万时，你不要了。我说，我根本不在现场。他说，你在卫生间里遥控的时候，我们也跟着你。原来，我在用手机遥控场内的时候，他们也在旁边用手机遥控着场内顶价的人。他说，他们原本就差一口不准备顶了，没想到我会放弃不要，现在他准备280万卖给我。我又问他怎么知道我喜欢这个。后来才知道是拍卖行的老总告诉他们这件东西谁比较感兴趣，要他们盯着那些喜欢的买家。我在拍卖预展时仔细端详和研究这幅谢稚柳书画册页的情形被拍卖行观察下来，里应外合地告诉了相应的委托人，所以产生了这戏剧性的一幕。这也使我深感收藏市场的“水”很深，充满玄机。

采访者：您是否曾经投入较长时间执着追求某些心仪的艺术品？是怎样的一段经历？

董：我曾经多年追踪一幅潘天寿的《映日荷花图》。潘天寿的画在收藏界比较少见，这幅画是潘天寿早年为上海的一位高层领导所作。当年，上海进出口公司根据周恩来的指示，要用一些中国画布置会堂，再向国外销售，这幅画是其中之一。后来，江青批“黑画”时，出了一本彩色画册，这幅画又成了那本“黑画”画册的封面，曲折的经历使得这幅画特别引人注意，给我的印象也非常深刻。“文革”时期，这幅画作为财产被没收，后来那位领导的家属在香港拍卖中看到，就通过政府机关把它赎回，一段时间后又通过国内的某个拍卖行进行拍卖。但是由于底价太高，拍场上看似成交，实际却没能成交。我因为和拍卖行比较熟悉，就询问他们这幅画到底成交与否，对方给了我一个联系方式，让我和家属联系。于是，我和对方私下取得了联系，告诉他们自己很早就看到过这幅画，希望能够买下，可由于当时对方要价太高，双方没能够谈妥。但我没有灰心，一直关注和追踪着这幅画的动向。那段时期大约每年两次，这幅画都会出现在不同的拍卖行中，并经常成为拍卖图录的封面。辗转了将近四个拍卖行，都因为自己人顶价太高而未能成交。2006年至2007年，在中国画市场比较低迷的时期，人人都想炒股票。那位领导家属主动打电话和我联系，希望能将这幅画以200多万元的价格转让给我。这次，双方几分钟内就谈妥了价格，并很快将画送了过来。其实，这幅画送来的那天，我的股票也正好大跌，市值缩水几千万。但是看着这幅追踪几年终于如愿以偿的画，心里却喜悦难禁，其他的问题似乎都无足轻重了。我将它高高挂起，坐在沙发上，左看右看，满足之余，决意再也不让这幅画辗转于拍卖行了。

采访者：您对当代书画有何感想和看法？您认为当代能否出现媲美前代的艺术大师？

董：我觉得当代书画有的层层点染，有的气势蓬勃，确实有较好的作品，但和已故的大师们的作品相比，文化功底上好像还是不足，似乎技法上多一点，思想上却少了一点。所以我对当代书画很少收藏。我们这个年代是缺少大师的年代，中华人民共和国成立后经过“文革”，再到改革开放这三十年间，出现了很多书画大师。改革开放后，中国书画领域有优秀者，但是不多。商品社会，使得艺术家心理比较浮躁，很多人耐不住自己的烦躁思绪，总是关注自己作品的市场价位。因而，市场经济也抹杀了一些艺术大师的再现。不过，现在的年代如果要出艺术大师，肯定也是不得了的人物。“大隐隐于市”，艺术走到了一个需要明确自己方向的时候。在这浮华、嘈杂的世界，能够坐怀不乱的人，才是真正的大师。

采访者：您对艺术的喜爱和收藏是否会对商业经营方面有一定的促进和影响？如何平衡两者间的关系？

董：可能我自幼喜好和学习美术，觉得应该把美的东西奉献给大家，因此潜移默化中会格外注重饭店的装修、布置，希望将它的审美情趣更提高一步，给人们带来一种大视觉的感受。

我的饭店布置，总体上是一种金碧辉煌的欧式风格，但这并不代表我偏爱西洋的文化艺术，其实我对这种风格并不喜欢，也只是纯粹将其应用于商业用途。我还是最爱中国的传统文化。我喜欢读中国的古典文学、古代诗词，也喜欢在宣纸上绘画，在石材上篆刻。之所以没有将中国传统的艺术形式应用于饭店之中，是因为从商业的角度来说，装帧传统的中国书画更适合一些小型、精致的商业氛围，如人数较少、层次较高的会所、茶艺馆等地，再加上古典家具、古筝乐曲等衬托呼应，可倍显古朴典雅。相对而言，人数众多、层次复杂的西洋风格饭店，则需要选择装饰感较强且符合消费者审美情趣的艺术品。因此，我在饭店中常会使用西洋的雕塑、钟表作为装饰，并悬挂油画、装饰画、铜版画、金属画等作品，也会有一些重新装帧、具有现代感的书法界名流作品。不过，排除商业的因素，我收藏的还是自己心底真正喜欢和欣赏的中国艺术作品。

采访者：您曾说，"饭店是基础，艺术品收藏和投资是方向"。这句话的含义是什么？

董：自古至今，中国书画艺术在世界艺术领域的地位都比较低，我虽做不成书画家，但也希望通过自己努力，为中国艺术尽一点心力。我将饭店经营的部分盈利，用于收藏和投资艺术品，这一行动不完全是为了实现增值，还有一种文化投资的含义在其中。我希望能通过有经济实力的人们的行动，让中国书画在世界艺术舞台的地位更上一层楼。

采访者：您觉得现代企业型收藏家与老一辈收藏家的区别在哪里？

董：最大的区别在于老一辈收藏家是因为喜欢而收藏，现代的企业家多是因为投资而收藏。对于我来说，收藏艺术品 80%是出于喜欢，但也不介意 20%是出于投资。老一辈收藏家也会有卖出作品的行为，但他们不会把艺术品当作生意去做，我也会有去粗取精的行为，但也不会把艺术品作为生意和主攻的营利模式，永远只是一个兴趣爱好。

采访者：您对以后的艺术品收藏有何构想？您觉得艺术品收藏给您带来的最大人生收获是什么？

董：今后，我的艺术品收藏会更加注重少而精，总体上会减少收藏数量，提高收藏质量，不断挖掘书画艺术家的精品力作。收藏门类基本仍是一直钟情的近现代书画。我依然会根据自己的喜好，个性化地收藏，不会根据市场情况不断调整自己的计划。收藏对于自己业余爱好和生活情趣都是一种丰富和提高,“何以解忧,唯有书画”,疲倦时欣赏一下收藏的书画精品,真有一种悠然自得、怡情忘我的感觉。艺术品收藏能给人带来一种有别于其他的心理愉悦——出于对艺术品的喜欢,千方百计地“占有”。这收藏的过程、欣赏的过程、想到艺术品被自己拥有的过程,都有一种难以言表的喜悦和满足。

为中国古建留根，为民间手艺续命

——秦同千先生访谈

秦同千，1963 年生于绍兴上虞。明清家具及古建收藏家，近三十年致力于古建筑的收藏、迁移、保护、研究、修缮、重建。现任秦森（集团）有限公司总裁，阮仪三城市遗产保护基金会理事，檠榕艺术馆（在建）名誉馆长，上海檠榕古建保护研究中心理事长。

采访时间：2013 年 12 月 18 日

采访地点：秦森（集团）办公室

采 访 者：沈婧、吴欢（以下简称“采访者”）

被采访者：秦同千（以下简称“秦”）

采访者：能否谈谈您是如何走上收藏之路的？

秦：从 20 世纪 80 年代初买下六扇花窗到今天，我收藏古家具已有 30 多年了。回望这 30 多年的收藏历程，固然有许多机缘促成，更能看出其中的必然性。

从老家上虞刚来上海那会儿，一个偶然的机会，我承接了大众汽车公司一位德国老总别墅的绿化工程。当时去他家，我大吃一惊，这位德国人家里的陈设大多是中国老式传统家具，非但不让人觉得陈旧，还散发着独特的气息和魅力，这一下子触动了我的神经。这些年来，我也在想为什么对古家具、古建筑会有种特别的亲近感，为什么看到古家具被贩卖到国外会那么惋惜，为什么看到古建筑被焚毁会那么痛心……现在想来，这也许跟我的成长背景、人生经历不无关系。

我生于上虞，长于上虞，江南山多、水多，绿树掩映着村庄，曲水环绕着峻岭是我儿时便熟悉的景象。在家乡的20多年,大自然对我的审美进行了无声的塑造,也让我的思维方式比较感性。从小,我的文科成绩就很好,尤其是历史,我对有年代感、有岁月痕迹的人或物特别有感触,好像能从内心深处理解它们,所以低调内敛又凝聚着先辈匠人心血的古家具、古建筑就特别吸引我。今天看来,能走上收藏之路,一走就是30多年,跟我个人的性格密切相关,甚至是必然的。

采访者: 在萌发收藏古建筑的想法之后,是什么信念让您坚定地走下去?

秦: 在我看来,靠信念坚持做一件事,是一个较为艰苦的过程,有点强迫自己的意思。我在收藏古建筑时,很少去想什么信念,主要还是出于一种自发的喜爱。我喜欢古家具、古建筑的工艺,喜欢上面的诗文、书画、雕刻及体现的风水。当然,古家具、古建筑因缺乏良好的保护而不断被人为破坏、拆毁,甚至因个人之争而遭到焚灭。这些荒谬的事实也造成了我收藏的紧迫感,一听到有老房子要拆的消息,我总是想办法第一时间赶到现场,尽可能地将它买下来,再化整为零,搬到我的仓库。

采访者: 您认为古建筑要如何收藏和保护?为此,您做了哪些规划?

秦: 收藏古建筑、古家具真的不容易。

首先要解决存放问题。古家具,尤其是古建筑,不像书画、瓷器容易安放,它们体积庞大,必须有个专门的地方来安置保管。为此,我费尽周折租下了一个仓库来安置古建筑的部件和家具,同时请了专人看管,采取防霉、防潮、防蛀、防火等措施,一点不敢怠慢。

其次是修缮工作。在建筑形式上,我基本按古建筑原来的面貌进行修复,为此专门成立了古建筑与家具的修复工厂,请了近百位经验丰富的老匠人进行古法修缮与重建。古建筑的"形"修缮好了,下一步就是对内里的改造。在内部的功能上,我并不希望做得太过压抑和严谨。再喜欢老式东西的人,让他完全按原始老宅布局生活恐怕也不太能适应,为此我请专门的设计师对房子的格局、柱子、进深、宽度等作了一些改变。说句实话,这么多年下来,我在运输、保管、修理、人工等方面的资金花费,远远超过了当时购买古宅的价钱。我曾经为了修复一张黄花梨床，特意跑去海南寻找相同的木料，又高薪请来老师傅修复，前前后后花了一年多时间，才将这张黄花梨床修复好。虽然耗资不菲，但我依然觉得开心、值得。

最后，也是最重要的一点，修缮好的古建筑若空置不用，仍会腐朽损坏。我们提倡“活态保护”，让古建筑重见于世，让它们在使用中得到更好的保护。早在十多年前，我就开始摸索和思考，如何将收藏的古建筑重新利用起来。我不仅特地请教国内外相关专家学者，加入城市遗产保护的研究机构，参与古建筑保护的论坛交流，更考察了国内外古迹遗址保护和利用的项目。经过多年寻觅，2010 年，我和团队终于决定在上海朱家角和绍兴会稽山启动“品臻园”系列项目，将所藏的近百栋老宅在山清水秀之地予以复原重建，在使用中实现“活态保护”。

采访者：您能否谈谈古建筑与现代建筑、中国建筑与西方建筑的区别？

秦：我认为老房子有它自己的规矩，体现了中国传统文化中克己自律、克己复礼的品格，让你收敛起来，遵循自然本身的规律。现在的房子，这扇窗不喜欢可以拆了，这座墙不喜欢可以打通，空调更使房间内一年四季一个温度。而住在老房子里，冬天该冷的时候就要冷，夏天该热的时候就要热，春夏秋冬你都得去感受，有冷有热，有得有失，一切其实是平衡、互补的，它不会打破自然界的规律。人生也一样，出生时要喝奶，十多岁该上学，二十多岁开始工作，再到结婚、生子、退休，大多人都遵循着这一规律。中国古人讲究“天人合一”的境界，这种思想贯穿于传统文化，也在传统建筑中得到体现。我们现在常常提到“和谐社会”，我认为最基本的就是人类与大自然的和谐，再是人与人的和谐，最后是每个人内心的和谐。

中国建筑与西方建筑不一样。但对于中国人而言，一定是中国建筑更有亲切感，尤其是木质结构，它与现在的钢筋混凝土实在太不同了。

采访者：迄今为止您一共收藏了多少古宅？这些古建筑都有多少年的历史？

秦：一共收藏了几百栋古宅，都是清朝以前的老房子。

采访者：您在修复古建筑过程中不免与工匠打交道，你们是如何相处的？有什么印象深刻的故事？

秦：我的工匠们常说，“这里最好的人就是我们老板了”。现在是互联网下的信息时代，一般东西要查要学比较容易，而手工匠，没有经历三年拜师学艺、没有刻苦钻研磨炼，根本练就不出这般功夫。

我们从小听长辈们教导，通过自己双手的劳动来创造智慧。中国老工匠，做人清清白白，做事踏踏实实。有时候，一些初来乍到的年轻工匠会拉帮结派、各不相让。老工匠们则不予理会，觉得东西做出来，成绩拿出来，大家自然会认可。“一切顺其自然，何必刻意强求？”就是他们的生活态度、人生态度，让我想起老庄学说里清静无为的境界。

他们其实很不容易，所沉淀的手艺、智慧、技术、技巧，早已不是简单的工艺，更是一种思想精神。如果没有传统手工艺、没有手工匠人，中国固有的民族姿态或许会荡然无存，傲视世界的艺术瑰宝也会寥寥无几。通过他们之手，建筑“骸骨”才得以重新变回“血肉之躯”，生存于大自然中，与诗意生活息息相关，与现代文明起承转合。

前几天在修复工厂看到一个熟悉的工匠，问他来这里多少年了。他说：“老板，我已做了快十个年头啦。”老一辈工匠正无声地老去，技艺的传承又不乐观，真有种“老冉冉其将至兮，恐修名之不立”的担忧。

采访者：您是阮仪三基金会的理事，阮先生对您收藏古建筑的影响是否很大？你们是怎么认识的？

秦：我和阮老是通过朋友认识的，可谓“不打不相识”。第一次见面，我向阮老聊起自己对收藏古建筑的一些设想与规划，没想到被狠狠骂了一通，他一直提倡就地保护，我的“活态保护”理念与他的想法产生了冲突。我请求他到绍兴实地看一下，老先生去了，亲眼目睹之后改变了他先前的观点。去年秋天，阮老在“老房子论坛”上发表演讲，提到了我在绍兴对古建筑重修与保护的事，并以此为观点分别列出上策、中策、下策，他亲自去绍兴考察过，所以演讲中提及的对策具有实战性的指导意义。

老先生已经80岁了，一直致力于推动全国古城古建的合理保护和开发，资历、声望堪称卓越，为给后人留下更多的古建遗产，还特地成立“阮仪三城市遗产保护基金会”。他对古建筑保护的这份赤子之心，让我们成为忘年交，也让我这个晚辈有了更多前进的动力。

采访者：关于古建筑收藏与投资的问题，您如何看待？

秦：说句实话，古建筑就投资而言，回报率实在太低了，同样的资金做别的投资，可能早有好几倍的回报。我收藏古建筑不但没有产生任何回报，后续还要投入很多资金，因为木质结构的房屋需要不间断地修整、维护，费用高、周期长。

记得阮教授有次离开绍兴项目时对我说：“同千啊！你走在我前面了。”他之所以这么说，是因为他很早就有这种想法，却没有经济能力去实现。很多事情往往就是有想法的人没有能力，有能力的人又没有这个想法。上个世纪80年代我买下第一组花窗，经济上其实并不宽裕，现在积累了一些财富，就收藏古建筑，多了一份使命感、责任感。所以我于古建筑的收藏与投资，并无太多经济上的考虑，心中也无特别界限，我收藏的是历史，投资的是未来。

采访者：除了古建筑外，您还钟情于哪类藏品？

秦：家具中我喜欢收藏床。人的降生之地、离世之所大多是在床上，人也在床上度过近半生的睡眠时间。如此重要的家具，势必承载了古人很多的心血，床的式样、格局、纹饰在不同的年代都有不同讲究，很有意思。玉器也是我喜爱的。玉声的清越、玉色的纯粹很让人着迷，尤其是羊脂白玉，它给人的感觉是温润、美好。玉在明代之前往往用来祭祀，后来渐渐演变成文人把玩的东西。我在搜罗藏品中不断学习，真切感受到中国传统文化的博大精深，对祖先的聪明才智也愈加敬佩。

采访者：听说您无意发现买到的旧家具中有黄花梨？您觉得黄花梨近年价格屡屡上涨的主要原因是什么？

秦：90 年代中后期，我通过好友金娜认识了画家蔡小松，蔡先生喜欢黄花梨，我受他影响，也喜欢上了。可以说，黄花梨质地的古家具是我最喜欢的。20 多年来，我收藏的黄花梨物件小到秤砣，大到床兼而有之。我特别喜欢黄花梨包浆上遗留下的那股独特气息，它有一种灵动的厚度。家具上的划痕、破损之处，如果认真去感受，也会发现它特别迷人。好比绘画，画家作画时的心情、心境如何？是否有什么故事？都值得细细讲究。近年来黄花梨的市场价格飞涨，一只笔筒都要拍到数十万，这并不稀奇。我认为黄花梨的价格以后会更贵，它的稀缺性是主要原因，黄花梨明清开始就没有了，好的黄花梨当然是越来越难得。

采访者：在您的收藏道路上，是否有过受挫经历？

秦：受挫总会有的，比如买到假货。但我认为买到好的、不好的、真的、假的，都是正常的，该交的学费不能少，这样你才能“毕业”。

采访者：您如何规划自己的藏品？是否也将藏品卖出一些？

秦：近年来，我收古宅越来越少，向我询问的人倒是越来越多，有的还开出了高于原价数十倍的价格。多年前，我一眼看中浙江的一栋清代雕花古楼，材料、工艺都极其精美考究，是我至今为止收购的最贵的一栋古宅。最近常有一些藏家想要购买，其中一位北京朋友甚至开出了近乎天价的数字，但我都一口回绝了。小到斗拱，大到古宅，我对于自己的藏品都很喜欢，如果不喜欢当初就不会买，我买进的东西没有一件再卖出的。

采访者：您以“草根文脉”自称，如何理解？

秦：我出身于农家，儿时熟悉饥饿、寒冷的滋味；只身跑到上海打拼时，也饱尝人情冷暖。到了今天，事业上有了些成绩，支撑我的就是草根的勤劳及拼劲。我也得到过不少贵人的提携，我相信草根的诚信与质朴也是我身上打动他们的地方。

跳出个人出身，从企业家角度看待当今社会的文化，我依然崇尚草根。我们知道西方讲自由、公正、民主，实现这些的基础在哪？基础就在草根。现在很多人倾向皇权文化，比如觉得乾隆用过的就是好东西，但仔细想想，这些东西所含智慧的来源，其实是在草根。皇帝用的杯子出自草根之手，皇帝穿的龙袍也出自草根之手，我认为大多事物的源头都在草根。乔布斯创造了苹果，原因呢？草根阶级有需求，iPhone、iPad在大街小巷随处可见。他创造苹果，源于草根，回馈草根。

古建筑也是这样，取之于民，用之于民，所以我也不会将它们放在仓库就置之不管了。城镇化的发展过程中，许许多多老房子被损坏、被强拆，没有得到相应保护。既然政府有时没有能力去修建和保护，那我们这些草根来重建、改造，来传承。

采访者：如今，越来越多的藏家开始创建私人博物馆、美术馆，您有这样的设想吗？

秦：我前面提到了"活态保护"理念。我一直认为古建筑只有在使用中才能得到良好的保护。因此我才在上海朱家角、绍兴会稽山分别启动"品臻园"系列项目，其中一部分就是将老房子改造成古建筑尊享体验酒店——朱家角安麓与兰亭安麓，这是我与国际顶级奢侈品酒店品牌安缦（Aman）在中国的姐妹品牌安麓经过多年摸索、论证后进行的首次尝试，首家酒店朱家角安麓于2015年初试运营。

另外，我打算在每个"品臻园"项目里规划一个桑榕艺术馆，陈列与中国传统文化相关的收藏品、艺术品，并邀请老工匠来现场展示他们的手工绝活，让更多人了解民间手艺和传统文化。也希望通过这种非物质文化遗产传承的展现形式，让更多人了解中国古建筑保护作为一项长期事业的不易与必要，呼吁大家自觉加入到文化保护与传承的行列中。相信只要拥有这样的意识，我们的民族根脉必能在世界趋同发展的大潮中屹立不倒。

理想的推进

——王薇女士访谈

王薇，上海龙美术馆馆长。20世纪90年代开始收藏艺术品，藏品包括瓷器、家具、玉器、绘画等。

采访日期：2010年4月21日

采访地点：上海汤臣一品会所

采 访 者：薛晔（以下简称“采访者”）

被采访者：王薇（以下简称“王”）

采访者：2009年11月，由陈履生先生任学术主持的“革命的时代——延安以来的主题创作展”在上海美术馆举办，让很多人认识了收藏家身份的刘益谦、王薇夫妇。通过这样的方式被大家认识，感受肯定很不一样吧？

王：其实，收藏圈里的人对我们夫妇并不陌生，长期以来，我丈夫主要以收藏国画为主，而我收藏的则主要是油画和当代艺术。至于被圈外人所知道，确实是通过2009年11月在上海美术馆办的这个藏品展开始的。

“革命的时代——延安以来的主题创作展”，是上海美术馆迄今为止举办过的最大规模的红色经典私人藏品展，其规模以及学术性、独特性，引起了社会的广泛关注。陈履生先生还对我的这些藏品做了充分的研究，并以此为基础，撰写专著《革命的时代(1942—2009)：延安以来的主题创作研究》，体现了收藏家与学者之间的良好合作。资源的结合，使这个展览不仅仅成为国内规模最大的私人藏品展这么简单，更使它具有展示完整艺术时期和开展学术研究项目的潜力。我觉得后者的意义更加重大。

采访者：我还听说2009年一年，你们夫妇在艺术市场陆续斥资购买了不少艺术品。这样的大手笔、大动作中，肯定收获多多，而您在拍场频频举牌的原动力是什么？同时，这一年您收获的最重要的作品有哪些？

王：是的，我举牌是有一个动力的，这么做完全是为了实现我长久以来的一个理想。从事收藏这么多年来，在我内心深处始终有一个愿望，那就是当藏品的数量和质量到一定程度的时候，办一个自己的美术馆。去年购入的这部分藏品，正是为了充实我明年即将开馆的美术馆所购。

在这一部分的藏品清单中，有宋徽宗的《写生珍禽图》，明代吴彬的《十八应真图卷》，陈逸飞的《踱步》《吹单簧管的女孩》，沈嘉蔚的《我为伟大祖国站岗》，靳尚谊的《毛主席视察上钢三厂》，孙慈溪的《天安门前》，齐白石的《可惜无声·花鸟工虫册》，还有“清乾隆青花海水红彩纹如意耳葫芦瓶”“清乾隆御制紫檀木雕八宝云蝠纹水波云龙宝座”，等等。其中，后四件拍品分别创下中国绘画拍卖世界纪录、中国近现代书画拍卖成交纪录暨齐白石作品拍卖最高纪录、国内瓷器拍卖最高纪录、中国家具拍卖世界纪录等五项纪录。这些藏品未来都会在我们的美术馆中展出。

采访者：早就听说了您正在筹建私人美术馆的事情，现在进展如何？

王：目前，美术馆的地址已经选好了，在浦东靠近南浦大桥的地方，那里交通便利，周边环境也很好。美术馆是一座“U”形带花园的楼房，地上三层，地下一层，建筑面积8 000平方米，目前正在改建中，初步计划明年（2011年）10月份开馆。

我们把美术馆起名为“龙美术馆”，因为我们中华民族都是龙的传人。另外，我老公姓刘，我姓“王”，龙的拼音“Long”，恰好是我老公“Liu”和我的“Wang”拼音的结合，而且“long”在英文中更是长久的意思，我希望我们的美术馆可以长长久久，希望未来美术馆能在我的孩子们手中发展壮大，世世代代流传下去。

采访者: 美术馆与一般建筑的功能不一样,改建工作不比新建一个美术馆简单。您准备如何进行改建?

王: 是的。我们邀请了一位毕业于中央美院雕塑系的 70 后建筑师,非常有才华,叫仲松,不仅是艺术家,还是建筑师、室内设计师以及工业产品设计师等。2005 年,他在上海浦东世纪大道设计的《日晷》,现在不仅已成为上海的重要景观地标,同时也被学术界认为是中国公共艺术的代表作之一。所以,能够把龙美术馆的改造设计交给他来做,我很放心。

仲松已经把建筑的外立面重新做了设计和调整。在功能方面,按照他的设计,在地下一层的展厅中,我们主要展示馆藏的古代宫廷中的瓷器和玉器;另外,报告厅、会议室、摄影室、修复室、教室、画库等也都放在这层。地上一层分为五个展厅,主要承接对外的特展以及展示馆藏的当代艺术品,尤其欢迎并支持年轻的艺术家来展示他们的作品。地上二层除了办公室之外,还有大约 1 800 平方米的展厅,作为爱国主义教育基地,这里会长期陈列馆藏的革命题材作品,展品还将定期更换。三层除了咖啡馆和高级餐厅之外,另有 1 600 平方米的展厅,主要展示我先生刘益谦所收藏的中国画作品,成系统的如溥心畬系列、“清初四王”、《石渠宝笈》等,包括大家都知道的宋徽宗的《写生珍禽图》等。

采访者: 私立美术馆不像公立美术馆那样,有政府的财政拨款,它运营和维系的成本很高。您考虑过这些未来可能产生的经济压力,会影响美术馆的运营和发展吗?

王: 当然考虑过。为了筹建这个美术馆,我花了很多的心血和精力,不仅拜访了国内的很多专家、学者,前阵子,我还和一些专家们去国外的公、私立美术馆进行考察、取经。特别是在日本的几天中,我和我的团队马不停蹄地考察了 13 个美术馆,印象深刻。这些都将会为今后龙美术馆提供很多可以借鉴的经验。

采访者: 这应该也为龙美术馆积累了一个力量强大的学术委员会吧?

王：是的。说实在的，我短期内并不奢望美术馆能够赚钱，能够做到少亏甚至不亏就算成功了。

采访者：要做到这点，其实很不容易。您打算通过什么手段来实现呢？

王：当然，第一，美术馆要做好，要力争展示一些高品质的艺术品，办学术价值和艺术价值都高的展览来吸引观众，观众多了，影响力扩大了，门票收入自然会增加，形成一个良性循环；第二，开发一系列的衍生产品，如高档工艺品，艺术家设计的服装、装饰品，甚至是艺术家的版画等，通过衍生产品的销售来补充开支；第三，招商引资，如引进咖啡馆、饭店、书店等，收取租金；第四，节假日和寒暑假办儿童美术兴趣班，儿童教育这块"蛋糕"不容忽视；第五，美术馆在人员聘用上，采取灵活机动的方式，除了骨干核心管理层外，主要以外聘为主，尽量降低人员成本。如策展人采取聘任制，根据展览的需要邀请国内外的专家、学者担任就好了。当然，以后美术馆如果做大、做好了，也许会吸引到一些企业的赞助，有钱就好办事了。

采访者：我们经常把美术馆的藏品比喻成美术馆的灵魂，能否介绍下龙美术馆在藏品上都有哪些特色？

王：众所周知，"红色经典"是我藏品的特色之一。我这些年在各大拍卖会上陆续收集了大约 190 件同类题材的作品，而且以后还会继续关注和充实这方面的题材。既然要做美术馆，我就希望我的收藏是成系统的、体系化的。

2009 年 11 月在上海美术馆举办的"革命的时代——延安以来的主题创作展"，是对我这些年收藏的"红色经典"的一个系统梳理，展出的 78 件作品仅仅是我藏品中的一部分。其中大多数作品都是人们耳熟能详的，如全山石的《中华儿女——八女投江》(1989)、沈嘉蔚的《我为伟大祖国站岗》(1974)、陈宜明的《追思》(1991)等。这个展览引起了很大的反响，不仅前来参观的人络绎不绝，更受到了专家学者的肯定，被誉为"弥补了国家收藏的不足"。看到这么多人喜欢我的收藏，感动和开心之余，更坚定和鼓励了我办美术馆的信心。优秀的艺术作品是民族的瑰宝，应该拿出来让大家共享，而不是把它们尘封在库房里不见天日。事实上，我的大多数藏品买回来以后，由于缺乏合适的展示空间，很多作品(我)自己都难得一见。龙美术馆的成立，不仅可以让我有更多机会去感受它们，去亲近它们，还能够让更多的人一起分享，何乐而不为呢。

基于“红色经典”的收藏，我打算把龙美术馆的特色定位为“爱国主义教育基地”。龙美术馆二层的1 800平方米的展厅，我计划全部用来做“红色经典”的长期陈列。现在，和平环境中成长起来的孩子们太不懂得幸福的来之不易，前辈们抛头颅洒热血打下的江山，那段可歌可泣用鲜血写成的历史，在大多数孩子们心中，早已经成为一个遥远的童话。历史不该被遗忘，我希望这些艺术品能够陪伴孩子们成长，给他们讲述那段艰苦岁月中的往事，培养他们的感恩之心。

采访者：除了“红色经典”之外，龙美术馆还有哪些方面的特色收藏？

王：我对当代艺术一直很关注。我个人认为，当代艺术发展的空间还很大，这和年轻一代的迅速成长以及他们在经济上的逐渐壮大有很大的关系。

上世纪七八十年代出生的年轻人会更加关注当代，这和他们从小成长的环境有关系，所以，当代艺术上涨的空间应该还是很大的。而古代艺术品在这么多年的市场沉浮中，它的上涨空间现在基本已经定位。当代艺术的收藏中，我囊括了张晓刚、曾梵志、刘晓东、刘野、周春芽、岳敏君等重量级艺术家的代表作品。2010年上半年，在苏富比当代油画的特场上，我又买了赵无极、王广义、岳敏君等人的作品，赵无极的作品在市场上曾出现过四次，现在已经是千金难觅了，但我买的赵无极那件《风景》却非常精彩。而刘野的《海军》(大)、《金光大道》更是他精品中的精品。除了购买中国画家的作品，国外艺术家如日本草间弥生、奈良美智、加藤泉、石田撤野、百发一雄，韩国的金东囿、李胜因等人的动漫作品我也很喜欢并做了收藏。不过相对而言，我还是更喜欢中国艺术家的作品。我收藏的一个重要的原则是求精不求多，看准了的东西，会不惜代价，但艺术家未经用心表达的作品，即使再便宜我也不会买。

当然收藏的时机也非常重要，收藏不在早晚，关键把握机会。2008年的金融危机，造成了整个艺术品市场的低迷，我看准时机在这时购买了一批当代艺术品，今年经济一好转，价格马上就翻番了。

采访者：从“革命的时代——延安以来的主题创作展”以及您的介绍来看，我觉得你们的收藏有很强的系列性、学术性，你们不仅是在收藏艺术品，也是在收藏一段民族的、国家的历史，因此，你们这样的收藏也是一种社会担当的体现。由此，我有一个感觉，您应该也关注年轻一代的艺术家吧？

王：有。年轻一代艺术家永远是艺术新生力量的核心，也是推动和创新艺术的动力源，对他们，我一直是很上心的。一些有潜质的新生代艺术家，在他们没有成名的时候，我已经开始关注和系统收藏他们的作品了，例如陈可、高瑀、李松松、仇晓飞、欧阳春等。龙美术馆开始运作后，对于某些优秀的年轻艺术家，我会不遗余力地推广，让更多的收藏家认识和了解他们。我相信，每个时期都会有优秀的艺术家涌现，收藏家不应该只把目光盯在功成名就的艺术家身上，年轻的艺术家更需要收藏家们的发掘和支持。我对他们的未来充满信心，也对今后龙美术馆的发展充满信心。

采访者：现在您的藏品基本上都已经升值了，在决定办美术馆之前，这些藏品有没有考虑过出售？

王：这么多年的收藏，每一件作品都饱含我的心血，大多数作品我都非常喜欢，不会考虑出手。唯一卖过一件作品是为了捧朋友的场，卖的是罗中立的一张油画，头一年买进，第二年卖出的时候就涨了一百多万。即使是这样，我依然觉得非常可惜，很心疼。

采访者：艺术市场上成名艺术家的同名作品或者二版作品很多，您怎么看这些作品？

王：我已经不止一次发现一些艺术家出于经济原因，重画当年成名作品的现象。对于这类作品的收藏我会非常审慎，尤其关注创作年代。基本上，艺术家后期出于经济动力而重画的作品，无论如何与当年充满激情的作品是无法相提并论的。艺术作品最重要的就是“真”，没有真情的作品，还有什么意义？那时期的艺术家、那时期的创作、那时期的悲欢离合，起起落落，是深入骨髓的，是模仿不来的。所以，对于一些艺术家在市场活跃后出于经济目的而创作的艺术作品我基本不作考虑。像陈逸飞的作品，我前后买了9幅，如《长笛手》《踱步》等，多是他在上世纪90年代之前画的。

采访者：有得到肯定也有遗憾，在这么多年的收藏过程中，您有过遗憾吗？

王：遗憾是一定有的。在2005年嘉德的秋拍中，陈衍宁的《毛主席视察广东农村》这件作品，拍到1 000万元的时候，我当时稍一迟疑，就被欧洲的老收藏家希克以1 012万元人民币的价格买走了。这件事让我至今都追悔莫及啊，类似的事情还有几件。正是因为这些遗憾，更坚定了我今后的不惜代价，也许很累，但很值得。像2009年看到沈嘉蔚的《我为伟大祖国站岗》这件作品后，我可以说是“一见钟情”——这是我们当年多么熟悉、多么亲切的一件作品，我抱着势在必得的决心买到了这件作品后，一度激动得掉泪。

采访者：现在大家都知道你们要办美术馆了，在拍卖会上，会不会出现只要您感兴趣的作品，别人就会跟风的情况，导致拍品的价格水涨船高？

王：有这种情况出现，并且不是现在，而是好多年以前就出现了。听说，很多人在拍卖会上只要看到我举牌，他们就会一窝蜂涌上来，这样拍品的价格自然就涨上去了。例如革命题材的作品就是一个例子，当时有人已经察觉到我对这类题材的关注和想法，他们也有人跟风，但缺乏坚持。值得庆幸的是，因为我策划比较早，目前收藏的几个专题的重要作品已经在九年间大部分被我不动声色地归入囊中。我的理念“坚持就是胜利”正是我成功的基础。现阶段我主要从事展品的补缺，除非特别重要的作品，一般的作品我不会再考虑了。

采访者：收藏这么多年，有没有走眼或者失手的时候？买到假画怎么办呢？

王：买到假东西的经历是一定有过的。不过，我对自己的眼光很有自信，只有在入行之初我买过假画，不过数量很少，大约在1%。这些假画，我也就只能放在家里了，绝不会再拿出去害人。这么多年的收藏经历使我知道，作为一个收藏者必须善于学习有关知识，多阅读、多思考，才能进步，盲目跟风一定不行。比如说，收藏“红色经典”，就要从学术角度梳理“红色经典”代表性画家、代表性作品，梳理“红色经典”艺术的发展和传承等。要是不做这些工作，肯定做不好收藏，未经用心策划、体系不明的作品，肯定不成系统。仅仅收藏了几张不成系统的国画或者油画，这只是爱好，不是收藏。在艺术发展的过程中，有很多人的收藏数量非常可观，但如果只求数量不求质量，我认为这样的收藏长久看来意义不大。

我从小就喜欢画画，虽然小时候没有专门学习过美术，家人也没有从事这行，但我对艺术品有一种天然的亲近感，而且通过艺术品收藏，我不仅得到了很多乐趣，学到了很多知识，也结交到很多好朋友。它们（艺术品）带给我的很多很多，我也不能辜负它们。美术馆开馆后，我打算陆续出画册、办展览、请专家和学者举办研讨会、撰写论文、对藏品进行研究。另外，我还会配合展览和藏品，办定期发行的专业期刊。总之，我会把美术馆当成我未来的事业，当成我的又一个孩子，去精心呵护它，和它一起成长。

弃商恋藏乐陶陶

——陆牧滔先生访谈

陆牧滔，1974 年生于上海。1993 年起涉足艺术品收藏，早期主要收藏程十发书画作品，很快开始收藏宋、元、明、清书画，五年前开始收藏元、明、清金属胎珐琅器。

采访日期：2012 年 5 月 18 日

采访地点：收藏家大会组委会办公室

采 访 者：沈婧（以下简称“采访者”）

被采访者：陆牧滔（以下简称“陆”）

采访者：陆先生，您好！我们知道您父亲陆忠达先生早在上世纪 90 年代初就去拍卖行买东西了，您最早是不是受父亲的影响，从而对艺术品收藏产生了兴趣？

陆：其实并不是受父亲的影响，而是我出国留学时的一段经历。

1992 年我高中毕业后去新加坡念书。当时新加坡居所的一位邻居是画家彭鸣亮先生，他是著名海派画家程十发先生的干女婿，比我年长十多岁，在南洋美术学院一边做老师一边做学生。由于我们俩都来自上海，所以很快就成为好朋友，经常在一起聊天、吃饭，或看他画油画。当时新加坡的文化艺术事业已经非常发达，画廊随处可见，甚至有些大楼整栋都是。我常常陪彭先生去逛这些画廊，有时一逛就一天。那时经常会看到程十发先生的作品，彭先生也时不时地提到老人的名字。我内心不知不觉便对艺术品萌发了丝丝兴趣，很快一发不可收，开始买入程老先生的书画作品。

采访者：众所周知，您与程十发先生渊源深厚，可谓忘年之交。你们的牵线人就是彭鸣亮先生？

陆：是的。从听闻程老的名字到购买程老的作品，再到后来的相见，都和彭先生有着密切的关系。

上世纪90年代初，程老的画作在新加坡已很受热捧。1993年有一次，彭先生带着程老的《饲鸡图》去新加坡的一个画廊，打算把那幅画卖给他们，画廊老板看着《饲鸡图》，一言不发，估计是想砍掉点价钱。而一旁的我却看着心动不已，也不知哪里冒来的年少气盛，促使我一个劲地问老板，“这画你到底要不要？”那人依旧支支吾吾的。我便当场就和彭先生说：“彭兄，这张画我非常喜欢，我要了！我买下！”结果边上的画廊老板一脸尴尬。这张画当时花了我3 000美元，我的第一件藏品就这么来了。

之后，我和彭先生去画廊的次数越来越多。1993年到1994年这一年间，我在彭先生的帮助下大约买入了10件程老的作品，但当时买画的事我并没有告诉父亲。直到1994年底，我买下一件近两万元新加坡币的程老画作，彻底用完了自己的存款和生活费，甚至连吃饭的钱都没有了，只好忐忑不安地给父亲打了电话，如实交代了自己用生活费买画的事情。谁知父亲不但没有一句责备，反而平和地说道：“你既然买了，那带回来给我看看吧！”那年寒假，我便带着一箱程老的作品回到上海。刚进家门，我就迫不及待地把这些画作打开给父亲过目。他看后觉得非常好，也很喜欢，并对我说：“你看着喜欢就买吧，我支持你！”这真是给了我莫大的支持和鼓励！

到了1995年，有次我和彭先生一起回上海，他说，我带你去见见程老吧。我心里既喜悦又紧张。在他的引见下，我第一次见到了程十发先生本人。他和蔼可亲，风趣幽默，充满着大家风范。当时油然而生的崇高敬意我至今无法用言语表达。那年我才22岁，程老见到我带着一脸欣喜和好奇说：“小伙子，你为什么喜欢我的画呢？”我说：“我自己也不知道为什么，反正一看到您的画就好喜欢，就有买下它的冲动。”我的回答或许让程老更诧异，他提起笔，为我的第一件藏品《饲鸡图》题写了诗堂，并送了我一幅藏名对：“牧歌悠扬传天涯，滔涌流急汇海洋。”

采访者：之后你们越走越近了？

陆：是的。1996 年我从新加坡回到上海以后，常常和父亲去程老家拜访，和他聊天。画事、家事、国事、天下事，什么都聊，几乎到了无话不说的地步。程老是我收藏生涯中认识的第一位大师级人物。他为人宽厚、心地善良，每当社会上有他的假画出现，他总说："他们画得比我好，我也画不了那么多，共存吧！"我认为他的博学不是一般的博学，他的机智不是一般的机智，他的幽默不是一般的幽默。

之后在 1997 年、1998 年，我分别出版了《程十发——陆牧滔藏品第一集》和《程十发——陆牧滔藏品第二集》，并分别在刘海粟美术馆和上海中国画院举办了两次收藏展，在上海滩引起了一点小轰动。程老本人不但为这两本藏品集作序，还亲自参加了藏品展。他对我说："亲爱的朋友，给了我特殊的爱！"我对他说："值得爱！"

采访者：可见您收藏程十发先生作品非常成功。听说您从新加坡回国后还开始收藏古代书画？

陆：1996 年，我和父亲一起去朵云轩参加艺术品拍卖会，接触了中国古代书画。拍卖会看得多了，仿佛一种潜移默化，我很快就被中国古代书画所散发的独特魅力吸引住，随后便开始买入，同样一发不可收。

采访者：说起古代书画，不得不提到徐邦达先生。听说徐老曾经来上海在您家长住过一段时间？

陆：是啊！这段经历对我和父亲的影响至深至远！

那是在 1998 年的时候，当时我们已买入了不少古画，也花了不少的钱，至于这些东西到底好不好，心里真是没有底。请专家来掌掌眼是我们的心愿。于是我们把这一心愿告诉了徐邦达先生的夫人滕芳，徐夫人非常爽快，一口答应了。他们很快便来到上海，在虹桥迎宾馆住下。随后的几天里，我们把收藏的古书画拿去请徐老看。结果四分之一的东西对，四分之三的有问题，凡对的，徐老都为我们题了边跋。而那些有问题的怎么处理呢？当时社会上流行一句话：傻子买，傻子卖，还有一个傻子在等待。徐老非常坚决地告诉我们，不要让别人等待这些东西，这些统统都是垃圾，没用的。最后我们就将这些东西全部以“无底价”的形式在一家拍卖公司卖掉，其中有件东西买来时花了三十多万元，卖出时只有七百元，我们也算是交了相当昂贵的一笔学费。这样的故事在艺术品收藏界不少见，眼看着身边的一些朋友交完学费后黯然地离开了这个市场，我和父亲却毅然地留了下来。

最令人兴奋不已的是，有一天，徐夫人告诉我们，徐老很留恋上海，他想在你们家住一段时间。这对我和父亲而言，无疑是一件求之不得的大好事。我们专程去北京把徐老接到上海，住进了我们在虹桥路上的居所，三人朝夕相处的日子就此开始。徐老是我收藏生涯中认识的第二位大师级人物，我们一起看画，一起读书，一起吃饭，一起聊天，这成了我们一起生活的四大盛事。

采访者：这段回忆您一定难以忘怀。

陆：太难忘了！

我们一起看画。作品有私人或拍卖公司送来鉴定的，有我们从拍卖公司借来请徐老过目的，还有一些别人请徐老题跋的。记得徐老只打开立轴一小段，就能大致确定作品出于谁之手；打开卷子半尺，就基本断定其真伪。这是我们亲眼常见的，绝不是虚言妄语，也没有夸大其词，所以老先生看画的深厚功底让人着实佩服。除此之外，一幅画真在哪儿，假在哪儿，以及其中的道理和诀窍，他都细心地一一告诉我们。日积月累，徐老的整套鉴定思路对我和父亲的收藏鉴定观产生了巨大的影响。

我们一起读书。我当时从南京图书馆复印了所有民国时期出版的有关古代书画的图书，随后与徐老一起看这些出版物。徐老不但对北京故宫的藏品如数家珍，对《中国古代书画图目》出版的各大博物馆和文物商店的藏品也一样如此。看书的同时，徐老还会就书中的藏品一件一件地为我们讲解，那些珍宝背后的故事，简直精彩极了！

我们一起吃饭。新开业的上海小南国、被遗忘的上海老饭店，静安宾馆的本帮菜、上海宾馆的粤菜，红房子的西餐、和平饭店的扒房，这些都是当年上海滩食客们的新宠和旧爱，我们和徐老则一家家地光顾。记得有一次，王季迁先生来到上海，我们请他在虹梅路上的小南国吃饭，徐老和王老两位将近九旬的老人，竟然一个红烧蹄髈还不够，吃完一个又来一个。

我们一起聊天。聊天是我们每日的必修课，我们什么都聊，聊得最多的当然还是收藏与鉴定。徐老在我家生活了近一年，使我和父亲的古书画收藏达到了前所未有的程度，这一年里我们收获了唐寅的《红树白云图》，徐老还题了边跋："唐六如为周臣东村弟子，而智过于师。此图是矣。画意秀润，意为中岁真迹无疑。牧滔世兄得之宝爱异常，出示为题数语于图侧。一九八八年十月廿五日东海徐邦达寓申江识。"为此，我把我的斋号取名为"红树白云楼"，徐老也亲自题写了斋号，并说："此亦一时胜会也！"

采访者：对于喜好收藏的人而言，能与这样一位大师朝夕相处，确实是一件幸事。

陆：但我们和徐老相遇时也曾有过一段小风波。记得当时有不少人对我们说，千万别请徐老题边跋，题了以后再想卖出去得裁了才行。而这样的话，现在听起来似乎是天方夜谭。我们当时非常敬仰徐老，压根儿没信这个邪，所以才有了今天。

采访者：嗯！应当尊敬那些德高望重的前辈。

陆：还有一位对我帮助很大的前辈——启功先生，他是我收藏生涯中认识的第三位大师级人物。我以前每次和父亲到北京，几乎都要去北京师范大学待上两小时，和住在"小红楼"里的启功老师聊聊天，听他谈谈自己对书画鉴定的见解。这对我来说无疑是一笔巨大的财富。

如今，程老、启老、徐老相继作古。他们对我恩重如山，我常常情不自禁地怀念他们。我觉得，如果你有幸能和大师级的人物相遇，千万不要错过这个机会。

采访者：您在收藏生涯中能遇见这三位大师，着实让人羡慕，他们对您收藏书画一定都有很大影响。据悉，您除了收藏书画以外，还略涉景泰蓝？

陆：是的。景泰蓝又称“掐丝珐琅”，和它结缘是在五年前。当时有个天津的朋友专门收藏这玩意儿，一次聊天过程中，他说，在古代皇宫里，景泰蓝的地位要比瓷器高得多，甚至当时有“一件珐琅十件瓷器”的传言。因为景泰蓝自元朝流入中国以后，只有皇家才有这个财力和能力去制造，同样也只有皇家才能享受这种奢华。直到清朝中晚期，清政府的财力出现问题，而景泰蓝的制作成本非常高，所以造办处珐琅作被关。之后民间的作坊开始制作铜胎掐丝珐琅，但还是为皇宫服务。当时我和父亲就觉得作为一门宫廷艺术，景泰蓝富有强烈的艺术感染力，值得玩玩。

现在北京故宫收藏景泰蓝有 6 000 多件，台北故宫博物院有 2 000 多件，其他几乎都在八国联军入侵时被外国人抢去欧洲了。但我认为这个数量不会超过北京故宫和台北故宫博物院所藏的总和，所以它的存世量可能并不多。而其现在的价格，却无法与瓷器相比，几乎是“十件珐琅一件瓷器”。从投资的角度来说，空间还非常大。

采访者：近五年您是否购入了不少得意的景泰蓝？

陆：记得在 2009 年厦门的一场拍卖会上，我花了七万多元买到一件铜胎掐丝珐琅六角盒，底部有“大清康熙年制”款。落此款的铜胎掐丝珐琅器北京故宫和台北故宫博物院一共只藏有八件，所以挺难得。

还有一次在日本买到一个景泰蓝瓶子。由于景泰蓝大多被八国联军抢去欧洲，所以它在日本非常少见。在这之前，我和北京故宫专家夏更起、张荣、张丽等老师讨论过景泰蓝上的一种粉色，专家称之为“桃红色”。当时传统的说法，“桃红色”是从乾隆年开始有的，乾隆之前从未出现过。而我在日本买的这个瓶子，器型和纹式为典型的康熙风格，但珐琅色中却也有点点桃红。把这个瓶子买回来后，我立即告诉了北京故宫的几位专家，他们听了十分激动，让我赶紧拿去北京看看。为此，我和父亲特地赶往北京，几位老师目睹了这个瓶子之后都觉得非常有意思，最后大家得出结论：东西毋庸置疑是康熙的，而这种“桃红色”并非乾隆后才有，可能康熙晚期就已出现。这个瓶子因而打破了只有乾隆才有“桃红色”的理论。今年，故宫出版社也将出版“红树白云楼”收藏金属胎珐琅器专集。

采访者：您经常去日本买东西吗？听说日本的拍卖和我们国内的拍卖很不一样。

陆：我去日本比较多。去年在日本待了120多天。日本的拍卖有两种：一种和我们国内的一模一样，有图录、有预展、要办牌等。另一种很不一样，买家完全不知道拍卖公司会拍些什么，就连组织方也不很清楚，好像一个谜。直到拍卖会当天，送拍人陆陆续续拿来东西，紧接着他们开始抽签，按照签上所对应的数字排队，也就是这场拍卖的先后顺序。而这时，来参加拍卖的人依然不知道拍品是什么，大家只是围坐成一圈，耐心等待着。圈中央站的是拍卖师，他按顺序开始叫号，被叫到号码的送拍人把东西拿进去，拍卖师将它在圈中央的桌子上打开，此时大家才亲眼看到拍品，但只有短短十几秒的时间，便立马开始叫价，出价最高者获得。

由于这种拍卖会对送拍人和拍品都没有过多的要求，所以一场拍卖会中，好的东西精美绝伦，差的东西不堪入目，反差相当大，但成交率倒还挺高。另外，它的节奏非常快，只有10秒、15秒，需要你立即做出判断和抉择，不像我们平日接触的拍卖能看预展、查资料、做研究，还能考虑几天。所以这种形式的拍卖其实非常刺激，也很考验买家的眼力和心理素质。我觉得多数去参加这类拍卖的人都是有点水平的。对于刚涉足收藏的爱好者，我不建议去这类拍卖会买东西，难度相对高，也较为复杂。

这种拍卖会，目前国际上只有在日本有，送拍的大多也是日本人。他们陆陆续续买中国艺术品已有100多年，从清朝末期到民国都是整批整批买入，现在就慢慢拿出来卖了。

采访者：您是各大拍卖会的常客，对于拍场上的你争我夺，陆先生一定有不少切身感受。

陆：其实拍卖就这么几种情况：第一种，谁都不喜欢、没人要，那必然流标；第二种，只有你一个人看上，那就是一口价；第三种，两个或两个以上的人看中，那价格自然会抢上去，如果其中不止一个人志在必得，那价格更说不准，可能就创造了天价。

我最初刚参加拍卖会的时候，对于自己看中的东西总希望有人和自己抢上一两口，有人抢，我就觉得心里踏实。后来参加得多了，有看中的东西就希望没人和自己争夺，最好一口价就能买下。

采访者：您和父亲在买东西时是否产生过争议呢？

陆：经常会有，但最后往往又态度一致。我觉得我和父亲两个人一起玩有个好处，能互相讨论、研究、商量。比如父亲觉得一件东西好，他就告诉我好在哪里；我若觉得不好，也说说不好的理由，彼此之间就可以吸收对方的观点，进一步琢磨考证。所以我们每次看法不同时都会反复讨论，最后一致认为好、买下，或不好、放弃。

采访者：听说您和父亲在买艺术品上还有分工？

陆：父亲主要在国内买东西，国内的拍卖我只能粗略翻翻图录，有特别中意的东西就让父亲帮我买。我自己呢，一年几乎有一半时间都在国外。

采访者：收藏这件事好像改变了你们的生活。

陆：收藏真的会上瘾。我父亲原先有自己的公司，我去新加坡读的是工商管理，打算毕业后回国接手家业。刚回来时的确也上上班，打理些事务。但由于当时我已着迷于艺术品收藏，所以对公司的业务越来越没有兴趣。

我身处在一个思想观念较为开放的家庭，父母对我的爱好都给予自由。当我下定决心要从事艺术品行业的时候，父亲的很多朋友都极力反对，不断劝说，但父母还是很支持我。到后来，父亲自己也越来越迷恋艺术品收藏，索性卖掉了房产公司和两个工厂，和我一起全身心地赏玩其中。

采访者: 如今艺术收藏界鱼龙混杂,您有什么建议给年轻的艺术爱好者?

陆: 艺术品市场的趣味其实也在于它有真有假、有好有坏,就看你在这铺天盖地之下,是否能挑选出一些自己喜爱的真东西。

我觉得少走或避免走弯路的最好途径就是找到一个好专家、确立一个好样本。我买程十发没有买到过一件赝品,正是因为程老亲自为我确立样本;买明清书画,可以说在认识徐老之前走偏很多,和徐老相处之后才豁然开朗;而买景泰蓝,也是先和故宫专家反复确立样本后才出手。所以专家非常重要,单凭自己的力量进入市场,那几乎都是要上当受骗的。

现在社会上也有一些传言,说博物馆的专家根本不懂真假优劣。我认为这类言词太过片面,那些专家就职于博物馆多年,与文物朝夕相处,多少总有自己的见解,这哪是一般常人所能拥有的?

采访者: 您是如何来提高自己眼力的?

陆: 我认为鉴定是个长期比较和辩证的积累过程。徐老曾经和我说,鉴定如同认人一样。比如一位一面之交的朋友,你在马路上与他擦肩而过时,或许会觉得对方眼熟,却怎么也想不起来他是谁;你若和这位朋友相处了一个月,遇见对方时一定马上就能认出来;你们认识已十年八年,可能你在几十米外看见对方就能认出;相识的时间再长些,他只要从你背后走过,你听他的脚步声或咳嗽声便知道他来了。书画鉴定一样如此,样本解决后就坚定地用它去比较,时间长了,看得多了,功夫自然就深了。所以样本千万不能弄错,一错什么都错了。

采访者: 近20年的收藏经历,您最大的心得体会有哪些?

陆: 第一,真伪是第一要素,千万别以能否挣钱来衡量。第二,博物馆的文物专家十分重要,宁愿相信他们,也不能相信那些自封为“家”的。第三,一旦迷恋上收藏,那就是一辈子的事，它带给你的欢乐和痛苦一定超过任何一个行业，要有足够的思想准备。第四，一定要参与市场买卖，亲身经历和体会。第五，你的后代如果不懂也不喜欢你的藏品，那在你离开这个世界之前，一定得把藏品处理好。第六，再好的古玩也是过眼云烟，千万不要为此迷失方向。

收藏：一份幸福的责任

——郑好先生访谈

郑好，1973年生于浙江温州。万和控股集团董事长，上海市政协委员。昊美术馆创始人，馆藏以银器和掐丝珐琅藏品为主，个人藏有赵无极、朱德群、陈逸飞、张晓刚、周春芽、博伊斯、草间弥生、达明·赫斯特等国内外著名艺术家的代表作品。

采访时间：2014年9月2日

采访地点：上海昊美术馆

采 访 者：郭晓娜（以下简称"采访者"）

被采访者：郑好（以下简称"郑"）

采访者：是什么样的机缘，您会喜欢上艺术品收藏的？

郑：我自小就对美术很感兴趣，七八岁开始学画画，求学期间在中国美院学平面设计。毕业后开始做一些与艺术设计有关的工作，直到后来才开始涉足酒店以及商业地产。因为骨子里对艺术有很深的情结在，当有了一定的经济基础后，收藏是一件很自然便会发生的事情。

我收的第一件藏品是一块翡翠，那应该是在1998年。到了2004年，我开始做酒店。为了在酒店里着意营造一些艺术气息，便系统性地关注当代艺术。因为我美院的同学很多还是在艺术领域进行纯粹的艺术创作。所以无形之中，大家还是会交流对艺术的看法。看到他们有好的作品问世，我很自然地就会想要收藏。其实收藏也是很讲究感觉的，一开始也没有刻意规划要去收藏什么，建立怎样的收藏体系，只是某一天兴奋点到了，就有了自己的第一件收藏、第二件收藏……此后便一发不可收了。这是一个虽然有乐趣，却又非常漫长的、无声的、坚持的过程，只是后来很多人问起，才会回忆说，我原来是从那个节点开始收藏艺术品的。

采访者：您的收藏主要集中在哪些门类？

郑：或许因为是学设计出身，我对古董和当代艺术都很敏感，并不觉得这两者同时出现在我的收藏名单里，互相之间有任何冲突感与矛盾感。

古董的部分，我主要收藏中国明清的景泰蓝与欧洲的银器，这些都是16至18世纪的宫廷艺术，并且都在工艺上做到了极致。一直以来，我对传统的景泰蓝很有感情，当初会选择收藏，也是因为内心抱持着一种保护传统手工艺、防止其失传的单纯想法。景泰蓝自元代从波斯传入中国，到明代景泰年间开始发展，再到清代乾隆年间达到鼎盛期。器型上，可以寻到中国青铜器的影子；纹饰上，可以找到与西方艺术的重合点。这说明景泰蓝是一种融合了中西文化的工艺手段，仅仅从其发展脉络就能窥见每个时期中国国力的盛衰、中外关系的变迁。这一点特别难得。现如今，景泰蓝在工艺的传承上，几乎已经快断裂了，不仅精品很难再现，民间更没有完整的景泰蓝博物馆——这是我想花几十年去完成的一个心愿，如果能因此保留下一部分精品，对景泰蓝的历史、文化与传承，对中国古代工艺的研究，都是具备划时代意义的。

再讲到收藏当代艺术，因为我们活在当代，了解当代就是了解我们身边正在发生的故事。当艺术与现实生活发生关系后，对自我也是种另类的启发。这些年，中国的当代艺术持续在发展，新的艺术形式慢慢出来，之前大家的审美只能接受雕塑，后来可以接受装置，再后来接受影像。可以说，这是一个循序渐进的过程。我看作品很看重技法等作品背后的东西，还很讲求艺术家的作品和自己之间的一种互动。通常，我不会只看艺术家的某一件作品，而是会看艺术家的过往经历，包括他对艺术的理解，他的艺术功底、造诣等。只有将这些因素串联起来，才会比较立体，对艺术家及其作品的选择也有更准确的把握。在当代艺术中，我的收藏很广泛，包括吴冠中、赵无极、朱德群、曾梵志、张晓刚、博伊斯、达明·赫斯特、草间弥生等知名艺术家们的重要作品。由于自己属于懂美术从而进入艺术收藏领域,所以很庆幸这些年学费交的并不算多。

采访者: 近年来,上海兴起了新一波私人美术馆建设热。戴志康的喜马拉雅美术馆、刘益谦与王薇的龙美术馆、余德耀美术馆等私人美术馆相继落成,您怎么看待这一现象?

郑: 如今私人美术馆如雨后春笋般,一家接着一家,这是一件好事情。大家现在看到表面觉得热闹,但是这个准备的过程相当复杂。在我看来,中国的美术馆就跟中国的高铁一样,我们几年里做了人家几百年的事情,这其中,承载着热情,承载着抱负,承载着梦想。特别是王薇和余德耀他们,敢于踏出了这一步,为更多的人下定决心,树立榜样,其实真的很不容易。

必须承认,相比国外私人美术馆,"中国式美术馆"在艺术收藏定位、人才管理、经营运作方式等层面都有相当大的差距。但我们不能一上来就拿它们和纽约 MoMA、古根海姆这些世界级博物馆相比,甚至也不能跟欧洲的美术馆相比,要知道有些小美术馆虽然只收藏几位艺术家作品,但它能经营几十年,传承几代人,这样的发展已经非常成熟了。反观现在的中国私立美术馆,正从以私人藏家审美品位为转移的美术馆,慢慢转变为具有社会性、功能健全的美术馆。我们这个时代,就像是一个转换插头的时代。这将是一个漫长的探索期,可能 10 年,也可能 20 年,时代给了我们这样一个机会,成也好,败也好,都是一个经验点。这期间,重点不是美术馆收藏了什么,或展览了什么,而是美术馆为公众做了些什么,是否持续在做些什么。等 10 年或 20 年之后,我们可以再坐下来慢慢谈,中国私人美术馆未来的路应该怎么走。而现在,它还只是一个刚刚出生的婴儿,初期需要大家来精心呵护,倾注更多的心血。而不是一味地苛求它,你怎么不懂五国语言,你怎么不会琴棋书画。它需要经历一个成长期,需要大家看到它很努力的一面,更需要社会各界人士,包括收藏家、艺术家、策展人、艺术评论家、媒体与公众的宽容与支持。

中国私人美术馆到现在也没有几个成功的案例,更没有成功的模式,完全是个体化生存，小错误一定会有。我们应该抱持着一种开放的态度，接下来要做的是如何沿着国际轨迹，持久地做下去。最后把大家的经验总结起来，在中国私立美术馆历史长河中，我相信会留下一些宝贵经验和素材的。

采访者：什么样的契机让您也想将自己的收藏公之于世，创建一座私人美术馆？

郑：随着多年的积累，这是一个水到渠成的过程。我是做商业地产的，有自己的场地，藏品恰巧又够了。就好比天下起雨来，我手里恰巧握着一把伞，自然而然也就撑开了。慢慢地，我就开始思考，路上其他淋雨的人怎么办？我是不是应该多带几把伞？总不好意思一个人撑着吧。这种思考模式，就意味着从收藏家到美术馆创始人身份的转变。身为藏家是很自由的，喜欢什么就收藏什么，可以和朋友分享，也可以关起门来孤芳自赏，根本无所谓别人的评论；而身为美术馆创始人则是进入了另一种境界，扮演起一种社会化的角色，需要的不仅仅是对自己负责，更需要对公众负责。我有时候也会感叹，单纯做个藏家多简单啊。但转念一想，这样的欢乐便显得非常自私。当初决定用“昊”字为自己的美术馆取名，原因是“昊”字上“日”下“天”的结构，体现了艺术和生活的完美诠释，即舒适每一日，艺术每一天，也算是我“收而藏之私乐，收而展之众悦”的心情写照。而英文“How Musuem”中“How”更是一种发问，向艺术发问，答案永远开放。我想借用美术馆的名字告诉大家，商业行为和精神生活的享受是可以结合在一起。

采访者：您能具体跟我们谈谈昊美术馆是怎样将艺术结盟商业的吗？

郑：由于我是做商业地产的，我的艺术品收藏一直是跟酒店和办公楼相结合。万和集团近几年投资多个五星级酒店及艺术商务体，怎么从商业模式上寻找差异化是非常重要的，从商业状态来说，舒适是酒店的基本需求，四星五星酒店都能做到。所以，酒店现在更着重的是体验，我把艺术植入酒店，我们的五星级酒店里有美术馆、博物馆，特别是进入当代收藏领域之后，我更加确定，艺术与商业不是水火不容的，而是完全可以共同发展。我希望这两者能深度融合，而不只是把艺术品放进去就完事。当代艺术品在提升酒店服务品质上有着锦上添花的作用，不仅提升了商业空间的气质，更支撑我们本身商务体的发展；另一方面，我们也会用酒店这种非常好的资源去支持昊美术馆的发展，将其他渠道获得的利润投入到支持公共教育的发展中去。从这个角度来说，艺术是支持商业的，商业也是支持艺术的。

采访者：在您筹建美术馆的过程中，哪一两件藏品是您比较得意的，背后有什么有趣的小故事吗？

郑：学美术史的人大多听说过博伊斯，但印象都不深刻。他是德国著名艺术家，被称作“行为艺术之父”。类似像博伊斯作品的收藏，在中国算是比较另类，但是对整个中国当代艺术的发展也很重要，许多艺术家也很膜拜。当我们收到消息，德国收藏家马歇尔·博格要把自己收藏了大半辈子的博伊斯藏品出售，我们昊美术馆的整个团队立刻兴奋了，两天内立即就飞到德国谈判。当时有很多艺术机构和私人藏家都蠢蠢欲动，美国芝加哥一家艺术机构更是开出了高出博格心理价位几倍的收购价格。我当时说服博格的道理很简单，博伊斯是一位有着世界影响力的艺术家，但中国鲜有收藏家拥有博伊斯的作品，说明他的作品还没有做到真正意义上的国际化。经过团队两个礼拜的不懈努力，我们的昊美术馆，终于成了这批博伊斯藏品的新主人。

去年9月份，名为“社会雕塑：博伊斯在中国”的展览在北京中央美术学院美术馆登场，也是博伊斯在中国的首次亮相。对于公众来说，这是了解博伊斯非常难得的机会，近400件展品包括大量的照片、明信片、签名胶印、报纸、海报写在餐盒上的文字等文献资料，以及博伊斯的影像、装置等，如今都是我们昊美术馆最珍贵的藏品。某种意义上来说，“博伊斯在中国”的这次展览，更像是昊美术馆上海馆开幕前的一次热身。

采访者：能给我们介绍一下未来昊美术馆内的布置与陈设情况吗？

郑：昊美术馆温州馆已于2013年初开幕，坐落在我家乡温州投资的五星级万和豪生大酒店里，有着1 300平方米的展示空间。当时的开幕展名为“中国表现”，集结了罗中立等

14 位当代艺术家 28 件经典之作,一时间吸引了众多艺术爱好者捧场。

昊美术馆上海馆将选址于外高桥自由贸易区的森兰·昊国际艺术岛,预计在 2016 年对外开放。这里将有近 1 万平方米展览和陈列空间,其中 7 000 平方米的昊现代美术馆以展示当代艺术收藏为主,而另外近 3 000 平方米的昊景泰蓝博物馆,则以元明清的珐琅制品收藏为主。

采访者: 未来昊美术馆的运营模式及发展方向将会是怎样?

郑: 和公共美术馆不同的是,私立美术馆没有大量的国家资金来支持,那就必然要涉及资金和盈利的问题。大家都知道,办美术馆是一件很烧钱的事情,一味强调公益性、非营利是非常不切实际的。毕竟美术馆最需要的,是持续稳定的投入。未来昊美术馆方面会有三部分的资金来源:第一是万和集团投入的资金;第二是来自未来美术馆旗下的辅助项目,例如基金项目;第三是来自美术馆和酒店的商业对接,比如定期举办时尚活动等。

目前全球的美术馆有两个系统,一个是以收藏为主的传统美术馆;还有一个新出现的模式是以展览为主、针对年轻艺术家的。昊美术馆要把这两个系统合起来做,一方面要有好的收藏,一方面也举办青年艺术家的展览。对昊美术馆而言,我们希望将它做成一个交流的平台,未来的目标是做亚洲最具代表性的美术馆。

采访者: 对本次世界华人收藏家大会以"收藏家的责任与素养"为主题,您有怎样的思考?您认为作为一名当代艺术的收藏家,应该具备怎样的社会责任?

郑: 就我个人来说,收藏已不单单是个人的乐趣。从收藏家的身份转变成美术馆的创始人的身份,就必须忽略个人感受。作为昊美术馆的创始人,我聘请了一个国际化的团队来做这个事,就是为了站在艺术背后,推动艺术,让艺术为更多的公众所了解、欣赏。

我们现在不能要求所有艺术爱好者都具备很全面的艺术知识。但是从教育层面、从社会责任角度说,做了美术馆,自己承担的责任就更大。向公众开放的美术馆必然承担着部分的艺术教育功能。例如国外那些美术馆,常常能够看到孩子们走出课堂,走进这些艺术殿堂,近距离地去感受艺术,这非常好。

我希望我们现在做的事对下一代真正有意义,在艺术交流、艺术推动上起到一定的文化桥梁的作用。其实华人收藏家们都有很好的基础,在各个领域都有一定影响力。如果能联合起来做一些年轻艺术家的推荐,能让中国艺术家走出去,能让中国艺术家成为世界的主流,那么为什么不尽力去做呢?

石湖草堂四代的收藏故事

——孙翼先生访谈

孙翼，孙伯渊曾长孙。自幼喜爱中国古代书画，曾跟随先祖父孙堃镕历时 16 年编撰二百余万字的《中国古代书画总目汇考》。大学专修中文专业，1987 年曾追随徐伯清先生学习书法，并对家藏的书画重件撰写过多篇学术论文，现为马鞍山信达通信公司董事长。

采访时间：2012 年 4 月 7 日

采访地点：听琴斋

采 访 者：陈诗悦（以下简称“采访者”）

被采访者：孙翼（以下简称“孙”）

采访者：您的曾祖父孙伯渊先生一生对碑帖书画有很深的造诣，最早他是怎样接触到这个领域的呢？是否有家学的关系？

孙：我的曾祖父生于光绪二十四年（1898 年），江苏苏州人。我的高祖孙念桥以经营碑帖、镌刻碑石以及字画为主，早年在苏州城的护龙街，也就是今天观前街与人民路的路口开了一家集宝斋。高祖念桥生有三子，伯渊为长子，次子仲渊，三子季渊，女儿淑渊嫁于常熟著名花鸟画家陆抑非。由于念桥英年早逝，兄弟三人继承父业。因为曾祖父伯渊及其兄弟为人和善，广交朋友，加上对艺术品发自内心的喜爱，集宝斋逐渐成了苏沪一带十分有名的收藏家和书画家的聚集之地。

采访者：孙老先生的收藏大致可分为几个阶段？能具体跟我们介绍一下吗？

孙：曾祖父伯渊的收藏主要分为三个阶段：第一阶段是在苏州集宝斋的收藏。这一阶段的主要藏品都得之于收藏世家，其中很大部分都是来自家学渊源的名家，在这些藏品中不乏宋元名迹和流传有绪的历史名作，有的作品因为只在收藏世家之间递藏而未经市贾，所以尤为珍贵。

第二阶段是自20世纪30年代初始，由于看到政局不稳定，日军对华蠢蠢欲动，唯恐自己半生的收藏和心血付之东流，经弟兄分家后，曾祖将文物分批悄然运到上海，并在上海的嵩山路上购置了一座三层洋房，与同来的吴湖帆先生为邻。从此他的后半生也就寓居沪上。

当时的嵩山路属租界地，上海的租界为历史上特有的一种"孤岛现象"，在这个孤岛上既有难民，也有家产殷富的寓公。伯渊自从到上海之后，他的事业重心由原来的书画经营逐步转为鉴藏，并将嵩山路居所取名"石湖草堂"。挚友吴湖帆先生为其作《石湖草堂图》。由于当时沪上的书画家、收藏家很多，加上从各地移居上海的名人名家更是不少，曾祖父伯渊的眼界大宽，交游也更广，旧友加新知，如原在苏州的老朋友庞莱臣、吴湖帆、费子诒、潘博山、张大千等人均来上海居住，继而在沪又同郑振铎、张珩、蒋穀荪、狄平子、丁惠康、孙邦瑞、谭敬、魏廷荣、许继传、许思潜、王伯元、王仲明、徐伯韬、盛宣怀之后裔盛耀祖、盛思颐、王季迁、项季翰、徐俊卿、曹友庆、徐邦达、叶叔重、华笃安、孙煜峰、沈同樾、戚叔玉、王有林、王南屏父子、周湘云、刘国钧、刘靖基、李荫轩、钱镜塘、庞秉礼、谢稚柳等交好。另与画家刘海粟、冯超然、唐云、程十发、王个簃、张大壮、周怀民、吴青霞、妹夫陆抑非等人亦相处甚笃，尤其与吴湖帆先生既是吴中挚友又是邻居，更可谓朝夕相见，过从甚密。近年由郑重先生撰写的《张珩》一书，称他们这个收藏群体为20世纪30年代上海"呼风唤雨的收藏家群落"，这样的称谓可能一点都不为过。当时的曾祖父凭借在苏州时存有的物力、财力及眼力在沪上以藏会友，他的足迹遍布申城，不是藏友来看他的藏品，就是他去看别人的藏品，终日奔波，席不暇暖，以此为乐。他们之间会在石湖草堂高谈阔论，于草堂论画。由于老人待人心诚，从不欺瞒他人，遇到好东西肯出价钱，因此求售者络绎不绝，石湖草堂经常盈客满堂，此亦对丰富他的收藏打开通途。

由于当时的时代背景，能遇到的好东西很多，现在看来这一群藏家于民国时期在沪上的收藏，亦是一次在特定的历史背景和特定时间的一个高端的书画雅集，因为在此时段中他们所收藏到的藏品中有不少是真、精、新的一流质量的书画碑帖古籍，其中不乏是国宝级的。这是因为这个收藏群落都有所谓的藏家三力，即财力、眼力和物力。

第三阶段是中华人民共和国成立后。由于当时的国家对文物有政策规定，文物不能在私人之间流通，并且当时伯渊在政协学习，思想认识上有了相当大的提高，使他逐步认识到在他的收藏中的一些重件，有的是重要的实物档案数据，有的甚至是国宝，特别是他这一生只买不卖所收藏的 3 920 种碑帖，经他亲自逐件装裱、编目、装箱归档，里面承载了太多的历史文献信息。老人意识到这套宝贵的文献数据的归宿应该是全民族的子孙后代，因此毅然于 50 年代中期在徐森玉先生的撮合下，悉数捐赠给了上博。在此前后，老人又将自己收集珍藏的书画捐赠给北京故宫博物院、上海文管会、上海博物馆、苏南文管会、南京博物院、苏州博物馆等，其数量之大，质量之高是众所周知的。原上海博物馆副馆长汪庆正先生在香港集古斋出版的《满地香泥萝有痕——碑帖专家孙伯渊》一书序言中说："我曾到国内外某些图书馆、博物馆及大学图书馆，像孙伯渊先生所藏体系如此完整的整套石刻拓本，在全世界确是独一无二的。"老人亦适当出让了一些藏品给上海博物馆和北京故宫博物院，以维持生活。由于他一生俭朴，因此所出让的藏品数量不是很多，但质量却都是十分上乘的。他在世时教育子孙后辈，一要读好书，二要自食其力，三是不能视藏品为财富而是纪念品，四是留存的藏品对有兴趣爱好的后辈可在业余时间作为陶冶情操、提高文化修养的研究资料来欣赏保存。因此在曾祖父的教导下，我们后辈虽都不在文物行业中工作，但大多喜爱书画，利用业余时间在留存的各种实物数据中刻苦钻研，从中寻找中华文化传承的乐趣。

1966 年"文革"期间，老人同众多收藏家一样，难免被抄家冲击，收藏亦被红卫兵悉数抄去，全家八口被挤入一间 20 多平方米的三层阁中。老人没有收入，只得依靠祖父堃镕和祖母不到 200 元的工资维持全家生活。老人没有钱抽烟，他就毅然戒烟，没有钱买茶叶就喝最便宜的茶叶末子，但是他并未因此产生怨气，心情还是那样平静，每日上午准时去附近的淮海公园锻炼身体。老人经常说："人生乃生不带来，死不带去，多吃一些素菜，还能延年益寿，何乐不为呢！"我的祖父还会经常用省下来的零用钱买上几块最爱吃的马咏斋红酱肉，此时的全家还是其乐融融。

党的十一届三中全会之后政府对老一辈收藏家落实了政策，对当时抄家时有记录的部分发还了一小部分，有时则是以认领来凑数。对于一些精品，文管部门则动员曾祖父伯渊捐献，最后曾祖父还是将宋拓《张旭郎官石记》、宋拓《米芾方圆庵记》等宋拓珍本、孤本、唐迹及沈周《仿倪云林山水》、吴历《葑溪会琴图》名卷等精品捐赠给了上博，但是所抄文物大部分因账目混乱与实物无法弄清，许多珍品亦去向不明，最后以当时每件12元的价格抵账了结。在这批无法弄清的藏品中，有吴湖帆先生持赠伯渊上款的《石湖草堂图》已被卖到了美国，实在令人感到惋惜。然伯渊知道此事后，淡然一笑说："过眼烟云之物，既归别人，此亦然也。"但曾祖父生前有两大原则，第一就是绝对不将藏品卖给外国人，其二是不愿意与做假画的人来往。

老人就这样安然地度过了"文革"后的18个年头，于1984年8月8日安详地离开人世，时年87岁。老人去世后上海市文物保管委员会和上海博物馆专门发来了唁函，唁函对他为祖国的文物事业所作出的贡献和可贵精神给予了充分肯定。上博新馆成立后，在主馆门前纪念碑上还镌刻和记述了孙伯渊等老一辈藏家对该馆所作出的重大贡献、事迹，从而肯定了老人的鉴藏人生是回报社会的一生。

采访者：在收藏过程中，孙老先生自己也练就了一双"火眼金睛"，孙老先生对于鉴定书画有怎样的心得和经验吗？

孙："火眼金睛"不敢当，但他十几岁就从事书画买卖，并能过目不忘，再加上有庞莱臣、顾云楼等老一辈收藏鉴定大家的指点，加上自己的刻苦钻研和书画市场残酷竞争，曾祖父在书画碑帖鉴定方面确实很有眼力。对于鉴定书画的心得，正如他在20世纪60年代初应上海博物馆沈之瑜馆长之邀到上海博物馆为文博工作者讲解"怎样鉴定书画"时讲到的，书画鉴定的主要依据是时代风格和个人风格，关于这个鉴定方法，20世纪30年代与张珩先生、吴湖帆先生老一辈收藏家都有这个共识，一般说在鉴定实践中这是第一步，通称为"鉴"。在这个"鉴"别中，老人认为首先要看字画的时代气息是否达到，然后再看是否符合个人的风格，认为只要看得多，自然而然就对画家的书体笔法熟悉了，哪怕他不署名，只要看到他的作品面貌、他的书体笔法就能分辨出是谁。其次再看印章、题跋、著录、纸绢等辅助考察因素是否符合。因此，老人只要一打开书画心中便有八至九分的底数。

然而对于一些比较旧的重件，老人认为单凭“鉴”是远远不够的，还必须要“考”。特别是对待宋元以上的作品，曾祖父有藏书万余册，其中的著录书和书画文献书十分齐全，这些都是老人的工具书籍。他经常讲到，因为一些古代名迹承载了大量的历史信息，需要长期的“考”证，从中找出历史遗留的一点一滴的信息，进行综合分析后，才能得出个人的结论，用现代术语讲，的确是一项系统工程。

老人正是采用了上述这样运筹帷幄的鉴定方法，在他这一生中收藏到了数量可观的宋、元、明清碑帖书画名迹，其中不乏是国宝级的，这与他数十年来日观百计的书画碑帖，并从中积累的实践经验是分不开的。

采访者：孙老先生在苏州开设的集宝斋不仅成为当时书画买卖的一个交易场所，更是成了苏沪一带书画收藏家聚集的文人雅地，您觉得是什么原因使得集宝斋成为这样一个聚集中心？

孙：由于苏州不仅是我国的历史名城，又是尽人皆知的吴门画派的发源地，当时又遇到政治变革，辛亥革命以后不少遗老遗少，退隐山林的硕官巨商，文人雅士亦喜爱长居于此，这些人家不仅家资雄厚，而且古籍书画碑帖的收藏十分丰富。正是由于有这群高端收藏人群，经常于集宝斋相互切磋碑帖字画及古籍善本的渊源，研究它们的时代特征，品茗饮酒，讨论真伪精疏，集宝斋成了当时名副其实“吴门雅集”的活动场所。因此，上世纪20年代的集宝斋凭借雄厚的经济实力在苏沪地区已经很有名气，实际上已成为当时研究、交流、买卖书画碑帖古籍的高端平台。

徐怀玉先生在《忆父亲徐子鹤鉴定书画的往事点滴》一文中称：“父亲的街坊是号称占全国收藏半壁江山的集宝斋主孙伯渊、仲渊昆仲。”可见一斑。

采访者：集宝斋所聚集的文人藏家中有许多与孙先生交好，您能回忆一下有哪些人吗？

孙：当时如苏州过云楼的顾麟士，虚斋主人庞莱臣，阙园主人李根源，画家陆廉夫，张大千昆仲，潘祖同后裔潘博山，大学者谢玉岑，以及词曲大家俞宗海（俞振飞之父），费念慈太史后裔费子诒以及吴湖帆等，都是集宝斋的常客，亦是曾祖的忘年之交。曾祖父与他们多有业务上的往来和友情，加上对他文物的喜爱和聪颖，他能过目不忘，又因为他谦逊好学，特别尊重有学识的长者，这些大藏家或他们的后辈对他都表示出了十分的好感和青睐，常将不轻易示人的家传珍藏独予伯渊观赏，因为是数代的珍藏，因此他们大多对其可谓入木三分，都能将这些字画碑帖进行擘肌分理，精心分析，他们之间会互通有无，特别是顾鹤逸先生视伯渊为忘年之交，友爱甚笃。有记载曾祖父一次曾赠送了顾鹤逸一些康雍时期的佳纸，1928 年顾先生临仿了一幅家藏吴历《湖天春色图》答谢伯渊，此图为顾西津精作，作为家藏珍品一直保留至今。曾祖父伯渊在这高端收藏的群落里与他们朝夕相处，在日观百计的书画碑帖中积累了大量的物力、财力和眼力，在此期间收藏到了一批珍贵的宋拓碑帖以及宋元明清的名迹书画。

采访者：您认为老一辈藏家之间的这种相互切磋、赏画评帖的相处方式，对藏家有怎样的启示？

孙：从吴湖帆日记、张葱玉日记中随处可见他们和曾祖父休闲自得的生活方式的记载，他们时而结队饭店聚会，时而品茗尝鲜，访友闲谈，老朋友之间更多的是感情和交情。他们在这种互相切磋赏画中，自然地形成了一次又一次的雅集活动。现在看起来这种看似普通的雅集，作用却是非常大的，每一次雅集活动都能见到不少好的东西，有的在雅集之中成交，有的通过交换、赠送、补失等多种方式进行交流，因为这些藏家个个都有“胸盛万卷”的文化底蕴，又有实战经验和相当的财力，用现代语来表述就是这个团队具有很强的“战斗力”。因为一个人的能力再强毕竟是有限的，如果很多位有能力的人聚集在一起去研究探讨一个问题，那么可能答案离结果就很接近了。当下世界华人收藏家大会为我们搭建了一个能切磋和交流的平台，确实不失为一种很好的方法，让更多的人有交流研讨发掘的机会，以重现百家争鸣、百花齐放的文化时代。

采访者：能给我们大概介绍一下您的家族收藏精品吗？

孙： 按照祖父及父辈的回忆和有关数据表明，曾祖父伯渊曾经收藏过的精品名迹十分丰富，现只能按照回忆到的整理一小部分，以示纪念。

(1) 石鼓文秦汉以来碑刻拓本一套计3920件，已捐赠上海博物馆。

(2) 唐拓《九成宫醴泉铭》是拓崇恩称为海内醴泉第一，经崇恩、陈元龙、吴熙载等十家收藏，吴湖帆为之题跋题签。伯渊原藏。

(3) 宋拓《孤本米芾书方圆庵记帖》，此本为传世仅见之宋拓，历经沈周、王文治、成亲王、李宗瀚等递藏，已捐赠上海博物馆。

(4) 宋拓《张旭郎官壁记帖》，此本为唯一能见的张旭正楷宋拓，世传二本，一本在日本，国内仅存此本，历经赵孟頫、王鏊、王世贞、宋荦、梁章矩、翁方纲、林则徐、何绍基等递藏，已捐赠上海博物馆。

(5) 宋《白头丛竹图》《江山殿阁图》《叱石成羊图》《马麟绿桔图》《小庭婴戏图》《松涧山禽图》《池塘秋草图》《柳溪春色图》《水村楼阁图》《观瀑图》，上述10幅宋画为伯渊提供北京故宫藏品，均被编入中国古代书画目录及郑振铎、张珩、徐邦达合编之《宋人画册》中。

(6) 宋《朱锐溪山行旅图》《马驎郊原曳杖图》《溪山风雨图》《柳溪捕鱼图》《雪霁图》《江村图》《松峰楼阁图》《花坞醉归图》《曲院莲香图》《林椿梅竹寒禽图》《猿鹭图》《荷塘鹡鸰图》《双凫图》《云山殿阁图》，上述14幅宋画均为伯渊提供上海博物馆藏品，均被编入中国古代书画目录或沪宋人画册中。其中《马驎郊原曳杖图》于2002年(72件国宝)在沪展出。

(7) 宋米芾行书《朱乐圃墓表》卷，是卷文字载于米芾《宝晋英光集卷七》，经明董其昌题跋，著录于《容台集》；明李日华著录于《六研斋笔记》等著录中。伯渊原藏。

(8) 宋楼观《寒林归棹图》《鹡鸰湖石图》《仙山论剑图》3幅伯渊原藏。

(9) 宋胡栓《书札帖》，是帖为梁清标、李日华收藏，翁方纲二次为之题跋，并著录于吴荣光《辛丑消夏记》。伯渊原藏。

(10) 宋易元吉《麞猿图》，入张珩先生《木雁斋书画鉴赏笔记》。伯渊曾藏之品。

(11) 元黄公望《九峰雪霁图》轴　京1-693，伯渊、黄仲明曾藏，现藏北京故宫(梁清标、安岐、永祥藏，入清河书画舫、式古堂书画考、大观录、墨缘汇观续录)。

(12) 元康里巎巎《草书谪龙说卷》 京1－748，伯渊提供北京故宫藏品（梁清标、安岐、永瑆藏，入《墨缘汇观》《大观录》《石渠宝笈》著录）。

(13) 元仇远《行书自书诗卷》有十家题跋，伯渊提供北京故宫藏品。

(14) 元李衎《双勾竹石图》轴 京1－613，伯渊提供北京故宫藏品（项元汴、安岐、允祥藏）。

(15) 元赵雍《秋林远轴图》、元盛懋《秋林放艇图》、元盛懋《坐看云起图》、元曹知白《寒林图》、元朱德润《秋林垂钓图》5幅元代画，均被编入中国古代书画目录和《元人画册》中，为伯渊提供北京故宫藏品。

(16) 元倪瓒《书帖卷》，是帖为倪云林数首诗录，相继为陈继儒、李日华、董文骥、笪重光、方享咸、杨青岩、顾文彬等递藏，并著录于明李日华《六研斋笔记》中，另有顾文彬题跋，伯渊原藏。

(17) 明董其昌《娈言草堂图》董其昌自跋三次，《石渠宝笈》著录，乾隆十九次题跋，伯渊曾藏之品。

(18) 明仇英《人物故事册十开》 京1－1589，伯渊曾藏之品。现藏北京故宫。

(19) 明唐寅《落花诗册》，伯渊捐赠苏州灵岩寺，后转藏苏州博物馆。

(20) 明《四贤图卷》伯渊曾藏之品。

(21) 明王绂《富春山居图卷》，有徐邦达题跋，伯渊原藏。

(22) 清王翚《南溪高逸图卷》，是卷为王翚老年杰作，有二十家题跋，并著录于李佐贤《书画鉴影》、庞莱臣《虚斋名画续录》，上博曾藏，此图是王翚代表名作，伯渊原藏。

(23) 清王时敏《夏口待渡图卷》，是卷为王时敏在长安吴太学寓同董其昌同观董北苑夏口待渡图后作，陈继儒、陆时化作跋，麓初熙、顾文彬题签，著录于陆时化《吴越所见书画录》、庞元济《虚斋名画续录》。上博曾藏，伯渊原藏。

(24) 清王原祁《云山庵书图卷》，是卷为王原祁仿高房山笔意，直取元人佳趣。顾文彬作跋，麓初熙、顾文彬题签，著录于庞元济《虚斋名画续录》。上博曾藏，伯渊原藏。

(25) 清王湘碧《仿古山水册八开》，是册每开有王时敏对题，每页小中见大，用笔精美为杨荫北、庞虚斋所藏。上博曾藏，伯渊原藏。

(26) 清浑寿平《载鹤图卷》，《石渠宝笈》著录，伯渊原藏。

(27) 清吴历《葑溪会琴图卷》 沪 1－2985，伯渊捐赠上海博物馆之藏品。

采访者：您对收藏的这些碑帖书画有怎样的打算？会如何利用？

孙：对家藏的这些为数不多的碑帖书画，拟作为业余时间陶冶情操、提高文化修养的研究数据来欣赏和保存，有的则需要重点进行考证研究。如家藏的一件宋米芾行书《朱乐圃墓表》手卷，近两年来我利用业余时间查阅、整理数据和写作，对这件字卷从字迹、对比、分析等六个方面进行了综合研究，并撰写了《初探》一书，拟于近日出版发行，意在方家评论，并留于后人参考。由于米芾是继"二王"之后传统书法中最为卓著，从现存的字迹中唯有不足的是在他的真迹中行楷正书较少，此卷墨迹的公诸可填补此不足。同时我想，这些历史名作的归宿应该是永远属于中华民族的子孙，在我家收藏的有些藏品虽然已近百年，但是在历史的长河中可能只是一瞬间，因此在这些保藏的年代中，我认为最重要的是要将这些遗迹保护好，不要使之受到伤害和损失，这是我们收藏者义不容辞的职责。

采访者：您的家族收藏有怎样的理念？您认为藏家的收藏是否在娱己的同时还要起到育人的作用？

孙：曾祖父伯渊的收藏理念是以收藏古代碑帖书画为主，尤其钟爱宋拓碑帖和宋元字画。因此在他选择藏品时会十分注重品位，对藏品除了要真迹外，还要选择艺术价值高的精品，选择存世量较少的作品作为收藏目标，同时更注意选择具有一定历史文献价值的作品来收藏，这是老人一生的主要收藏理念。因此他在收藏运作时会将一些普通的东西整批发售出去，甚至有时还会举办展览会等方式来销售。中华人民共和国成立后，老人又分批将自己的收藏捐献给各大博物馆。一次捐赠会上有记者问："如此神品为何割爱捐献？"伯渊淡然一笑说："一颗明珠如果长期装在一个小盒里，别人无从见其光芒，只有把盒子打开，让众人共同欣赏，方能充分显示其光辉，才能充分体现其价值。"老人的这番话，对我们后辈的影响是十分深刻的，其核心内容是名人书画的收藏实则是过眼烟云，不可能生生世世保藏，但是既已收藏了，就应该把它藏好，保存好，研究好，把老祖宗的精神遗产和物质遗产传承好。例如前面所说的这件米芾行书《朱乐圃墓表》，虽然花了不少时间撰写了一本《初探》的研考书，但的确使我感到在娱己的同时，还为这件藏品做了一件十分有意义的事。

采访者：自小在这样的收藏世家中成长，您认为您的曾祖父的志趣、专业知识、收藏以及精神对于后辈有怎样的影响？

孙：自我有记忆之时起，家中的谈话主题永远是收藏。曾祖父在世时，我还年幼，但有这样一句话我是永远记得的——“爱者不富，识者不穷”，唯有好好读书才能继承和发扬家业。那时，我们全家被赶到太仓路的一间约 20 平方米的小房中（嵩山路洋房 1986 年发还），即便如此，家中仍是许多老爷爷、老公公的聚集之所，他们谈书论画，我就在一边玩。有时画拿出来我就凑上去看，因为我是曾长孙，他总是要特别关照我，搞不好就要领到“毛栗子”（用手敲头），时间长了便耳濡目染，所以很小时那些“名头”我就能像唱山歌一样地背下来了。记得有一次，好像是曾祖父和张仲英（张宗宪先生的父亲）在淮海公园喝茶晒太阳，本来要来接我放学，谈话谈忘了时间，故二人匆忙赶来接我之后又一起去吃馄饨，谈话又谈忘了时间，我一直坐在边上听，直至天黑祖母及全家四处寻之，方才请回。渐渐地，也培养了我这方面兴趣，但关键还是得益于祖父退休后的 20 多年孜孜不倦的教导，可以说是让我在这个领域中终身受益，所以我读大学选的是文科专业。现在连我的小孩竟然也热衷于画画。你说这是不是“始曾祖成收藏之功，则是书也，岂虚文哉！”。

采访者：除了您曾祖父留下的收藏，您的祖父和父亲，包括您自己有怎样的收藏活动？能够讲讲其中的精品或发生的趣事吗？

孙：由于我曾祖父一生尽心收藏，其质量是相当高的，数量也很可观。中华人民共和国成立后，他将一些收藏中的重件，有的甚至是国宝捐献给了国家，同时也适当出让了一些藏品给上博及北京故宫，以维持生活。我的祖父堃镕是化工专业高级专家，他利用业余时间，历时二十余年撰写了几百万字的《历代书画家作品汇集》。书画鉴定家杨仁恺先生在他的《沐雨楼文集》中写道："堃镕先生以化工为专业，并有所建树，出于家庭熏陶，对文物也具有特别爱好，与之促膝谈心，其文物知识毫不逊于专业人员。"我的父亲和叔叔都是企业的高级管理人员，后辈们大多喜爱书画研究。

据祖父讲，在20世纪40年代的一天傍晚，曾祖父伯渊正在上海嵩山路寓所的三楼欣赏一本宋人团扇画册，底楼保姆叫道："先生，有客人来了。"随即曾祖父慢步从楼上下来，到客厅准备接待来客，但是此时情况发生了——曾祖父只见来客慌张地关上了陈列在客厅的博古橱门玻璃，并将一件东西顺手放入了裤袋。伯渊则不以为然，仍与这位先生交谈了近一个时辰，后来送走客人后回到客厅发现橱内摆放的一块带纽的大块田黄图章不翼而飞了。伯渊回想这位客人的行为十分为之愕然，当时叔祖父亦在场，觉得十分气愤，欲到这位先生家去评理索还，但是被曾祖父阻止了。伯渊讲："他最近一定是经济拮据，才做出了这样的蠢事。你去了，把这件事捅了出去，他今后怎么做人，还怎么在这个圈子里做事，万万不可。作罢！作罢！"并且还叮嘱家里所有人，今后万勿再提起这件事。家人诺然，此乃70年来首次向外提述。

事隔大约半年后的一个大清早，这位先生又来到我家求见伯渊，此时正值我曾祖父感冒而未起床，听说有要事相商，随即起身接待了这位客人。这位先生一见到曾祖父便说："我近日在江北访到一破落大户人家藏有一件大米字卷，欲出手，但对方索价甚昂，而且要金条，故拿不出来。"伯渊听说有米芾字迹，十分感兴趣，答应择日同去观看。数日后与这位先生同去了外地人家观看此卷，当伯渊看完此卷后眼前一亮，因为他熟知米芾曾写有一通《朱乐圃墓表》的碑石在苏州灵岩山麓，并且家中还藏有一件李根源持赠的朱家二十九世孙朱锡梁所拓的《朱乐圃墓表拓片》。按照记忆应该就是此拓片之原迹，随即表示愿意收购。由于随身不可能带如此多的金条，经商定数目回沪，伯渊仍请这位先生带了金条购之，成交后伯渊还支付了这位先生的佣金，至此这件宝物就归石湖草堂了。由于我曾祖父、曾祖母一生念佛，信仰佛学哲理，故而在之后的闲谈中谈到这件字卷来源时会经常讲："万事有因才有果，此乃'果报'也。"此件藏品老人一直作为石湖草堂的重宝之一来收藏。

采访者：中华人民共和国成立后，孙老先生将自己收藏的很多文物都捐赠给了博物馆，社会实效。

当然，在这种大好的形势下难免也会发生一些不尽如人意的情况。我个人以为，其一，收藏艺术品如果是以投机为目的的话，与购买股票有相似之处。一般应以理性的心态去购买艺术品比较好，而不应是投机。从现在市场成交的价格看，一些近年的作品存世量很大，有的已经脱离了物有所值的客观经济规律，我个人认为是十分危险的，因为自古以来是物以稀为贵！

其二，是当今艺术品市场对真伪的判定这个难题上，周旋于买家、卖家、鉴定人员和商家之间，有的甚至不得已为了真伪还要上法庭。启功先生在《书画鉴定有一定模糊度》中说过："从古流传下来的书画有多种情况，不是用'真'和'伪'两端所能概括的，如果把'真'和'伪'二字套到历代一切书画的作品上，是与情理不符的，又是不合逻辑的。"我认为启功先生的这个观点是辩证唯物方法论应用于书画鉴定的一种十分恰当的概述。曾祖父伯渊在生前对难以定论的古代书画的鉴赏也经常用"程度"这个词来形容书画的好坏，而不是简单地用"真伪"来描述某一件书画。两位老人对评价古代书画真伪的看法与现代的系统工程中采用的指针体系综合评价的方法有着异曲同工之处。

下

海派收藏名家

《上海文史资料选辑》

总第一七七辑

政协上海市委员会文史资料委员会
上海联文艺术咨询有限公司
编著

上海教育出版社
SHANGHAI EDUCATIONAL
PUBLISHING HOUSE

目录

附录

关于外祖父沈吉甫收藏的回忆

普　凡*

在我印象中，以前有钱人家大都存有几件字画或玩器，而且不太像今天动辄就称某某为收藏家，爱好传统在过去极为平常。张伯驹先生藏品可算天下第一，但他和我外祖父交往了几十年，朋友圈也仅知道此公嗜唱京戏，文武兼长。关于收藏陆机《平复帖》和展子虔《游春图》的故事，一直到改革开放之后才开始传播。

古玩界把我外祖父沈吉甫称为收藏家的，第一位就是收藏史专家陈重远先生。20 世纪 80 年代中期，朋友拿来一本《古玩史话与鉴赏》，我母亲翻开一看，立刻傻了眼。里面记载"九一八"事变后，沈家因从北京迁居天津而将部分藏品卖出的内容出现舛错。外祖父一生很悲哀，他最大的不幸就是整个人生辉煌期都处在战争和动荡之中。又因家里没儿子，只有两个女儿，所以最后落得小辈们竟对家中藏品没有一点印象。先母唯一记得的就是小时候因养猫抓坏一幅倪云林山水挂轴而被父亲责骂。先母非常感谢陈重远先生，她说如果没有这本《古玩史话与鉴赏》，沈家后代至今也不知道先辈曾经拥有过的收藏品。

沈吉甫（1871—1952），浙江奉化人，初为华俄道胜银行买办，后任中华懋业银行总经理。老古玩商们对北京蓑衣胡同的沈家确实熟悉，谈及房子的格局、客厅的布置和家属的状况与真实情况大致相符，当然书中说得最清楚的还是藏品。陈重远先生和我建立联系之后，曾希望我母亲提供更详细的目录，结果只是一场空欢喜。先母记性好，她对琉璃厂几位老古玩商名字倒还记得，在书上都用粗笔打了记号：丁济谦（1875—1945）、韩敬

---

* 普凡为沈吉甫先生外孙沈路平之笔名。

斋(1875—1936)、赵鹤舫(1881—1938)、贾腾云(1882—1948)。据母亲说这几位才是真正的见证者,书中忆旧的几位老行家在当时还只是当学徒的小孩子,许多事情估计是从师傅那里听过再转述的。1937 年“七七”事变以后,沈家为避祸由天津再次迁往上海,从此外祖父和旧都古玩界彻底失去了联系。可谁都想不到,过了 70 年,沈家后人居然又见到如此详尽的记录,以及对先辈的深切怀念。这些人和事跨越了一百余年,经历了整整三代人记忆,不能不说是个奇迹。

下面我先把老古玩商对我外祖父的藏品及评价略作转述:

在北京古玩界中一直有这样一段有趣故事流传:20 世纪 20 年代初的某天,铭珍斋掌柜韩敬斋拿了一件乾隆官窑粉彩瓶去见沈吉甫,沈看完即认定瓶子是件中等瓷器,够不着官窑规格。两个人论来论去,最后沈吉甫说:“咱们也别再争论它到底多名贵,我看只值 400 块钱。”韩敬斋一听急了,脸红脖子粗地争辩说:“如果只值这个价,我现在就砸了它。”沈吉甫知道话说僵了,得赶紧圆一圆,连忙赔笑着对韩敬斋道:“韩掌柜,你如果非要砸可别在我这儿砸,等待会儿拿回家砸吧。”说完,两人都咧嘴乐了。韩敬斋回去之后也知道自己理亏,他把这件事当笑话告诉别人,并再三说沈吉甫待人厚道,懂得给朋友找台阶下。

老古玩行家在回忆中说,沈吉甫和他们交往中,不但为人宽厚,还讲究义气,赵佩斋、丁济谦、贾腾云等都受过帮助。由于沈吉甫尊重古玩商人,所以古玩行里谁也不肯昧着良心用假货蒙骗他,再说他自己也有鉴别文物的好眼力。沈吉甫藏有明永乐、宣德青花瓷几十件。有件青花双耳扁瓶,沈吉甫认定是宣德年间的,可贾腾云则认为是雍正年间仿制的,颜色深艳中带有铁锈黑斑才为宣德青花真品。沈吉甫反驳说,鉴定要从造型、胎釉、绘画、款识等方面进行整体判断。老古玩行家感叹说,关于这两位的不同见解,在古玩界争论了几十年。直到近年,大家才承认收藏家沈吉甫的鉴定方法更具科学性。

大观斋掌柜赵佩斋说,沈吉甫收藏的这许多古董里面,其实最在行的还是瓷器。他对宋元名窑很有研究,特别是对柴窑的见解更具价值。他曾听沈吉甫说过:“好多人都说有柴窑,书上也如此记载,许之衡的《饮流斋说瓷》中说柴窑就在郑州,即后周世宗柴荣所创,但史书中说世宗在位才短短五年。这五年中世宗南征南唐,北攻契丹,处在这样战乱连绵的五年里能有工夫创造名窑吗？最说明问题的还是到现在为止也没发现过柴窑的窑址。我沈某人收集这么多年，所有名窑瓷器都收遍了，唯独没有一件柴窑，看来还是只闻其声不见其物的传说而已。”赵佩斋介绍完沈吉甫对柴窑的评价，又继续评论说：“关于这些名窑之疑问，咱们琉璃厂中至今仍无人回驳，可见沈吉甫对于此道，经验之丰富非同一般。”

老古玩商范岐周是赵佩斋的徒弟，据范岐周老人回忆，他跟随师傅去过几回沈吉甫的家。沈家住在北京南锣鼓巷蓑衣胡同内的一处深宅大院里，有一次沈吉甫让佣人陪着小伙计去几个客厅走走。范岐周看完后对师傅吐着舌头说：“好家伙！那么多院子，房屋百余间，前面几个院子的十几间深屋里，陈设的都是明清时代的桌椅、箱柜、条案。”赵佩斋接着告诉徒弟，沈吉甫真正的好东西全部放在书房里，据说名瓷有 1 000 多件，单宋元瓷器珍品就有 200 多件。近些年旧王府衰败没落，流出来的东西更被他收买了不少，就是北京以经营古瓷著名的延清堂、荣兴祥所藏的历代名窑和明清官窑瓷器与之相比，都尚逊色。

赵佩斋还告诉徒弟：沈吉甫有件南宋汝窑的笔洗，是罕见之珍宝。其大小不过半尺，瓷胎是香灰色，透过莹润如同堆脂的釉色，呈现出淡淡天青之色。最奇怪的是，这笔洗的底足有六个小支钉眼儿痕迹，并刻有“泰华”二字。沈吉甫考证多年也不得其门。大家都知道汝窑已是瓷器中最珍贵的宝贝，在它上面还刻有罕见铭文，那当属稀世之物了。

沈吉甫有一个宋代双环耳瓷瓶也是罕见珍宝。瓶子高约一尺有余，颈部两侧有双耳环饰，瓷胎呈紫黑颜色，釉彩葱翠如同龙泉，并有长条开片纹理，沈吉甫视此为至宝。但有人说这就是龙泉窑，不是北宋之物，沈吉甫常常与之争辩。按照他的鉴定眼力，这瓶子定有它神奇之处。

沈吉甫有一具宋代磁州窑的白釉卧虎枕，这也是他心爱之物，可令人纳闷的是他从未拿出来给人看过。磁州窑不是官窑，再说此物件和其他所藏相比，并不显得特别珍贵，大家实在猜不透这白釉卧虎枕头里面藏了些什么玄机。

沈吉甫收藏最多的是定窑，一般人都知道定瓷有两种：一种是胎骨及釉色微微泛黄，人称为“象牙白”；另有一种是被叫作“粉定”的瓷器，其胎釉细腻滋润、白如冰雪，这种才是定窑的上等珍品。可是还有一种黑定就没几个人知道了，白胎黑釉，光鉴照人，这些东西沈吉甫屋里都有，而且还常常拿给别人欣赏。

沈吉甫收藏的哥窑、龙泉窑瓷器，有炉、瓶、笔洗等许多对象，其中有一件龙泉窑的梅子青釉胆式瓶，他最为珍爱。瓶高一尺有余，长颈削肩，下部渐硕，整个器型如同胆状。最珍贵的是，洁白如雪的瓷胎上，梅子青釉色不但娇艳肥润，而且翠色欲滴，真是可堪与翡翠比美。

沈吉甫有钧窑瓷器十几件。其中有海棠红、茄皮紫、葱翠青等，难得的是没一件釉色相似。这正是所谓“入窑一色，出窑万彩”的道理。沈吉甫有一件玫瑰紫色笔洗最为珍贵，北京古玩铺的人都知道这只笔洗。它的釉色是蓝中似青，青中又带有玫瑰之色，一看之下如同进入了紫虚幻境，就是跑遍北京城，也不会有比它更好看的釉色了。

沈吉甫还有不少元青花。有一件青花梅瓶，小口、丰肩、瘦底，一尺多高，上面四爪云龙，下部海水江崖，釉彩颜色略白微青，釉色润中透亮，他十分珍爱。

对于明清瓷器，沈吉甫要遇到上等官窑珍品才肯看上一眼，一般的根本不屑一顾。有一回，沈吉甫拿了件宣德年间的青花红彩游龙高足杯给韩敬斋欣赏。韩敬斋看完后觉得新奇，说：“我这还是头一次看到青花海水波涛汹涌，并且是用这么娇艳的红彩绘制成这么生动的龙身。”沈吉甫说是花了 2 500 块钱从贾腾云手中买到的，韩敬斋连忙说：“不算贵，不算贵。青花釉里红瓷器不算少见，像这样釉下青花，釉上红彩的宣德官窑我真没见过。”韩敬斋是琉璃厂的火眼金睛，连他都没见过，这东西可见有多稀奇。

沈吉甫收藏的成化年间的斗彩、康雍乾的粉彩，数不胜数。有一个天字罐，一拃来高，红花青心的团纹，胎薄釉细，晶润艳丽。沈吉甫说，这个天字罐是天下第一，一点不次于成化斗彩上画的牡丹。他还有一件法翠盘，大家把明代孔雀绿称为法翠，法翠是因为翠绿的颜色中闪烁着蓝晕，就好像孔雀羽毛一样。还有一件雅丽的又称之为“亮翠”。这两件都是罕见之物。沈吉甫当时在荣兴祥所买，据说都是宫里面流出来的东西，这么多年也只有延清堂丁济谦见到过它们的真实面目。

沈吉甫收藏的嘉靖、万历青花、五彩瓷器中，以盘、碗、洗等器物居多，瓶罐较少。有件嘉靖年官窑青花五彩罐，颜色浓重、花纹密满，珍贵的是，釉下青花釉上五彩，给人以浓翠红艳之感。罐高不足一尺，上面布满了缠枝莲和鱼藻图案，鱼红藻翠，煞是鲜艳夺目，真乃上等珍品。

沈吉甫还热衷于收藏不少奇怪东西。早年从大观斋买过一个霁雾瓶，这种霁红釉非常特别，釉色像新鲜橘子皮颜色，但不同于郎窑红和豇豆红，这种釉色从来没人见过，瓶底下书“大清康熙年制”的楷书款名。他所收藏的另外几件郎窑瓶和豇豆红笔洗，以及珊瑚红地的五彩凤尾瓶，也都是北京城里独一份的宝贝。

老古玩商们对沈吉甫的收藏回忆，虽都细致生动，但论曲折好笑还是莫过于那个买粉彩大盘子的故事。有一年笔者去看望陈重远先生，才进门老头便冲我嚷嚷道：“你知道吗？你姥爷的那对大盘子去年在纽约拍了 3 000 多万美金呐！”我听完一头雾水，正当纳闷时，陈先生便说开了：有一回呀，那东四牌楼天和斋的少掌柜郭静安，在窜货场见到了一件雍正官窑粉彩蝶恋花图案的碧桃过枝大瓷盘。只见那盘子足足有二尺四寸，并且瓷盘胎薄质密、均匀洁白。再看那上面画的画儿，绿叶纷披，花枝摇曳，婀娜万分。再看粉彩颜色，清雅柔丽，明暗相间，华美异常。这些都是无可挑剔的上等器物之特点呀！郭静安一时冲动，马上花了 2 000 现大洋买了下来。当把大盘子小心翼翼地运回到了天和斋，老掌柜郭小臣一看就火了。他让儿子用手再摸摸，“瞎了眼啦！这不明摆着是刚出窑的新货么？要不然怎么会有毛刺儿！”老掌柜骂完后对儿子又说道：“明天咱们去商会‘砸浆（退货）’，看看他们如何办理？”

第二天一早，父子俩就来到商会，会长孙秋砜是个“吃铜器的”，对瓷器鉴定一点没辙，最后孙秋砜还是把前会长赵佩斋给请来了。赵佩斋看完盘子，绷着脸对郭小臣说：“你儿子买的货一点不假，这是你的眼力不济，你大概没见过库货，这盘子造完之后 200 年中没出过库，所以才和新的一样有彩刺。”赵佩斋见郭小臣仍然不信，便想了一个两全办法，说先让沈吉甫看看，如果懂行的沈三爷能看上，并且买了回去，不是你们都皆大欢喜么。郭静安一听觉得有理，马上雇了个“扛肩的”，一路战战兢兢地从东四牌楼走到北城南锣鼓巷的蓑衣胡同，唯恐途中有个闪失。

沈吉甫一边欣赏着大瓷盘，一边对郭静安说道：“耳闻不如目睹，大伙儿都说雍正粉彩比康熙的进了一步，而乾隆的又过了一步，看了这个盘子才知道雍正粉彩确实适得其中啊。”接着又问道：“你既然给我送来了，我就不能让你再把它抬回去，看看多少钱可以成交？”郭静安心想谢天谢地，经历了这么多波折，总算卖出去了，再说沈吉甫也不会太刻薄。他连忙接口说：“三爷，我是什么价买的您也知道，您看着赏吧。”沈吉甫一看小伙子挺会说话，便高兴地说：“让你赚 500 吧，回家也好有个交代。”郭静安暗中一算，家中八口人，这500块钱足可花销一年，除去生活费用还有不少富余，即刻满心欢喜地答应了。

按说沈吉甫得了盘子，郭静安得了钱，结局也该算圆满了，可不久又发生了无巧不成书的续集。大概过了两年，荣兴祥的贾腾云突然得到消息，说天津陈九家里有个盘子和沈家从郭静安手中买的一模一样。贾腾云知道陈九是个财主秧子，吃、喝、嫖、赌、抽大烟样样精通，就是不明白家里东西能值多少银子。贾腾云心想如果把这盘子低价弄进，再多添加点儿转卖给沈吉甫去配对，准能赚取不少。贾腾云盘算完后，便先去沈家看看那只盘子，他知道只有把事情估摸准了，这档子买卖才会成功。沈吉甫听说盘子能配对，马上带贾腾云去了西客厅。当贾腾云仔细看完了放在案桌上的那只粉彩蝶恋花图案的碧桃过枝大盘，就知道这块大肥肉十有八九叼住了。不料沈吉甫更高兴，最后又花了3 000块钱，他不仅让盘子成了双配了对，且还讨了吉祥。

下面这段文字，是我根据先母回忆而整理出的一些关于外祖父收藏的情况，由于缺少细节，所以大家看到的只是背景和过程，但其真实度应远比老古玩商的回忆更可靠：

外祖父沈吉甫先生，浙江奉化人，清末时由上海去北方办洋务，后负责华俄道胜银行北京行工作。这家银行是由中国、法国和俄国三方出资的合办银行，名虽合资，实则俄方独霸。他们在中国有代收关税、盐税、专营铁路、发行卢布的权力。当外祖父沈吉甫走马上任后，才发现自己手中权力竟是那么炙手可热，而穷途末路的清王朝又是那么急需银钱。利益交换发展得异常迅速，从此外祖父便常跟随王爷大臣们宵游夜宴，逛琉璃厂、赏字画、买古玩。外祖父从南方来，没多久就适应了北方的生活习惯，特别是官场中那些享受和做派。外祖父起初并不懂收藏，后来是随环境影响才慢慢入了迷，当然对他影响最大的就是小庆亲王载振。恭亲王次子载滢、溥仪的两位叔叔载洵和载涛，以及后来当过民国总理的钱能训、唐绍仪、财政总长李思浩等都是让外祖父产生兴趣的引路人。

据先母说，外祖父在玩古董上占得两件优势，一是钱财多，二是时运好。外祖父除薪酬外，曾得过三次意外之财：第一次是欧战时德国失败，旧马克换新马克；第二次是俄国革命，旧卢布换新卢布；第三次是中国的银本位换金本位。他仗着和政府的关系以及对金融的熟悉，不但为自己，还为国家赚了许多钱。徐世昌大总统为表彰他的贡献，曾两次颁发一等大绶宝光“嘉禾”奖章。有了钱当然花销爽快，据老古玩商回忆说，沈吉甫用每年收入的十分之二三购买藏品，我认为这可能还是个保守数字。前些年，我在档案馆发现一张民国十七年的借据，沈吉甫向六大银行借款20万银圆，他要巨款干啥？估计还是买古玩。大清朝倒塌更是为外祖父买宝贝提供了一个良好机会，辛亥革命后王爷们都失去铁杆庄稼，唯一出路就是变卖家产。所以沈家的房子、家具、古玩，多数来自王府，比如说书房中那套外祖父视为至宝的明式书桌、椅、柜，就是从恭王府载滢手中买得的。

据先母说，她小时候的北京三天两头要打仗，一会儿某督军上台，一会儿某大帅失败，外祖父最骄傲的就是他在东交民巷银行里有自己掌管的大保险库和若干间住房。外面一有风吹草动，朋友们就来托付贵重物品和人身安全，如张伯驹、载洵、载振等。李思浩为避直系追杀，甚至在此居住长达四年。外祖父不但爱宝贝，还喜欢聊宝贝，沈家的前院曾专为古玩商设一客厅，这在北京属唯一。据陈重远先生说，过去的古玩商很没地位，穿家走户都在门房等待，只有去沈家才能待若上宾，时间久了自然成为朋友。陈重远先生还说，其他人藏品多由著录或记载流传，可沈吉甫先生靠的竟是那份真挚交情。在记录时，他看见老古玩商们都很动感情，有时说件事情要想上老半天。

蒋介石北伐胜利后即把首都迁到了南京，政治中心南移使北京一下子失去了安全保障，甚至连东交民巷中的洋人都惴惴不安。前朝遗老和北洋政要们大多选择去天津租界当寓公，外祖父后来也跟随其后，他在天津选了块好地皮，造了幢很漂亮的洋楼。天津新房子面积虽不小，但和北京比天差地远，要放置古家具和大件古玩显然没可能，唯一办法就是卖掉。主意打定后，外祖父先对大观斋掌柜赵佩斋透露了点风声，他想试试外界的反应。可令人意想不到的是，这消息马上成了古玩圈子里一件大事。因为外祖父收藏30多年，藏品数量实在太多，单靠一两家古玩商根本无力买下。酝酿多时，最后由北平古玩商会出面，准备联合各大古玩商集资共同收购。

外祖父这回割爱的全是沉重之物，几个院子和客厅里的明清家具及青铜器都在出售范围。日本人对沈家珍藏早垂涎三尺，他们完全知道这些来自王府旧物的价值和珍贵程度，其中最稀罕的是原恭王府载滢那些宝贝。日本人不但崇拜中国文化，且还精于研究和收藏，北京有个山中商会就专干这项买卖。日本人先以高价利诱，继而又放狠话威吓，外祖父又怕又恨，情急之下他只好以极便宜的价格卖给了中国古玩商人。外祖父对他们说，我把东西以这么低的价格卖给你们，是希望这些古物能留在中国，但你们是否会再去转卖给日本人，只好凭各自良心了。据先母说，这些东西搬了几天几夜才搬完，有些特别值钱的好东西，都是古玩铺伙计们用包袱裹着趁天黑时运走的。

陈重远先生在《古玩史话与鉴赏》中用了许多笔墨，甚至以“北京发生了一件大事，把古玩界都震动了”等词句来描写一次性卖掉这么多珍藏的重大事件。唯一遗憾的是，陈先生把北京古玩商以 24 万现大洋卖给日本山中商会的交易，误写成了沈吉甫先生本人。我母亲在世时曾两次让我以书面形式转告作者实际情况，陈先生见信后答应再版时一定更正。可惜两位老人不久之后都做了古，纠错责任现在落在了我的身上。

沈家搬到天津后生活彻底变了样，大院子变成了小洋楼，生活全部西化了。外祖父为了藏宝贝，还在洋楼的地底下建了个大保险库，按照营造商的形容，重磅炸弹也拿它无可奈何。此时北京的朋友们都陆续来到了天津，任凤苞、曹汝霖、张鸣岐就住在周围。有一天，梁士诒(旧交通系首领，曾任国务总理)的女婿、天津交通银行副经理区绍安来电，说介绍一位有两件“古月轩”要卖的客人。“古月轩”也称为“瓷胎画珐琅”，它是使用西洋颜料，经数次着色，反复烧制才成型的珍贵秘瓷。因制作稍有不慎便前功尽弃，所以皇家历来就视为“内廷之玩物”。外祖父心想自己收藏已属第一，可却从未见过这种只有耳闻的神器。送宝贝的张姓传教士由区绍安陪同而来，买卖双方一拍即合，据外祖父告诉母亲，他俩还用“袖内拉手”方式在屋里讨价还价一番。据先母回忆，那天外祖父很兴奋，晚上特地把她叫到书房，关上门指着瓶子说：“这上面画的是康熙狩猎图。”

假货终究会被戳破，张教士很快被关进了巡捕房，骗去的钱款追回一部分，其余四万多元尢踪尢迹。张教士对外祖父指天画地地说，自己是真的不知内情，乞望放条活路，不然名誉受损以后无法生存。他还赌咒说，如有能力，日后一定如数相还。外祖父则心想，自己在银钱上面吃的亏太多了，为积德损失点钱也算了，再说让他坐牢于事无补，所以便没继续追究下去。这次遭骗奇闻，最让外祖父耿耿于怀的是，他将在古玩圈子里留下一个天大的笑话。果不其然，在 90 年后的今天，打开百度仍能看到绘声绘色的“八万大洋买一声响”的精彩故事。笔者和陈重远先生讨论过，据陈先生说，这造假货的居然就是他亲叔父陈建侯(笔者著有一本由上海文艺出版社出版的纪实性文学《富贵人家》，里面的内容和过程都写得较详细)。

“七七”事变以后，华北变成了日本人的天下，占领者为进一步控制华北，即着手在沧陷区策划和建立一套伪政权。外祖父许多旧日熟人都没熬过这一关。王克敏、王揖唐、殷汝耕、梁鸿志竟争先恐后地去充当伪官。恐怖局势让外祖父备感担忧，日本人已上门找过好几次了，而且一次更比一次厉害。老朋友曹汝霖虽被迫在伪政府挂个空职，但坏事一件不干，且消息不少，有一天他偷偷对外祖父说："赶紧做些安排吧，王揖唐看上你的家产了。"外祖父从担忧上升到了恐惧，他决定马上离开天津迁往上海。搬家诸事中，属处理珍藏最难办，一是无法带往上海必须赶快卖掉，二是处理这些东西不能让外界知道，日本人早就虎视眈眈欲图为己有了。据陈重远先生所记载的资料显示，外祖父找的几家买主是，北京荣兴祥的贾腾云、铭珍斋的韩敬斋、延清堂的丁济谦，他请他们设法帮忙。几位掌柜的当然明白其中利害，最后经合计，古玩商们决定自己先买下一部分，另一部分则暂时运走，等货卖掉后再还钱。外祖父这时又细心地挑了一遍，他把最心爱的字画和瓷器都锁进了保险库。外祖父看着这些凝聚了大半生心血的宝贝，心里期盼道，或等时局平定些再会相见。

当一家子抵达上海，暂住亨利路（今新乐路）后，外祖父才算松了一口气。他千里迢迢跑到上海，主要是因为上海地方大，富人多，谁都不会去注意一个过了时的沈吉甫。可谁也没料到，才安顿下来没几天，老天爷又再次把他推入深渊。天津因暴雨已被大水淹没数月，沈家房屋虽是洋灰铁筋安然无恙，可地下保险库里的票据、契约、纸币、书画和瓷器将会有何遭遇呀？从上海至天津路途遥遥，若走海路，据说已有好几艘轮船被炸沉。若走旱路，沿线全是日本军队，处处充满恐怖肃杀。外祖父想了半天，最后只好写信请求老朋友帮忙。任援道是任凤苞的亲侄子，曾任汪伪第一方面军总司令、海军部部长、上海市市长等要职。任援道很给叔父面子，马上派了一位副官，并备齐沿途所需，陪外祖父直奔天津。后面的事早如所料，打开保险库里面除了几件瓷器幸存，其余都成碎片残屑。外祖父见此惨状，心想损失的东西已经没办法补救了，可偌大一幢花园住宅不能再轻易糟蹋，唯一办法就是卖掉。卖房也是件难办事，最后幸亏盐业银行陈亦侯（国宝金编钟的捐献者）多方设法，终将房子廉价卖给了张裕酿酒公司。外祖父在天津办完事，又再由那位副官陪着回到上海，前后折腾了两个多月。当外祖父回来后没多久，太平洋战争就爆发了，原来上海人所依赖的孤岛似同一片汪洋，老百姓天天盼望着苦难日子的结束。

大家千盼万盼，好不容易才把胜利盼到了，不想国民党和共产党没谈判几句就又打了起来。打仗要用钱，蒋介石此时想出一个“绝妙”的办法，他要把民间的金银和外汇统统都收缴上来，用来抵消国家储备亏空。《金圆券发行法》不久便颁行了，外祖父哪有胆子对抗“戡乱救国”罪名，沈家最后以近百根金条，换回了两罐美国咖啡。外祖父这时候真是凄苦万般，朋友、地位、金钱、古董就这样一个一个地消失了。外祖父最后一次和张伯驹先生见面是相约在霞飞路(今淮海中路)。张伯驹正在南京政府任职，两人主要为了结一些曾经互托的私人物品。卖假“古月轩”的张教士因办毛纺厂赚了点钱，此时也辗转找到上海来赎罪了。外祖父见他骗去的是老法币，还的是金圆券，哭笑不得。他说这滑头货所还的这些钱，如今才刚够吃一顿火腿面包。

1952年外祖父在贫病和惊恐中去世，终年81岁。我出生于1955年，和他没见过面。此文前半部分摘自陈重远先生撰写的《古玩史话与鉴赏》《古玩谈旧闻》两册忆旧丛书，后半部分是先母之回忆。我小时候家里已很穷了，母亲又不会过日子，多靠变卖细软做贴补，一个近五克拉的火油钻才卖4 000元。珍贵古玩早被外祖父处理得干干净净，因为他知道后辈不可能把家财守住。我11岁那年正遇史无前例的“文革”，家中值钱的虽没了，但不值钱的倒还剩几件，如：李鸿章、徐世昌、左宗棠写的对联，大量民国人物照片及他们为我母亲画的册页，梅兰芳、尚小云画的扇面等。母亲为了避免麻烦，急忙把能烧的全都烧掉，不能烧的全丢掉。我印象最深的是几颗图章，母亲先让我在地上磨去字迹，然后把我裤子口袋剪个窟窿，最后让我走到五站地之外的地方，找僻静处顺着裤脚管丢弃。老天爷就是这般公平，人穷了再没人找你，一场轰轰烈烈的大革命就此和沈家擦肩而过。

最后，说一件我自己遇到的好笑事。家母去世后，我正在收集外祖父的生平资料，一天同济大学两年级学生张斯琪来访，小张极具收藏知识，当他知道我外祖父的姓名后大吃一惊，我则心想小屁孩不知轻重，沈吉甫又不是大名人，定然弄错了。想不到他马上翻出《那桐日记》：“某年某月某日，道胜银行买办沈吉甫办堂会，小楼兰芳甚佳。”相国公年高德劭，字字千金，我可不敢不信。更有意思的是，小朋友临别时又问我，您知道家里宝贝下落吗？据说有五件现存大维德基金会。上网一查，乖乖！千真万确，藏品居然还是爵士亲自购买和记载的。今年五月去伦敦，我有幸在大英博物馆里见到了家中曾经的旧物，说句良心话，我真的是啼笑皆非。

封藏在动荡时代的记忆

——怀念祖父吴湖帆

吴元京

窗外是一片蔚蓝的天空，耳边是一阵悦耳的蝉鸣，盛夏里人们继续忙碌着自己的幸福生活，华夏的江山此时也正展现出另一般雄伟壮丽的姿色。午后的我独自一人静静地坐在家中品茶，或许这样的生活会是无数生活在动荡年代中的人们的梦想，然而正是在这安逸之时，我却默默想起了一位曾经在动荡年代中默默拼搏与奉献着的先人。

我祖父吴湖帆，与许多民国文人一样，生活在一个动荡的年代。清政府末年的昏暗、八国联军的蛮横入侵、军阀混战、抗战、内战……致使华夏民族精神及文化传承支离破碎。艺术品国库的打开，伴随着混乱的经济格局，虽然说这也为收藏者带来了百年难遇的机会，但对于像祖父这样的收藏家们来说，这并非好事。眼看着国宝一件件被列强夺走，又一件件地遗失、损坏，许多收藏家还迫于生存，拿先贤墨迹传世之宝到处求人而遭冷遇，作为文人的他们更多的或许只是无奈。

显赫的出身，特殊的家庭环境，加上超常的天赋，使祖父的收藏早就名震天下。他的《梅影书屋画序》现已传为收藏界的佳话。一生之中，他整理并挽救了无数名迹，通过题跋与文献等多种方式又使许多珍贵文物得到了重新的认识。他所收藏过的米襄阳《多景楼册》、黄大痴《富春山居图残卷》、吴仲圭《渔夫图卷》、欧阳询《化度寺碑》、宋刻《梅花喜神谱》等早已为中国收藏界所了解。然而，在他这些富甲一方的收藏之中有一副对联让我感触最深。那是一对清代蒋山堂的七言行书，内容为："烟云供养周公瑾，书画精严黄伯思。"如从文物角度论，此联算不上顶尖，但此联收入梅影书屋的故事，特别能让每一个华人感到温馨,因为它表达了祖父作为收藏家的一片爱国真情。

“民国廿一年一月廿八日(阴历辛未年十二月廿三日),广东罗定蔡贤初将军廷锴率十九路国军守上海,适日寇(进攻)淞沪。蔡将军率师抗战重创日军,然孤军应战,依市民捐济,此联即汲古阁捐赠开会标售,余以二百金得之,记此纪念。吴湖帆。”在这副对联边有祖父用蝇头小楷注的这样一段题跋,无疑又勾起了我们对于近代史中一场最大灾难的回忆……

日本帝国主义入侵中国,所到之处生灵涂炭,其凄惨状国人至今难忘。祖父不仅在抗日义卖中表现积极,他还在该时期的重要作品《桃坞春色》中对日寇的憎恨进行了三题,并在自己的日记《丑日记》与《私识心语》之中不断揭露了日本军国主义当时的暴行和他对日寇的痛恨之心。可以说,这副对联上题跋的内容,不但详细记录了祖父无私奉献的故事,更重要的是记录了华夏儿女团结一心的史实。我们不但能感受到祖父在国难之际所表现出的坚决与果敢,更不会忘记汲古阁之义举以及蔡将军所率十九路军战士们的抗战功绩。那些生活在国难时期的先人,曾将对华夏安危之关心与对民族艺术的珍惜融为一体,我想这更是收藏这门学问中最珍贵的部分。

在得知日本无条件投降之时,祖父曾留下了这样一首诗:“一丸原子宣休诏,百战雄师卸甲兵。富士山前千古雪,白头犹见受降城。”诗中不但再次表现出他对日寇痛恨之情,更表现出民族战争胜利给他所带来的喜悦心情。

2008年的5月12日,我国四川地区经受了一场剧烈的地震灾害,举国上下纷纷伸出了援助之手,捐款捐物无私奉献者无数,让我们所有人再次体会到了民族团结的气氛。收藏界在这次活动中也贡献了一份力量:各地慈善拍卖如火如荼,许多藏家慷慨捐助。那种热烈的场面不但表达了新文人们对国家兴亡、同胞受难的关心,更强化了整个华夏民族古老优秀的文化传统。虽然在我国历史上,这样的灾难时有发生,但希望所有在危难中伸出过无私援手的人们,都能被更好地封藏在历史长卷之中。

收到华人收藏家大会的邀请,我甚感惭愧,本人其实算不上是收藏家,也没能为大会或收藏界作些什么贡献,但是有一点我非常高兴,那就是大会是本着弘扬华夏文化、促进华人团结而办的。一个民族如果重视文化、重视团结,就没有什么可以阻挡他们的了。我相信,经历了如此坎坷的磨难之后,我们的民族一定能够强盛起来。我也相信,华人收藏家大会的成功召开,也能让华夏文化的精髓,逐渐在世界艺林中辉煌起来。

倩庵公琐事杂谈

——回忆爷爷吴湖帆的收藏往事

吴元京

皋庑吴氏自清康熙至今，已有数百年历史，世代先贤与收藏都曾有深厚机缘。而我爷爷（吴湖帆先生）所经历的传奇人生，更使他成了皋庑吴氏历代先贤之中与书画收藏机缘最为深厚的一人。在最近几十年中，国内有关他在收藏与创作方面较为宏观的介绍已由戴小京、郑重、顾海音、佘彦焱、江宏、张春记等学者陆续发表。爷爷的日记以及部分重要书画收藏记，也由上海图书馆著名学者梁颖先生整理完成。在海外方面，当年曾与爷爷共同研究中国古代书画的德国著名学者孔达女士的学生史明理小姐，用了数年的时间完成了她的著作《WuHufan — A Twentieth Century Art Connoisseur in Shanghai》，这也是目前为止研究爷爷的书画与收藏最为完整的一部英语书籍。常住香港的梅影书屋的同门前辈董慕节伯伯，更是常年统计整理爷爷最为重要的一手资料，为我们后代将来能够更进一步了解爷爷的一生作出了极为重要的贡献。

由于学识与文采的局限，我今天所能述说的，只能是爷爷收藏中的一些零星碎片。经常静静地关注他一生中的点滴，以及他去世之后那段时光，有时更能使我体会到，什么才是收藏的缘分，什么才是收藏的宿命与真心。

一、《兰花图卷》落他乡

爷爷早年有一件重要的藏品，之后也成为他后悔的源头，那就是著名的郑思肖《兰花图卷》。1931 年 5 月 29 日，爷爷日记中写道："得宋郑所南画兰卷于曹友卿手。自郑元佑而下，元明题字凡廿一家，若陈基、宋濂、钱逵、姚广孝、韩奕、都穆、祝允明、徐祯卿、张灵、蔡羽、文徵明等。其尤著者，在明嘉靖时藏苏州沈润卿处，润卿住夏侯桥，见都元敬《寓意篇》。此卷于吾苏颇有掌故关系，不独为名迹重也。今从樊云门家所出，余倾囊而得，费数千金，亦平生豪举，可与宋伯仁《梅花喜神谱》同宝。"其实早在爷爷的"梅影书屋"之前，曾有过另一个斋名——"宋梅郑兰之室"。再加上他当时的倾囊豪举，可见他对这件藏品的重视。只可惜这件收藏，没有一直能够陪伴在爷爷身边。在之后不久，由于种种原因，爷爷将其转让给了当时上海的另一位大收藏家庞莱臣先生。又过了几年，王季迁先生赴美，在美国某富豪家，看到郑思肖的这幅画，并写信告诉了爷爷，他为之懊恼了好久。而在今天的我看来，这件名迹虽然饱受离乡之苦，但也在冥冥之中躲过了那场文化浩劫，这种巧合似乎也如受到所南先生的指使一般灵验。或许这也正是这件作品的宿命。

郑思肖先生是南宋末一个普通的士子。他在南宋末目睹贾似道祸国害民的罪行，沉痛于南宋正处在风雨飘摇的危机中。不久，国土全部沦丧了。郑思肖在这期间和以后写下了大量的诗和檄文，对蒙古人的烧杀抢掠南方人民的罪行予以谴责，他始终坚持作为一介匹夫、关心天下的精神，坚信中国的儒家文化最终会战胜异族入侵者。郑思肖把居室题额为"本穴世界"，如将"本"下的"十"字移入"穴"字中间，便成"大宋世界"，以示对宋的忠诚。他将著作《心史》完成后，用铁盒密封，投在苏州一间寺院的井里，直到400年后的明朝末年，才在一次偶然的机会下被发现，并被当时的人印刷出来，这样的方式可谓是个奇迹，在中国历史上采用这种方式流传的著作，恐怕也就只有这一部了。

郑思肖先生入元以后，便在江浙之间颠沛流离，寄住在寺院。他善于画兰，但从不为权贵画画。他画的兰花，体现了民族文化传承的薪火精神。中华文化经过元、清等朝还能传承下来，也许可以从郑思肖先生身上找出答案。

然而，令我们国人为之沮丧的是，如今两件郑思肖先生著名的作品，都在海外。一件藏于日本大阪美术馆，而另一件便是我爷爷曾经收藏过的这件郑思肖《兰花图卷》，现藏于耶鲁大学艺术陈列馆。郑所南先生的兰花有露根、无根之说。疏花简叶，呈萧散状，以示他对于"亡国"的沉痛心情。虽然以郑先生的个性，无土无根，想必也无所谓往何处漂泊，但是此事对我们民族所有的当事人来说，还是十分沉重的。尤其对于爷爷而言，长久以来，他心中也总有一丝遗憾与愧疚。这就是收藏的遗憾，有时候覆水难收，却也无能为力。

对于我们来说，也不必留下过多的哀伤，因为流出的一件名迹，不过如同一件衣钵，所南先生所要我们传承的并不是衣钵，而是他那颗爱国爱乡之心。

二、剩山无用两相望

如果说无根兰凄美的创作史与无奈的离乡史给爷爷的收藏经历增添了些许遗憾，那么黄公望《富春山居图》前段《剩山图》的发现与归宿，对爷爷来说就可能是较为完美的一件事了。

《剩山图》与《无用师卷》原为一张作品，清初曾被吴洪裕焚烧，后又被其从子抢出，后半段《无用师卷》之后流入清宫，并常年被视为“赝品”。当时被定为真迹的《子明卷》，因为深受乾隆喜爱，先后题了 48 年，计 50 多处，把画卷上的留白处统统变成了密密麻麻的黑字。《无用师卷》却以赝品之名得以保全“清白身”。另一方面，经过古董商人吴其贞等人的流转，1669 年《剩山图》被清初大收藏家王廷宾重金购得，辑入《三朝宝绘册》。此后辗转于各藏家之手，长期湮没无闻。直到 1938 年秋的一天，爷爷正卧病于床，汲古阁的老板曹友卿随身带了这一幅刚刚买到的残卷前来看望爷爷，爷爷看罢便发现这件作品就是《无用师卷》的前段，当即向他提出购买。曹先生起初不肯转手，几番交涉之后，爷爷还是以家中珍藏的青铜重器周敦将其换得。爷爷当时近一个月的大病，也在购藏这件宝物之后，霍然痊愈。他还特地为自己增添了一个斋名——“大痴富春山图一角人家”。这件作品一直陪伴在爷爷的身边，直至 1956 年，在沙孟海先生的促使下，爷爷将他珍藏的《富春一角》长卷以 5 000 元的价格出售给了浙江省文物管理部门。《剩山图》由此入藏浙江博物馆，成为“镇馆之宝”。虽然 5 000 元在当时对于这件作品也是个非常便宜的价格，但爷爷为此却从没有表现出任何的不快。

爷爷与《剩山图》的缘分尽了，但《剩山图》和《无用师卷》的命运，却没有就此终止。《无用师卷》与近百万件故宫文物一起，历尽艰辛坎坷，行程数万公里，辗转运抵南京、四川、贵州……至抗战结束后，它被运回南京，后又于 1948 年底，运至台湾。从此《无用师卷》与《剩山图》便分离两地，直至今日仍未相逢。

爷爷在世的时候，曾经完整临摹过这张《富春山居图》，画中既有《剩山图》也有《无用师卷》,或许在冥冥之中,他也希望有朝一日,这两张画能实现团圆。我知道爷爷也像多少华夏同胞一般,盼望着两岸的早日团圆。相信这两张分割了数百年的气息相通的作品,也一定会在不久的将来聚到一起,共同展示更为壮观的未来。

三、伦敦展览故宫行

以上两件藏品,可以说是爷爷毕生收藏之中较为特殊的代表,但是无论从绘画还是收藏眼界来说,对爷爷毕生收藏和书画水平影响最大的,还是要数 1934 年在伦敦“中国艺术国际展览会”(International Exhibition of Chinese Art, London)开展之前,应故宫邀请而参加的故宫书画鉴定之行了。这次展览规模空前,其在许多方面所遇到的问题更是值得今天越来越多的“收藏家大会”引以为鉴。

在爷爷的手稿中写道:“此次伦敦‘中国艺术国际展览会’,乃从英国发起,要求中国参加,由驻英郭公使电商。教育部自去年三月应允后,直九月以后始着手办理。至本年二月,上海方面方加紧工作,乃于二个月中急就办之,至四月八日而开幕矣,不可不谓先从容而后勤之功也。此次展览出品十之七为故宫博物院者、古物陈列所仅居十之二、三耳。原议英国方面要求,本有私家出品,乃因筹备会征求私家出品之规律严整,遂引起私家之消极而结果无效,在英国方面定感失望,而中国筹备会方面不知做何感想。其大原因在筹备会之视私家出品人等于银行界之视存户,一若居高临下,处处需听节制,孰知原理适得其反,易地以处便能了然。故展览仅有故宫博物院、古物陈列所两处之物,而私家恐无矣。”看来拖泥带水、居高临下在当时便已盛行,今若不改,想必结果亦是如此。

在这次伦敦展览之前,爷爷初次审查记录凡有 155 件,其中,盖“梅景书屋”印以示可以出国者一百件(后有调整)。在爷爷手稿中写道:“右计唐六,五代十一,宋六十七,元四十五,明十九,共一百四十八件,尚有未寓目者及书件俱不在内。凡宋元书颇有真迹而非铭、铭有特殊佳妙亦不选录入卷。明代画真迹更不胜枚举,非铭心绝品不录,故所录甚少,以上十九件皆作者平生绝唱尤规模悉具者也。此余以主观、客观双方兼顾而得,不但非精品不录入,即精中亦择其尤精者录之。清代画若四王、吴恽、八大山人、石涛、新罗、冬心辈实宫中所藏殊寥落,偶有真迹亦非神妙杰构,仅王原祁有数本而已,余如蒋廷锡、张宗苍、董邦达、钱唯城、邹一桂皆工致有余,半出捉刀,仅郎世宁一家有特殊作品可谓,谓为私家参酌之用，若徐扬、金廷标辈真不值一观，何论艺术哉，故具不录。”从展览作品时代与规模，可见展览之盛大，对藏品优劣之评价，也可窥爷爷审美之特征。

从这一时期开始，爷爷的绘画风格也发生了巨大的变化，以他的成名之作《云表奇峰》为代表的第一个青绿山水时期，也正是在目睹了这些国宝级的作品之后形成的。当时在开这个展览之前，由于国弱夷强，多次的劫难致使许多人质疑展览的必要性，想必爷爷对于此事定也有所斟酌，但是最终他还是选择了让我们民族的文化以敞开的胸怀去迎接世界的瞩目。这种气度与胸怀，能在他这个时期之后的绘画之中深刻地感受到，这种要求后来也成了他对我们后代做人要求的重要标准。如今的信息全球化已经颇具规模，许多画作的图片在网上便能找到，然而新兴文化方向的迷失却日益严重。对我而言，每当想起爷爷这代人在自己这片土地上曾经做过的这些事情，想起这片土地的历史和文化，我便能异常清晰地找到自己的位置与方向。

这次故宫之行后，爷爷留下了两本比较详细记录他所见过的故宫所藏书画评判观点的目录，其篇名分别为《目击编》和《烛奸录》，其中详细阐述了他个人对故宫所藏书画真伪的看法，可惜至今我也没有详细地了解过其中的内容。只知道在此之后，除了他个人绘画风格的巨大变化之外，他的鉴赏标准也发生了巨大的改变。另外，在对伦敦展览甄选工作之余，爷爷还对其他展览的图录做过鉴定，其中最为著名的就是曾在日本展览的《宋元明清名画大观》，他在其中指出了不少伪作，但由于资料不全，我在此也无法复述了。

关于对收藏的认识，爷爷给我留下最深刻印象的，并不是对哪件作品真伪的评价，而是他常说的另一句话：“收藏不是要对得起真伪，而是要对得起良心。”这话我当时并不是很懂，直到后来才仿佛清晰。

四、湖帆厮守悟真心

有关爷爷对古代书画鉴藏的详细看法，以及他所收藏的所有书画，我已经没有任何的记忆了。平时除了听爷爷和梅影书屋同门前辈们的述说之外，唯一的线索仅来自几本爷爷自己的记录本。这些记录本中，模糊地记载着爷爷曾经经手的藏品。粗略翻阅之后，我发现多是些四王吴恽或明清书画名家书画作品名称，随手一翻便能找到数百条记录。由于平日交流频繁，册中不少作品下面写上了“已售”的字样，更多的则直接被毛笔划去，难以辨认。想必这手稿曾是爷爷平日收藏交流的随手记录之一。看着本子上一条条的记录，我十分惊讶，因为小时候爷爷给我的印象一直是一个非常悠闲的人，没想到一个随意的草稿，就已经把他平日工作的忙碌解释得如此淋漓尽致。

这个行业中，爷爷对收藏包装材料、格式、题签、题跋等细节的把握和要求是比较出名的，但是他在某些语言细节上的把握与坦率，则更令我敬佩。

爷爷在教导下一代的问题上，常常都以十分宽松的态度进行。他不希望他的学生都学他，也不要求自己的后代一定要继承他。而他对自己的要求之严，又是极其苛刻的。记得爷爷有一方章，上面的文字是：“先人真迹湖帆斯守”。我看到之后，当时就有很大的触动。因为以往看到许多收藏印，上面往往写着“某某拥有”“曾在某某处”“某某家子孙永保”之类的文字。而这“斯守”二字，却是胜出“拥有”之流何止万千。他完全没把收藏品作为自己的一种附属品，完全没有对作品表现出丝毫的轻视，更是丝毫没有将任何责任或者期望推卸给包括我们后代在内的别人。如果要问什么才是对书画以及对子孙的爱，看完此印上的文字，我几乎再也想不出什么更好的解释。

岁月流逝，爷爷的收藏今天都已散落他处，相信如今拥有那些打过“先人真迹湖帆斯守”这方收藏印的作品藏者，也一定能够体会爷爷对这件作品的一片苦心。爷爷对书画的爱，是大爱，相信这种大爱也一定会随着时间的推移越发壮大。

五、艺事杂谈

有关爷爷富有个人色彩的传统绘画方面的成就，众多学者早就作过深入的阐述，他的画集从民国开始也一直陆续地出版，想必大家也十分了解。而他生前与金西厓、支慈庵、顾景舟等一些工艺大师之间的合作作品，一直多有耳闻而少见关注。在近两年火爆的艺术品拍卖中，部分精品由于受到众多收藏家们的追捧，表现抢眼。今年嘉德拍卖会上，一件爷爷当年与顾景舟先生合作的茶壶成交价超过了1 000万元，这又使学术界以及收藏群体开始对这类杂件产生浓厚的兴趣，但愿在不久的将来，也会有相关的书籍以及更多的学术研究，让这些沉寂多年的精品，与更多藏友进行分享与交流。

另一些曾经有所争议的作品，就是爷爷晚年以《庆祝我国原子弹爆炸成功》为代表的红色时期作品，曾经它们并未能与爷爷中年的成就并驾，但如今这一时期的作品也越来越被大家所肯定，它们的真实艺术价值也正被逐渐明确。他晚年这一时期的绘画，将传统笔墨与时代精神进行了完美的结合，虽然部分作品表现出了与爷爷中年迥然不同的感觉，无论从西方审美还是从一般的传统定位上，都难以找到衡量的体系。在他去世之后，这种风格还影响了许多后人。

如今回顾整个新中国绘画史，那些红色题材的作品都是何等坦荡，而爷爷这件长年安放在上海中国画院的《庆祝我国原子弹爆炸成功》所表达出来的爱国与创作热情，又是何等清晰耀眼。他晚年这一时期的作品并不多见，由于健康因素等多种原因，他在完成创作后不久便去世了。这一点多少有些遗憾，但是相信通过广大专家和藏友更进一步系统地研究和整理，将来一定会在其中找出更多崭新的内容。

六、尾声

最近有关华人艺术的定义正随着时代的变化逐渐变宽，像爷爷这样坚持民族传统书画创作的力量正在迅速削弱，而以西欧为主流的外来思想正不断地改变着我们以及我们的下一代的文化。尽管如此，我依然相信，正如陈寅恪先生在数十年前所说："窃疑中国自今日以后，即使能忠实输入北美或东欧之思想，其结局当亦等于玄奘唯识之学，在吾国思想史上，既不能居最高之地位，且亦归歇绝者。其真能于思想上自成系统，有所创获者，必须一方面吸收输入外来之学说，一方面不忘本来民族之地位。"如果不能"不忘本来民族之地位"，即便是吸纳西欧，其结果最终定将是徒劳的。

当然，有些方面我们还是需要向西方社会学习的，比如他们在完善自身文化的同时，仍不断捕捉和研究亚洲、非洲乃至大洋洲的各类艺术文化。虽然我个人并不是收藏界人士，但是我想在我国藏家经济相对宽裕的今天，适当拓展藏家的视野和对各国文化研究的深度，从艺术人类学等新兴角度加以关注，对我们本国文化和收藏将来的发展，也一定是有利的。

爷爷去世后的几十年来，他的收藏也没能很好地集中。我所述说的这些琐事，并不能作为了解爷爷的概括依据，只能算是我个人的一些杂感而已。收藏的机缘和宿命是没有人能够改变的，但爷爷关于收藏的大爱精神，希望能在越来越多的华人藏家心中找到。

书画怡情　奉献社会

——追寻收藏家严惠宇的吉光片羽

陆承平

严惠宇(1895—1968),江苏镇江人,爱国实业家、收藏家。早年钱庄学徒,后就读政法学校,未几辍学,入银行界谋生,敏而好学,勤奋干练,终于在上海金融界赢得立足之地,又跻身实业,收藏文物,定居上海,人称惠公(本文亦用此称谓)。因排行第二,业界又称"惠二先生"。另外,下文提到的年龄,均为虚岁,不再一一注明。

效法张謇　投身实业

1917 年惠公 23 岁,从镇江交通银行调入上海金城银行,由文书升任营业部主任。在此期间,结识徐静仁和刘厚生,两人均是金融界前辈,赏识惠公,有知遇之恩,成为忘年交,深刻影响此后的人生道路,特别是前者,留下了见诸文字的材料。

徐静仁(1872—1948),名国安,字静仁,安徽当涂人。因家境贫寒,离家去在镇江做木工的父亲处谋生,往来于盐业重镇扬州与水陆码头镇江之间。1911 年辛亥革命爆发,张謇出任两淮盐政总理,聘徐担任淮盐科长,业绩深得张謇赏识。1912 年 11 月,两淮盐政总局裁撤,徐去上海创办溥益纺织公司,1915 年就任上海商业储蓄银行董事。

1922 年秋,28 岁的惠公到南通拜访心仪已久的张謇,其时徐静仁在南通协助张謇打理实业,晋见张謇估计是得到徐的引荐。具体谈论内容,没有留下文字记载。1923 年惠公在镇江高资创办蚕种场,1924 年辞去金城银行之职,经营上海溥益纱厂,1925 年在镇江筹建弘仁医院,1926 年投资镇江女子职业学校,1942 年出任校董,全力扶持南通学院在上海办学，如此等等，包括1945年以后的兴办实业、投资教育的经历，均足以说明惠公效法张謇的决心和行动。

近代史的名人张謇(1853—1926)，清末状元，曾任民国实业总长，主张“实业救国”，开拓中国棉纺织业，创办南通学院等，是惠公敬仰的偶像，晋见并求赐墨宝，均是应有之义。1922年的南通之行，幸存一个拆下的折扇扇面，2018年惠公长女严忠婉去世，在她的写字台抽屉的一个旧信封中意外发现。扇面一面是徐静仁画的山水，题款：“惠宇吾兄嘱画箑，信笔写此。壬戌新秋客崇川作，静仁徐国安。”另一面是张謇的行草，抄录了王献之《服油帖》前面的21字：“服油得力，更能停噉面，只五六日停也，不至绝艰辛也。服油帖”落款：“惠宇先生，张謇”。《服油帖》最后14字“足下明当必果，想即日如何？深想忆。”未抄录。其时张謇年七十，老迈并陷入困境，徐静仁年五十，惠公未到而立之年，三代人见面，推想谈到共同爱好的法帖，谈到魏晋名士用以延年益寿的“五石散”。所谓服油，是用食用油调制石钟乳、石硫黄、白石英、紫石英、赤石脂这五种石粉，而后内服。史料记载，1925年11月北洋政府强人徐树铮曾到南通，造访张謇，请张出山从政，张已力不从心，作诗：“平章休问老村翁。”婉言谢绝。次年8月张謇去世，四年前写给惠公的《服油帖》，未抄录的“深想忆”，成了弦外之音。

收藏文物　酷爱书法

抗日战争时期，惠公的旧友周佛海在汪精卫政府身居高位，1939年欲授其中央储备银行总裁之职，惠公拒任，出逃香港。直至1941年底太平洋战争爆发，香港沦陷才回沪。在上海仍拒绝与汪伪当局合作，不再经营实业。正当壮年，闲居在家，如何打发时光？惠公本就喜欢文物和书法，这下有了时间，于是用更多的时间写毛笔字，收藏文物。1943年在上海西摩路(今陕西北路)慈惠北里26号开设古玩店，名为云起楼，做古董生意，收购文物的同时收集文物，精挑细选，去伪存真，逐步成为文物鉴定的行家。收藏重点是明清书画家的作品，又以明清扇面为主，达一千余帧。惠公以“箑斋”作为斋号，并请陈半丁刻“箑斋”“箑斋所藏”印。顺便一提，“箑”字《新华字典》注音shà(歃)，但是惠公及同代人都念jié(捷)，难道都念了白字？查《辞海》电子版，“箑”字，注明粤语音jié，可见粤语此处保留了古汉语的读音。1945年5月以“鉴真社”的名义，出版明人扇面《箑斋藏箑》，由秦更年题签，汤涤首页题词。黑白珂罗版，大 16 开，横开，连史纸线装，24 页，每页印一扇面，分别为：唐寅、周臣、文徵明、文伯仁、钱谷、陆治、宋懋晋、周之冕、郁乔之、陈裸初、陈粲兰、陈遵、魏之璜、吴廷、董其昌、程嘉燧、李流芳、宋珏、归昌世、张宏、邹之麟、崔子忠、蓝瑛、沈颢。《箑斋藏箑》只是云起楼期间藏品的冰山一角，其他文物因无文字材料，无法追溯。1945 年 8 月，抗日战争胜利，云起楼歇业。

1956 年实行私营工商业社会主义改造，国家给工商业主发放定息，惠公当然也在其中。这时再得清闲，开始了收藏文物的第二个高峰，直到“文革”之前。惠公白手起家，深知物力维艰，虽然讲究淮扬美食，但是从不铺张浪费。接济亲友学业，慷慨解囊。收藏文物，不惜重金。收藏原则一如既往，不以营利为目的，为的是保存和欣赏文物。他对博物馆的朋友说：“我现在衣食无忧，子女自食其力，钱就花在字画上，以娱余生，将来这些字画都是你们的。”宋元书画传世太少，不宜私人收藏。明清及当代特别知名画家的作品，如吴昌硕、张大千、齐白石等，不收藏，因为并不拿来做生意。一些当时不被市场看好的“冷名头”，如蒲作英，惠公看好，见到就收。镇江的京江画派的作品是重点，无论尺幅大小，一概吃进。对书画作品讲究“三贵”及“三忌”。所谓三贵，贵在“珍、精、新”，珍为珍品，难得稀少之作；精为精品，精心杰作；新为保存完好，虽古犹新。“三忌”，即忌“熟、俗、浊”，熟则无新意，俗则无雅趣，浊则无清气。惠公收藏字画，一般都是自行鉴定，标准除了上述的“三贵”“三忌”外，判断真伪，三个程序，一字二画三印章。字与画不同，一笔就是一笔，不可修补，看字既久，可知笔法。无论字画，都是看用笔的功夫，功夫够格，就判为真品。没有复杂的量化指标，只可意会不可言传，局外人难得要领。

文物的来路，除在上海荣宝斋（现恢复朵云轩之名）购买外，则是私家藏品，有的转让变现，解决经济困难，有的是因后人不感兴趣，将先人收藏一卖了之。文物收藏品早期还有瓷器等，后期只收字画。藏品除自己欣赏外，少数作为礼物送人，比如亲家陆子冬（1893—1977），1962 年惠公送其李流芳的山水立轴，作为七十寿礼。

惠公深爱书法，自幼至 1965 年患多囊肾病不能正常起居之前，写字成为每日功课，每晨临帖两小时，30 余年不间断。早年学李邕，之后学褚遂良，临《淳化阁法帖》，直入二王，晚年主要临孙过庭《书谱》。用长锋羊毫，笔笔中锋，秀美挺劲。虽然书法造诣甚高，但从不以书法家自居，也很少以自己的书法作品送人。尽管如此，还是声名在外，著名越剧表演家王文娟,曾在惠公晚年登门学书。由于惠公平时习字多用废纸,存世的书法作品屈指可数,晚年基本上只写扇面。现在看到的,主要是抗战期间闲居时,写的扇面、立轴、对联等,其中1939年赴港前写的扇面,蝇头小楷,圆润厚重,颇有唐人写经风韵。1943年给潘君诺的24字长联,展示了大字的深厚功底。传世的唯一一幅画,兰竹图扇面,是画给刘伯年的。给李轫哉的《何处难忘酒》(五律诗)立轴,估计也是那个时段的作品。

“文革”之前,写过一些扇面赠送亲友,供夏日消暑之用。老友陈半丁每年都画一些扇面寄沪,空白的一面,正好给惠公写字。潘君诺画的扇面也常与惠公的书法合璧。1963年惠公六九寿,陈半丁精心画扇“烂漫秋色”,另一面则是郭沫若写的1963年所作“春日舟游阳朔”七律,郭沫若其时如日中天,陈半丁如何得到郭的手迹的,未听说起。惠公给此扇配了扇骨,与其他折扇一起插在笔筒内,淡淡地说了一句:郭沫若是聪明字。1964年惠公七十寿庆,半丁老人又送一扇,一面是“石床高卧”图,另一面仿唐人写经,扇骨也有半丁老人的题画,由竹刻家徐孝穆(1916—1998)刻制,十分精心。1965年夏半丁老人又画一些扇面寄惠公,其中一个一面画花卉“秋光先到野人家”,另一面临米芾“快雪堂”帖,比较满意,特地写上“惠弟自用”。其时惠公已病,扇面未配扇骨,不久就是“文革”,半丁老人也无机会再为惠公画扇,这可能就是留给老友的绝笔。

少长咸集　书画交友

陈半丁是惠公书画界“朋友圈”的“首席”,1918年24岁的严惠宇与43岁的陈半丁在北京结拜金兰,陈是双胞胎,视严为三胞胎之弟,为严刻印“三半斋主”。二人意气相投,友谊维系终生。惠公早年所用的印章,几乎由半丁老人包办,近50方。半丁老人常为惠公作画,多为花卉,一般作为礼物转送他人,惠公只收藏了一组四屏条人物画,半丁老人1940年所作,国难当头之时,蕴藏深意。2004年浙江绍兴建立陈半丁纪念馆,笔者代表惠公长女严忠婉,将此幸存的四幅珍藏,无偿捐赠纪念馆,让更多的人感受艰难岁月的翰墨情缘(参见:陆承平《东西鸿泥》,中国农业出版社,北京,2016,272—275页)。

1944年夏,惠公五十生日,在沪的书画界朋友以书画祝寿,每人一幅,作品汇集为一本册页,共15开,展示了不凡阵容。这15人是:徐静仁、汤涤、秦更年、方善济、袁樊、陈晓苍、刘伯年、潘君诺、尤无曲、李家本、陆元培(以上均为画作)、陈荫南、杨许臣、关善、闵宪章(以上为书法),其中少数人物现已难以考证。另外,惠公其时任在沪办学的南通学院校董,南通学院师生也有诗画册页祝寿,共33开。其中包括徐静仁(时任南通学院代院长)、王契华、朱大可、符海秋、尤其伟、王渥然、戴筱尧、李天民、陈练秋、夏遹声、徐晓白、秦伯未等,其中不乏深谙文艺之辈。南通学院同仁祝寿的诗画,可参阅《世纪》2015年第6期陆承平的文章。

徐静仁两册页均有作品,书画家这一册作山水,题词:"甲申夏惠宇二兄五十初度,适余病后腕弱目昏,勉力写此留念,不遑计工拙也。七十四叟静仁徐国安并志。"南通学院一册则书"百福骈臻"四字。汤涤(1879—1948)字定之,别号双于道人,江苏武进人,民初京派著名画家。抗战期间寓居上海,得到惠公资助,过从甚密。汤画古松一枝,苍劲挺拔,傲然出尘。秦更年(1885—1956)字曼青,又名婴居士,江苏扬州人,学者,藏书家,工诗词,小楷精妙。秦画墨梅,题"梅花小寿一千年"。汤、秦两位年岁长,阅历深,与惠公私交甚厚,在云起楼作为鉴定书画古董的"掌眼人",出版《箧斋藏箧》的谋划者。

刘伯年(1903—1990),四川崇庆人;潘君诺(1907—1981),江苏镇江人;尤无曲(1910—2006),江苏南通人。祝寿册页刘、潘、尤分别画人物、凤鸟、山水,抗战时三人在上海工作,均拜惠公为师,业余常到云起楼交流切磋,并帮忙打点文物修复之类杂务,后称之为"云起楼三客"。三人日后都成为知名画家,现有专著:《刘伯年书画篆刻艺术》(姚善一,姚之盈,上海书画出版社,上海,2016)、《潘君诺绘画艺术》(姚善一,姚之盈,上海书画出版社,上海,2013)、《艺术巨匠尤无曲》(尤灿,河北出版传媒集团,石家庄,2014)。刘伯年是笔者的恩师,1962年从师学篆刻,得以入门,1965年又由惠公推荐给半丁老人,得到老人首肯,伯年师欣喜,惠公开心。(有关往事可参看《东西鸿泥》253—260页,265—268页。)1964年惠公六十寿庆,寿礼中有高时敷的《乐只室印谱》原钤本一部,很是珍贵。惠公对我说:"你不是学刻印吗?这个送给你。"令我大喜过望。那年我20岁生日,给40元人民币,当时可不是小钱,我1968年大学毕业月薪才42.5元,让我自己去福州路上海古旧书店,买来一套影印本陈介祺的《十钟山房印举》两函12册,兴奋之余,悉心研习里面的汉印。不过这两套具有纪念意义的印谱,都在"文革"中无存。

1942年潘君诺作一幅人物立轴,画惠公俯身与孩童对话,汤涤补松树为背景,俨然

"松下问童子"的意境，惠公挂在上海的寓所中，借以思念对遭受抗日战火摧毁的故乡家园。值得一提的是，惠公曾请蒋兆和画他半身肖像，水墨画，浓勾淡抹，凝视远方，形神兼备，一直挂在住房二楼的厅内，"文革"后没了下落。

尤无曲经惠公推荐，1940 年去北京拜陈半丁为师学画，1942 年回上海就业，曾娶惠公外甥女为妻。1952 年以后，去南通医学院任职，画人体解剖图。1978 年受聘南通书法国画研究院，晚年成为著名的长寿画家。1944 年五十寿庆册页，尤画山水，1994 年惠公百年冥寿，画松"万古长青"，并作七绝："年华三十谒师门，点画论书示国魂。弹指匆匆甲子过，空余浅学愧留痕。"

陈盛铎（1904—1987），曾名晓苍，江苏扬州人。早年留学日本，同济大学教授，画家，美术教育家。有《陈盛铎画集》（刘海粟美术馆编，上海人民美术出版社，上海，2017）。1944 年惠公五十寿，画山水册页一开，1964 年七十寿，画山水折扇一把，足见二人交往至少 20 年不中断。1972 年经李家本介绍，舍妹陆承忠被陈收为关门弟子，奠定坚实的西画基础，1984 年承忠去洛杉矶发展，事业有成，在迪士尼动画创作及大型网络游戏设计中一显身手。

李家本（1918—1999），字叔原，号西村亭长，江苏镇江人，1943 年惠公聘为私人秘书，拜严为师学习书法。此后数十年如一日，尊师敬业，淡泊名利，不求闻达。李多才多艺，书法亦佳，模仿惠公的笔迹，几可乱真。与"云起楼三客"刘伯年、潘君诺、尤无曲交谊深厚，四人结友，聚餐欢会，吟诗画扇，事见拙文"严惠宇与云起楼及西郙亭"（《世纪》2014 年第 3 期）。1994 年惠公长女严忠婉主持，编写出版《严惠宇纪念文集》（江苏文史资料第 74 辑/镇江文史资料第 27 辑），李家本鼎力相助，并撰回忆文章，编严惠宇年表，留下珍贵史料。惠公五十寿庆，李第一次作画献寿。五十年之后，惠公百年冥寿，到镇江献上所画柏树一幅，并作七律："五十年前五十寿，丹青为贽立程门。百龄又作百龄颂，桑海重移认旧痕。不苟一丝勤艺事，相期五亩老田园。及今归鹤寻乡梦，消领茶香数犊孙。"

方善济，字巨川，书画均佳，与惠公过从甚密，五十寿庆画"灵芝献瑞"人物山水，七十寿赠文嘉山水及题诗八开册页，设色绢本，牛角草堂藏。袁樊（1903—1963），字安圃，号卧雪，室名鱼重室，江苏吴县人。画家，寿庆册页画设色山水。闵宪章在惠公五十寿庆的册页上，留下令人印象深刻的"如日方中"四字，集汉碑，红线勾勒，十分醒目。在 1947 年出版的戚再玉编《上海时人志》中，查到闵宪章，号斌甫，江苏江都人，1944年时47岁。职业为律师，并非文艺圈中人，但国学底蕴可见一斑。

国宝源流 奉献社会

惠公是笔者外祖父，我自幼来镇江外祖母身边读书，外祖父回镇时，言谈及活动，多涉及文物书画，得到熏陶。每年夏天，翻晒字画、线装书是我必做之事。惠公在上海购买的京江画派及蒲作英的字画，都让我带到镇江保存，少数破损的，送到两宜斋装裱。这些文物"文革"中均不知去向，令人痛惜。

1960年惠公被上海博物馆聘为首批"上海博物馆之友"。次年我17岁，惠公带我去在河南南路的上海博物馆，可能是上海博物馆之友的一次活动。具体细节已忘，只记得看到博物馆展品中，有放着"严惠宇捐赠"名牌的立轴。我还看了宋代的人物画，栩栩如生，印象深刻。

惠公身前多次向上海博物馆、南京博物院、镇江博物馆捐赠文物，到底捐赠了多少，难以胜数，目前有案可查的重要捐赠归纳如下：1951—1962年间，捐镇江博物馆（1958年前为"韶宗藏书楼"）古籍100余箱、字画158件、古陶瓷177件、玉石35件、铜杂件30件，包括宋建窑黑釉盏、明"梅花白瓷三足洗"、清陈鸣远款"破竹筒白瓷紫砂陶笔筒"、清郎世宁《双骏图》横批、清京江画派顾鹤庆《徐氏云川阁十六景》图卷等，成为当时镇江博物馆的镇馆之宝。其间捐南京博物院龚贤巨幅山水图轴等文物300余件，南京博物院院长曾昭燏（1909—1964）为此专门宴请惠公，以表答谢。1959年捐上海市徐汇区政协明清书画扇面1816开81册、明清尺牍1616开61册，经上级批准，之后转交上海市文物保管委员会，从此立规，文物受赠由文物有关单位办理。《箑斋藏箑》中的24幅明人扇面，推测包括在这次捐赠的1816开明清书画扇面之内。

1979年落实政策，在沪的抄家文物发还，惠公女婿陆沛霖、女儿严忠媛不辞劳苦，多次前往认领，分批用自行车载回，放在自家阁楼中妥善保管，而后片甲不留，全部转交长姐严忠婉全权处理。没有计较"文革"抄家的经济损失，没有盘算发还文物的市场价值，在惠公长女严忠婉的主持下，家人做出决定，遵父遗愿把文物捐献给博物馆。此后以严忠婉、严忠慎的名义，捐上海博物馆宋、元、明、清瓷器11件、明清书画9件。不久又捐该馆明清书画12件，包括明董其昌《溪山雨意图》图轴，清恽寿平《双松图》图轴、《桃花小鸟图轴》《秋妍图轴》，清李渔山水人物四段卷等。1986年严忠婉、严忠媛、严忠慎捐镇江博物馆元、明、清书画等172件，包括明陈洪绶人物、明董其昌行书、清郑板桥竹石等。1986年10月，镇江市博物馆举办"严惠宇捐赠文物展览"，镇江市政府奖励人民币一万元，严忠婉等随即将此款捐赠惠公生前投资的京江中学（镇江市第一中学），设立严惠宇奖学金，为培育人才以助绵力。

2011年文物出版社出版《镇江博物馆馆藏明清书画精粹》，收录镇江博物馆所藏书画精品89件，其中惠公及其后人捐赠的有12件：明祁豸佳《行草五言诗》轴，明宋旭《秋山垂钓图》轴，明蓝瑛《瑶峰玉树图》轴，清谢成《山水》轴，清蓝孟《春山诗话图》轴，清蓝深《青绿山水图》轴，清高凤翰《梅花图》轴，清蔡嘉《山水图轴》，清郎世宁《双骏图》横批，清顾鹤庆《徐氏云川阁十六景图卷》，清严保庸《竹石图》轴，清陈崇光《山水图》轴。

惠公出身寒微，通过个人奋斗，最终立业成名，有极高的悟性、超常的情商。为人豪爽，嬉笑怒骂，溢于言表。欣赏"世事洞明皆学问，人情练达即文章"。重实践，做实事，淡泊名利，不入仕途。津津乐道东汉隐士严光（子陵）富春江钓台的对联："光武无寸土，子陵有钓台。"惠公收藏的文物，就是他的"钓台"。1966年"文革"爆发，居住在上海建国西路402弄4号三层楼独栋洋房的惠公被"扫地出门"，迁入建国西路384弄2号二楼朝北的一斗室。大收藏家两手空空，一无所有，生活拮据，一日三餐都成难题。幸好女儿严忠媛，节衣缩食，每天送上饭菜，惠公总是高兴地竖起大拇指说："好吃！你是天下第一厨！"然而病魔无情，医药不济，卧床两年去世。家中文物被上海第四机床厂查抄入库，逐一标记，并冠以"宇"字编号。

1967年我去沪看望，只见老人病卧在一张双层单人小木床的下层，用链霉素治疗呼吸道感染，以至耳聋。没有一支毛笔、一块砚台或一锭黑墨，只能用石粉笔在石板上写字交流，无限凄凉。我一时无言宽慰，可是他平静地说："这叫'国家源流'，平生收藏的文物都是国宝，国宝不可能永远为一个人占有，物换星移，概莫能外。"惠公晚年收藏的字画，不再加盖收藏印，充分体现这种心态，当然也没预见到如此悲惨的遭遇。

惠公生平收藏的绝大多数文物，最后都在博物馆找到归宿。无数平民百姓，包括正在成长的孩子，都能免费观赏。如果惠公泉下有知，一定会发出会心的微笑，尽管没有几个人知道严惠宇是何许人，更不知背后的故事。看到镇江博物馆展出的惠公捐赠的龙泉窑青釉瓷洗，感慨系之，作小诗两首，结束此文。

鱼目明珠世杂陈，豪情慧眼觅遗珍。
龙泉端砚清光鉴，谁识当年旧主人？

不识当年旧主人，只缘国宝现真身。
春花秋月怡情日，看客川流次第新。

泼墨狂扫风云壮

——刘海粟“独傲”的收藏心态

徐旭峰

1912年，大清帝国与中华民国前后相继，中山先生在南京就任中华民国临时大总统。隔了一年，上海图画美术院正式成立，《申报》之上，“专授各种法兰西图画及西法摄影照相、铜版等美术，并附属英文课”。那年头，会这么做也敢这么做的，也只有刘海粟了，不然哪里称得上“狂人”？相比“德先生”和“赛先生”的口号，刘海粟的时令货早就开始萌动。如同意大利人用哥特意味着野蛮，在15世纪头10年里，先锋艺术家们深思熟虑地着手创造新的艺术，断绝过去的观念。这不仅仅是一场“复兴”，而是一场“决裂”。逃婚也好，模特事件也好，与徐悲鸿论战也好，放鸣会也好，海粟天生以征服者的角色表达着纯粹“独傲”的心态。此番“独傲”，贯穿了他整个人格与生命、新艺术思潮以及自身的收藏。

一

如傅雷所言：“我们的文化，在心里必须经过‘直觉、理解、醒悟、贯通’等程序。”刘海粟精通“西”，又精通“中”，两者是不矛盾的。刘的画，野兽派也好，印象派也好，无伤大雅，只是正当中西文化激烈碰撞，首推绘画的发展。国画之为国画，西洋画之为西洋画，皆未明。

“素描写出家国悲，泼墨狂扫风云壮。世人不识英雄面，窃窃私语笑相迎。富贵不淫贫不移，坦荡原来江海量。”（1923年的《上海美专十年回顾》）画家越投入，这事儿越纯粹；

与绘画发生关系，行外看，艺术叛徒；行内看，“艺术叛徒”。第一次访日，当着日本名画家的面当众“施水”；1934 年，第二次游欧时在瑞士作示范表演，又“泼了次墨”。施水也好，泼墨也罢，跟阔气与否无关，虚的。玩的是狂放不羁的性格和“融合中西开创艺术新纪元”的理想，正有此意。至于自身的创作，只需他人欣赏，无须评论，“独傲”的性格，年轻时如此，成“师”更是如此。他曾用草书的笔法画了头狮子，请章太炎题词，章提了一首打油诗：“近看似是石，题之曰狮子；托名于象形，其实是指事。”这是笑话的。

“独傲”，是从海粟骨子里流出来的“艺术对生命的表白”。1912 年至 1920 年办校，“知其不可为而为之”，多了去，物似其人的道理，一些藏品更确立他的性情。从一堆藏品中不难看出他的用心，油画是和塞尚、凡・高等西方大师一脉相承，他的中国画又跟徐渭、石涛、八大山人一脉相承，融合中西，两者共通。“万国作画，皆逐时代而递嬗，故欧洲古典派之画与唐画相同，写实派之画与宋画相同，以至元画废弃形似，倡为士气，即与印象主义以后之画趋一致焉。……近来西洋画行将尽量输入，一般皮毛未窥而对国画动辄妄加批评者，是皆知其一而不知其二者也。美专高师科诸同学，对于国画与西洋画并皆研究，其中英绝之士应运而兴，类能融合中西，……不啻我国画界辟一新纪元也”（《文人画集序》）。这个时代，怕是刘海粟的。

他藏有八大山人书、画各一件，《孔雀图》是美专教授唐吉生帮他买的，唐是吴昌硕亲戚，颇懂字画鉴定，这是八大山人 65 岁时所作的。八大山人、徐渭，了解的大抵知道些。郁郁不得志时，想到了青藤，从 1967 年开始受迫害，前后被抄 24 次。有意思的是，1967 年到 1979 年共 12 年，所绘墨葡萄达 14 幅之多，之前之后都没有，1970 年一年就画了八幅，同时也多次题徐青藤的诗：“半生落魄已成翁，独立书斋啸晚风，笔底明珠无处卖，闲抛闲掷野藤中。”大抵能意识到诗中流露出的苦意。

石涛的东西，他也藏过《行书册页》，最后署“徐渭醉笔”，怕是“众人皆醉我独醒，举世皆浊我独清”的根本心态！石涛，他的爱。刘的后期创作及十上黄山，与石涛不无关系。昔日“黄山是我师”，今日“我是黄山友”，心期万类中，黄山无不有，神遇迹化。至人无法，非无法也，无法而法，乃为至法（《画语录・变化章第三》）。“画之真义，在表现人格与人的生命，非徒囿于视觉，外骛于色彩形象者。故画象乃表现，而非再现也，造形而非摹形也。再现者，如实再现客观外形之谓，而非内心之实在，无创造之余地。表现者，表白作者人格，……艺术能使人入于极乐之境而不自觉者，即以表现之故；作者之人格，因表现乃能有别，与感觉对境相洽。物象之美，必在美的观照时生起种种变化而后成立；是表现作品，所以异于自然物象而有美的意识者，亦为美的观照所引起。盖自然物象，必吾人观照中脱离物欲和纯理知分析，始能构成一种真艺术品。”（1925 年大暑，刘海粟题《西湖风景》跋文于第七届天马会）

1914 年，刘海粟看到石涛和塞尚的作品，“不觉就狂叫惊绝，认为他们的伟大不是无因的；他俩各自创造各人的世界，各人放射各自的光芒，不仅是艺术界的先觉者，分明是人类思想界的巨人”（《石涛的艺术及其艺术论》）。从此，石涛成了中国后期印象主义之元祖，塞尚也成了石涛的朋友，两位大师给他带来了“冲决罗网主义”，“以冲决古今中外艺术上之一切罗网，冲决虚荣之罗网，冲决物质役使之罗网，冲决各种主义之罗网，冲决各种派别之罗网，冲决新旧之罗网。将一切罗网冲决焉，吾始有吾之所有也”（《石涛与后期印象派》）。故，67 岁，临《石涛松壑鸣泉图卷》；80 多岁，还在临石涛的《松壑哆尔图》。一幅丈二匹《黄山图》，在新建刘海粟美术馆展示后方知身藏在刘海粟家，不大有的。不仅临石涛的，收藏深读的由故，1954 年至 1956 年间借鉴古画画过很多写生长卷，不作狂态。

1957 年 62 岁时所画的《太平工人疗养院之雪》（五六十年代的经典），自己提及：“我这某些油画上的线条、色彩的运用，也使观众联想到来自传统的中国画。我以前画过一幅《太平工人疗养院雪景》，我自己感觉到，也有人这样提过：有石溪的味道。我也不是故意用石溪的作画方法。平常看很重要，看多了，就自然会出来。”这种味道在《佛子岭水库》（1955）、《庐山青玉峡》（1956）、《复兴路雪霁》（1957）中亦可感受。有意思的是，1978 年在桂林阳朔油画写生时，全然用的是中国画法，简练的线条和丰富的色彩，有的地方房屋也不画，天也不画，甚至在空白处题了诗。油画“民族化”，他将塞尚、马蒂斯拉伙东方，呜呼，极深研几者，转移历史之新创哉！

书法，好厚。他的老师康有为，北碑的倡导者。刘后来也钟爱《毛公鼎》。“学术必从篆始，求篆于今，求分于石。余十三四岁时学篆书，十六岁至上海后，兹事遂废。今老矣，偶于废书簏中捡得《毛公鼎》旧拓，信手临写，不复有相可得，宁计其工拙耶！”（1945 乙酉重九前两日跋《临毛公鼎铭》）；除《毛公鼎》，1967 年 3 月，刘夫妇迁回复兴中路寓所，“住在四楼的阁楼，房里堆满了碎纸，都是些被撕毁的字画、书籍等。我在墙角里拾到一本破碎的《群玉堂帖》，内有米芾写的《学书》一章；又拾了两条撕破的纸，用破笔临了一通”，成《临米芾学书自述》草书长卷。

其收藏作品中还有一幅刘墉的《临右军二帖》扇面，估计这“浓墨宰相”和刘戏唱到了一块儿，“浑厚”是众所公认的，康有为也是欢喜的，还评价“作厚一路”“集帖学之成”，是难以超越的。曲高和寡，寄物寓情，只好这样！

二

物以类聚，人以群分。海粟的“独傲”，性格影响创作，创作影响收藏，交际也会如此。“臭味相投”者，非康有为莫属。1922 年，刘拜康有为为师。到 1927 年初康有为自上海去青岛，刘海粟去十六铺送行，前后往来近六年光景。既是师生，也是挚友。刘在潜移默化中习得康体书法，那一年潮州闹水患，康有为在上海写字义卖救济灾民。订购者众多，康忙不过来，刘便临摹多幅，由康亲自挑选后盖上“康有为”印章，应急交差；另一件事，军阀孙传芳下令禁用“模特儿”之后，康关心其安全，有一天连续三次赶到“美专”要刘离开，并说：“我长期过着流亡生活，同军阀们打过交道，这些人对异己者是无所不用其极，什么手段都会用上的。当年谭嗣同在北京，入狱之前，本能走开，但他一心要用热血唤起同胞，终于壮烈殉难。我每次深夜吟起他的绝命诗，总是老泪纵横，难以入梦。你不能再像他那样，我不愿你再流血了！”关于刘和康的师徒关系是否真的这么铁？这是先生各议的，笔者没考证过。不过，这两件事确是有的，添油加醋可能是有的，但可参考两人的关系程度。不过刘收的近代人和同代人的作品中，康的倒是有几件作品，均有上款，基本都是送他或是索求而书的。有一副丈二匹对开门式对联，气魄很大；家里挂的《存天阁》匾额，原是 1924 年上海美专扩建校舍，盖起主楼“存天阁”，康给美专所题，原先悬在礼堂前的。

除康外，蔡元培、陈独秀、郁达夫诸多名家所赠对联和信札以及鸡血石图章等，同时代的他也收一些的。1919 年第一次东渡日本时结识了陈师曾，对陈的学问、人品、画风等很佩服，他收藏几件陈的作品皆很出色。张弦是他在法国认识的画友，学油画，后被聘为上海美专西画系主任，可惜去世过早，存世作品不多，刘保存了六幅。他还收有日本早期油画家满谷国四郎 1926 年作的《女人体》，这件作品很见水平，还有一件书法作品，这也是他唯有的两件日本藏品。

同道众友中，一些政府或者金融领域的巨头也是刘长久往来的对象，在美专的经济来源或者刘的藏品上，支持莫大。1932 年，刘海粟为筹办柏林中国现代画展筹措资金时，叶恭绰帮忙，请行政院拨给筹委会五万元马克作展览经费；1935 年，欧展中途结束，为弥补王济远捅下的娄子，向校董钱新之借款两万拨到美专账户上；1943 年，美专经济告急，向华侨友人陈维龙借款 20 万，10 万用作修理美专校舍，10 万用于美专开支补助。一件传巨然的《茂林叠嶂图》，此画原是清末云贵总督陈夔龙所属，画侧有毛蔷庵抄录的乾隆时翁方纲的跋，跋文疑这画有假，张葱玉则认为宋画无疑，是否巨然不敢肯定。吴湖帆则认为是真迹，他对照《万壑图》用印，完全一致，并认为款字不是米元章所出，而是南宋奸相贾似道的字，张大千与刘争夺此画，大千出资 16 根“大黄鱼”，刘在银行家朋友的支持下，终以 20 根大条（200 两黄金）夺得，此画至今仍有不同意见。不过可以肯定的是刘对这幅画非常重视，多人题跋布满整个画幅的装裱部，他自己写道：“语言就中国画优秀传统数十年来，集藏历代名画三百余幅，今存其精纯者十之二，尤奇者为北宋巨然《茂林叠嶂图》，因故所居为茂林轩，每值萧晨晴爽静坐观读便觉浮岚咤呐，烟云蓬勃，今相依三十年矣，上钤‘宣和殿宝’大玺、‘御览’半玺，左角贾秋壑‘悦生’葫芦印，‘魏国公’印，右角‘王宠世宝’印、‘稽察司’半印。巨师真笔，希如星凤，可闻而不可见，余所知者，只二幅。此即《宣和画谱》所载一百三十六幅之一，其另一幅《万壑图卷》亦钤有‘宣和殿宝’及‘御览’半玺，峰峦皴法林木纷披，烟云点染俱神妙。二画并经宣和内府、贾秋壑递藏，皆域中至宝。惜《万壑图》入东瀛，存海内者仅此一幅，珍爱不已，当谥为画苑之冠也。丙戌二月刘海粟。”姑且不论真假，题跋中相识的记叙怕是情真意切的。

刘有两件代表性藏品可说是康有为间接帮的忙。一件是金代李早《白描阅兵图卷》（《部落回盟图》），此刘海粟 1957 年最后一件藏品。辽金不足 100 年，战乱年代有作品留下，实属难得，留到现在，一张纸片也是不易的。原在康有为家里见过，康的《万木草堂藏画图》中有过记载，却不知怎么回事让刘在地摊上一堆破烂旧画中以很低的价格觅得。上有康的引首和跋。刘海粟美术馆成立后，余辉先生与故宫藏陈及之《便桥会盟图》进行同类比较研究过这幅作品，是否到金还有待考证。不过和李早同样重要的赵滋的青绿山水《山外寒云图轴》，是鉴定家和收藏家一致叫好的海内孤本，其真实性可以确定。且从画风和画上的题诗来看，作者很有可能是一位出身北宋贵族的画家。另一件，则是20世纪20年代他随康有为访名藏家甘翰臣，席间甘出示过一套《沈石田晚年册页》，10页，沈周，知音呐！骨子里的相似。抗战后，藏品辗转到了刘手中八页，那是从王遂生手中购得。他请吴湖帆看后，吴认为绝对是精品，建议精心装裱，遂告知尚缺两页，心有不甘，吴也帮他留心，自己也时刻关心。后马公愚得到线索，两人结伴，到某收藏家中去核对，他所持两幅果然是整本中拆出，经反复协商后，那位先生终割爱成全，1956年请刘定之装裱成册。不久，王遂生又为刘海粟觅得另一本册页，浅绛和水墨各四帧，也是甘翰臣旧藏，并有曾农髯的长题，两本册页为姐妹篇，是沈氏晚年精品。后又藏沈石田《牡丹》《松壑楼观图》《绝壑携琴图》《仿黄鹤山樵山水图》等。

他喜欢沈石田的画风，常拿出赏玩、临写。"石田先生画，熟中见生，拙而出秀，与法兰西艺杰凡·高之作，如出一轨，虽一线之微，亦与之以深刻之情调。愚好两家笔墨，此幅含两家趣味。"(题《寒林暮鸭》约1925年)"石田老人青绿山水，设色藻丽，魄力溢楮上，非具浑厚古拙之笔，未许学步也。是帧拟之，自惨病后力弱，绝非石田翁真面目矣！"(丁未重阳后三日题《拟沈石田青绿山水》)"余热爱石田画，故所藏尤多。《大石山图卷》点画奇肆，苍秀浑厚，效北苑，神品也。丙午佚去，叹息。背临如逢旧雨，顾恋之情不能已。"(1974年3月29日题《临沈石田大石山图卷》)从这些跋文中，尽见刘对沈周的钟爱，性格也是一部分因素。

刘在1937年题《临黄石斋松石图卷》："旧藏黄忠端公真迹墨松都二十九，极龙蟠虬舞之势，笔力跌宕于风烟无人之境，疏淡高洁，唐无此品。卷末有倪鸿宝长跋二。诚国中仅有无上黄、倪神品，为余生平极爱珍物。近年遍历欧洲各国，悉挟与俱，身处艰难时，抚卷展读，不觉气若虹矣。三五年六月归自英伦，到埠之日，美术学校经费奇绌，教授束脩已四月不发，学生伙食且不继，多方借贷犹不足，乃忍痛将此卷子出卖于粤中某君，以渡难关。中心恻恻，痛惜无已，乃竭一日精力临之。并录原题四则，中有七八字以为蠹蚀，不敢虚造耳。"此卷刘本身就珍藏多年、心爱无比，两次欧游都带在身上，刘并非富翁，昔年美专办学，经费拮据，教师工资难以确保，不得不忍痛割爱卖画的事也偶尔为之的。得而复失，失而复得，藏家常事。仇英的《秋原猎骑图》绢本立轴，是经美专书法、篆刻教授李健推荐给他的，李是清道人李瑞清继子，江西临川人，曾任过晚清内阁，著有《中国书法史》《史通》，精于书画鉴定。项声表横塘上题有长跋，刘在李健的一再推荐下，不惜重金购得。此画虽历经多人收藏，但保存完好，经400多年的历史尚无破旧之感，以至于有人为细看而一口咬定为苏州片子。购得《秋原猎骑图》之后，原本在1938年所收的春夏秋冬四个仇的卷子（青绿山水，有戴培之收藏印，亦是精品），便分送与他人和转卖，后上海文管会收购到三幅，另一件不知流落何处，刘深为内疚。关仝《溪山幽居图轴》是目前大陆仅存的唯一作品（另两幅作品存放在台北故宫博物院），也是刘海粟1919年收藏的第一件藏品。一次偶然的机会，经曾任新华艺专校长徐朗西（1924年秋，刘为徐朗西所作中国画题跋中所题："吾友徐朗西先生，性爽直豪放，今之义士也。毁家革命而不居其名，近年深痛政客军阀之无耻，而以画为乐……"）的引荐，从河南客商手里购得，条件是300大洋，外搭购一件平庸的陈中立山水。觅得此宝后，刘日夕观摩，后在一小石头上发觉"关仝"二字，欣喜若狂，遂托吴昌硕鉴定题字，吴看后，东西好却不肯题字。刘以为是润格问题，愿不惜重金相谢，再次请署。吴说宋画不宜兴题，题脏了可惜，更何况关仝之作，凤毛麟角，任何人都没资格上题。后请叶恭绰鉴定，叶题"关仝真迹"四字，以裱在画外左下角。

刘的藏品中有清代王原祁《晴峦晚翠图轴》，此图海老曾做范本，多次临摹，1946年51岁时所作《仿古山水》亦出自此图；清王翚《秋树好山图轴》，此图刘曾做范本，多次临摹，1966年71岁时为新加坡收藏家陈之初先生作《溪山烟雨图》；1969年为五子刘麟所作的"风雨图"的构图也与日本久远寺藏的胡直夫（传）的夏景山水图轴基本一致，其树法与南宋一张佚名山水团扇基本吻合，是否有所联系还需进一步的考证。俊雅的、狂放的、险怪的、平淡的、浑厚的等，分析整理之后，"独傲"了。

三

刘的这些藏品，原都是存于复兴中路512号一栋小楼的隔间里，精品小屋的钥匙也是刘时刻吊在裤带上的，任何人（包括老夫人）都不能碰的。不过有五次，他的藏品发生了局部或者整体性的变动。

第一次，1939年前后，刘相继组织画家和收藏家举办"上海美专师生救济难民书画展""中国历代书画展览会""上海市美术界义卖救难展览会"。几次画展影响是大的，恐吓信也接踵而至，甚至还有一封带一颗子弹的信。加之汪精卫发表《和平宣言》，建立伪政府，请其担任伪教育部长。双重压力之下，正值友人海燕朋友请前往南洋举办救难展。三者因素，促成了刘的南洋之行，临行前，为以防万一，他把重要的藏品和自藏的代表作带在身上，而准备募捐支持抗战书画展的作品则放在另一边。给第一任妻子韵士留了几张，大部分给了家和。爪哇办展期间，又送给夏伊乔三张明代仇英的卷子。

第二次，1944 年被日本特务押送回国期间，“我深知我的处境危险，终日杜门看画，唯一安慰的就是希望几位古董揽客有画送来，或拿我所藏的旧画交他们去卖，不出大门，时时有各种不同的画看见。同时也可以解决日常用度，到无可奈何的时候，甚至托他们带些古董或饰物出去卖”。这段时间，作品变卖、流通、交换的数量较以往有所增加。

第三次，“文革”前夕，社会上已有些许风吹草动，多亏他的学生沈之瑜的提早通报，藏品才得以保全。重要的藏品足足用三轮车拉了好几次，暂存文管会，方得幸免，不过，另一些藏品，在“文革”中被抄、毁、砸、抢。家不成家，价值连城的古董、古画、房子被夺，在黑暗和潮湿中度日，真是生不如死！（《刘海粟谈长寿之道》）“文革”后如数归还。相关方面规定“所有私人租用的饭店银行的保险柜，里面物品全部取回”。刘担心几十年收藏的字画以及重要史料和亲朋好友几百通信函诗稿等遗失，吩咐弟子周宗琦尽快陪师母取回。除了藏品，还有自己在马来西亚等国创作的《日出》等精品力作，吩咐周宗琦从框内一一撤下卷起收藏，起壳的色块随着卷动顺着中孔剥落下来。其中，有一件藏品是 20 世纪二三十年代结交的徐志摩、陆小曼夫妇的通信诗稿装裱成册，并配以紫檀镜盒妥善保存的，惜“文革”间下落不明，还导致了刘与其学生周宗琦的感情打了折扣。还有一小部分的藏品便被刘的两个女儿用破布、旧报纸一件件包好，分散往水池、墙拐等不易一眼发现的地方藏起来。一些碑帖就夹进印有毛主席像的报纸中，上面压着厚厚的报纸。

第四次，1989 年刘海粟出国时将这批收藏和自己的作品委托最忠实的留守朋友保管，如袁志煌等，任何人未经主人许可别想从 512 号拿走片纸只字。

第五次，捐赠画作的事情。刘海粟去世的当天，就捐赠一事，夏伊乔当着领导的面意味深长地说了一句：“政府不变，我也不变。”时任上海市委副书记的陈至立，当即表态：政府是不会变的。1994 年 11 月 29 日，在衡山宾馆召开了捐赠交接仪式，老太太庄严而又从容地走上讲台，宣布了他的决定，并在捐赠书上签了字，除其中的 60 件藏品给南京艺术学院和常州刘海粟美术馆外，其余的911件作品均归入上海刘海粟美术馆收藏。根据协议，除著作权外，家属及其后代对藏品和作品不再拥有任何权利。900多件古字画和刘海粟本人的作品第二天由空军部队护送，从复兴中路512号搬出，暂存上海美术馆库房，等待新馆建成。夏伊乔向军车挥挥手，回到屋里去整理那无关紧要的遗物。屋里还有一套极为珍贵的黑紫檀家具，那是她1944年结婚的时候，最疼爱她的大哥送给她的结婚礼物。

参考文献

1. 刘海粟.艺术叛徒[M].南京：江苏文艺出版社.2006.
2. 刘海粟.刘海粟谈长寿之道[N].文汇报.1987－9－28.
3. 刘海粟.诗书画漫谈[N].文汇增刊.1980. No.3.
4. 袁志煌、陈祖恩.刘海粟年谱[M].上海：上海人民美术出版社.1992.
5. 石楠.刘海粟传[M].上海：上海文艺出版社.1995.
6. 刘伟东、黄惇.上海美专研究专辑[C].南京：南京大学出版社.2010.
7. 岑其、寿英姿.刘海粟[M].杭州：西泠印社出版社.2006.
8. 徐建融.刘海粟[M].苏州：古吴轩出版社.1999.
9. 刘海粟美术馆.沧海一粟——刘海粟的艺术人生[M].上海：上海教育出版社.2005.
10. 岑其.刘海粟书画鉴赏[M].杭州：西泠印社出版社.2006.
11. 傅雷.刘海粟[M].北京：中华书局.1932.
12. 刘海粟美术馆.刘海粟美术馆藏品，中国历代书画集[M].上海：上海人民美术出版社.1996.

石湖草堂主人孙伯渊

孙　翼

当初，我的曾祖父孙伯渊，曾叔祖仲渊、季渊兄弟三人，于苏州共同经营祖业“集宝斋”。当时海内外已闻名遐迩。更是以经营刻石、碑帖闻名全国。黎元洪墓志碑、邹容墓志碑等名碑，皆是曾祖父三兄弟完成[①]。1928年，曾祖父移居上海。初至上海时，暂居于萨坡赛路（今淡水路）。而后，迁入嵩山路萝村2号定居。因曾祖父藏有范石湖的一件墨迹，并对此情有独钟，故以“石湖草堂”为堂名。

此楼为三层，每层五六间房。一层为会客厅及餐厅，二层为起居室，三层为库房。大门有三。前门朝南，经花园可达厢房和客厅。花园有松、竹、石、柏之属。因曾祖母陈氏酷爱花草，故园内有四季更迭之花；后门朝西，实为好友方便之经；侧门朝北，则供侍佣进出。由于当时沪上的书画家、收藏家很多，加上从各地移居上海的名人名家更是不少，曾祖父伯渊的眼界大宽，交游也更广，旧友加新知。近年由郑重先生撰写的《张珩》一书，称他们这个收藏群体是30年代上海“呼风唤雨的收藏家群落”[②]。这样的称谓可能一点都不为过。当时的曾祖父凭借在苏州时存有的物力、财力及眼力在沪上以藏会友。他们频繁地到石湖草堂畅谈交流，于草堂论画，求售者更是络绎不绝，石湖草堂经常盈客满堂。

云过眼帘烟消尽

如此多的宾朋好友，就有如此多的往事佚闻。很多人都知道，曾祖父以收藏碑帖书画著称，但他收藏的古籍善本情况就鲜为人知了。此章就曾祖父和老友郑振铎先生、潘博山先生，在古籍善本交流领域里的一些佚事，做一个大致的整理。

曾祖父原藏有30余册《古今杂剧》，得自于一位书店老板处。此批书籍为赵琦美之抄校本，钱谦益旧藏，“也是园”故物，似有董玄宰题跋。书里所记为关汉卿、王实甫、白朴等数十家名人戏杂剧集。且多为人间未见之孤本。故曾祖父珍若拱璧，视之球琳，一直秘不示人。但美中不足的是，这30余册只是《古今杂剧》的一半，另外还有30余册不知所踪。曾祖父向这位老板许以重金寻找另半部，以求合璧。虽然寻找了很长时间，但是另半部书的收藏信息一直石沉大海，音信全无。直到有一天，那位老板突然来说：“另半部书找到了。”曾祖父喜出望外，立刻跟着他去看书。等将至之际，顿时恍然大悟，原来此处正是朝夕相处的好友潘博山先生府邸。最终盖潘先生亦有反购之愿，遂未成而归。其后，闲聊时又数增其值，皆无功，终不可合璧。孰料，这位老板竟将此事告知了郑振铎先生，郑先生知道后当晚就登门欲求此书。此事倒也戏剧，郑先生的加入，使得曾祖父手中的半部书也开始“摇摇欲坠”。曾祖父以“衣钵曹洞，袭留后人”婉言谢绝。而郑先生则再三地表示商讨。最后约以先取另半部者得全书。一段时间后，郑振铎先生突然来访，竟将潘博山先生所藏的另半部书悉数取来，以正其属。曾祖父见郑先生如此真诚，数月间不遗余力，往返奔劳，遂将此书合璧，以终前诺，成全之美。祖父常对我们说：“郑振铎先生此举，实乃功德无量，积德后人也。”之后，郑先生也一直是家中常客，很多曾祖父的好友，都对郑先生的学识赞不绝口。

此后，曾祖父和郑振铎先生之间，几乎没什么书籍买卖交集了。直到二三年后的一个冬天，潘博山对曾祖父说：“郑振铎不知从何处打听到，你藏有玉海堂的元刻本。是否可以考虑割爱，让给他算了。”（高祖母邹氏于1939年农历九月十九日仙逝。据《吴湖帆文稿》记载“十一月二日去殡仪馆参加我高祖母大殓”。故此后的“孝七”中，曾祖父暂停了一切社交活动。包括正在洽购苏州之《群碧楼》藏书的事宜。而一些好友一直陪伴左右，潘博山先生亦是其中之一。）“孝七”过后也有些时日了，鉴于潘博山先生既然开了口，曾祖父也就应允下来。这批玉海堂藏书为元刻、元印本，是刘公鲁故物，其中似有宋刊本及《董西厢》《西厢记》等。

几乎与此同时，曾祖父得到了苏州邓氏群碧楼藏书四万册，其中皆为精品、佳本，亦不乏诸多孤迹罕本。据祖父告之：“因高祖母‘孝期’而延误购书，从而消息外露，导致相关成本激增。在此次购书中，如‘车马’‘茶水’‘香手’‘潮嘴’‘过桥’等费用，皆一应俱全。得书之后，更有数客合资，给曾祖父开出14万元至16万元之价(按每册3.5元至4元算)。当时都被婉言谢绝。”为此，曾祖父特地将群碧楼藏书置留于苏州，以绝他人之念。曾祖父当时说：“像邓氏这样书香门第的读书人家，尤其是世代簪缨之族，即便遇此战乱年代，其礼，亦岿然不动，必置书于万全之地而安心，不计金钱多寡以愧门庭，实为可敬可佩。”

不久后的一天，曾祖父和潘博山先生在家中闲聊。郑振铎先生突然来访，并直言不讳，欲购群碧楼藏书。曾祖父知道郑先生无此实力，只当玩笑。但郑先生却是极其认真的，这使得曾祖父大为不解和震惊。此时，潘先生却神秘地道出了一个惊人的秘密：“西谛，是‘抗日救国会’的人，准备买书的钱是国家的。‘救国会’都是些有志之士，有的人生活都拮据，却都无一己之私，所购之书都归国家所有。”一席话后，曾祖父完全明白了，此时对站在他面前的这位郑先生高风亮节的品格既感动又敬重。曾祖父承诺，“若书归国家，此吾辈之大愿矣”，遂将《群碧楼》四万册藏书以极低价格转让给郑振铎先生。(后来，曾祖父根据账簿进出核算，玉海堂、群碧楼此二批书，先后实损近万元。)郑先生亦对曾祖父说：“兄如此知音于我，你我同庚之年，律又长于我，当视汝为兄长。”说罢便拜，都被曾祖父扶住。潘先生亦云：“此次伯渊兄助你十万金矣。”当时事，可谓情真意切，因为郑先生知道，数客已出价十余万金，都被曾祖父拒绝，真金白银换得的是信任和真挚友情。经此一遭，他们之间友情实为更深一层矣。

据祖父告之，曾祖父因此广聚沪上业内好友，开宴设席，以喻其意。其中不乏各地的大书商、人掮客，此事一时传为佳话。之后，曾祖父便退出书坛。事实证明，之后，所有史料中都不会再看见孙伯渊有成批购买古籍善本的记载。曾祖父凡是得到相关信息，就第一时间通知郑先生。这样，郑振铎先生和各大书商、掮客之间很快就达成了合作的默契。郑先生每至附近必来看望曾祖父，也时常有便笺托友人送至。他们之间的友谊，可谓是达到一种新的境界。曾祖父曾说过：“像他这样嗜书如命，又不爱财，没有半点私心，一心想着国家的文化人，毕竟是不多的，令人敬佩啊！”

一痕旧月在梧桐

近年来，笔者看到越来越多关于黄大痴《九峰雪霁图》的文章。此图，吴湖帆先生称之与《富春山居图》款识伯仲之间。然而，另一件《九峰雪霁图》的出现，却使得人们雾里看花。甚至，有友人专程向我详询原委。根据祖父告知并查阅相关史料后，在此章做一个肤浅的整理，以还史事之实。

曾祖父伯渊、黄仲明收藏黄公望《九峰雪霁图》始末见郑重先生著《中国文博名家画传・张珩》书中《黄仲明收藏引发的悬案》一文。此文记述了20世纪30年代末，在上海收藏界，由庞莱臣购到黄大痴《富春大岭图》；吴湖帆新购黄大痴《富春山居图》残卷和黄仲明购得黄大痴《九峰雪霁图》，被称为轰动上海收藏界的一道“三黄”风景线。

文章中记有曹大铁于丙戌(1946)十月初十日的一则《如梦令・发现黄大痴〈九峰雪霁图〉真迹》词令，之后，1952年又作《唐多令・登黄楼简葱玉》词及题跋寄北京葱玉。

郑重先生在综合分析了曹大铁的二首词令、吴湖帆的日记后认为，张葱玉应该收藏了三幅《九峰雪霁图》，但是对吴湖帆看到的是哪一幅，黄仲明收到的又是怎样的一幅，感到迷惑不解。郑重先生在文章中特别指出，曹大铁所记述的时间相差了七年，“登黄楼”的诗是寄给张葱玉的，认为总不会把张葱玉的“本人事”再“野狐禅”寄给张葱玉吧。可能是曹大铁把时间搞错了，因此终成了悬案。

(一)《吴湖帆文稿〈丑簃日记〉》页二二一(1938年4月26日)记有：

……邦达带大痴《九峰雪霁图》照片来，以为真迹，非常醉心。然此画余虽未见，觉浮滑不沉着，笔致复纤弱无力，款字亦不佳，决不真，虽有棠村(梁清标)印无用也。……

(二)《满地香泥梦有痕〈共和国鉴赏家丛书之二・碑帖专家孙伯渊〉》由刘金库、徐冰冠编著页十八，曾祖父曾讲过这样的一个故事：

有次他在市场上见到一幅黄公望《九峰雪霁图》轴，大奇。根据他的记忆，《石渠宝笈》曾有著录，原画由清乾隆亲笔题过，藏于清宫，难道现在流落民间？抑或眼前此图乃是伪作？但细观此图雪中高岭丘壑奇特，枯树疏落气氛严冷，确是元人笔意，细绢底，印泥色泽不浮，并有怡亲王藏印。黄氏自题云：“至正九年春正月，为彦功作雪山，次春雪大作，凡两三次直次毕工方止，亦奇事也。大痴道人，时年八十有一，书此以记岁月云”，钤一印。但却没有乾隆的亲笔题跋和钤印，孙伯渊暗自思忖，乾隆所藏与眼前此图必有一幅是赝品，因为从画史上看绝无一个画家用同一题目画出两幅完全相同的作品。决计用重金购入。后经多方考证和鉴定，乾隆所藏的一幅《九峰雪霁图》轴(原藏清宫)确系前人伪作，而孙伯渊所购者乃是真迹。谈到这桩故事，孙伯渊不无得意地说，就这幅画而言，我帮助乾隆皇帝纠正了一个小小的失误。公道地讲乾隆所藏的那幅也是高手所作，不同凡响，否则岂能骗过清宫那么多鉴定家和乾隆的眼力？

（三）《吴湖帆文稿〈丑簃日记〉》页二四四（1939 年 3 月 5 日）又记：

……旁晚黄仲明携大痴绢本《九峰雪霁图》来，新装裱，购得隋初旧耿绢一幅挖装，此绢细腻如蜡纸，绝妙品也。此画裱后顿见神采，较未装大不相同，画法殊简率，颇佳，虽款书略逊，即非真迹，亦必元代善手所摹，下有梁蕉林藏印二，亦真，世传《九峰雪霁》，即此本也。莫怪仲明得意欲狂，易名曰“黄楼”。

（四）《吴湖帆文稿〈丑簃日记〉》页二五〇（1939 年 3 月 27 日）再记：

……余为黄仲明去年所得之绢本《九峰雪霁图》乃梁蕉林旧物，虽不及两《富春》，亦尚佳。余新获之大痴画款识之字与《九峰》在伯仲间，画更胜之，纸光如镜，横裂断纹甚多，与吾家王叔明卷、季迁新得之王叔明轴皆一类纸也，亦蕉林旧物，可宝也。

从上述四则史料可以清楚表明，曾祖父于 1938 年初与徐邦达先生在市场上已经见到了这件绢本《九峰雪霁图》，但吴湖帆先生认为不真，而曾祖父却将此图以重金购回。回家后经过认真查考，此画轴的特征是：“上方正中央有永祥之‘怡亲王宝’朱文大方印一方，下方有梁清标藏印二方。”查证此图为《清河书画舫》《大观录》《墨缘汇观续录》等著录均有记载，且笔法飘逸，字迹流畅，曾祖父认定真迹而藏之。然没有不透风的墙，黄仲明先生得知曾祖父购到了一幅黄大痴的雪景图轴，便直奔石湖草堂定要索看，曾祖父只能以此轴见示，并将所考证的情形向黄介绍。之后，黄仲明对曾祖父说：“我乃黄姓，望先生一定割爱。”当时曾祖父谢绝了黄先生，意在留于石湖草堂长久收藏，但是黄仲明对此画可谓是情有独钟，多次三番要易此轴。最终曾祖父无奈，只得将此轴易于仲明先生。

黄仲明先生得到此画后，可谓是欣喜若狂，当即请武胜路刘定之先生重新装裱，使之焕然一新，并在家盖起“黄楼”，王福庵先生书篆额，以此起为斋名，当时在申城的收藏界可谓是轰动一时。

从上述《丑簃日记》显示，吴湖帆先生对此画的认识，从原来的“摹本赝迹”至他所藏之“剩山图”款识在伯仲之间，是佳物也。可见吴先生对待鉴定书画的态度是十分可敬的，显示了一位鉴赏大家实事求是的气度和风格。

至此，郑重先生提出的关于吴湖帆看到是哪一幅画的疑问，已经有了明确的答案，就是曾祖父收到之后，转让给黄仲明先生允祥所藏，钤有“怡亲王宝”朱文大方印，和钤有梁清标二藏印的《九峰雪霁图》。

然而无独有偶，之后，张葱玉先生在石湖草堂一次闲谈时，和曾祖父说，前些时间，在盛耀祖处得到黄大痴《九峰雪霁图》一轴，原出于清宫，上面有乾隆的御题，并著录于《石渠宝笈》一事。曾祖父亦随即将他所购《九峰雪霁图》的经过告于葱玉，二人皆为之愕然。后来，张先生与黄仲明的那一张画，经过认真比对研究，确认他所购到有乾隆御题，经内府收藏的《九峰雪霁图》，为明人摹本。据说之后，张先生即将此轴易出，葱玉先生在之后讲道：“内府的东西确实亦有不实之物。”更有趣的是，这幅画据说后来也归黄仲明所有，故俞子才先生，戏于仲明先生。“子才曰：‘黄楼应再增一黄字作黄黄楼’，相与抚掌”③。

关于张葱玉先生从盛耀祖处所得《九峰雪霁图》轴，史料有如下记载：

（一）《张葱玉日记・诗稿》页一六七（1941 年 1 月 15 日）记有：

下午，同（徐）伯韬、（张）雪庚至盛耀祖兄处观书画，至十一时始返。共阅四箱约二百余件，俱石庵等字卷。中唯黄大痴《九峰雪霁图》一轴及《元人诗翰卅家册》为最……

（二）《中国文博名家画传・张珩》页一三六载：

张葱玉看中黄大痴《九峰雪霁图》，便耿耿于怀，无法放过，最后购得入藏韫辉斋中。1946 年遇到黄大痴的另一幅《九峰雪霁图》真迹，方知此画为赝品。

又页一四〇载：

张葱玉好友曹大铁有词《如梦令・发现黄大痴〈九峰雪霁图〉真迹》，词曰：“魔鬼伎俩万变，不越紫珍神鉴。雪霁九峰寒，想见高人搦管。奇观。奇观。赝旧真新倒看。”词后题记云：“葱玉藏黄大痴《九峰雪霁图》，出清宫，久负盛名。丙戌十月初十日偕观上海旧城内蔡姓藏四王画，忽见又一黄画，精新逾其旧藏，无乾隆诸玺，细察之知为真迹，未尝入清内府，而葱玉所藏实一摹本。”此词注明作于 1946 年。

从曹大铁先生这则词令和题跋所注的日期，委实使人匪夷所思。按照前面所列史料，明确显示了曾祖父、黄仲明先生是在 1938 年得到“允祥”所藏的《九峰雪霁图》在前，而张葱玉先生于 1941 年间，得盛耀祖“内府”所藏《九峰雪霁图》于后，而曹大铁填词所注竟为 1946 年，难道是真的见到了第三件《九峰雪霁图》？然而，事实上之后并没有出现所谓的第三件《九峰雪霁图》的任何信息。无怪乎郑重先生以为:“曹大铁所记的时间相差了七年,唯一可能的是曹大铁先生把时间搞错了。”另外,“登黄楼”的诗是寄给张葱玉的,总不会把张葱玉的“本人事”再寄给张葱玉,这是于情理不通的。故郑先生以为曹大铁先生是在“野狐禅”,因而认为是由此引发的一桩悬案。

近年,吴湖帆弟子张守成之女张渊先生,所撰写的《张守成画坛六十年沉浮》一文记有:

家父在收藏家孙伯渊处看到一幅元代黄公望的《九峰雪霁图》绢本,水平甚高,许多鉴赏家都定其为真迹无疑,后此画由收藏家黄仲明购去。但是隔几年之后,又出现一幅《九峰雪霁图》,同样旧的素绢,连笔墨章法都一样画得精彩,上面多了一个同时代人题款,二幅之间哪一幅是真或是假,真是无从鉴定,同时也不可能有机会将两幅画放在一起检验。后来黄仲明只能出重价买进另一幅画,命书斋为“黄黄楼”,家父还藏有这两幅画的照片呢!

至此,关于《九峰雪霁图》在收藏界所发生的故事始末,已比较清晰地呈现给读者。新中国成立后,张珩先生和邦达先生都调至北京工作,黄仲明先生亦将自己的宝藏易于北京故宫博物院,据悉,另一件有御题的《九峰雪霁图》亦进了北京故宫。后来经过北京故宫专家组的深入研究考证,确认黄仲明所藏的那件,由梁清标、允祥、安仪周递藏之《九峰雪霁图》为真迹,这也正是曾祖父 1938 年购入的《九峰雪霁图》。现为北京故宫的重宝之一,被编入《中国古代书画目录》京 1 - 693 号。刘九庵先生还为此专著了一篇论文。对于这样一件重宝的发掘,应归功于当时“沪上雅集”老一辈的收藏鉴赏群落,他们孜孜不倦,默默无闻地耕耘于收藏与乐趣之间。

散西风漫天秋意

《海上收藏世家》一书中,对“石湖草堂”有这样一段文字描述:走在嵩山路上,路旁的梧桐幽深……当年却是令人忘返的书画之乡。的确,80 年前的“石湖草堂”,可谓是文人墨客多会于此,览物之情得无异乎。

曾祖父的收藏理念决定了他的收藏方式。曾祖父一生特别注重藏品的质量。所藏之品,在“神”“妙”“能”“逸”的基础上,叠以“孤”“精”“新”“趣”。故而,所购藏品之中,往往心怡之物百不得十,而余者皆易之。在这样的特殊需求下,“石湖草堂”就逐步形成了一次又一次的，所谓有趣的“展览会”发售现场。在此笔者简单地做一个介绍。“展览会”一般会提前几天通知，地点为草堂一楼的两间大客厅，其实是一次业内雅集，设有茶水、点心等。待售之品，挂于墙上、置于案前，或席于地间，客者持号相物。有中意的，将号置于其上，也可将名留于其后，最终由曾祖父的学生（万育仁、江达元、华敏初等先生）合算交割。但此法却遭到几位老友吴湖帆、张大千等人的反对。因为他们眼力好，等摆了一圈回来，号数早被“尾随之人”偷梁换柱了。故而，业内高手会自备“小本”。看完后跑去二楼和曾祖父一起“喷云吐雾”。清单则交由曾祖父学生专门单独办理。一般三日之内结束，未清之物，在第三日下午开始折而送之，最后之物，由一家店老板统统近于“送价”取走。

《吴湖帆文稿》记载如下：

（一）《吴湖帆文稿》页二〇四，廿三日记：

天阴。午后与伟士步至孙伯渊处参观书画会，选购旧拓尉迟恭、高士廉碑二册……又选得孙渊如玉筋篆七言对一付……皆属精品，孙联尤属精工绝伦，可宝也。

（二）《吴湖帆文稿》页二〇五，廿九记：

……后与博山同步至孙伯渊处，检得吴梅村、年羹尧二书扇，【书眉注：年大将军书扇，可谓仅见之品。】卞文瑜、陆包山、王异公三书扇。……博山检得李长衡手书诗稿一册廿一页、王麓台题画稿一册廿九页，二册皆真而可玩，余力怂博山收之，盖博山此类之件至伙，物宜聚于所好也。……

《张葱玉日记·诗稿》记载如下：

（一）《张葱玉日记·诗稿》页六十六记：

观石湖草堂书画展览会，以二百八十元购石谷山水一轴，上有南田题，甚精。

（二）《张葱玉日记·诗稿》页一八五，四月十日记：

以宋贤卷等发售，列价如后：《宋名贤题徐常侍篆书跋六则》卷，……

（三）《张葱玉日记·诗稿》页一九五，六月十日记：

伯渊许购物甚众，列于下，计四万七千三百元。王烟客《竹石轴》，……

（四）《张葱玉日记·诗稿》页二〇〇，七月十日记：

以十画发售，杜瑾《梅花高士图》轴，……

“石湖草堂”常常是欢声笑语，此起彼伏。有时，曾祖父刚刚还在独自阅读，不一会，好友忽至，少时又聚三五人。故而常会有一二知己处厢房鉴古，二三好友论政于客厅，朋友三四人在花园听曲品茗的场面同时出现。据祖父告之，其中亦不乏常有些琐事趣闻。

一日，吴湖帆先生来和曾祖父闲谈。不久，张大千、周湘云、潘博山先后皆来，聚于客厅。侍佣为每人端来一碗银耳莲子汤，落座不究。良久，张葱玉亦至(别人走的是前门或后门，而张走的是侧门)。人还没进客厅，侍佣已将银耳汤先端了进来。待其落座后，侍佣又捧来手炉，抱来靠垫，以他特有的方式，半躺半卧在沙发上。没多少时间，侍佣就来“服侍一下”。一会儿热毛巾，一会儿问长问短，还争先恐后，没多少工夫已经连吃了三碗。张大千不解地问：“你怎么待遇比我们好啊？”未及葱玉开口，吴万笑道：“侬不晓得，‘咯位’老板派头比周老板还大，每趟来走侧门，‘茶封’肯定老早付好了，每只托盘放一块大洋做茶封，人家哪能不卖力，吃了嘎许多，厕所要去伐。”葱玉一听，好像提醒了确实的需求，马上便去如厕，落得满堂大笑。

说到张珩先生，据祖父讲，在他一生的收藏生涯中，有一件藏品与他擦肩而过，使他一直念念不忘。一次葱玉先生来石湖草堂闲谈时讲道：“费念慈太史的收藏在他看来不亚于虚斋，他的藏品品位、品质都是极高的。”同时还透露了前几年，曾在费子诒家收到了费氏旧藏欧阳修的《灼艾帖》《谢民师帖》、钱舜举的《八花图卷》、朱熹的《十一月七日帖》、苏轼的《行书帖》、曾巩的《局事帖》以及沈周《送别图卷》和仇英的《北湖图卷》等一批好东西，并为之十分得意。其中又讲了一件事，他于多年前，曾在费念慈后辈费子诒家，看到一件北宋《归牧图》。据子诒介绍，此卷乃费家镇宅之宝，费太史对此卷喜爱独钟，并以“归牧”命其斋名；所著的费氏文集称《归牧集》，藏书楼称“归牧堂”，居所亦称“归牧庵”。当时由于子诒对此卷索价甚昂，经过审视后觉得此图气息不够北宋，像是南宋人画笔。虽然已事隔多年，但对这件卷子印象还是比较深刻，上面好像还有耿信公的收藏印。现在仔细想，此图应该是北宋的文人画，是一件极难得的稀世佳品，当时没有仔细记录，放掉十分可惜。

从吴湖帆先生鉴赏《九峰雪霁图》及张珩先生忆怀《归牧图》这两则故事，我感受到大鉴赏家的博大胸怀和在实践中不断提高的鉴赏能力。其实看似这样普通而浅显的道理，就是那个时代“鉴赏哲理”的精髓所在。

载我在潇湘画里

陈巨来先生为曾祖父治印“十万卷书室”，曾祖父却从未使用过。他总是以这样的方式，潜移默化地引领着我们：尝以鉴古、治学之道融入人生。“唯求道德者不计功名，唯求功名者不计利禄”也一直是石湖草堂后人谨遵之训诫。故而，我的父亲大人，自髫时便幼娱绘事，及至古稀之年，撰写并出版了《秦良玉与石头记》一书。书中以“持节衔命”之物为主线，据典书史。而我一直研墨左右，颇多感同身受。尊重历史，爱护史料，这就是我曾祖父毕生的事业和愿望。

中华人民共和国刚刚成立不久，为了让珍贵史料更好地传承下去。曾祖父亲手整理出几千件碑帖，无偿地捐献给了国家。汪庆正先生在《满地香泥梦有痕〈共和国鉴赏家丛书之二・碑帖专家孙伯渊〉》一书序中这样写道：

我和伯渊先生初次相识于50年代中期，那是在一个酷热的夏天，上海市文物保管委员会在天平路40号的一幢花园洋房内办公，孙伯渊先生来拜访徐森玉先生，森老把我叫来，当面告诉我，孙先生是当代的碑帖收集和鉴赏大家，他要把其收藏的整套碑刻拓本捐赠给文管会，并着重指出，孙伯渊先生这套碑刻拓本全部经过整理装裱，体系完整，在全国是独一无二的。

这套拓本除极少数铜器墨拓外，绝大部分是从石鼓文、秦始皇刻石起，包括两汉以来的碑刻、画像石、造像题记、墓志、砖刻等共计达3 920件。1960年，上海市文物保管委员会和上海博物馆的图书馆合署办公，这套石刻拓本也就入藏于上海博物馆的图书馆。我在50年代中期曾追随森老学习碑帖，有缘结识伯渊先生，并能利用其捐赠的这套石刻拓本，受益甚大。在几十年中，我曾到过国内外某些图书馆、博物馆及大学图书馆，像孙伯渊先生所藏体系如此完整，装裱如此整齐划一，十分便于提看的整套石刻拓本，在全世界确是独一无二的。

在那段时间里，曾祖父不仅将大量文物捐献给国家，他还为国内文物单位鉴定过大批书画文物[④]。上海博物馆书画鉴赏家钟银兰先生和笔者闲聊时，就曾说道：“谢先生是我的老师，徐先生也是我的老师，但是，真正手把手教我看手卷的人，是你的曾祖父。他那时候，定期来给我们上课。”那时期，曾祖父还捐赠国内其他机构，如将唐寅《落花诗》、文徵明作品等，捐献给苏州灵岩山寺（此批书画，现藏于苏州博物馆）。因为曾祖父对碑帖书画鉴定有较深造诣，徐森玉、刘海粟等推崇他为碑帖鉴定专家[5]。全国各地有很多疑难的东西，都会拿来请曾祖父看。张葱玉等就特别把宋元时期存疑书法携至上海，请曾祖父帮助鉴定。因为曾祖父有一项业内皆知的特殊技能，就是鉴别古代书法的真伪。除了纸张墨气等之外，尤其再辅以原石拓本的参考。通过刻石者细微的心理变化，会反映在石刻线条走势极细之处。那么镌刻者所用之蓝本，及刻石先后之序，就必逃不过曾祖父的眼睛，从而甄别出"双勾品""摹描品""勾摹品""临摹品"等。根据曾祖父的记录，笔者曾经写过《米芾行书朱乐圃墓表》一文，其中阐述了原石拓本和书法墨迹的对比，从而体现先后之序，自然和谐之美。

1997 年 5 月初，我随祖父去瑞金医院看望谢稚柳先生。当时我已身着短袖，而谢老长袖病服外，还套了墨绿色绒服。虽已是弥留之际，但提及一些往事，却还能侃侃而谈。第二年，徐邦达先生来上海，住了很长一段时间。我的祖父大人堃镕公、顾荣木先生、徐先生他们常在一起谈论往事。徐先生为追忆往昔，为我题写"听琴园"以做书斋之名。从他们那里我切实体会到了那个年代的时代气息。然而得失之间，患得患失，非三言两语所能涵盖。有甚者，虽力不能及，也强穷其力，以致举鼎绝膑，亦不在少数，又岂有问津者？此处，笔者想起了曾祖父收购《张旭郎官石记》的经过。据《满地香泥梦有痕〈共和国鉴赏家丛书之二・碑帖专家孙伯渊〉》页九记：

有一次，孙伯渊听到有一件宋拓张旭的楷书求售，索价竟达数十两黄金之巨，孙伯渊闻讯立刻赶去观看。此拓本年代虽久远，但保存完好，每页四行七字，计十四页，碑文为《尚书省郎官石记序》，陈九言撰，张旭书，时间为唐开元廿九年十月。史载：此碑原石刻在西安，元时被毁，此碑也有过翻刻本，明董其昌据陈继儒双钩本刻入《戏鸿堂帖》，但存世的宋拓原件却是未有见闻。此拓本上有元明清历代名家的鉴赏，钤印累累，册后又有明人王济之、王世贞、王世懋、胡继忠，清人万经、梁章钜、翁方纲、成亲王等多人题跋。孙伯渊从纸质、字口、钤印色泽、捶拓手法着手并查阅有关著录等方面逐一考证，断定此件为存世的宋拓唯一孤本，实在难得，数十两黄金，值！于是他毅然变卖了家中的字画，将此拓本购入府中(此拓本已捐献上海博物馆)。

"文革"之后，曾祖父所藏星散五湖，《石湖草堂图》流落异域。每谈及此，曾祖父都会极其平静地答道："过眼烟云耳。"但有句话我一直不敢忘记："东西，别人可以拿走，脑子里的东西，谁也拿不走，你们一定要好好读书。”每想及此，我都会热泪夺眶，个中感悟，非百年之家而不得悟也。

1980年，在孙辈们的搀扶下，曾祖父再次将劫后剩余之藏品无偿捐献给上海博物馆[6]。老人弥留之际，完成了一个普通华夏子孙的心愿。夫天地者，万物之逆旅；光阴者，百代之过客。而浮生若梦，为欢几何？为乐几宵？所记者，不过是一时、一地、一己之事。然天地之大，岁月之久，就一时一地而言，先辈所见、所闻又何止可数。虽世殊事异，所以窘怀，其致一也。后之览者，亦将有感于一二，仅言此表而已。

丁酉林钟哉生魄病起　孙翼记于听琴斋

参考文献

1.《上海文物博物馆志》编纂委员会编.上海文物博物馆志[M].上海：上海社会科学院出版社，1997.
2. 郑重.中国文博名家画传·张珩[M].北京：文物出版社.2011.

中国古代碑帖书画的品位与收藏

——孙伯渊的鉴藏理念

孙 翼

曾祖父伯渊在世时经常对我们后辈讲，文物收藏不能光以数量多少来衡量，而应以质量品位来区分，特别是书画碑帖，寻常的东西经常可以看到，而特别的东西一旦错过，就只能留下遗憾了。因为历史名迹在漫长的传世过程中会遇到不可抗拒的自然灾害的侵害，也会碰到兵燹之灾，特别是书画碑帖最怕水火又怕虫蛀霉变，保存起来比其他文物更为不容易，能流传至今的，可谓凤毛麟角，少之又少了。那么在老人心目中哪些文物可称得上是凤毛麟角？老人又是怎样把握自己的收藏呢？曾祖父认为书法是我国传统文化所独有的一门字体造型艺术，而碑帖则是这门艺术的主要载体，今天我们能够欣赏到的晋唐宋元大家的楷书、行草都是依据这些流传的碑帖和今天已极为稀少的唐、宋大家作品的真迹，这些碑帖和真迹委实是我中华文明特有的文化遗产，是我们民族的瑰宝。而收藏古代书画首先要知道绘画的理论，中国古代自从出现了绘画艺术后，绘画理论亦随之而生，同时也产生了绘画批评，具体表现在对绘画作品所表示的好恶。它的核心内容是对艺术的认识，也就是对美的认识问题，各人对美的感知有时并不完全一致，往往需要经过一段时间来达成共识。什么是美，怎样才是美，历来是画家收藏家对美学价值的追求和作为衡量作品好与坏的标准，由于唐宋元时期文化艺术的繁荣昌盛，画家辈出，人物、山水、花鸟、文人画及院体画争艳斗丽，形成和确立了“神”“妙”“能”“逸”的衡量标准。老人正是在这样的标准影响下确立了自己选择藏品的标准：第一要真，第二要选择艺术价值较高的精品，第三是选择存世量较少的稀有作品，第四是选择具有一定历史研究及文献资料的作品。老人还特别致力于对宋元书画和碑帖的收藏，在他的心目中，宋元时代的绘画作品最严谨，笔意凝重而且写意真实，同样宋代的书法特别是苏黄米蔡的作品为历代藏家所追捧，虽然存世量不多，但只要有心是能够收藏到凤毛麟角的宋元珍品的。

一、选择藏品的关键是要真迹

一件能称得上好的艺术品首先是要真，但是真迹的认定是件十分严谨的事情，关键是要有好的眼力。正像曾祖父在20世纪60年代初应上博沈馆长之邀，讲解"怎样鉴定书画"时所讲的那样，"看一件书画的真伪首先要通过他的时代风格气息和每个画家特有的个人风格，特别是书体和画笔两个基本要素进行分析对比，其次是看题跋、收藏、著录及作者印章、纸绢材质、装裱等辅助考察要素，进行综合分析对比评判，最后作出辩证的结论"。如果遇到理想的东西，只要老人看中，一般都会当场谈价买下，然后在家慢慢品味研究，有时也会与老朋友庞虚斋、吴湖帆、张珩、张大千、谢稚柳、徐邦达等先生互相切磋，共享收藏的喜悦。他还讲道："鉴定书画其实并不玄妙、高不可攀，关键是要下功夫，只要看得多了，自然而然对某画家的笔法书体就熟悉了，就像熟悉家里人的脚步声一样，哪怕他不署名，只要看到他的作品面貌，他的字体就能分辨出是谁。"老人又说，作为收藏者最好是买自己作过深入研究并且熟悉的名头，这样可以把握更大一些，而对于一些有著录、有题跋和收藏被包装得很好的东西也要睁大眼睛，千万不要被它的表象所迷惑，因为作伪者往往按照历代著录，通过伪刻印章，转山头，偷梁换柱等惯用的作伪方法使人落入圈套。老人讲，往往有一些好作品，因为深藏在为数不多的几户藏家手中，秘不示人，虽历经数百年，但是收藏和题跋却不多，还有的因为历经兵燹之灾及自然灾难甚至兄弟分家都会将原先一件完整东西分割开来，像这类作品就要靠所存的实物信息，靠眼力去考证发掘了。

20世纪30年代初的一天，他在上海四马路古玩市场约看一批字画，无意中看到一件黄公望的《九峰雪霁图》轴，老人知道《石渠宝笈》著录有一件《九峰雪霁图》并有乾隆亲笔题过，藏于清宫。但细观此图雪中高岭丘壑奇特，枯树疏落气氛冷严，而且笔力劲挺秀美，用的是干笔破墨皴擦笔意，完全符合黄公望笔法，再审视底子为细绢，所钤之印色泽鲜而不浮，上有黄氏自题云："至正九年春正月，为彦功作雪山，次春雪大作，凡二三次直至毕工方止，亦奇事也，大痴道人，时年八十有一，书此以记岁月云”，钤一印但却没有乾隆题印。曾祖父暗自思忖，乾隆所藏与眼前此图必有一幅是赝品，但此图画笔和书体应为大痴画笔无疑，上方有怡亲王藏印一方，老人决定用重金购之，回家后认真考证了画作的书体及画笔确认此件为真迹，之后与张珩、徐邦达先生联系，谈了他认定这件作品是真迹的考证理由。后来故宫博物院的专家组也进行了认真研究，完全同意曾祖父的观点，并认定此作为真迹。曾祖父在后来谈到这桩故事时，他说：“就这幅画而言，公道地讲乾隆所藏的那幅也是高手所绘，否则岂能骗过清宫那么多鉴定家和乾隆的眼力。”此图现藏北京故宫博物院，为故宫的绘画重宝之一。

因此曾祖父以为收藏真迹是第一位的，认定真迹只要态度严谨，做到孜孜不倦，重考证证据，的确还能发掘出不少被前人所否定的东西，实际上也是对历史文物最好的保护。

现家藏一件《唐拓九成宫醴泉铭》原石碑帖，此拓后有崇恩（语舲）、陈元龙、吴熙载长跋，并有数十家收藏，其中崇恩精鉴藏碑帖在其跋语曰：“予埜鉴石四十余年得此石宋拓凡五，今又得此久称海内醴泉第一。”曾祖父经过仔细研究认定为唐拓，后请吴湖帆先生赏阅，吴先生经过数天的研究告伯渊曰：“乃世间第一本也。”并毅然题签：“唐拓九成宫醴泉铭崇语舲旧藏本。”由于梅景书屋亦宝藏有宋拓〈栉〉字未损本九成宫醴泉铭（现藏上图），因此吴先生在鉴定九成宫时更可谓入木三分。1962 年吕贞白先生在吴先生家谈到此本碑帖，并想索看，由于两家住嵩山路对门，曾祖父持此碑帖再去吴先生处赏阅。此间吴、吕先生除了大加赞赏外，吴先生再次提笔作跋：“壬寅夏五九江吕贞白吴县吴湖帆以志眼福。”在数十年的收藏中，老人将此帖作为生平爱物宝藏，并对我们后辈交代，此为唐拓，所以石花极少，是难得之珍品。近年来随着数字摄影和计算机技术应用的普及，将几个重要字体用高分辨率像素摄影再用计算机高倍放大直至显现其纸质纤维后，发现此帖整体材质与字口之纤维材质的用墨材质完全一致，并无一点填墨迹象，从而证实了曾祖父伯渊和鉴定家吴湖帆先生的非凡眼力。

二、选择艺术价值高的精品作为收藏目标

曾祖父认为选择藏品一定要选艺术价值高、画笔美的精品，特别是被历代藏家所推

崇画家的力作。老人讲,画家的一生都会有不少应酬之作,而真正的精品力作只占一小部分,因此他在选择藏品时一般不会去买应酬之作,而是选择中晚年的力作来收藏。老人在审视精作的同时,还要认真考查收藏、题跋和著录,并求证其可靠性,这样才能起到推波助澜的效应,从而使作品的身价骤增,另外作品的品相也是评定精品的辅助条件之一,他说有不少明代甚至宋代的字画,由于保存完好至今依然如新,一些名家及皇家所用的朱砂印泥也因为用料考究,所钤之印能保持鲜红明亮,就像新近打印的一样。因此,“真”“精”“新”是曾祖父作为收藏精品碑帖书画的基本目标。

下面介绍曾祖父所藏的四件四王精作:

1. 清王翚《南溪高逸图卷》

此卷纸本,画芯长三米三十厘米,设色山水,写江南田园风光,峰回路转,水绕溪潆,林木葱郁,人物秀发,有王翚卷首尾两题,为王翚 84 岁老年杰作。此卷有 20 多家题跋,卷中海昌王鸿郎在跋语中曰:“生平所见石谷真迹,以此卷为第一。”清道人在跋语中曰:“余生平所见先生巨迹至多,如此卷者不过十品。”此卷著录于清李佐贤《书画鉴影》;清庞莱臣《虚斋名画续录》;上博编《中国书画家印鉴款识》等诸多著录之中。

2. 清西庐麓台祖孙合璧卷

第一卷,王时敏《夏口待渡图卷》,此卷纸本,水墨山水,以董北苑笔法起手写疏林一段,继以岗峦起伏树木,幽亭陂陀,沙脚无不曲尽其妙。全以北苑笔墨绘。此卷曾为清陆时化收藏并著录于《吴越所见书画录》,怡园顾文彬收藏和庞虚斋收藏,并著录于《虚斋名画续录》,卷中有陈继儒跋语,卷尾有陆时化跋语:“麓台祖孙秘笈之画,得意胜人,咸在于舍,余或不余见,或不得见,或见尤未见耳,麓台屡以长卷见长,烟客则轴册多,而卷仅见。”故顾文彬在卷首的题签为《王烟客仿董北苑墨笔山水卷无上神品》。

第二卷,王原祁《云山庵书图卷》,此卷纸本,水墨山水,以高房山笔意,写重峦复岭,云气空蒙,村屋溪桥幽林野竹,山头积点浓淡,浑成深得高米之意,为老年得意笔。此卷经怡园顾文彬收藏,庞虚斋递藏并著录于《虚斋名画续录》中,卷尾有怡园顾文彬跋语,此卷款识和印鉴俱为上博编《中国书画家印鉴款识》所著录,顾文彬在卷首的题签为“王麓台仿高尚书墨笔山水卷无上神品”。此对祖孙合璧卷于 20 世纪 80 年代曾与徐邦达先生共赏阅时,徐先生曰:“此为西庐麓台至精之品也。”

3. 清王湘碧《仿古山水册八开》

此册纸本设色山水与墨笔山水，每开均有王时敏对题，廉州工摹古，是册深得浮岚暖翠三昧。松窗题签为“王湘碧仿古山水册虚斋秘籍”，后有壶斋左孝同题识：“湘碧仿古西庐对题八贞，壶斋所藏无上神品。”

三、选择存世量较少的作品作为收藏目标

曾祖父认为，收藏艺术品除了选择艺术价值较高的精品以外，更要注意选择存世量较少的作品作为收藏目标。书法艺术文化是中国特有的，而碑帖又是书法艺术文化的重要载体，所以历代收藏家都十分重视收藏旧拓名碑，因此老人首先将宋拓名碑孤本放在收藏的首位，同样两宋的书法辉煌照人，苏黄米蔡的书法字迹为历朝藏家书家所追捧，亦是他追求的目标。在绘画方面，认为就艺术而言在中国绘画史上宋元的绘画作品笔法最为严谨，不仅笔意凝重，而且气势宏大，山水画不论南北二宗都能给人以逼真空灵诱人的感觉，而两宋的花鸟画，特别是宋元团扇画页，画笔秀丽逼真，是后朝画家所不能比拟的。宋代距今已近千年，大部分好的东西都深藏于宫廷和一些著名藏家手中，流入到市井的可谓是凤毛麟角了，但由于曾祖父那个收藏年代，正值战乱，有不少世家后裔携带家传古籍字画来到上海避难，这就给曾祖父以千载难逢的机遇。当时他利用多年来积聚的财力，选择了宋拓碑帖、宋元名人法书字帖、宋元团扇画页三项作为他主要收藏的目标。由于他以德为先的收藏理念，待人心诚，从不欺骗他人，实事求是地出价和当场付款的收购方式，当时求售者络绎不绝，经常盈客满堂，此为丰富自己的收藏和实现他的收藏目标打开了通途。

30年代相继收藏到了唐拓九成宫醴泉铭帖、宋拓张旭郎官石记碑帖、宋拓孤本米芾方圆庵记、宋拓李北海云麾将军李思训碑帖、宋拓蔡襄茶录、宋拓黄庭坚等一大批宋拓碑帖。

宋元法书字帖是曾祖父另一项收藏目标，由于宋人法书大部分已为清宫收藏，流传于市的宋人法书甚少，老人经过对清宫所藏法书的仔细研究发现，藏品的来源几乎是从安岐、项墨林和李氏鹤梦轩（李日华父子）三处而来，其余如梁清标、宋荦、黄琳美、笪重光、陈定等藏家亦有一些，因此老人就从这些藏家为切入点，重点研究这些藏家的法帖，

并从其书体气息、纸张及时代风格多方面研究鉴定，进而收藏到了一批宋元法书，为自己的藏品增添了内容。

宋元团扇画页是他又一项重要收藏目标，正如由郑振铎、张珩、徐邦达先生合编的《宋人画册·序言》中说的："宋代的绘画能够使我们看出中国绘画的最优秀的传统来，宋代画家们所绘写的题材是多方面的，从大自然的瑰丽景色到细小的野草闲花、蜻蜓、甲虫，无不被捉入画，而运以精心，出以妙笔，蔚然成为大观，尤能杰出于画史，给予千百年后的人以模范和启发，所以论述中国绘画史的，必当以宋这个光荣的时代为中心。"的确，老一辈收藏鉴定家都以宋元人画页为收藏的追求目标，曾祖父对宋元画页也情有独钟，一生经他收藏和经手的宋元人画页多达百幅，提供给上海博物馆并被编入《宋人画册》(60 件)，其中共有 14 件是曾祖父提供的。其中马麟的《郊原拽杖图》被作为 72 件国宝之一在沪展览过。同样提供给北京故宫博物院并被编入由郑振铎、张珩、徐邦达先生合编的《宋人画册》(100 件)，其中共有八件是曾祖父提供的，还有五件被编入《元人画册》。如提供上博的有《郊原拽杖图》《溪山行旅图》《溪山风雨图》《江村图》《松峰楼阁图》《梅竹寒禽图》《荷塘鹡鸰图》《猿鹭图》。提供北京故宫博物院的有《绿橘图》《小庭婴戏图》《松涧山禽图》《柳塘秋草图》《柳溪春色图》《白头丛竹图》《江山殿阁图》《叱石成羊图》等，这些画页都是堪称国宝级的精品。

然而曾祖父在生活上却一生俭朴，尽其财力收购书画碑帖，价值不菲，而老人平日里布衣淡饭，从未有过半点奢华，将毕生的心血用于收藏。

下面介绍曾祖父收藏的部分存世量较少的宋元作品。

1. 宋拓张旭《郎官石壁记》

张旭为唐草书书圣，名扬天下，而《郎官石壁记》为唯一能见的张旭正楷刻石，元时石已毁，此本宋拓仅传世两本，一本在日本，国内尚存此本，并胜于日本藏本，当为第一。此本经元赵孟頫，明王鏊、王世贞、王懋，清宋荦、梁章钜、翁方纲、吴荣光、林则徐、何绍基等名家题跋收藏，流传有绪，众家重之。(此拓已捐赠上海博物馆)

2. 宋拓孤本《米芾方圆庵记》

米芾书出晋人，每以奇气，掩其古法，故世人称其为米书第一，石久毁，所传刻本，文句不通，不足读之。曾祖父所藏此本为传世仅见之宋拓，原装孤本，历经明沈周，清王文

治、成亲王永瑆、李宗瀚等递藏。(此拓已捐赠上海博物馆)

3. 宋拓唐李邕(北海)书《云麾将军李思训碑》

此帖原石漫漶已甚,元明以来拓本都已不佳,我家所藏为宋拓早期拓本,字口清晰,并历经项元汴、莫是龙、王元美、王鸿缵、朱彝尊等收藏。(此拓已捐赠上海博物馆)

4. 宋版孤本《竹友集善本》

此善本为宋谢过撰,孤本。此本长存内府,计10卷,有刻工姓名,杨守敬长跋曰:"余在日本时,得见此本,遂以数十枚古钱易之而携归。"后售潘祖荫,曾祖父之后得之。(此本已捐赠上海博物馆)

5. 宋马麟《郊原拽杖图》

马麟为马远之子,宋宁宗时画院祗候。此图写一高士手持拽杖于山水狭谷之间,为意境空灵之春秋景色,用笔圆劲。右下角有三小字款臣马麟。此图为项子京、黔宁王收藏。曾作为72件国宝之一在沪展出。(此图为孙伯渊提供上海博物馆藏品)

6. 宋《猿鹭图》

此图写一猿戏于松石间,有仙鹤立于松树之间,为宋画精作。此图经明潞王(朱翊镠)允礼芳林主人收藏。(此图为孙伯渊提供上海博物馆藏品)

7. 宋马麟《绿橘图》

此图写桔尚未成熟于绿叶树干之上,形态逼真秀美,足见亦为写物之妙手,右下角有马麟两小字款,项子京收藏。(此图为孙伯渊提供北京故宫博物院藏品)

8. 宋楼观《寒林归棹图》

此图写一翁泛舟于江湖之间,左侧为参天古树,笔意古苍挺劲,为冬春江湖景,于树根下部有楼观两小字款识,楼观存世作品极少,此图经安岐收藏,北京故宫博物院藏品《宋柳阁风帆图》《宋长桥卧波图》《宋深堂琴趣图》同为安岐收藏。(此图为家藏珍品)

9. 元赵孟頫《高士客堂图》

此图写水榭两高士纳凉用餐于茅亭柳树之下,后有持者摆餐,其中所用纱罩元时已为实用物沿用至今。此图经明潞王(朱翊镠)收藏,同上博藏品《猿鹭图》。(此图为家藏珍品)

10. 宋胡铨《书札帖》

此帖为宋胡铨(因上疏劾秦桧主和议误国,被贬。桧死,诏为工部侍郎)所写的一幅书札,翁方纲为之两次作跋,著录于吴荣光《辛丑消夏记》。(此札为家藏珍品)

11. 元倪瓒《书帖卷》

此书帖卷为倪云林数首诗录,其中昆山慧聚寺呈公武先生希是正之,诗文提及孟东野、张承结为唐著名诗人,据倪瓒生平记载与孟东野有类似遭遇,故以"怀人天一方孤啸据""胡沐寒溜石苍碧"诗句来抒发作者感情,是卷相继为陈继儒、董文骥、笪重光、方享咸、杨青岩等收藏。(此卷为家藏珍品)

12. 元杨维桢《玉堂净土帖》

此帖为杨维桢行书铁崖体,书体清劲豪迈,自成一体,是杨维桢之开门作,左下角有笪重光藏印。(此札为家藏珍品)

四、选择具有历史文献价值的碑帖和书法作为藏品

书法是我国传统文化独特的一门造型艺术,而碑帖则是这门艺术的主要载体。我国古代,在印刷照相术没有昌明的年代,人们便把一些重要的文字和历史事件镌刻在金石竹木之上,如宋淳化年间,宋太宗将皇室所藏法书悉数刻入《淳化阁法帖》中。由于金石易被风化的原因,今天我们能够欣赏到的晋唐宋元大书家的楷书、行草的墨迹,大都只能依据这些流传的碑帖见到,从而使我们中华子孙除了能欣赏到这些大家的书法艺术外,还能从碑帖所记录的书体信息中了解古代历史上的极为重要的文献,故而历代的有识之士和文人藏家均以收藏碑帖为荣。曾祖父伯渊便是其中的一位,他一生以收藏碑帖为己任,以毕生的精力,广泛搜集保存极为丰富的碑帖书法珍本,并一一作了鉴定,他将从石鼓文、秦始皇刻石起,包括两汉以来的碑刻、画像石、造像题记、墓志、砖刻等共计3 920件逐件装裱,亲自编制目录,并装箱归档,这套碑帖资料实际上可以说是先民留给我们后辈的实物档案资料,里面包含了大量的历史信息。老人意识到这套宝贵的文献资料的归宿应该是全民族的子孙后代,因此毅然于20世纪50年代中期,在当时徐森玉馆长的撮合下,悉数捐献给上海博物馆收藏。原上海博物馆汪庆正馆长曾多次提道:"在他工作的几十年中,无论是国内外图书馆和大学图书馆,像孙伯渊先生所藏体系如此完整、装裱如此

整齐一致、十分便于提看的石刻拓本，在全世界是独一无二的。”

还值得一提的是曾祖父曾收藏到一件黄道周撰写的《周顺昌墓碑记》真迹。众所周知，张溥撰写的《五人墓碑记》文章已成为中华古文中的经典，而关于五人之一的周顺昌在墓碑记中记述不详，因为黄道周与周顺昌是同时代人，因而在这篇碑记中详细记述了周顺昌的生平，从而补充了那段翔实的历史和周顺昌刚正不屈的品性。由于黄道周诗文敏捷，性方刚不谐流俗，其真迹更为弥足珍贵，这件作品不仅是书法艺术的珍品，同时又具有较高的文史价值。曾祖父伯渊在 20 世纪 50 年代初将此卷捐赠给了家乡苏州博物馆，后此卷转藏南京博物院，此举亦了却了老人多年的心愿。

离娄明辨真龙潜石墨珍藏献研功

——忆曾祖父孙伯渊

孙　翼

本文标题是曾祖父的老友、书法家翁闿运先生为香港集古斋出版的《满地香泥梦有痕——碑帖专家孙伯渊》一书的题词，概括了曾祖父碑帖书画鉴赏、收藏、回报社会的一生。

曾祖父1898年出生于历史名城苏州，13岁丧父，中途辍学，以刻碑石、拓裱字画为生。后在苏州护龙街（今人民路）开设了集宝斋，因他为人和善、广交朋友，集宝斋成了苏沪一带书画家、收藏家聚集之地，而曾祖父也在和书画家、收藏家的交往中不断提高自己的鉴赏和收藏能力，其中不乏许多忘年之交，如虚白斋主人庞莱臣、过云楼主人顾麟士、阙园主人李根源、画家陆廉夫等。当代国画大师张大千、吴湖帆也是曾祖父的至交，可惜吴湖帆先生为曾祖父斋名所画的《石湖草堂图》在“文革”中流失国外，张大千为曾祖父所作的《黄山莲花峰图》劫后余生，总算保存下来，尚可留作纪念。曾祖父谦虚好学，数十年如一日，孜孜不倦，在他而立之年已广泛涉猎金石书画、古籍碑帖等领域，并对书画碑帖的源流、时代特征、真伪精疏等鉴赏功力已日渐成熟，并收藏了数千件碑帖字画。抗战时期，为避战乱，曾祖父举家迁到上海法租界。曾祖父的石湖草堂和吴湖帆的梅景书屋只隔了一条嵩山路，近在咫尺，因此更是朝夕相处，过从甚密，互相切磋，共享收藏的喜悦。此时有不少世家后裔携带家传古籍字画来到上海避难，迫于生计变卖书画度日，其中不乏宋元古籍书画碑帖珍品、明四家巨作、四王恽吴精品，身处战乱曾祖父虽然也不宽余，但出于对祖国文物的热爱，见到珍贵书画碑帖不惜以重金购买，并加以珍藏，免遭兵燹之灾。不少书画界、鉴赏界的朋友也经常在石湖草堂和梅景书屋相聚，其中有著名鉴赏家潘博山、张珩（葱玉）、谢稚柳、徐邦达等，海上画家、收藏家许多都是石湖草堂的常客。由于曾祖父为人谦和坦诚，与他交往多年的朋友都视他为知己，如有新的收藏也请他共同鉴赏，他的鉴赏力和独到的见解常使朋友们信服和敬佩。

下面按收藏理念、保护文物和对子孙后辈的影响三个部分，回忆介绍曾祖父孙伯渊。

一、以德为先的收藏理念

曾祖父经常跟我们讲：收藏是一件十分辛苦的工作，不仅要有眼力、财力、魄力，更要有高度的道德良心。如果一味追求名利，用自己的鉴定能力和鉴赏名望欺瞒他人、巧取豪夺是万万不可的。杨仁恺先生在他的《沐雨楼文集》中讲了这么一个故事。张珩先生曾与杨先生谈起，20世纪40年代初，张先生和孙老同去沪上一人家观看一箱书画，其中大多为民间红白喜事对联等物，不足为观，张先生中途愤然离去，唯孙老不倬烦劳，耐心埋头挑选，终于在箱底发现元代大画家钱舜举《梨花鸠鸟图》一卷。此项奇迹之出现，源于坚持，而坚持又本于对文物虔诚的意志，故有"发潜龙之感觉"，曾祖父实事求是地向这户人家讲清此画是真迹，最后以数十两黄金购之。当时，求售者说孙老先生能出这么多钱是他没有想到的，从这个真实的故事可以看出曾祖父收藏以德为先的理念。由于他待人心诚，求售者陆续不断，盈客满堂，为丰富自己的收藏打开了通途。

二、鉴藏书画为了保护文物

曾祖父在20世纪60年代初应上海博物馆沈之喻馆长之邀到上海博物馆为文博工作者讲解怎样鉴定书画，可惜原稿在"文革"中丢失。现只能根据祖父和父辈的回忆记述如下：

1. 书画鉴定的主要依据是时代风格和个人风格

老人告诉大家，学习鉴定首先要懂得历史渊源，不同时代的书法绘画有着不同的风格，只要看得多了，渐渐熟悉了，不同时代的风格在心中就会出现一个轮廓，闭上眼睛就可以想得出北宋的画大概是什么样子，南宋的又如何，明代早期的字又是什么样子，中晚期又是怎样。因此，遇到一件东西首先要看它的风格属于哪个时代，然后再进一步考查作者个人风格，个人风格比时代风格更具体，更容易捉摸。由于书画家个人的思想性格不同，审美观习惯不同，使用的工具也不同，他认为宋代的苏、黄、米、蔡中，米字变化多端，而黄字最缓慢，粗者看不出来，但仔细玩味就能体会出来。因此鉴定书画应该先从看字入手。书画家的字包含了他各个时期的内在功力、性格和特征，作伪者仿字要比仿画难得多。

2. 对印章的看法

印章是书画家用以表明确属本人作品的依据，老人对印章的看法是只能作为鉴定真伪的辅助依据。画家死了，印章尤在，别人可以将它盖到伪造的书画上去。中华人民共和国成立前有个画师得到了戴熙的一套印章，利用它造了不少假画。因此光按印章买书画是要吃大亏的。王己千先生在他的《明清书画家印鉴》序言中谈到，元明以来，印文发生雷同问题，如明代的沈周、文徵明、陆治、陈淳等往往有同样的印章多方，文字结构都很相像，唯引文略有差异而不得其解，王先生解释为“当因备多种仿佛之章所致”。而曾祖父和庞元济、吴湖帆专门研究讨论过这个问题，庞先生说董其昌无印章者为其最得意之作(《吴湖帆文稿》第 11 页云:“董书二题俱无印，此庞虚斋谓董画无印者为最得意作可信也。”)，吴先生认为唐六如等人对盖印章十分随便，在传世作品中有不少是无印章的，但是在漫长的传世过程中，原先的真迹有俗子仿制加印、画蛇添足。因此老人对印章持十分谨慎的态度，决不能光凭印章定真伪。

3. 题跋、著录和收藏要认真研究

老人认为题跋和收藏可以佐证作品的创作风格、收藏过程。许多作品以它众多的题跋和收藏印章证明了它流传有绪，从而增加了人们对它的信任度。但是真画配伪跋，假画配真跋也是常事。至于项子京的收藏印不知被人翻刻过多少次也是众所周知的。有些十分好的作品盖上了伪刻的项子京收藏章，十分可惜。但对于这些作品曾祖父也都会认真地加以鉴赏和收藏。著录也要区别对待，一类是个人和内府收藏，如安岐的《墨缘汇观》和《虚斋名画录》，各朝内府收藏的著录如《宣和画谱》《石渠宝笈》，此类比较可信。另一类是经手或过目的著录，如郁逢庆的《书画题跋记》、吴其贞的《书画记》、顾复的《平生壮观》、吴升的《大观录》等，老人认为个人收藏的著录要比过目的著录更可信一些，但著录也是辅助证据，即使是内府的东西也有不实之物，最好是拿前人的多种著录和实物作比较才能帮助我们作出比较客观的判断。

此外，曾祖父还对各个时代书画的纸绢、笔墨、颜料等一一作了讲解。

最后，老人强调了收藏是为了保护文物的观点，曾祖父是这样讲的也是这样做的。他从20岁左右开始到将近花甲之年，用了40多年的工夫收集了包括石鼓文，秦汉以来的碑刻、画像、题记、墓志、砖刻等3 000余件作品，并于50年代捐赠给了上海文物保管委员会。原上海博物馆馆长汪庆正先生说："我到过国内外某些图书馆、博物馆及大学图书馆，像孙伯渊先生所藏体系如此完整，装裱如此整齐划一，十分容易提看的整套石刻拓本，在全世界也是独一无二的。"曾祖父在考证和抢救文物方面也作出了重大贡献，这里讲几件事。

《北魏崔敬邕墓志铭》拓本为吴湖帆先生旧藏，但此拓本文理不通，无法连贯，吴先生怀疑此拓本有缺损，又无标准的对象可以对照。曾祖父知道后将此本拿回家中，按照石花纹理和文句逐一整理，经过一周日以继夜的细致工作，终于贯通了全文，恢复了原碑风貌（此件现藏上海博物馆），吴先生见之大喜，叹服不已，实为碑学界的一件佚事。

抗战时期，老人购得王时敏、张学曾、恽道生、杨文聪合璧山水卷，曾为徐乾学收藏，但其中杨文聪无徐的收藏印，引起老人的怀疑，遂与吴湖帆先生一起研究，吴对曾祖父严谨的精神十分赞同，并记起数载前张大千先生给吴先生看过一卷杨文聪水村图，老人即与大千先生联系阅看，当见到此图老人登时眼睛一亮，果然为合璧山水卷中之原物，遂辗转相商，从张先生手中购得杨文聪山水卷真迹。这两件手卷后为好友吴芳生易去，吴湖帆在此卷题跋中写道"和会是卷者，老友孙君伯渊亦积德事也，芳生先生其善获之"，从而使得这件宝物得以珠还洛甫。

老人常说：收藏文物不能光以数量多少来衡量，而是以质量优劣来区分，真、精、新（指品相好）是收藏的基本要求。寻常东西经常可以看到，而特别的东西一旦错过就只能留下遗憾了。《吴湖帆文稿》中记载了不少吴先生和曾祖父交往的日记，其中写到了这样一件事：1939年6月曾祖父以2 700大洋购下仇英设色大册十开。当时明四家一般在千元大洋以下，而曾祖父不惜以重金购下，他认为仇英真迹很少，册页更为难得，他还特地把其中的一刊《浔阳送别图》请妹夫陆抑非临了一幅立轴，交我珍藏至今。曾祖父收藏丰富，凡有精品，总不忘让他妹夫临摹学习，陆抑非先生成为海上著名画家，与其有幸比旁人见到更多的真迹精品是不无关系的。

三、对我们子孙后辈的影响

1949年以后，曾祖父将自己收集珍藏的书画碑帖分别捐赠给北京故宫博物院、上海文管会、上海博物馆、苏南文管会、南京博物院等单位。在一次捐赠仪式上有记者问：如此神品为何割爱捐献？老人笑曰：打一比方，一颗明珠，如果长期装在一个盒子里，别人无从见其光芒，只有把盒子打开，让众人共同欣赏，方能充分显示其光辉，照彻大地，才能充分体现其价值。他在世时经常教育子孙后辈，要好好读书，要自食其力，业余时间可利用家中的大量参考书籍学些书画，一可提高文化修养，二可陶冶情操。他特别教导我们，对书画鉴定要和你们做学问、搞事业一样，要严谨认真，不能有半点虚假。他要求我们自己没有研究确定的东西千万不要拿出去，以免流入市井。比如有一件文徵明的《千岩竞绣图》，他知道台北故宫博物院也有一件，并录入《石渠宝笈》，由于两地阻隔，无法看到台湾的原件，只是见到照片，两件作品相比，台湾的那件要比我家的那件下部少画一段，不知是摄影关系还是本身如此，而且一为纸本、一为绢本，是否为同一画题画了两张，无从考证，他要求孙子好好保护，仔细研究。在曾祖父的教导下子孙后辈都学有成就，祖父是化工高级专家，我的父亲、叔叔都是企业高级管理人员，我们孙子辈也都完成了大学学业，有的还在国外获得了硕士学位。后辈们大多喜爱书画，业余时间乐此不疲。祖父在书画鉴定方面也有相当造诣，鉴定专家杨仁恺先生在他的《沐雨楼文集》中写道："先生以化工为专业，并有所建树，由于家庭熏陶，对文物也具有特别爱好，与之促膝谈心，其文物知识毫不逊于专业人员。"祖父曾将国际建筑大师贝聿铭先生五世祖贝镛所画的《千墨庵图》长卷捐赠给故乡苏州博物馆，贝先生闻之先祖有此图存世十分高兴，专门委托其在沪亲属参加了捐赠仪式。中央电视台也作了报道。由于祖父年迈体弱，此次不能出席华人收藏家盛会，由我代表孙伯渊后辈参加大会，把曾祖父的收藏逸事回忆整理一部分，借以"感知文明，怡养情致"并奉献给各位。如有不当之处，请各位专家和收藏界老前辈批评指正。

与林风眠先生相处的日子里

——柳和清的回忆

王悦阳

我第一次见到林风眠先生是在 1948 年，那是在关良先生的家里。当时林先生虽然已经辞去了杭州艺术院院长之职，但仍在杭州艺专任教，周末常常往返于沪、杭两地，并与关良、陈盛铎等人交往甚笃。

1951 年，年过半百的林先生辞去了中央美院华东分院教授的职务，和他的法裔夫人及女儿定居上海，住在南昌路 53 号一幢新式里弄的住房里。据他自己说，这样是“想静下心来，多一点时间画画”，但也有人告诉我，林先生之所以离开杭州，还是因为艺术上的“路线问题”与当时提倡的不一致。

定居上海后的林先生没有了固定的收入，却需要扶养法裔太太，还有女儿、外孙，后来虽有了每月 80 元人民币的津贴，但是光为了支付每月 160 多元的房租就令他捉襟见肘了。林先生只能靠卖画和变卖一些当年从法国带回来的小工艺品度日，可谓举步维艰。

到了 1955 年，林先生的生活负担实在太重了，在不得已的情况下，林太太和女儿一家选择了离开上海，去了巴西定居。林先生就将楼下的房屋退掉，自己一个人住楼上的一层。

阳春面与电冰箱

一个人生活的林先生饮食起居更为简朴了，也很少添新衣。在他家对面有一家规模很小的米店，他经常就在那儿买五分钱的面条，用手托着回家，每天中午几乎都是自己下面条作为一餐充饥应付。到了晚上，他就煮些稀饭果腹。

记得有一次在他家门口的马路上，我和他不期而遇，他手托着面条，笑吟吟地问我："和清，你是否有约？如果没有，就到我家中一起吃面条吧。"我欣然答应了。回到家中，他很快就下好了两碗阳春面，还拿出了家里常备的他自己烧的菜干煮肉。他告诉我，自己每个月都会煮一两次这道菜，一天吃不完就隔天再吃，后天再吃，一直要吃到菜干发黑为止。我夸奖他的菜烧得好，他不无得意地说，这是他家乡的传统菜肴，另外，还要配上他自己加工制作的独家酱油来调味：将买回的酱油加上白糖、生姜，煮沸后冷却，味道颇佳。这一生活小絮，居然令我受益匪浅。后来，我到香港开功德林素食餐馆，所使用的酱油配料，就是从林先生那里学来的。

在20世纪60年代初，上海许多人家已经有了电冰箱，按理说，林先生一个人生活，饭菜常常要吃好几天，就更有这方面的需要了。于是我想为他添置一台，可是他却坚决不要。后来我买了他两幅画，他才用卖画的钱去买了一台冰箱。可见他即使囊中羞涩，也从不愿意欠人情。那时，他常常利用裁下的宣纸边条来作画，尽量不浪费。在我的收藏中有两幅小画，就是他用纸边画的。此外，他自己还学习裱画，一方面为了方便，另一方面也是为了节约。他给我的画中，就有他自己装裱而成的。

林先生习惯在晚上作画，同时还会听一些古典音乐的旧唱片。同一个题材的画，他往往会连续地重复画许多遍。但凡自己不满意的，就立刻当场处理掉。留下来的画也并非就是一定满意的，往往还要等到第二天早上起床后，再度审阅，这样一来，有时候一晚上的劳作，林先生竟会一幅也不留。其从艺态度之认真，自我要求之高，于此也可见一斑。

"今后，我的画恐怕只好挂在自己家里孤芳自赏了！"

林先生爱好广泛，喜欢看电影，也爱看戏曲，尤其喜欢看京剧，偶尔也看看越剧。

20世纪50年代中期，我在上海电影制片厂工作，常常有机会请林先生，还有陈盛铎、金石声等人观看内部电影，大家来往很是融洽。其中，林先生对于所谓的内部参考片——苏联电影《第四十一》中黄昏画面的拍摄情有独钟，甚至还多次反复观摩，并连连夸奖:“拍得太美了!”后来,他动情地与我说起,这幅美丽的画面正勾起了他童年的记忆,使他回想起当年他在广东梅县乡村中所看到的景色。后来,《第四十一》莫名其妙地成了“修正主义”电影的代表,林先生悄悄地对我说:“我年轻的时候,就读过鲍利斯·安德烈耶维奇·拉夫列尼约夫写的这部小说了,当时这是属于进步小说的啊!”言语间颇多无奈与不解。

60 年代初期,政治气候相对比较宽松些。林先生的个人画展在北京展出,米谷写了《我爱林风眠的画》发表在《美术》杂志第 5 期上,一时成为美谈。可是到了 1964 年,却有人突然开始批判这篇文章,并指责林先生的画是“黑画”,不是为社会主义服务的,思想感情是资产阶级的。社会舆论导向一下子对林先生的艺术创作持通篇否定的态度,甚至还以“莫须有”的罪名作了不少人身攻击。这对林先生来说是极大的打击,他的自尊心严重受挫,更担心自己的生活再一次受到影响。在那段凄风苦雨的岁月里,南昌路上经常可以看到林先生瘦小、孤单的身影,悠悠地在马路边徘徊、踟蹰,冷冷清清,孤孤寂寂,彷徨无助……有一次,他甚至无奈地对我感叹道:“今后,我的画恐怕只好挂在自己家里孤芳自赏了!”言语中有着无尽的失落、悲哀与无奈。

正在这彷徨之际,香港的中艺公司主办了一次“上海名家画展”,其中就有林先生的作品。这次展览在香港取得成功,某地产巨商李夫人购买了一幅林先生的仕女图。然而,当她拿到画后,却发现此画没有落款。于是就托了上海市侨联副主席简日林先生找到了我,并将画带回上海,让我去请林先生补款。我到了林家,林先生拿起笔当即就签上了大名。很快,此事经传开后,亲朋好友都来托我向林先生求墨宝,那时我付他的画价是 300 元一幅,大家便也照此标准买画。就这样,原本拮据的林先生手头一下子宽裕了许多,便有了条件去黄山、普陀山等地旅游写生了。

“来了!”

好景不长,史无前例的“文化大革命”来了。

1966 年 6 月,上海市开会传达“5·16 通知”,传达人是当时显赫无比的张春桥,地点在南京路大光明电影院。那天林先生与我都参加了。会议结束后,我推着自行车刚要上车时,冷不防身后被人捅了一下,我回头一看,正是林先生,眉头紧锁的他也不打招呼,只对着我耳边匆匆忙忙地讲了一句“来了”，语音未落，已消失在一大群径直前行的人潮中……当晚，我就赶到林先生家中。只见林先生忧心忡忡，愁眉不展，他认为“这次运动绝对不会在短时间内结束”。再联想到当时北京批判田汉、吴晗等人的运动已经有很长时间，让人更添一种很不好的预感。

果然不出林先生所料，没过多久，外面的风声就越来越紧了。正如他所说的那样，接踵而至的就是无穷的批斗、抄家，以及满大街火药味极浓的大字报。在那段日子里，不断地传来文艺界的朋友们被抄家，甚至自杀的消息，令人不寒而栗。一天晚上，林先生心事重重地对我说：“我曾经画有几幅裸体女模特画像，另有一些习作，都不曾发表过，主要是作为教学使用的范本。在这其中，有些是颇有些纪念意义的作品，另有一些用笔比较大胆，但个人感觉还并不成熟……总之，这些都是好的范本。但是这些作品一旦被红卫兵们拿到，就会是一桩大大的罪证啊。”为此，他忧心忡忡，甚至产生过销毁掉它们的念头，左思右想，却又十分舍不得。最终，我们再三商量，决定由我出资，将这批画买下来。我向他保证：即使今后抄家被抄到，也决不牵涉林先生的安危。于是，他郑重其事地把这批画交给了我，并关照“以后要少来往，要千万小心”。如果他有什么事需要帮助，就会写一个空信封，放在我家的信箱里通知我。如果我要去看他，则需要预先通过电话联系，并且要看到他家北窗的灯亮着时，才可以按他家的门铃。

从此之后，我每天下午下班后都会特意骑着自行车路过他家，看看北窗的灯是否亮着。如果亮着，至少说明林先生还平安无事。但过了没多久，林先生北窗的灯熄灭了，第二天、第三天，北窗的灯真的不再闪亮……我知道，林先生已遭进一步的迫害——他被关进了看守所。

我与林先生的学生席素华同住南昌路上，当时席素华常去探狱。有一次，我偶遇席素华，从她那儿才得知看守所每周还有林先生需要换洗的衣物，便知道他还活在世上，心中便也略微平静些。

1972年11月底，林先生终于出狱了！四年多不见阳光的牢狱生活，使得原先就患有胃病和心脏病的他病得更严重了，脸上无一丝血色，我看到之后实在心痛难过。但毕竟，我们又可以见面了！刚见到林先生，我想对他说句安慰的话，却怎么也说不出口！

悄悄进行的回忆录

那段时间里，我与林先生虽属“靠边站”，没有正常的工作，却多了不少相聚的时光。尤其欣慰的是，由我保存的那些画都没有发生意外。我当时就诚恳地向他表示，那些有纪念性的画作，我非常愿意归还给他，毕竟这是林先生大半生的心血啊！不过林先生却淡淡地笑笑，摇摇头讲：“今后的时局太难预料。”

以前，我曾多次建议林先生写一个自传，回顾一下自己不平凡的半生经历。可他总是一再推辞，理由是“画家还是让作品来讲话比较好”。但在那段特殊的岁月里，有一天，林先生突然对我讲：“以前你多次要我写自传、回顾之类的文章，我想如今是比较好的时机了。我现在不画画，也比较空闲。这样吧，我先口述，你们记下来，但是目前不要发表，一定要等到我去世之后才可以公之于世。”他还开玩笑地对我说：“我的一生可以是一个很好的电影故事，你是拍电影的，今后可以由你来拍。”我提出应当先写一份简历作为提纲，他同意了。于是便由他口述，我记下来，再呈林先生过目。对于这份特殊的简历，林先生看得特别仔细，还亲自提笔在上面作了好几处修改、补充。或许，我现在存有的这份经林先生亲自修改审定的简历，恐怕是存世仅有的一份了！

记得在那段时光里，每天早晨八点半，总是先电话预约好，我随即登门。林先生非常守时，早早地便在门口等候。

说起自己的童年，林先生经常怀着内疚和悲痛的感情。母亲的悲剧让他始终不能忘怀。母亲的身影更是时常显现在他的眼前。那是儿时一段颇为伤感的往事——林先生的祖父是一名石匠，当时，年幼的林先生每天都会陪着祖父一起上山雕刻石料。傍晚收工后，他特别喜欢去村上的一家染坊。虽然那是一处很简陋的小店，只有靛青等几种颜色，但他看见农民们原本粗陋、破旧的衣服经过染色，顿时焕然一新时，常常觉得神奇不已，于是就带着自己漂亮的母亲一起去看印染。没想到一来二去，出身苗族的母亲居然与染坊年轻的老板产生了感情。但在当时封建闭塞的乡下，这样的行为是违反族规的。愤怒的人们将林先生的母亲捆绑在林家祠堂前的屈辱柱上拷打示众。据林先生回忆，就在族人殴打他母亲的时刻，年仅六岁的他忽然有了感应，原本被关在家中的他奋不顾身打破了窗户，及时赶到祠堂，护着母亲鲜血淋漓的身躯，大声怒吼：“谁处死我的娘，我就跟谁拼命！”最终，母亲在他的呼叫下幸免一死，但当夜还是被逐出家门，卖向异乡。年幼的林先生从此再也没有见到过自己的母亲。伤心的他大病一场，半年之后方能下地走动。心灰意冷的他从此沉默寡言，不吃不喝，每天只重复着一件事情：爬上家门后的山头，静静地看着太阳升起、落下，观察峰峦的阴晴明暗，斑驳的山光水色，雨雪风霜的四时变化……久而久之，对于他的色彩观，有了很大的启发。后来，林先生笔下常常被人所称道的秋景山水，就是源于孩提时代的色彩启蒙。而他画的那些丹凤眼微微向上翘的仕女形象，也都是寄托着他对母亲美好印象的怀念。

在我的收藏中，就有这样一幅颇为特别的仕女，画面上，美丽女子的头上还有另一个美女的幻影，林先生解释说：那天他梦到了自己的妻子，又梦到了自己的母亲，因此根据梦境画成了这幅作品。或许，这正是这位外表沉默、不苟言笑的艺术家思母心切而产生的一种特别的想象与情怀吧！对于母亲，林先生有着极为深沉而复杂的感情，既内疚，又伤心，他常常对我说："要是我小时候没有带母亲去那家染坊，或许也不会发生后来的悲剧了。"

"我就是一个典型的'好色之徒'。"

在回忆的过程中，我突然想起了一个问题，便冒昧地问道："大家都说，你 5 岁时就开始画芥子园画谱了。是真的吗？"林先生意味深长地笑了起来，很含蓄地说道："他们需要我的时候就当我是天才。5 岁时，我还在捉小鱼呢！"而他对童年时代印象最深刻的就是在 8 岁那年，祖父带他去了一次城里，难得进城的他路过一家钟表店门口，买了一张彩花，居然中了头奖，得到 1 000 多元钱！于是，祖父每月就从这笔奖金里给他零用钱，一直到他去法国求学时，剩余的都作了路费。说到这里，林先生发出了童真的欢笑。

林先生是一位知恩图报的君子，他一直在感激杨西斯先生。常常带着美好的回忆跟我叙说当年在法国求学的往事。杨西斯先生推荐林先生到法国巴黎高等美术学院名师柯尔蒙门下，林先生说："这是我艺术人生的一个转折点。"有关这段林先生从艺过程中非常重要的经历，林先生是这样跟我介绍的：

那是在 1921 年，20 出头的他还在法国第戎美术学院求学。有一次要完成老师布置的写生作业，林先生决定选择罗马柱作为写生对象。当时，罗马柱在欧洲是极为常见的建筑形式之一，几乎每幢房子上都有。但在之前从未见过罗马柱的林先生看来，却"伟大得很”，他十分喜爱罗马柱独特的造型与丰富的质感。于是，他极为认真地连续画了两幅，表现罗马柱在不同的视角和不同光线下的独特感觉，倾注了自己强烈的情感。正在那时，校长杨西斯先生来班级里视察，他对这两幅作品很感兴趣，就找林先生面谈。杨西斯校长开始还以为他是日本人，后来经林先生自我介绍才得知他是中国的穷乡村农民出身，兼以石匠为副业。可能是林先生的法语翻译不够完美，杨西斯校长误以为林先生是学雕塑的，林先生赶紧再三解释，坚持说自己只是个石匠而非雕塑家，这使得杨西斯校长对林先生的诚实真挚更为欣赏。

然而，这两幅罗马柱的习作能引起校长的青睐，主要还是得益于林先生笔如刀般的遒劲线条，以及他早年对朝霞、黄昏、山色、日光变化无常的仔细观察而得来的非凡色彩表现能力，加上林先生本人的天赋和勤奋，自然非比寻常。林先生回忆至此，深情地对我说道：“作品一定要表达出艺术家心中的感情才好啊！”

正所谓“机遇只留给勤奋的有心人”，杨西斯校长这位法国“伯乐”对林先生欣赏有加，并将他推荐进巴黎高等美术学院深造，使年轻的林风眠在法国的学业更上了一个台阶。当时巴黎高等美术学院的艺术环境是现代的、开放的，各种艺术流派竞相吐艳。林先生如饥似渴地汲取各种艺术营养，接触到原汁原味的印象派、野兽派、立体派等各种不同的绘画流派，也知道了什么叫“海纳百川”，什么叫“思想自由”，什么叫“包容兼蓄”。在这样的环境中，他系统地学习了美术专业，沉浸在艺术的殿堂里，哪怕再艰苦的勤工俭学，他也会觉得有滋味。为了生存，他曾干过油漆工，但是单调的工作并没有让他感觉枯燥，他在回忆这段经历时说道：“每当不同的油漆在调和的过程中所形成的色彩涟漪以及色度渐变给人的视觉造成的冲击，都会给我留下最美最深的印象。认识颜色是我的爱好，我就是一个典型的‘好色之徒’。”

“我绝不自杀。我要理直气壮地活下去。”

巴黎求学时的一段特殊经历，还令林先生在牢狱之中吃了不少苦。谈起那段经历，一脸严肃的林先生常常激动不已。尤其是说到某位女“造反派”追问他与周恩来总理的关系时，由于回答不如对方之意而招致辱耳光之事，林先生更会气得脸色发青，肌肉颤抖，言语哽咽。其实，对于自己同周恩来总理的关系，林先生曾多次强调，哪怕在拘留所里审讯，也毫不动摇——他们是在法国认识的，却并没有什么深交：

“1918年，我到法国就读，当时周恩来也在法国。星期日，很多旅法的同学在巴黎的咖啡馆相叙。有时周恩来也来，但我们平时没有往来。有一次，周恩来曾向我征求意见，邀我加入中国共产主义运动的组织，我回答说：我是搞艺术的，必须全身心地投入到艺术中去，而搞政治也必须全身心地投入。二者不可分心。周恩来听后，尊重我的意见，以后从未提过。我们依旧是点头之交。”

周恩来当了总理之后，林先生却从未找过这位当年的老相识。直到1958年，在上海的一次文艺界的聚会中，周总理见到了久违的林先生，特地与林先生握手，并亲切地说：“几十年不见，你还是老样子，工作上、生活上有事可以找我。”又过了四年，1962年在上海的一次政协会议上，周总理又见到了林先生，他热情地拥抱了林先生，并真诚地说：“希望你多画些画。”君子之交淡如水，中华人民共和国成立后林先生与周总理的接触仅有这两次，但他对此却一直缅怀在心。后来，林先生对我说：“有人以为我与周恩来有特殊的关系。这就是我被捕的原因之一。”

在监狱中，面对拷问，林先生毫不屈服。由于专案组没有得到预期想要的结果，林先生因此遭受到了极为悲惨的非人待遇。造反派甚至将他双手反铐起来，越挣扎手铐收得越紧，到后来甚至磨破了皮，出了很多血。回忆起这些苦难，林先生告诉我：“我在监狱中学会了反手趴在地上，用嘴啃饭吃。要不然，就得活活饿死。”我听了，可谓心如刀绞。

为了平复先生激动的情绪，我们转换了话题。我告诉林先生，这几年里，他的老朋友傅雷、朱梅馥夫妇上吊自尽了，此外，文艺界的杨嘉仁夫妇、金素雯夫妇、言慧珠、顾而已、上官云珠、石挥等都纷纷离开了人世。我还说到了自己，一天中最多遭遇了30次抄家，大小批斗更是不计其数。有一次还被拉到文化广场，为陈丕显书记陪斗，站在台上，望着底下一片黑压压的人群，大叫“打倒”口号，我突然想到林先生这位亦师亦友的老朋友，不知道在监狱中会过着怎样艰难的日子！林先生听罢，坚强而平静地说了句：“我绝不自杀。我要理直气壮地活下去。”

从北京到杭州

我们继续着谈话，但话题却从此再也没有那般沉重了。林先生告诉我，1926年初，他回到了祖国。在上海的轮船码头上,突然看到拉出来的横幅标语,上面写道"欢迎林风眠校长回国"。他感到惊讶与不解,所以就悄悄避开了欢迎的队伍。

林先生笑着说道:"现在有很多人讲,他们当时在码头上接到了我,然后一起去了北京,不是事实。"因为当时他曾托蔡元培先生为其在国内找工作,在未得到蔡先生的回复前,他是绝不能贸然担任其他工作的。后来,当他见到蔡元培先生后才知道,校方曾打电报告诉他"已被聘为国立艺专校长",可惜当时他已经上了回国的轮船,并没有接到电报,因而错过了这个消息,所以才会在码头上莫名惊讶。林先生就是这样一位言而有信的君子。

在北京担任校长期间,林先生还曾打了一场"笔墨官司"。1927年,27岁的他开设了写生课程,并大胆在课堂上请来了裸体模特儿。当时的北京正是东北军阀张作霖控制时期,有"枪毙部长"之称的教育总长刘哲十分顽固保守。他认为人体艺术有伤风化,坚决反对。林先生面对封建势力毫不畏惧,于是在报纸上坚持己见,闹得满城风雨。气急败坏的刘哲扬言林先生是"共产党",甚至要"抓住林风眠,枪毙了"。好在当时"少帅"张学良将军认为林先生提倡人体写生仅仅是"为了教学",并没有其他目的,这才将一场风波平息了下来。不久之后,在蔡元培先生的帮助下,林先生来到了杭州,创办了全新的"国立艺术院"。

对于他一手创建的"国立艺术院",林先生是好生怀念的,他一口气如数家珍般地向我详细介绍了当时学校选址过程和聘请外国教授等往事。他还要我去找章西彦先生(艺术院的第一届毕业生),帮助他回忆起当年执教老师的全部名单。林先生在杭州市玉泉还有一幢他亲自设计的西式小洋楼。当年他离开杭州时,当地的园林管理部门曾给林先生大约9 000元人民币,将房子收购了,但是房屋的产权之事并没有做个了断。1975年,我曾建议把这幢小楼改建成林风眠艺术馆,为此,我还去了杭州玉泉拍了照。但林先生却坚决不同意将其建成自己的艺术馆,他说:"那里的环境很好,还是作为我的养老地为好。"

"毁了几代人!"

1976年10月,我的老朋友黄永玉从北京来信,转述"号外":"叶大侠夜擒四螃蟹",并附《阳秋三绝》画一幅。画中四蟹，三公一母。我当时还参不透禅机，因为“四人帮”伏法的消息在上海还被封锁着。于是就来到了程十发先生家中。正巧程家有一位北京客人，这才证实了这条大快人心的消息。我立即将信和画带给林先生看，并告诉了他来自北京的好消息。林先生听闻之后，长舒一口气，十分开心地笑了起来，接着又关照我“越是这样的时候，越要小心”。临别之时，林先生指了指那画上的四只螃蟹，低声说了句：“毁了几代人！”

拨乱反正之后，黄永玉来到上海，住在我家。我们偶然谈起林先生时，他告诉我：当年，林先生在北京开展览会，李苦禅、李可染天天去美术馆报到，从布展到宣传忙个不停，甚至还义务担任起了画展的“讲解员”。别人都诧异这两位大画家怎么会对林风眠那么热情，他们既高兴又不无自豪地告诉大家：“我们是地地道道的林风眠老师的学生！”后来，我把这件事告诉了林先生，他笑了笑，淡淡说道：“这是他们尊重我。”我又补充讲了一句，黄永玉没有先生的画。林先生说：“黄永玉不是我的学生，但是他画得很好。”随后，他交给我一幅画，请我转送给黄永玉。

聚首香江

1977年，林先生即将赴港前，在我家信箱内留下了一封告别信，约我尽快去他家见面。我接到信后随即赴约，到他家后才知道他已经为我准备好了三幅画，作为告别纪念。谨慎的他还叮嘱道：“我临走的那天你就不要去送我了。有许多你认识的领导会来，还是别引起不必要的连累了吧。”于是，我就在那熟悉的南昌路二楼房间内，向林先生作了告别。我明白，这是林先生对我的爱护，避免发生不必要的麻烦。他就是这样一位细致周到、处处为人着想的慈悲长者。

林先生到了香港后，很快就给我来信，用的是“林琼”的署名。由于他刚到香港，人生地不熟，在信中希望我能介绍些朋友买他的画。我立即托香港友人买了他一幅画，计一万港元。后来又介绍另外一位友人买了两幅。待他的经济情况略有好转，林先生就立刻来信，嘱咐我“不必再介绍了”。他总是不愿意麻烦别人，自始至终是一位自尊、自重的可敬老人。

1989年，我退休后也来到了香港，为了在香港立足，我做起了生意，在铜锣湾的马路边开了一家小小的素菜馆，林先生得知后即来看我。当他看到我的餐馆简陋的现状，第二天就亲自送来两张画，什么话也没说。然而，正是这两幅画，对我当时起到了很大的帮助。但林先生似乎从来就不求什么回报，他每次到我店里来，总是只要一碗素面就可以了，从不大吃大喝。

当初，他在飞抵香港时，香港的著名人士罗孚先生曾多次请他吃饭，还为他介绍了不少朋友。林先生对此一直感激在心，罗孚先生住在香港的天后地区，我的小店开在铜锣湾，两地相距不过10分钟路程。1990年罗孚先生遇到些麻烦，暂时不能回香港，年已耄耋的林先生就经常背着一个布包，坐电车去罗家探望，顺便走到我的小店来。一方面和我小叙，另一方面也希望我能打听到罗孚的消息。另有一次，他的老朋友马国亮来到香港。林先生得知后，马上约他在我的小店见面。林先生十分同情这位老朋友的遭遇，他对我说："马国亮当了那么多年的右派，挺可怜的。"林先生就是这样一位重情重义的人！

记得1990年，吕蒙和黄准夫妇去英国探亲路过香港，邀我找林先生小聚。当我转告林先生后，他反复询问"来了几个人"，经过考虑之后，林先生约两人在外见面，并请他们通过新华社香港分社备案。后来，他悄悄告诉我，自己并不是不欢迎老朋友，而是"怕干部再带干部来"，引起麻烦。晚年的林先生更像一位孤独的老者，除了艺术，他已没有别的追求。而对于个人的名与利，他更是视如云烟，毫无留恋。

丹青人品，永恒美丽

1991年8月12日，林风眠先生在香港仙逝。

如今，先生离去已多年。回想起我们的交往，居然也已有整整60年了。我是他的后辈，也是忘年之交。经历了一个甲子的轮回，虽说往事如飞烟般地都消逝了。但每当我再一次看到他的遗作或不经意路过他南昌路的故居时，眼前依然会浮现出林先生的音容笑貌和他那可敬的身影来，一幕幕前尘往事，令我浮想联翩。朦胧中，好像我们又回到了那段常常相聚的时光：在南昌路上的锦江茶室、洁而精川菜馆……在我的印象中，林先生短小、瘦弱，一双艺术家的眼睛却分外有神。他的生活俭朴、衣着朴素、胸怀坦荡，从不张扬自己，更不追求名利，面对着纷乱的时局世事，始终一心一意地将自己的全部身心奉献给他所热爱的绘画艺术！作为导师，他留给我"真诚"；作为朋友，他留给我"善良"；作为画家，他留给我"美丽"。能与这位"真善美"的化身交往整整60年，此生足矣！

顾廷龙与图书馆收藏

陈　雷

顾廷龙(1904—1998)，字起潜，号匋誃，又号隶古定居主人、小晚成堂主人，笔名路康。江苏苏州人，是我国著名的版本目录学家、图书馆事业家、书法家。先生自1932年进入燕京大学图书馆工作起，便与图书馆结下了不解之缘，在以后的数十年中，又先后供职于上海私立合众图书馆、上海历史文献图书馆和上海图书馆，毕生都在为图书馆收书、编书、印书，专为前贤行役，不为个人张本，其高风亮节足以垂范后世。

所谓饮水思源，如今人们在提及上海图书馆海量的馆藏文献时，都会自然而然地联想到顾廷龙先生，而先生的个人收藏却很少有人提及。先生出身书香门第，颇有家藏，在近人王謇所著《续补藏书纪事诗》中先生就位列一席："顾起潜(廷龙)，为侠君太史裔孙，长吉金、甲骨文字，亦富藏书。比年主持上海图书馆，裨益公家甚多，世人咸钦服之。"(潘承弼条后附)然而难能可贵的是，先生早年便毅然放弃了作为私人藏家的机会，在1942年的日记中他这样写道："余因从事图书馆事业，不宜自有收藏，且从前所积除自读阅之本外，亦将赠馆。"他不仅自己以身作则，也不赞成图书馆馆员作个人收藏，同时更是多次捐出自己的藏品，早在合众图书馆期间，先生就将珍藏的《秀野草堂第一图》捐入馆藏，在上海图书馆任职期间，又先后捐赠顾嗣立未刊稿本《元诗选癸集》《明四皇甫诗书卷》真迹、顾祖禹等题诗的《马蕃侯像赞册》及与叶景葵之间的论书尺牍等珍贵文献，先生去世后，顾诵芬先生将其父在上海寓所的900多种3 000多册图书及一批书画一并捐赠给了上海图书馆，如：先生早年在燕京大学研究院时所作论文《说文废字记》(后改为《说文废字废义考》)、顾氏秀野草堂藏抄本《东坡文选》、先生手校本《集韵》《龚定庵全集》、先生手抄本《续恒言录》《迁树钱谱题跋》、先生辑胡适《水经注校本的研究》以及先生用五色笔过录各家批注的《郘亭知见传本书目》等。上海图书馆为此专门举办了先生藏书的捐赠仪式。

2011年,顾诵芬先生又将顾廷龙先生晚年在北京寓所的遗物整理之后捐献上海图书馆。笔者有幸赴京参与了这批文献的交接仪式,前后历数日,共封装35箱。其中包含先生的私人信件,如:王同愈、胡玉缙、钱玄同、李宣龚等致先生札,史念海、王世襄、傅璇琮等的来信等;先生手稿,如:《起潜备忘》《起潜闻见录》《平郊旅记》等;学术资料,如:《严元照年谱》素材、《续修四库全书》编纂资料等。先生藏书亦有数百种在列,除少量古籍外,大多都是当代出版物。古籍虽以晚近之本为主,但多经由先生批校题跋,如:先生批校并过录莫友芝校的清刻本《钦定四库全书附存目录》、批校民国观古堂本《书林清话》、过录章钰等四家校并跋的清宣统本《语石》、书有长跋一则的《四部丛刊》影印本《春秋繁露》等。还有一些《尚书》的传本,据顾诵芬先生说,这是当年顾廷龙先生作《尚书文字合编》时留下的。

至此,先生的私人收藏多已化"私"为"公",入藏上海图书馆,留在了他为之奋斗一生的图书馆中。听上图的老辈们讲,先生的藏书都是较为常见的本子,以实用为主,笔者所见正是如此。以先生的学识与眼光作私人收藏又有何难,只是他把毕生的精力都放在了图书馆事业上。比起先生略显"平淡"的私人收藏,上海图书馆的馆藏确是种类繁多、各具特色。

2010年,上海图书馆举办的"琅函鸿宝"馆藏宋本特展,免费向公众展示了60种宋刻秘籍,引起了海内外极大的关注。上图今藏宋本约200余种,仅次于中国国家图书馆,位列全国第二位。上图之所以有如此重量级的藏品,是靠几代人的积累,先生更是功不可没。

上图的宋本主要来自吴县潘氏滂喜斋、仁和朱氏结一庐、祁阳陈氏郇斋、常熟翁氏均斋四家,除翁氏藏书为2000年上图以重金购回外,其中三家藏书均与先生有关。20世纪50年代初,滂喜斋有一批珍贵古籍暂存于合众图书馆。是先生与徐森玉出面与潘家后人协商洽谈,最终购得这批古籍,计76种,其中宋刻本20种、元刻本27种、明刻本18种、清覆宋刻本2种、明清名家抄本9种，宋本如：《周髀算经》《孙子算经》《九章算经》《张丘建算经》《诸儒鸣道》《东观余论》《侍郎葛公归愚集》《嘉祐集》《梁溪先生文集》等在宋本展中都有展出。朱氏结一庐与陈氏郇斋的藏书则是由于历史原因为“造反派”抄没，辗转归入上图。当时先生因致力于搜集家谱、鱼鳞图册等文献，被污蔑成为地主阶级树碑立传，收藏“变天账”，已被打入“牛棚”。据沈津先生回忆，只是为了将朱、陈两家的古籍编目并制作清单，才请示领导，把先生与潘景郑、瞿凤起三位先生从“牛棚”中“请”出。整整两个多月，三位先生和上图其他工作人员几乎每天都泡在一起看书讨论，先生还亲笔写了朱、陈重要藏品的清单。据统计，结一庐藏书计450种，其中宋刻本23种、元刻本39种、明刻本178种、明抄本11种、碑帖7种、朝鲜刻本1种、稿本1种、清刻本5种、清抄本185种。郇斋藏书计676种，其中宋刻本17种、金刻本11种、元刻本20种、明刻本165种、明铜活字本6种、稿本11种、明抄本34种、清抄本95种，有卢文弨、鲍廷博、吴骞、黄丕烈、劳氏兄弟等名家批校题跋本87种，余则为清刻本。经由宋本展展出的《钜宋广韵》《刘子》《杜荀鹤文集》《古灵先生文集》《才调集》等俱来自结一庐藏书，《东莱先生吕成公点句春秋经传集解》《胡先生春秋传》《宛陵先生文集》《文选双字类要》等则是郇斋旧藏。1980年，两家的后人把这些藏品捐赠给了上图，但若不是先生及诸位图书馆前辈在“文革”中的抢救与保护，今天的人们或许无缘得见这些稀世之珍了。

先生作为版本目录学家，对古籍自然有着无比的热忱，甚至有与先生共事过的图书馆界前辈形容他是“视古籍如命的人”，但他对于文献的理解，对文献征集的范畴却远不止此。说到此处，不妨先从笔者亲历的一件小事说起。数年前，笔者与古籍普查组的同事一同开始对龙吴路书库的未编书进行编目整理。有那么一段时间集中整理了一批讣告、哀启、荣哀录等，粗粗算来大约有700余种，日复一日地对着这些“先君某某”“某太夫人”的讣告，编多了难免心生倦怠。后来前辈陈先行先生得知此事，对我们说千万不要小看这些讣告，这些别人看不上眼、不要的东西，都是顾老当年收来的。当时听来颇有些意外，似乎印象中没有哪家图书馆还有收集讣告的，像先生这样的大学问家怎么也会对这种不起眼的特殊文献类型感兴趣呢？后来翻阅《顾廷龙文集》及前辈们写的文章，才渐渐了解到先生“片纸只字皆是宝”的理念。上海图书馆今日坐拥书城，显然和先生的这种理念及其实践密不可分，也远远超出了一般私人收藏家的眼光。

先生的文献征集观深受顾颉刚先生的影响。顾颉刚(1893—1980),又名诵坤,字铭坚,江苏苏州人,著名历史学家,古史辨学派的创建者。从辈分上来说,先生是顾颉刚的族叔,实际年龄顾颉刚又长先生 11 岁。两人志趣相投,交往甚深,曾合著《尚书文字合编》。1927 年,顾颉刚应广东中山大学之聘,任语言历史研究所教授兼图书馆中文部主任,学校委托他到江浙一带收书,他即写成《购求中国图书计划书》,详细罗列了所要搜集资料的各个方面。在这份计划书中,他认为"以前收集图书,目光所注,至为狭隘"。例如西汉《七略》不收当代律令,清代《四库全书》不收释、道二藏及府县志等,他为了打破"经、史、子、集"四名就能概括全部书籍的陈旧观念,把应当搜求的图书分为经史子集及丛书、档案、地方志、家族志、社会事件记载、个人生活记载、账簿、中国汉族以外各民族之文集、基督教出版之书籍及译本书、宗教及迷信书、民众文学书、旧艺术书、教育书、古存简籍、著述稿本、实物图像等 16 类。这份《计划书》在当时印刷不多,顾颉刚在离开中山大学赴燕京大学任教时曾赠送过先生一册,先生阅后深以为然,后来他在《介绍顾颉刚先生撰〈购求中国图书计划书〉——兼述他对图书馆事业的贡献》一文中自述:"我从事图书馆古籍采购事将五十年,即循此途径为采购目标,颇得文史学者的称便。"用先生自己的话来讲,有三件事可以视作对《购求中国图书计划书》的实践:

一是保护革命文献。革命文献即指 1949 年以前有关传播马列主义、宣传革命与进步、介绍中国共产党活动情况及中国共产党自身出版的书籍资料。此类文献因历史原因,往往印刷数量都不大,且在 1949 年之前,在国统区收集此类文献无疑具有极大的风险,不仅公立图书馆不会也不敢收藏,普通的私家收藏一经发现便会有杀身之祸。先生慧眼独具,发现了这些文献所具有的珍贵价值,他曾在日记中这样写道:"文献之重,不在时间之远近,而在历史价值、当时处境何如为定。因此,有些革命刊物盛行于老解放区,而白区极难得,入白区,又经过反动派之摧毁,更为难得。"故在合众图书馆时期,他就千方百计注意搜集保护这方面的书刊资料。他曾用叶景葵刊印的清张惠言《谐声谱》等一批复本书籍交换贵州大学图书馆的一批革命文献,为防止意外情况发生,他还专门请人刻了"贵州大学图书馆移存图书"的印章钤盖其上,并把这批文献密藏在书架顶端和天花板的结合之处,中华人民共和国成立之后才取出来。1949 年后中共中央宣传部曾派人来上海征集有关革命史料,在别处空手而归,却在合众图书馆大有收获,如:1921 年出版的《列宁全书》第一种《劳农会之建设》;1926 年出版的《中国农民运动近况》;1927 年出版的刘少奇所著《工会经济问题》和《工会基本组织》等。在如今上图的馆藏中更有 1920 年 8 月由陈望道翻译、社会主义研究社出版的《共产党宣言》这样的珍本,已知存世仅 11 册,2012 年上海图书馆 60 周年馆庆特展中曾作为代表性藏品展出。

二是从废纸堆中抢救历史文献。1955 年秋天,先生接到当时的上海市文化局社文处徐钊来电,说上海造纸工业原料联购处从浙江遂安县收购了一批约两百担左右的废纸送造纸厂做原料,里面可能有线装书。他连夜赶到现场查看,发现确是可供搜集的文献,于是从第二天就开始了清理工作,现场满是纸屑飞扬,先生不顾尘垢满面,汗流浃背,即便片纸只字也不轻易放过。经过连续 11 天的辛勤劳动,抢救出一大批各种类型的文献,包括史书、家谱、方志、小说、笔记、医书、民用便览、阴阳卜筮、八股文、账簿、契券、告示等。其中就有传世孤本明万历十九年刻本《三峡通志》,流传稀少的明本《国史纪闻》《城守验方》,明末版画上品《山水争奇》,还有不少稿本与抄本。值得一提的是,像清代朱卷、家谱之类当时不为人重视的文献能成为上海图书馆的馆藏特色,与这次"沙海淘金"密不可分。鉴于此次在废纸堆中发掘的大量有关经济、教育、风俗类的史料,先生特地撰文《我在废纸中抢救历史文献的一点体会》,呼吁各地教育机关关心当地图书文物情形,向群众进行广泛宣传,以杜绝将珍贵文献弃为废纸的现象再有发生,并提出了可列入搜集范围的文献,归纳为革命文献、档案、地方志、家谱、社团记载、古代医书、个人记载、账簿、迷信书、民间文艺、古典艺术、图片等 12 类。他还专门提到了讣闻,认为假设把这些小传汇编起来,便可与明朝"献征录"、清朝"碑传集"等相媲美了。据初步估算,上图已编目的讣告类文献约有 2 000 余种,先生所愿或将有实现时日。

三是搜集民国间出版的丛书。民国时期的出版物,俗称旧平装。由于印刷出版年代较为晚近,不为当时人所重视。先生对此却有先见之明,中华人民共和国成立后不久,他就有了对民国时期的出版物及时做总结的构想,因此特别注意对此类书籍的收集。他在筹划编纂《中国丛书综录》时就计划将来以民国时期的丛书目录作为续编,以求目录的完整性和连贯性。有一次,他去福州路古旧书店闲逛,发现店员在将旧平装按丛书名称配套,经询问方知旧平装在内地没什么销路,在香港却有市场,但香港方面需要的是成套丛书,对零散品种兴趣不大。先生当时任上海文管会出口鉴定委员会副主任,一方面"利用职权”阻止古旧书店出口旧平装，另一方面动用图书馆采购经费大肆购买。当时竟有人指责先生这样做是浪费国家财产，先生不为所动，针锋相对地提出，政府每年所拨购书经费不用完就是没有完成任务，节约购书经费就是对工作的不负责任。1980 年，在先生的提议下，上海图书馆根据馆藏编印了《中国近代现代丛书目录》，共收录丛书 5 549 种，子目 30 940 种。尽管出于种种客观条件的限制，该目录的编纂乃至印刷质量尚有不足之处，但在当时已是相当不容易的事了。先生也曾不无自豪地说："可以说，没有一个图书馆能拥有上图这样丰富的馆藏，遑论个人。而上图能够编成此书目，得益于收集此类书籍比较早。"

对于先生的文献征集，顾诵芬先生曾有过的这样评述："收书需有眼光，不仅善于鉴别版本，更是对历史文献之宏观认识与把握。旧时癖宋嗜元成风，竞相争炫，先父则独辟蹊径，专事搜访稿抄校本及稀见明刻本；当时家谱、朱卷、近人手札、专人档案、革命文献、旧平装等资料价值为人们所忽略，先父慧眼识宝，百方搜罗，始终不懈，竟使聚沙成塔，成为上海图书馆特色专藏。"这也是对先生一生为图书馆收书的最好总结。

当然，先生并不仅仅满足于收书，在编书、印书方面也不遑多让，他编纂的《章氏四当斋藏书书目》《明代版本图录初编》(与潘景郑合著)、《中国丛书综录》《中国古籍善本书目》《续修四库全书》如今仍是相关从业者的必备工具书，他主持影印的上图馆藏如：宋刻本《唐鉴》、元刻本《农桑辑要》、明抄本《永乐大典》("郎"字韵)、清述古堂影宋抄本《集韵》、稿本《读史方舆纪要》等，亦使"孤本不孤"，能为广大学人所用。先生于图书馆事业的丰功伟绩实非笔者这样的后生晚辈所能言述之万一，值此先生 110 周年诞辰之际，草就陋文一篇，以缅怀这位德高望重的图书馆界前辈。

以藏养艺

——钱君匋的艺术与收藏

王叔重　陈含素

钱君匋，是中国20世纪一位集画家、书法家、篆刻家、封面装帧家、诗人、散文家、音乐家及收藏家于一身的多才多艺的艺术大师。他在各个领域开拓创新，硕果累累，作出了他人无法替代的业绩。他既擅水墨丹青，又好篆刻治印；既精于封面设计，又长于音乐创作。他也与鲁迅等一大批文化名人互有往来，他的艺术生涯之长久，艺术生命之强劲，堪称一绝。

一、钱君匋的生平与艺术

1907年除夕夜，钱君匋出生于浙江省桐乡县屠甸镇。乳名玉棠，后更名君匋，别名午斋、豫堂，室名思源堂、丛翠堂、抱华精舍、新罗山馆、无倦苦斋、叒叒楼等，笔名也有十多个。19世纪中期，钱君匋的祖父钱半耕迁居到桐乡县的屠甸镇后，潜心学医，是一位颇有威望的中医。钱君匋的父亲钱希林从小学医，但是他的医术远远不如乃父钱半耕，因为他的兴趣不在医道上。小小的屠甸镇在那个年代里人口日增，钱希林弃医从商，开了一家小饭店，亲自掌勺，烧得一手好菜，尤其是清蒸河鳗和红烧河鳗两道菜。钱君匋回忆起父亲的这两道菜，犹如再次尝到这般美味的菜肴一般，喜爱之情溢于言表。后来，钱希林不满足于当一名出色的厨师，他发现了另一个商机，那便是代办小镇与海宁硖石之间的邮政业务。此后，他还开办过收购站、竹器店等日用杂货店，可谓是精明能干。而钱君匋的母亲程雪珍，是一位勤俭持家的女子，并能剪一手漂亮的纸花。

在这样的家庭里，作为长子，钱君匋八岁起便由父亲送入沈云彬先生私塾攻读，时以《百家姓》《千字文》《三字经》《神童诗》等为课本。但是，钱君匋自小喜欢画画，四岁的时候就用炭粒在白墙上画各种动物，他因此常常忘记背诵课文，被私塾老师狠狠打了手心，并责令不准再画。年幼的君匋性格倔强，因此事与塾师发生争执，竟将老师的戒尺抛至窗外，砚台摔至地上。双方都不肯示弱，僵持颇久，后来，钱君匋父亲即劝其退学改入石泾初等小学，即后来的崇道小学。崇道小学自寂照寺迁入寺桥河南新建校舍，这时候的钱作民老师，他不像之前的私塾老师不许小君匋画画。相反，他极力鼓励君匋画画，这让君匋大为高兴，更加热衷于画画。也正是在这一年，君匋开始用香烟牌子作为临本作画，有"翠鸟牌""老刀牌"等香烟画片，做成之后便分赠友朋，亦足以快活。15 岁开始，每逢暇时，他便开始弄刀刻印。起初，以肥皂、蜡烛为印材，稍后改用木材，后在同里著名画家徐菊庵的指点下，改用青田石章，并经孙增禄指点学习吴昌硕、赵之谦，但经年无甚进展。1921 年 6 月，钱君匋小学毕业后因家庭经济拮据未能升学，辍学后经人介绍到桃园头小学教书。1923 年(17 岁)，君匋从桃园头小学辞归，经钱作民老师介绍，持函到上海拜访丰子恺先生，入上海私立艺术师范学校，攻读国画和音乐。在这里，他结识了后来引起钱君匋在书籍装帧上的极大兴趣，终影响他成为一代书籍装帧大家的陶元庆同学。陶元庆长钱君匋 14 岁，当时已在《时报》主编《图画周刊》，他因没有专业文凭，特地辞职来校读文凭，二人的相知相识因此开始。次年，艺术师范学校的吕凤子老师忽然要去拜访时住上海北山西路玄庆里的吴昌硕先生，便带上自己的得意门生钱君匋一起去造访。这一次的拜见，对钱君匋的篆刻生涯产生了转折性的影响。60 年后的钱君匋回忆起这一幕，依然激动万分。他说："老人的仪表完全出我所料，精干矮小的个子，很少占领空间，灰色眉毛，十分慈祥，目光炯炯，机智而略带幽默感，眼角笑纹翔舞，流露出乐天、谦逊、平易，洞察力很强，自有一种光风霁月净化他人杂念的魅力，迫使我总想多看他几眼，捧着热茶杯也忘记烫手了。"钱君匋将自己的印章拓本呈上，昌老仔细审阅，沉吟片刻，对君匋说："刻印宜先学秦汉印，待学得其平正、气韵后再学明清以来各家刻印，方能入门。"这一席话，对于钱君匋的篆刻艺术，可谓是获益匪浅，终生受用。与吴昌硕先生的会面一直激励着年轻的钱君匋。亦是此年，君匋作了第一首新诗，题为《蝶》，写夏日里蓬蓬的花朵唱着轻清的歌儿，蝶儿醉了。他真是一个满腔浪漫艺术气息的男儿。1925 年，19 岁的钱君匋卒业于上海私立艺术师范学校之后，曾托沈雁冰、钱作民、丰子恺等老师代觅工作，终未能如愿。9月，他任浙江海宁县立第一高等小学校美术教师，1926年任浙江省第六中学音乐教师，并和陈啸空、沈秉廉几个年青教师组织了“春蜂乐会”，创作倡导“男女平等自由恋爱”的抒情歌曲，并首先写出一首《你是离我而去了》的歌曲，以纪念1927年春天与叶丽晴姑娘的那一段恋情。后来，钱君匋与上海《新女性》杂志主编章锡琛取得联系后，每月在《新女性》上发表一首抒情歌曲。当《新女性》扩大为开明书店后，钱君匋被邀请担当开明书店的音乐美术编辑。钱君匋从抒写抒情歌曲，到担当音乐美术编辑，开始封面设计，直到钱君匋对万叶书店的经营和发展，这每一步都是紧紧相连的。至此，钱君匋在书画、篆刻、装帧、诗文、音乐各方面的才能已开始崭露头角。

钱君匋先生的绘画以写意花卉为主，尤喜欢作葡萄、牵牛花、葫芦、紫藤、兰花、梅花、荷花、芭蕉、向日葵等，但以藤本造诣尤深。他的中国画取诸家之长，结合西洋构图，作品简练、奇特又生气勃勃，充满时代气息。笔墨清逸，生气盎然，不落前人窠臼。线条的遒劲和龙飞凤舞，融合了书法篆刻功力，在线条的表现上达到了炉火纯青的地步。朱屺瞻老先生曾说：“君匋先生在篆刻、书法、绘画的三个方面中，最使我佩服不已的是他的绘画。他的画魄力很大，极简练处极精到，极奇特处极稳健，极雄厚处极含蓄，我自叹不如。”作品将极强的色彩感，糅合在力可扛鼎的线条中，显得既墨韵淋漓、笔墨酣畅，又耐人寻味、清新脱俗。线条在藤本画面的表现中，也是错落有致，有的婀娜，有的刚健，令人赏心悦目。也许是因为篆刻书法的功力，让钱老的绘画直到耄耋之年依旧没有颓败之感。海上邵洛羊先生曾说：“君匋晚年绘画，力大，气足，笔酣，墨饱，重天籁，重内美，具有得神，得静，得禅，得趣之妙，在现代文人画领域中，别有灵感。”他笔下的绘画，无不体现书法篆刻中的用笔，显得古拙朴茂，别开生面。在构图上，也是极为讲究的，充分利用空白，以少少许胜多多许，努力做到化繁为简。我们在看钱老的任何一幅画作时，都能鲜明地感受到表现主体的突出。钱老的山水画，更是他晚年笔法大胆泼辣随心所欲不逾矩的高境界的体现，表达的是对祖国山河挚爱的热情。

钱先生的书法艺术以“雅致秀逸、汉简隶意”著称。钱君匋在小学时代曾习陆润庠字体，稍长，学柳公权《玄秘塔》，后得金冬心隶书神髓。为了刻印的需要，他又写石鼓文、篆书。在接触赵之谦篆书的同时，也看到了赵氏的北魏书，沉浸其中。在隶书方面，因获见罗振玉《流沙坠简》中影印的汉代竹木简，大爱之。在临习金冬心隶书的基础上，结合西北汉代竹木简的书体，所写毫无羁绊，童趣横生，形成了前无古人的新书体。在草书方面，早年留心于右任先生的标准草书。临习书作久之，进而研究张旭、怀素等草书大家书风，所作草书运笔着实，使转有度，龙飞凤舞。钱老的书法造诣高深，隶书挺拔绝伦，草书如走龙蛇，篆书则圆浑苍劲。余曾见钱老丙子(1996)所写篆书“海为龙世界，天是鹤家乡”五言联，体式排列整齐、行笔圆转、线条匀净，呈现出庄严美丽的风格，给人以纯净简约的美感，表现出极高的书法境界。

钱老的另一门艺术则是中国古老的民族美术之一——篆刻。关于评价钱老篆刻的文字很多。丰子恺曾说：“……夫书画同源，而书实深于画，金石又深于书。盖经营于方寸之内，而赏鉴乎豪发之细，审其疏密，辨其妍媸，非有精微之艺术修养，不足与语也。君匋于斯道揣摩有年，印谱斐然成章，其中刚柔浓纤，各尽其妙，当今艺术珍重民族形式之时，实大有贡献于人民也。”钱君匋在篆刻上，吸取了秦汉玺印之神，博采了明清诸家之长，尤其是敬仰吴昌硕、赵之谦、黄牧甫的篆刻艺术，刀法变化莫测，雄浑苍劲，古意貌然，如“夜潮秋月相思”“广州三月作书贾”“芳草天涯”“但愿人长久千里共婵娟”等大印，极富气概。他通古籀，鉴古玺，识三代鼎彝器，用精湛的刀法表现书法笔墨，信手拈来，抒写自己的情感。钱君匋对这三家的篆刻艺术细细体察，并在实践中出入三家，深有理悟，朝夕浸润，堪称绝妙。钱君匋 1945 年以前的篆刻艺术，模拟的痕迹十分明显，但创作已经初具风格；1946 年至 1966 年间，因书法上的进境，他的篆刻风格趋向成熟，并结集出版《长征印谱》《豫堂藏印》(甲、乙集)和《丛翠堂藏印》；1966 年至晚年，因经历了“文革”劫难，目疾渐深，篆刻风格趋向苍劲浑厚。钱君匋以书入印，并能因地制宜地经营方寸之地，自然穿插，穷尽其变，在承袭传统艺术的基础上加入自己独特的审美情感。在篆刻艺术中，钱君匋还有一个特点，就是友人们尝称其刻石为“印外求印”，兼具刻巨印、作长跋、制组印三绝。巨印颇多，上文提及的几方印章均为巨印。作长跋，钱君匋认为文学加入篆刻是必要的，应该以文配印，意境才能更加突出，因此常常在印边刻长跋。例如，其“清流九曲水鸣滩”一印边跋即为：“清流九曲水鸣滩，浪湿轻舟弄翠澜。溪转峰回晴日丽，棹歌飞上隐屏山。”此为七绝，配上印文，相映成趣。所谓制组印，指的是他常出版成组或者成套的印谱，如《豫堂藏印》就有甲乙两集，《鲁迅印谱》也因在 1947 年的风云岁月里被没收而导致刻了两套。

钱君匋还有一个雅号，被称为“书衣大家”，将他所设计的封面装帧称为“钱封面”。钱君匋涉足封面设计这一领域，起初是由于同学陶元庆的出现。陶元庆是钱君匋在上海私立艺术师范学校结识的。陶元庆是鲁迅非常欣赏的美术家，并为鲁迅《坟》《苦闷的象征》《彷徨》等作品设计过不少优秀的封面。那时，钱君匋从陶元庆口里才第一次听说过鲁迅。后来，钱君匋在章锡琛的开明书店工作，有幸结识鲁迅。鲁迅看到钱君匋设计的封面，大加称赞，还问了句“是不是受了一点陶元庆的影响”，这让钱君匋受宠若惊。后又常聆教于鲁迅先生，鲁迅先生提出设计的“民族化”问题，对于钱君匋一生的封面设计之路影响颇大。钱君匋在封面装帧设计上，较多运用古代青铜器、画像石和画像砖的图案纹样，使得封面设计在新时代下产生较强的民族风格。在此之后，钱君匋设计的《民十三之故宫》和《东方杂志》等书就是深受鲁迅关于民族化设计的理念的影响。钱君匋为鲁迅先生设计的书不少，有《艺术论》《十月》《文艺与批评》等。家喻户晓的《朝花夕拾》封面，也是钱君匋为鲁迅精心装帧设计的。钱君匋认为，有的书籍的美的装饰和书的内容无关，而有的设计是要反映内容的，如巴金的《新生》和沈雁冰的《雪人》，既契合内容，又达到了美的装饰效果。钱君匋设计的布克夫人所著《母亲》封面，中英文并现，体现原著是英文，而该书是中译本。在表现主题上，所绘人像裹着头巾，头巾以错落的英文表现，在眼睛和嘴的表达上采用夸张的艺术手法，传达出母亲的慈爱和为家庭担当的辛劳和忧愁。他为赵景深所著的《荷花》所设计的封面，上方是黑色，下方则是青蓝，在这有色无色中间留白出一朵荷花和几片荷叶，荷叶仍旧是采用留白的手法，整个封面看起来正如万里荷塘几许深，唯有一朵钟情，既突出了荷花的主题，又给人以无限的遐想，在小小的封面里表现悠远的意境。看到钱君匋设计的封面，我断然认为，他必定是一个充满浪漫情思的艺术家。他还认为：“我国的书籍装帧属于东方式的淡雅、朴素、内涵的风格。……封面设计也应该有旋律、有节奏。音响的效果等于色彩的效果。从事书籍装帧，不读万卷书，单凭画几笔，一定会陷入干巴巴无聊的泥坑。学书法，对封面设计者有直接的关系……研究诗词，可以提高自己创作构思能力。设计封面不能一点不加以含蓄，诗词的形容比兴是十分高级的，封面也要有诗词那种比兴，才能做出使人百看不厌的作品。学国画，国画的那种简练的概括的描写，正可以为我们做封面时所取法。”这样一席话，让我们对书籍装帧有了整体性的认知。它是一门集文学、音乐、诗词、书画为一体的艺术设计活动，不可以轻易为之。

可见，钱君匋在诗词文学和音乐上的造诣上必定不浅。1924年，他便发表了第一首新诗《蝶》，文辞优美，意境清新，富有浪漫情怀。1926年，他便在《民国日报·觉悟》发表了一篇题为《艺术社会化与社会的艺术化》的文章。后进开明书店担任美术编辑并负责书籍装帧，并于1928年出版诗集《水晶座》。1939年由桂林烽火社出版散文集《战地行脚》。后来还写过一篇《搜捕前后》。开设万叶书店后，筹办了《文艺新潮》杂志，披露不少抗日文字。钱君匋在音乐上的造诣，是令人惊叹的。9岁那年，他便用纸板、香烟籬、钟表发条、圆铁片试图仿制一个留声机。1923年来到上海私立艺术师范学校攻读美术和音乐，师从丰子恺、刘质平、吴梦非，并于毕业后去浙江台州北固山省立第六中学任音乐教师。钱君匋将第一首歌曲“你是离我而去了”发表于开明书店的《新女性》杂志上，深得主编章锡琛的雅赞，认为它“在近似荒漠的音乐圈里，像一股清新优雅的山风吹来”。此后连续三年，他和“春峰乐会”的同事们每个月在《新女性》上发表一首抒情歌曲，并陆续结集出版了《摘花》《金梦》和《夜曲》三部曲集。作为开明书店的音乐美术编辑，他责编的第一本书是丰子恺的《音乐入门》。这本音乐启蒙书，印量大，那个时代的中国音乐家几乎没有不看这本书的。紧接着，钱君匋又出版了《孩子们的音乐》《西洋音乐知识》《中文名歌五十首》《开明音乐校本》等数百种音乐书籍。“八一三”淞沪会战后，钱君匋携家眷四处逃难，开明书店也被日本侵略者炸毁，钱君匋只能另谋出路。考虑到20世纪30年代上海音乐出版业尚处空白，加上个人对音乐的极度热爱，他有了办个书店的想法。1938年7月1日，万叶书店诞生了，这是我国第一家音乐出版社。初战告捷，钱君匋组织编印了一系列中小学辅导读物，如《小学音乐教学法》《幼儿园音乐教学法》《国语副课本》《算数副课本》《常识副课本》等。万叶书店因为抓住这个商机，营业额直线上升，实力空前强大。之后，万叶书店决定专门出版音乐图书，把儿童、美术读物和文学读物转让给了童联书店和联营书店。1949年后，钱君匋热情地出版了一批歌颂祖国歌颂新生活的音乐书，如《中国革命民歌选》《东方红变奏曲》《抗美援朝歌曲集》等。后因公私合营政策，万叶书店与上海音乐出版社、教育书店三家合并，在北京成立新音乐出版社。其间，再版了中国音协出版部的音乐书和万叶书店的保留书目100余部。但是，因为钱君匋妻子不习惯北方生活，不愿去北京，钱君匋考虑回上海工作，并提议成立上海音乐出版社。不久，钱君匋回到上海，主持上海音乐出版社的工作，策划出版了《独唱歌曲集 200 首》、贝多芬的《32 首钢琴曲》、巴赫的《英国组曲》等。1958 年“反右”运动后，上海音乐出版社并入了上海文艺出版社，钱君匋被免职，并被打成右派。他自此决心告别音乐，潜心书画篆刻艺术。钱君匋长期从事音乐教育，儿童歌曲在他的音乐创作中占很大比例，无论从歌词的角度还是音乐表现的情绪来说，音符跳动着时代的脉搏，都是情与理的完美诠释。他开创了中国儿童歌曲创作的新局面。回忆起自己的音乐之路，钱君匋认为“自己忙于书籍艺术和治印，几乎只当编辑和跑龙套而停止音乐创作。遗憾的是到 90 岁了还不是研究民歌的专家。1992 年上海乐团演奏了我的专场音乐会，会场反应强烈，而我只觉汗颜”。这是钱君匋先生对于自己倾注毕生精力在音乐造诣方面的轻描淡写。

二、钱君匋的收藏

谈钱君匋的收藏，我们可以从下文的一段文字开始，这是在纪念钱君匋 100 周年诞辰及桐乡君匋艺术院开院 20 周年时所写的纪念文章中提到的一段资料。这段文字出自钱君匋同乡老友、曾担任桐乡君匋艺术院筹建时常任代表的范雪森的文章。这段资料，详实地记录了钱君匋捐献书画文物的具体数字和大致分类情况：

经过 20 天的紧张而繁忙的（登记造册）工作，共计登记书画文物 4 083 件。共分四类：（一）书画类，共 1 294 件，包括明代文徵明、陈老莲、徐渭等 22 件，清代吴昌硕、赵之谦、任伯年等 275 件，近代谭延闿、于右任等 109 件，现代张大千、齐白石、丰子恺、刘海粟、黄宾虹、陆俨少、潘天寿、徐悲鸿等 732 件，先生自己作品 156 件。（二）印章类，共 1 169 件，包括赵之谦石章 104 方、吴昌硕石章 152 方、黄牧甫石章 168 方、名家石章 67 方、钱刻印章 425 方、先生自用印 253 方。印章中从石质看，有田黄 5 方、鸡血 13 方、冻石 30 方等。（三）书籍、拓本类（包括原拓）共 1 571 件。（四）其他类，有瓷、陶、青铜器、笔墨砚共 49 件。在捐赠文物中，经专家鉴定，有属国家一级文物 17 件，即赵之谦的八尺花卉四屏条、金冬心的墨梅、陈洪绶的赏梅图、陈白阳的松石图、石涛的兰竹册页、吴昌硕的信札诗稿和印章 6 方、赵之谦印章 3 方、黄牧甫印章 2 方。

钱君匋作为一位能书擅画且能刻的艺术家，他收藏的出发点便是为艺术而收藏，是用来学习的，而恰恰是这点，使他区别于大多数的收藏家。我们从钱君匋的藏品名单中可以大致看出他的收藏是围绕着他自己的艺术创作。所以他在晚年时曾语重心长地讲："今天我的一切都是艺术的赐予。"画史上不乏此类收藏大家，我们可从他们的作品风格中大致猜测到他们的收藏类别。反之，从他们的收藏也可以大致推测出他们的艺术风格。

晚年，钱君匋在捐献了所有文物后曾感慨地说过："小时候我看张画，从人家门口徘徊几十次，不敢进门。后来在书画店看到名画，手头无钱，望画兴叹。"这种小时候的遭遇，其实也是后来开启钱君匋收藏之路的诱因。类似的话，钱君匋还曾在桐乡君匋艺术院的成立大会上说过，"记得在少年时代，初出茅庐的岁月，想观摩一件艺术品，认不得收藏家，店里有精品，也不昂贵，可怜衣食迫人，哪有收藏的可能……"

出身的穷困让渴望获得艺术知识的钱君匋只能徘徊在书店的门口，"望画兴叹"。这种状态，一直到他来了上海，才有所改观。1927 年，钱君匋进开明书店，担任音乐美术编辑，并负责全店书籍装帧，经济条件才逐渐地改善。但昂贵的书籍和碑帖，还是时常让囊中羞涩的他感到望尘莫及。故而才有鲁迅曾为他在日本人开的内山书店里设了一个可以赊书的账号之事，以便钱君匋经济拮据时方便之用。

钱君匋真正的收藏是在他的封面设计逐渐成熟了起来，并得到了鲁迅、丰子恺等人的提携而一炮走红，经济状况得以改观之后，才逐渐开始的。但让钱君匋铭心的第一件藏品不是书画，也不是篆刻，却只是一本珂罗版的《流沙坠简》。当时书店标价银圆 100 元的此书，让钱君匋"天天去富晋书店站着看，越看越有味道"，最终老板破格降价至 25 元给了钱君匋。这本《流沙坠简》是由罗振玉和王国维所撰，共有三册。1914 年初版，1934 年校正重印。全书据法国人沙畹书中的照片选录英籍匈牙利人斯坦因在敦煌等地盗掘的 588 枚汉简、纸片、帛书等。全书分为小学数术方技书、屯戍丛残、简牍遗文三部分及晋初木简等，有释文及考释。这部书对早期书法尤其敦煌艺术的图文是一个极为重要的公示，对学习书法起着重要的资料性作用。钱君匋用艺术赚来的钱来补充自己的学习所需要。这也许是后来钱君匋书法、篆刻风格颇有汉简风味的起因。

这之后不久的 1928 年，年仅 22 岁的钱君匋，在开明书店工作之余，兼任复旦大学、同济大学音乐课教师，光华书局、亚东图书馆书籍装帧之职，并谢绝其他出版社的装帧邀请。此时钱君匋的书籍装帧名扬全国，当时的作家凡出版著作，以得他的装帧为荣。在这种情况下，钱君匋的经济条件大大改观。而钱君匋生活的年代，正值兵荒马乱，国运艰难，这恰恰给钱君匋的收藏提供了一个外在契机。这年4月，钱君匋便购得任伯年《三公图》《戏鱼图》。《三公图》为任伯年光绪辛巳（1881）年所作，为其盛年代表作品，纸墨皆新。后来钱君匋在自撰年表中提及此二作，颇为欢喜，“均纸版新，笔墨清逸老辣，力作也”。后来的1933年还购得过任伯年的《三羊开泰》及《天官图》，画皆极尽描写之本领，设色和用笔皆臻上等。

自此之后，钱君匋几乎每年都会买进几件像样的藏品。那时，他的年龄之轻，以及魄力之大，是罕见的。比如，1929年（23岁），钱君匋从掮客手中购得虚谷四尺中堂《枇杷》和吴昌硕屏条《墨荷》各一件，画风均别有风味。而在1930年，他又购入伊秉绶的“清诗宗韦柳，嘉酒集欧梅”和“兰气熏山酌，竹声兼夜泉”两联，纸墨如新，笔力扛鼎，均为其代表作。钱君匋收藏的伊秉绶的作品，还有1954年得的行书五言联和行书七言联，均是伊秉绶的代表之作。

钱君匋堪称是收藏赵之谦的专业户，以致钱君匋本人也不无感慨地说道：“余广收赵之谦作品渐为人知，送来者极多，其中有不少伪作，真迹颇为耀眼，易于识别。”自1932年起，钱君匋第一次购入赵之谦的藏品，为“江势浮天，山胎裹石，岁阴征事，仙集留词”临《瘗鹤铭》的魏书对联和“神仙广成子，中书郭令公”未脱尽邓石如隶书风格的两副对联。除此之外，1935年购入赵之谦纸本极新的《墨梅图》一幅。1950年7月得赵之谦北魏书体的对联一对。而其所收藏赵之谦最具代表性的作品则是在1954年6月所得的八尺对开屏四条。这一年的1月，钱君匋以黄金200两（合人民币二万元）购进重庆南路166弄4号楼房屋一幢，作为家庭居住所用。另用黄金50两（合人民币5 000元）装修，自4月毕，迁入居住。于二楼置一画桌，每日作画不辍。如此的经济条件，加上作画书法上的需要，钱君匋不断地有新作购入囊中。而这套八尺四条屏，分别为牡丹、紫藤、荷花、梅花，气势之大，无以复加。购入后即交予上海著名的装裱师严桂荣装池，后悬挂于客厅，大有顶天立地之势。后来在1956年，钱君匋又得赵之谦四尺整张画屏四条，分别为三色牡丹、紫藤初葩、桂树冬荣、老梅横斜，妩媚老辣之趣横生。这之后钱君匋还不断地收藏赵之谦的书画作品，使得其所藏的赵之谦作品为私人收藏之首。

1932 年，钱君匋 26 岁时，经陈望道先生引荐得以拜访于右任先生。于右任任上海大学校长时，陈望道是该校的教务长，二人当时便是莫逆之交。钱君匋曾在陈望道所编的《民国日报》副刊《觉悟》上写诗，也曾听过他的《修辞学》讲座，后来陈望道夫人蔡慕辉主编《微音》月刊时，邀请钱君匋设计书封，一来一往，他们便成了亦师亦友的关系。那年 4 月下旬某一天，钱君匋去拜访陈望道时，恰逢他去于右任家，便相邀一同前往。他们到达于右任官邸时，碰巧于右任要出车赶赴江湾、吴淞一带去凭吊十九路军抗击日本侵略军的战场。寒暄之后，于右任便邀请他们也一起去。但见残垣败壁，满目疮痍，到处狼藉，惨不忍睹。回后，于右任又邀请他们留在官邸张灯小酌。在酒过三巡后，钱君匋叩请于右任写字。他毫不犹豫地应了下来，并从架上随抽八尺纸挥洒，内容为“时雨光万物，大云庇九州”，书兴犹觉不足，复为之，“险艰自得力，金石不随波”。首联颇合午后观之残垣败壁的感伤之情，而后联则给钱君匋的艺术道路以指导。而这两联，功力之深厚，用笔之洒脱，颇为暗合于右任自作的一首五言诗：“朝临石门铭，暮写二十品。辛苦集为联，夜夜泪湿枕。”归后，钱君匋展玩再三，彻夜难眠。钱君匋和于右任的下一次见面则是在四年后的 1936 年。暌违已久，于右任托人带信邀钱君匋至其官邸相见。这次的畅叙之余，于右任赠予他新出的《右任墨缘》及之前出版的《标准草书》《千字文》。钱君匋还请于右任书楹联多幅。带归后分赠友侪，皆欢喜无量。这之后，凡有机会，钱君匋都会让于右任挥上几笔。这样下来，前后获得了 50 余件作品。再加上收购而来的，不下 70 余件。钱君匋都当作宝贝一样，时不时地拿出来挂一挂，欣赏欣赏。后来钱君匋捐赠毕生所藏文物时，余下来的 48 件于右任书法作品便全部成了公共资源了。为此，桐乡钱君匋艺术院还出版了君匋艺术院藏品研究系列之《于右任书法作品集》，全面地展示了这弥足珍贵的 48 件作品。这些作品，有楹联，有中堂，有屏条，有匾额，堪称于右任盛年时期的书法历程的代表，更见证了钱君匋和于右任之间的深厚交往。

1938 年，32 岁的钱君匋与李楚材、季雪云等五人创办万叶书店，专业出版儿童读物、小学补充读本，以及月刊《文艺新潮》、文艺新潮小丛书、万叶文艺新辑、万叶画库等，钱君匋任总编辑兼总经理，营业开始鼎盛。结束了在开明书店的一段辉煌的转折时期，他转而自力更生。这时候的钱君匋才真正有意识地收藏，开始收藏一些大件的、有分量的书画作品，尤其是古代名作，这样的动力一直持续到 1950 年代前期。1940 年，钱君匋收得明代张宏的山水条幅，钱君匋感之绝精，认乃佳构。而1941年的1月，钱君匋从上海城隍庙的旧书店老友朱永奎处得扬州八怪之一的李方膺《梅竹册》十开。其实，这套册页原为十二开，老板抽出二开，作为盈余，事隔多年，方才合璧。是套册页，笔精墨妙，为其晚年老来之笔，极为精湛。是年7月，收得明代陈淳《墨松图》，四尺整张，原为朱屺瞻所藏，后经堂弟钱镜塘而得，极为精妙。复得清代石涛《大涤子宋纸兰竹册》一本，亦为朱屺瞻旧物，亦是经钱镜塘而得。此本所绘兰竹石头潇洒自如，然装帧奇特，悉为十二开一册，原藏者子女分家，一拆为二，遂只此六开矣。

这段时间，钱君匋还曾收得明代徐渭的《墨梅芭蕉》大轴，笔法精湛，墨法分明，堪称佳构，然残破不堪。时要价60元，而他请上海裱画名师严桂荣重装便花去120元。后来在1962年，钱君匋收得徐渭的《芭蕉竹石》，索价250元。买进后，钱君匋听严桂荣讲起此画原破损甚重，画心补好后，由谢稚柳大面积接笔，故大部分为谢稚柳的笔墨，钱君匋闻而厌之，遂卖给了朵云轩。在1942年2月，钱君匋收得金农"饮量岂止于三雅，文心乃游乎群书"，对联漆书，高丽纸本，典雅精致。而在1943年的4月，钱君匋又以100元的高价收得明代文徵明的《窗前明佩》手卷，文徵明自题引首，并后长跋，当为三绝。钱君匋依次邀张宗祥、吴湖帆、叶恭绰、潘伯鹰、陆俨少、沈迈士、沈尹默、白蕉尾跋。此卷允为钱君匋所藏书画中翘首之作矣。

1944年3月，得吴昌硕信札和诗笺一百通，价值180元，初时迁乱不堪，后经整理重新装裱，成一厚册，名曰《缶庐诗翰》，当允为吴昌硕补充传记之不足也。稍后不久的5月，又得吴昌硕对联二对，一为行楷七言联，一为石鼓七言联。复得其为葛书征刻印八方，皆为旧坑、青田、寿山石材，钮则首、瓦钮均有，极为精致可爱。这是钱君匋第一次收得这么多颇为得意的印章作品。1945年8月，得黄牧甫所刻印80方，前为广州黄文宽旧物，由马国权介绍而成，刻工精细，颇与前所收吴昌硕印异趣。这同时，又得吴昌硕刻印12方，系方去疾出让，粗头乱服，颇得野趣。第二年的1946年，得金农书法轴三幅，一为漆书，一为隶书，其中一为绢本，即付装池。复得华新罗三尺鹌鸟屏一件，略有破损，经张大壮接笔。

中华人民共和国成立之初，万叶书店和北京音乐出版社合并，钱君匋开始进入北京文化圈子。这样一来，钱君匋的收藏更加扩大了。1949年，他在北京琉璃厂，见一画店门前悬挂了一张齐白石四尺整张的《红莲鸣蝉》,画法大胆,不可多见,售价 100 元。钱君匋欲以 80 元购回,店主坚持不让,无奈而归。然此画萦绕钱君匋的脑海,多日为之悒悒。时隔一年,这张齐白石的作品仍然悬挂于此,售价 100 元,钱君匋仍以 80 元购之,不得。再隔一年,钱君匋第三次去北京,此画仍悬挂于门首,标价不变,钱君匋迫不及待,出 100 元而得之。将画带回上海,悬挂于客厅,至是,始缘方足。这张齐白石的作品,让钱君匋四年之间为之前后三次进京,竟然还是以原价的价格买进。隔一年的 1952 年,又购得齐白石四尺整张《荷花蜻蜓》,上款"达夫",恐为郁达夫去南洋时流出者。

在 1955 年 10 月的某一晚上,和同事朱咏葵酒肆小酌,闲谈间言及有八本共计 96 开的华新罗册页,极其破烂,内花卉、花鸟、虫鱼、走兽、人物、山水均有。掮客索价甚高,然钱君匋研究再三,均为真迹,颇欲得之。后来,多方洽谈,终于谈成 1 800 元。此时钱君匋急需用钱,只好卖掉清代查士标的一幅山水、吴昌硕梅花书法手卷、徐悲鸿喜鹊一幅,所得款加上月薪及稿费,尤未足,故而要求分两期付款而得之。携归上海后,交予严桂荣装裱,名曰《新罗画丛》。但是,让他没有想到的是,旧日经手人无利可图而割裂了此套册页,内中少了两开山水,拟作零沽。后北京荣宝斋收得一开,急电询问是否有意补入,钱君匋只好照其高价收入。而另一开杳无音讯。后来桐乡君匋艺术院还出版了本《华岩精品》,作为研究华新罗的补充资料。这段往事,让钱君匋记忆犹新,晚年时,还不时地说及:"记得买华新罗的画时,因为手头没有那么巨额现金,于是忍痛卖掉查士标、吴昌硕、徐悲鸿的作品多件来凑数,并与物主协商分期付款而得到同意,才能买下。这一次把我的历年积蓄差不多都花了,但是我不觉得惋惜,倒是变卖查士标、吴昌硕、徐悲鸿三家的作品,非常觉得可惜!至今还经常出现在我的梦里,颇有'鱼我所欲也,熊掌亦我所欲也'的样子,两者无法兼得,只好放弃其中之一!"

类似这样的收藏经历,在钱君匋看来好似牵挂一般。而更为揪心的遭遇,是购进的一套金农《水墨花卉》的册页。一位书画掮客以每开 50 元的价格卖给钱君匋三开金农的《水墨花卉》册页。钱君匋以金农画以自我之诗心禅意为之,脱尽画家习气,不同凡俗,为之欣喜若狂。但不到十日,这位掮客又送来金农同样大小的四开《水墨花卉》册页,但要价是 100 元一开。又是数日,掮客复至,又带来二开,照上次再加倍,200 元一开,商量再三,坚决不让,钱君匋只好勉强接受。至此,全套十开已有九开了,钱君匋再等待余下的一开或者三开。候之多日,始终不见来,钱君匋以为无望了。一个月后,堂弟钱镜塘邀请钱君匋到其家看画,发现在他家的窗槛上有一幅金农的《水墨梅花》,画法及大小和自己收藏的一模一样,正是自己那套册页的最后一开。钱君匋心想,若是买下这开,凑齐此套册页,则这部册页的价值就完整了。但这位远房的堂弟竟也不含糊地要价 200 元。钱君匋也没办法,只好照数买回。后来钱君匋说:“当时把画让出来的人,就是这样欺诈买者,诸如此类买进的书画,不止一种,可见物主的狡猾了。”

有一次,黄宾虹知道钱君匋收藏甚丰,便向钱君匋推荐了一张徐渭的条幅。一方面是黄宾虹的推荐,另一方面钱君匋自觉也是一幅好作品,便买了下来,挂在自己的客厅不时地欣赏学习。后来,钱君匋在吴湖帆家里看到徐渭的真迹,便借回研究,发现自己买下的这幅徐渭画是赝品。原来,黄宾虹年事已高,掮客骗了他。为此,钱君匋为了记住这次的失误,专门将这幅赝品付之一炬。

收藏时常会遇到自己想象不到的事情,充满着酸甜苦辣。还有一次,钱君匋到杭州,在一个姓任的学生家中看到一张六尺整张的唐寅《陶渊明赠酒图》,画上三个人物栩栩如生。钱君匋很喜欢,便和学生商定价格,并答应回后立刻汇钱过去。但等钱君匋从上海汇钱到杭州时,这幅唐寅作品却已被钱镜塘高价捷足先登了。钱镜塘得到这幅唐寅真迹后,还邀请钱君匋去他府上观赏。五味杂陈的钱君匋这才晓得自己慢了半拍。

1955 年的 12 月大雪纷纷,与朱永葵同赴天津,往观王幼章之孙变卖的赵之谦所刻印 105 钮,下午在劝业场的古玩店摩挲至晚,不忍离去。钱君匋询价得知不少于刚收进的《新罗画丛》,为 2 000 元,这相当于钱君匋一年的工资。再三磋商,终未达成,废然而返,托朱永葵于便中再询究竟,年终便谈妥,以 1 500 元达成协议。当时,赵之谦存世印章总共不过三百来方,而钱君匋购进的这 100 多方,颇让他欣喜若狂。钱君匋便随约王福庵、叶潞渊同观,王福庵观赵之谦的印章这是第三次,前两次无此从容不迫,坐定细观,而叶潞渊则详细研究一丝不苟,深庆所得,分享喜悦。钱君匋事后回忆说:“积久的愿望一旦实现,真使我狂喜之极。”据说,当天晚上钱君匋看着这批赵之谦的印章竟喝了五斤绍兴黄酒。加上收藏的赵之谦书法,钱君匋关于赵之谦的收藏算是圈内鼎鼎有名的了。所以后来,钱君匋对赵之谦的研究文字有很多,对赵之谦的历史定位和意义有着很重要的评价。单就赵之谦的篆刻,他曾说道:“他的刀法能够在巧中见拙,朱文挺拔凝练,白文沉雄朴茂，绝无尘俗之状，而又有隽永味，真正做到了‘书如佳酒不须甜’的意境。”

在收得赵之谦的这批数达105方的印章之后，钱君匋又陆续收藏了吴昌硕印章200方，黄牧甫印章156方，成为国内外收藏赵之谦、吴昌硕、黄牧甫印章最多的收藏家。钱君匋还取赵之谦别号无闷的“无”字，黄牧甫别号倦叟的“倦”字，吴昌硕别号苦铁的“苦”字，而成自己的“无倦苦”颜其斋号，以此激励自己刻苦努力。

钱君匋的这些收藏，在进入“文革”以后，也随时代的变动而不得不出现“亲离子散”的情况。钱君匋对这种情况也看在眼里，主动整理这批要上交的书画及黄金，其中包括文徵明、徐渭、陈洪绶、石涛、郑板桥、金农、华新罗、赵之谦、任伯年、吴昌硕，以及赵之谦、黄牧甫、吴昌硕的印章等，又将自己几十年来办书店积蓄起来的500余两黄金放在一个盒子里，在8月24日，带至上海文艺出版社上缴。但当日下午4时发还，嘱钱君匋自己保管。但不久之后的9月2日晚上7点多，社中的大批红卫兵开车至钱君匋家，在客厅内画地为牢，中置一椅，困钱君匋于内，不准随意走动。红卫兵在钱君匋家到处敲墙掘地，欲在500两黄金之外，再得一批。随将家中所存书画、印章、古玩，全部抄没。不仅如此，10月份的一天红卫兵勒令钱君匋必须在四个小时内搬清，由原来的八间房，改成了一间房。钱君匋在其自传中有过一段这样的描述：“文化大革命中我被当作革命对象，遭受抄家、批斗、扫地出门、关牛棚、监督劳动，直到当臭老九挂起来。家被抄两次。抄家时，挖墙洞、撬地板，实施彻底搜掠。眼见鲁迅先生给我的亲笔信札将被掳去，又要把齐白石、于右任、吴湖帆等人的作品撕碎或焚烧，我心痛至极，想护住这些文物，被红卫兵用直尺猛劈过来，尺上铜皮砍入后脑，顿时鲜血直流。”这段时间，钱君匋心神疲惫，不仅终止了收藏，连书画印章的创作也减少了很多。

一直持续到1981年，上级才落实政策，通知发放抄家文物，约有金农、郑板桥、华新罗、徐渭、文徵明、赵之谦作品等50余幅。钱君匋开心地狂饮了花雕五斤。后来其他的藏品也陆续发放。面对这些劫后余生的藏品，钱君匋和夫人、儿辈一致赞同全部捐献给国家。经过沟通，钱君匋的老家桐乡果断在梧桐镇建设君匋艺术院，聘钱君匋担任院长，收藏捐献的文物。这样一来，君匋艺术院将办成文物收藏库、艺术研究馆、讲学传授院，既符合钱君匋的心愿，几十年来的藏品也有了妥善的归宿。

最后，用钱君匋晚年时发自内心的一段话作为结语，我想是可以综观他这一生的收藏经历和感悟的：

学习绘画如果只靠阅读珂罗版画册是不好的，还应从名师学习，在旧时代从名师必须付出巨额的经济代价，而我是贫家子弟，没有那么多钱去从师学业，只能徘徊在珂罗版画册之间。往后经济稍宽，仍不拜师，却四处求同时代的书画家写些画些，一旦求得，再付出一些装裱费用，就可以悬诸室内，时刻观摩，作为学习和借鉴，这比从一位名师所接触的面要广泛得多，受益亦多。因此，从那时起，我陆续求得了孙增禄、徐菊庵、朱梦仙、陈焕卿等同里书画家的手迹，再扩大到外地的于右任、谭延闿、马公愚以及张大千、李苦禅、潘天寿、沙孟海、张阆声等的手迹，从这些手迹中我在书法上学到了波磔抵送等方法，在绘画上学到了用笔用墨，渲染着色的技巧。从学习同时代许多书画家的手迹中，我得以在绘画、书法上大开眼界，大幅度提高了一步。看了手迹，懂得了书法何者为上，绘画何者为贵，较之拜师受益更多。

回忆祖父钱镜塘

钱道明

藏之有道，献之有益，这是祖父钱镜塘一生的收藏信念，他60余年的收藏，极大地保护和丰富了中国书画艺术的宝库。

藏古之物，早已有之，上迄三代，下至当代，今世更有蓬勃发展之趋势，实乃国运之幸事。古人鉴藏或为文玩雅好，或为鉴赏治学，或为商贾之道，今人鉴藏，也多出此目的，但从商业角度为之者甚多，无偿捐献国家者甚少，藏者捐之国家，留与子孙，功留后世，名垂千古。

祖父一生笃爱金石书画，集搜罗鉴赏、编类、研究、保护、捐赠于一身，在其60余年的鉴藏生涯中，累积书画金石五万余件，上迄唐宋、下至当代，其中尤以五代徐熙《雪竹图》、董源《山水图》、宋代范宽《晚景图》最为珍贵，然后清代王石谷《竹屿垂钓图》、任伯年《群仙祝寿图》也属人间珍品，祖父的收藏既有宋代的"苏黄米蔡"，明代的"唐文沈仇"，清代的"四王吴恽""扬州八怪"、任伯年、赵之谦、吴昌硕，亦有雄冠当代的张大千、吴湖帆等。我清楚记得，在"文革"浩劫中红卫兵用16辆大卡车装运书画的情景。从1956年起祖父就有意识地陆续整理书画，并先后分别捐赠给上海博物馆、浙江省博物馆、广东省博物馆、南京博物馆、海宁博物馆、嘉兴博物馆、西泠印社等文物单位，共计捐赠书画、金石3 900余件。

我们现在通常认定作为一个收藏家要具备三个条件，即财力、眼力、精力，然祖父常和我讲还要加上一条：就是魄力。

1. 财力：祖父一直和我讲，他没有大的财力，所以有很多好的书画，自己还是没有能力买，只好放弃。最著名的一件即是元代王蒙的《青卞隐居图》，卖主第一个找到我祖父，因为没有财力，买不动(后来这幅画是魏廷用一条弄堂换的)。

2. 眼力：我们祖父常常和我讲一个收藏家最主要的是眼力，在他一生的收藏生涯中最为经典的两幅作品就是靠眼力得到的，一件是宋代范宽的《晚景图》，另一件就是任伯年的《群仙祝寿图》12条赤金屏。范宽《晚景图》当时是在广东路一家画廊里，有许多朋友看了都不敢买，因为此画霉烂破损，并有款无章，大家都吃不准，店老板通知我祖父去看，祖父仔细看了以后，根据它的纸质、墨色、笔法等确定其为范宽的真迹，并一一讲出此画的来龙去脉。此画明代为严嵩收藏，后罚没入宫，清代流入毕秋帆处后又被罚没入宫，后辗转至平湖葛家，抗战中差点给日寇烧掉，账房先生起黑心偷起一批，此画从此下落不明(本人最近从葛家后人处证实此事)。没想到会在此出现，当时满堂皆惊，无不佩服祖父的眼力，就这样我祖父买下了范宽《晚景图》，回来后即请裱画师、祖父好友严桂荣先生重新装裱，并用火烘法，把书上原有的印鉴洗拓烘出来。

另一件作品任伯年的《群仙祝寿图》也是祖父在一次偶然的机会中得到的。他从沧浪亭吃面回来，途经南昌路一画廊，看到店老板要把其中一条屏用刀在刮上面的金，我祖父即问他，你在干啥，为什么用刀刮，老板回答我用刀刮金卖钱，祖父问：你就这么一条？老板讲有12条。祖父看了以后，确定为任伯年的手笔，就问老板你刮金要卖多少大洋，老板讲要卖200—300大洋，祖父就对老板讲我给你400大洋，卖给我，就这样祖父买下了任伯年的顶尖之作《群仙祝寿图》12条赤金屏(此画现藏上海美协)。

每当谈到以上两件作品祖父总是津津乐道：这就是要靠眼力和魄力，没有魄力敢买吗？既要有眼力，又要有魄力。

3. 精力：讲到精力，祖父一生的精力全放在收藏研究书画上，和现在的收藏家有所不同，祖父的每一件藏品基本都是全部重新装裱过，而且全部是叫严桂荣先生装裱，同一格式，即用素色庚消挖裱，签条只请吴湖帆、张石园二人题写，如重要的名头一般有吴湖帆题跋，或自己题写书家小传，就是捐赠的书画也都重新装裱，重新题跋、题签，著录后再捐赠的。

祖父60余年的鉴藏生涯，是鉴之有道，藏之有道，献之有道。

中国书画的鉴识和收藏不仅要有丰富的经验积累，更重要的是高深的修养和才学，说祖父鉴之有道，是指他眼力好，修养深，他独具慧眼识得宋代范宽《晚景图》，并对这幅画的流传了如指掌，就是很好的明证。他平时博览群书，信手翰墨，广交文友，加上严格的家学，奠定了他深厚的鉴赏功力，因此人们将他与项墨林、安仪周、庞莱臣、吴湖帆等鉴赏家并称，在书画收藏家界有很高的声望。

说祖父藏之有道，是指他把收藏作为一门学问，他对作品的鉴藏分类是值得后人学习的，如他毕生收藏的《明代名贤尺牍》便是明代尺牍艺术的集大成者，古今中外无人能及。祖父的收藏丰厚，数量巨大，为此他进行了科学的分类和系统的管理，有按题材进行分类的，如：镜塘藏扇、镜塘藏荷、钱镜塘藏明代名贤尺牍等；有按地域划分的，如：钱镜塘珍藏名贤经籍、钱镜塘珍藏乡贤遗迹印等；也有按画家分类的，如钱镜塘审定任伯年真迹之印、钱镜塘审定吴湖帆真迹等，当然还有按个性分类的，如镜塘所爱、镜塘心赏、数青草堂珍藏等。

祖父离我而去了，但他留下的文化血脉和精神还在传续，他的人格品节自有公论。与大多数收藏家一样，祖父也以画养画，任何一个收藏家不可能靠自己的产业或祖辈的财富只进不出地收藏，艺术品的收藏要与经营结合起来，当然一个好的收藏家也是一个懂得经营的艺术家。但祖父又把钱财看得很轻，如他出重金花费 16 根金条购得王石谷《竹屿垂钓图》并请严桂荣重新装裱，请吴湖帆、张宗祥二先生题跋后，自己撰写小传，再捐赠给浙江省博物馆（现为该馆一级藏品）。因为祖父懂得经营之道，才使得他的收藏富有生命和价值，祖父的收藏是如此丰厚，数量之巨可以雄冠当代，然他捐赠的数量也可以讲是全国之最。正如他对我所讲：几十年总算对自己家乡的文物尽到了一点保护的责任，献给国家也是找到了可靠的归宿。

附：钱镜塘捐赠金石书画大事记

一、1956 年将所藏名人书画 1 000 余件委托严桂荣全部重新装裱，装成 10 大箱捐献给浙江省博物馆，其中有于谦的书法、元卢师道《雪江垂钓图》、明戴进《春耕图》、清王石谷《竹屿垂钓图》、王原祁画给许士霖的《山水》等。当时经手人有：张宗祥、沙孟海、黄源等，叶圣陶先生专门撰文以予颂扬，张宗祥题词：“收拾故乡旧文物，半生辛苦重钱郎。”

二、1959年将所藏明清法书300余件由严桂荣装裱一新捐给上海文管会，其中有唐寅、沈石田、文徵明、赵之谦、金圣叹等名品，另有《马湘兰·五伯谷书札卷》(现藏上海图书馆)最为名贵，乃稀世珍品。

三、1961年将有关广东文献的书画300余件，通过广东省领导魏今非、朱光等人，捐献给广东省博物馆。

四、1962年，将有关家乡海宁的文献、书画400余件由严桂荣重新装裱，通过浙江嘉兴博物馆捐献给海宁、海盐、嘉兴等地文博单位。现在海宁博物馆就收藏有许多陈元龙、查继佐、王国维等人的手札墨迹。

五、1963年，通过南京博物院、上海文管会，将有关江苏文献书画300余件经严桂荣重新装裱，捐给南京博物院。杭州西泠印社成立60周年，祖父通过杭州文物局将所藏名家名章24方捐给西泠印社。其中有文鼎、吴铸牙、赵之琛、严坤、吴昌硕、陈一飞等。后又通过上海博物馆沈之瑜等人，将收藏的近百年来名人书画100余件，由严桂荣重新装裱，捐给上海博物馆，其中有任伯年、赵之谦、吴昌硕、虚谷、黄宾虹等作品。

六、"文革"期间，祖父家遭遇了多次劫难和抄家，当时用16辆卡车装运，数以万计的书画流失毁坏。现留存下来的有据可查的未归还的书画数目清单就有一万余件。这些书画或毁坏，或藏于各博物馆等文物单位，或流失海外，有些也在私人手里。落实政策以后，仅有少量归还，绝大部分流失。粉碎"四人帮"以后，祖父又多次将收藏的乡贤文献分捐给各地文博单位。共计捐赠书画文物3 900余件。

从十六根金条收藏一幅画看钱镜塘的鉴藏人生

钱道明

记得2007年岁末，浙江省博物馆举办“钱江流韵——钱镜塘捐献元明清钱塘名家书画作品展”。走出展厅，还有很多人追问16根金条和一幅画的故事，祖父留下的许多书画艺品和鉴藏故事，至今让我们晚辈心怀激情和感恩。

16根金条购藏并捐赠的一幅画

垂钓为文人画家常用题材，或寒江独钓，或溪岸垂钓，但垂钓者多半非真钓也，而是寄托文人的一种野逸情怀。唐代诗人王维（701—761）在《青溪》诗中写道：“我心素已闲，清川淡如此。请留盘石上，垂钓将已矣。”王维暗用东汉严光隐居不仕，在富春江垂钓的故事来表达自己闲适恬淡生活的心境。孟浩然也有诗云：“坐观垂钓者，徒有羡鱼情。”借此表达自己的报国出仕情怀。祖父花16根金条购藏并捐赠的这幅画也是与垂钓有关。《陈元龙竹屿垂钓图》（纸本132×44.6厘米），为清初王翚所画，经严桂荣先生重新装裱一新并请吴湖帆、张宗祥重新题跋后捐给了浙江省博物馆。据说，转让这幅画的刘海粟先生听说祖父捐出此画，真是又惊叹又激动，并对祖父说：“我真佩服你了。”或许由当初的不肯转让，刘海粟突然意识到一个收藏家豁达的心胸，也许是人生的彻悟。因为此前，祖父已表明自己购画的心迹：会好好善待这幅画。他没有食言。而这幅恬淡清雅意境的绘画到底有什么秘密呢？

这幅画与以下几个人发生了很重要的关系。

一是画的作者王石谷。王石谷(1632—1717),名翚,字石谷,号耕烟散人、清晖主人、乌目山人、剑门樵客等。江苏常熟人。嗜画如命,运笔构思,天机迸露,非时人可比。清圣祖康熙曾命他主笔《南巡图》,并御笔亲赐"山水清晖"四字。他的画作正如他自己所言:"以元人笔墨,运宋人丘壑,而泽以唐人气韵,乃为大成。"这幅《垂钓图》是王石谷66岁时所作,笔意老辣,随意天成。画中万竿修竹,水面平静,几座茅舍隐约其中,一老翁静坐垂钓,似有"钓翁之意不在鱼"之情状。

一是画中主人陈元龙。陈元龙(1652—1736),字广陵,号乾斋,又号高斋,浙江海宁人。康熙二十四年(1685)榜眼,入值南书房,官至礼部尚书。谥文简,人称"陈阁老"。工楷书,师赵文敏、董华亭。据说圣祖曾命其大书一幅,颇为欣赏,于是御书阙里碑文赐之。王石谷虽比陈元龙大,但两人同为康熙朝得力人才,一为宫廷画家,一为重要官员,且都曾陪康熙皇帝南巡,也都亲受御赐,自然两人关系甚好。陈氏家族在当时是显赫一时,誉为"一门三阁老,五部六尚书"。陈元龙之所以请王石谷作此画,在画旁有题记:"竹屿见垂钓,茅斋闲读书。孟襄阳(注:唐代诗人孟浩然)句也。御笔(指圣祖康熙皇帝)曾书此诗以赐。窃爱此二语意味深长,因嘱王山人石谷作图,以志他年乞身泉石,歌咏太平,读罢钓间,毋忘君赐之意。甲申四月,以亲老告归,栖于子舍三载,于兹颇得闲居之乐。展阅此图,开怀于隐厅,几万竿修竹,数椽茅舍,可遂初心,与此图相印证也。康熙丙戌秋日,陈元龙识于爱日堂。"

一是收藏者刘海粟。刘海粟(1896—1994),原名盘,字寄芳,号海翁,别署静远老人、游天阁主,有斋号艺海堂、游天阁。江苏常熟人。自幼喜好书画。据说,他收藏的东西,一般不轻易出手,大多在家临摹自学。这幅《陈元龙竹屿垂钓图》就是刘海粟经过了很长时间的思想斗争才转让给祖父的。那祖父为何要花如此重金购得这幅画呢?这才是我们感兴趣的地方。我想,祖父心灵深处必有一种情感和责任,也许,这不是简单的乡情,这种情感是一种自然流露,因为在常人难以理解的情况下,祖父毅然花重金买下这幅画,而且慷慨捐赠,这背后的意义已经超出了这件作品本身。当然,祖父的这一做法也告诉我们一个朴实而真诚的道理:黄金有值,乡情无价。

祖父生于1907年,世居浙江海宁。原名德鑫,少时名锦棠,字镜塘,号鹃湖渔隐,晚号菊隐老人,以字行。远祖可追溯到五代吴越王钱镠(852—933)。前辈均善丹青翰墨,富书画收藏，深厚的家学和翰墨浸润赋予了他超常的艺术禀赋。他一生笃爱金石书画，集搜罗、鉴赏、著录、研究、保护于一身。抗战时期，他舍弃家中田产，仅携画避居上海，这些画中就有国之重宝——五代徐熙的《雪竹图》(现藏上海博物馆)。从 26 岁怀揣 2 000 大洋闯荡上海书画古董界，祖父半个世纪的书画鉴藏生涯中，金石书画过眼五万余件，上迄唐宋，下至近世。宋代“苏黄米蔡”，明代“沈文唐仇”，清代“四王”“扬州八怪”、任伯年，当代张大千、吴湖帆、陆俨少等应有尽有。从 1956 年起，祖父就陆续整理并捐赠给上海博物馆、浙江博物馆、广东博物馆、南京博物院、海宁博物馆等文物单位书画作品 3 900 余件。祖父生前好友张宗祥先生曾题词：“收拾故乡旧文物，半生辛苦重钱郎。”

沪上成就鉴藏事业

祖父收藏书画与别的收藏家不同，除了他的眼力、学识、胆识、经济实力外，他爱画、惜画的精神格外令人敬佩。1978 年的一天，得悉一位海外归来的朋友要将八大山人的《大别方丈铭》带回大陆重新揭裱，为求先睹为快，祖父直奔他府，在品鉴过后感叹过瘾，称赞“真乃八大精品之极”，还合影留念。他买画不管画有多破，多烂，只要有价值，都买下，然后花重金用上等材料精心修复装裱。严桂荣，比祖父小十几岁，1921 年生，江苏镇江人，好书画。14 岁便来上海闯荡，拜潘德华先生门下学裱画。祖父收藏的书画基本上是严先生装裱的。藏画的最终目的是护画，使之得以传续，而裱画则是护画的重要手段。严桂荣 20 岁时就认识了祖父，严先生传承的是严谨的“扬帮”裱画精神，而祖父独具慧眼选择“扬帮”的裱画传统，正是基于扬帮的裱画理念和保护古代绘画的精神。书画收藏和书画装裱，相得益彰，密不可分。祖父收藏的绝大部分书画就是在严桂荣的帮助、联系下促成的。

祖父与沪上文化艺术界的名流张大千、吴湖帆、谢稚柳、陈巨来、刘海粟、唐云、叶露渊、郑逸梅等也交情甚厚。在收藏界被誉为“今之项墨林、安仪周、庞莱臣”，也与沪上收藏鉴定家吴湖帆(1894—1968)并誉为“鉴定双璧”。在祖父收藏的书画中，有很多吴湖帆的题鉴和跋记。祖父不仅精于鉴赏和收藏，还将书画收藏与生活情趣结合起来。当时祖父住在沪西茂名南路一幢楼上，明亮舒敞，四壁挂满书画。他的悬画，往往按着季候，不断变换。如梅花盛放时，他就悬挂许多梅幅，且多为明清人的杰作。在他的庭院中，杂栽盆花供置几案，使画中的花与盆中的花相映相亲，顿使室中充满着春的气息。夏秋季节，他就将莲、菊、山茶、松竹等盆栽，配着映时的丹青妙迹。并邀请当时书画名流赏玩，开襟清话，其乐陶陶。

慧眼识“范宽”

文物艺术品的鉴定需要有深厚的文化素养和坚实的艺术基础。20世纪前期的上海，收藏之风大兴。富有的商人、银行家和企业主是收藏的主要力量。祖父收藏金石书画，眼力很好。郑逸梅在《珍闻与雅玩》中这样描述他：精于鉴赏，古今名迹，经过他的法眼，能立辨真伪，这作品是早年的、中年的、晚年的，一无爽失。

上海五马路（今广东路）一带，古董店铺栉比，文人商贾群集，祖父也常光顾。为了收藏方便，他自己经营了一家古玩店铺——“六莹堂”。一次，祖父凭着职业的敏感和好奇，慧眼识“范宽”，给中国美术史增色不少。当一张发霉且破败的烂画放在祖父面前时，他仔细审视画的颜色、构图、用笔等特征，暗自庆幸，断定这就是北宋范宽的真迹《晚景图》。并自信地解释说：“你们别看这幅画很破，可是北宋大家范宽的真迹《晚景图》是稀世珍品。从它的纸质和墨色为宋代无疑，从他的运笔和构图可断定是范宽的作品。”祖父对这件作品的流传也了如指掌，他说：“这件作品最早是由明代严嵩家收藏，后因抄家流入宫廷。入清以后，被毕秋帆家收藏，因抄家又流入平湖葛家。抗战时期，此画又遭厄运，被日伪抄去之后，下落不明。想不到又出现了，真是奇迹！”范宽，是北宋时期代表画家，华原（今陕西耀县）人。本名中正，字仲立，性情温厚宽度，故人称范宽。他以山水而名，宗李成、荆浩。时人评价：“李成之笔近视如千里之远，范宽之笔远望不离坐外……”“李成得山之体貌，范宽得山之骨法……”现藏台北故宫博物院的《溪山行旅图》，气势恢宏，是宋代“卧游山水”的代表之作。

尺牍收藏　震惊世界

何谓“尺牍”？牍为古代书写文字所用之木片，是木简中的一种，长约尺许，故曰“尺牍”。后来又称公文为“文牍”，书札为“尺牍”。早在《汉书·陈遵传》中说：“略涉传记，瞻于文辞，性善书，与人尺牍，主皆藏弃以为荣。”刘宋虞龢在《论书表》中云：“卢循素善尺牍，尤珍名法。”从尺牍的艺术形式看，尺牍是一种方便流通的书画艺术形式，不同于真正意义上的书画，它有率意性，而无规范，因此，从艺术的角度看更有个性和观赏性。另外，从史料的角度看，也更有真实性，它能体现书写者的真性情。

祖父的尺牍收藏，集有明朝永乐（1403—1424）年间至崇祯朝（1628—1644）15 个王朝、跨时 240 余年的明贤共 400 余人，一共有 600 余开，其中王侯将相、忠烈奸佞、文人墨客等无不具备。其中有明代王子朱芝佤，宰相温体仁、严嵩，大学士徐光启，以及尚书毛科、傅瀚、闵珪、梁璟、韩重、侣钟、王时中等，书画家文徵明、沈周、董其昌、李流芳等，文学家归有光、屠隆、王世贞、臧懋循等，还有收藏家兵部侍郎范钦等。祖父收藏的明人尺牍有一个特点，那就是每人只收书札一通，不重复。当然，这也是祖父收藏尺牍的独到眼光和珍贵的价值所在。

祖父收藏的这些尺牍，不仅仅是将这些搜集在一起，而是进行了严密的考证、著录和题跋。参与考证的是浙江嘉兴人倪禹功。倪禹功（1911—1964），比祖父年少，为祖父好友，长期寓居上海，好丹青，翰墨山水自成一格。也善鉴赏，曾搜集整理了大量中国古代书画的资料，著成《嘉秀近代画人搜铨》等书。20 世纪 50 年代，倪禹功将祖父收藏的尺牍一一整理考略，著录于边栏。同时，书画家张石园（1898—1959）先生欣然为此册题签。后请严桂荣先生以上等绸缎封面和名贵紫檀镶框重新装裱，皇皇 20 巨册。他的价值，正如傅熹年先生所说：“这套册页搜罗明代名家信札手迹很完整，其中不乏珍稀信札，不仅艺术价值高，而且文史价值更高！”陈智超先生说：“这些书信可补《明史》之漏者不少。”蒋梦桦先生说：“20 册，400 余人，可谓明代仕宦大全；400 余通书札，是性格、流派各异的明代书法汇编；600 余页各色瓷青牙花豆版笺纸，是明代不同时期造纸技术的集成，是一幅反映明代政治经济文化的社会生活长卷。”时人还这样评论：“祖父所收藏的文物，其真实性、可靠性都很高，它为明代书法鉴定提供了可靠的鉴定标尺。”2002 年北京中国嘉德秋季艺术品拍卖会上，《钱镜塘藏明代名人尺牍》以 990 万元人民币的价格打破并保持着这一领域艺术品拍卖的世界纪录。

鉴之有方，藏之有道

作为书画家，祖父曾与张大千过往甚密，情趣相投；作为鉴定家，他与吴湖帆堪称沪上“鉴定双璧”；作为收藏家，他与工商巨子刘靖基各有千秋，难分伯仲，被誉为“收藏之富甲于上海”，也成为那个特定年代上海收藏界的一道风景。

文物艺术收藏，最重诚信。故“印”“信”二字连为一体。藏之有道，献之有益。这是文物艺术收藏的基本原则和价值体现。我国的书画家自古就非常讲究用印，像齐白石先生就被称为“三百石印富翁”，但他的印多为私印、字号印、斋馆印、闲印。收藏家的鉴藏印是鉴定书画真伪的一种重要旁证，《上虞帖》就是南唐用的一方“内合同印”，表明流传之序，确定其历史地位和价值的。前辈收藏家项墨林、安仪周等收藏家的鉴藏印，在后人鉴定书画时都起了相当重要的作用。而祖父的鉴藏印对20世纪以后的书画收藏也显示了其重要的价值，对后人而言，不仅仅是鉴藏书画真伪的参考价值，也体现了一个书画鉴藏家的人格品节、德信、气质和人生轨迹。

祖父会根据自己收藏书画的不同类别，将书画家的作品以及自己对藏品的珍爱程度，一一鉴别分析，采用了形式各异、内容别样的收藏印。祖父的鉴藏印主要有两类：一类是模糊收藏，如“镜塘审定”“镜塘藏古”“镜塘心赏”“镜塘平生珍赏”“海昌钱氏图书”“海昌钱氏数青草堂珍藏金石书画印”“己未秋日重归镜塘”“数青草堂供养”等；一类是专题收藏印，或以题材为重，或以人物为主，或以地域为特点，如“镜塘藏扇”“镜塘藏荷”“钱镜塘珍藏乡贤经籍印”“海昌钱镜塘收藏明贤尺牍印”“钱镜塘鉴定任伯年真迹之印”“钱镜塘审定吴湖帆真迹”等。他的众多印章，朱文、白文、书体不同，章法各异，印风有的工稳方正、气息平和，有的法度森严、布局工谨，有的清新明快、刀法洒脱。而篆刻这些印的作者，大多是20世纪30年代到60年代的沪上知名篆刻家，如唐醉石、高络园、陈巨来、王个簃、谢磊明、钱君匋、高式熊等。

祖父为人谦恭，随和慷慨。祖父堂兄钱君匋回忆说：1963年，西泠印社成立60周年之际，他就捐献了名家作品数十件，其中也有名家印24件，包括文鼎、吴昌硕、曹世谟、赵之琛、王大昕等的手刻。我想这也弘扬了西泠印社以“保存金石，研究印学”的学术宗旨。而祖父自己也是西泠印社社员。祖父这些众多的风格各异的名家印章曾经钤印在数以万计的古代书画上，印证着一个老人搜求、鉴赏、鉴定和珍藏书画古籍所付出的毕生心血，映照着祖父一生人淡如菊、胸阔似海、赤诚奉献的精神。

相逢有味是偷闲

——回忆父亲王一平的收藏人生

王时驷

父亲王一平1914年出生于山东荣成的一个海边渔村，1932年就读于文登乡村师范时加入中国共产党，投身革命，弃笔从戎，战争年代成长为我军一名高级政工干部，在淮海战役时任华东野战军八纵政委，八纵后来改编为中国人民解放军第26军，父亲任第一任军政委，率部参加了渡江战役和解放上海战役。1952年年初，时任第三野战军第八兵团政治部主任的父亲由陈毅老总亲自点将，奉调转业到上海任市委组织部部长，涵泳于海派文化的这片沃土，父亲在工作之余也逐步与海派艺术收藏结下了后半生的不解之缘。

一、浮沉无悔系收藏

解放初期的十里洋场上海百废待兴，父亲脱去军装满怀豪情地走上新的工作岗位。但是，也许父亲自己也不会想到，工作了不到一年时间他就主动辞职了。父亲刚到职时，全国正在开展一场轰轰烈烈的“三反”“五反”打“老虎”运动，身为组织部部长的父亲自然成为市“三反”“五反”运动领导小组成员。由于中央批评上海“打虎”不力，外地“老虎”是越打越多，上海却越打越少，市委紧急开会，把“打老虎”指标从3 500只提高到8 000只，并严厉督促各级干部加快打虎步伐，以完成指标。父亲对此提出不同意见，认为“老虎”应该有多少打多少，不能预设指标。但是在当时的政治氛围下，父亲的意见没有被采纳，是违心地工作，还是不忘初心、实事求是？父亲选择了后者，向市委提出辞去组织部部长，并获准离职休养。

看来父亲与收藏是有缘分的，工作之门的暂时关闭，却打开了收藏之窗。在家休养的父亲因为有了空闲时间，就经常到文物市场闲逛。当时上海广东路、河南路一带经营文物的店铺和商贩众多，每天各种各样的文物在这里被交易，面对这一热闹场景，父亲触摸到了艺术收藏的跳动脉搏，从而走上了漫漫的收藏之路。当然，收藏机缘的到来并不只是因为有了空闲时间。早在1935年冬，父亲因参加胶东暴动失败被通缉追捕而离家出走，来到北京山东会馆，与同乡和同窗好友谷牧同住一处，山东会馆离琉璃厂文物市场很近，两人抽空经常去闲逛，喜爱收藏的种子可能在那时就已植入心田，亲炙海派收藏的丰沃养分，自然就生根、开花、结果了。父亲心中一直抱有对中国历史、文化和艺术的热爱，与收藏结缘，并且锲而不舍。父亲曾告诉我，他买的第一张画是扬州八怪之一黄慎的人物画，卖画的摊贩是个独眼老头，信誓旦旦地说如果画是假的，把他另一只眼也挖去。父亲买下画后不久去北京开会，抽空去天津博物馆参观，发现展品中一张黄慎的画与自己买的画是双胞胎。返沪后父亲找到了这个摊贩说了这个情况，独眼老头很是尴尬，父亲并没有为难他，而是把黄慎画退了，并在他的画摊上又挑了一张。黄慎是扬州画派中最接地气的画家，全靠鬻书卖画为生，同一题材和构图，画两张或者更多都是可能的，但从此事可以看出父亲初涉收藏是慎重的，不是玩票性质而是以收藏真品为起点的。父亲还讲过，他曾在画摊上买过一张徐悲鸿画的猫，价格8元钱，他感到猫的眼睛画得传神，没还价就买下了，摊主很是感激，硬要再送他一张画，他不喜欢就没有要。在离职休养期间，父亲从文物市场选购了第一批书画收藏品，也结识了朱念慈、薛贵笙、庄澄璋等文物经营者。公私合营后，林林总总的文物店铺和商贩都被归口到上海文物商店和朵云轩，他们也成为这两家文物艺术品经营单位的业务骨干，成为父亲在今后收藏中经常打交道的良师益友。

在父亲离职休养、专注于收藏的过程中，政治形势也发生了变化。全国各地“三反”“五反”运动普遍出现了扩大化，上海也不例外，中央及时通知各地开展甄别工作，经过甄别，上海的“老虎”由8 000多只下降为1 000只左右，纠正了一大批冤假错案。如著名书画家、鉴定家谢稚柳仅因为被举报有过书画买卖行为，差一点被打成大“老虎”，经甄别才幸免于难，否则一颗海派艺术的巨星将过早地陨落。父亲曾笑着告诉我一件事，在市委

"三反""五反"运动总结会上,并没有分管运动的陈毅市长说了一段话:"在运动开始阶段,老虎越打越多是对的,到运动后期甄别阶段,老虎越打越少也是对的。"陈老总这段充满中庸式政治智慧的总结,既平衡了运动中各方意见,又含蓄地肯定了父亲意见是对的。不久,父亲又重新被任命为市委组织部长,开始了繁忙的工作。但此时收藏已成为父亲不可割舍的爱好。在休息时,父亲时常会去文物商店或朵云轩选购收藏品,工作中有时开会回家很晚了,父亲会在客厅兼书房的沙发上坐一会儿,欣赏墙上挂着的书画,稍事放松后才去休息入睡。父亲请篆刻大师方介堪刻了一方闲章"聊借图画怡倦眼",正是他在繁忙工作之余享受收藏的愉悦、怡情自乐的写照。

树欲静而风不止,1955年春天,一场反对胡风反党集团的政治运动来临,市委宣传部长彭柏山被北京最高层定为胡风分子。上海市委紧急开会,作出立即逮捕彭柏山的决定。时任市委常委、组织部长的父亲坚决不同意在证据不充分的情况下先逮捕彭柏山,提出先审查而后依审查情况再作组织处理。父亲的意见被否定后,不得已又一次辞去组织部部长和彭柏山专案组织负责人的职务,离职休养。彭柏山被捕入狱后曾自杀未遂,应他本人要求并经市委批准,父亲到监狱与他谈话,谈什么不得而知,但彭柏山放弃了自杀念头,后来在"文革"中被造反派残酷殴打致死,"文革"后才得到平反,这是后话。父亲在离职休养期间,出人意料地作出一个抉择,向市委申请兼任上海博物馆馆长,同样令人意外的是,市委批准了他的申请。以省级党委常委的身份到当时仅是处级单位的博物馆任馆长,这种工作错配在党内干部任用上是绝无仅有的。我猜想,在经历了多次政治运动后,是政治上的无奈和对文物收藏的热爱,使父亲选择了到上博工作,而不只是想过渡一下。上海博物馆是在陈毅市长亲自关心下组建的,之前只有副馆长,实际上父亲成了第一任馆长。1957年父亲上任伊始,全国反右运动也接踵而来,市文化局向上博派来工作组,杨宽副馆长等一批专家、学者被划为右派,有的定为"极右",父亲亲自组织调查,找群众了解知识分子状况,认为文管会、博物馆老同志对文物征集、保护有功,对上博建设有很大贡献,有时聚在一起聊天仅是谈工作、交流学术问题而已,发些牢骚是有的,但不涉及政治问题。父亲凭借市委常委的特殊身份挺身而出,审阅并否定了工作组整理的右派材料,把文化局下达的右派指标顶了回去,保护了上博的专家、学者。知识分子成堆的上博没有一个专家、学者被划为右派,这在当时政治风暴的形势下是极为罕见的,经历此事的上博老同志都称赞这是王一平馆长对上博最难能可贵的一大贡献。由于父亲热爱文博事业、尊重专家、学者,他在上博的领导工作是得心应手、卓有成效的,为上博建设作出了积极贡献。而通过在博物馆的这一段工作,父亲也极大地丰富了自己的文博知识,收藏境界也更高了。

1958年,总路线、"大跃进"、人民公社三面红旗运动又在全国轰轰烈烈地展开,父亲奉调离开上博,重返市委领导工作岗位,但仅仅工作了几个月,一贯讲真话的父亲对市委机关大铁门被拆去大炼钢铁等狂热、浮夸、浪费现象提出批评意见,结果不但没有被采纳,反而被批为思想"右倾",又一次被迫离职休养。直到三年困难时期后的1962年初,国家开始实行"调整、巩固、充实、提高"八字国民经济方针,纠正"左倾"错误,父亲才再一次重返市委领导工作岗位,先后担任市委秘书长、书记处候补书记、书记。这一时期,全国政治运动影响较小,国民经济稳定恢复发展,父亲尽管工作繁忙,但是心情舒畅,对收藏依然乐此不疲,藏品也不断有新的收获,陆续购入了明林良《古树寒鸦图》等重量级藏品,收藏也达到一个新的高度。就在父亲花900元购买林良《古树寒鸦图》后不久,发生了一件当时在干部队伍中有较大影响的事。市委第一书记柯庆施在一次市委干部会议上严厉批评说:"有的领导不去基层调查,却去淘古董,你们要风流,这是玩物丧志。"第一书记在会议上公开批评另一位书记是很罕见的,与会每个干部都清楚他批评的是谁。一石激起千层浪,这件事很快传遍了全市干部圈,很多搞收藏的干部不免忧心忡忡,人人自危,把收藏停下来在观望,母亲也劝父亲说:"柯老批评得这么严重,以后不要再买书画了。"父亲却泰然处之,回答说:"我用自己的工资买画,也没有占用工作时间,违反党组织的哪一条纪律?"不久后在一个周末,父亲继续到文物商店观看选购字画,可能柯庆施也感觉到批评有失偏颇,就再也没有提及此事,一场突如其来的风波不久就消失于无形了。许多观望的干部收藏爱好者又恢复了收藏活动,而更多原来不知收藏为何物的干部经过这次风波,也纷纷开始收藏,干部参与收藏的人数反而更多了。在20世纪60年代"文革"发生前这三四年,是上海老干部收藏十分活跃的时期,如果说父亲是上海老干部收藏队伍的领头人,相信没有人会对此持有异议。

父亲从20世纪50年代初转业至上海任职到1966年"文革"发生这15年左右的时间,政治运动接二连三,父亲因对时局政策持独立观点而多次离职休养,正常工作时间加起来不到一半。无论是工作还是休养，父亲都心系收藏，工作之外大部分时间都用于收藏，或到文物商店、朵云轩选购藏品，或与老干部藏友或书画家们一起谈书论画，观赏品鉴新购入的收藏品，或查阅资料辨识藏品真伪。收藏给他带来了工作疲劳的缓解和审美的愉悦，以及经历了一次又一次政治运动后的心情平复，陪伴他度过了十几个风云跌宕的春秋。在专注于收藏的同时，父亲还不断鼓励熟悉的干部参与到收藏中来。原海军政委李耀文是父亲的同乡和亲密战友，战争年代曾长期在一个部队共事，中华人民共和国成立后父亲转业到上海，他留在部队工作，在父亲的带动下，他也喜欢上了收藏，成为军中为数不多的军队干部收藏家。1969 年 1 月，我回乡插队落户，途中经济南住在他家，李耀文时任济南军区副政委兼政治部主任，他爱人于峰阿姨因病休息在家，与我聊天时说："我家老头都被你爸带坏了，用花纸头换破纸头。"说明李耀文也花了不少钱用于购买古代书画。之后父亲又介绍他结识了谢稚柳、陈佩秋等海派书画家，收藏了不少现代海派书画家的作品。老干部收藏家、原市委常委、财贸办主任李研吾的儿子李效朴常常谈及他爸爸是如何在我父亲的鼓舞下涉足收藏的。李研吾喜爱书法，他收藏的古代书法作品成系列，很有特点。老干部藏友、原市政府副秘书长张耀辉的儿子张军对我说过，我父亲对他爸爸说："干部有了工资，不买田，不买房，就是要买书画。"张耀辉也因此成为老干部藏友之一。在 60 年代前半期，上海的老干部收藏队伍像滚雪球一样越滚越大，成为艺术收藏的一股新力量。上海素有"收藏半边天"之称，工商业者和文人知识分子中很多人都有热衷收藏的传统，但经过一连串政治运动，不少工商业者和文人知识分子受到打击和伤害，海派收藏也随之在 50 年代末跌入谷底，沉寂下来。后来他们看到共产党干部也在搞收藏，那还有什么好担心的，也就慢慢把悬着的心放下来，重新又拾起了收藏这个心头所好，使海派收藏在 60 年代前半期又渐渐蔚成风气，活跃起来，这一进程直到 1966 年"文革"运动开始才戛然而止。

二、相逢有味是偷闲

1966 年"文革"运动不期而至，在"破四旧"和抄家风中，大量文物被损毁和封存，传统文化遭受到前所未有的摧残。皮之不存，毛将焉附？收藏随之也如泥牛入海，无声无息了。到了 70 年代初期，运动开始时被打倒的老干部和受冲击的文化艺术界著名人士陆续得到了“解放”，尽管政治上依然被边缘化，但都有了自由活动的空间。1972年父亲被“解放”并担任了一个有职无权、仅负责知青工作的市革委副主任（相当于副市长），不用每天上班。空闲在家的父亲看到一大批身怀绝艺的书画大师们被冷落在家，一份对艺术和收藏割舍不下的情感促使他开始挨家挨户地串门走访。在当时的政治环境下，这种往来是小心谨慎、如履薄冰的，如果说有些像地下工作也不为过。著名文化记者郑重撰写的《文化大革命中的画家和收藏家》一文中提到，父亲一般都是晚上出门，约上另一位老干部藏友韩去非，轮流到谢稚柳、唐云等家走访。由于韩去非是“文革”前刚从山东调入上海，对上海市民来说是生面孔，每到一个书画大师家，就由韩去非先进去探视，如没有外人在，再出来告知后父亲才进去。刚开始的访问只是互致被批斗后的问候，聊些身体和家务琐事，以后走访次数多了，也开始聊些书画和收藏的事，这样的交往和沟通多了，犹如春风化雨般使这些书画大师们逐渐摆脱了“文革”初期受批斗、冲击的余悸，重新有了艺术创作的冲动和欲望。于是，水到渠成，在那个特殊年代，一群对艺术创作和收藏有共同爱好和追求的老干部和书画大师们频频举办起了“笔会”。

老干部和书画家的聚会大都在父亲的老干部藏友曹漫之家中。曹漫之是中华人民共和国成立后上海首任民政局长，在“三反”运动中受到错误处理，被撤职并开除党籍。“文革”中在造反派眼里，他已是“死老虎”，在他家聚会，不会引起造反派的注意，这在当时是一个相对安全的选择。曹家在衡山路，离上海中国画院很近，画家们来往方便。他夫人姓蔡，人高肤白，外号“大白菜”，包白菜猪肉水饺更是一绝。快到中午时，谢稚柳夫妇和唐云等会轮番过来，与先期到达的父亲等老干部相会。大家先饮茶聊天，不一会儿，热气腾腾的白菜猪肉水饺端上来，大家一边吃水饺，一边交流沟通，气氛十分惬意和热烈。饭后，就由老干部出题材或命题，书画家泼墨挥笔，创作出一张张精彩纷呈的作品，真可谓“煮饺论书画，挥笔写华章”。这是海派收藏史上不曾有过，将来也不会再发生的场景，一群被政治边缘化的老干部和先被冲击、批斗、然后被冷落的书画大师们聚会在一个避人耳目的场所，读书论画、创作和收藏艺术，完全没有半点功利心和金钱利益，有的只是对艺术的朴素崇尚和虔诚追求。父亲曾请篆刻大师陈巨来刻了一方闲章：“相逢有味是偷闲”，原意是形容在工作之余，有共同爱好的人们相会相知所获得的轻松和愉悦，这句话中的“偷”字原本是抽象的，而用在眼下这个场景，则被赋予了具象的含义，一个

"偷"字活画出藏友们顶着压力，不畏风险，追求艺术和收藏的情怀。书画大师们被压抑了多年的艺术才情在这种氛围下迸发出来，化为一张张内容丰富、笔墨灿烂的艺术作品，正如郑重撰文中所指出："书画家在'文革'期间的作品，多是藏情之作，有亲情、友情、孤寂郁闷之情，流溢于笔墨之间。"注入感情的作品往往是精彩之作。父亲在"文革"前主要是收藏古代字画和古董，"文革"开始后，文物收藏完全被禁止，而历史机缘又给了父亲等老干部收藏当代书画大师作品的时代机缘，父亲收藏的当代书画大多数是"文革"1972年至1976年这段时期的作品，精彩多姿。在那个恶劣的政治、文化生态中，反而绽放出更加鲜艳的艺术之花，这不能不说是一个收藏奇迹。父亲等老干部与书画家们的笔会肯定不如兰亭修禊和西园雅集那么恢宏和浪漫，却同样充盈着崇尚艺术的情怀，在现代海派收藏史上留下了浓墨重彩的一笔。

相逢并不都是欢快的、热烈的，有时也充满了苦涩味。1972年12月，在林风眠被关押释放后不久的一个晚上，父亲悄悄地走访了他。这一次父亲没有像往常一样请韩去非陪同，而是由母亲陪同来到林风眠当时在南昌路的住处。父亲让母亲先上二楼探明林风眠是否在家，然后再单独上去与他会面。他们见面谈了些什么无人知晓，但气氛肯定是压抑的。林风眠是留学法国有国际视野的画家，他的画融汇中西，极具艺术开创性和感染力，父亲非常喜欢。从50年代初代到"文革"前，父亲主要收藏古代字画，并不刻意收藏当代书画，但林风眠的画是例外，父亲不仅收藏了他的多幅画，客厅兼书房也轮流挂着林风眠的《秋林村舍图》和《芦塘归雁图》等，父亲还特意请林风眠画了一张斗方大小的《仕女抚琴图》，线条流畅、颜色淡雅，非常别致。因这类题材在当时容易引起非议，父亲把它挂在卧室里，不对外示人，当时这也是为了保护林风眠。据母亲说，当晚父亲与林风眠会面不超过半小时，看着一位天才的艺术大师不仅没有受到社会应有的尊重和推崇，反而遭受牢狱之灾，受到常人难以想象的屈辱和痛苦，父亲此时的心情除了痛惜，我想还有歉疚之情，就像他当年获准到狱中探望被当作胡风分子无端被逮捕的市委宣传部部长彭柏山时的内心感受。父亲看到同志或朋友遭受冤屈，被残酷打击，虽想出手相助，却无力回天，所能做的就是向受害者提供自己力所能及的帮助。当时林风眠不能卖画，完全断了保障生活的经济来源，父亲利用市革委副主任的身份和自己在上海干部中的声望，设法说通有关部门批准，允许林风眠每年可寄八幅画给他在法国巴黎的夫人，他夫人卖掉后留下生活费，再把多余的卖画钱寄回给林风眠，这样每年八幅画的收入勉强维持了林风眠两端的生活开销。父亲又撮合把林风眠的人事关系转到上海中国画院，不清楚有没有工资，但医疗是有保障了。1976 年 10 月“四人帮”刚被打倒，林风眠第一时间就提出了出国探亲及移民的申请，当时国门还没开放，出国及移民似乎是一件不可能实现的事。此时父亲已恢复职务，重新担任市委书记，主管组织和宣传。父亲同情林风眠的坎坷遭遇，理解他的心情，想方设法把林风眠的申请转呈至中央高层，最后由林风眠的梅县同乡、德高望重的叶剑英元帅亲自批准。所以，林风眠也是幸运的，成为“文革”结束后出国及移民第一人。临出国前一天，父亲请林风眠吃饭，由浙江美院院长肖峰陪同，浙江美院前身是由林风眠创办的杭州“国立艺术院”。第二天，父亲又亲自为林风眠送行，林风眠临走时赠送父亲一幅《紫藤小鸟图》，并对父亲说这是他昨天晚饭后回去连夜赶画的，画 11 只小鸟是祝贺党的十一大召开和父亲当选为中央委员。林风眠带着忧伤感离开了他所挚爱的故乡，我理解父亲竭尽所能为他做的一切，不仅是对他艺术成就的珍爱和尊重，也是想弥补他在国内所受到的不公平遭遇和心理创伤。林风眠走后不久给父亲来信，除了表达谢意外，还在信中表态把他留在上海中国画院的 100 余幅画捐赠给国家，这批画的艺术价值至今是不可估量的。

在收藏当代书画过程中，父亲与当代海派书画家林风眠、刘海粟、谢稚柳、朱屺瞻、唐云、来楚生、陆俨少、关良、陈佩秋等都有密切的关系并成为艺术上的知音，除谢稚柳夫人陈佩秋外，这些画家的年龄都比父亲稍大或相仿，父亲与他们交往更多的是一份敬重，而父亲与比他小十多岁的北派画家黄胄的忘年交，则更多了一份随性和率真。父亲曾对我说过，黄胄要给他画画，他都不让，他喜欢到黄胄画室中挑他的练画稿，往往画得更加随意、生动。有一次，父亲到北京开会期间，抽空到黄胄画室，挑了一张画稿，画的是卧驴，看上去一团墨黑，却隐然筋骨肌肉可辨，父亲回沪后把它挂在书房，书画大师谢稚柳看到了都啧啧称赞。父亲曾请黄胄画了一张千古佳人《洛神图》，反映了他们之间不同寻常的书画情缘。记得是 1974 年，父亲途经济南，在会见了济南军区诸多老战友后，专程走访了同为书画好友的老部下济南铁路局党委副书记宋承德，宋承德曾长期在北京铁道部工作，与喜欢喝酒的黄胄关系甚密，经常在一起喝酒论画。宋承德向父亲出示了一幅黄胄画的《洛神图》，上款人是他夫人“辛颖”，不无炫耀地说这是黄胄画过的唯一一幅洛神，画中的洛女脸型微胖、服饰简单。很显然，极少画古代仕女的黄胄画“洛神”是借鉴了傅抱石画的“湘夫人”，当时我也陪伴在旁，父亲并没有发表评议。以后在一次到东北慰问上海知青返沪途中，父亲在北京作短暂停留，专程走访了黄胄。当时正值“四人帮”批黑画，黄胄与潘天寿、李可染、黄永玉等一起被批为“黑画家”，封笔赋闲在家。老朋友相见使他极为高兴，父亲提及了在济南看到那幅洛神画，话题自然就从楚王好细腰，赵飞燕得宠汉宫，谈到东汉三国时期应沿袭前朝纤细为美的世风，洛神不该像尧舜农耕时期的湘夫人那般壮硕，后来到了唐代才开始“以胖为美”的风尚。父亲鼓励黄胄应大胆跳出傅式仕女的画法，画出新意，父亲还风趣地对黄胄说：“如果洛女像湘夫人，又怎能让风流才子曹子建患相思病，写下千古名篇《洛神赋》呢？”黄胄深受启发，当即要挥笔为父亲画《洛神图》，父亲让他不必急于下手，先研读《洛神赋》后再画。因为当时正是“四人帮”肆虐批黑画，黄胄受批判并被封笔，父亲特地嘱咐黄胄不要题画名，绘画时间题10年前即1965年作，体现了一位老干部对艺术家的关心和呵护。不久，黄胄就精心画完了《洛神图》，父亲嘱咐他把画送到谷牧副总理处存放，没想到当谷牧托人把这幅画转给父亲时，风云际会的历史机缘竟使这幅画成为特殊时期的联络信物。1976年10月，党中央一举粉碎“四人帮”，为了稳定“四人帮”大本营上海的局势，迫切需要了解掌握上海“四人帮”余党的动态，为此中央迅速抽调干部组成工作组，以检查经济工作为名赴上海收集情报。国家建委干部、曾任谷牧秘书的曹大徵是工作组成员之一，临出发时谷牧向他交代，到上海一定要尽快与老干部王一平碰头，才能搞到情报。为避嫌疑，谷牧把黄胄这张《洛神图》交给曹大徵，让他到上海就以送画名义与父亲见面。当晚曹大徵搭乘末班飞机到上海，在机场打电话给父亲，说谷牧有一幅画托他转交，从而摆脱监控，从机场连夜赶到父亲住处，向他通报情况，传达任务，几乎可以肯定，父亲是上海第一个知道“四人帮”被隔离审查消息的人。为了尽快了解中央急需的“四人帮”上海余党的动态，父亲找到老部下，曾经也是老干部藏友，“文革”中卖身投靠“四人帮”，担任市委常委、办公厅主任的张敬标。当时市委书记马天水、王秀珍、徐景贤已被中央调到北京“开会”，张敬标成为市委常委会的临时召集人，父亲不顾个人安危，秘密约见他，向他进行路线交底，并晓以大义，陈明利害，在形势逼迫下和出于对父亲的尊重和信任，张敬标虽犹豫再三，终于毅然反戈，戴罪立功，向父亲透露了“四人帮”上海余党已经秘密安排向民兵发枪，企图武装暴乱的重要消息，并将有关会议纪要副本交给父亲。这一重要情况立即被传递到北京最高层，为中央稳定上海的决策提供了精准情报。1976 年 12 月，已恢复市委书记职务的父亲率团到北京参加全国会议，会议结束后，父亲邀谷牧作陪，请黄胄在北京饭店吃饭，答谢他的精彩画作《洛神图》。三人劫后重逢，相谈甚欢，当谈及《洛神图》不仅画得好，而且在粉碎“四人帮”的特殊时期作为联络信物也立有一功，黄胄异常兴奋，执意要付饭钱，父亲打趣地说：“这顿饭可不便宜，要花费你一头驴。”黄胄风趣地回答：“今非昔比，现在驴已涨价，一条驴腿足矣。”三人开怀大笑，充满了对政治和文化艺术的春天即将到来的期盼和喜悦。当我第一眼看到黄胄的这幅《洛神图》不禁暗自惊叹：用中国画技法竟能把一个女人画得如此之美，惯于以速写和泼墨入画的黄胄施展了他从未展现过的工笔细描技法，但见佳人发髻高耸，头饰精美，脸呈柳叶，细眉弯月，秀目顾盼，朱唇微抿，说不尽的美艳，而服饰则以黄胄擅长的速写笔墨迅疾挥笔而成，寥寥数笔绘出洛女的窈窕身姿。显然，此画是黄胄在细心研读了《洛神赋》后，佳人神情了然于胸，激情飞扬一挥而就。可能是耗费了太多的心神和精力，之后黄胄再没有画过这类题材，此幅《洛神图》堪称是黄胄绘画中绽放异彩的绝版之作。

父亲与书画家们的交往并不只是始于“文革”中，早在 50 年代初父亲刚涉足收藏不久，就开始了与海派书画家们的相知相交。书画家中多数也是收藏家，精于鉴赏，共同的兴趣爱好使父亲与他们往往都是一见如故，成为知心朋友和藏友。父亲最早认识的书画家是沈尹默、谢稚柳、沈剑知等。1954 年陈毅奉调到北京任国务院副总理兼外交部部长，临走时交代父亲要好好关心沈老的工作和生活，父亲遵嘱践行始终。谢稚柳和沈剑知都是文管会顾问，父亲因收藏古代书画而与他们相识交往，1957 年兼任上海博物馆馆长后打交道就更多了。谢稚柳精于古代书画鉴定，在古代书画收藏方面给予父亲很多帮助和指导，他和夫人陈佩秋后来也为父亲创作了不少精彩的书画作品，其中一些重量级精品，父亲后来都捐赠给了上海博物馆，他们夫妇是父亲收藏生涯中的书画知音和知心朋友。沈剑知的名气远不如谢稚柳那般如雷贯耳，但他精于书画鉴定，学董其昌的字和画水平很高，很少有人能及，他个性张狂，恃才傲物，甚至对鉴定泰斗级专家谢稚柳都不服气，被陈巨来在《安持人物琐忆》一文中点评为民国十大狂人之一。父亲到上博任馆长后，与他有较多的接触，时常向他请教一些书画鉴定问题，有时也与他一起谈论一些对书画艺术的看法，父亲谦和的态度、不俗的见解，使他大为折服。他用楷书为父亲写了一幅毛主席诗词，书后题跋："姜白石谓钟王真书皆潇洒纵横，以平正为善者世俗之论耳。平公论书画每有神辞，于姜说云何幸有以教之。"以沈剑知的狂傲性格，这应该不是阿谀之词。父亲在离开上博返回市委工作岗位之后，还每月把配给他的香烟票托人转交给他。父亲在20世纪50年代收藏的书画都是由沈剑知用一笔娟秀的董字题写的签条。

白蕉也是父亲在20世纪50年代中期结识的海派书法家，父亲很欣赏他的字，但并没有收藏。在1957年"反右"运动中，白蕉仅因发表了中国书法现状的评论就被打成右派。当时父亲在上博兼任馆长，以市委常委的身份顶住政治压力，力保上博全馆知识分子无一人被打成右派，但对在上海中国画院的白蕉等书画家被打成右派却鞭长莫及。在白蕉遭受打击最苦闷的时候，父亲请他画了一张他最擅长的兰花并写了一幅行书条幅。白蕉性格清高，怕自己右派帽子影响他人，执意不肯在书画上题上款和落款，父亲就请谢稚柳补题，写明是何人所写所画，并挂在客厅里，来客都可以看到，以此表示对白蕉的支持和尊重，也隐含了对白蕉被打成右派的不认同。

1961年底，父亲在杭州休养期间，专程去拜访了国画大师潘天寿，两人谈书论画，聊得很开心。父亲回上海几个月后，竟意外收到了潘天寿托人送来的画，是一张大尺幅的指画，老鹰站在巨石上，水墨淋漓，张力十足。父亲感到很突然，因为他并没有请潘先生画画，我想一定是潘天寿在与父亲的交谈中感受到父亲是一个懂画爱画的人，所以才用心画了这样一幅不可多得的精彩之作。潘天寿的指画老鹰这类画在"文革"中被江青公开批判为把老鹰画得像特务，潘先生也被批为黑画家，"文革"中被造反派迫害致死。父亲精心保存了这张画，经常挂出来观看欣赏，并在后来捐赠给上海博物馆。

除了与艺术家们的来往相聚，父亲与老干部藏友之间的聚会也是一桩其乐融融的事情。在官场中有一条不成文的规矩，担任领导工作的干部在工作之外一般都不谈论工作，不相互来往，但有着收藏爱好的老干部则打破了这种潜规则，在周末时间经常相聚在一起，或三五成群结伴到文物商店等处选购藏品，或各自带着新得到的藏品在一起交流品赏。当时周末老干部相约一起经常去的地方是虹桥俱乐部(即现在的龙柏宾馆)，父亲有时也带孩子一起去，里面有英式别墅和很大的花园。老干部藏友聚会经常会发生的一件事是分享，这在其他收藏家之间是不会发生的。有时觅到一本册页，但因价格较高，一个人经济上负担不起，于是十来个老干部藏友约定一人一开，按总价平均分摊，在挑选册页时，父亲往往都是第一个挑选自己心仪的一开，然后大家一人一开依次挑选，挑选排序与资历、职务没有关系，可能与参加干部收藏圈子的时间先后有关，是大家内心都自然认定的一种默契。父亲收藏的徐青藤、陈老莲、石涛等册页单页，都是通过这种方式收藏到的。

父亲的老干部收藏圈并不只限于上海，与北京的康生、谷牧、李初梨、孙大光、李耀文、徐平羽等都有收藏方面的往来和互动。康生的收藏以砚台、碑帖拓本、古籍善本为主，格调很高。对书法水平自命不凡的康生把自己觉得写得很满意的两条 14 言集句条幅赠送给父亲，两条幅可单独挂，也可像对联一样成对挂，分别写毛主席七律诗句“天若有情天亦老，人间正道是沧桑”和“红雨随心翻作浪，青山着意化为桥”，他习怀素狂草法，笔势连绵，一气呵成，书法功力确实不凡。谷牧与父亲是同乡、同庚、同学，同时参加革命，同时进上海，他任宣传部长，父亲任组织部长，他们同样都热爱收藏。早在 1935 年冬，他们同在北京的短暂时间内，就曾多次一起去逛琉璃厂文物市场。1955 年谷牧调北京工作后，父亲每逢到北京开会，都会抽空与谷牧相约一起去荣宝斋等处选购书画、文玩，在那里经常会碰到北京老干部藏友和书画家等。父亲与北派著名书画家李可染、李苦禅、黄胄、崔子范等相识都是经由谷牧介绍的，而谷牧收藏百梅图册，由一百位画家各画一开梅花，其中海派画家画的十几开梅花，都是由父亲和曹漫之在上海为谷牧收集的，后来谷牧把百梅图册捐赠给黄胄创办的炎黄艺术馆，成为该馆的镇馆之宝。大约是 1963 年前后，毛主席秘书田家英收藏到清代著名书法家邓石如的一副隶书对联，内容是“海为龙世界，云是鹤故乡”，田家英把对联给主席看了，主席大加赞赏。消息在干部圈传开后，很多干部都闻风而动，到处寻购邓石如的书法。恰逢谷牧到上海出差，父亲陪他到文物商店去，看能否找到邓石如的字，正巧店里有一张邓石如的隶书横幅“是清风明月之庐”，字好、内容好、品相好，谷牧很喜欢，但一时凑不够钱。谷牧和父亲虽同为七级干部，但北京和上海有地区差别，工资比上海低，谷牧除了五个子女要养育外，还有老母亲奉养在家，经济一直比较拮据。谷牧让父亲先垫付钱买下来，等他凑够钱后再来取。父亲把字带回家后挂起来欣赏，越看越喜欢，因为这幅横幅不仅字好，而且内容与客厅兼书房的文人气息十分契合，过了几天父亲打电话给谷牧，让他不要凑钱，自己想买下来，谷牧在电话里说：“老王，你这是夺人所爱啊！”大家都哈哈一笑了之，这件藏品的归属就这样简单地解决了。因为对他们来说，都是文物的保管者、传承者，谁收藏都是一样的。文物艺术收藏品是一种牵挂，把藏家们的心拉得更近了。

三、得遣由我皆随心

“由我得之，由我遣之，物归其所，问心无愧”，这是大收藏家王世襄有关收藏的一句名言。“得”即收集藏品，“遣”即遣送或处置藏品，是收藏全过程的两端。父亲与王世襄素不相识，而且父亲主要收藏书画，而王世襄只收藏杂件，但他们对收集藏品的执着、热爱和遣送藏品的理性、豁达，却有相通之处，体现了收藏文化的精髓。

从 20 世纪 50 年代初到 70 年代末的 20 多年，经过在上海这块海派收藏沃土上的不断耕耘，父亲也建立起了初具规模的藏品体系，主要是三个部分：一是古代书画，这是父亲耗费心血收藏的重点，约有藏品 100 余件，其中有宋人佚名《雪竹图》、元倪瓒《汀树遥岑图》、赵孟頫行书诗等宋元画，明清书画是收藏重点，有明四家沈周、文徵明、唐寅、仇英的书画、扇面等，以及夏昶、宋克、林良、周臣、王宠、徐渭、陈淳、陈洪绶、董其昌、朱耷、石涛、弘仁、“四王”、高凤翰、华岩、“扬州八怪”等明清书画。二是近现代书画，一部分是购买收藏的吴昌硕、齐白石、徐悲鸿等人作品，仅齐白石作品父亲就买了十几幅，另一部分是现代书画如沈尹默、林风眠、吴湖帆、贺天健、谢稚柳、白蕉、朱屺瞻、唐云、来楚生、关良、陆俨少、赖少其、陈佩秋等海派大师的作品以及外地部分有代表性的书画大师的作品，如杭州黄宾虹、潘天寿，南京傅抱石、林散之，北京李可染、李苦禅、黄胄，广东关山月、黎雄才，济南于希宁，天津孙其峰等。我认为现代书画家们的作品是父亲收藏体系中的亮点，因为父亲喜爱书画，懂绘画和书法，并与这些大师结为平等相处、互相知心的挚友，所以收藏的都是大师用心创作的精彩之作。三是文房杂件，父亲并不刻意收藏，藏品数量较少，但也不乏精品，如唐三彩马，明青花大罐，朱三松款竹雕盘松水盂，清乾隆郑板桥画竹，潘老桐刻竹雕笔筒，罗两峰书画周牧山刻黄花梨笔筒，邓渭书并刻行书竹雕大笔筒，郑板桥、高翔铭琴式臂搁，高凤翰铭玉带池端砚，清嘉庆伊秉绶铭半壁端砚，高凤翰、吴湖帆铭宋坑小方壶观赏石等。其中一块清乾隆东园生(华新罗)画丛竹、佚名刻竹雕臂搁，通体枣红色，包浆铮亮，刀工极佳，据上博研究竹雕的专家施远鉴定，应是清乾隆著名篆刻家、竹刻家杨谦所刻。上博藏有一件清西泠八家之一赵次闲摹刻此臂搁的藏品，图案和刀法几乎一模一样，而赵次闲正是画师法华新罗、刻师法杨谦。杨谦竹刻作品传世极少，目前仅在英国大英博物馆藏有一件。父亲收藏的现代文房杂件数量更少，但也有亮点，其中林风眠、谢稚柳、陆俨少、朱屺瞻、陈佩秋、刘旦宅等大师绘画、烧制的一套艺术瓷盘，谢稚柳、钱瘦铁、唐云、张景安、徐素白、徐孝穆、方去疾、朱积诚等八位书画篆刻家合作的圆形歙砚，谢稚柳画梅，徐秉方刻紫檀笔海等都是不可多得的精品。有些遗憾的是父亲没有收藏瓷杂类的大项——瓷器，据父亲说，他去文物商店选购书画时，副经理兼瓷杂部经理、瓷器专家薛贵笙经常劝他买些瓷器，那时候瓷器收藏机会很多，价格也很便宜，父亲觉得干部调动多，瓷器搬运时易碎，所以一直没买。我想除此原因外，父亲认为瓷器是工匠制作的工艺品，而非艺术家的创作品，这可能也是他不买瓷器的原因。

收藏的第一要素是“真”，即收藏品首先必须是真品，父亲在这方面是十分较“真”的，依靠专家行家帮助，自己学习研究，对每件藏品都严格把关。宁缺毋滥。买明清书画时大多请老法师朱念慈掌眼，而买吴昌硕、齐白石等近现代书画就请朵云轩庄澄璋把关。此外，如有疑问，则经常请教书画家中有很高鉴赏水平的谢稚柳、唐云等。一般情况下，明或以前的请精于古画鉴定的谢稚柳解疑释惑，而清“八大山人”、石涛、华新罗、“扬州八怪”等书画则请精于此道的唐云帮忙鉴定。其实，父亲在收藏过程中一路注重学习和研究，自己也有较高的鉴赏能力，通过重重把关筛选，父亲的收藏品几乎没有赝品。父亲对收藏品较“真”的事例不胜枚举，以下仅列举二三例。父亲曾收藏一件明双勾兰花图长卷，画工极好，卷后原有薛素素款。薛素素是明代著名艺妓，善书画，名气很大，但父亲经过仔细研究，认定薛款是后添的伪款，可能是书画商觉得原作者名头不大，换薛款冀以售得重金，所以在装裱时父亲要求把伪款裁去，以无款佚名作品收藏。还有一件“扬州八怪”之一李复堂的兰花斗方，上面诗堂为郑板桥书法，但父亲自己研读了诗文内容，发现郑板桥的书法虽真，但诗文与画不搭界，是后来加上的，所以还是把它揭去，请章汝奭教授为画另题诗文，补为诗堂。还有一个事例更加叫绝。80年代初，父亲请篆刻大师陈巨来刻了一方章，但不久之后在一次参观书画展时，有位中年篆刻家走过来对父亲说：“王书记，我为您刻的那方章还满意吗?”父亲并没有让他刻过章，问过后才知道，原来请陈巨来刻的那方章是由徒弟代刻的。回到家父亲马上就把这方章找出来，在砂纸上打磨，把印面磨去。我问父亲是刻得不好吗？父亲说刻得蛮好，陈巨来年事已高，刻元朱文还不一定能刻得这么好。我问那为什么还要磨掉？父亲一本正经地说："这方章有陈巨来的边款和我的上款，如果不把印面磨掉，以后流传下去，假品会变成真品而误导后人。"我听了后如醍醐灌顶，无言以对，感到父亲的收藏境界和认知，远非我辈常人所能企及。

"精"和"新"也是父亲对收藏的一贯追求。"精"即收藏宁精勿滥，重质不重量。父亲有很扎实的传统文化基础，注重学习研究，对艺术史上有成就、有创造性的书画名家都了然于胸，在收藏中坚持自己的艺术和审美标准，非名家精品不收。"新"即藏品的品相要好。父亲收藏的古代书画，除了在选购时注重品相，几乎每一张都要重新装裱过，请装裱大师严桂荣进行精心装裱，费工费料，当时装裱价格要占一般书画价格的三分之一以上，但父亲从不吝惜装裱，所以他收藏的古字画每张都品相完好，焕然一新。

父亲在收藏现代书画时，一般都尊重艺术家自由创作的意愿，轻易不出题目，不提要求。有一次，我在老干部藏友白叔章家中看到一套谢稚柳画的十开红色革命圣地册页，十分新颖和精彩，回家我告诉了父亲并问为什么没有请谢老也画一套同类册页，父亲回答说："谢老并没有去过这些地方，我不想让他画他所不熟悉的题材。"但在某些特定的非常时期，父亲偶尔也会出题目让画家画，以表达自己的心境和情怀，这些书画收藏品也留下了明显的时代印记。在"文革"中"四人帮"猖獗之时，父亲全然不理睬造反派的威逼利诱，拒绝卖身投靠，在1974年、1975年，先后请谢稚柳画了《松鹰图》、《五松图》(隐喻五大夫松)、《荷花图卷》等，表露了自己坚贞不屈、不趋炎附势、出淤泥而不染、宁折不弯的气节。在1976年天安门事件后，"四人帮"抢班夺权，甚嚣尘上，党和国家的前途、命运到了十字路口，父亲忧心忡忡，请人物画大师方增先画了一张"横眉冷对千夫指"的鲁迅坐像，并配鲁迅"无题"诗一首，最后二句"寄意寒星荃不察，我以我血荐轩辕"，直接表达自己忧国忧民，对"四人帮"极左势力绝不妥协的心境。本来父亲已请书画家陈佩秋题写了这首诗，后担心诗意太直白，会给书写者带来政治风险，就自己亲笔写了这首诗，与鲁迅画像合裱后挂在客厅，如此直白地用书画表达自己的心境和政治取向，这在父亲的政治生涯中是唯一一次。1976年10月粉碎"四人帮"后，父亲第一时间请书画大师关良画了一大一小二幅《孙悟空三打白骨精》，表达了对粉碎"四人帮"的喜悦之情。后来听说此画面世后，到关良家求画的人踏破门槛，这一题材关良画了不下一百幅，成为他戏剧人物画的一件经典作品。

相对于现代书画收藏，父亲在收藏现代文玩杂项过程中，与作品创作者互动更多，参与度更高，可以说是个玩家，玩得不亦乐乎。父亲曾请制砚大家张景安制作了一方圆形歙砚，圆径盈尺，砚材、做工俱佳，又先后请钱瘦铁在砚壁上篆书并刻毛主席咏梅词，砚沿上由方去疾行草书毛主席七律梅花诗并刻，砚底由唐云画梅花，徐孝穆刻，红木砚盒盖由谢稚柳画梅花，徐素白刻，砚盒底朱积诚刻“数风流人物还看今朝”元朱文印，一方砚台由父亲构思并请八位艺术大师名家联手参与创作，这在古今砚台中也是不曾见过的，可以说是玩到了极致。还有一方端石随形古砚，石质细腻，砚面有十几个活眼，父亲经过深思熟虑，请张景安在砚面和砚底略施刀功，添了薄意云海纹，再请白蕉在砚底书毛主席七律诗句“四海翻腾云水怒”，由徐孝穆刻，最后由钱瘦铁在老红木砚盒盖上书写铁线篆“星天云海砚”并刻，含义与砚台十分相符，只见砚上十几个眼似星星闪烁在天空，与云海相呼应，一方普通的旧砚经过艺术再创造，发生脱胎换骨的变化，观赏和收藏价值也不可同日而语。父亲的老干部藏友曹漫之见了爱不释手，借回家赏玩，直到他去世后才由其女儿送还。“文革”中期，父亲担任分管知青工作的市革委会副主任，利用到江西走访慰问上海知青的机会，顺道到景德镇瓷器研究所订购了一整套7件瓷文具，又要了青花釉里红釉料。回到上海，父亲请谢稚柳尝试用釉料在整套瓷器文具上都画了不同姿态的青花釉里红的梅花图案，并在其中的笔筒和笔洗上分别书写梅花诗，再请瓷刻家朱榴生对谢老书法进行瓷刻，然后请人用电炉进行烧制，另外又请人给笔洗配了红木天地盖，盖子上由海派四大花旦之一的张大壮画梅花，竹刻家徐孝穆刻。经过父亲如此这般的创新探索，并牵线组织多位艺术家进行艺术再创造，一套再普通不过的瓷文具蜕变成一套可观赏可实用，也不可多得的艺术收藏品。在父亲收藏的现代文玩中，最珍贵的是一套名家绘制的艺术瓷盘。父亲选购了一批规格适中的瓷盘，分别请书画名家林风眠（画芦塘归雁）、谢稚柳（画青绿山水和绿梅各一件）、陆俨少（画红叶山水）、朱屺瞻（画牡丹）、陈佩秋（画兰花）、刘旦宅（画洛神和花鸟各一件）等用国画颜料在瓷盘上作画，再经电炉烧制，创造出这套图案精美、颜色斑斓的艺术瓷盘。可以毫不夸张地说，这是一套以前不曾有过，今后也不会再产生的艺术收藏品，因为作画的这些大师除陈佩秋先生外都已仙逝，即使今后还会有大师出现，也没有如此的人脉关系和感召力，把这么多大师撮合在一起，用创新的颜料和绘画方法在特殊的材料上进行创作，其艺术价值和丰富内涵是无法用金钱来衡量的。

收藏是一个很花钱的爱好，父亲购买收藏品的经济来源完全是工资收入，每月工资三百余元，扣除党费、房租水电费和保姆工资，余额两百余元几乎全用于收藏，而全家节衣缩食，由母亲一人工资（140多元）维持日常开支，如果说父亲的一半收藏是母亲从家用开销中抠出来的，也一点不为过。“文革”初期，造反派批斗父亲，从政治上打倒没能得逞，就想从经济上打开缺口，认定抄家抄出的古董字画是父亲贪污受贿得来的，父亲拿出所有购买收藏品的发票，全都一清二楚，让一心想斗倒父亲的造反派也无话可说。大约是1963年，文物商店向父亲推荐了一张明早期花鸟画家林良的纸本《古树寒鸦图》，画工精彩，品相完好，而且林良作品以绢本为多，纸本极为罕见，父亲看了很喜欢，决定买下，但此画价格高达900元，相当于父亲三个月工资，父亲当月工资再加全家储蓄，钱也凑不够，父亲就拿了吴昌硕《秋菊图》等两幅画到文物商店出售，因两张画已购买多年，有一定升值，文物商店给出的收购价格高于原购买价格，父亲出示了购买发票，执意让文物商店按原价平价收购，使文物商店很是为难，在父亲坚持下才按原价收购。父亲就是这样一个人，不惜用高价购买精品，却在最需要钱的时候放弃正常溢价可以得到的钱。用今天市场经济的观点看，父亲的做法似乎不近情理，但父亲是一个党员干部，在收藏过程中是以高于一般收藏者的标准来严格自律的。90年代初，我陪父亲到南京西路美术馆参观一个“吴昌硕纪念画展”，观展中父亲发现了当初出让的这张《秋菊图》，观展结束出了大门后，父亲不无得意地对我说：“整个画展中，还是自己出让的这张《秋菊图》最好。”言语中也透露出对此画的不舍。

老干部收藏类似历朝历代都有记载的“官员收藏”，雅贿似乎很难避免，但在这一点上，父亲真正做到了“常在河边走，就是不湿鞋”。70年代末，父亲收藏到一块文化观赏石“宋坑小方壶”，此石原为古董商、大收藏家钱镜塘所藏，他曾请吴湖帆为此石配了一幅画，先拓后画，并题有长跋。钱镜塘得知父亲收藏到“小方壶”，便携画上门看望父亲，要赠送此画，让石、画合璧。父亲婉言谢绝了钱镜塘的好意，请他把画送到文物商店，由文物商店估价收购后再加利润出售。钱镜塘是父亲多年的藏友，相交相知，理解父亲的做法，就照此办了，然后父亲到文物商店购买了此画，完成了石、画合璧。70年代中期，我从部队回家探亲，正逢钱镜塘由孙女陪同来拜访父亲，父亲不在家，钱镜塘就与我聊了几句，临走时对我说，“小兄弟，有空到我家坐坐”，并把地址给了我。父亲回来后，我告知他钱镜塘来过，而后随口说了一句，他让我有空到他家去玩。没想到父亲一听马上板下脸来，很严厉地对我说："你不许到他家去。"我有些吃惊，再一想，父亲是怕我到钱镜塘家后，他会送些东西给我。父亲就是这样在一点一滴上也不放松，清白做人，清白收藏。

到了80年代中后期，年事已高的父亲先退居二线，后完全退休，本来是有更多的时间可以玩收藏的，但随着我国经济改革和对外开放，经济快速发展，文物艺术品价格也水涨船高，以父亲的工资收入是无力再买入收藏品了。当然，以他的人脉关系和多年交情，向老朋友书画家们要几张画肯定是有求必应的，但父亲说现在书画值钱了，开口要字画就是要钱了。此时父亲基本停止了所有收藏行为，转而开始自己动手整理收藏品，少部分未装裱过的书画出钱请人一一裱过；有部分书画还未题签条的，父亲都用毛笔亲笔题写了签条，特别是父亲收藏的几十方名家篆刻印章，父亲都请人一一补做了印章盒，并仔细用蝇头章草标注了印文和篆刻家姓名。父亲收藏有一件沈尹默草书毛主席诗词37首手卷，是沈尹默晚年所书，通篇老笔纷披，与其平时秀丽婉约的书风完全不同，父亲珍如拱璧，专门请人做了紫檀木盒，又请擅长写刻毛主席书法手迹的著名篆刻家徐孝穆在盒边上刻了毛主席手迹七律长征诗，使这个盒子本身就成为一件难得的艺术收藏品，书椟合一，更显珍贵。整理收藏品的过程也是赏玩的过程，父亲把过去因工作繁忙未能好好欣赏的书画都轮流挂出来，仔细观赏，客厅和餐厅是相通的，挂着各种书画几十幅，像个小型书画展。这期间还发生了一件有惊无险的趣事。当时父亲住的别墅邻兴国宾馆，花园后门与宾馆相通，平时不锁门，有段时间兴国宾馆在建造一批用于出租经营的进口木结构别墅，施工人员很多。一天早上，家里发现放在餐厅的金星彩电被偷，冰箱里牛奶、面包等食品也被一扫而空，据分析是宾馆内搞建筑的民工深夜从花园后门进来，因房门未锁，入室内偷了东西后从前门溜走。当时我已由部队转业，在家住在一楼，记得很清楚，客厅挂着文徵明画和王铎书法，清邓石如隶书横幅，还有吴昌硕、齐白石、徐悲鸿、林风眠、黄宾虹等的近现代书画共10幅左右，餐厅里挂着吴湖帆、李可染、谢稚柳、陆俨少等四五幅镜框画，小偷却都视而不见，父亲得知后幽默地说一句："幸亏来的不是雅贼。"因为损失很小，父亲怕惊动公安，不让报案，此事就不了了之了。不过从此以后，晚上花园后门和房门都不会忘记锁上。

在整理和赏玩收藏品的同时，可能父亲已经在思考如何处置自己的收藏品。对于父亲来说，处置绝不会是用收藏品来换取金钱利益或名誉，而是一种无偿遣送或回馈，以润物细无声的方式有意有序或随意随机地展开，一切都是那么自然，顺理成章。上海文物商店主管古代书画经营的朱念慈鉴定明清书画经验丰富，眼光老辣，父亲收藏以明清书画为主，与他打交道比较多，得到他不少指点和帮助。90年代初，一天父亲把他请到家里，问他当代画家最喜欢谁。他回答是林风眠，父亲就拿出一张林风眠的画赠送给他，表达对他多年服务的谢意。当时我也在场，朱念慈很是高兴和感动。80年代中后期，书画收藏热兴起，父亲不少老战友知道父亲喜欢收藏书画，纷纷来信托父亲向某些指定画家要画，由于书画价格大幅上升，父亲早已不开口要画，于是就借整理之机，从已有的收藏品中挑选出几幅画，请画家补写上款后再给他们捎去。记得有位姓徐的河北省人大常委会副主任，是1936年夏父亲在东北军学兵队的战友，他曾给父亲来信要画，恰逢他来上海出差，父亲在家请他吃饭，并以画相赠，但他喝酒喝高了，走时忘了带画，第二天父亲让司机到宾馆把画送给他。上海市原副市长赵行志是父亲在抗日战争时期就在一个部队工作的老部下、老战友，新中国成立后也转业到上海工作，后调到外交部驻外使领馆工作，粉碎“四人帮”后随中央工作组进驻上海并留沪工作。他出身于大户人家，也喜欢收藏，父亲先后送了他三张齐白石画。送第三张画的情景很有趣，那是1998年下半年，父亲刚向上海博物馆捐赠收藏品不久，住在我家隔壁小楼的赵老步行到我家，一进门就大声嚷：“老王，听说你捐画了，能不能给我留一张啊？”父亲听了笑了笑，就在捐赠后准备留给家人的画中抽了一张齐白石的画给他。1993年，著名书画家唐云去世，唐云生前经常陪父亲到文物商店选购字画，在收藏方面很投缘，后来父亲听说唐云后人要捐画筹建杭州唐云艺术馆，就从收藏品中挑了一幅唐云的《桃花双鸲图》给我，嘱咐我在唐云艺术馆建成后把此画捐给他们。数年后，唐云艺术馆在西湖湖畔落成，父亲受邀，他不顾80多岁高龄，由我陪同乘车赴杭州参加开馆仪式，但嘱咐我不要带画捐赠，因为这次是唐家后人捐画，不要搞在一起。两年后，唐云铜雕像在艺术馆落成，父亲因年事已高，不便赴杭，就让我代表他赴杭州参加雕像落成仪式并捐画，了却了一桩心愿。不少朋友参观唐云艺术馆画展后都来电询问此画，并说这是艺术馆里唐云作品最出彩的一幅。著名篆刻家童衍方在澳门筹办唐云画展时也意外发现此画，在现场打电话告知我。后来唐云公子唐逸览专门摹画此图赠送给我，成就了一段两代人的书画情缘。

90年代后期，父亲因小中风跌了一跤，住院治疗后病愈回家，身体本无大碍，但父亲还是加快了对收藏品的最后处置。这段时间，我陪同父亲多次到上海博物馆参观，有一次在上博观看明清书画展出来，父亲突然对我说了一句："上博展出的那张林良不如我收藏的这张好。"我心里明白，父亲收藏的这张林良纸本《古木寒鸦图》肯定是要捐赠的。父亲到博物馆反复观展的目的就是衡量和确保捐赠给博物馆的藏品都能达到馆藏标准，或者说凡是能达到博物馆馆藏标准的收藏品都要捐赠给国家。父亲把他的收藏品进一步整理后归为三大类：第一类是父亲认为应该捐赠给国家博物馆收藏的，主要是古代书画和古董杂项，这是他收藏品中的精华部分，其中有6张胶东籍古代书画家的作品捐赠给青岛博物馆，其余的都捐赠给上海博物馆。在博物馆派人来家接受捐赠时，父亲向他们提出几个"不要"：不要搞仪式，不要作宣传报道，不要捐赠证书，不要奖金，不要捐赠清单，展出时不要写捐赠者姓名等。以上表现出一个共产党员的高风亮节。第二类是未捐赠给国家，准备传承给子女的古代书画，当时正是1998年夏季，南方爆发特大洪水灾，父亲从电视上看到军民抗洪救灾的壮烈场面，十分感动，想以一个普通党员的名义捐赠100万元用于抗洪救灾。但苦于自身财力不支，就让我筹集。因时间紧迫，父亲提出可以以一部分古代字画传承给我，由我先行支出100万元。为了让父亲实现捐赠巨款的心愿，同时我也很乐意收藏这批古代书画，就在三天内多方筹集了100万元给父亲捐出。所以说父亲虽然把这批收藏品留给了后人，但其实已经用他的特有的方式，以货币形式把这批收藏品捐赠给了国家。后来报纸报道，在这次抗洪救灾中上海市民捐款额最高的是一位民营企业家，捐款100万元，其实父亲的捐款额是并列第一的，只不过是父亲不允许对此宣传报道罢了。第三类是当代书画，父亲本来是要把这批有自己上款、体现与当代书画大师们交往和深厚情缘的作品留给子女作纪念的，后来上博有关同志在上门接受古代字画、古董杂件捐赠时，父亲听他们说上博也需要收藏当代书画，就临时改变主意，从本来准备留给子女的这批现代书画中挑出最精彩的部分作品再次捐赠给上博，其中有齐白石的《贝叶草虫图》《秋瓜墨虫图》《豆架鸣蛩图》，潘天寿指画《鹰图》，吴作人的《藏原奔牦图》，李可染的《暮韵图》，李苦禅巨幅《荷塘清夏图》，刘海粟的《青绿山水图》《葡萄图》，谢稚柳的《松鹰图》《五松图》《荷花图卷》《花鸟》册页，陈佩秋的《莲鹅图》，黄胄的《南海少女养鸡图》《临石涛画米芾图》等。至此，父亲完成了他把收藏品中的精品捐赠给国家博物馆的心愿。可是，一位不速之客的来访却促使父亲又一次捐赠了他所钟爱的文化观赏石“宋坑小方壶”。此石出于东海水中，又称“崂山海底玉”，通体黝黑泛绿，造型有致，右侧有清乾隆高凤翰题铭“小方壶”，并铭刻“丙寅秋日南阜左手刻”，紫檀底座上有吴湖帆题“宋坑小方壶”并题铭“南阜旧藏宋坑小方壶石浓翠欲滴宋坑中奇品也。镜塘兄获之为数青草堂益友。”吴湖帆应钱镜塘之请，又画《宋坑小方壶图》，父亲购得此石和配画后，好友谢稚柳来访，观赏后大为赞赏，乘兴又在画上写长题识，最后两句很有意味：“一平籍胶东，南阜亦胶州人，可谓楚弓楚得矣”。父亲大悦，对此石更加珍爱有加，20多年来一直放在客厅显眼处每日观赏，还把斋名取为“小方壶石室”，请多位篆刻名家刻了若干方收藏印。1998年下半年，在父亲把最后一批当代书画精品捐赠给上博后不久，有位胡女士来访问父亲，因她是近现代著名藏石家、嘉定古漪园藏石楼楼主胡兆康之女，父亲会见了她，她坐下寒暄了几句就直奔主题，要购买宋坑小方壶，出价五万美元。她介绍说，是美国一位著名藏石家在看到哈佛大学“东方文化”专刊刊登这块被誉为“江南第一文化石”的小方壶图片和介绍后，委托她来购买的，父亲自然是婉言谢绝。当时我在旁作陪，胡女士后面说的一段话触动了父亲，我至今仍然记忆犹新，她说：“王书记，这位收藏家已经快70岁了，还有心脏病，世界上能出五万美元买一块石头的人不会超过三四个，如果他去世了，不会再有人出这么高价钱来买一块石头。”此言一出，我隐然感到父亲内心有一丝反感和不快，但仍然平静地回答：“我的藏品是不卖的。”胡女士见没有结果，悻悻离去。接下来发生的事情让我感到突兀，胡女士刚出门离去，父亲马上拿起电话打给上博说：“我是王一平，有件东西要捐赠，马上送到。”随后让驾驶员小李开车带上小方壶石和吴湖帆的画立马送到上博去。据驾驶员回来说，他到上博是马承源馆长接待的（马馆长好像当时刚退休，还参与上博工作），马馆长到我家来过，见过这块小方壶，他对小李说这是王书记最喜欢的石头，让他带回去。小李打电话给父亲，父亲在电话上大声回答：不收你就不要回来。马馆长无奈，只好收下。在我的印象中，父亲处理事情都是沉稳谨慎、深思熟虑的，但小方壶石的捐赠却好像是一次突发的激情行为，很少见。我明白是胡女士的那番话触动了父亲在收藏方面的底线，即收藏不能以金钱利益为目的。联想到当今，收藏大都是为了投资升值，成为投资工具。不过此一时，彼一时，是不可同日而语的。在捐赠现代书画和小方壶石后不久，父亲亲手把剩余的现代书画整理好，搭配成几组，让子女以摸彩的方法公平地分给了每个人。

尽管从80年代中期到90年代末的十几年时间，父亲几乎没有收藏过一件新的藏品，只是陆陆续续地遣送藏品，但是父亲遣送藏品的过程也成为他精彩收藏人生不可分割的一部分。追寻父亲遣送藏品的轨迹，不外乎捐赠国家，赠予朋友和家人，有时看似不经意间，却总体考虑周详，兼顾了方方面面；虽然是按部就班地有序进行，却也不乏随意偶然之举，真可谓随心所欲而不逾矩，遣送藏品做到了物归其所，问心无愧。

在散尽了几乎所有的藏品之后，父亲似乎忘了收藏这回事，而是让我陪同，专心致志地参加各种桥牌活动。2000年前后，社会上桥牌热兴起，各类桥牌比赛活动经常不断，父亲作为上海德高望重的老同志常被邀请参加，父亲也是有请必到，乐此不疲，收藏对于他来说仿佛已成为过眼烟云而烟消云散。但我觉得，此时身无一件收藏品的父亲已由一个虔诚的收藏爱好者升华为收藏家，一个纯粹的收藏家。

2007年2月，父亲以93岁高龄走完了一生。他的革命一生是精彩的，因收藏而更加精彩。革命一生之精彩不在于父亲战争年代担任过纵队政委、军政委，中华人民共和国成立后担任过市委组织部部长、市委书记，当选过中央委员、中顾委委员，而在于父亲面对汹涌而来的各种政治运动，不随波逐流，保持了坚贞党性和独立人格；收藏人生之精彩不在于父亲收藏了什么宝贝，捐赠了多少藏品，而在于父亲对文化艺术的不懈追求以及他在收藏过程中体现出来的价值取向和人文精神。父亲捐赠给博物馆的收藏品相对于博物馆浩瀚的藏品只是沧海一粟，微不足道，但父亲的捐赠品有时也被博物馆专家从数以万计的馆藏品中挑选出来，出现在上博的各种展览中，如明清书画展中明林良《古木寒鸦图》等，以砚作田——明清古砚精品展中清伊秉绶铭半壁端砚等，竹镂文心——竹雕精品展中清邓渭行书并刻竹雕大笔筒等，吴湖帆鉴定藏品特展中宋坑小方壶及配画等。当我看到众多观众驻足观看这些标注为无名氏捐赠的展品时，眼眶不禁有些湿润，我明白了收藏的真正意义所在。

附"文革"抄家和退还部分收藏品清单两份

谢稚柳、白蕉	《兰竹》	镜片	1幅	价：4元
陆俨少	《山水》	镜片	1幅	价：6元

林风眠	《秋林图》		1 幅	价：1 元
林风眠	《柳鸦图》		1 幅	价：1 元
林风眠(纸托二层)			2 幅	价：2 元
谢稚柳	《荷花》	卷	1 只	价：28.3 元
陈佩秋	《花卉》	卷	1 只	价：22.25 元
陈佩秋	字	卷	1 只	价：22.25 元
陈佩秋	字	轴	3 幅每幅 17.5 元	合价：52.5 元
谢稚柳	字	轴	1 幅	价：17.5 元
来楚生	字	轴	2 幅每幅 18 元	合价：36 元
林散之	字	轴	1 幅	价：16.5 元
郭化若	字	轴	1 幅	价：16.5 元
费新我	字	轴	1 幅	价：16.5 元
谢稚柳	《松鹰》	轴	1 幅	价：25 元
谢稚柳、陈佩秋合作	《花卉》	轴	1 幅	价：18.5 元
黄胄	《竹石》	轴	1 幅	价：15.5 元
叶帅	字	轴	1 幅	价：19.5 元
刘海粟字、画		轴	4 幅每幅 21 元	合价：84 元

石涛《竹》轴	1 100 元
陈粲《花卉》轴	330 元
丁云鹏《佛教故事图》轴	1 100 元
仇英《沙汀鸳鸯图》轴	1 650 元
金农《竹》轴	550 元
卞文瑜《山水》轴	330 元
周臣《怡竹图》轴	550 元
居节《溪山图》轴	660 元
沈周、钱谷《诗画》轴	550 元

程嘉燧《山水》轴	660 元
陈道复《山水》轴	660 元
董其昌《秋山图》轴	1 320 元
程嘉燧《山水》轴	660 元
吴伟业《山水》轴	880 元
王鉴《山水》轴	1 100 元
文嘉《山水》轴	550 元
华岩《荷花鸳鸯图》轴	770 元
项元汴《悬崖松声图》轴	440 元
李流芳《南林山水图》轴	880 元
赵孟頫《行书诗》轴	1 980 元
黄鼎《松风涧水图》轴	385 元
夏昶《清风劲节图》轴	1 320 元
朱耷《湖石双写图》轴	1 100 元
王时敏《山水》轴	880 元
王原祁《山水轴》	660 元
王时敏《山水轴》	1 100 元
吴历《听泉图轴》	880 元
祝允明《小楷一江赋卷》	660 元
孙克弘《花卉卷》	440 元
龚贤《山水八景卷》	1 320 元
王鏊《草书诗卷》	330 元
黄道周《行书未万钟墓表卷》	330 元
沈周、孙克弘《书画卷》	330 元
李东阳《行书王征墓表卷》	660 元
周臣《雪景山水轴》	1 650 元
梅清《敬亭霁色图轴》	1 320 元

丁云鹏《梅花图轴》	660 元
杨文聪《山水轴》	880 元
唐寅《灌菊图轴》	3 245 元
姜实节《秋山亭子图轴》	550 元
孙克弘《瓶菊图轴》	330 元
宋人《雪竹图轴》	5 550 元
吴自孝《花鸟轴》	330 元
文伯任《骊山吊左图轴》	1 320 元
释弘仁《林泉图轴》	1 320 元
禹之鼎《荷花图轴》	275 元
王鉴《山水轴》	1 100 元
周之冕《四时春色图卷》	660 元
宋克《草书唐人诗歌卷》	1 100 元
王武《花卉卷》	660 元
沈铨《孔雀图轴》	440 元
唐寅《杏花茅屋图轴》	1 650 元
顾昉《山水轴》	330 元
鲁得之《兰石丛篁图轴》	275 元
陈淳《草书室轴》	220 元
陆深《行书诗轴》	165 元
沈周《山水轴》	660 元
钦揖《古诗十九首图轴》	385 元
丰坊《草书诗卷》	330 元
陈洪绶《梅花小鸟图轴》	660 元
杨文聪《行书轴》	220 元
张弼《行书诗轴》	165 元
李肇亨《山水轴》	330 元

董其昌《仿巨然之山图轴》	550 元
陈元素《行书诗轴》	165 元
何亢宗《山水册》	440 元

共计 67 件

计人民币 58 300 元整

1979 年 1 月 16 日

韫石美如玉

——汪统先生与印石收藏

胡韶光

汪统(1916—2011),嘉定人,自署“忒翁”,因肖龙,别称“潜龙”,沪上闻名的印石收藏家。一生所藏田黄石、鸡血石、寿山石、青田石等在质量及数量上都属大观,篆刻名家朱复戡专为他治印逾百。

汪统生于1916年9月,开蒙就读于嘉定企云小学。学校建立在风景秀丽的汇龙潭、应奎山旁。他自小就善写榜书大字,这可追溯到他的小学校长陈逸如先生。陈校长的字写得很好,他也要求学生把大小楷都练好。汪统上他的写字课,受到他的影响颇大。小学毕业后,随祖父进入上海圣约翰青年中学学习。其祖父是晚清秀才,传统文学功底深厚,又精通诗律辞赋,在上海圣约翰青年中学担任语文教师。汪统少年时期深受祖父的教导和影响,耳濡目染,也懂得了平仄对仗,学着作对子和小诗。祖父也给了他很多的鼓励,每当遇到亲友家中举办红白之事,要送对联时,他就拟好内容让汪统书写。因此汪统自幼习惯书写大字及榜书。后来“上海钻石厅”“南希快餐”“华寓酒家”等的店招都出自他的笔下。而因长寿康健在亲朋好友中传为美谈,故而为人书写的大“寿”字已数不胜数了。

汪统后由圣约翰青年中学直升圣约翰大学高中部,以后再直升大学,并于1938年从经济系毕业,虽然他在这所著名的教会学校中就读了近十年,但他并没有陶醉于西方文化,也没有接受西方宗教的宣传入教。他在班级中历任中文书记,在校内学生自办的刊物中也常常发表文章,作品署名“忒翁”。这就是他后来沿用一生的别号。他说这两个字连在一起念得快一些就是一个“统”字的声音。为此他祖父的诗友还写了一首诗送他，其中有一句是“膝前孙许自称翁”，一者是由此别号而来，二者就是赞他少年老成之意。后来汪统请朱复戡刻印百枚，其中就有一方以此句为内容。他推崇祖国的传统文化，对中国文字的独特的美十分钟爱，认为研考中国传统文化，一定要接触中国文字的演变。印章在这方面就起到了非常重要的作用，虽然印章的流传不及书籍那样丰富，但从收藏角度来看，却有其独到之处。因为从印章中可以看到不少有关传统文化的记载，以及不同的表现手法，用以补充书籍的不足。这也许是汪统偏爱收藏印石的主要原因之一。

另一个让汪统与印石结缘的主要原因就是爱好写字、作诗，作品上都要盖上私章。不同的作品往往要盖姓名、别署、大小不一的印章，有时还要用上起首章、压脚章以及闲章等。这就需要买些石章请篆刻家治印备用。

买石章当然要选拣一些比较合适的，其中有未刻过的，也有很多已有刻面的，有些品相好的、手感也好的便留着，不舍得用掉。因此，他最早买印石并不是冲着“田黄”“鸡血”去的，更多的还是讲求实用。汪统曾自述，他起先对于石质的分档是不懂的，一方印石，觉得捏在手上舒服、颜色可爱就买了下来，而且有些旧印石的刻面刻得不错，印文的内容也是他能用上的，就保留下来自己使用。还有一些刻面不中意的，就把它磨掉，另外请人刻制。因为这样不拘一格地买印石，造就了他所收藏的石种品类特别多样丰富，并且时代跨度非常大。可以说从明代早期的青田石一直到近代的寿山水洞、荔枝冻的名贵石品可谓无所不备。有的人收藏的“田黄”比较多，但是所藏有的印石种类不如他全面。有位喜欢篆刻的朋友说，在汪统家中看到了一些在别处已经看不到的东西。比如青田石，很多人都觉得青田石平平无奇，其实一方好的青田石入手后会让人爱不释手，其魅力一点都不逊于田黄石。

汪统每天下班后并不是直接回家，而是先要去古玩市场、宣和印社、大陆商场等处逛一逛，有的朋友知道他喜欢印石，而且不拘于“田黄”“鸡血”，于是，他们看到合适的印石就会跑来告诉他，帮他牵线搭桥。这样一来，收藏印石的门路多了，看到的东西多了，听到的介绍多了，他便逐步成为印石的收藏者了。因此，汪统起初不是为收藏而收藏的。他曾自己感叹这可谓是一种“石缘”，后来朱复戡以一方 5 厘米见方的寿山灰杜陵石为他刻此大印。

随着时局渐渐平静，汪统所在公司的业务也有了较大发展，他在待遇上也有了提高。他的兴趣爱好就转到了欣赏书画、收藏印章上了。他结识了不少知名书画家。丰子恺家中他曾去过多次，丰曾为他画过一个扇面，他还配上了一首自作的白话诗，又请丰写在背面。另外他与申石伽也交情甚笃。申因为爱女早夭，触景伤情，一般不给人绘写菊的，却是对汪统例外，曾为他在一把余绍宋画的墨菊扇背后题写了数首菊花诗。

汪统对篆刻印章的收藏是从使用及实用的角度出发的，他曾自述："我除了爱好书画外，也爱好印章，因为我的诗书作品上都要盖我的章，同时在字画藏品上也用得上。而且还要多备些大小不一样的，以免太单调或对作品尺寸配不上。"因此他以美石求篆刻，在1949年前后一直到"文革"前夕，结识了不少的治印名家。前文提到的朱复戡是为他刻印最多的一位，其他还有王福厂、唐醉石、马公愚、邓散木、来楚生、陈巨来等。

朱复戡曾在一年内为他刻印百方，内容多为名号、堂号、别号等自用印以及一些汪统喜欢的诗句。后来专门辑拓成册，编成印谱，是为朱复戡为数不多的重要印谱之一。近年由西泠印社出版社出版《朱复戡为瞟城汪君刻印百方》即是以此为稿本编印的。关于汪统与朱复戡的交往，朱先生曾有《为汪统治印》七律一首，其中云："倾篋相求为刻画，桃花潭水寄深情。"以李白自比，以汪统比汪伦，可见他们之间情缘实有颇多可书之处。

在1949年前后，汪统买到一件齐白石老人的红梅图成扇，他的同学看见了，说背面空白处可以交给他去请其父好友朱复戡题写。朱写好后，汪统一看是用石鼓文的字体题写的，十分满意。朱复戡的作品，当年用"百行"两字的比较多，同学又介绍说百行的篆刻比书法更负盛名，而彼时，他正在请沪上各篆刻名家刻私章，就由同学介绍到朱复戡住处去请朱奏刀。

几天后取到两方对印，其布局和刀工的独到之处令汪统钦佩之至。于是，他陆续地请百行刻各式备用私章，前后积到100多方。他便想干脆钤拓成册，留作纪念。马公愚知道了，看过百行的刻件后完全赞成，很高兴地说，百钮序文由他来写。马老的序文写得非常好，面面俱到，对百行的艺品推崇备至。他便请宣和印社钤拓了32册分送友人。1951年春完成时，汪统36岁，百行长他14岁，时年50岁，因此这百方作品可谓朱壮年的精品力作。马公愚在序中赞曰："此集为忒翁一人而作，极变化之能事。以忒翁之精鉴，知百行之不苟作也。"

现在，我们翻阅朱复戡先生的年表可以看到这样两条记录：

一九四九年　四十八岁　五月，作《七绝·苦雨》。秋，汪统用上好田黄、鸡血石近百方请刻印，始为刻。为金石书法家马公愚刻“马氏公愚之玺”。冬，作《七绝·雪夜》。是年，在徐朗西华山路寓所的“古琴会”中识遇金石书法家高式熊。

一九五〇年　四十九岁　二月，跋《冠军帖》。秋，为汪统刻印事毕，所刻印结为《为瞜城汪氏刻百钮专集》。款署：朱起。（2000年西泠印社出版西泠印社印谱丛编、近代名家系列，选编易名为《朱复戡印存》）作《七律·为汪统治印》。是年，应上海市副市长盛丕华邀，于市政府会见陈毅市长。陈请刻印，为刻“陈毅之玺”“陈毅”印。

由此也可从另一侧面印证，这百钮印实为朱复戡的铭心之作。同时对于当时经济困窘的朱来说，还是一种及时而体面的接济。

前文提及朱复戡曾为汪统刻“石缘”二字大印。他在印章四周刻了长款：“瞜城汪君忒翁，渊源家学，能诗文，好金石，所藏多佳品。当代名家，延刻殆遍，于余所镌，尤具真赏，乃倾箧择其精者百余事，嘱为奏刀，汇集成册，暇日展观，摩挲自得。金石有缘，翰墨知音，后之览者，当传佳话。然吾以抗战之将，雄豪自负，乃以雕虫，争胜印人，为愧恧耳！”后来在1986年中上海书画出版社准备出版《朱复戡篆刻》一书时，关于这方印章的刻款却产生了一个插曲——当复戡在出版前审阅内容时，看到其中收入的“石缘”刻款中有“抗战之将……”几个字，因朱曾为国民党军少将，故而出版社觉得不妥当，可是该石汪统已保存了30余年，并拓入专集中，当然不会让他的刻款被磨去，朱复戡本人也同样舍不得。于是朱给刻款做起了不少皮毛的手术。他依照要改掉的刻款地位，按照自己的笔法在另外的平石上，将要换上去的字款刻成后拓好挖补到原刻的空位上去，这样可以把新出版印集内“石缘”刻款中倒数第13字至第20字改成为“劫后余生，深自韬晦”，全文配合得完全看不出挖改的痕迹。

另外在这百钮印中还有一方肖形印也很有特色。一印中朱白相间刻有“龙”“马”（朱）、“马”（白）、鼠、狗五种肖形，分别代表了汪统肖“龙”，其夫人肖“马”，其大儿子肖

“马”,二儿子肖“狗”,三儿子肖“鼠”,其时最小的四儿子尚未出生。值得一提的还有汪统为孩子取名也颇有意思,依序为“峡”“毅”“禀”“顶”,按沪语发音即为甲乙丙丁的意思。他曾自笑说,甲乙丙丁戊己,按说接下来是戊,但戊就是“无”,也就是没有了,所以我就只有四个儿子啦!

汪统认识陈巨来是通过同乡顾福佑介绍的。陈巨来也是与汪统走得比较近的篆刻大家,还曾经介绍他买过一部《十钟山房印谱》。别人说陈巨来脾气不太好,老是批评别人,结下了不少冤家,在“文革”中也因此吃了很多苦头。然而汪统与陈巨来相熟之后,觉得他还是很好相处的,他们在一起总是谈印论石。陈给他和他的家里人刻过不少印章,其中一方,印面为“汪统私印宜身至前迫事无间愿君自发封完之印”。据说,这种印文陈巨来只为人刻过一方。

汪统认识邓散木比较早,当时还未结识朱复戡,拜访的过程却费了一番周折。邓有一个学生和汪统的一个同学是很熟悉的朋友,汪通过同学才得以认识邓散木。他最早的一批自用印大多是邓为他刻的,邓为他的儿辈治印也有好几方。嘉定金沙塔修建后的地宫中,有汪统捐赠的镇塔纪念品一件,是散木给他刻的私章一对。邓散木的篆刻理论也研究得相当好,写过一本《篆刻学》,而且这本书还是以手写体出版的,他的一笔小楷也让汪统很佩服。

马公愚与汪统的交往也比较多,他们是通家之好。马的父亲马寿洛眉菊老人和汪的祖父是诗友,常有诗信往来,汪一直珍藏着马老的亲笔信和诗作。马的儿子又与汪的三弟是同学,两家前辈后辈的关系“搭”得也颇有点意思。也由此,汪和他很熟,朱复戡为汪刻的印都拿给马看过,马赞赏有加,很是佩服。于是,建议把这批印钤拓出来做成印谱,并且自告奋勇写了序。

汪统对于收藏曾经打过一个颇为贴切的比方,他说:“我对收藏的理念是收藏与游山玩水颇有些共同之处。第一,是爱好,我年轻时常常喜欢与同学、朋友结伴出去游玩,爱好是最大的动力。第二,要有时间,收藏和旅游一样要有时间。出门去游山玩水要有时间,收藏也需要花上很多的时间,去收集、揣摩、考究、交流等。第三,要花钱,出门要花钱大家比较明白,收藏在起步的时候也免不了要付出些‘学费’的。因为最初在不太‘识货’时往往要被欺蒙的,但花钱必须要有分寸,量力而行。有时觉得力不能及,那就不得不割爱了。”

汪统对于印石的评判非常严谨，非美不藏，无臻不入，有时却又不拘于石材是否多么稀有名贵，田黄、鸡血固然珍贵可爱，然而一块普通青田、煤精，只要它质地纯净，温润可爱，汪统一样会收为爱藏，为其配上精美的锦盒，甚至就每一方印石独特的颜色气韵给它们配上一个名字。比如有一方煤精石，就给它取名叫“乌骓”；有一方藕冻地六面红鸡血石，就给取名叫“榴火”，各式各样不一而足。汪统一直说，收藏印石不能简单地从价值上去考虑，这方田黄价值多少，10 万元还是 20 万元？可能一方很普通的青田石，说不上有多么名贵，但是捏在手心里就会让他感到舒服和安静，这便是爱藏之石了。

寿山石有六德，细、腻、温、润、凝、结。汪统对细腻、温润与众不同的寿山品种石是情有独钟的。他认为在选择时要非常注意石章的手感、色泽及品相。寿山石品类多，有白芙蓉、小桃红、嫩蛋黄等。石中有了格、筋、砂、钉等瘢点便不可取，大类分坑为田坑、水坑、山坑。“田黄”亦为寿山类，为田坑。好“寿山”大多为水坑石，水晶冻、鱼脑冻等都属水坑。

另外，对于判别一方供人把玩的印石的优劣，包浆也是一个很关键的因素。新的印石没有包浆，给人的感觉就显得单薄；而好的包浆是经人把玩了很多年才逐渐形成的，气韵充足。每一方老印石因为它的传承经历不同，或许束之高阁、小心翼翼地秘藏，或许漂泊零落、在街角陋肆间辗转。每当他把它们捏在手里，细细品味它们或光亮或坎坷的皮壳，就好像也体会到了这方老印石的百年身世，常常可以使他浮想联翩，沉浸其中。

汪统生平对收藏的每一方印石都不离不弃，常有人来重金相求亦不能得，他对于藏品都是有深厚感情的。他的收藏中有一方硕大的“白芙蓉”。当时，原所有人急需现款，把这方大“白芙蓉”经友人转让给了他。后来原主有了钱，便想向他买回去，但是办不到了，因为汪对它已深有感情了。在汪统先生去世后，他的收藏就递藏到他的子辈手中，一门孝贤使得这些珍藏不致离散。唯有一方重宝，遵从汪统生前的安排，交予中国嘉德拍卖有限公司公开拍卖了。

此方石章是清康熙之御用，印文篆刻朱文“清宁之宝”四字。石章精选上等“善伯石”为材，材质灵透温润，宛若珠翠，纹理绛晕，有如珊瑚；印纽为清康熙时期名匠杨玉璇所作，用精巧细腻的手法，雕刻了一匹栩栩如生的卧马，雕刻手法精巧细腻，马匹安静的眼神，以及宽阔隆起的鬃毛，具有非常独特的造型特点。马头下面的印台侧面，有楷书款“玉旋”两字，运刀神妙、磅礴尽致，堪称一绝。清代帝王的玺印，近年以来一直是艺术品市场上的“龙睛”之物。一方面，因其珍稀鲜有；另一方面，器物虽小但是却具有重要的文化与历史价值。所谓“画龙点睛”，不在大小，而在出彩也。在皇帝委任翰林院文臣名宿所编辑的“庋藏总集”，如《西清古鉴》《石渠宝笈》《秘殿珠林》《天禄琳琅》的著录中，帝王的印章也是作为唯一的“证物”而存在的。凡在册的藏品，一定于书画卷册、传世善本上钤有相应的印章。正因为如此，这些印章和它们遗存下的“钤本”印迹，才成为后人为艺术品鉴定的重要依据之一。而这些印章的实物，历经兵燹和日月风雨的磨砺，如能保存至今，更具有材质、钮制、雕镂工艺之美、篆刻文字之美的艺术面貌，是历史文化与艺术遗存的绝妙合一。此印著录于故宫博物院存档的《清宫历朝印薮康熙册》，经校验真实无误。此方“清宁之宝”，印面刀痕明显，这与雍正以降内府工匠制作印章，平地深铲、笔画平直、规整化一的风格具有明显的不同。从篆刻的角度来看，在文字布局方面，或康熙参与了设计；从镌刻的刀痕分析，与雍正以后的寿山石印章，面貌上具有很明显的区别，推测应是康熙委命文臣而非工匠篆刻的。该印实为宫廷珍品，流传有绪，十分难得，经过数路买家激烈竞争，最终以 2 070 万元成交。卖出如此高价，一定是汪统在购入此石时没有想到的。笔者有幸于汪老生前在汪府见过此印，当时汪只说因为爱人肖“马”，他的大儿子也肖“马”，所以他特别喜欢以马为题材的藏品。他还收藏了以“马”为专题的邮票，也颇具规模。

2013 年，汪氏后人整理汪统旧藏，从数百方历代名家篆刻中选出集何震、程朴、浙皖派诸家、晚清诸贤及近现代篆刻名手共 51 家，共 120 方印石，拓成一部《畯城汪氏春晖堂藏印选》。其中所收的藏品往哲近贤，兼收并蓄，趋向既正，审定唯精，诚为近年来仅见之高规格私家藏谱。由当代篆刻名家童衍方先生作序，周慧珺先生题签。童在序中赞曰：“先生之藏无奇弗备，无美弗臻，璀璨陆离，光映几席，品赏间，尤感先生德行、文学清粹淳古之气寓于其藏品之中矣。古之君子，静则淑己，动则益人，此即忒翁先生藏品魅力所在！”童先生的这段评语不但是对这本专辑的评价，更是对汪统一生爱石、藏石，以石为友，藏石会友的最好写照。

一片赤诚为丹青

——忆父亲徐子鹤鉴定书画的往事

徐怀玉

中华文化源远流长，古往今来，应运而生的鉴定家不胜枚举。无论是唐朝虞世南、梁朝刘彦齐、宋朝米芾，还是元朝柯九思，明朝滕用亨、沈周、董其昌等前辈。除“江东巨眼”华夏等外，出类拔萃的鉴定家多为丹青高手。当今社会也不可悉数。我的父亲徐子鹤就是徜徉于其中的一员。平时父亲寡言功过得失。如今父亲同辈好友非耄耋之年，即已作古，因而我们知之甚少。父亲谢世后，亲朋好友陆续向我透露了一些先父往事，片言只语，备感弥足珍贵，汇集于此。相隔久远，难免遗珍存谬，敬请行家不吝赐教。

先父作古已十年有余，他乐观豁达、风趣幽默，当年被关在牛棚中还说趣谈笑。笑语间，父亲留下了无数墨宝，断定了书画疑案，留下了无数艺事佳话。

一、书画鉴定双挑成事

父亲徐子鹤，名翼，江苏省苏州人，生于1916年，是当代著名画家和鉴定家。20岁留学日本，曾任苏州美专教授，1946年定居上海，先任上海第四美术创作组组长，后到安徽省博物馆主持文物鉴定，又任安徽省书画院副院长。祖父徐树铭是位人物肖像和花卉画家，是任伯年高弟徐小仓的门生。在姑苏护龙街(今称人民路)开设名为“竹石山房”的古玩店，与彼时吴门名流郑大鹤、俞语霜、唐伯谦等和洽。父亲受环境影响，自幼习字作画。晚年父亲已是圈内一位久负盛名、功力深厚的山水画大家，谢稚柳先生评介父亲“以南宋之墨，北宋之笔，黄岳之魂及自家彻悟之心”表现黄山，“使梅清、石涛诸家不能专美于前”。启功先生看到他画梅花不由感叹为“这般才是画梅花”。足见父亲画艺的高超与不凡。

然而父亲画得最多的还是人物画。1930 年 14 岁时，他正式拜祖父义兄曹标（号筱园）为师，学人物山水画。父亲临摹了大量的古代名画，对人物设色和线条均积累了坚实的功底。当时父亲画的“神轴”，画面有形态各异的人像近百人，很受欢迎。当时，父亲的街坊是号称占全国收藏半壁江山的集宝斋主孙伯渊、孙仲渊昆仲。他们看到这位燃糠自照的后生，颇为爱惜，父亲去借画总是来者不拒。父亲看到好画爱不释手，恨不能长绳系日。临摹到细微之处更是明察秋毫，赏书读画也是滴水不漏。由此父亲临摹了宋元名家、四王、吴恽等诸多作品。父亲曾对我说：“对于好的画展，我常常自带干粮，进展厅一看就是一天。”他追本穷源探究各家风格流派、笔墨技法。观摩的同时还将各家画法默记于心，久而久之，对各家各派技法可以说是了如指掌。

吴湖帆先生藏品丰富，父亲常去吴府登门求教赏画，吴先生不仅是画坛豪杰也是鉴定大家。吴湖帆先生察觉到父亲艺术上有天赋，经常给他许多指导，交流对古画的见解，使其获益良多。此外姑苏也是藏龙卧虎之地，先父也有许多藏家朋友，茶余饭后赏书论画是必不可少的。他的这些经历，也为他今后从事书画鉴定打下了坚实的基础。

书画鉴定正所谓“道高一尺魔高一丈”，“不入虎穴焉得虎子”。张大千绘画能以假乱真，至今还为人推崇。他高超的画艺对鉴定字画也极有帮助。父亲深谙知己知彼之理，也曾研究过治印、落款、临画、选材等整个过程。

日积月累，由浅入深，父亲逐渐悟出了历史上每个画家都有变和不变的道理。父亲曾说：“变者从早期到晚期，或大变或小变，但其特点和习规是始终不变的。”鉴定书画的方法，难以以一两句话所能说清，只能靠丰富的知识、长期积累的经验方能有所得。父亲没料到日后鉴定竟成了自己事业的一部分。

二、“八大山人”捡漏初显眼力

农历乙未年，先父尚未到安徽就职时，任上海市第四美术创作组组长，居江西中路，离广东路古玩市场仅几步之遥。一日闲来无事，他去逛古玩市场，那时古玩市场尚未公私合营，属私营性质。父亲见一套“八大山人”四屏条画得很好，却被误作假画出售。父亲觉得这“八大山人”四屏条让国家收购多好。于是打电话给好友谢稚柳、唐云，请他们来看看。他们一看也赞同父亲见解，果然是好东西，商议后就请唐云出面购买，为上海美协收藏。没想到这件事惊动了上海媒体，还刊登在《新民晚报》上，引起了上海同行的关注。父亲的鉴定眼力因而首次被媒体曝光。

三、赴皖执掌书画审鉴

1955 年，经好友陆俨少先生推荐，父亲被安徽省政府重金聘请，主持安徽省博物馆的书画鉴定工作。当时被安徽邀聘的还有陆俨少、宋文治、孔小瑜等四位画家。当时安徽省政府为吸引人才，给出高达 200 元月工资的高级知识分子待遇。后来陆俨少、宋文治因故没能去成。1956 年 2 月父亲离开上海，到安徽省博物馆报到。他考虑到国家困难只要了 150 元工资，并全力以赴投入鉴定事业，奔波于皖南、皖北，为省博物馆竭力收购书画珍品。

父亲上任以后收到的古代字画数量已无从统计，其中比较重要的有元朝徐幼文的画等。父亲并不是坐等好东西上门，而是设法在朋友之中寻找线索。一次，他在钱镜塘先生处看到一件渐江作品不错，他知道钱先生收多出少，就多次与钱先生交涉，终于将此画收归博物馆。

四、《北凉写经》云泥之别

20 世纪 50 年代末或 60 年代初，父亲已在安徽省博物馆工作了数年。一次正值由沪返回合肥，在省博物馆大门口遇到一个手里拿着一包东西的老主顾，便问：“您手里拿的什么好东西？”那人说是《北凉写经》。父亲为之一振，脱口说：“能否让我看看？”那人沮丧地说：“不要看了，这是我第二次到你们博物馆了。你们馆说不要。”父亲坚持要看，故意激他一下：“不是怕我把您东西看坏了吧！”那人反倒不好意思，“哦！不是的，那您就请看吧！”父亲打开一看果然是真迹，兴奋之情溢于言表。根据国家规定“宋以前经卷中有作者或纪年且书法水平较高的”就属国家一级文物，《北凉写经》何等身价不言而喻。父亲平静地对老主顾说：“请您稍等一会，我们去商量一下给您答复。”父亲立即找到当时的博物馆馆长。父亲直言相告：“马馆长，这人带来的是国宝级文物《北凉写经》，可以说是全国罕见，我们要收下来。”马馆长颇具难色地回应道：“别人看过了，说不要！”父亲见马馆长并无应允之意，心里着急了，连忙严肃又略带打趣地对马馆长说：“马馆长，这件东西一定要买！买对了，国家多一件宝贝。买错了，您就扣我的工资，算我的，您看如何？”马馆长见平时笑嘻嘻的徐子鹤今天一反常态，微笑中显露着难得一见的执着神态，知道他不是在说笑，终于首肯，同意花 200 元收购。于是父亲就代表馆里将这件《北凉写经》买了下来。但是，这件作品最初并未为博物馆见重。60 年代初，时任文化部书画鉴定小组负责人张珩先生来安徽省博物馆视察鉴定时，无意中发现了这件《北凉写经》。他异常激动，兴奋地说：“这个写经极为珍贵，故宫有一件，想不到这里也有一件，加起来全国只有两件。”这才引起安徽省博物馆高度重视。这件事父亲对外人闭口不谈，内心却颇为感慨。

五、跌宕起伏《潇湘竹石》

1961 年，父亲正值在沪，家中来了一位风尘仆仆的不速之客，自称白坚，由四川重庆来沪，请父亲鉴定一幅苏东坡的《潇湘竹石图》。据白坚说，其父原是北洋军阀吴佩孚的幕僚，北洋军阀时期，在北京一家古玩店买了苏东坡的两幅画：《潇湘竹石图》和《枯木怪石图》。《潇湘竹石图》是风雨楼古玩店的藏品，《枯木怪石图》则是古玩店老板从山东人处购得。其《枯木怪石图》已卖给日本人，现在带来的苏东坡《潇湘竹石图》请父亲鉴定真伪和价值。白坚因经济拮据，准备脱手。

苏轼是人尽皆知的宋朝大才子，自号东坡居士，四川眉州眉山人，我国古代伟大诗人之一，也是北宋词坛大家，亦为书法家、画家。父亲不由想起北宋米芾《画史》记载苏东坡：“作墨竹从地一直起至顶，余问何不逐节分，曰：竹生时何尝逐节生。”苏东坡亦善作古木怪石，米芾又云：“作枯木枝干，虬曲无端；石皴硬，亦怪怪奇奇无端，如其胸中盘郁也。”如果此画是真迹，那真是很珍贵。父亲打开作品仔细看画、用笔技法、题款、画材、印章变化以及画上留下的种种历史痕迹等。画上有 26 人题跋，包括明代状元杨慎写的《竹枝词》；李烨“好似湘江烟雨后，令人不厌倚蓬看”的题跋；明朝任工、户、吏三部尚书夏邦谟所题：“东坡逸迹天下奇，竹石点染潇湘姿。恍惚二妃倚薄暮，林间或有泪痕垂！”等。

父亲仔细观后，心情激动，作品的种种迹象显示“真迹无疑”。于是脱口而出：“真迹！

真迹！你一定要卖给国家，卖给上海博物馆如何?”于是，白坚将此画携至上海博物馆，但几位老先生说是赝品，不收。白坚无奈只得又将此画带回我家，说上海博物馆人称是赝品。父亲善意婉转地同白坚说：“上海博物馆的人不是看不出，苏东坡的画他们认得，只是突然冒出这么一个大名头苏东坡，可能一时不敢相信，没有细看。”并告诉白坚：“上海博物馆不收，你可以拿到北京故宫去。”

听从了父亲的劝告，白坚赶到了北京故宫，故宫专家有的说真有的说假，也就不打算收了。他曲折找了国家文物管理局文物处处长张珩、沈阳故宫博物院的杨仁恺先生，由于种种原因，他们都推荐白坚去找邓拓。

某一天，白坚来到邓宅。邓拓展开画卷，心情激动。白坚当时索价三万，他看邓拓先生认得此东西，就主动降价一万，只收二万，殊不知二万在当时也是天文数字。邓拓先生一时没这么多钱，就将自己收藏的明清字画委托他人卖了一些，拼凑了几千元买了这幅苏东坡的画。邓拓后来还特地写了《苏东坡潇湘竹石图题跋》，连同画卷照片一同发表在《人民日报》上。文中写道，《潇湘竹石图》“隽逸云气扑面而来，画面上一片土坡，两块怪石，几丛疏竹，左右烟水云山，涉无涯际，恰似湘江与湘水相合，遥接洞庭，景色苍茫，令人心旷神怡。徘徊凝视，不忍离去”。并将自己的书斋命名为“苏画庐”。后来白坚特地返沪，告诉了父亲经过情况，并取了些钱要送给父亲，说是要向父亲道谢。父亲连忙摇手：“这万万不可！我只希望此画有好的归属，邓拓先生收藏，我就放心了。”白坚千恩万谢离沪返川。

本以为收藏界的一段佳话着落在此，殊不知故事风云突变，差点毁了邓拓。这是我父亲万万没有想到的。

以后发生了所谓“邓拓事件”。《王力反思录》提到“四清”时，由于邓拓购《潇湘竹石图》得罪了权威，他们指使人检举邓拓搞文物投机，引起了轩然大波。“少奇同志批示要严肃查处，几乎所有常委和其他领导人都画了圈，北京市委也不敢保。最后传到康生那里，他批示了一大篇，说邓拓在此问题上不但无罪而且有功，……”最后由荣宝斋写了调查报告逐级呈给少奇同志后，“少奇同志立刻表示同意这意见，从而救了邓拓”。后来，父亲对此事也有所耳闻，虽不知详情，但是已知情况异常严重。邓拓是他很敬重的领导，不管如何，事情因自己而起，这段时间他常常忐忑不安。以后邓拓在藏画中挑选出包括苏东坡的《潇湘竹石图》在内的徐文长、八大山人、沈石田、文徵明、唐伯虎、仇十洲等144件作品，押上“邓拓珍藏”印后，无偿捐献给了中国美术家协会。

六、健笔直接千古遗珍

父亲认为：“一个艺术家要甘守贫道，不能为了名利去赶时髦，要把工夫花在艺术追求上。”别人都以为他是近水楼台，其实他首先考虑的都是国家和馆里利益。告老还乡后，父亲在上海过起了梦寐以求的每天写字作画的悠闲日子。那时候，他与陆俨少、谢稚柳、亚明、宋文治、唐云、程十发、刘旦宅等老友你来我往十分惬意。

未曾料到，隐退后更大的考验在等着他。上海博物馆国宝级藏品唐代名作《孙位高逸图》由于年代久远，残缺不全，上海博物馆认为必须修复此作品。1986年谢稚柳先生经过缜密权衡，将此神圣使命交由父亲承担。顷接此大任，父亲诚惶诚恐，无所适从，此画何等分量，责任重如山，辗转难以入眠。他对我开玩笑说：“这可不大好玩啊！”在外人看来，谢稚柳先生将这一重任托付给一位山水画家，是否搞错了？其实不然，谢稚柳先生是父亲密友，深知父亲在人物画上面的功力，足以完成此重任。上海博物馆领导跟我父亲商谈酬劳之事。父亲开玩笑地对博物馆领导说：“画坏了怎么算！”博物馆领导一时语塞，万万不敢说“画坏了没关系”的话。于是父亲安慰他们说：“我会尽心的，放心好了，钱我是一分也不会要的。”但是父亲深知，要在一幅唐朝珍稀的古画上面修复，线条不但不能抖动，要同原作吻合，谈何容易？其中墨色也必须是一样，心中不惶恐是假的。这其实是功力、定力、心态、经验等综合素质的大检验。父亲向博物馆领导提出一个要求：“能否给我一段古墨?”博物馆领导经过找寻后非常遗憾地告知父亲：“古墨找不到。”怎么办?父亲记得家中还藏有古墨，于是翻箱倒柜找来后带在身边，开始为国宝级藏品唐代名作《孙位高逸图》接笔修补。当时父亲已届70高龄，身体并不好，因心肌梗死，多次抢救；又患了胸膜炎大量积水，久病初愈；血压高老毛病，也缠着他。为此他悄悄地加大了些用药剂量。每天晚睡也改成早早入睡了。他清楚哪怕一个咳嗽、喷嚏、手汗都会酿成不可收拾的后果。父亲为了保持平静，修补期间终止一切活动，免得分心。母亲身体欠佳，但也尽量多做些好菜，帮丈夫分担些。一天、两天、三天……一段难熬时间过后，终于完成了任务。谢稚柳同博物馆领导来验收的结果是非常满意。父亲如释重负，压在心中的一块石头总算落了地。回家放松一下，喝了口小老酒，又美美地睡起了晚觉，恢复了往日的悠闲生活。事后父亲基本上没有提及此事，因为他认为大丈夫理应为国家分忧解难，自己只是做了应该做的事而已。一年后，父亲在朵云轩办画展，谢稚柳先生欣然为父亲写了前言，特地提到此事，并动情地写下“健笔直接千古，天衣无缝，使绝迹顿还旧观，足见其功力的扎实和胸次的不凡”。谢稚柳文章发表后，父亲修复《孙位高逸图》之事方为外人所知。别人纷纷称赞父亲的人品和艺术功力，父亲淡淡一笑算是回答。

亚明先生曾经说过一句话：“在中国画坛上的大画家几乎没有人不认识徐子鹤的。”可见父亲在艺术界的影响。讲到鉴定，父亲说：“谢稚柳、徐邦达、启功、杨仁恺都高我一筹。”论绘画，“可以说艺无止境，我是永不满足”。父亲认为，“人品即画品”，“绘画作品的艺术美，主要是来自画家气质美、灵魂美”。他认为有些人“笔墨低劣不堪，不足以代表我们中华民族的国画”！我想：一个人在社会上是非常渺小的，正所谓沧海一粟，时间也是无情的，但是人的精神是无限的，从父辈身上，我看到了那种对祖国的挚爱，对工作的极端负责，对技术的精益求精，令我肃然起敬！我自当加倍努力，为国家文化复兴添砖加瓦，无愧父辈、时代和国家。

上海图书公司：不忘初衷，始终为文博事业的发展竭诚服务

俞子林

一、做了两件大好事

上海图书发行公司成立于1954年9月1日，四年以后它改称上海古旧书店，专业经营古旧书，并兼营碑帖、字画等，成为一家与文物文献有关的公司，有力地支持了国家文博事业的发展，至今仍在发挥着这方面的作用。试举两例：

2015年6月，在纪念世界反法西斯战争和中国人民抗日战争胜利70周年的日子里，上海图书公司（1985年起改今名）举办了“团结御侮——抗战时期珍稀文献特展”。共展出抗战时期出版的期刊500余种。这些珍稀文献资料中不乏孤本善本，尤其是此次推出的大多为当今存世极少、藏书界特别抢手的创刊号。这些期刊虽有不少出版于边区根据地，武汉、重庆、桂林、贵阳等地区，但更多的是出自上海被称作“孤岛”的租界。编刊者多为各党派、民众团体，边区抗日组织、政界、军界和教育、工商、妇女、科技、医学等各界，另有日本侵华当局及附逆组织编的反面资料等。这些刊物和文献资料作者阵容庞大，他们用时局评论、战地报告、小说、诗歌、散文、剧本、故事、小品、译述、漫画、木刻、摄影等诸多形式，全面反映了举国上下同仇敌忾的救亡精神及激烈的抗战实况。

展出期间，各新闻媒体均作了报道。仅《文汇读书周报》一家就以“带着硝烟味的珍稀文献”“救亡图存的历史印记”为题，以整三版篇幅作了图文并茂的报道。

上海新闻出版博物馆（筹）负责人和他们的工作人员前来参观后，认为这些展品完全符合他们的办馆宗旨，切合他们今后向公众展出的需要，要求百分之百地全部买下。上

海图书公司和博古斋最后作出决定，完全同意他们的要求，以150多万元的价格把全部展品卖给了他们。这是上图公司在衡量展品价值后所作出的决定，认为这是这批展品的最好归宿，有利于发挥长期的对公众的爱国主义教育作用。

事实上，上图公司发挥对国家文博事业支持作用是常有的。仅在此前约两年，就有一件很值得称道的事例。2013年12月12日，“公司携手沪港三联书店和博古斋拍卖公司，促成日本大仓财团的《大仓集古馆所藏中国古籍善本》所录古籍善本九百三十一部二万八千余册，安全顺利入藏北京大学图书馆古籍书库，圆满完成一个世纪以来我国对存留海外典籍的首次大规模回购”。（见上图公司大事记）

据知，大仓藏书原为中国著名藏书家董康所藏，大约在1917年前后因其急需资金，不得不将部分藏书出售给日本大仓文化财团创始人。此次回购，北京大学图书馆共斥资人民币一亿多元。专家指出，大仓藏书大多在文献文化领域中有重大价值。如宋代方崧卿著《韩集举正》和徐铉著《徐公文集》，为两位学者首次刊印本，也是唯一的宋刊本。

事情经过，大体是中国嘉德拍卖公司较早介入，古籍专家李东溟是此次回购见证人。最终完成此项回购的则是上海图书公司及其下属上海博古斋拍卖公司和沪港三联书店有限公司(进出口单位)。这是上图公司近年来所做的一件大事、好事，成就了首次回购的历史壮举。上海图书馆陈先行先生也是受邀赴日鉴书专家之一。

二、不忘初衷，始终把国家文博单位作为首要服务对象

当1958年9月上图公司改称上海古旧书店专营古旧书之时起，它的专业性质就决定了以古旧书业务为主，它的主要服务对象就应以上海图书馆、上海博物馆和大专院校图书馆等国家文博文献学术单位为主。虽然在它的业务活动中有大量图书是普通版本，为一般读者所需，但其中的精华——宋元明刻本、名家稿抄校本等，是国家的珍宝，是必须卖给国家文献收藏单位的。因此，在它最初制订的供应工作原则中，就明确规定了“合理分配，对口供应”的指导方针，把珍本善本古籍的供应对象规定为“主要中心图书馆及省市级图书馆”。

在2014年上图公司成立60周年时，上海图书馆研究员陈先行先生就写有一篇纪念文章，其中谈道：

上海图书馆以富藏历史文献著称于世，所藏古籍善本尤为显赫。其中宋刻本如《礼记》《孟子或问纂要》《新编方舆胜览》《艺文类聚》《王建诗集》《唐鉴》，元刻本如《东坡先生往还尺牍》《皇元风雅》，名家手稿本如钱谷《吴都文粹续集》、程嘉燧《松园居士浪淘集》、严可均《鬻子》，名家抄本如杨氏七桧山房本《支遁集》、姚氏茶梦斋本《南北史续世说》、祁氏淡生堂本《养蒙先生文集》、毛氏汲古阁影宋抄本《极玄集》，名家批校题跋本如何焯校《唐音戊签》、朱彝尊跋《皇朝太平事迹统类》、惠士奇与惠栋父子批校《荀子》、顾广圻等校《仪礼要义》、黄丕烈批校《读书敏求记》等，皆为名扬书林之鸿宝，尽显上图馆藏特色。而鲜为人知的是，它们无不购自前上海古籍书店。

接着，文章谈到上海图书馆顾廷龙、潘景郑以及陈先行等，与古籍书店王肇文、王兆文、韩士保、袁西江、陆国强、徐小蛮等几代人的友谊往来。其中谈到70年代末，袁西江退休，被请到上海图书馆，帮助从普通古籍书库中挑选善本，得闻其绪论，受益良多。1978年编纂《中国古籍善本书目》，古籍书店以学习名义派送陆国强、徐小蛮到上图馆参与编目，得以交流版本知识经验。

那时候，顾老、潘景郑先生、瞿凤起先生、赵兴茂、吴织、沈津和叶福庆等，他们有时是二三位，有时是四五位一起来，经常到书店仓库来选购需要的图书。顾老尤其看重清人尺牍和手稿。顾老也不时指点书店工作人员学习业务。有时顾老也和工作人员到书店仓库检查书店准备出口的图书。也有书店业务人员把书先送到上海图书馆，放在图书馆由他们慢慢选购，然后开票结账。总之，书店和图书馆关系非常亲密。

顾老为人谦和、诚恳，和书店工作人员建立了非常亲密的合作关系和真挚友谊。书店有什么请托之事，他大都能拨冗办理，如为出版物题签等。书店有什么周年庆祝之事，他大都能参加，并郑重地写了题词以示祝贺。如书店30周年店庆时，他题的词是："创业卅载，遐迩驰声。广罗典籍，嘉惠群英。绝版影印，书报更生。四化建设，精神文明。"书店开办的文史哲门市部开幕，他写了托尔斯泰语录"理想的书籍是智慧的钥匙"，表示祝贺。古籍书店装修开业时，他写了金文体对联："藏古今学术，聚天地菁华。"他还为书店的罗伟国同志编写《古籍版本题记索引》作了许多指点，当编撰完成时他十分高兴，并在他的纪念册上题词"笃学日益"，以示祝贺。1997年秋，顾老已94岁高龄，因年老体衰将离开上海到北京儿子处居住时，还特地请图书馆负责人陪同看望书店工作人员，向他们依依告别；可惜这时许多老同志已经退休或已作古了。当书店负责人向他提出能否给书店留点墨宝时，顾老欣然写了“博古通今”四个篆文大字，并与同志们合影留念。

当时(20世纪60年代初)，上海市在文管会下设有一个“文物图书收购鉴别委员会”，参加者多为专家，有文化局的方行副局长，徐森玉、顾廷龙、谢稚柳、沈迈士、潘伯鹰等著名人士，也有上图公司副经理丁之翔、上海人民美术出版社社长宋心屏和彭仁甫(代表朵云轩)。讨论内容有书画、青铜器、陶瓷器和碑帖等的真伪、价格以及是否收购等。

上图公司在这时候，收到的古书比较多，其中尤以结一庐、粹芬阁、秦曼青、张国淦等藏书楼、藏书家所散出为多。据当时上海古籍书店所编三本《珍本善本书目》记载，约三五年间共收得珍本善本古籍1 866种。其中除陈先行先生文中已谈及的外，较重要的尚有宋刻本《曹子建文集》《三苏文粹》《临川先生文集》《紫云先生增修校正押韵释疑》《附释文互注礼部韵略》《会稽三赋》《增入名儒集议资治通鉴详节》，元刻本《集千家注分类杜工部集》《辽史》《尚书通考》，明洪武刻本《元史略》、明成化刻本《金华府志》《南村辍耕录》，明刻本《五色线》《皇明泳生类编》《帝鉴图说》《督抚疏议》《神器谱》《鸾啸小品》《三国志通俗演义》等，影宋抄本《元氏长庆集》，明抄本《许氏说文解字六书疏证》《皇宋事实类编》《逊国君纪抄、逊国臣事抄》《唐摭言》等。当时古籍书店凡供应出去的善本古籍均有卡片记录，以备查考，但这些卡片在“文革”中都散失了。

我们又可以从《业务通讯》等内刊中，见到某些古籍内容有价值的记录。如：

《艺文类聚》，现存最早的类书。唐初太子率更令欧阳询修。唐前古书十不存一，此书采集古书菁华，分类编排，其引用典故，均出自前人记述，因之不少散佚古书得以保存。此书为宋刻小字本。

《辽史》，元刻元印本。书内有明弘治年间南京礼部尚书李廷相藏书印，为现存最早刻本。百衲本所印为元刻明补版本，张元济曾说：“此在元刊，诚非精本，然求较胜者，竟不可得。”今以二本对校，首册进表第二页十行“铁睦尔达世”，百衲本作“或陆尔达世”；本纪廿九第二页十二行“奚王霞末干”，百衲本作“霞末非”；三十四页七行“民何堪”，百衲本脱“何”字，等等。

这里且讲一个一次觅得四部宋版书的故事。收购员、中共党员韩振刚同志，一次听富晋书社老板王富山老先生说起，中华人民共和国成立前，泰来钱庄经理罗洪义，曾从他店里买去四部宋版书，中华人民共和国成立后没有听说这四部宋版书的下落。收购员们听了都很感兴趣，分头找熟人了解线索，几个月下来毫无收获。一天，韩振刚在整理一批古书时，发现一本旧电话簿，无意中拿来查查泰来钱庄，果然有，还有副经理李某的地址电话。后来找到李家一问，说罗洪义已到了香港，其家属住在淮海路瑞金路转角一家绸布店楼上。工作人员立刻到那里查问，老住户都搬了家，门卫都是年轻人，不知道现居何处。一天韩又路过这幢大楼，进去碰碰运气，遇到一位退休老门卫，问起罗的夫人，老人说她已搬到对面弄里一个汽车间。后来果然找到了。罗太太说："我们现在这么穷，哪里还有什么好书？"韩动员她找找看，说："书不多，找到了增加收入，也是为国家作贡献。"过了没几天，果然有了收获，确有几本书，叫我们过去看。韩振刚请了店里两位版本专家孙实君、王肇文一起去，果是宋版书，功德圆满。这四部宋版书是：《礼部韵略》《会稽三赋》《孟子或问纂要》《类编层澜文选》。如果没有韩振刚的积极发掘，也许由于无知，或随着社会动乱，它们都已湮没了呢！

《珍本善本书目》仅以油印本少量存世，迄未正式出版，知者不多。其中大量珍贵之书，应该是多数为上海图书馆所收藏，也有部分供应给了北京图书馆和其他省市图书馆或大专院校图书馆。

即使是在"文化大革命"中，上图公司仍以古代典籍是中国文化珍宝的良知，保卫着、坚守着，使这些古策者没有受到丝毫损失，而且还发掘出了不少珍贵的文物文献。例如：

1972 年 5 月，书店收购员宣稼生同志利用周恩来总理出来主持日常工作和召开出版工作座谈会的一次讲话精神，第一次到上海市郊嘉定县去收购。那天，一位农民前来问询，带来一包 12 本前几年从古墓中出土的明代成化年间的说唱词话本。宣稼生因为聆听过郑振铎先生的一次讲话，知道这正是所谓"下里巴人的说唱本"，十分稀少，应当重视，立即把它收购了下来。

1973 年 10 月，我店又在一次收购中，收到了半部前 29 册宋刻本《咸淳临安志》。这半部《临安志》，正好是北京图书馆所藏《临安志》的缺本。后来我们供应给了北京图书馆，配成了全套。

1975 年，我店工作人员、老收购员马栋臣同志，在整理仓库时，竟然发现了半部 10 册

第一至四十回《戚蓼生序石头记》钞本。经考证确系有正书局狄平子当年影印《国初钞本原本红楼梦》的底本。由此弄清楚了所谓"国初钞本"的许多"不白之冤"。还有人考证出戚序本是比己卯本、庚辰本更早的脂评本。可见此残本在红学史上的地位是不可忽视的。

由于在"文革"中，上图公司由工宣队当家作主，将成化本说唱词话和半部《红楼梦》都给了市文管会，而文管会都给了上海博物馆收藏。上海博物馆对此相当重视，在1973年就将成化本说唱词话印了出来（1979年、2014年又由文物出版社和上海书店先后影印出版）。但这半部《红楼梦》至今未印，因为它只有半部；而且在许多地方已经过贴改，但贴改过的地方仍保留着原貌，是有参考价值的，这是难以重印出版的原因。我很希望能将它重印出来，并且能将这许多贴改之处，以及它的收藏印等一一复制，以供红学界的朋友能一睹它的真面目，并循此得以开展深入的研究。

在"文革"中，上图公司（古籍书店、上海旧书店）职工也参加了文物图书清理小组对抄家物资的清理，并与图书文物清理小组合编了一份《无产阶级文化大革命中上海发现的一批罕见古书目录》（1967年七月），其中有宋刻本25部（补二部）、元刻本39部、明铜活字本二部、明刻本157部、明清名家抄本批校本187部（又补若干部）。这份目录中收录的图书，按照政策应该是都发还给原收藏家了，但其中也可能有被动员卖给文博单位了，或以各种形式捐赠了，也有卖给古籍书店了。每一部古书的背后也许都有着一个沧桑离合的故事呢！

"文革"后的1977年、1978年，书店又收到了74种珍本善本古籍，其中有唐写本《卜筮书》，宋刻本《锦绣万花谷续集》，明刻本陈全之撰《蓬窗日录》、朱载堉撰《嘉量算经》、焦竑撰《两汉萃宝评林》，以及明张怡瑶撰稿本《玉光剑气集》，旧抄本唐李观撰、清顾千里校《李元宾文集》等。上述各书应该是大都归上海图书馆收藏了。

关于碑帖，本店也曾收到过一些名贵之本。后因业务划分关系，两位鉴碑专家尤士铮和王壮弘被划归朵云轩，很多工作也似断了弦没了下文，但其中收到孤本碑帖《唐邕师舍利塔化度寺碑》一事，仍可一说。

据尤士铮、王壮弘言：此碑原石久佚，宋时已称难得。现存之化度寺碑，除光绪间敦煌发现残本外，著名者尚存五本。五本中唯吴县四欧堂藏成亲王本为真，我店收得者即为成亲王本。今已为上海市文物保管委员会保存(详见拙编《书的记忆》331页)。

三、八路大军齐出动,大力收购革命史料

1959年是建国十周年,上海市委决定要建造规模巨大的革命历史纪念馆(即现在的“一大”会址纪念馆)、革命烈士墓和烈士纪念馆,还要筹建全国第二中心图书馆(即现在的上海图书馆),以及上海博物馆和鲁迅纪念馆等一批项目。这些博物馆、纪念馆、图书馆的建立,都需要大量图书资料,尤其需要大量革命史料陈列。

上述情况,大体都是由文化局方行副局长,宣传部报刊处处长、后来曾任出版局副局长的丁景唐同志告诉我们的。他们二位对我们有许多指示和关照,要求我们努力收购,把收购到的图书文物尽量都供应给上述各单位,我们也尽量配合。他们二位后来一直是书店的朋友和导师,对书店的工作提供了很多帮助。

这时候,我们书店正面临着一系列变化:上海古旧书店与新华书店上海分店合并;经理毕青被调任黄浦区文化局局长;上海古旧书店改由闫脉文任经理、丁之翔任副经理。老丁是一位1936年参加革命的老干部,他分工抓业务,并任上海旧书店经理。他工作魄力大,对革命工作有感情。他立即组织一二十位收购员,派出八路大军,深入到全国很多地区(13个省、80多个县)去开展收购工作。我们还把收购革命史料海报做成幻灯片,在黄浦区所有剧场、电影院放映。我们又在黄浦区文化馆办了一个大型“纪念五四运动四十周年期刊展览会”,吸引大批观众前来参观,他们看了展览后的感言写满了几本留言簿。

这一年春季,党的八届七中全会在上海召开,很多党的领导同志到我们书店参观,对我们鼓舞很大。一天,董必武同志也来了。他看了我们收到的近现代革命史料后说:“把这些革命资料收购进来很好,这些资料能够保存到现在的为数很少。上海因为有租界的关系,可能还有一些。你们在湖北收到过没有?在江西收到过没有?恐怕很少。一般人家是不敢收藏的。”接着他又问:“你们有没有发现过1927年11月中央政治局扩大会议的文件?这次会议有好几个决议案是错误的。我在美国曾看到过一本日本出版的杂志上全文登载了这次会议的一些决议案,在国内尚未见到过,你们留心找找看。”他还关心过去商务、中华、世界等出版物是否还保存着,他说:“过去出版物印数都很少,多则二三千，少则一千左右。不管什么书，即使是很反动的，也应留一些。至少要留一些样本，交给图书馆保存，这样就不致散失了。这个工作新中国成立前我们没有做，因为那时没有条件，今天不同了。”后来我们在一本国民党出版的书名叫《反俄反共》的小册子里找到了1927年11月扩大会议的决议案，其中还有好几个决议案是中共中央办公厅编的《六大以前》一书里没有收进的。我们及时把这本书送去给董老。另外董老要我们找的一本世界书局版《黄山谷诗集》和一本郑振铎著的《文学大纲》也找到了。同时送去的还有一本瞿秋白的《中国革命和共产党》和陈绍禹的《武装暴动》(伪装成《艺术论》)。这两本书董老看过后让秘书送回了，并转告我们，要好好保存这些书。

这两年，因为我们重视革命史料收集，加上收购员们的努力，已经收到不少革命书刊，至少有四五千种。为了让收购员们了解革命历史，我们收集到不少有关资料，供收购员们参考。如第一次国内革命战争时期有哪些重要革命报刊，有《向导》《新青年》《政治周报》《前锋》《中国青年》《中国工人》《中国农民》《农工旬刊》《犁头周报》《赤女杂志》《广州工人》《中国海员》《广州民国日报》《上海民国日报》等。又如，党的出版单位有哪些，有新青年社、广州人民出版社、上海书店、长江书店、华兴书局、北方人民出版社等。还要收购员们熟悉党史人物的别名、化名、笔名等，以免看到了还不知道，错过了机会。收购员大都备有一本小册子，记录这些资料。

在收购员们的努力工作下，书店不仅收到了许多党的刊物、书籍，还有不少重要发现。例如：

《天问》周刊，创刊于1920年2月1日，共收到23册，其中四、五两号是合刊。记有毛泽东同志早期革命活动驱张(湘督张敬尧)活动情况和《湖南人民的自决》文章一篇。另有一本《湖南自治运动史》，出版于1920年12月20日，里面引述毛泽东有关文章四篇。这两种书都是泰东图书局发行。

一张记有“皖南事变”题词的《新华日报》。皖南事变是抗日战争时期国民党反动派发动的一次反共高潮。为了揭露真相，周恩来同志在1941年1月17日夜即18日出版的《新华日报》上题词：“为江南死国难者志哀”；“千古奇冤，江南一叶；同室操戈，相煎何急!?”这份报纸在出版那天，国民党反动派派遣大批特务到各处以暴力没收，甚至见有人持有报纸便以暴力抢下，还任意殴打民众，为此这份报纸流传十分稀少。收购员陈玉堂记得：那天读者携来这张报纸，说是愿意捐赠或交换其他书籍。后经向他说明，不能接受捐赠，便依照他的意愿以八个月的《儿童时代》和六个月的《连环画报》换下了这份珍贵的报纸。

还有一封关于“四一二反革命政变”的抗议信。1958 年某日，淮海路某弄居民打电话给书店收购处，说家里有书要我们去收购。后来我们从居民委员会了解到，这里就是吴稚晖妹妹家里。于是就由收购处负责人孙武勋和钱毓良二人去收购。临去时，孙对钱说：这不是一般人的家庭，要把每一张废纸都带回来，不要丢掉。果然，到了那里，除了书，还有不少废旧东西。他们拿回来进行了仔细地清理，结果发现一封信。信是由郑振铎、冯次行、章锡琛、胡愈之、周予同、吴觉农、李石岑具名，写给南京国民革命军总司令部蔡孑民、吴稚晖、李石曾收的。信的内容是：“4 月 13 日午后一时半”，他们目睹了 26 军第二师司令部守兵“即开放步枪，嗣又用机关枪向密集宝山路之群众，瞄准扫射，历时约十五六分钟，枪弹当有五六百发。群众因大队拥挤，不及退避，伤毙甚众。宝山路一带百余丈之马路，立时变为血海。……事后兵士又闯入对面义品里居户，捕得青布短衣之工人，即在路旁枪毙”。接着，信件指斥国民党反动军队之凶残，并提出了三点抗议和要求。

除此信外，又在这些废旧物品中翻到一些反动人物信件和会议记录本，内有汪精卫与冯玉祥在郑州举行的会议和冯玉祥与蒋介石在徐州举行的会议。据历史记载，这两次会议决定了“宁汉合流”。在会议记录本里有蒋介石和吴稚晖等亲笔签名，但没有会议内容记录。

在同一堆材料中，我们又发现了几张报纸，其中有 1927 年 8 月 1 日《南昌民国日报》和 8 月 3 日《江西工商报》。在 8 月 1 日《南昌民国日报》上，刊登了《中央委员宣言》，痛斥国民党反动派背叛革命行径，署名者有毛泽东、宋庆龄、吴玉章、恽代英等 20 余人；以及成立革命委员会并通过《八一宣言》《八一宣传大纲》《土地革命宣传大纲》等。在 8 月 3 日《南昌工商报》上，报道了在南昌皇殿侧体育场举行五万人群众大会。这天报上还刊登了《告第一方面军同志书》和《革命委员会就职盛典记》。

所有这些资料，集中反映了发生在 1927 年的几个重大事件：“四一二反革命政变”“宁汉（蒋汪）合流反共”和中国共产党举行“南昌起义”的历史转折点。这些资料现在都由“一大”会址纪念馆保存，供人们参观、研究，成为历史的见证。

在收购中，除了发现不少各革命历史时期党的出版物和期刊，记录了当时艰苦卓绝的革命斗争情况，和农运、工运、学运等情况外，还发现部分当时苏维埃政权发行的纸币和铜币，以及公债券和借谷票等。另外还曾收到一些相对集中的史料和论著，如：《上海罢市实录》（五四时期）、《二七工仇》（1923年京汉铁路罢工斗争全编，“湖北工团联合会、京汉铁路总工会联合办事处”编印）、《蒋介石屠杀上海革命工人纪实》（详细记录事变三天内情况和有关报道以及上海总工会发布的宣言、罢工令、抗议书等）、《武装暴动》（记录1905—1928年23年间全世界无产阶级十次暴动的丰富经验和历史教训，伪装《艺术论》，诏玉序）、《海陆丰苏维埃》（蒋介石叛变革命后工农革命军建立的第一个苏维埃政权，详述在海丰召开三天工农代表大会盛况及中共中央代表彭湃所作政治报告全文）、《红军优待条例》（1931年第一次全国苏维埃代表大会决议）和《关于全国苏维埃代表大会问答》（大会宣传材料），《上海大学章程》（以中国共产党为主、国共合作创办的大学，1923年成立，除章程外，尚有《行政组织系统表》《学制系统表》及各系《学程表》等），以及“社会科学讲义”，包括瞿秋白的《现代社会学》《社会哲学概论》，安体诚的《现代经济学》，施存统的《社会运动史》《社会思想史》和《社会问题》等。

又如，我店1960年初曾收购到1926年军阀政府外交部编《中法实业银行复业暨各公使要求庚子赔款用金付给全案》外交档案全份，共12册。文件按时间编排，起讫时间为1921年12月14日至1926年8月23日。全部工楷誊录，各国公使照会和来函并附打印原文。此档关键点在于法郎贬值而法政府仍要求以“法郎金价付给”。不知此档何以流落民间？又我店曾收到近百年史料不少，其中有英国将军戈登写给当时两广总督张树声的信件（附译文），涉及他曾帮清政府镇压太平天国革命和买卖军火等。这些档案不知是否也归上海图书馆收藏了。

另外还有鲁迅纪念馆，我店工作人员曾多有往来。如鲁迅在日本求学时所编《中国矿产全图》，在一堆旧地图中被发现。又鲁迅早期翻译的《地底旅行》，也在我店发现了。方家龙所开设的合众书店，曾是鲁迅《二心集》的出版者。后被国民党反动派勒令查禁和抽毁，结果只能以《拾零集》为书名出版。此书是鲁迅以卖版权方式出版的，鲁迅曾有信给合众书店，称：“得惠函要删余之《二心集》改名出版，以售去版权之作者，自无异议。但我要求在第一页上，声明此书经中央图书审查会审定删存，倘登广告上须说出是《二心集》之一部分，否则，蒙混读者的责任，出版者和作者都不能不负，我是要设法自己告白的。”合众书店于 1956 年公私合营并入我公司后，方家龙就将此信上交公司并捐赠鲁迅纪念馆了。又若干年后，曾任该店会计的邹企鲁，又将鲁迅的版权费收据也交给鲁迅纪念馆保存了。

又有比利时木刻家麦绥莱勒，多年前曾由鲁迅介绍由国内出版社（晨光出版公司）出版其画册四本。1958 年他到上海举办画展，要找这几本画册，后在上海旧书店找到了，称谢不绝。

鲁迅纪念馆最需要的当然是鲁迅著作本身，也包括当时或友或敌论战各方的著作。由于鲁迅纪念馆长期保持着学术活动、纪念活动，承馆长王锡荣和周国伟等同志的关照，我公司刘华庭、俞子林等经常参与其活动。

四、结语

回顾 50 多年历程，我们与本市各文物单位长期保持着或紧密或松散的联系。一方面为他们提供适合的文物文献和各种图书资料，另一方面参与他们的活动，保持适当的联系，了解他们的学术进展和事业需要。

展望未来，随着国家市场经济制度的确立，改革开放的深化，一切都发生了变化，我们的服务方式也随之变化。而上图公司近年来也得到国家有关方面的鼓励，被选定为全国古籍保护试点单位，这是我们工作的基础。

到目前为止，公司所藏珍贵古籍已有 34 种被入选《国家珍贵古籍名录》，31 种被入选《上海市珍贵古籍名录》。其中：《一切如来心秘密全身舍利宝箧印陀罗尼经》曾参加第三届国家珍贵古籍特展（作为雷峰塔经专题展示），明嘉靖四年许宗鲁宜静书堂刻本《国语》入选国家古籍保护中心《天禄琳琅书目新编》编纂项目，黄裳跋明胡侍撰《真珠船》嘉靖刻本入选国家古籍保护中心古籍题跋整理项目。

过去上图公司作为古籍经营单位，经手古籍绝大多数供应专业单位，很少收藏。近年来有意购入一些珍贵古籍并得到认可，这是我们的荣誉，也是我们的责任。我们除应加强保护外，也应适当开展学术研究并提供出版；在可能条件下，也应把古籍修补人员的培训工作继续下去。此外，也必须加强和社会上各学术单位之间的交流与协作。

博古斋拍卖公司是我们经营文物文献的专业部门。改革开放以来,拍卖形式已为广大群众所接受。一切珍贵文物图书的买卖,大致都通过拍卖,使买卖双方都得到公允的对待。由于我公司有长期经营图书文物的习惯、影响,以及经办人员的努力,博古斋开办以来,已获得一定的声誉,并取得良好的成绩。从近二三年看,经公司拍卖的珍贵图书文物,就有宋咸淳刻本《晦庵先生朱文公集》,宋思溪藏宋刻宋印本《大般若波罗蜜多经》,元刻本《瑞应本起疏》,元刻本《宗镜录》,明嘉靖刻本《诗外传》、嘉靖沈与文珍竹斋刻本《艺文类聚》、嘉靖世德堂刻本《文中子》等;还有一些罕见的文物,如清道光安徽泾县翟金生制泥活字2 700余枚,清那彦图王府佩刀等,以及现代革命史料《向导》90期合订本等,都是较为罕见之文物珍宝。

预计今后的古物拍品数量,大致仍能保持以往水平。公司将尽可能加强与本市及各地古旧书店及其他同行的联系,以扩大影响,增加货源。同时也要加强与各地收藏家、收藏群体的联系,对各文博单位和知识分子的动态尤要注意。对海外文物收藏的动向也应给予必要的关注。博古斋也拍卖书画古玩、名人手稿书翰等文物,应加强这方面的人才网罗和培养。对民国以来名人史料的收集,尤应注意。除古旧字画外,也可有选择地扩大现代字画艺术品的经营。网上拍卖也是我们工作的另一个方面。日常的门市收购,也不可忽视。这是我们联系广大群众的基础,从中可以发现文物文献的线索。

2017年7月初稿,8月修改稿

本文的写作,曾参考了很多书店同仁的口述或书面记录,未能一一注明,谨致谢忱!

“文革”中的画家和收藏家

郑　重

“文化大革命”是史无前例的特殊年代，无论是画家或是收藏书画的革命老干部，同为天涯沦落人，虽然头上戴的“帽子”不同，但对人间的冷暖有着共同的感受和体验。而当时画画或收藏又是被视之为违禁的活动。特殊的年代、特殊的群体，又由于他们有着特殊的不合时宜的情趣和爱好，而保留下来一批古今书画。而这批特殊的文化遗存又被市场这个无形的手捧托出来，回味起来，怎能不有一番特殊的历史意味呢？

人的兴趣爱好，大概是人性中所固有的，人的性格之不同，又有着不同的爱好，即使在最严酷的历史环境中，人的爱好之心也难以泯灭，可以说是与生命同在。在史无前例的岁月中，画家被抄家，打入另册者，不乏其人。如谢稚柳、陈佩秋几次被抄家，除了一张吃饭用的圆桌、几只方凳，可谓是家徒四壁。薪金被扣发，只有果腹之资，但他们画兴不灭，还是用抄家时漏网的残纸剩墨秃笔作画消遣自慰。那些革命老干部呢，在挨斗之余，三五相聚，兴趣仍然是谈书论画。原来收藏的古代书画被抄走了，无可赏玩，还有朱屺瞻、刘海粟、陆俨少、谢稚柳、陈佩秋、来楚生、张大壮、谢之光、应野平、程十发、刘旦宅等人的画可以欣赏啊。本来，特殊的年代，一般学术权威真可谓门庭冷落，而作为学术权威的画家则不同，索画求知者则进出不断，形成一个人员广泛的收藏群体。尤其是那些爱画的老干部，常常是画室中的座上常客。如曹漫之与谢稚柳、陈佩秋之间，曹漫之如同到办公室上班一样，每天晚上七点钟，准时必到。王一平是市委书记，在干部玩友中地位最高，晚上去谢稚柳、陈佩秋家，要让韩去非先上楼探望，没有陌生人在，他才上去。晚上十点过后没有电梯，韩上楼下楼再上楼，六层楼爬得气喘吁吁。唐云的大石斋，也是门虽设而常开，老干部常来这里品茶论画。当时处境最差的陆俨少，画室兼卧房的斗室之中，索画者悄悄而来，悄悄而去。就像滚雪球一样，画家们周围玩画的老干部圈子越滚越大，从上海到北京、到广州，请画家作画的还有白书章、李研吾、韩去非、张苏平、徐盼秋、谷牧、李耀文、陈英、魏今非（仰之）、孙大光、吴南生、朱光、欧初等。

给我印象最为深刻的要数曹漫之了。夏天一身纺绸衣裤，光滑的大背头梳得纹丝不乱。冬天戴着鸭舌帽，一条大围巾搭在脖子上，披着一件黑呢大衣，和谢稚柳讨论书画问题，高谈阔论。他是很懂得书画的。上海刚解放时，他已经是地位很高的干部了，因为给住房刷油漆被以特殊化论处，开除了党籍。两年后要他重新入党，他说你们怎样把我开除的，现在就怎样给我恢复，叫我重新入党我不干。“文革”时，曹在上海已是有名的“死老虎”，造反派并没有怎么他。他的特殊身份，要比王一平、李研吾、白书章他们自由得多。

在革命老干部玩友中，曹漫之是领军人物。他总是动脑筋出题目要谢稚柳作画。这时，谢稚柳的画风正在由工笔细写向落墨法的转变之中，画北宋一派的山水及宣和体的花鸟仍然是炉火纯青的高峰时期。曹漫之常常在海阔天空的漫谈中，向谢稚柳表示他想要的某种风格或某种题材的画，谢稚柳视曹漫之为知音，心领神会，不负曹漫之的期望。曹漫之所藏的那幅金笺绿梅八哥就是这样画出来的。只要曹漫之有了这幅画，其他几位玩友也会跟上来，要求谢稚柳同样给他们每人画一张。于是，王一平、白书章、李研吾、韩去非每人都有了一张，同样的梅花八哥、同样的大小、同样的金笺。其他画家大体也是这种状况。

还有谢稚柳画的白鹰苍松也是经典之作。宋代画院宣和体的绘画就有白鹰这个题材。中国人民共和国成立之初，陈毅任上海市市长时，谢稚柳就为他画过白老鹰。这几位玩画的老干部都是当年陈毅的部下，知道了谢稚柳为陈毅画过白鹰后，也是从曹漫之开始，王一平、白书章、韩去非，每人都有一张谢稚柳画的白鹰苍松图。后来上海和各地的老干部都来要求画白鹰，谢稚柳大约画了一二十幅之多。我也跟着他们凑热闹，也要谢先生给我画一张白松鹰，结果谢先生给我画了一张尺幅不小的黄松鹰。谢先生说，老是画白老鹰没趣味，再说你和他们这些老军头又不是一伙的。因为这几位当年都是带兵打仗的人物，谢先生有时候称他们是“老军头”。曹漫之不但自己玩画，还请谢稚柳为北京的谷牧和李耀文作画。我曾看到谢先生为谷牧画过一幅山水，幅式特殊，用六尺纸画成的窄条浅绛山水，其笔墨精妙真是难以形容，虽然是30多年过去了，那鲜明的印象还留在脑子里。

1972年，美国总统尼克松访华前，上海市革委组织一批画家为机场和宾馆画布置画。上海的画家朱屺瞻、唐云、应野平、来楚生都被请到锦江饭店作画。谢稚柳也接到任务，在家中以落墨法画荷花六朵，红白相间，以水墨荷叶为格，施以淡彩，浓淡相映，墨彩交融。在当时的政治环境下，作画连作者姓名也不能署。这样一张好画，在上级审查时，因谢稚柳当时还在“靠边”而没有被通过。其实谢稚柳也不想凑这个热闹，画退回后便留作自赏，并题识“己丑夏日壮暮堂上消暑。谢稚柳”。若干年后，陈佩秋在画上补色润饰并作长题：“红白荷花开共堂，两般颜色一般香。若教花事比人事，忍使清荷作笑谈。此图‘文革’中尼克松访华过沪，画院头领命谢氏为下榻宾馆补壁而作，讵知谢氏靠边，政审不予采用退回，次年癸丑，谢氏补书款识于上，并将天干之‘癸’误作‘己’。越八载后，以此图赠予留美三儿。历廿寒暑，岁在癸酉，余之洛城重睹此画，欣而为之着色润饰，并书数语志慨。高花阁健碧陈佩秋在洛城圣盖博尔谷。”在谢稚柳的绘事中，这样的故事不少。类似把“癸丑”误写成“己丑”的事，在古画中也常见，使后来的鉴别者煞费苦心研究考证。某一老干部，也是谢稚柳书画艺术的“粉丝”，请谢稚柳为他作画，但不让谢稚柳在画上题款。谢稚柳心中有数，对笔者说：我还未“解放”，他怕我连累他。谢稚柳“解放”了，他把画拿来请谢稚柳补款。谢稚柳工作了，他又把画拿来请谢稚柳为他补上款，题上他的名字。谢稚柳补完上款时说：你这三部曲，可谓是三保险，安全没问题，说罢两人哈哈大笑。还有，谢稚柳主张传统的山水花鸟画和政治口号要保持距离，他不喜欢在自己的诗画中隐喻政治内容，但他有时碍于老干部玩友们的请求，也作一些此类的画。1975年和1976年之交，邓小平第三次被打倒，老干部忧国忧民，已不记得是谁先出的点子，谢稚柳连续画了几张“山雨欲来风满楼”的唐人诗意画，有山有水有杨柳有楼阁，把风势及雨前的气氛营造得极好。韩去非手里的一张画得最好，撇开政治隐喻不说，在艺术上确是一件精品。他也给我画了一张，其他人不知谁还有同样题材的画。另外，白书章有八开韶山、井冈山等革命圣地的册页，画得很精，也是谢稚柳应他的要求所画。除了画，应玩友所求书写毛泽东诗词就多了。王一平藏谢稚柳所书毛泽东诗词39首，白书章藏谢稚柳书毛泽东《念奴娇·鸟儿问答》词，李研吾藏谢书毛词《沁园春·雪》，便属于此类作品。

陈佩秋的书画，也是这些革命老干部最为喜欢的。此时，陈佩秋仍然沉浸在宋人的画风中。为了完成画院所派的“政治”任务和适应当时的潮流，会用新法画一张交上去，但给朋友作画时，毫不应酬，还是用传统的工细笔法，沉静明丽。她为曹漫之画在麻布上的白荷花，即使是与宋人画相提并论，也是当之无愧的。除了传统，在这期间还有许多创新尝试，如写生兰花、仙人球、水稻、游鱼，都有着自己的面貌。如今要用心收集，几位老干部家中都会找出条幅、卷子或册页来，不只是让人赏心悦目，对研究陈佩秋今日之艺术也极具历史价值。在艺术上，陈佩秋是很好强的。我忘记了是什么原因，在当时大熊猫已成为政治形象，出现了画熊猫热。某日，曹漫之与陈佩秋谈起某画家画大熊猫的事，她说画大熊猫有何难，我也能画。几天之后，客厅里居然挂出了她的一幅竹石熊猫图，一只大熊猫高高地蹲在石头上，石旁画了风竹。我顺口对图诌了几句：“破除迷信，解放思想，高瞻远瞩，自出新腔。”我的意思是她在艺术上能独立思考创新。佩秋老师听后就说：“叫老头（稚柳先生）给你题在画上吧。”她说着就把这张画从镜框里取下，要谢先生题后送给我。她也给老干部玩友们画了一些熊猫，只是兴到偶尔为之，后来就不再画了。

从革命老干部的收藏中，我们还可以看到谢稚柳在落墨法的研究上所取得的艺术成就，如落墨牡丹、落墨芙蓉、落墨荷花、落墨松以及落墨山水。这是他研究徐熙的落墨法并根据文献记载而创造的一种新的形体。纵观谢稚柳的艺术历程，从陈老莲开始，即是“少耽格律波澜细”的画风。接绪的是崇尚北宋山水画派，然后又移情于江南画派，在各派之中虽有取舍与融合，但走的是同一条路子。除了陈老莲，他没有专门停留在某一个画家的画风里。而对落墨法的研究，他花的时间最长，研究得最深，取得的成就也最大。这次变法由工易放，由细及粗，色彩也从原来的纯净明丽变成墨彩交融、五色杂陈、情调奔放，把自己的儒雅文静、含蓄潇洒的笔性融入落墨之中，画面生出一种新的情调，是一种从古人画中所未见过的情调，有着鲜明的个性和浓厚的时代感。谢稚柳的工笔细写从古代绘画中可以找到婆家，说的坦率一些，还不能算得上独创，而他的落墨法则是把古代当成营养经过科学的吸收，转化成独立的生命，完全是他自己的了。现在评论谢稚柳的绘画艺术，总以为他的落墨法不及早年工笔细写的艺术性高，这样就有着误解或偏颇。而对这样的误解，谢稚柳生前就预计到了。他曾对笔者说，他现在的画法很难为别人所理解，真可谓“夏虫不可与言冰”，以此来表达他在艺术探索路上的孤寂。

在此期间，唐云也不寂寞，他的画也是老干部收藏的重点。虽然经过批判斗争，但他的名士风度不减，照样喝酒、品茶、论画、谈禅。和深居简出的谢稚柳不同，他照样云游，游到哪里，画到哪里。不只老干部是大石斋中的常客，他也是干部们家中的常客，而且交游更为广泛，作画也更为广泛。他最常画的向日葵、荷花游鱼、水墨梅花、荔枝小鸡，都是收藏者喜欢的珍品。除此之外，他还新创了山水《爱晚亭》、革命圣地系列山水画，还画有许多袖珍小卷及小册页。特别是他此时的山水画，都是张扬自己个性的，有着一种沉郁勃发之气。他的花卉画也从华新罗的纤细华丽中走了出来，奔放、沉着、洒脱。他的作品以白书章、李研吾、徐盼秋收藏为最多。他曾为白书章画过一幅《奔牛图》并题识曰：“梁托山奔牛图卷，余与书章同志游吴门时见之，其用笔萧散有村野之趣。卷尾元人题者甚多，为世罕见之品，书章索余背抚其笔，因拟大略。”署年为“壬子”，即 1972 年。这幅画的背后有一个故事：当时唐云听说苏州有古籍版本书及古画出售，想去看看，白书章虽然还在“靠边”，还是弄到一辆车子，同唐云、老干部秦昆一起乘车前往。我当时也去了。到苏州后，看到一些东西，其中就有这幅《奔牛图》，因价钱不菲，什么也没买就回来了。白书章所在的单位知道此事后，把他狠狠地批斗了一番。唐云为此感到过意不去，遂作此图相慰。

这些画家本来都是画坛主流，如今却被打入另册，他们的创作也转入民间。正因为这样的转换，使他们有更多的时间作画，而且颇能静下心来，作一番研究。其中最为突出的要数程十发。中华人民共和国成立之后，他一直从事连环画创作，偶尔也画国画，多是少数民族，把画古典人物的方法转换到画少数民族上来，取得了成功。而此时，他又“今为古用”，把画少数民族的方法再转换到画古代人物上。如屈原、李贺、柳宗元、王安石，“文革”中这些人都被认为是进步人物，是当局所提倡的。程十发巧妙地利用这个机会，画屈原的《橘颂》、李贺的《李凭箜篌引》等，充分发挥了他的创作才能。他的作品影响全国，收藏者尤为广泛。

不同的画家，身边都有着不同的收藏群体。收藏谢稚柳、陈佩秋、唐云、程十发的群体比较广泛，除了老干部、学者还有其他阶层的爱好者。收藏谢之光、应野平的，多为中层干部和中层知识分子。收藏来楚生画作的圈子相对较小，因为他性格倔强，非知音者不画。他画得少，收藏的圈子虽然小，但相对集中。他可以为某一收藏者创作许多作品，有绘画、有书法，还有篆刻。收藏张大壮作品的，多集中在市民阶层，如小店员、街道青年。他画带鱼、明虾、竹笋、蚕豆、塔菜、蘑菇、菖蒲，都带着现实生活气，但用笔却清高淡雅，没有一点民间烟火气息。收藏者也各有所好，如李研吾对来楚生的书法特别钟情；郑岗的收藏集中于来楚生、谢之光的作品；复旦大学英国文学教授林同济所藏刘旦宅的作品尤多，并以诗配他的画。这些都是“史无前例”时代的收藏奇观。

还有，当今上海绘画、书法、篆刻的英俊之士，大多是在“史无前例”时代中，经过老一代艺术家精心培育出来的。当时有一些青年，他们来自工厂、街道、菜场、商店，或者无社会职业，常三五成群，游走于老艺术家的门下。在已具有的基础上，听老艺术家谈古说今，看老艺术家实地示范，他们的作品又经老艺术家们的直接点评，都打下了良好的基础。再经过十几二十年的磨炼，如今都成为这些门类头头脑脑的领军人物。和老一辈艺术家不同的是，他们失去读书的机会，文化根基还欠深厚，艺术发展的后劲不足。这也正是在艺术上他们和老一辈艺术家存在差距的原因之所在。

革命老干部将自己在“文革”期间的收藏，视之为珍宝，不是附庸风雅，而的确是懂行并出自内心的欢喜。他们都是有文化的人，如曹漫之、谷牧、王一平、李耀文当年被称为胶东四大才子。在战争的烽火中，他们时刻准备着把生命都交出去，哪里还有闲情谈爱好和情趣。进入和平年代，他们就开始收藏，以玩古画为乐。他们只玩书画，不玩瓷器。这是因为他们有着共同的观念：瓷器容易打破，不易携带。看来，他们是随时准备行动的。有时星期天休息，他们会聚在文物商店、朵云轩、友谊商店等经营古字画的去处，看画、评画、买画，兴趣在明清古画，对齐白石的画还不大放在眼里。那时，北京的田家英、康生、陈伯达、郭沫若、邓拓、李一氓等，也都来上海买画。商店的书画都明码标价，他们来买的时候一律八折优待。据当年文物商店的经理徐伟达介绍，他在1960年进店时就对高级干部实行八折优待了。商店有三人小组，专门负责古画的鉴定及估价工作，每张画都立下正卡和副卡。正卡放在前台，副卡放在收款处。一张画原价多少，卖出折扣多少，一一填明，然后到财务处去销卡。商店也有行规，卡上不登记画的来源亦不记录去处，谁卖谁买外人都不知道，即使查卡也无法知道。已经打折扣的画，买者也不能再讨价还价。一位新加入收藏队伍的老干部，随王一平去买画，不了解行规，打了折后要文物商店再让价，王一平说玩字画要先学规矩，买得起就买，买不起不买，不要使人家为难。当时他们买画价位多在100至200元之间，价位再高就买不动了。王一平要买一张元朝画，价位400元，买不动，于是就把以前在文物商店买的一张华新罗和另一张清朝画以买进时的原价再出售给文物商店，补上差价，才买到那张元朝画。虽然出售时书画的价格比买进时涨高了，但王一平还是按着买进的原价卖还给文物商店，不赚差价。这也是他们几位老干部玩画过程中的不成文规则。

革命老干部的收藏也各有性情。王一平对明朝画特别钟情，他藏有一张林良的精品，盖过博物馆的收藏。李研吾收藏明清书法，因为他自己就爱好写字，水平相当不错，只是藏而不露。白书章收藏明清书画，要画面干净如新，不能有霉点水渍。他不但玩书画，还会刻砚台。有了好的砚石，谢稚柳画，他操刀刻砚。他们曾合作过数方砚台，有一方柳叶砚，名震海上，今已不知落入谁手。张苏平既爱酒，又爱画，把零花钱用来喝酒就无法买画，买了画就无法喝酒，最后还是画瘾战胜了酒瘾。身为地质部长的孙大光，工资花在买画上，致使生活发生困难，夫人一气之下，把他收藏的古画一卷卷地扔在床上，说："你拿这些当饭吃、当被盖吧。"改革开放之后，孙大光把自己的收藏一分为二，一部分捐给他的故乡安徽寿县，一部分捐给他夫人的故乡江苏扬州。在"文革"时期，上海市委机关造反派以"玩物丧志"的罪名对王一平等老干部进行批斗。批斗他们那天，经营文物的商店也有代表到会揭发，李研吾虽然双目下垂，仍然左顾右盼，没有看到徐伟达到场，他放心多了，因为他们经徐伟达的手买画最多。"文革"后期，书画经营单位可以向画家收购画作，做出口生意，换取外汇，但时间限定在"文革"之前的旧作品。经过抄家，画家早先的作品已散失了许多，按照这样的时间要求，画家几乎无画可卖。徐伟达又动了脑筋，要画家画新画落款时把年月都写成"文革"之前。现在鉴定谢稚柳的书画常常会遇到这样的问题：从款识上看题写的是20世纪60年代或50年代的作品，但画的风貌却要晚了许多，一时难定真假，其中原因就在这里。

如今有一种说法，"文革"期间，画家门庭冷落，有人向他们要一张画，他们会感到是被人瞧得起，心中还会高兴呢。这是对搞艺术的画家太不理解了。画家都有着一种艺术至上的文人精神，有着一颗高贵而自尊的心，即使沦为阶下囚，也不是有人随便向他们讨一张画就会认为是被受到尊重而感动的。特别是那些被作为“资产阶级反动学术权威”的画家,尽管挂牌游街,台上挨批斗,如前面所述,他们的门庭并不冷落,仍然有倾心于艺术的人对他们尊敬有加。如刘海粟,不管在怎样的情况下,他都认为自己是老大、是朝南坐的人。张大壮的画赠予市民阶层的不少,但北京来的贵人向他索画,他卧床装病不画。来楚生更是高山流水的情操,不是知音者不画。刘旦宅在“文革”中受劫难最多,形成了他的冷峻孤傲,但他常用他的画向朋友们送去友情的温馨。友情和酒一样,是唐云生命中不可或缺的,催发着他的诗兴,滋润着他的画意。谢稚柳、陈佩秋看起来慷慨激越于外,而中和婉转藏友情于画内。中国的诗文绘画艺术都蕴藉着友情的因子,古代有送别诗、送别文、送别图。书画家“文革”期间的作品,可以说多是藏情之作,有亲情、友情、孤寂郁闷之情,流溢于笔墨之间。这正是鉴赏他们这一时期的作品所要体味的。

“文革”结束,老干部又玩起书画来。文物商店对他们仍然是按老规矩,以八折优待。李研吾又来到文物商店,见到徐伟达,拍拍他的头说:“你这个小鬼倒蛮讲义气的,批斗我们的时候,你不到场揭发。”徐伟达说:“当时叫我去,我没去,我觉得自己是做生意的,做生意就不能和买主过不去。”李研吾说:“说得好,你有什么困难,有什么要求可以向我提出来。”徐伟达说:“我没有什么要求。”徐伟达回到家里,把李研吾的话向妻子说了。妻子说:“你真是个大傻瓜,我们房子这么小,你为什么不让他帮助我们解决住房困难?”徐伟达一听有道理,又去找李研吾,说:“你问我有什么困难,当时不好意思说,我住房小了些。”李研吾、白书章等还亲自去看了徐伟达的房子,的确是太小了,于是从机关事务管理局的房子中分给徐伟达一套三室而无厅的房子,当时已经算是很不错的了。

正当老干部重温旧梦,再度玩画,去文物商店买画并得到八折优待时,却引起了风波,有人向上面揭发说他们八折买画是在搞特殊化。消息传出,不只是上海派人来查,还惊动了中央纪律检查委员会。来调查的人要文物商店交出买画者名单,哪些人买了哪些画。金阶平、徐伟达如实回答,店里的规矩买主不留名,买的什么也不登记,无法提供。最后还是国家文物局出来解释,不只是上海,全国经营文物的商店都打折并有这么一条不成文的经营规则,事情才算了结。

老干部们都有着较长的收藏经历,也付出了精神和经济的代价。王一平很洒脱,玩到最后,他把多年收藏的古画都捐给了上海博物馆。书画市场开放后,八折的优惠自然也取消了,但即使还有这样的优惠,他们也买不起,无法再玩了。如今他们都已作古,他们的收藏有一部分也涌现于市场了。

回忆中国书画市场五十年的发展变迁

马成名

本人从事中国书画工作已有42年。自1961年学校后毕业分配到朵云轩工作，至1981年底离开朵云轩去美国，共20年。初到美国人生地不熟，难操旧业。1987年上半年我加入美国纽约佳士得拍卖公司，直至2009年6月从佳士得拍卖公司退休，整整22年。前后我在中国书画这个行业工作总共42年，40多年来一直直接参与在中国书画市场的工作。

这40多年中国书画市场的变迁是十分巨大的，应该说有天翻地覆的变化，不知不觉演变到今天这样一个一件书画作品达到亿元人民币的火爆市场。我非但亲身经历了这场变化，而且参与了这场变化，回想往事，确有无限感慨。

20世纪60年代时期，当时在上海经营中国书画的只有四个单位(那时工作的地方称“单位”，不管是商店、工厂、饭店或政府机构都称“单位”)，南京路的朵云轩，广东路的“上海文物商店”(旧称“古玩市场”)，淮海路的“新隆”和石门路的“人立”。“上海文物商店”是综合性的古董行业，经营铜器、瓷器、玉器、书画、杂件等项目，较为全面。“新隆”和“人立”则是仅一两间门面，收什么卖什么的小型综合商店。唯独“朵云轩”经营的范围是中国书画、金石碑帖、文房四宝、木版水印。

60年代初期，正值国内三年严重困难时期，各行各业市面萧条，百废待兴。中国书画市场更是冷淡不堪。“朵云轩”坐落在南京路繁华地段，有南京路上的“世外桃源”之称。店外车水马龙，店内门可罗雀。偌大的店面冷冷清清，一天接待的客人寥寥无几。

当时一天全店的营业额通常都只有几百元，偶尔一天有上千元的则属大生意了。书画部更是整天不开张，没有一笔生意的日子是家常便饭。

曾记得有一位老客人，姓刘，我们都称他为“刘姥姥”。不过他是一位男士。他隔一两星期来朵云轩一次，每次都买一两千元东西。知道他要来了，朵云轩上上下下总动员，准备货品，供他挑选。他到朵云轩来由他的账房陪同，楼上楼下到处浏览，就像刘姥姥进大观园一样，什么都看，什么都买。老人看来不十分懂，但很喜欢。他也不吭声，很少说话，要就点头，不要就摇头。所以朵云轩同仁给他“刘姥姥”的绰号，当时只知道他很有钱，上海石门路一带的房产都是他的，连他的账房也拥有几栋楼房。那时他买了东西都是送货上门，很多时候都是我骑自行车送到他建国西路大宅收钱的。我去过他宅子里的大仓库，堆满了他买的东西。后来八九十年代在香港我还收到过有他上款“湖涵”的书画，一张六尺大中堂黄宾虹浅绛山水、一张六尺中堂吴昌硕花卉。数年前终于让我弄清了这位“刘姥姥”非凡身世。原来他是南浔四象之一，小莲庄刘家的第二代人，刘墉的第四子，中国著名藏书楼“嘉业堂”主人刘承干的叔父。

60 年代，中国书画市场的价格大致是这样的。

齐白石、吴昌硕 15 元左右一尺，一张尺半三尺的齐白石大概五六十元人民币。吴昌硕石鼓文对联，10 元左右一副。若 15 元则可买一副写得极好，纸白极新的精品。徐悲鸿亦不相上下，一张四尺整纸亦不过 100 元左右。早时，尚未有外宾接待室，所以外国人买画一样价钱。但亦很少有外宾来买画。中国文物出口条例规定，乾隆六十年以前的艺术品不能出口，可以出口的都要打火漆印，所以初时是外宾买了以后再去文物管理委员会打火漆印申请出口的。

古代书画方面的价格大致是，郑板桥竹轴七八十元左右，四王山水百元左右，沈周、文徵明山水 100 多元。一册上好的石涛山水册亦不过 200 元左右。书法更便宜，王铎、傅山、张瑞图都是几十元一张。尚记得挂在朵云轩高高的大堂，一张丈多长的张瑞图板绫大轴，斗大的字“文移北斗成天象，酒献南山亦寿终”只有 40 元。当然这是一些普通作品的一般价格。但也有精品价格高昂的，不过所谓高昂也只是数百元、上千元而已。大概 1964 年左右，钱镜塘因为要付税，出让少数书画。上海文物商店和朵云轩各获得部分。此中四张四尺整纸中堂，吴湖帆画给他有“镜塘”上款的大青绿四季山水，当时卖价就要 2 000 元。

至于傅抱石、潘天寿、李可染、唐云、陆俨少、程十发、林风眠这些属于尚在世的画家，他们的作品通常都不在门市买卖，可接订画，但很少有人订。因为当时在世画家，朋友之间，求人办事、请客吃饭就可以得到，不用付钱。

60 年代的生活水平是一般大学毕业生 50 余元，60 元至 80 元收入是中等家庭，80 以上属于上等收入家庭，100 元以上是大学教授、工程师级的高收入家庭。

当时买画的阶层是高级干部、高级知识分子（学者、教授），资产阶级、遗老遗少。卖画的则是家道中落者、藏家后代居多。

1966 年，“文化大革命”开始了。8 月的一天，红卫兵突然走上街头轰轰烈烈破“四旧”。街上剪大包头（当时流行的发式），剪小裤脚管，剪尖头皮鞋，烧旧招牌，烧菩萨，烧古书等此起彼伏。一夜之间，这些在人们毫无思想准备的情况下发生了，而且来势汹汹，犹如洪水般冲刷下来，立即蔓延到大街小巷每个角落。于是在这样的形势下，朵云轩决定停止营业，关门待定。因为朵云轩经营的全是“封资修”“四旧”的东西，再开门营业说不定哪一天红卫兵上门一把火烧了。就在停业的前一天，一位客人拿了一张特大的虚谷《松鹤图》出来，收购已经停止了，但客人一定要卖，于是出五元人民币就收购了一张大虚谷《松鹤图》。

朵云轩停止了收购，古籍书店也停止了正常的收购，但古籍书店一种以重量论斤犹如废品回收站的收购还在继续（即不论质量，只计重量，九分钱一斤）。当时社会上的藏家急于要处理手上这些“烫山芋”（因为抄家抄到这些“四旧”的东西罪加一等），只要有地方去就可以了，都卖给了古籍书店。过后整理这批称斤买入的东西，“宝货”很多，甚至有一级文物。古籍书店发了一笔财，本来不经营字画的，“文化大革命”后有了这批无本钱的底货也开始经营书画买卖了。

60 年代末，上海成立“抄家物资文物图书清理小组”，开始清理抄家以后集中堆如山的文物图书。我在这个单位工作了大概有一年时间。“文清组”清理工作的地点选在上海的“玉佛寺”。将佛像集中在中间大殿，东西边殿则一边让和尚住宿，另一边是“文清组”工作的场所。每天从仓库将文物图书运到玉佛寺清理，晚上运走，周而复始。当时“文清组”的仓库在徐家汇天主教堂那边一个，虎丘路桥脚一座本来是银行大楼一个，长乐路那边一个。我曾去过虎丘路仓库，那里是存放图书和字画的，一捆捆字画、书籍，堆积成一座座小山。偌大的厅内堆满了小山。很多层楼内部都是这样。

“文清组”的人员则是从上海博物馆、上海图书馆、上海文物商店、古籍书店、外文书店和朵云轩等单位借调。

清理过程以书籍、字画为例。从仓库送来的书籍、字画，每一札、一捆或一堆大部分都有一张单据，物主姓名、从哪里来的。清理人员鉴定分一、二、三等，抽出列清单登记编号。三等以下则不分谁家，混杂一起。从大众抄家而来的书籍、字画，一、二、三等的并非很多，故大部分都混杂一起，实际上是一笔糊涂账。

当时社会上知名重要的藏家，都由上海博物馆或图书馆去抄家，这些大部分尚列有清单。普罗大众的就只有书籍多少册，画轴多少幅，混账一纸。故后来有政策抄家物资要发还，那些三等以下，混杂一起的根本没法寻找。于是张冠李戴，东拼西凑，敷衍了事，草草而终。

“朵云轩”自“文化大革命”初期停业以后已改名为“东方红书画社”，卖毛泽东语录、宣传画、石膏像等。70年代初，国内书画市场开始松动，开始有近代书画买卖。那时买画的基本上都是外宾，国内尚是“文革”时期，没有人会买画。卖画的单位在上海文物商店、友谊商店、工艺品进出口公司和东方红书画社（朵云轩），各单位都设立外宾接待室，只卖外宾，那时的价格仍和“文革”前差不多，齐白石、吴昌硕大幅约二三百元左右。

尚记得那时有一个德国人，在上海外国语学院教授德文，他喜欢中国画。那时他们的工资一半是人民币，一半是外币。他将人民币部分就拿来买画。后来80年代，我在纽约的拍卖行见到这批画拿出来拍卖，在画的下部有一个“夏”字的收藏印。买入的时候几百元人民币一张，拍卖的时候已是几万美元一张了。

另外有一个日本人，当初是做家具生意的，偶尔买了一些中国画汇去日本，赚了一些钱。买卖多次后，干脆不做家具生意而做书画买卖了。而且越做越大，在上海工艺品进出口公司仓库内一买就是整个房间的画，也不看画的好坏。

“文革”期间，国内的消息是十分闭塞的，海外的情况一概不知。但国外对于国内的情况还是略有所闻的。知道国内因为扫“四旧”，破坏了很多文物。于是中国书画的价格直线上涨。一直到1973年或1974年时国内才知道，外面书画的价格已经涨了100倍。

于是开始调整价格，但是因为仅是有所闻，亦不知究竟如何，所以各地都是“自扫门前雪”，也没有一个机构来统一协调。于是这种混乱的现象持续了好几年，一直到1976年“文革”结束还是如此。

1977、1978年各地文物商店、涉外单位觉得目前混乱情况再也不能适应新的形势。于是1978年3月无锡文物商店在苏州做了一次近代画家价格的评估。1978年4月在苏州开了一次全国文物商店价格会议，1978年6月上海文物商店对现代画家外宾价格又做了一次评估，对于这三次国内中国书画价格的评估，我尚保留有当时会议的原始记录，现公布于此以资参考。自此以后国内的中国书画价格开始有一个相对稳定的局面。

但是这只是对近代画家的评估。对古代书画因为不能出口，仍维持原状。于是就出现了近现代书画价格远高于古代书画的不平衡现象。

随着近代书画价格的直线上升，但收购的价格仍然不动，有的只略升少许。例如齐白石花卉，一张尺半三尺售价大概三万到四万元人民币，但收购价仍是100多元，在当时这种极其不公平，国营单位谋取暴利的情况下，朵云轩就发生了收购员与单位领导干部之间的争执。记得有一张徐悲鸿的狮子，画得很好，按当时普通的收购价大概200元左右，物主兜售多处地方，结果朵云轩收购员庄澄章为了得到这张徐悲鸿的画用500元收购了，于是党员组长与庄澄章大吵了一场。但庄澄章认为：你可卖十万元以上的画，我出500元收购有何不可？

又弘一法师晚年都是他的学生刘质平照顾他的起居，故刘质平收藏弘一法师的墨宝最多。1979年时刘质平的儿子来找我，要我帮他处理他父亲收藏的这批弘一法师墨宝。以当时的售价而论，弘一法师的对联一副可售一两千元人民币，但当时只能出50元收一副对联，我陆续收了几十幅弘一法师的对联。记得还有一张弘一法师血书的“南无阿弥陀佛”，血书不如朱砂这样红，而且有些书迹颜色是淡红的血浆。现不知尚在否？抑或当朱砂书卖掉了。

1978、1979年时国内开始设立内柜，少量出售古代书画。起初需要单位介绍信才能买，而且是定向供应，只对高级干部、高级知识分子、画家等。价格仍参照“文化大革命”前的价格。那时画家因为外销有市场，开始对画家以“组稿”的形式付酬劳，最初五元人民币一尺，逐步加升，10元、15元、30元到100元一尺。不同级别的画家不同酬劳。而画家有时亦用自己的画换取古画。当时现代画家在国营单位出售的价格与他们所得的酬劳相比较,仅十分之一而已,有时还不到。但在那个年代对画家而言已是很开心的事了。

与此同时开始知道国外有艺术品拍卖公司拍卖中国书画。1980 年第一次见到纽约苏富比的拍卖图录。当时近现代书画价格相差不大,但古代书画明显比国内高出很多。

1981 年底我移民美国,而后数年我虽没有直接参与书画工作,但亦持续关注中国书画市场,其实 80 年代开始,中国书画市场已渐西移。美国苏富比、佳士得两大拍卖公司,中国书画价格行情屡创新高,已吸引全球的关注。我于 1987 年上半年加入纽约佳士得拍卖公司,即感到中国台湾买家的实力不断加强。当时台湾的经济腾飞,已成亚洲四小龙之一。对艺术品的需求剧增,此前西方外国人买家的实力尚相当强劲,但到了 1989 年中国台湾买家的实力则明显盖过西方买家,而中国书画闯过百万美元的大关也是在这一年。

1989 年 6 月纽约佳士得拍卖公司中国书画部主管黄君实先生创先举办中国古代书画精品专场,目录共 30 张书画。拍卖结果 29 张成交,创下 700 多万美元的优异成绩。而且有两件书画首次打破了百万美元大关。一件是《元人秋猎图》卷,187 万美元;另一件是《董其昌婉娈草堂图》轴,165 万美元。次年(1990),纽约苏富比拍卖公司一件米万钟《奇石图》卷以 121 万美元成交,亦破了百万美元大关。至此中国书画市场进入高峰。

但是这个高峰到了 90 年代以后并没有持续升温,反而因为海湾战争、时局不稳定和台湾的一次股市重挫有所下降。而后多年海外中国书画一直未能再破百万美元大关。中国书画市场并无迹象延续高峰期。特别是 1997 年亚洲金融风暴的影响,市场更是冷淡低迷。其实整个 90 年代,中国书画市场一直停留在徘徊不定的阶段。直至 1999 年 3 月,我在纽约佳士得拍卖公司举行了一次美国知名藏家史蒂芬·姜肯德收藏专拍。一共 15 件书画,其中一张郭熙《秋山行旅图》被王季迁以 143 万美元购得。沉默了九年的海外中国书画市场,再破百万美元大关。

与此同时,90 年代初,国内上海朵云轩,北京嘉德、瀚海等拍卖行相继成立,打破了多年来外国拍卖行包揽中国艺术品的局面。但因为刚刚成立很多方面都需要完善,尚未能影响到市场。而且买家进入市场不久,亦未成熟,故尚未能主导整个中国书画市场。但已有破百万美元的纪录。北京瀚海拍卖行 1995 年一张北宋张先《十咏图》卷以 1 870

万元人民币成交，1996年北京嘉德拍卖行一张傅抱石《丽人行图》亦过1 000万元人民币，但嘉德在1996年的杨永德齐白石专场则以仅售出30%—40%的成绩，惨遭滑铁卢。

进入21世纪，中国书画市场有复苏的迹象。海内外超过百万美元及千万元人民币的书画时有出现。特别是2003年春季，国际上出现SARS流行性传染病，其流传速度之快，蔓延范围之广骇人听闻。但这人见人怕的传染病并没有影响中国书画市场，却在这年的春天出现火爆的场面，特别是近现代书画价格直线上升。到2004年春季，北京瀚海拍卖行的陆俨少《杜甫诗意百开册》卖出6 930万元人民币的天价。尽管当时有人对这个天价纪录是否真实抱有怀疑，但近代书画价格在急剧上升这是事实。

与此同时古代书画市场，仅略有升高，稳步前进。不过尽管古代书画价格升迁缓慢。但据2005年统计历年中国书画拍卖价格最高前20名中，古代书画占了15名，百分比是75%。2005年开始古代书画有明显上升的趋势，巴黎佳士得拍卖行一件张廷彦、周鲲合绘《苑西凯宴图》卷破了5 000万元人民币大关。

2008年虽有百年不遇的国际金融海啸，中国书画市场略有波动，但也只一年时间，中国书画市场就摆脱了全世界金融经济为之不振的金融海啸影响，冲上了云霄。2009年下半年中国书画市场进入亿元时代。北京"中贸圣佳"徐扬《平定西域献俘礼图》卷以1亿3 400万元人民币成交，北京嘉德《宋人跋徐铉项王城赋》卷以亿元人民币成交，北京"保利"曾巩《局事帖》信札以1亿人民币成交，吴彬《十八应真图》卷以1亿6 500万元人民币成交，齐白石《无声诗史》册以1亿元人民币成交。

纵观50年来中国书画市场，60年代还是国内为主，70年代则是海外主导市场，八九十年代以台湾人为主导，90年代后期至今复归大陆华人。既然是市场就一定会被价值规律影响，有起有伏，今后如何，拭目以待。

我在朵云轩拍卖公司的经历

沈毓琪

我是1971年从“五七”干校上调到朵云轩工作的。那时“文革”尚未结束，我先后在资料室、编辑室、总编办公室工作，直至1991年，祝君波同志被任命为社长后，我被他调去社长室任社长助理。1995年又被调去任朵云轩拍卖公司副总经理。我是2004年正式退休的，至今已有整整14年了，但在朵云轩的经历仍历历在目，特别是在朵云轩拍卖公司从创业到发展的那段经历，更是难以忘怀，是我一生中最有意义和值得留念的一段经历。

在拍卖公司，我主要负责行政管理这部分工作，就让我来讲讲这方面的往事吧！

我是1995年才正式调任拍卖公司，但因我是社长助理，所以从领导班子有创办公司的想法开始，我就参与了公司的筹建、报批、成立和每一届拍卖的许多具体工作。

朵云轩拍卖公司的创建，一是源于1992年邓小平“南方讲话”发表后，解放思想、大胆突破成为当时时代的主旋律，各个企业都在思考如何借助这一大好形势的东风发展壮大；二是源于祝君波同志刚上任，当时的朵云轩由于种种原因，经营规模并不大，他首先的愿望是要把这块百年老店的牌子做大，要发展，要把经营业绩大大提高；三是源于香港九华堂老板刘先生的出现，为我们介绍了香港文物经营市场由于佳士得、苏富比拍卖的进入所发生的重大变化，他又介绍香港华资拍卖公司“永成”跟我们合作，让我们去试试水。从1992年至1993年的两年间，我们和“永成”合作在港举办了四场拍卖会，送去的拍品大多取得了出乎意料的高价，其中一场拍出的17件拍品，总价竟高达224万元，远比以前门售几百件的书画的总价都还高！想当初1991年朵云轩全部的流动资金也才只有一二百万啊！太让大家惊喜了！

形势大好，政策开放，朵云轩又有迫切发展壮大的强烈要求，加上四次参与香港拍卖，考察了佳士得、苏富比拍卖会，让我们开阔了眼界，学到了国际上先进的艺术品经营模式，又有了最好的借鉴，并且积累了一些实战经验。这一切让领导班子对于要"创办自己的拍卖公司，开创行业之先河"更有了决心和信心。于是，在1992年5月26日由祝君波同志正式起草报告呈送上海市新闻出版局，很快于5月29日就收到出版局"同意"的批复；6月4日向上海商业一局发出请示报告，6月30日即得该局答复函，让我们直接去办理工商登记，8月31日即完成。因为还涉及文物拍卖，须经上海市文物管理委员会审核，其间该会许勇翔同志给予了很多的具体指导和支持，1993年1月就接到了该会的同意批复。一家新型经营模式公司的创办，能在半年时间内就通过这么多相关的审批流程，在当时真可谓是"快速"，这应该是得益于浦东开发开放的大好时机！让我们看到了"浦东速度"。

拍卖公司注册时的资金只有30万人民币；没有办公室，只能在南京路朵云轩四楼平台上搭建几间临时房，极其简陋；人员编制也少，初建时只有正式员工四位，很多工作是要靠朵云轩其他部门的员工临时来帮忙的。这倒也得益于我们单位的特殊性：一套领导班子，下属二个机构，一是朵云轩，经营书画文房，二是出版社，出版书画图书。有的是鉴定经营和图书编辑出版的人才，拍卖公司就是依靠这二支力量，解决了征集、编印图录这二项拍卖的基础工作。特别是首届拍卖的成功就充分显出了这种优势！

公司正式挂牌是在1993年2月20日，首届拍卖的日期是当年的6月20日，在这短短的四个月里，从征拍品、制图录、招商、办预展到拍卖会正式举办，有一大堆的事要做，而且其中很多事是我们第一次上手，怎么办？再难也要做！于是大家齐心协力，业务人员奔波于征集拍品和招商的路途上，内部人员忙于预展和拍卖会所需的一切筹备工作，放弃休息，苦战熬夜，有时真是忙得吃饭也不正常，方便面充饥是经常的。非常感动的是我们编印图录时，上海大学美术学院教授徐建融先生为图录做资料，出版社的编辑室主任张雄先生为图录做编辑排版（当时还没有后来的电脑排版，要用手工的），他们都是放下自己的手头工作来和我们一起加班加点苦战的。记得他们二位的帮忙一直延续了好儿届拍卖会。

首届拍卖会终于按时在上海希尔顿酒店二楼宴会厅开拍了！当天竞买号牌被领走了 120 余块，拍卖大厅人头攒动，挤得水泄不通，400 多个座位都不够，站着的、地上坐着的也很多。书画大师、鉴定家谢稚柳先生上台为我们的第一件拍品丰子恺的《一轮红日东方涌》敲槌定音，买家是收藏界的风云人物张宗宪先生。一个好的开头，让首场拍卖一路顺风，高潮迭起。155 件拍品，足足用了四个多小时，好多拍品的落槌价都创出了在当时来说是“天价”的价格，可见场上竞价的激烈！结束离场的客人们都兴奋不已，意犹未尽，对 1949 年以来的首场艺术品拍卖会拍手叫好！结束后的统计数据显示 155 件拍品成交率高达 74.5%，成交总价 830 万港币。一个下午就做出了以前一年都做不到的生意额，真让大家惊喜不已！

既是首场拍卖，我们面临的是许多无法找到借鉴的“这事该怎么办”的疑惑，对这些疑惑，是拍卖公司总经理祝君波带领大家勇于面对、勇于创造，一一提出了解决的方案和措施，我觉得这些方案和措施在当时来讲真可算是“首创”。值得讲讲的有：

培养自己的拍卖师。我们公司没有自己的拍卖师，那首场拍卖谁来主槌呢？在拍卖前，我们经书画大家程十发的公子程多多先生的介绍，结识了香港佳士得的黄君实先生和袁曙华小姐，在我们制作图录前他俩专程来沪看我们的拍品。因为觉得缺少经验，我们有意借重佳士得的力量，想与该公司有些合作，但是，在拍卖师的问题上，袁小姐坚持要用佳士得的，而祝君波同志则坚持既是在上海朵云轩拍卖，就要用自己公司的；虽然当时我们还没有拍卖师，但他认为这是主权象征，不能作让步！一经决定，他马上在全单位 200 多人员中筛选，选中了时任出版社总编辑助理的戴小京先生，他看中了戴的一表人才、懂艺术、口若悬河又口齿清楚，还有胆有识，戴先生倒也没有推却答应试试。接着公司副总经理曹晓堤先生就陪着他去香港观摩了佳士得、苏富比的拍卖，回来后我们又做了几次小范围的模拟场景，让他操练。到 6 月 20 日开场走上拍卖台，竟然一举成功！戴先生对调动场上气氛、掌控拍卖节奏的能力令我惊讶！领导选人的眼光真准啊！从此，戴先生驰骋拍场 20 余年，成了业界颇有知名度的“江南第一槌”。

拍卖现场的人流如何掌控？首届拍卖会的消息一经传出，反响很大，委托人、藏家、有买入意向者、想了解行情者、同业者、好奇者……都想入场看看这个首场拍卖会，而希尔顿宴会厅的座位排足了也只有 400 多。为了控制人流保证场内安全有序，我们就想出了要售票凭券入场的办法，每票定价 85 元，虽然我们赠出的不少，但确也有很多客人是掏了钱买了票入场的。当天，400 多个座位早早地就坐满了，以至座位周围的过道都站满了人，真是水泄不通啊！在我记忆中，后来创建“嘉德拍卖”的王雁南女士和甘学军先生、“瀚海拍卖”的秦公先生，这天从头开始到结束也都坐在现场，看到如此热闹的场景，如此好的拍卖结果，相信也为他们创建拍卖公司增添了一份信心！

如何保证买家对成交的确认不反悔，也是我们不得不面临的一个重要问题。和佳士得、苏富比二家已建立 200 余年的国际公司不同，他们在香港的拍卖可以秉承欧洲的绅士之风，入场领牌和成交确认的手续都相当简单，而按当年我们的国情，这样做并不适合，于是我们执行了两个办法，一个是领牌除详细填写个人相关信息，还需复印本人身份证或护照；二是设计了一份成交确认卡，落槌后由竞买者当场签字确认。这都是为了在以后的钱物交割发生纠纷时提供过硬的法律证据。这两招在当时的确很有作用，很为竞买者所接受。国内一些后建的拍卖公司大多也沿用。后来，从 1997 年开始，我们又执行了参拍者支付保证金的办法，这也为公司的安全运营起到了很好的作用。

建立一套科学的、现代的管理和运营模式对一个公司来讲是相当重要的。由于上阵仓促，起初的几届拍卖会上我们还是相当原始的手工操作。随着业务的发展，我们觉得必须要建立一套运用计算机系统的模式才能适应业务发展的需要。对计算机我绝对是个外行，其他工作人员也都知之不多，怎么办？只能先用笨办法“三个臭皮匠凑成一个诸葛亮”，先确定让我公司对计算机还有点懂的张亚明先生作为这项工作的具体负责人，然后召集各工作环节的相关人员一起商讨各自环节需要计算机设置的程序要求，经过多次这样的讨论，大家都想得很周到，要求提得很具体，最后由小张汇总编写了一份各环节所需建立程序的目录，请了北京一家网络公司编制。其间经过了很多次的往返沟通、试验、修改，最后总算编制出了一套操作简便可行的运营程序，从拍品进仓到退仓、货款结算、拍卖会上电子显示屏等拍卖相关的各个环节都被纳入该系统，所有数据资料一目了然，给具体工作人员和管理者都带来了极大的方便，工作效率大大提高！别的不说，单拿每场拍卖会一结束召开记者招待会这件事来讲，以前要靠我一笔笔汇总才能算出来，有了这套程序，拍卖一结束，统计单一拉打印出来就行了，很迅速及时！后来上海有几家拍卖公司还上门学习，也都用上了。

让我还难以忘怀的是上海市的老领导汪道涵先生。为我们公司的事，他曾多次约见祝君波同志，我跟随也去过几次。汪老给我的印象是温文儒雅，很有亲切感，言谈中句句都表露了他对我们这个新型经营模式的密切关注、有力支持！他的很多指示对我们后来工作的进行都有着重要的指导意义。他讲"艺术品市场是继股票和珠宝以后，又一个很重要的市场"，这为我们创建和办好拍卖公司坚定了信心。他又讲"一家拍卖行好比一个人用一双手，左右各牵着卖方和买方，你们一定要注重拍品质量和服务质量"，这个指示，对我作为一个公司的具体管理者，真是意义重大，我也一直以此为我的工作准则，为客户提供优质服务、处处为客户着想是我们的目标，我们的服务工作就围绕着它来设置：为保证拍品的安全，建立了一套完善的仓库保管制度；为客户方便，取消周六休息制，延迟下班也是常态；为及时与客户沟通信息，每届拍卖会图录出版前，都先印发一本《通讯》，预告拍卖时间，推介重要拍品；拍卖前后及时向卖家通报拍品是否上拍及成交情况；及时催缴和结付货款；以上等等。在今天看来都是拍卖行的常规工作，但在当时作为初创的拍卖行做到这些，对保证和积累客户资源、树立良好的公司形象还是必要而有作用的。让我感到欣慰的是，这些服务在当时得到了客户的认可，让公司和我个人与他们建立了信任，直到在我退休多年后，又参与世界华人收藏家大会工作时，他们，应该称作是朋友们，还是给予了很多的支持和帮助，真是令我很高兴！

最后，还有一件事我很想再讲一讲，那就是1995年有两场拍卖预展在我们自己的南京东路朵云轩营业大楼举办的事。为了节约成本，也为了扩大朵云轩营业商场的影响，领导决定把那一年的拍卖预展放在营业大楼举办，这可是个"大工程"！大家知道营业商场从柜台到墙面都放满了书画、文房上千种的商品，大到瓷器书画，小到石章，全部要一件件地拿出来装箱，柜台要全部搬掉，还要搭展板，这是多么既有难度又花力气的事啊！但是，领导一声令下，大家丝毫没有还价地就行动起来了。这件事真要感谢当时的营业部经理祁振华，是他二话不说，带领他们部门的二十余位员工撤商品，搬柜台，记得也就用了一个晚上加一个上午就完成了。展览结束后，又及时将营业商场恢复原样，对外营业。前来参观的客户们都很惊讶我们是怎么能做到的！我想这应该是全体员工对领导开拓这一新型经营模式的认可和支持，更是朵云轩强大凝聚力的最好表现！现在想起来我还是蛮感动的。

多年的拍卖工作，让我结识了不少收藏界的“大佬”，其中很多位都给我留下了深深的印象。

张宗宪先生，是古董界、收藏界无人不晓的一位传奇人物，是拍卖场上永远的“NO.1”。我知道他，是从祝君波先生1992年去香港回来后向我们介绍的。他是这样描述张先生的：“他一阵风般走到我面前，色彩鲜亮的衬衣，戴一副半透的茶色眼镜，风度翩翩，一落座饭席，一口地道的上海话，谈笑风生，顿时就成为中心人物。”在我脑海中就觉得这位张先生应该是地道的上海老克勒。我认识他，是在我们首届拍卖预展厅上，展出首日他就带了一行多人来到上海美术馆展厅，记得他也是一身笔挺的西装，皮鞋锃亮，一副金丝边眼镜，神采奕奕，给我的感觉就是眼前一亮，他一开口，场上气氛顿时活跃起来。看完展览，他就对副总经理曹晓堤讲：“你们的1号牌子不能给人家，要留给我。”6月20日首拍当天乌泱泱的人群中，张先生简直太亮眼了！他坐在前排，穿着橘色西服，手拿1号牌。开拍的第一件拍品是丰子恺的《一轮红日东方涌》，从起拍价1.8万开始拍卖师一口一口连着叫了几十口，张先生始终淡定从容，直到最后他才举牌，举的不是牌，而是一支卡地亚金笔，举得不高，只是这么手一翘，这是他在拍卖场上的标志性举牌方式，最后是他以12.65万元港币的高价举下了这第一件拍品，为我们的首拍开了一个好头。我们的最后一件拍品是王一亭的《欢天喜地》，也是张先生以13.2万元港币举下的，用他自己的话讲这是“有头有尾，讨个好彩头”，也让我们的首届拍卖取得了一个圆满的结果。这场拍卖会张先生一人就买下了约250多万元港币，足足占了总成交额的三成，真是对我们公司莫大的支持啊！

张先生对我们工作的帮助真是很多：首届拍卖会他拿了好多图录分发给他的朋友，为我们推介；对我们拍品的挑选，他都会给予指导，我记得他讲得最多的一句话是“每场拍卖会都必须有压得住阵的精品，图录封面和封底的作品更是重要”；拍卖会后的一些附加活动，如记者招待会、贵宾招待宴等，他都是有请必到，他的到来会使场上人气大增，异常活跃！他在场面上的那种气派、神采、幽默、爽直，至今还深深留在我的脑海里。

张先生上拍卖场举牌买东西是非常认真而谨慎的。每次他来到预展厅，总看到他拿着我们的图录，图录的很多页面上都贴着彩色标签，说明他事先已认真看过图录了。参观时总有几位行家陪伴在旁,边看边议。正如他本人所讲:"我的每件藏品在我要入围之前,都要征求我朋友的意见,以保证每件作品都是真迹、精品、完整如新。对于自己看好的东西,举牌之前我至少会给10位专家打电话,听意见,如果有一位有不同看法,我就另选拍品。要选对东西,必须虚心多问,自己还要学习研究。"

2008年我参加世界华人收藏家大会的工作以后,和张先生又有了来往。作为收藏界的"大佬",首届大会是必定要邀请到他参与的。经过和他联系,他欣然接受了在家中接受采访,也欣然同意出席10月8日的开幕式和论坛。他是个"夜猫子",晚睡晚起是他的生活习惯,而我们的开幕式是安排在上午10点在浦东国际会议中心举行,他没有因此而推却,而是准时从浦西赶到了浦东,让他少睡了好几个小时,真是难为他了。当天下午我们又安排他作为演讲嘉宾,参与由杨澜主持的与收藏家对话论坛,发表了精彩的讲话。这一天真是辛苦他了!

2010年我们举办第二届收藏家大会,组委会接受了很多藏家的意见,除举办论坛外,还要搞一个"收藏家邀请展",挑选了20余位藏家提供藏品参展,张先生当然是我们首选的对象。经和他联系,他又给予了支持。筹备过程中,他本人虽不在上海,但他还是亲自挑选了自己10余件颇具特色的珐琅彩作为展品,安排他的管家接待我们在他苏州张园府上拍照,又让管家于展览布展日将这些展品送来上海。真可见张先生对我们的信任和支持!

2017年12月嘉德艺术中心为张先生编著出版了《张宗宪的收藏江湖》一书,让我们看到了他传奇而成功的一生。祝君波先生征得张先生的同意,于2018年2月10日在上海璞玉艺术馆(衡山宾馆内)为他举办了一场这本书的读者签名活动。因为张先生的名望在外,很多人对他的传奇人生很有兴趣,所以当天前来参加活动的读者朋友多达百余人,媒体更是来了好多家,现场采访张先生,对着话筒,他滔滔不绝,讲得实在,讲得风趣幽默。签名开始了,他更是精神饱满,来者不拒,一口气签了250余本书,真是签到手软,但他很高兴,也不喊累。晚上到了饭桌上,他还是谈兴很浓,我们看着这样的场景,不禁感叹这样一位已是耄耋之年的张先生,竟然还有如此的年轻态,真让人羡慕钦佩!他还告诉我,至今他还每年在美国、英国和我国香港、台湾、上海、北京等地飞来飞去,不放过一场国际拍卖会,他还是热衷自己的收藏,还在不断调整和更新自己的藏品结构,还在筹划举办新的藏品展……真让我佩服之至！

新加坡"袖海楼"的杨启霖先生是一位著名的大收藏家，我认识他是在1995年，祝君波先生带领我们几位同事去新加坡办拍卖预展，因慕杨老先生的大名由人引见，去了他在乌节路翡翠山的一幢大别墅拜访。走进大客厅，陈设的是红木家具，墙上挂的是中国书画，桌上摆放的是中国瓷器，完全是一派中国传统的装饰风格，足见房屋的主人、这位已移居海外七八十年的老华侨心中对中国文化深深的情结！我们一到，杨老先生就迎了出来，在我们面前的他，个子不高，慈眉善目，精神矍铄，身体硬朗，他很热情地招呼我们一一坐下，可能因为知道我们的来意是想欣赏他的收藏，所以只是相互介绍寒暄了几句，就让家人先把书画拿出来给我们看。我记忆中近现代的藏品居多，大名头很齐，虚谷、吴昌硕、王一亭、齐白石、徐悲鸿、黄宾虹、傅抱石、黄胄、程十发等，一共看了大概有四五十件。老先生又拿出了他收藏的墨和砚台等文房用品给我们看，因为同去的"兰馨古玩行"的蔡总对文房很专业，所以老先生兴致颇高，两人边看边交流，还讲了不少自己的收藏经历和藏品背后的故事给我们听，虽然我们都意犹未尽，老人也谈兴未减，但实在不好意思太多地打扰他，我们就只能不舍地告辞了。这次拜访，让我认识到一位真正的收藏家应该就像杨老先生那样：对艺术品有非常的嗜好和兴趣，有认真学习和研究的态度，有执着坚持的精神。

从杨老先生本人的讲述和后来他儿子的介绍中，我们了解到杨老先生到新加坡之初只是一个普通的码头工人，通过自己的勤奋努力才一步步开始自己创业专营树胶和土产生意，最终成了新加坡一位极有实力和地位的企业家。50年代初他结识了大收藏家刘作筹和画家陈宗瑞、陈文希等潮州同乡，受到他们的感染和指点，开始对书画产生了兴趣，特别一次因送了一幅齐白石的画给日本客户而做成了一大单生意，更激发了他收藏的热情，并终其一生！

"袖海楼"的收藏是丰富精彩而多元的，几位鉴定大家如启功、徐邦达、杨仁恺都去杨府鉴赏过他的藏品，赞赏有加。徐邦达先生曾一次在那看了上百幅书画，看后点头称好，留下了"不虚此行"这句话。

杨老先生不仅自己热爱收藏，而且还很重视家族收藏的传承。其哲嗣杨应群先生告诉我们，他12岁时父亲就开始培养他对书画的兴趣，父亲常邀好友来家赏画论画，选画挂画的事就总是让他一起帮忙;长辈们评鉴、争论时他就坐在旁边聆听,一次次听着,越听越有味道,渐渐地自己也爱上了书画,后来父亲又会经常让他帮着查找资料,从中知道了许多有关艺术家的师承、创作风格,有关作品的考据和流传,越学越觉得书画领域是一个迷人的世界,自己的兴趣也就越来越浓厚了。杨老先生去世后,他子承父业,继续买画藏画,也成了一位收藏家。他多次出席世界华人收藏家大会,并被大会组委会聘为顾问。去年我去新加坡,参观了新加坡国家美术馆为"袖海楼"举办的藏品展。展览会前言中写道:"袖海楼藏品是新加坡迄今规模最大、最成熟、由私人珍藏的中国画和书法……由已故杨启霖创始的袖海楼收藏,收藏的过程横跨 20 世纪 50 年代到 90 年代,在巅峰时期,袖海楼的收藏累积近千件……通过这次展览,让参观者管窥近现代中国绘画的沿革,并加深我们对 19 到 20 世纪新加坡如何收藏艺术品的了解。"足见杨府收藏之地位,"袖海楼"之影响!

2004 年 1 月份我就正式退休了。时光飞逝,一晃 14 年过去了,这 14 年正是我国拍卖行业快速发展的大好时光,有统计讲目前全国文物艺术品拍卖机构已逾 500 家,上海就有 60 余家。拍卖已成了一个大产业,全国的拍卖总额已居世界第一。我为了写这篇文章,特意从老同事处了解到朵云轩拍卖的一些数据,很能说明问题。我工作期间,每届拍卖成交额都只有几千万,但在 2004 年春拍就跃上了 1.56 亿,首破亿元大关;2004 年秋拍,陈洪绶的《执扇仕女》轴拍出了 1 430 万元的成交价,创下了这位画家的最高价,也刷新了朵云轩单件拍品成交的最高纪录。2005 年至 2009 年春拍期间,是大陆艺术品拍卖市场的盘整期,市场疲软,但期间朵云轩拍卖也有亮点,郑板桥的《劲节清风》轴拍出了 896 万元,李鱓的《富贵多寿》轴拍出了 470 万元,均创出了这二位画家作品的最高纪录。2009 年市场开始复苏,2010 年春拍总成交额达 3.05 亿元,朵云轩拍卖首次突破三亿元大关。2011 年春拍又达 6.47 亿元,单场拍卖成交首闯六亿元大关,这场拍卖会上,刘海粟的《黄山云海》,以 3 852.5 万元成交,不仅拍出了刘海粟个人作品的最高纪录,也刷新了朵云轩单件拍品的成交记录。2013 年春拍,一件齐白石的《高立千年》轴成交价 8 050 万元,再次刷新朵云轩单件拍品的历史记录。2014 年的"朱昌言藏吴湖帆书画专场",吴氏的《大龙湫》《花卉》四屏、《荷花鸳鸯》分别以 1 150 万元、1 437.5 万元和 1 035 万元成交,为吴氏作品的市场价标出了新高。接下来的 2015 年至 2017 年,每年的成交额也都过三亿元。近十几年来，朵云轩经历了金融风暴、市场调整等大环境变化带来的风风雨雨，还是在艰难情况下创出了我上面列举的这些新业绩；自中国拍卖行业协会 2011 年起每年对上一年度文物艺术品拍卖市场的《统计年报》所报，自 2010 年以来，朵云轩在全国同行业中的所得税贡献基本上都排在前六位，也足以表现公司的盈利水平。应该讲朵云轩拍卖公司对其所属的上海世纪出版集团是有重要作用的，我无法知道集团的主要经济支柱是什么，但我觉得拍卖公司应该是主要经济支柱之一吧！

最后，我想引用 1993 年《解放日报》发表的由记者胡国强先生在朵云轩首拍结束后采写的长篇特稿《槌声响起——记朵云轩首届拍卖会》一文中所写："大陆艺术品拍卖业是在政策开放中刚刚起步的，朵云轩首届书画拍卖会虽然比北京、深圳、西安等地晚了一拍，但它却是最成功的，对大陆艺术品市场的形成，意义不可估量。……我们相信，只要改革开放不断进步，中国艺术品市场终究会逐步形成并走向成熟。"胡先生对朵云轩首拍及其意义的定位真是太准确了！这 20 多年来中国艺术品行业包括朵云轩拍卖公司的起步、发展、成熟壮大的历程，就是最好的佐证！

我在非洲寻觅非洲艺术品的经历

赵宝培

我1991年初移居南非，南非是非洲的富国，非洲各国的艺术品商人都将本国的艺术品运来南非出售。我居住的约翰内斯堡是南非最大的商业城市，在市内的非洲艺术品市场中，可以看到来自东非、西非、中非各国的雕刻艺术品，但大多是旅游纪念品，爱好收藏的人会觉得艺术价值不高，要收到好的非洲艺术品，必须到产地国去寻觅。

前往产地国寻觅非洲艺术品不是一件容易的事，首先要找到诚实可靠的、熟悉艺术品市场的黑人向导才可以成行，其次是语言和货币问题，西非大都讲法语，东非讲葡萄牙语或斯瓦希里语，而不少非洲国家对携带美金入境有种种限制。另外事先要打好防疫针，大多数非洲国家入境时要检查你的"预防接种证明"，俗称"黄卡"。

我出国前从事美术工作，因此十分喜爱非洲艺术，在南非居住的20余年中，走了不少非洲国家，去寻觅当地的艺术品，现将我去东非坦桑尼亚、西非喀麦隆、中非刚果的经历与大家分享。

一、坦桑尼亚

坦桑尼亚位于非洲东部，濒临印度洋，与邻国莫桑比克的接壤处有一片神奇的土地。生长在这片土地上的一种树木，刚开始与普通树木并无两样。待树干长到酒杯粗细时，树干中心开始呈现浅灰色，随着树木长粗，逐渐变深，最后变成深灰色，这就是著名的非洲乌木。

乌木，英文词典中称为“EBONY”，这种树木之所以中心变成深灰色，实际是在生长过程中地下一种特殊的有机物质被吸上来后沉积在树干里的缘故。乌木不怕虫蛀，不怕火烧，不会腐化。材质坚硬润滑，打磨后呈现镜子般光亮，被当地作为绝佳的雕刻材料。

坦桑尼亚有一群土生土长、刻苦耐劳、专注勤奋地从事乌木雕刻的艺术家。由于贫穷，他们从未踏进过美术院校的大门，没有人报道介绍他们，没有人知道他们的名字，但是他们却创造出了令人瞩目的、代表着非洲现代雕刻艺术水准的乌木雕刻艺术品。

1997 年，我在约翰内斯堡的艺术品市场中，从那些开设店铺的坦桑尼亚商人那里打听到他们家乡有个艺术家聚集的地方，我正想寻找有艺术价值的乌木雕刻艺术品，便抱着试一试的心态，在一位名叫“山夸”黑人向导的陪同下，去了坦桑尼亚的首都达累斯萨拉姆。

在“山夸”的指引下，我来到郊外一个当地土语称为“芒迪”的地方，只见尘土飞扬的黄土地上排列着一间间的茅草棚，在棚前的空地上，一棵巨伞似的粗大的老树下，聚集着一群光着上身，只穿一条裤衩的非洲人，手握简陋的工具，在忙着雕刻，雕凿的声音此起彼伏，响成一片。嘈杂的现场充满了原始的非洲气息。

“山夸”告诉我，这群非洲人就是“ARTIST”(艺术家)。

我看见一辆旧卡车将山里砍下的乌木树干运到空地上，这群“ARTIST”一拥而上，费力地将一根根沉重的乌木树干卸下来，由于当地没有电，他们坐在地上，手拉大板锯，全靠人力，满头大汗地将整根乌木树干锯成一段段雕刻所需的树段，然后各自站起身，双脚夹住树段，打量一番后，双手举着锄头似的工具，弯着腰开始猛砍，边砍边嘴里念念有词，随着木片四散飞舞，树段在他们的脚下翻转滚动，一个个作品的雏形就渐渐出来了。我十分惊讶，这种创作的方式与以前在美术学校老师教我的完全不一样，不用铅笔或炭棒打草稿，也不琢磨推敲，而是随心所欲，一气呵成。

乌木材质十分坚硬，雕刻过程极为艰辛，他们用大锄头砍得差不多了，换成中锄头继续砍，然后再换成小锄头、凿子、三角锉刀，最后用砂纸打磨。时值盛夏，我在边上观看，热得将带去喝的水倒在头顶上降温，而他们不顾黑色皮肤上成串的汗珠朝下流，作品完成后，抑制不住脸上那种兴奋表情，会手舞足蹈地跳一番。如果有人喜欢他们的作品，这些“ARTIST”更为得意。一些小件的作品，哪怕只用面包与他们交换，他们也会高高兴兴地接受。

这群“ARTIST”骄傲地将边上的茅草棚称为“SHOP”（店）。他们的作品就在茅草棚里出售。因为没有电，在茅草棚顶上开个洞，插上块玻璃，透进微弱的光，棚里黑乎乎的。我震惊地看到有高达数米的当地马赛人的站像，有整棵树雕出来的非洲人群像，有一人合抱不过来的巨型头像。在南非艺术品市场上，我从未见过如此摄人心魄的乌木雕刻艺术品，兴奋地感到自己来对了地方。

茅草棚有数十间，每间都摆满了各式各样、大小不等的乌木雕。雕刻的手法有圆雕、浮雕、镂空雕等。光着上身的店主，不管作品的艺术水准高低，不分题材风格，混杂在一起出售。收了钱后，将我挑出的乌木雕朝门口一放，包装运输全归我自己解决。

我在茅草棚里逐间挑选，发现了一种非洲风格极为强烈、造型奇特、构思不可思议的作品，问了几家“SHOP”的主人，异口同声地告诉我，这类作品当地土语称为“锡太尼”，是艺术家在梦境里得到的创作灵感，醒来后追溯梦境雕凿出来的，并说欧洲的博物馆在收购这类作品。

店主们很快将创作“锡太尼”的艺术家唤来了，也许是因为要见客人，他们穿的比较整洁，都显得腼腆又淳朴，看到竟然有中国人喜爱并购买他们的作品，兴奋之情溢于言表，可惜都不会英文，无法交谈。只知道当地称呼他们的名字是：“约翰纳”“库巴”“聂古水”“绒加”……其中“约翰纳”的年纪最大，戴着草帽，留着胡子，还叼着烟斗，确有艺术家的风范。

我不解的是，这些腼腆淳朴的坦桑尼亚艺术家在“芒迪”土生土长，与外界没有任何艺术交流，也没有受过美术专业培训，是怎么雕出如此出色的、令人瞩目的乌木雕刻艺术品来的？

“芒迪”之行，给我留下了深刻的印象，那种原始的非洲艺术气息，那些才华出众腼腆淳朴的坦桑尼亚艺术家，使我久久不能忘怀。

2013年，我再次去了坦桑尼亚的“芒迪”，只见已面目全非，空地上那棵巨伞似的老树下，不见了那一群群勤奋雕刻的非洲人，没有了当年那种嘈杂热闹的非洲气息。虽然茅草棚变成了瓦房，房内也装上了电灯，但规模已大不如以前，而且出售的以旅游纪念品为主。我失望之余，当地的坦桑尼亚朋友告诉我，经过辗转打听，替我找到了当年曾经营

"锡太尼"的店主家地址。我赶紧去了他家,在一个大院的角落里,一间废弃的牛棚下面,堆着满是尘土、泥泞不堪被雕凿过的木料,我满怀希望地唤人搬出来,冲洗干净以后,发现其中竟然还夹杂着不少"锡太尼"的好作品,惊喜地全部买下,询问当年那些艺术家"约翰纳""库巴""聂古水""绒加"的情况,答复是有的已故,有的失去联系。时移世迁,也许是一代有天赋的艺术家的凋零,导致了"芒迪"的衰落。

坦桑尼亚乌木雕,近年来逐渐为中国人熟悉,但常见的都是些旅游纪念品,并不能反映坦桑尼亚雕刻艺术的水准。

"芒迪"这群非洲人在如此贫困的环境中,凭着与生俱来的艺术天赋和对雕刻事业的热爱,所创造出来的乌木雕刻艺术品是坦桑尼亚雕刻艺术的骄傲,也是非洲现代雕刻艺术的代表。

中国的美术同行可以从他们的作品中看到这些非洲的"ARTIST"那"开脑洞"似的奇思妙想,那非洲风格极为强烈的夸张变形的艺术手法,以及雕刻技艺所达到的高度,从而对坦桑尼亚乌木雕有个新的认识。

对我来说,让中国的美术同行了解这些不为人知的坦桑尼亚艺术家的作品,是一件值得做的有意义的事情。

二、喀麦隆

喀麦隆位于非洲的中西部,濒临几内亚湾,是传统的非洲艺术发源地的国家之一。

传统的非洲艺术在欧美被称为"TRIBE ART"(部落艺术),主要发源于非洲西部古老的原始部落,世界上评价很高,称为"人类艺术的又一伟大遗产和完整体系"。其艺术价值和收藏价值得到世界的认可与肯定,毕加索和马蒂斯都从中受到影响。苏富比、佳士得每年举办非洲艺术品的拍卖,成交价稳步上升。2014 年 11 月 11 日,在美国纽约苏富比非洲艺术品拍卖中,一件编号为 48 的非洲木雕以 1 200 万美金成交。法国巴黎每年 9 月的第二个星期日举办非洲艺术博览会,有关专家、学者推荐介绍非洲艺术的书籍在欧美国家到处可见。

我去喀麦隆收集非洲艺术品是在 1998 年,从南非的约翰内斯堡到喀麦隆的港口城市杜阿拉要飞九个小时。陪同我去的是喀麦隆旅居南非的部族首领,一个身材高大,很有威严的黑人，典型的鼓腮大眼的喀麦隆脸型，名叫“姆萨”。刚到杜阿拉，“姆萨”就告诉我，当地的水与南非不一样，不能直接喝，必须喝瓶装水。

喀麦隆大大小小部落有几百个，欧美收藏家竞相前来这些部落收购艺术品。当年美国纽约苏富比非洲艺术品拍卖中，有两件非洲木雕的成交价格都超过了100万美金，而那时中国的经济还没腾飞，中国的艺术品在国际市场上的价位还不高，齐白石、张大千的精品成交价也只有50万至60万美金。因此，部落里的酋长如果祖上有几件艺术品留下来，出售后就变得很富有，建豪华别墅，妻妾成群，而祖上没有艺术品流传下来的酋长，就相当穷，甚至穷到要为生计奔波，“姆萨”本人就是酋长的儿子。

“姆萨”开的车辆的牌照享有特权，路上的警察对其他车辆做检查时，对“姆萨”的车辆直接放行，还举手行礼。当时“姆萨”带我去见了喀麦隆一个重要部落的首领夫妇。据说现在还在位，可见政权相当稳定。

“姆萨”还带我去了酋长家里，那是我第一次去酋长家里做客。酋长戴着白帽，身穿白色长袍，举止彬彬有礼，谈吐很有学问，完全不是电影里看到的那种头上插着羽毛，身上遮着树叶，脸上涂满油彩的酋长形象。酋长对我这个中国人的到访表示欢迎，谈及西方殖民者掠夺走了祖上珍贵的艺术品，说就像中国人的圆明园的珍宝被抢走了一样痛心。酋长家里的木雕价格昂贵得惊人，因为我没有以高于中国艺术品的价格去购买非洲艺术品的意识，并且对于如此昂贵的非洲木雕也不具备识别真伪的能力而没有成交。

“姆萨”告诉我，当地没有像坦桑尼亚“芒迪”那样集中的非洲艺术品市场，要去部落里逐家收购。这些部落集中在首都雅温得，从杜阿拉出发，要开七个小时的车，一路都是山路，弯弯曲曲高低不平，很是辛苦。沿途见到好几个部落在集会，村里的黑人举着旗幡，戴着面具与头饰，穿着色彩鲜艳的服装，欢乐地唱歌跳舞。在崇山峻岭中见到这样的歌舞场面我很是兴奋，“姆萨”告诉我，这样的仪式隔几天就有，据说非洲民族是世界上幸福指数最高的民族，看来确实如此。

雅温得的黑人对我很热情，都从家里跑出来招呼，“姆萨”讲因为我是中国人，而当地还没有中国人去他们家里。我到了当地人家里，只见家家户户的墙上、窗上挂的是木雕，地上桌上堆得是木雕，连卧室中床的四周放的都是木雕。这里的人每家每户整天雕刻，刚完成的作品是新的。黑人说没关系，放在那里传儿子，儿子再传孙子就值钱了，在他们眼里就是“ANTIQUE”，即“古董”了。“姆萨”告诉我，有些黑人也很狡猾，挑室内一些阴暗潮湿的泥地堆放木雕，泥地上有一种爬虫，专咬木头，咬得木雕的底面斑痕累累，然后再将木雕放到室外日晒雨淋，看起来就“OLD”了，即“旧”了。欧美来的游客喜欢旧的木雕，游客不是专家，没有鉴别能力，一般的常识就是拿起木雕看看底面，如果斑痕累累，以为是“OLD”，就会花大钱买下来。当然想不到在这样的泥地里有一种会帮黑人作假的爬虫。

我走了好几个部落，逐家挨户地去洽谈购买，每户人家都会拿出五六件或十几件来让我挑选。在确定是黑人使用过，并且有一定年份的前提下，我看重的是艺术价值，因为我是学美术出身。有些木雕相当旧，但艺术价值不高，我就不收了。“姆萨”的眼光很好，将几件混杂在里面不易觉察的做旧的木雕默默地拿到一边，帮我剔除出来。到了这样偏僻山区的部落里，我以为木雕的价格会很便宜，谁知也贵得惊人，甚至比南非艺术品市场的价格还高，起初我不信，又走了几个部落后，发现都是如此。这时“姆萨”对我讲，部落里有条不成文的规定，对于外来游客，宁可不卖，也不可以将价格卖低了。如果有的黑人单独用低价卖给外来客，其他黑人就会群起而攻之。只有黑人向黑人购买时，价格才会降下来。于是，我走访后面几个部落看中了木雕后，回到旅馆叫“姆萨”出面，按我的价格去收购，果然都成交了。

运输要靠“姆萨”解决，他找了辆小卡车，一家一家将我买下的木雕收齐后，从山路上开下来，到雅温得的镇上，放在长途客运车的车顶上，再开七个小时回到杜阿拉，在杜阿拉打包空运回南非。

喀麦隆艺术家思维活跃，创作力旺盛，属于作品多产的群体，作品有木雕也有铜雕，铜雕人物表情生动活泼，呈现出鲜明的民族特色。

我收集的喀麦隆艺术品中有一件铜雕，是一位骑在战马上手持短矛，披着战袍，气宇轩昂的部落酋长，我将这件铜雕向喀麦隆国家博物馆求证，得知是喀麦隆开国皇帝——巴蒙国王的雕像。他骁勇善战，带领自己只有短兵器的贫困的小部落，战胜了持有长兵器的多个强盛的大部落，统一全国，建立了喀麦隆王国。这件铜雕制作精美，具有典型的喀麦隆艺术特色，充分表现了巴蒙国王的胆魄和气概，我很喜爱。

2014 年，我在上海接待联合国教科文组织和平处首席执行官 MR.DJOKEN，他恰巧是喀麦隆人，见了这尊铜雕像，十分惊喜。当我告诉他，这是喀麦隆的开国皇帝巴蒙国王时，他激动地一把抱住我说："You know our Bamong king?"（您知道我们的巴蒙国王?）像是遇到了亲密的老朋友，彼此的距离瞬间就拉近了。

非洲的艺术品承载着非洲的历史与文化，在与非洲友人的交流中，非洲艺术品能起到这样的作用，是我当初收藏时未曾预料到的。

三、刚果

刚果位于非洲中部，是传统的非洲艺术发源地的重要国家。

我去刚果寻觅非洲艺术品是在 2013 年，本来想去首都金沙萨，打听下来不太安全，晚上有时会听到枪声，改去刚果第二大城市卢本巴希，卢本巴希离南非较近，飞机两个小时就到了。

刚抵达时，我对卢本巴希的治安也有些担心，我的黑人向导"伊卜拉翰"是一位办事很谨慎的人，要我看车辆外面，只见大街上做货币交换生意的当地黑人坐在地上，正在做生意，一捆捆零钞美金就放在身边。知道治安不错，我的心才放了下来。

"伊卜拉翰"认识卢本巴希的"BIG COLLECTOR"（大收藏家），据说卢本巴希国家博物馆向他征集了不少藏品。

这位黑人收藏家住在一栋树木成荫、在当地很有规模的别墅里。他看上去 50 多岁，身材高大，长相儒雅，很有礼貌。印有自己的名片，自称为"MR.BOPE"，见了我直率地讲："听说有 CHINESE（中国人）要来我家，开始我并不相信，因为以前来我家的都是欧美人，也有日本人，中国人一般只在非洲购买一些旅游纪念品或复制的非洲艺术品，没想到今天 CHINESE 真的来了我家，我很高兴。"

MR.BOPE 的家堆满了各个国家出版的有关非洲艺术的书籍，并且看得出他经常在翻阅，这一景象与我以前到访过收藏木雕的黑人的家明显不同，我看了 MR.BOPE 的收藏品，数量并不多，才知道之所以 MR.BOPE 被黑人尊称为"BIG COLLECTOR"，是由于他的鉴赏眼光以及对非洲艺术的渊博知识，而且他的藏品来源相对可靠。

MR.BOPE 对自己藏品产自哪个部落，雕制的年份及用途娓娓道来，如数家珍，在他的解说下我明白了：今天我们认为是艺术品的这些木雕，当初只是原始部落为了祈求村民平安、子孙兴旺、风调雨顺、谷物丰收等各种美好的愿望，而雕制出来的用于供奉的物像或器具，寄托人们对心目中的灵、神的信仰与崇拜。

MR.BOPE 拿出一件背靠背、两个脸相反的旧木雕，告诉我产自“SONGWE”部落，当年这个部落里的小夫妻经常吵架，酋长就将吵架的小夫妻领到这件木雕前，要他们背靠着背，后脑勺靠后脑勺，各自向这件木雕倾诉心中的怨言，回家后小夫妻就会重归于好，非常灵验。我想小夫妻吵架都为了日常琐事，采用背靠背的方式，避免看到对方的脸再被激怒，而心中怨气吐出后，消了气，回家和好的可能性很大。这件木雕“灵验”是有一定道理的。

但 MR.BOPE 拿出另一件小木雕却令我感到匪夷所思，那是一只黑人用的木枕头。非洲木枕通常是一片略弯的木片，下面两端有站立或跪着的人物，但这只木枕只是一端下面有站着的人物，我从未见过。MR.BOPE 告诉我，这是 KING 专用的木枕（黑人将大一些部落的酋长都称为 KING），他说 KING 可以用这个木枕与另一个部落的 KING 相互心灵沟通，交换信息。我想不通一只木头雕制的旧枕头怎么会具备现代手机的功能？但从 MR.BOPE 对这只旧小木枕的虔诚的神情来看，他绝非为了向我推销编造故事，而是发自内心的深信不疑，我想当年我对天上神仙会腾云驾雾，孙悟空一个跟斗翻十万八千里也是深信不疑。

当 MR.BOPE 再拿出一件母亲怀抱幼儿的木雕，我的目光被吸引住了，凭我的经验这是一件被称为“MUSEUM PIECE”或“MASTER PIECE”，即达到博物馆收藏级别的艺术珍品，果然 MR.BOPE 告诉我，这件“贫苦妈妈与孩子”，当年艺术家只雕了两件，都被他买下了，卢本巴希国家博物馆向他征集了一件为藏品，他留了这一件，愿意出让给我，这件木雕记载着一个真实的故事：当年贾纳金嘎村的一位母亲十分贫苦，但她教子有方，将儿子培养成了国王，得到了整个部落的尊重。艺术家为此雕了这两件木雕以示铭记。将这位沉稳站在地上、淡定眺望远方的母亲和怀中幼儿的形象刻画得非常动人。尤其是母亲坚定深邃的目光，自信微扬的下颚，呈现出在贫境中依然充满对美好生活的憧憬。雕像的造型散发着非洲艺术粗犷、稚拙的浓烈气息。

我欣喜地与 MR.BOPE 谈妥了交易，并在他的带领下，参观了卢本巴希国家博物馆。MR.BOPE 很受博物馆工作人员的尊重，看到是他陪同的人，不收我们的门票就请大家进去了。

在博物馆的大厅里，我看到一个实物场景，在村庄的入口，用茅草搭了一个棚，里面供奉着一尊木雕，MR.BOPE告诉我，这尊木雕用来保佑村民们的平安，我想这不就是中国古代的土地神吗？很多学者发现中非之间的文化是世界上最相近的文化，在这里得到了验证。

在博物馆另一个大厅里，我看到了被博物馆征集的另一件“贫苦妈妈与孩子”，正陈列在橱窗里一个显著的位置上向公众展出。

卢本巴希国家博物馆的馆长热情地对我说，在刚果做生意，买铜矿的中国人很多，到他们博物馆来访问的中国人，我是第一个，他非常高兴，并说他知道上海博物馆举办了刚果木雕展览会，出版了《刚果河》一书，但是展品全是向法国人借的。他十分惋惜错过了这次机会，盼望能与中国直接建立文化交流的桥梁。

MR.BOPE还带我去了部落里好几户人家，又买了几件，有些是欧洲人也去洽谈过，因为价格没谈拢，村民不舍得卖，被我买来了。

据说刚果木雕出口有了限制，MR.BOPE亲自送我们到机场，说要打点出境检查。因为我抵达卢本巴希时只注意治安情况，对机场没怎么留意。返回时，如此简陋的机场使我大开眼界，到了那里，我还在东张西望，问MR.BOPE:“机场在哪里?”他笑着指指我脚下说“HERE”(就是这里)。我大吃一惊，明明是一间空荡荡的旧仓库和几张旧桌子，没有任何标识，没有工作人员，也不见乘客，连地砖都破碎不堪，怎么是个机场？等到了登机时刻，只见几个黑人捧着电脑与凳子进来办公了，为数不多的乘客也陆续来了，乱哄哄围成一团办完登机手续后，这几个人又捧着电脑与凳子匆匆走了，似乎是怕留在这里会被偷走，于是再次恢复成空无一人的旧仓库面目。我想吉尼斯纪录要评选“世界上最简陋的机场”，卢本巴希一定榜上有名。

回来后，卢本巴希国家博物馆馆长与工作人员，他们期待与中国开展文化交流的热切神情，时时出现在我眼前，非洲国家独立后自建的国家博物馆，论规模当然比不上美国大都会博物馆、英国大英博物馆、法国罗浮宫，但毕竟是非洲人民自己的博物馆。我想，倘若再要举行中非文化交流，能否不再去欧美国家的博物馆，而直接与非洲自建的博物馆联系，让他们来讲述自己的文化与历史。我知道目前中非之间的文化交流还未建立这样的桥梁，我愿意为此而尽自己的力量。

红树白云楼的过去、现在和将来

陆 忠

红树白云楼是我和我的儿子陆牧滔共同使用的室名，又号一粟山房，亦号七桂山房。

红树白云楼，因本斋在徐邦达先生指导下，于1998年在纽约佳士得竞得唐寅《红树白云图》而得其名。徐邦达先生在是图左侧题跋："唐六如为周臣东邨弟子，而智过于师。此图是已。画意秀润，意为中岁真迹无疑。牧滔世兄得之宝爱异常。出示为题数语于图侧。一九九八年十月二十五日东海徐邦达寓申江识。"程十发先生在是图右侧题跋："牧滔幸获唐伯虎红树白云剧迹，乃墨缘也，以其书斋题名为红树白云楼，此亦一时胜会也，时戊寅之仲秋云间程十发记。"徐邦达先生还专门为本斋题了红树白云楼匾额。此匾一直悬挂在我家寓所的大堂之上。

红树白云楼又号一粟山房，因为红树白云楼位于佘山之东，月湖之南，佘山虽高98米，却是海上九峰之巅，山房不小，与佘山相比乃一粟也。佘山至今仍是一座小镇，却历来是文人墨客所到之地。1 700年来，陆云、陆机、赵孟頫、黄公望、倪云林、王蒙、吴镇、顾阿瑛、曹知白、任仁发、沈度、沈灿、张弼、徐霖、董其昌、陈继儒、赵左、沈士充、陈枚、张照、胡公寿等无数永世留名的先人都在佘山留下了他们的足迹、诗歌、词曲、书画和琴声。在佘山的历史长河中，红树白云楼亦乃一粟也。

红树白云楼亦号七桂山房，那是因为院中有桂花树七棵，树龄高者150年。每年秋天，桂花开时，满院芬芳。

这就是本斋"红树白云楼""一粟山房"和"七桂山房"的由来。

红树白云楼的书画收藏始于20世纪90年代初。陆牧滔于上海建设中学高中毕业后去新加坡求学，和彭鸣亮先生在新加坡住同一个公寓，他们常去新加坡河畔的那些画廊看画，陆牧滔喜欢上了程十发先生的画，一边在市场上买程十发先生的画，一边请程十发先生给他画，到90年代中期的时候，陆牧滔收藏了不少程十发先生的书画。

到90年代后期，陆牧滔收藏的那些程十发书画，在时任上海书画出版社社长祝君波先生的支持下先后出版了两本收藏集。一为《程十发　陆牧滔藏品第一集》，上海书画出版社出版，1997年9月第一版；二为《程十发　陆牧滔藏品第二集》，上海书画出版社出版，1998年10月第一版。程十发先生为两本书都写了序言。在第二集的序言中程十发先生动了感情，他在前言中写道，陆牧滔先生要我写一篇前言，我再一次深表谢意，我亲爱的朋友，给了特殊的爱。第一本书由李慧珠担任责任编辑，张雄、刘荣虎担任图版摄影。第二本书由李慧珠、张雄担任责任编辑，李顺发担任图版摄影。两本书发行以后，又做了两次展览，1998年在上海刘海粟美术馆举办了陆牧滔第一次藏品展，1999年在上海中国画院举办了陆牧滔第二次藏品展。第二次藏品展和程多多的摄影展同时进行。程十发先生和祝君波先生都出席了两次藏品展。时任中共上海市委宣传部部长的金炳华先生也参观了两次藏品展。上海的几乎所有报刊，还有其他各地的报刊都刊发了两次藏品展的新闻、陆牧滔的收藏经历以及陆牧滔收藏的程十发书画。

在我们收藏程十发先生书画作品的过程中，上海朵云轩拍卖公司、上海德康拍卖公司、中国嘉德国际拍卖公司和北京翰海国际拍卖公司先后开始拍卖中国古代书画，其后北京、上海、天津、杭州、南京、苏州等地成立了不少拍卖公司，也有古代书画拍卖。我们同在海通证券上海四川北路营业部做股票交易的同仁们便不约而同地去拍卖公司买字画。原因很简单，因为在股票交易中敢吃第一只螃蟹，尝到了螃蟹的美味，所以对艺术品拍卖这只螃蟹更敢品尝而已。我一进入拍卖公司就买中国古代书画。

大约在1997年的时候，陆牧滔24岁，长得又高又瘦，老在拍场上举牌竞拍中国古代书画，引起了徐邦达先生夫人滕芳的注意。有一次徐邦达先生的夫人滕芳在拍场上问陆牧滔："你们在场上举的古书画谁给你们掌眼？"陆牧滔告诉徐太："我们自己看。"徐太问："你们看得懂吗？"陆牧滔告诉徐太："看不太懂。"徐太说："要不要让徐邦达先生来帮你们看看真假？"陆牧滔告诉徐太："太好了。"我们和徐太约了时间，徐邦达先生和夫人如约来到上海，我们在上海虹桥迎宾馆给徐邦达先生和夫人订了一个大套间，虹桥迎宾馆离我们住的锦苑公寓很近。每天请徐邦达先生到锦苑公寓看我们买的中国古代书画。看的结果是百分之七十假，百分之三十真。徐邦达先生说："那些假的没有什么用，垃圾，扔掉。"我们和徐老开玩笑："北京的行话是一个傻瓜在卖，一个傻瓜在买，还有一个傻瓜在等待。是不是可以不扔？"徐老态度很坚决，必须扔掉，没有人等待这些垃圾。我们就把徐老认为是垃圾的那些古字画放到德康拍卖公司去卖，定的都是无底价，当时的无底价是人民币 100 元。记得有一件古画买入价 40 多万元，卖了 900 元。投入的损失非常惨重，交了一次非常昂贵的学费。徐老在上海期间，又在剩下的 30% 中间选了一部分古书画，题了边跋。在徐老为我们的藏品写边跋的时候，竟然还有人对我们说，老画千万不要让徐邦达写边跋，将来卖的时候要裁了边跋才能卖。现在回忆起来觉得特别可笑。以后的一段时间里，我们基本都是在徐老的指导下购买中国古代书画。

和徐老、徐太相识以后，双方很快建立了互相信任的关系。1998 年年初，徐太和我们说，她要去国外处理一些物权问题，希望我们照顾徐邦达先生的日常生活。这对我们来说是求之不得的大好事，我们马上答应了徐太的要求。那时候我们在锦苑公寓有一幢三层楼的空着的房子，我们很快把房子整理好，然后把徐邦达先生接到了我们家。徐先生住下来以后主要做五件事：一是看画。全世界各地都有来人请徐先生看画的，有些拍卖公司也会带画来看，中国嘉德来一次带几十幅字画。他只看老画，新画一概不看。二是写字画画。来索取徐先生墨宝的人也不少，谢稚柳先生的女儿从国外回来，也来探望徐邦达先生，请徐邦达先生赐书留念。三是读全世界的拍卖图录，然后告诉我们哪些古书画可以买。四是有系统地全面地教我和滔滔怎样看老画，主要是鉴别真假。五是在上海滩找他喜欢的饭店去吃饭，吃遍上海滩。

徐老是一个十分有原则的人，凡是来求他看画的人，他都会问他们：陆家父子是否可以一起看画。凡同意的，都会叫上我们一起看画。凡来者不同意，他都不会叫我们一起看画。看画后求题跋的，必须是真迹。但也有例外，北方一位先生带来一幅沈周的山水长卷，且有沈周的长跋。徐先生阅卷以后认为不是沈周的，是明晚期人所作，不能写题跋。来者坚持要写题跋，不管怎么写都行。这下把徐先生难住了，到了睡觉的点不想睡。我们劝徐先生先睡觉，明天再说。第二天早晨，徐老见到我们时一副很高兴且得意的样子。他告诉我们：题跋已经写好了。我们打开手卷看题跋，第一句话此乃明人旧作。后面几乎把《中国美术家人名辞典》上关于沈周的介绍抄了一遍。真的很妙，既满足了好事者的愿望，也不失徐老的原则。

世间赞徐老为徐半尺，名不虚传。周觉民先生送来一帧大幅的谢时臣山水立轴，拉开半尺，他就说谢时臣，真的。看完全幅再一次告诉周先生这是真的。徐先生一位老友的后人送来一幅王绂的山水长卷，他打开半尺说，王绂，真的。看完全幅，再次告诉送画人这是真的。我们从拍卖公司带回一幅王石谷六米长的山水手卷，打开半尺告诉我们真迹无疑，阅完全卷告诉我们，此卷乃画给王时敏儿子的精心之作，不管多少钱也要买回来。也有少数画很难断的，有一家拍卖公司送来一幅仇英画，一时难断真伪，他会要求把画留一天让他细酌。一家拍卖公司送来赵孟頫临兰亭序手卷，徐老看完就告诉我们一定要买，真迹无疑。在拍卖的时候枪手打枪特别凶，说是新的，谁人所写哪里装裱都清楚，我们也不敢伸手。回到上海把这件事告诉徐老，徐老很生气，他说你们不买我买。当即他给胡妍妍打电话说他要买赵临兰亭，把手卷留下来，自己写字卖字，赚钱取赵临兰亭，后来这卷书法真的成了徐老的藏品。徐老断古书画一般都断得很快，一幅字画，无论大名头中名头小名头，一般几分钟便有分晓。

徐邦达先生教我们看画，首先要读书。他推荐我和陆牧滔读他写的三本书，一是《古书画鉴定概论》，二是《古书画伪讹考辨》，三是《中国绘画史图录》。然后开始读画，那时候画册很少，除了部分出版的《中国古代书画图目》和部分出版的《故宫书画录》以外，几乎没有什么画册。徐老就写信并打电话给南京图书馆的宫副馆长，请她帮助我们复印南京图书馆馆藏的民国期间的古书画出版物，好像复印了近千册书。徐老告诉我们：学古书画鉴定首先要学会断代。他把古书画分成八个时期，宋、元、明早期、明中期、明晚期、清早期、清中期和清晚期。把每一幅字画往这八个框子里放，开始的时候还可看本款，后来连本款都不许看，我们一边猜，一边琢磨，再一边琢磨，一边猜。用几千幅画去反反复复断代，其实就是解决时代风格这个大问题。大致解决了这个问题以后，徐老要求我们把各个时代有代表性的书画家从笔法、墨色、结构和剪裁的角度，逐一解决问题。代表性画家的名单来自《中国绘画史》图录的400多人。代表性书法家的名单来自《历代著录法书目》且在《中国古代书画图目》中有图的400多人。我们一边学习，一边参加拍卖会竞拍中国古书画，那个时候我们在上海都可以把拍卖公司的拍品借回家，让徐老看完以后我们再去竞拍。那段日子正是上海抄家物资中艺术品退赔的最后一波，有些家庭拿到退赔的书画以后连家都不回，直接送拍卖公司。那时候拍卖公司的拍品多，质量好，几乎都是老裱工，徐老在上海的这些日子里，我们大量买入中国古代书画，奠定了红树白云楼在中国古书画收藏领域里的地位。

徐邦达先生是一位超级吃货，离开上海这么多年，但对上海的美食如数家珍。他在我家住的那段日子，每周平均外出用餐三次以上。他喜欢上海老十大饭店的扒房，锦江、国际、衡山、大厦、和平、达华我们都去过。他喜欢上海老饭店的秃肺。第一次用这道菜之前，他把陆牧滔叫到身边，告诉他现在去城隍庙的老饭店付钱订菜，否则明天是吃不到的。陆牧滔按徐老的意思来到城隍庙上海老饭店付钱订菜。办完手续才明白，秃肺是取出40斤左右重的活青鱼肚里的全部内脏做的一道菜。不预订是不可能享用这道菜的。第二天我们三人一起去上海老饭店用餐，秃肺，重油红烧，那真是美味佳肴。那时候上海崛起了一些新菜馆，以小南国为代表。小南国几乎是我们三人的食堂。有一次王季迁先生来上海，我们四人一起到小南国用餐，两位老先生，一位90岁，一位88岁，用完一个红烧蹄膀还感觉不够，又来了一个才过瘾。上海古书画收藏圈的“好吃”，始于张葱玉先生和徐邦达先生等人，至今仍然如此。

还有一位对我们古书画收藏和鉴定有重要帮助的是启功先生。那些年我和陆牧滔去北京的次数每年超过30次，每次我们去北京前都和启先生约好见面的时间，每次在他住的那个北京师范大学的小红楼里看字画和交谈的时间几乎都超过两小时。他和徐邦达先生看中国古书画是一个路子。有一次他听我们讲了徐老题沈周的故事，他马上说了一个有异曲同工之妙的故事：有好事者送来一幅仇英的红金扇页，不真，但不是新的，明末清初造的，一定要题，启功先生题的第一句话是此乃真金扇页也，下面也是大段从《中国美术家人名辞典》抄来的仇英介绍。启功先生没有写过鉴定中国古代书画的专著，但他写过很多中国古书画鉴定的文章，基本收录在《启功丛书》的《论文卷》和《题跋卷》中。启功先生的这些文章都是学习古书画鉴定者的必读之本。

启功先生断古书画真假的时间非常快，而且综合应用各种知识来鉴定古书画之真伪，那是启功先生的一绝。董玄宰绘画中的玄字缺点，此作必伪且一定出现在清康熙时期和清康熙以后，一语道破玄机。启功先生对董其昌的评价极其负面，尤其是董其昌的“南北宗”说。启功先生说：这个谬说的捏造者是晚明的董其昌，这是董其昌没有科学根据的谰言。启功先生在文章和讲话中从未这样评价过其他古人和今人。启功先生仔细考证董其昌的代笔人，对董其昌的研究独树一帜。

启功先生的幽默天然，他对造假己书的行为极为宽容。他说他有眼疾，写不了，让他们去写吧。启功先生给我们讲他去琉璃厂那家专卖假启功书法店的故事，让人啼笑皆非。他独自来到那家店看假启功，店主给他讲故事，他告诉店主在下就是启功，让店主下不了台。最后他竟然要求店主好好写，不要丢了启功的面子。

给启功先生写信，凡是写了爱新觉罗启功先生收的信件，一概退回，且在信封上一定写下“查无此人”四个字。

进入启功先生的书房有规矩，不能照相，也不许和启功先生合影。书架上放满了各式布娃娃，有启功先生自己买的，也有朋友们送的。启功先生没有孩子，这些布娃娃就是他的寄托。

启功先生晚年眼疾较重，眼底黄斑使视力严重下降。启功先生还用硬笔为本斋所藏的唐寅早岁小景题跋，同样用硬笔给本斋致函，肯定本斋所藏的唐寅《红树白云图》和王翚山水长卷为真迹。

徐邦达先生和启功先生对我们的帮助是无私的，他们毫无保留地把中国古书画鉴定的知识传授给我们，让我们两个完全没有任何美术背景和家传的人走上了中国古书画的鉴定之路，至今想起来都觉得是那样不可思议。

20多年收藏中国古书画的经历，在我们的脑海中留下了许多刻骨铭心的记忆。我们在买入中国古代书画作品初期，买入价非常低。徐邦达先生要求我们不管多少钱必须拿下的董其昌《秋山图》，只用了十多万元。此幅《秋山图》，在徐先生住的锦苑公寓六号客厅里挂了一个星期，每天细酌，然后长题，徐先生说这是他一生中见过的最好的董其昌作品。徐先生要求我们必须拿下的陈老莲《清供图》，也是用了十多万元。徐先生要求我们买下的汪之瑞《仿云林山水》，只用了七万多元，买好后徐邦达先生长题边跋。据目前所见，汪之瑞之作，包括博物馆所藏汪之瑞，没有哪幅超过本斋汪之瑞的。徐老题跋的宋人《柏园读画图》不到十万元。徐老对题的元人《秋溪钓艇图》只有四万元。王时敏写给王石谷的两封长信，过云楼旧物，只卖几万元。王原祁水墨山水只有四万元，买好后徐邦达先生题左侧裱边，王季迁先生题右侧裱边。王石谷画给王掞六米长的山水手卷只有三十多万元。做了拍卖公司图录封面的吴历山水只卖十三万元，标准的莫是龙横批也是几万元。买得最贵的林良的芦雁图七十多万元。现在回忆起来，那个年代真的是遍地黄金。

低价的画买惯以后，随着中国古书画作品的价格不断提升，能否随着市场的变化，继续买入，这对红树白云楼来说至关重要。几年以前，巴黎一家特别小的拍卖公司要拍卖《唐后行从图》，也称《武后行从图》。这件绘画一出现，对我们两人的震撼之大，是 20 多年来第一次。因为我们 10 多年前跟徐邦达先生读画的时候，每次拿起郑振铎先生鼎力相助出版的《韫辉斋所藏唐宋以来名画集》，徐邦达先生都会说，《唐后行从图》是张葱玉先生所藏排名第一的画，这幅画在 1949 年以前见过原作，张葱玉输钱以后，把这幅画给了谭敬，几十年不见了，也不知去了哪里。想起和徐邦达先生一起读画的情景，一定要把《唐后行从图》竞拍到手，成了我们父子俩共同的决心。我们马上派人去巴黎拍卖公司拍摄《唐后行从图》的高清图片。赶到巴黎这家公司的时候，离下班还有一个多小时，工作人员就是不愿意配合一下，坚持说第二天再来。但派去的人已经买了第二天上午的回程机票，非常无奈。天助我也，第二天法航大罢工，飞不了。去公司拍了高清图片，传回上海，对照名画集，完全确定拍卖的那一件就是张葱玉的那件。拍卖底价 1 200 欧元，简直让人不可思议。我们当时的决心应了徐邦达先生生前常对我们说的话，不管多少钱也要买下来。拍卖那天，陆牧滔在日本，他特意从横滨来到东京，入住东京圆顶饭店，因为那个饭店的手机信号特别好。陆牧滔一个电话连着巴黎，一个电话连着我。从 1 200 欧元一直举到 470 万欧元。红树白云楼又多了一件重量级的藏品。浙东黄柏林先生举到前一口。事后知道参加《唐后行从图》竞拍的一共七个人，其中一个外国人。六个中国人其实都相识，但在那天晚上为了自己的心中之物兵戎相见，视金钱为粪土，一会儿过了 100 万欧元，一会儿过了 200 万欧元，过了 300 万欧元才慢下来。夜里一点的时候我家电话开始响起来，拍场的竞争者开始试探性地来电祝贺，这就是拍卖，局外人是很难理解的。直到两年以后，其中一位参与者还问过我，你当时的心理价位是多少？我告诉他 470 万欧元离我的心理价位还很远。当场他就释怀了。拍场上有句名言，没有举到的都是便宜的且后悔。

《唐后行从图》著录于北宋《宣和画谱》、清《式古堂书画汇考》《大观录》《墨缘汇观》《诸家藏画薄》《文人画选》《中国名画录》和近代《韫辉斋藏唐宋以来名画集》《木雁斋书画鉴赏笔记》《张葱玉日记》《吴湖帆文稿》《王季迁题画杂录》《启功〈木雁斋书画鉴赏笔记〉序言》《薛永年笔记 徐邦达先生谈书画鉴定》。《唐后行从图》历经宋徽宗、吴廷、安仪周、怡亲王、金城和张葱玉收藏,可谓流传有绪。

张葱玉先生在日记中多次记到周昉《婴戏图》卷和张萱《唐后行从图》轴:一九三九年八月二十三日,赴叶叔重宴于京华,同伯韬,叔重欲得予周昉卷,拟值万五千金,予未许也。同年九月十四日,伯韬同叔重来,携张萱《唐后行从图》见示。人物凡二十七人,大设色,竹树用墨,真古画也。余八年前见诸蒋氏,绢縻不可触,后携往日本重装,顿然一新,诚良工也。唯右上明昌一玺已损,为可惜耳。欲以易予周昉《戏婴图》,未之许也。同年九月二十五日,以《戏婴》易《唐后行从》之意既决,拟作一跋题卷而未果,云烟过眼,作如是观而已。但藏之数年,殊不忍耳。一九四〇年三月三日,夜宴费子诒,约礼堂、叩石、湖帆、伯韬、彦臣、博山、小蝶、邦达、友庆作陪,独王秋湄以疾未至。畅谈书画,出张萱《唐后行从图》及房山小轴示众。

启功先生对《唐后行从图》的评价:我们由此不但对张先生的学和识更加佩服外,又见他在不为古书画大名头所震慑,坚持冷静地客观地分析研究的一贯态度,才明白所以《韫辉斋藏唐宋以来名画集》中那些件名画无一伪品的缘故了。

王季迁先生对《唐后行从图》的评价:葱玉藏元画以上约有二十余。最古者为无款《武后行从图》,考安氏墨缘汇观,定为唐张萱所作,不知何所依据?唯以笔墨之性朝代观之,出于宋代以前人之手笔无疑。

徐邦达先生对《唐后行从图》的评价:《武后行从图》,衣纹有方折,粗细顿挫不像早期的,构图则朴素,南宋以后巧妙了。此图色彩简单,着重用红的,朱砂、朱磦为主,也有粉、墨绿,可以相信是唐画,可定为张萱同时同派人画的。绢很古,色墨不分浓淡,全用墨不用颜色,人形象有些像,宋摹本就有变化了。

吴湖帆先生对《唐后行从图》的评价:午后刘海粟、张葱玉同来,见示张萱画《武后行从图》,甚佳。余以为宋画,非张萱也。

傅熹年先生认为《唐后行从图》乃北宋宣和画院宫廷画家所临。

以上前辈对《唐后行从图》的评价足见《唐后行从图》在中国古书画中的重要地位。朱绍良先生也参加了《唐后行从图》的竞拍，当他得知我竞得《唐后行从图》后立即致电祝贺。以后又花大量时间鉴考《唐后行从图》，对图中的一竹一木一花都不放过，写下《唐后行从图考析》，发表在《收藏家》杂志 2017 年第 1 期上。尽管大家对《唐后行从图》的成画时间有分歧，成画于唐，成画于五代，还是成画于北宋？以后的人们还会从不同视角对《唐后行从图》进行鉴考辨析，这就是《唐后行从图》的魅力所在。

去年，正当欧洲拍卖季的时候，在美国旧金山一家拍卖公司的拍卖图录中出现了一幅元人王振鹏的《锦标图》，底价一万美元。陆牧滔和杨曦正在巴黎参加拍卖，他们得到这个信息以后，立即放弃了在欧洲的拍卖活动前往美国。临时订机票，票价特别昂贵，两张单程机票十五万元，顾不得了，买好机票立即飞往北美洲。这幅王振鹏的《锦标图》曾经是佳士得纽约拍卖公司 1994 年拍卖图录的封面和封底，当时的拍卖价格是咨询价，怎么会再次出现时会有如此低的底价？带着这个疑问他们两人来到了旧金山，看到了原作。他们对原作的感觉非常好，元代风格和王振鹏绘画的个人风格与是图非常契合，笔法、墨色和构图都符合傅熹年先生对王振鹏绘画的理解。特别是王振鹏所画元代宫廷建筑完全符合朱绍良先生在上海交大授课的课本描述。明代高瑛题的引首，元代赵岩、陈le和冯子振的后跋都非常好。我在上海帮助他们提供学术资料：包括我国台北故宫博物院、美国大都会博物馆其他五件王振鹏的图像，徐邦达先生关于王振鹏所写龙舟图的鉴定意见，历代文献中关于王振鹏所写龙舟图的记载，中国古代书画图目中赵岩、陈le和冯子振的题跋书体。他们俩在旧金山那家拍卖公司坐了三天，拍卖时我和陆牧滔连着电话，最终用五十多万美元竞得了王振鹏的《锦标图》。王振鹏的《锦标图》拍卖结束以后，一位参与竞拍的美籍华人和陆牧滔、杨曦聊天，他为此研究了半个多月，但看到你们在拍卖公司待了两天，估计买到的希望不大，固然如此。还有送拍王振鹏的《锦标图》的兄妹两人也来和陆收滔、杨曦聊天，他们也是美籍华人，手卷是父亲留给他们的，他们也不懂手卷值多少钱，对拍卖价格很满意。当陆牧滔告诉他们会很快付款时，他们一再表示感谢，这种交流只会在国外拍卖行发生。为此我们很快付了款，提了货。又为红树白云楼增加了一件十分重要的藏品。藏品办完海关手续，即送丹阳妙迹轩贺一民先生处重新装裱。马成名先生知道我们竞得王振鹏的《锦标图》后，专程来红树白云楼看了重新装潢后的《锦标图》。1994 年纽约佳士得拍卖时，《锦标图》正是他收的货，收货时极其有趣，老人家不相信佳士得，也不相信合同，最后请当地地保签字才把《锦标图》交给了马成名。当时图录上做了咨询价。我见到原作以后，我和我的学生梁刚开始一起深入研究王振鹏的《锦标图》。我们把有确定藏地的八幅王振鹏《锦标图》（其他七幅王振鹏都有不同的名称）分成三个图像系统，综合张葱玉和徐邦达的全部意见以及我们自己对八幅图像的研究，确认王振鹏两次画过《锦标图》，一幅画给元仁宗（时为太子），一幅画给鲁国大长公主祥哥喇吉，其中画给元仁宗的那幅应为台北所藏《龙舟图》卷，画给大长公主的那幅应为本斋所藏的《锦标图》卷。本斋所藏的王振鹏《锦标图》，与元代袁桷记载的大长公主藏品名称一致，赵岩、陈欅和冯子振的题跋是真的，明正统进士袁瑛所题引首与袁桷记载一致，互相时间差几十年。大长公主的藏印、乾隆藏印、允礼藏印、何媛玉藏印、罗天池藏印均无误。研究成果以我和梁刚先生的名义发表在《收藏家》杂志 2018 年第 11 期上。

我们这几年的购买藏品以明代和明以前的中国古书画为主。宋元已是凤毛麟角，所以主要竞拍中国明代的古书画。明代书画，无论大名头、中名头、小名头、还是无名头，我们都买。我们的逻辑是明代与我们目前的年代相隔了清代、民国两代，中华人民共和国已成立 70 年，我们现在玩明代，其实就相当于项子京、董其昌之流玩宋元。

我们这几年都在准备出版我们收藏的中国古代书画，我们的理念是藏品集中的每篇文章都由我和陆牧滔自己写作。为了这个理念，我们建了一粟山房微信公众平台，上面经常发表我和陆牧滔的文章，其中包括：《读宋人〈柏园读画图〉》、《读杨公善的一首题跋诗》、《略论宋代团扇六鸟图》、《读马麟小记》、《梁克家二洪行草书卷的故事》、《由一张宋画说开去》、《读元人〈秋溪钓艇图〉》、《关于钱选锦阜图及杨维桢和文质跋》、《元人杨元诚考》、《寻找母本》（王振鹏锦标图）、《关于完泽台和他的一幅书法》、《一幅多人题头的元人画》、《读元人木屋图》、《读陈文东的〈相鹤经〉》、《俞寄逢的三猫图》、《裱还是不裱？修还是不修？补还是不补？》（谢缙书法）、《关于王谔的濯足图》、《风流才子陈鲁南的故事》、《漫谈林良芦雁图》、《唐伯虎书法一字难求》、《由方仕两幅画引起的思考》、《关于宁波方仕的再认识》、《读居节仿六如山水图轴》、《陈道复的一幅书法轴》、《关于青丘道人和马卿》、《谢时臣的一幅山水画》、《一个有故事的手卷》（侯懋功绘画卷）、《宁王之乱之李士实书法赏析》、《明代画家胡靖和钓鱼岛的故事》、《见过葛一龙的画吗?》、《松江派之林有麟》、《魏之克的水阁山楼图》、《邵弥之卷在山房》、《卞文瑜为言如作山水》、《明代的一幅青绿山水长卷》(陈玄藻山水卷)、《明代朱质的长江万里图》、《酷暑消夏之一》(韩旭绢本松鹰图)、《酷暑消夏之二》(恽向绫本山水轴)、《酷暑消夏之三》(张学曾秋林觅句图)、《酷暑消夏之四》(唐时升红金山水便面)、《酷暑消夏之五》(宋懋晋雪景山水)、《读常莹的山水画》、《读高僧超揆的萧寺吃茶图》、《一粟杂记》(兰瑛天启三年临范华原)、《赵宧光的梅花书屋法书赏析》、《读张凤翼山水册随笔》、《为马士英鸣冤》、《读陈舒水墨山水轴》、《黄山回来论渐江》、《吴山涛的细笔山水》、《关于人物写真大师谢彬作品的新发现》、《娄东四代一品的王时敏家族》、《红金扇面及明代文人趣事》、《王原祁、徐邦达、王季迁和我》、《王原祁也是一位书法家,你知道吗?》、《王原祁与博尔都》、《孙无逸之缘》、《关于八大书法鉴定的一小点思考》、《林恒何许人也?》、《书中自有黄金屋框里寻得史玉史》(许豸书法轴)、《康熙朝名噪一时的江南四杰》(王鸿绪、高士奇、毛奇龄、沈宗敬绫本书法四条屏)、《和徐老相处的一些趣事》(徐邦达长题华新罗荷花图屏)、《难得一见的乾隆早年书法》、《聂文精彩,读来有感》(陈枚山水轴)。

在参加拍卖初期,我曾经以很低的价格在中国嘉德国际拍卖公司买入过宋末元初大儒张达善的一幅书法,它是大名鼎鼎的《隋人书出师颂》的题跋,在乾隆《石渠宝笈》之前的著录有几十个。《石渠宝笈》全文著录了张达善的跋文。买入以后不久,《隋人书出师颂》出现在中国嘉德国际拍卖公司,北京故宫博物院有优先购买权,用2 200万人民币买下了《隋人书出师颂》。从此张达善的题跋引起了人们的注意,启功先生亲自给我们打电话,希望我们把张达善的跋借给时任文物出版社社长苏士澍先生,让他们做一个完整的《隋人书出师颂》手卷的印刷品。我们把张跋带到北京,时任中国嘉德副总裁的寇勤先生和我们一起去文物出版社见了苏社长。文物出版社是第一个让本跋合璧的地方。上海文管会的许勇翔先生专程来红树白云楼看了张达善跋文的原作。启功先生和徐邦达先生都希望我把张达善的题跋捐给故宫,让隋人《出师颂》和张达善的题跋合璧。我当时就答应了他们的要求。后经时任北京故宫博物院副研究员杨丹霞的联系,北京故宫博物院同意接受我们的无偿捐赠。当时适逢中国嘉德拍卖公司成立20周年,中国嘉德的创始人陈东升先生知道了我要向北京故宫捐赠张达善跋的消息,通过胡妍妍、拓晓堂和我联系，讨论中国嘉德和我们联合向北京故宫捐赠张达善跋的可能性。

在北京马会俱乐部，我和陈东升、胡妍妍一起用午餐。双方商定联合向北京故宫博物院无偿捐赠张达善跋的有关事宜，几分钟的交谈就把事情搞定了。由中国嘉德公司对张达善跋文独立进行市场价评估，评估价格出来后由中国嘉德购买张达善跋百分之五十的权利，完税后支付给我们，然后由胡妍妍全权负责代表双方和北京故宫博物院商议有关捐赠事宜。整个价格评估和签约，我们完全同意了中国嘉德的评估价格和工作计划。其间嘉德胡妍妍女士做了大量工作，包括我们两方的合约，我们双方和故宫博物院的三方合约以及参加有关专家的鉴定会议。2013 年 9 月 29 日下午，故宫博物院建福宫内热闹非凡，文化部部长蔡武先生，国家文物局副局长顾玉才先生，故宫博物院院长单霁翔先生，故宫博物院副院长娄伟先生、陈丽华女士，中国嘉德国际拍卖有限公司、泰康人寿保险股份有限公司创始人、董事长陈东生先生，中国嘉德董事总裁王雁南女士，中国嘉德董事副总裁寇勤先生、胡妍妍女士，中国嘉德古籍善本部总经理拓晓堂先生和红树白云楼陆忠、陆牧滔父子等各界领导及嘉宾齐聚一堂，共同见证了一个重要时刻。随着工作人员将两卷作品徐徐展开，张达善《出师颂》题跋与《隋人书出师颂卷》两件国宝级高古法书作品至此珠连合璧，连中间对接处都天衣无缝。这是《隋人书出师颂》本和跋分离了几十年后合璧于北京故宫。陈东升先生和陆牧滔在捐赠仪式上签字并讲话。我们圆了启功和徐邦达两位老先生多年的梦想，全国很多媒体都报道了这个事件。北京故宫博物院为这次捐赠在故宫景仁殿为中国嘉德和陆牧滔制作了两块铜牌，我们还专门带陆浩和陆瀚也去北京故宫博物院去看了写有他们爸爸陆牧滔名字的铜牌。我们家人每次去北京故宫看展览，娄副院长都亲自安排人员接送。这让我们很感动。

我们和北京故宫博物院有缘分，我们在古书画和铜胎珐琅器两个领域里的收藏，老师都来自北京故宫博物院，他们是徐邦达、夏更起、张荣和张丽。所以捐给北京故宫博物院的张达善跋，尽管今天的市场价值巨大，但我仍然感觉应该捐，捐得值。

回顾我们 20 多年古书画收藏的历程，我们感觉有如下体会：

首先，收藏要以真假为标准。古董行一般以挣钱为标准，一件古董从上海搬到北京，还是从北京搬到上海，多以能否赚钱为准则，较少顾及其真假，许多古董从业人员玩了一辈子没有解决真假问题，收藏家用这样的准则不行，一定要玩真的。

其次，收藏要以安全为重要原则。我国有文物出入境制度，有非常严格的禁入和禁出规定，还有出土文物法律条文，玩古董的人一定要牢固树立法律和法制意识，历史上有许多人玩得不安全，如唐代张即之和清代高士奇，当代也有人玩得不安全。安全地玩文物十分重要。

再次，要特别注意自己的财务许可，不可借钱玩古董。一般都是用闲置的钱玩古董，行外之人玩古董的资金总量不可以超过总资产的百分之二十，行内之人也不能超过总资产的百分之五十。中国古玩市场从 2010 年创造历史高位，至今已调整八年，许多不顾自己的财务能力甚至加了杠杆的人都认输离开了市场。

第四，要找个好老师。因为一般开始进入这个领域里的人基本都是外行，所以拜师是必需的。要把老师的人品放在第一位。在人品和能力的选择上首先选择人品，如果选择一位人品不好，但能力很强的人，那你的收藏和投资一定不会有好结果。徐邦达先生、夏更起先生、张荣女士、张丽女士对我们收藏成功至关重要。

第五，要认真读书。我们无论收藏中国古书画还是收藏铜胎珐琅器都会认真读书，古书画的有关书籍读了几千本，《中国美术家人名辞典》翻烂了五本，《中国书画家印鉴款识》翻烂了三套，《中国古代书画图目》已经翻得非常破旧，张葱玉先生的《怎样鉴定书画》、徐邦达先生的《古书画鉴定概论》《古书画伪讹考辨》、启功先生的《论文卷》和《题跋卷》、傅熹年先生的《书画鉴定集》都不知道读了多少遍。

第六，无论玩古董的哪个门类，确定样本很重要。首先要在专家的指导下确定样本，然后再用样本的标准去收集，样本最终确认肯定有一个反反复复的过程。一对，对百件，一错，错百件，说的就是这个道理。看一个收藏家的藏品，不管他藏有成百上千件，只需看十件，便知他收藏的整体水准。

第七，在收藏的过程中要做些买卖。当然也有些收藏家只买不卖。徐邦达先生一再告诉我们要做些买卖，民国期间大多收藏家都做些买卖，以此修正自己的收藏理念，提高自己的收藏水准。我们曾经在中国嘉德做了 14 个中国古书画拍卖专场，且以一粟山房为名，打破了一般卖家对自己卖品的保密性，以自己的藏品直面拍卖市场，这样前所未有的拍卖对自己今后的收藏有着极为重要的帮助，卖出来的钱还是投入了中国古书画和中国古代铜胎珐琅器的收藏，其实就是换了一些藏品而已。

第八，尽可能不要私下成交，现在中国大小拍卖公司这么多，尽管还有很多不尽人意的地方，但总比私下成交要公开、透明和公平，而且安全度也高。当然完全避免私下成交也不可能，这需要权衡利弊。

第九，注意拍卖价格的特殊性。许多网上记载的拍卖价格偏离真正的市场价格很远，这是因为一方面有假成交，在超高价、高价、中价和低价领域里都有。另一方面早几年送礼成风，中国人又好面子，如果被送礼人也在拍场，在拍场上拍出高于市场价格几倍的事时有发生，如果按这些价格去指导自己的买入价那很糟糕。

第十，收藏要循序前行。一般都从一定时期的小名头、冷名头开始，再到中名头，再到大名头。从时间段来说，从清晚开始，向清中期、清早期、明代、元、宋过渡。当然也有直取大名头和高古的，这可根据自己具备的各种条件来决定。

第十一，自己收藏了一辈子，如果后代不喜且不懂，当自己还没有失能的时候要把自己的收藏处理掉。要不捐了，要不卖了，不要留给后代。我在2003年前见过太多触目惊心的事，宋元当破烂卖了，田黄当石头卖了，清三代官窑当旧碗旧碟旧瓶卖了，名砚当砖头卖了，《石渠宝笈》著录过的字画当一般字画卖了。在上海文管会退赔抄家艺术品最后一波时，上海滩不少人家从文管会领了退赔的字画、瓷器、文房，连家都不回，直接送拍卖公司。那时候，德康拍卖公司在江宁路江宁电影院的茶馆每周都有四五次拍卖。《石渠宝笈》著录的字画，都不过10万。工美拍卖《石渠宝笈》著录的张若蔼小卷卖了11万。德康拍卖雍正仿哥窑大瓶五万没有人要，朵云轩《中国古代书画图目》著录且有图的王原祁19万没有人要。老城隍庙王石谷六米山水长卷第一次拍卖时15万没有人要。有人粗略估计，仅德康最初10年拍出去的艺术品和2010年高潮时期的价格相比，同样是这些艺术品，价差估计过百亿。

就目前中国古书画现状来看，当下的价格状态是否适合于收藏或者投资，主要的障碍有三个：一是和改革开放初期的市场价格相比涨了太多，有一些涨幅惊人；二是中国拍卖的特殊性，买假得不到法律支持；三是真假难辨，很多人会觉得一辈子都无法弄明白，完全听信于别人总觉得不行。

涨幅惊人，应该承认这个事实。近40年来，中国古代书画和民国名人书画涨幅巨大，几十倍，几百倍，几千倍，几万倍，乃至几十万倍都有。中国嘉德拍卖初期出现过一小幅元人杨维桢的书法，拍卖底价 50 万元，成交价是 45 万元，低于底价成交在拍卖初期经常发生。因为买家要在成交价的基础上加百分之十的佣金，即支付 49.5 万元，卖家在底价的价位上支付百分之十的佣金，实收 45 万，尽管低于底价成交，但拍卖公司仍有 4.5 万元的佣金收入。交割前不断有人打枪，未完成交割。中国嘉德派人说服秦公先生以北京文物公司出资买下该书法。在秦公先生逝世十周年的时候，北京瀚海拍卖公司举办过一场纪念秦公先生的专场拍卖会，拍品组成一是秦公先生生前为文物公司购买的古代书画，二是秦公先生生前藏友每人提供一件拍品。杨维桢书法也在拍卖之列，它在拍卖时的落锤价是 6 100 万元。十多年涨了 120 多倍。董其昌的《秋山图》在德康拍卖时的成交价 14.3 万元，十几年后在中国嘉德的落锤价是 750 万元，涨了 50 多倍。任伯年的《华祝三多》图，在德康拍卖时的成交价是 250 万元，十几年后在西泠拍卖的成交价是一亿两千万元，涨了近 50 倍。这类例子在拍卖场中有很多很多。

涨幅最大的是晚清进士书法对联和民国文人书法对联，文物店外柜开始营业时，这些对联卖一元两元，现在陆润庠、张謇、袁克文等人“真”“精”“新”的书对都卖几十万元。袁克文的书对有过百万元的。

但从另一个视角来看待这个问题，我们会有完全不同的答案。先了解一下清末以来一百多年中国古书画的价格变迁，以及相匹配的参与人群。

1911 年至 1949 年，中国始终处于兵荒马乱的战争时期，但中国古书画的价格一直在高位运行。现藏龙美术馆的苏东坡书法《功甫帖》，民国期间的价格约六千现大洋。现藏红树白云楼的张萱《唐后行从图》，民国时期的价格约一万五千现大洋。现藏中国台湾林百里处的燕文贵的《溪山图》民国期间的价格约一万二千现大洋。与其相匹配的人群包括张葱玉、庞来臣、张伯驹、叶恭绰、周湘云等。以张葱玉为例，他 18 岁那年，他的总资产约 200 万现大洋。

1949 年中华人民共和国成立以后，由于实行特殊的文物政策，与之相匹配的人群发生变化，中国古书画出现了非常特殊的价格。上海博物馆的镇馆之宝王献之的《鸭头丸帖》从叶恭绰处购入价格一万四千元。文物店出售的许多明清绘画和书法都是几元甚至几毛钱，与之相匹配的人群除刘靖基（他有股息和红利收入）以外，陈伯达、康生、田家英、王一平、吴南生、欧初等人的工资收入都在四百元以下。谢稚柳、唐云和程十发等人都是以已画换古画，红树白云楼曾藏程十发先生《丝毛鸡》(《程十发　陆收滔藏品》第二集第五十一图)，程老在画跋中提及友人送他丝毛鸡两只，他画一对丝毛鸡送友人。这也从一个侧面反映了当年中国绘画和书法价格之低廉。

改革开放以后有了中国艺术品拍卖，拍卖初期，中国古书画中的大名头一般都是十万元至几十万元，中名头一万元至几万元，小名头几百元至几千元。与之相匹配的人群主要是股票交易者和私人饭店经营者，他们的资产从几十万元至几千万元不等，中国内地几乎没有什么人资产过亿的。

2003 年后部分股票交易者和私人企业资产大幅度提高，中国台湾、香港富豪和一些海外大古董商涉足中国古书画拍卖，时有一幅作品买到几千万元。

2010 年左右，有几十亿乃至几百亿资产的个人、企业和基金进入中国古代书画市场，不少作品过亿，一个接着一个，引起了一波中国古书画交易高潮。

2010 年以来，中国艺术品价格已经调整八年，总体交易平稳，但过亿作品几乎每年仍有，每年还都有一些中国古代书画家的作品创出其历史最高拍卖价格。

另一方面我也做过目前中国古书画价格和民国古书画价格、改革开放以来的土地价格涨幅、中国典型股票涨幅的横向比较和纵向比较，发现了一些十分有趣的数据。如龙美术馆入藏的苏东坡《功甫帖》，民国期间的价格约 6 000 现大洋，相当于民国期间四川路、虹桥路一带六幢别墅的价格，龙美术馆购入时花了 5 000 多万人民币，这个钱数目前在四川路、虹桥路连一幢老别墅都买不到。红树白云楼入藏的《唐后行从图》，民国期间的价格约一万五千现大洋，相当于当年上海滩 15 幢别墅的价格。红树白云楼购入时花了 4 000 多万人民币，同样买不到目前四川路的一幢老别墅。入藏林百里处的燕文贵《溪山图》卷，民国售价一万二千现大洋，徐邦达先生 15 天内没有凑足钱，被张大千买走，相当于当年上海滩 12 幢别墅的价格，因为林百里先生从美国萱晖堂整批买入，无法计价，但如果入拍，拍卖价肯定过亿，即使是这个价，也买不到现在建国西路的一幢老别墅。从上海 20 多年的土地价格变化来看，杨维桢书法在中国嘉德的成交价是 50 万元，这个钱数同年如果在上海佘山地区批租土地可得 20 亩，林百里先生买入杨维桢用了近 7 000 万元，而目前佘山 20 亩土地的价格至少值二亿元。中国股市中的万科有时涨幅也是几百倍，很晚上市的茅台也涨了几百倍。正是据以上面这些数据和思考，红树白云楼 20 多年来一直没有停止过中国古代书画的购入。

至于拍卖公司有关规定的特殊性，按拍卖法的有关规定，拍卖公司这个平台不对任何一件拍品的真伪和瑕疵负有责任，所以在拍卖公司买入赝品要求撤销得不到法律支持，我在交大授课时，有一位学生叫苏敏罗，前几年在北京一家拍卖行买入吴冠中画的《池塘》，被吴冠中定为伪作，她起诉北京这家拍卖行，要求撤销该拍卖。一审、二审，她都输了。这个例子很典型，但极其少。如果坚持在比较靠谱的拍卖公司参加竞拍，总体投资风险不是很高。另外请大家记住佳士得和苏富比对中国古书画拍卖有明确规定，凡是已竞得的拍品，如果有两个以上的著名专家关于此作赝品的鉴定意见，可以不提货或者退货。

至于真伪的问题，1 000 多年来一直是入行的关键问题，张葱玉先生认为任何人都可以学会古书画鉴定，没有任何限制。徐邦达先生把古书画鉴定形容为认人，一个人见多了，相处久了，在南京路上的人海中，看到他的背影都可以认出来。我和陆牧滔没有任何美术背景，既没有画过画，也没有专门练过毛笔字，在徐邦达先生和启功先生的指导和教育下，大致解决了中国古书画中的真假问题，红树白云楼 20 多年来中国古书画收藏基本健康。

在收藏中国古书画 15 年以后，又介入中国古代铜胎掐丝珐琅器和古代铜胎画珐琅的收藏（以下简称铜胎珐琅器），这一次介入纯属偶然。在 10 多年前的一次饭局上，天津吴玉德先生说他在收藏中国古代铜胎珐琅器，理由是民国的时候，一件同时代同器型的铜胎珐琅器相当于 10 件瓷器的价格，但在今天的欧美市场上，一件同时代、同器型的瓷器相当于 10 件铜胎珐琅器的价格。这种明显且巨大的价格颠倒，对于我们这样从事投资出身的人来说，显然是非常有吸引力的。吴玉德先生在我们这一行是个另类，他无师自通，涉足了中国古书画、古代瓷器、古籍和古代铜胎珐琅器等多个领域的收藏和投资，而且在每一个领域里都玩得很优秀，所以我很相信他的判断力。

因为我有过收藏和鉴定中国古代书画的经历，所以收藏和鉴定中国古代铜胎珐琅器的过程基本上就是复制前面的经历。实践证明，中国古董有很多门类，但收藏和鉴定有很多相通的地方。

第一是读书。我们立即把上海博物馆的书店里关于中国古代铜胎珐琅的书买回家。

那时候一共四本书：杨伯达先生主编的《中国金银玻璃珐琅器全集》的第五册、第六册，2002 年 8 月第一版，杨伯达先生写了前言，收录了北京故宫博物院收藏的铜胎掐丝珐琅器和铜胎画珐琅器 550 件；李久芳先生主编的《金属胎珐琅器》，李久芳先生写了导言，发表了北京故宫博物院收藏的铜胎珐琅器 244 件；台湾故宫博物院出版的《明清珐琅器展览图录》，1999 年 2 月第一版，共发表其收藏的铜胎珐琅器 164 件。买回家以后反复阅读，很快就把四本书翻破了。读书很重要，大致了解了中国古代铜胎珐琅器的起源、制作过程、各个时代的主要特征，了解了北京故宫及台北故宫博物院对中国古代铜胎珐琅器的收藏及其研究。

第二是找专家，我们在收藏中国古代书画刚开始的时候，由于没有找专家，缴付了昂贵的学费，后在徐邦达先生和启功先生的指导和教授下走上了正确的收藏和鉴定之路。这个经历，让我们对找专家有非常迫切的愿望和需要。我们很快找到了时任北京故宫古物部主任的张荣女士，她又给我们介绍了她的老师夏更起先生，夏老是国家文物鉴定委员会委员。她还给我们介绍了她的同道张丽女士，张丽女士是北京故宫的研究员。他们三人在中国古代铜胎珐琅器的研究和鉴定方面有很高的造诣，而且她们很愿意帮助我们。

第三，在专家的指导下确定各个时期的样本。把中国古代铜胎掐丝珐琅器分成元、明早期、明中期、明晚期、清早期、清中期和清晚期七个时段，并从器型、纹式、珐琅颜色和鎏金等主要方面确定断代依据。专家们还寻找机会让我们接触北京故宫博物院收藏的样品。有一些外国博物馆的研究人员带着他们馆藏的铜胎珐琅器到北京故宫来做交流，北京故宫博物院会拿出同等数量的铜胎珐琅器和他们交流。张荣女士会提前一天通知我们，我们接到通知一般都会乘坐第二天上午 7 点由上海飞往北京的头班机，下了飞机直奔北京故宫，一次可以看 30 件左右的铜胎掐丝珐琅器，看完就赶回上海。有一次天气预报第二天北京下大雪，我们仍然不放弃，坐了当晚最后一个航班飞往北京，尽管很辛苦，但我们不放弃每一个这样的机会，因为这些机会既可以看到而且可以触摸到确定无疑的真品，还能听到专家们的鉴定意见。

第四，在专家的指导下购买各个时期的样本。光读不练一点用都没有。这个过程非常重要。所谓一对对百件和一错错百件讲的就是这个道理。当自己有了中国古代铜胎珐琅器各个时期的样本以后，要严格依照样本再购，不能越雷池一步。当然有些样本的确认需要一个反复确认的过程。

第五，始终和专家保持密切联系。过一段时间，我们会把专家接到上海，和专家们一起讨论买回来的每一件藏品，对每一件藏品都要从严鉴定。在和专家相处过程中要充分尊重专家的各种意见，特别是对那些花了巨资购买的藏品也要给专家创造大胆发表意见的氛围。和专家们有不同意见时，更要仔细认真地听取专家的意见，而且要善于使用待考。三位专家对我们的藏品发表意见时都能做到知无不言，言无不尽。专家们有时看到好的铜胎珐琅器也会通知我们去买。有一次张荣女士去英国大英博物馆访问，见到一家拍卖公司要拍卖一件明嘉靖的圆盒，大明嘉靖年制款在流传过程中被磨掉，但仔细看还能看到大明嘉靖年制六个字，嘉靖年制带款的铜胎珐琅器存世极少，北京故宫博物院仅有一件，系出土文物，品相极差。我们下决心把这个明嘉靖铜胎掐丝圆盒买到了，将会在即将出版的第二本书中和大家见面。

第六，要知道现在造假的中国古代铜胎掐丝珐琅器长得什么样。这一点也非常重要。现在这个时段是中国历史上造假中国古代铜胎珐琅器的最高潮。这些假东西在拍卖场和古玩店十分常见，甚至在欧美市场上都可以看到许多。制假者在造假过程中也在不断进步。以砂眼为例，制假者开始造假的时候，由于现代先进的制造工艺，造出来的中国古代铜胎珐琅器的赝品没有砂眼，而真的中国古代铜胎珐琅器是有砂眼的，鉴定者很容易鉴别。制假者发现问题以后，造出了有砂眼的赝品，但因为真的珐琅器的砂眼中有长期形成的灰尘沉结，而新做的赝品中没有，鉴定者还比较容易鉴别。制假者便在砂眼中制造灰尘沉结，鉴定者还是可以在比较中辨别短期内形成的灰尘沉结和长期自然形成的灰尘沉结的不同，但已经给鉴别者造成了一些困扰。也有一些赝品的灰尘沉结做得特别好的，鉴别者要很小心。我始终认为，任何一个门类的古董造假和古董鉴定都是造假者和鉴定者的比赛，谁占上风决定一切。另一方面国外收藏家会用刷子在水中把铜胎珐琅器洗得很干净，把砂眼里长期沉结的灰尘洗掉了，没有经验的人会把它当作赝品对待，这必须综合器型、掐丝、珐琅、鎏金和其他历史痕迹加以考虑，得出正确的鉴定意见。

近10年来，我斋一共收藏了元、明、清三代中国古代铜胎珐琅器130多件。其中66件已经由北京故宫出版社出版成书《红树白云楼藏铜胎珐琅器》，2013年1月第1版，该书由陆忠、赵国英策划，夏更起、张荣、张丽担任顾问，陆牧滔主编。第二本书正在出版准备中。

近 10 年来的收藏和鉴定的过程，让我们认识到，要做好中国古代铜胎珐琅器的收藏和鉴定，必须解决如下一些基本问题。

第一，要对中国古代铜胎珐琅器的民间存量有一个基本估计。北京故宫藏品有 6 000 多件，台北故宫博物院藏品有 2 000 多件，欧美博物馆加瑞典乌氏的藏品近千件，全世界馆藏总数估计在一万件左右。根据苏富比、佳士得的拍卖纪录以及目前可知的民间收藏家的收藏数量，用概率来推算，民间的存量总数应该不会超过一万件，而且清中期不带款的和清晚期带堂号款的数量占了比较大的比例。

第二，要充分认识中国古代铜胎珐琅器在中国古代宫廷艺术品中所占的重要地位。以乾隆朝为例，乾隆四十四年除夕乾清宫家宴，皇帝御桌上二、三路的冷荤食品均用铜胎珐琅碗盛装，四路用铜胎珐琅盅盛干果及蜜饯果品，五、六路冷膳和七、八路热菜，俱用铜胎珐琅碗，另外放在皇帝面前的小菜点心，也用铜胎珐琅碟盛装。然而陪宴桌上所用的餐具都采用各式瓷器和银器。在乾隆朝乾清宫正大光明大殿上陈列着成对的鼎式大炉，太平有象和双鹤等铜胎珐琅器，偏殿案头摆设的文具、钟表、炉瓶盒、花瓶、帽架，以及墙上所挂的轿瓶、挂屏，乃至佛堂陈设的七珍八宝均为铜胎珐琅器。铜胎珐琅器的帝王独用性足见它在宫廷艺术品中占有极为重要的地位。

第三，北京故宫和台北故宫博物院对中国古代铜胎珐琅器的研究体系不同，北京故宫的研究体系认为中国古代铜胎掐丝珐琅器始于元代，并确定了十多件元代铜胎掐丝珐琅器。台北故宫博物院《明清珐琅器展览图录》中第一件且登封面之物乃景泰铜胎掐丝珐琅番莲纹盒。北京故宫早在 20 世纪初就公布了八件大明宣德年制的铜胎掐丝珐琅器，据本人所见，至今尚未看到台北故宫博物院有相关的研究报告。这些不同主要体现在元和明早期，其后基本一致。作为铜胎珐琅器的收藏者和鉴定者必须注意到这一点。我在收藏和鉴定中采用的是北京故宫博物院专家们的研究体系。

第四，元代和明早期的中国古代铜胎掐丝珐琅，收藏者必须给予重点关注。目前北京故宫馆藏且发表的元代中国铜胎掐丝珐琅器 13 件，其中拼装件七件，原汁原味的只有球式熏炉、鼓式炉、冲耳炉和鼎式炉等六件，北京故宫馆藏且发表的明早期铜胎掐丝珐琅

49件，其中也有不少拼装件，原汁原味的也很少。应该说在民间的元代和明早期的铜胎掐丝珐琅器不多，近10年来我和陆牧滔几乎参与了拍卖中所有元代和明早期铜胎掐丝珐琅器的竞拍，仅得元代铜胎掐丝珐琅器一件和明早期铜胎掐丝珐琅器10多件，所以如果有机会见到这两个时期的铜胎掐丝珐琅器，尽可能不要轻易放弃这种竞拍机会。

第五，景泰年制款的铜胎掐丝珐琅器是中国古代铜胎掐丝珐琅器鉴定中遇到的最为复杂的问题。这主要表现在明景泰朝只存在了七年，明洪武存在三十一年，明永乐存在二十二年，明正统存在十四年，明成化存在二十三年，明弘治存在十八年，明正德存在十六年，除景泰外，其他朝代带年款的铜胎珐琅器目前存世的一件都没有。明宣德存在十年，北京故宫收藏的带年款的铜胎珐琅器也只有八件，但是目前北京故宫馆藏的带景泰年款的铜胎珐琅器竟有一百多件，而且从鉴定的角度可以发现，这些铜胎珐琅器产生于从元代到清晚期乃至民国的不同时期。只存在七年的景泰朝，还让铜胎珐琅器有了一个景泰蓝的俗称，这更让景泰年制的铜胎珐琅器多了一种神秘感。这里应该确认几点：一是应有带景泰年制款的真品。台北故宫博物院《明清珐琅器展览目录》封面明景泰铜胎掐丝珐琅番莲纹盒，编者认为：此盒纹饰中的花瓣丰满，同一叶上施二至三种颜色，胎体厚重，釉层深厚以及掐丝末端以隐藏方式处理，而且落款方式与当时漆器瓷器落款的特色相同，无可置疑的是景泰年间制作之真品。我们也认同编者的意见。我们还收藏了一件与台北故宫博物院展览目录封面几乎一模一样的大明景泰年制款的铜胎掐丝珐琅的番莲纹盒。二是极大部分景泰年制款铜胎掐丝珐琅器应为赝品，这些赝品主要产生于明末清初。三是这些铜胎珐琅器尽管对景泰年制来说是赝品，但它们都有重要的艺术价值和文物价值，甚至有十分重要的艺术价值和文物价值。北京故宫馆藏的元代铜胎掐丝珐琅器中有好几件都有景泰年制款便是明证。以后比较空闲的时候，我们想对景泰年制款的铜胎珐琅器作一个更深入的研究。

第六，乾隆年制铜胎珐琅器的多样性也是一个非常值得注意的一个问题。乾隆皇帝在位时间长，做皇帝60年，又做了三年太上皇，对铜胎珐琅器有着极为执着的爱好。先是由宫廷造办处的珐琅作生产大量铜胎珐琅器，但远远不能满足宫廷的需要，乾隆皇帝先后要求广州、苏州和扬州为宫廷生产铜胎珐琅器。以广州为例，广州首先具备铸铜雕錾工艺的技术优势，又有广州海关收入盈余巨大，财力雄厚的优势，还有珐琅工艺实力雄厚的优势，所以乾隆朝开始便令其烧造铜胎珐琅器。特别是乾隆十四年，乾隆皇帝亲自下诏：嗣后再做瓶罐送来要刻款。四个地方同时为宫廷生产铜胎珐琅器，给乾隆时期生产的铜胎珐琅器带来了多样性，给乾隆年间生产的大量铜胎珐琅器的鉴定多了一些难点。鉴定乾隆年间生产的铜胎珐琅器，除了断代以外，还要懂得如何区分宫廷、广州、苏州和扬州生产的铜胎珐琅器，不能因为宫廷优势而把其他三地生产的铜胎珐琅器看成赝品，也不能降低标准对待三地生产的铜胎珐琅器，以免把晚清和民国生产的铜胎珐琅器纳入清中期的范围。

第七，清代晚期，宫廷已经无力生产铜胎珐琅器，但民间开始有能力生产铜胎珐琅器。德成、德兴成、静远堂、志远堂、老天利、宝华生等生产铜胎珐琅器的堂号应运而生且大量生产，一方面满足宫廷需要，另一方面供给国内外市场。由于生产工艺和主要生产人员都来自宫廷或宫廷制作人员之后，所以著名堂号生产的铜胎珐琅器仍然保留着一定的宫廷气息，有一定的艺术价值和鉴赏价值。这些堂号生产的铜胎珐琅器目前在欧美市场有不少的量，销售价格低于目前的生产成本，所以目前还没有人制假，我个人认为有非常好的收藏价值。而且这些堂号生产的铜胎珐琅器与民国中晚期、1949 年以后生产的铜胎珐琅器极易区分，稍买几件或稍有悟性即可弄明白。从收藏的角度来说，无论哪门古董，都是应该从最靠近我们的那个时间段开始，因循前行，慢慢往前追。如要走上收藏中国古代铜胎珐琅这条路，就从清晚期的堂号开始，慢慢走进清中期和乾隆，再走进清早期和康熙，再走进明晚期、明中期和明早期，直至元代。

第八，我在收藏和鉴定中国古代铜胎掐丝珐琅器的过程中，碰到许多无法解开的谜。为什么有这么多景泰年制款的铜胎掐丝珐琅器？这只是其中的一个为什么。雍正年制的铜胎掐丝珐琅器同样是个谜。根据清代造办处档案记载，雍正年间也生产过不少铜胎掐丝珐琅器，但根据目前掌握的资料，目前全世界唯一存世的一件铜胎掐丝珐琅器在台北故宫博物院，名谓：清雍正掐丝珐琅凤耳豆。其他带雍正年制款的铜胎掐丝珐琅器不知去了何方。所以能拥有一件雍正年制的铜胎掐丝珐琅器便成了中国古代铜胎掐丝珐琅器收藏者的梦想，我希望有生之年能实现这个梦想。这些谜正是中国古代铜胎珐琅器收藏者、鉴定者和研究者的追求所在，也正是它的魅力所在，令我们为之深深着迷。

10 年，在时间的长河里只是一瞬间，但在人的一生中确是一个可以做很多事的时间段，这个10年中我既玩中国古代书画，也玩中国古代铜胎珐琅器，收获良多，真是言而难尽。在人们心中，关于中国古代铜胎掐丝珐琅的鉴定，和中国其他古董的鉴定一样有一个误区，就是觉得特别难，简直无法入门。我们近10年来收藏和鉴定中国古代铜胎珐琅的经历和过程可以证明：只要认真，完全可以入门，而且不是很难。我们从对铜胎掐丝珐琅从一无所知开始，用了10年时间，收藏了元、明、清三代100多件铜胎珐琅器，由北京故宫出版社出版了《红树白云楼藏珐琅器》，我还在清华大学、交通大学和广州美术学院讲授中国古代铜胎珐琅器的收藏和鉴定这门课程。

我们用了20多年的时间，做了中国古书画和中国古代铜胎珐琅器两个门类的收藏。估计这辈子也不会再开第三个门类。现在我们要做的事很多，要把铜胎珐琅器的第二本书尽快出版。我们是第一批和嘉定文博苑签名建馆的人，在上海嘉定文博苑建一个红树白云楼铜胎珐琅器馆，前期还有很多工作要做。接着还要分期分批出版我们的中国古书画收藏，争取每一幅字画后的每一篇文章都由我们自己写。除了讲授“中国古代铜胎珐琅器”这门课程外，我还在交大、清华讲授“中国古书画的收藏和鉴定”这门课程，我的宗旨就是：徐邦达先生和启功先生毫无保留地把知识传授给我们，我定当毫无保留地把知识传授给同学们。我大学毕业以后进行过四次大的知识更新，其中一次是中国古书画，还有一次是中国古代铜胎珐琅器，在知识更新的过程中也更新了自己的朋友圈，这种更新，让自己的学习和生活增加了更多精彩。

中国古代书画巡回鉴定组的难忘回忆

劳继雄

一

在中国漫长的历史进程中，传世书画由于天灾或兵燹，经历了无数次的聚散离合，失坠弥多。当于烟飏中幸存之物适逢盛世或帝王之好再次云集时，就会由公家或私人在收藏之余著录造册，从而有唐张彦远的《历代名画记》，宋郭若虚的《图画见闻志》《宣和画谱》等的问世。迨至明清两朝，私家著录如雨后春笋，而清室编撰的《石渠宝笈》更达到了书画著录的巅峰，为后世研究书画的传脉提供了重要依据。

历史往往重演，当20世纪80年代中国书画历经“文革”劫难后再次空前聚集时，中国古代书画巡回鉴定组在时任国务院副总理谷牧的领导下，即告成立。其目的，除了对公家所藏古代书画进行普查鉴定外，还要出书造册，培养鉴定人才。为此，国家文物局调集了当时中国最具权威的书画鉴定家谢稚柳、启功、徐邦达、刘九庵、杨仁恺、傅熹年、谢辰生等组成专家组，谢稚柳、启功分别为正、副组长，而时任文物局顾问的谢辰生主导协调小组工作。当时专家组除傅熹年年纪较轻外，其他几位专家已届高龄，他们数十年累积的学识与经验，自然也是列入要抢救的国宝。

专家助手分别由北京、辽宁、上海各派一员参加，主要记录鉴定内容，查阅相关资料，整理一套完整卡片存档，包括照顾老先生们的生活起居。鉴定之始，北京、辽宁的助手分别为王南访与董彦明，两年后他们由于身体等原因退出，复由天津李凯、辽宁黄伟利参与，我作为谢稚柳先生的助手自始至终参与其事。而今王南访、董彦明已相继辞世，回首当年相聚在一起工作、生活的情景，他们为此所付出的辛劳也令人久久不能忘怀。

其实，就鉴定组而言，20 世纪 60 年代初在周恩来总理关怀下就已成立，是由北京的张珩、天津的韩慎先和上海的谢稚柳组成，亦称三人小组。工作始于东北，谢稚柳先生所著《鉴余杂稿》一书中《北行所见书画录》即记其事。然而不久韩慎先去世，次年张珩也不幸病逝，工作中止。此后由于种种原因就再也没有继续进行下去。直至 1983 年，在谢辰生和时任文物出版社社长高履芳的牵线奔走之下，由谢稚柳先生直接给谷牧写信，从而催生了鉴定组的再次组成。1983 年 9 月全国书画巡回鉴定组全体成员在当时谢稚柳先生下榻的北京东交民巷 15 号国宾馆召开第一次会议，谢辰生首先致辞，并郑重取出一听香烟，不无感慨地说，这是 20 余年前张珩临终前所赠，一直封存至今，就是为了等今天这个大喜日子与大家共享，同时也是对张珩、韩慎先的怀念。谢辰生与谢稚柳都是上次鉴定组的参与者，回想当年心情是可想而知的，其他几位老专家以前也与张珩、韩慎先熟稔，不无唏嘘地沉浸在回忆之中。此时启功先生首先打破沉寂，不无幽默地说："在座我的年龄虽小于谢稚柳、徐邦达，但身体最差，说不定工作未完就呜呼哀哉了。"一席话使本来沉闷的气氛又开始活跃了起来，谢辰生说："在座几老中你最年轻，小乘修炼功夫好定会长寿。"谢稚柳接着说："轮到你还早着呢。"引起一阵欢笑。然而就谢先生而言，此言虽说得轻松，其内心还是负担重重，这不仅仅因工作艰巨的压力，前车之鉴，如何使老先生们都安然无恙，是无法回避的大事。因此当八年工作结束，谢先生不无感慨地对我说："工作总算圆满完成，大家都很辛苦，一路平安走了过来，我真担心中途出什么差错。"

二

鉴定组工作原定三年，每年二期，分上下半年，每期为三个月，一期工作结束后各自回原单位，待下一期开始再集中。考虑到老先生们年事已高，工作不宜紧张，原则上为上午看画，下午让老先生们休息，助手们继续整理笔记。那时没有双休日，一周六天的工作量也安排得非常紧凑与繁忙。

鉴定始于北京，首先看存放于故宫的"文革"抄家书画。工作之初，老先生们有时往往为一幅画的真赝各持己见，争论不休，半天下来没能看上几幅，如此下去鉴定工作不知何年完成。为此，文物局提议对有争议之画，不求统一，可把专家们不同意见记录在案，留于后人继续研究。事实上，对古书画鉴定，有些可通过争论求得一致，而有些由于视角不同，要取得一致是非常困难的，而文物局这一决定无疑打破了工作中的瓶颈，保证了鉴定进度，也避免了老先生们因之可能会伤到和气。

北京工作以故宫博物院为重，其他有中国历史博物馆、首都博物馆、中国美术馆、荣宝斋等，故仅首都一地就工作了两个春秋。1985 年 3 月移师江南，首站上海，而素以可与故宫匹敌的上海博物馆又是鉴定重镇。上海工作三期至 1986 年 6 月，鉴定组又赴沪宁沿线的苏州、常熟、无锡、扬州、镇江、常州直至省会南京。1987 年 3 月至浙江省、安徽省包括众多县市博物馆、文管所鉴定，仅苏浙皖等地的工作也有两年之久。1987 年 9 月至河北石家庄鉴定，尔后驱车经阳泉、寿阳，过娘子关抵山西太原。太原结束，适逢国庆，其他专家都各自回家休息，待假日后再集中天津继续工作，而我和谢稚柳先生、杨仁恺先生在山西省文物局有关人员陪同下，驱车自太原出发，经五台山、繁峙、灵丘，河北的涞源、易县、涞水、新城、霸县等抵达天津，晓行夜宿，行程 800 公里。途中，曾在五台山、繁峙等地参观就宿，在繁峙时，由当地文物部门的引导，经沙河镇去天岩，参观金代岩山寺（又名灵岩寺）。此寺建于金镇隆三年，寺院东西两壁及大门两侧都绘有壁画，约有 90 平方米，以人物为主，画笔精致，系高手所为，其中尚有王达署款。然而寺院地处山野，院内空无一人，四周断壁残垣，杂草丛生，凄凉之景与墙上栩栩如生的壁画极不相称，真有岌岌可危之势。此情此景，二老动容，谢先生当即疾呼地方政府要拨款修缮，严加保护，如此精美珍贵的壁画既已逃过"文革"一劫，如再毁于一旦，何以向后代子孙交代?！老先生们对文物保护心情之切由此可见一斑。

1988 年 5 月，鉴定组先抵济南，于山东省博物馆工作结束后赴青岛、烟台工作。后于烟台坐船渡渤海到大连、旅顺。在旅顺工作时，由于一路车船劳顿工作繁忙，谢稚柳先生在下榻宾馆生了病。是时鉴定组开会讨论，是否中止这一期的行程，或谢先生回沪休息，小组继续北上。傅熹年先生不赞成在没有谢先生主持下小组继续工作，觉得没有权威性，而谢先生也不同意中止工作，认为鉴定工作原定为三年现在已届六载，尚有好些地方需去，不能因身体原因而影响进程，建议往后不要太紧张，节奏可适当放慢些。在谢先生的提议下，旅顺工作在较为平缓的节奏中圆满结束后，大家于 6 月中坐火车直达吉林长春。由于哈尔滨藏品较少，就送到长春一并鉴定。长春事毕，鉴定小组即分坐两辆面包车经公主岭、四平等直抵沈阳。书画鉴定又一个重镇，对辽宁省博物馆的鉴定就此展开。

1988 年下半年，稍做休整后的鉴定组又直指南粤。先抵福州，在福建省博物馆看画，每天 200 余幅，进程颇快。尔后，又驱车经莆田、惠安、泉州、厦门、潮州、汕头等地直奔广州，途中在泉州、厦门、潮州等地小憩。而广州博物馆又是此次鉴定重点。广西地处偏远，藏品也少，就送到广州鉴定了。

迨至 1989 年全国鉴定已逾六年，此时，国内书画收藏重镇除台北故宫博物院以外，大部分均已过目，剩下尚有四川、湖北、湖南等地了。是年 5 月鉴定组抵达四川，先赴成都，在四川省博物馆、四川大学等看了不少皮藏书画，同时也发现了不少极有价值的传世珍品。同年 9 月又汇集重庆，工作完成后坐江轮沿长江顺流而下抵达武汉。在武汉期间，除对湖北省书画进行鉴定外，还集中鉴定了由湖南、江西、贵州等地送来的书画。此时鉴定工作已近尾声，鉴定组在武汉做了工作总结。而 1990 年又有北京总结会，及对少数省会的一些补遗工作。这次前后八年、行程数万里、过目书画十余万件的鉴定界盛事被业界广为赞誉。面对如此前所未有的巨大工程的顺利结束，作为鉴定小组领军人谢稚柳先生的内心异常平静，他没有居功自傲、沾沾自喜，而只是觉得完成了国家的嘱托及张珩、韩慎先的未竟事业，是分内之事。此时他想得更远，他关心《中国古代书画图目》的出版事宜，关心如何保管、利用现有资料做研究，等等。在以后岁月里，这也是谢先生萦绕于心间和我交谈最多的事。

三

由于地理环境及社会经济、文化背景的差异，中国各地博物馆的书画藏品各具特色，其好坏多寡殊有不同。得天时地利之优，北京的公家收藏以故宫独占鳌头，仅清宫遗留之物就足以让人咋舌，而晋唐宋元名品更是甲冠天下，明清大家集聚一堂，琳琅满目，其中不少精湛之作，据说还有一大批旧仿宋元名家之品不免有高手之笔尚未过目，令人遗憾。上海由于开埠早，经百年而经济崛起，使民间收藏家如庞莱臣、吴湖帆、刘靖基、钱镜塘等都富甲一方，上海博物馆藏精品大部分都来之于此，故而宋元明清诸家之品量多质高，至于近代海派作品之多则更是上海所独有。综观两地之物，晋唐宋元故宫为翘楚，而明清部分则上海更胜一筹。其他如上海文物商店、上海朵云轩、上海友谊商店、工艺品公司等都富收藏而不可小觑。江南一隅历来盛于收藏，沪宁沿线各地博物馆，其收藏均以明清为主，特别是明四家、四王、恽、吴、金陵八家、扬州八怪等，不乏精湛之作，尤其是倪瓒《苔痕树影图》的发现，更为世人所瞩目。天津也是近代开埠最早的城市之一，经济发达，又邻近北京，达官显贵包括末代皇帝溥仪都曾在此驻足，散佚于民间书画颇多，从而使天津的公家收藏也非常丰殷。东北三省虽地处边陲，以辽宁省博物馆收藏最丰，特别是清宫散佚的一大批高古书画，甚至有乾隆、嘉庆、宣统藏印的宝藏，部分精品还为北京故宫珍藏，辽博的名扬宇内，杨仁恺功不可没。然而明清之物，特别是大家作品与其他大馆相比略显不足。倒是地处渤海之滨的旅顺博物馆，别开生面，不少精湛之作让人惊叹不已。浙江人杰地灵，以生活富饶富有收藏著称。浙江省博物馆，包括宁波天一阁等都藏有许多惊人作品，特别是浙江博物馆的元代黄公望《富春山居图》残卷，更是名闻天下。而浙派如蓝瑛、陈洪绶，近代西泠印社吴昌硕等珍品，构成了浙江地区收藏的独特之处。与之毗邻的安徽因受楚文化影响且地下宝藏极为丰富，其藏品自然以出土文物尤其是青铜器为主。然而书画之多，如以渐江、梅清、查士标等为代表的徽派既有浓重的地方色彩，对中国绘画发展也极具影响，著名山水画家石涛早年即受脉于此。江西藏品虽不及安徽而拥有不少八大山人珍品，就足以称奇一方。地处中原的山西，文化历史源远流长，以地下之物为主的山西省博物馆所收藏的历代书画足以让人叹服，特别是傅山等墨迹数量之众，精品之多绝无仅有，成为山西的亮点。南方的福建、广东又是书画收藏大仓，以福建而论，大都为地方作家之品，尤以上官周、黄慎为多，由于气候潮湿之故，不少传世珍品多留有霉迹蛀痕，品相欠佳。广东异军突起，苏庚春是广东省博物馆书画征集的掌门人。苏早年曾与刘九庵先生同在北京琉璃厂共过事，练就一双火眼金睛，从而使广东省博物馆收藏品较为齐整，至于影响甚广、独树一帜的岭南画派之品也颇有宝藏。四川重庆、湖南、湖北、陕西都是文化久远、发达之地，虽以地方作家居多，名家之品也有宝藏，四川大学珍藏黄公望和王蒙合作山水及四川省博物馆一批张大千敦煌摹本都属难得之精品。至于云南、贵州、甘肃、新疆等地传世墨迹相对稀少，故也没有专程涉足。

四

论鉴定组专家，谢稚柳先生年龄最长，资格尤老，他不仅是鉴定家，更是名闻遐迩的书画大家。他曾与张大千同赴敦煌，在对敦煌壁画研究过程中，实践与理论都有建树，他的敦煌石窟研究一书，至今还是研究敦煌的经典之作。他又是1962年三人鉴定组唯一健在者，以其精辟见解和论著，特别是用画家敏锐眼光和经验来鉴定传世名迹，其权威性无可争议。启功先生是一位著名的古文字专家和书法大家，他对古代书画涉猎广，研究深，用学者教授视角去审视每一幅书画，尤以细微缜密的考据见长。与启功先生相聚交往多年，只要启功先生出现，那里就会有欢愉和笑声，年轻一辈往往于不经意中得到许多启迪。以资格论，徐邦达先生在组内颇有威望，他在书画鉴定界问鼎北方数十年，累积了丰富经验，素有“南谢北徐”之称。那时茶余饭后老先生们相互调侃说笑，他总是笑而应答，从不生气。他以对晚辈不遗余力地传授和提携受到大家敬重。以年岁论，刘九庵先生和杨仁恺先生相仿，经验也不分上下。而刘先生之敦厚，杨先生之敏捷，以及他们对事业兢兢业业一丝不苟的奉献精神和工作态度都为后辈所敬仰。专家组内，傅熹年先生出身名门，时值壮年，据说很早即随长辈在北京团城看画，记忆极强。他是梁思成的学生，专研古代建筑，并将自己的特长应用于书画鉴定之中，往往分析精辟、见解独到，与年轻人关系也十分融洽，愿意讲授和分享他的经验。这就是鉴定组的最初阵营，当他们于看画的案前端坐一排鉴真辨伪、旁征博引时，不能不使人油然而敬。而谢先生的豁达随和，启先生的幽默睿智，以及其他老先生们的平易近人，使鉴定组工作从一开始时便于紧张中充满和谐和欢乐。

北京的两年，专家悉数到场，鉴定工作紧张繁重而井然有序，尽管在看画过程中有争议，有时甚至到了互不相让的地步，但都属善意的学术讨论，过后一切烟消云散。在鉴定中每当发现一件珍品，老先生们更如孩童般手舞足蹈高兴不已。出京城至上海之初，专家齐集，尔后启功先生因教学及公务繁多时有缺席，徐先生也因故退出。因此在往后鉴定岁月里，谢稚柳先生自然不能或缺，而刘九庵、杨仁恺、傅熹年也基本都伴随左右，其中刘、杨更是少有缺席，直至工作结束。

谢、徐的失和源于学术分歧，在我看来，其实还是少有沟通引起的误解。为此于1987年12月下旬，在天津的鉴定工作结束后，由谢辰生提议，全体鉴定组人员赴北京开会，其目的除总结、安排工作外，主要是修葺谢稚柳与徐邦达之间的不和。在请徐先生来小组开会之前，谢辰生等都征求过谢稚柳意见，因此会议期间两位鉴定界的巨擘都展现了宽宏胸襟，握手言和。应该说，徐先生没能全程参与鉴定组工作，使书画鉴定组缺少了一位敢于直率表达意见的专家，不能不说是此次鉴定工作的一大遗憾，而徐先生的可贵之处在于只要有新的认识就不固执己见。

五

构成一幅中国画的基本要素，就是笔墨。有无笔墨是评定书画是否为上乘的重要标准。所谓有笔，就是指墨通过笔毫在纸上拖出的线条，而这条线不是单一的混沌，而是有粗有细，有湿有干，翻腾变化，刚柔相间的过程，通过这个过程，表现出一个画家的个性。而有墨的含义更为独特，墨由于宣纸的特殊性而千变万化。中国古时有泼墨，指把墨泼在纸上然后加以润色。现在我们指的泼墨一般指破墨，破墨者就是“有墨”更具体的表现，破者就是把纯黑的墨通过渗以不等量的水分将其破开来，使其变成不同深度的墨色，墨分五色即是如此。为此谢先生认为，要鉴定画的真假，首先就要认识笔墨，自己动笔实践，无疑是认识笔墨最好的途径。中国画的发展，宋朝是一个高峰，是古典现实主义的集中体现，名山大川，水阁亭宇，通过画家的观察提炼跃然纸上，并创造出不少具体的表现手法。元画是宋画发展的进步，已经从现实经过了形象思维而升华到神似的艺术阶段，尽管画面高度概括和总结仍然需要笔墨来支撑，而笔和墨的相互交融使其更具独特的个性。明清之画，既是宋元画的延续和发展，而各派的纷争，又使笔墨更呈多样的风范。由此可见书画鉴定就要掌握画家的个人特性，研究画的组合形式、构图特点，以及各个时期内在的线条组合所产生的画面风格的异同。

鉴定是真伪之肯定与否的过程，八年来，我熟悉的所有专家在鉴定书画方面都有一个共性，就是对书画本身认识高于旁证，注重风格研究，包括题款形式的演变。画中他人的题跋，本人印记和鉴藏者钤印、所用纸、绢、绫的质地等，这些虽都属旁证，但对作品认知的正确性和可靠程度也起到了辅助和强化作用。当书画本身风貌独特，也无题跋和款识，很难辨识其时代性时，旁证就转为决定作用。传世王献之《上虞帖》用软X光拍出“内合同印”后，揭示了此件书法最早的收藏年代，为确认其唐摹本奠定基础。曾在上海朵云轩见到一幅山水中堂，无任何题跋款识，高古的风格无法把握其流派脉络，正在为断代伤神时，赫然发现画的上方边缘钤有半截印，仔细辨认，原来是“典礼稽察司印”的一半。此印为明初洪武年间官府库房所用，是把账册和对象本身合在一起同时加盖，各存一半，以备稽查。在我们的行话里简称“司印”。凡钤此印者，必在元代以上。从而对此画的断代也就迎刃而解了。

对个人风格研究固然是鉴定核心，但在谢稚柳先生看来流派研究同样不可或缺。在历史进程中每个时期都会涌现一些书画大家，他们主宰画坛开宗立派而成为时代主流，如宋末元初的赵孟頫、明末董其昌等，都是影响深远的一代宗师。时代风尚来之于个人特性，而个人风貌又为时代风格所规范，二者之间既是师承传脉，互相影响，又互为制约，其辩证关系不啻是书画鉴定的主脉和灵魂。对此，有几十年实践经验的老先生们再熟悉不过且运用自如。随着鉴定不断深化，经验不断积淀，大家对书画鉴定有了新的认识。此时谢先生反复强调鉴定必须要扩展地去研究。扩展研究的分寸最难把握，其界定范围之广，内涵因素之复杂，不是一般初涉者能够理解、掌控的，特别是排除所谓开门的真假，对那些画家随心所欲的应酬之作，或初期，或转型期，或由于种种主客观因素不同之作与那些高水准的赝品之间就有一个让人捉摸不定的模糊空间，对这些画要慎之又慎，要用扩展的眼光去把握它们本来就已脆弱的脉搏。书画鉴定虽深奥复杂，也并非如有些人所说那样神秘，但用放大镜去捕捉其中的失误和败笔，进而否定全局的做法是不可取也不科学的。书画鉴定中，画的好坏和真假是两个不同的概念，一个好的鉴定家可以有偏好，但不可有偏见，不可以个人嗜好或单以画的好坏去认定它的真假，因为社会评论有时并不公允，历史上有些颇有名气的画家不一定都有真才实学；反之，有些小有名气，甚或名不见经传的画家，也不一定都画得差。由于种种原因，这些画家所冒仿作品的传世，其程度之高就更难鉴定了。因此，关键既要看笔道，也要看气息，从中寻找变与不变之间的轨迹，回归到客观时空去设想可能产生的结果，这样才能减少由于主观意念的判断失误而导致书画鉴定的差错。谢先生是从画家角度得出经验来印证书画鉴定核心，使鉴定升华到更高境界。为此，在整个书画鉴定过程中，谢先生一直秉持客观、冷静、辩证的态度，对每幅书画都要在详加审视、多方举证的基础上再做认定，即使是显而易见的赝品，只要有一定“旧气”，还是手不释卷，细观全貌，生怕由于一时疏忽而使一件真画从自己手中流失。

在这一点上，其他专家们同样谨小慎微，一丝不苟，因为辨识书画真伪之复杂，实在让人不敢掉以轻心。比如曾见赵孟頫书《秋兴四首卷》，展卷之始，就有先生断其为伪，因为与传世常见赵孟頫字有别。展至卷尾，赫然有赵氏一题“此诗是吾40年前所书，今人观之未必以为吾书也”。读罢此题，再细辨书体，才恍然大悟，不得不使这位先生改口了。看来幸亏赵孟頫生前有预见，使后人省却了不少口舌，否则此卷不知又将如何处置了。又见任颐一幅人物，画于“乙丑”，署“任润小楼”，系其早年之作，上有任堇一题：“今甬中旧家多有藏先处遗翰者，并用此帧题署，古董家见之往往聚讼甚嚣，不知实先处士少作精品也……”可见为了画的真假而打官司的自古有之，我们无须责怪那些古董家，实在是他们对书画认识的浅薄、无知及缺少作为收藏家所具备的素质。又如，全国书画鉴定每到一地，工作结束，老先生们必有许多作画写字应酬。其中求谢稚柳先生画者最多，谢先生有求必应，所以作画任务也最为繁重。每当此时，我必伺立在侧，由于时间匆促，加之随便拿来的并不是得心应手的工具，所作之画自然有别于他的精心之作。谢先生画完必说，又要麻烦你打图章了，我曾对老师说，以后这些画流出来，必有人说假，先生大笑。果不其然，近几年流于坊间的这类画被说成假的不在少数。

六

书画鉴定上的代笔之说，颇有争论，所谓代笔指老师忙不过来由学生来代画，老师落款钤印，仅传周臣与唐寅是老师替学生代笔的。能从大量传世作品中辨识出是谁的代笔，主要依赖实物认识及与之相关的史料记载，不容否认有其客观存在的可能。鉴定中经常碰到有所谓代笔的，如沈周、祝允明、唐伯虎、董其昌、金冬心、吴昌硕等，以为董其昌代笔者记载最多，其中沈士充与赵左尤为出名。董其昌是明末书画大家，官至礼部尚书，传世画迹很多，真正能够认定为代笔者极少。曾见董其昌自题：“此卷宫谕为史官时北上置舟中，适余携至荆溪书以赠别，宫谕不以覆酱瓿而藏之书簏，今长公子固属余重题以别于吾里之赝鼎，赝鼎多有胜余漫笔者，当重吾愧耳。”可见董其昌生前已看到自己仿品广有流传，感叹作伪水准之高妙，在这种情况下，如果董其昌再经常请人代笔，岂不是自增麻烦自添乱吗？以董其昌身份与地位计是有悖常理的。有人提出，金农的代笔问题，据说发现不少材料，如罗聘、项均为什么60余岁没有画而以后多起来了。罗聘是金农弟子，指的是习诗弟子，而不是学画的弟子，尺牍里有许多资料，金农经常给罗聘、汪士慎信请他们多留空白，他可以题长篇字。给汪的信“我遣小童去你那里取画稿”，由此“师借门生得了钱，门生借师扬了名，两相得益”。信中果然有那么一点含意，但今人诠释是否符合古人真意，信是在何种情况下写的等都值得商榷。而且传世金农、罗聘、项均画不少，各具风貌，无法指认哪类风格是真正的代笔。唐寅的代笔问题一直为鉴定界争论不休，并动辄疑其为周臣所作而被打入冷宫。我曾写有《关于唐寅的代笔问题》一文，发表于1983年《文物》杂志第4期。唐寅请周臣代笔的最早记载出自明何良俊的《四友斋丛说》：“闻唐六如有人求画，若自己懒于着笔，则请东村代为之，容或有此也。”何良俊是明嘉靖时人，稍晚于唐寅。据《四友斋丛说》的记载很可能在唐寅生前即有此传说了。而清初人的笔记中所录何良俊原话却删除了“容或有此也”变成肯定句，从而讹传至今，可见有时史籍资料也有其不可靠性，只能作为参考。唐寅的画柔中带刚，灵动飘逸，与周臣的工密苍老，二者之间风格的异同，传世画迹都有展现，是无法混淆的。上海博物馆藏有一幅画，题名为唐寅而风貌却是周臣的特性，似乎是周臣替唐寅代笔最有力的实物依据。但经仔细辨别，也是古人动了手脚，把周臣款挖去，再添上唐寅款所致。以唐寅而言，其风流倜傥的性格，请周臣代画之事可能出自文人雅聚逢场作戏时所为，尔后为世人所讹传，当然这仅是我的推测，不足为训。但何良俊听到传言表示“容或有此”倒是非常公允和客观。看来书画鉴定上的代笔问题为大家所困惑，并带来不少麻烦，是值得研究和探讨的。

对代笔问题，谢稚柳先生有自己的看法，无论传说中唐寅代笔，还是其他人的代笔之说，虽有文献、书信记载，在厘清其是否为真正代笔画，还得以实物为依归。从大量传世作品来看，除了真假之外，真正能说得上代笔画的可以说并不多见，而且就这些作品也只是主观判断，没有足够依据来证明一定是某人代的笔。事实上，对传世作品的鉴定，有些方面是无法说得太清楚的，有时过于细致往往不切实际，这也是书画鉴定所具有模糊的一面。20世纪90年代，我曾赴京多次拜访启功先生，相见甚欢，记得有次刚进门，启功先生就跟我说：“现在看画，一开卷，只要说是假的就证明能鉴定，是专家，其实岂是如此简单。现在仿我的字满街都有，他们比我写得还要好，孰真孰假，迨至几百年后我们的后人看我现在的字，谁还能说得清楚，还是模糊点为好。”看来这就是当书画鉴定乃需凭主观经验为主时最客观的结论了，启功先生的想法与谢先生的观点正好不谋而合。

前后八年鉴定，行迹中国20余省市，过目历代书画10余万件，整理出版了大型图目达20余册，工程浩瀚，而我的工作笔记也积累了将近70本，一直静静地躺在书架上。如今回忆这段历史，以怀念我的老师谢稚柳先生及所有鉴定组的老先生们，他们对文博事业的卓越贡献以及由此而留给后人无以估量的精神财富将永留史册。

对古建筑搜救的新思考

李建忠

中国古建筑的现状

全国各地散落在民间的古建筑存量巨大，但其生存状态相当不容乐观。尤其是那些没有被列入国家和地方保护的古民居，可以说岌岌可危。对比10多年来，各地对历史文化遗产保护意识增强，特别是今年，继丽江、平遥之后，福建古楼等相继成为世界文化遗产，这对我国的古建筑保护起到了很好的促进作用。但是依然有很多的古建筑，特别是古民居，至今没有得到应有的善待和保护，正在逐年地消亡。面对这样的惨状，实在是令人痛心。

虽然搜救工作困难重重，但是我们仍在坚持。10多年来我们先后收藏了包括安徽、三晋、岭南以及江浙一带等多个地方的古民居，有书院、家庙、祠堂、花庭、戏台、接官亭等各种类型的古建筑，共200多栋。与此相关的石雕、砖雕、木雕等相关的构件有数千件。

就我个人而言，古建筑的收藏不仅仅是一种爱好，更是一种缘分。长乐集团与中国古建筑结缘，还要从我们的主业说起。长乐主要是从事高端楼宇的室内设计、环境艺术设计。代表作有西郊宾馆内国宾下榻的1号楼、2号楼以及3号楼和7号楼，此外还包括了西郊国际会议中心、兴国国宾馆、东郊国宾馆、中国期货大厦、索菲特大酒店等地标性的建筑。

梁思成先生当年曾痛心疾首地说："一个东方的城市在建筑上如果完全失掉自己的艺术特性，文化表现，是大可痛心的，因为这代表着我们文化衰落。"搜救古建筑10多年来，我一个非常深刻的体会那就是古建筑的特性决定了它宜“收”不宜“藏”，藏则毁，居则活。几乎所有收藏古建筑的朋友都会遇到相似的苦恼，那就是如何长时间地存放。如果没有足够的土地把它们建造起来，躺在仓库里的木质构件将受到虫蛀、霉变、气候等各种外部因素影响而毁于一旦。近年间，成龙把四栋古建筑捐赠给新加坡，其实主要的原因也就是这些。

对古建筑应用的心得

中国古建筑的美具有哲学的内涵，在城市规划、建筑组群、单体建筑以及材料、结构等方面，中国古建筑曾经取得过辉煌的成就。可以说中国古建筑，就是由一本土木累积的史书。它传承了中华民族在文化、历史、宗教、哲学、艺术、科技、民俗、社会学上面的各种因素，是最具中国特色的视觉符号，也是中国人文精神最忠实的载体。

早在八年前，长乐就在古建筑的搜救、应用的实践中发现，中国古建筑木质框架结构、建筑群之间，特有的组合样式给异地重建以及现代化的建设嫁接，提供了丰富的想象和创作空间。

去年开业的北京郡王府CBD国际文化会馆，这栋古老的建筑既是当年的郡王府，也是张学良先生的官邸。如何使其华丽转身，我们思考了很久，最终我们决定将一座三四百年的南方古祠堂相继开放，两幢建筑，虽然说是南秀北雄，但是设计展现出了浑然一体的霸气。在设计上我们从时代特征出发，兼顾了时代审美的趋势，把最具代表性的中国传统工艺，如瓷器、漆器、琉璃、镏金、铸体等创造性地打造，并结合西方的宫廷设计理念融入建筑，从而让古代与现代、东方与西方、传统与时尚的距离消弭于无形。

长乐集团搜救的古民居，大多是被排除在当地政府造册保护之外的孤房，所以我们一直坚持在应用型收藏、开发性保护的原则下，对古建筑进行再应用。其中最核心的理念，就是要创造性地将现代材料、现代工艺，结合古建筑的艺术元素，综合性地运用现代设计的理念，调用灯光、色彩对空间的再设计，将现代生活对建筑的功能要求和古建筑的特性、样式结合起来，从而赋予每一栋老宅子新的使命。

大家都知道贝聿铭在卢浮宫前的金字塔，这种将古老的结构和现代的设备进行混搭，结合起来的创意手法至今仍然褒贬不一，但是我仍然欣赏这样一句评语，这是连接新与旧的象征，它有助于将卢浮宫推向下一个千年。我们长乐的目标就是如何把中国古建筑也推向下一个千年。

房子是生活的载体，中国古建筑应该参与现代生活。应用性收藏，首先就是要恢复古建筑的实用功能，但是老房子的复活并不是简单地复活它的原貌，而是要再造出符合现代人的审美情趣和生活状态的新空间与新环境。中国古建筑在隔热、通风、采光、隔音、防火、防潮等方面都达不到现代人的生活要求。长乐集团经过十多年的研究与实践，在不改变古建筑形态的前提下，综合应用了现代科技、现代材料、现代格局、现代设计手法加以改进、改善、提高的新路。

接下来请看一些案例：

这是一幢10多年前我们在浙江衢州搜救的光绪三年的雕花古民居，无论从材质、年份、雕工、建筑价值，还是从历史人文价值上来看，并不算上品，但是经过创造性的修复和再设计，这幢小楼已经成为上海十大私人会所。那么多的学者、领导、艺术家、商界名流之所以在1877会所流连忘返，关键就是在于巧妙的再设计、激活了那些流淌在雕梁画栋里面的文化基因，让人置身其中会感到心灵的抚慰、灵感的激发、思路的拓展。早在20世纪90年代末，我们就开始了中国风古韵新空间的探索与实践，在黔香阁陆家嘴店，我们大量地运用了古建筑的三雕艺术，试图在钢筋水泥的森林里，把人们的审美拉回到中国古韵、古意之美中。之后我们陆续打造了一系列的连锁店，还有美丽上海——悦榕庄、世博会城市足迹馆、世博会朵云轩馆、喜马拉雅艺术中心等项目。

2011年，喜马拉雅中心向我们发出了邀请，希望我们给当代世界级的建筑大师矶崎新设计的这栋超现实主义的前卫建筑增添一点鲜活的中国元素。经过反复推敲，我们决定把一座古朴典雅的古戏台巧妙地融入大堂，古戏台与天顶遥相呼应、相映成趣。在氛围上我们专门为古戏台设计了LED的琉璃灯光的变换结合，妙趣横生。可以说古戏台真正地让喜马拉雅中心接了地气。

中国古建筑是传播中国民族文化最好的载体

2010年上海世博会，我们用九幢古建筑布展了城市足迹馆，运河城曲是五大主题馆中中华文化含量最高的一个展区。该展区内来自运河五大水系的古建筑是大运河文化带上的代表性建筑，包括了晋、徽、江南三大流派的古民居的主要建筑形态。从历史回放的角度诠释了“城市，让生活更美好”这一世博会主题，重现了古运河沿岸古代城市的发源，九栋完整的古建筑同时呈现在一个展区内，大概也可以称得上一个前无古人的创举。该展区在世博会期间引来了无数的中外观众，好评如潮，包括我们当时的国家领导人，九位常委中有七位莅临此馆，并留下了高度的评价。

我的好朋友、著名的音乐家谭盾先生，曾给我这样一个建议，古韵新空间应该出现在世界各地，可以是伦敦，也可以是巴黎，甚至在非洲。它会成为中国文化的大使，中西文化的桥梁，把中国的过去和世界的未来结合起来。

2006年由我们创意，与上海地产集团公司合作的美丽上海——悦榕庄，这是一个在浦江沿岸蔓延两公里的大规模的开发保护项目，占地有500亩，由近百幢古建筑重组的文化会展中心、文化艺术精品酒店与时尚艺术商业街三大部分组成。这个新外滩可以承载任何高级别和高规格的文化和商务活动。

上海博物馆馆长陈燮君这样评价这个项目，各种古建筑的风格、样式在这里得到一种重组，使得有万国建筑的黄浦江畔，在历史学上的意义，层次更加丰满，但是由于种种原因，就目前的呈现来讲，我们仍然有很多的不满意，当然我们也从中收获了不少的教训和经验。下一步我们将要启动的项目还有与谭盾先生合作的中华古乐楼，以及位于上海闵行文化公园内的一个五方园，时间的关系不能一一列举。

长乐集团探索古建筑，应用型收藏、保护性开发的新思路，不光是想为物质文化遗产的保护作出一点贡献，我们也期待在非物质文化遗产的发扬光大上作出自己的努力。我始终觉得10多年前把中国古建筑应用于餐厅、精品酒店、会所，这些都属于无奈之举，建筑这项最牢固的文化载体，对古建筑最好的保护和应用，就是让它承载起文化，从而传播继承。长乐下一步的计划是把近100幢古建筑，应用于中华古乐楼、艺术品展览中心、艺术品拍卖、昆曲馆、书院、私人收藏馆与非物质文化的传承及保护所相关的项目。让中国古建筑承载中华文明的建筑精粹，走向世界。让古今中外、传统与时尚在“中国风古韵新空间”中交相辉映。

木作之美

赵文龙

不同的木材在大自然造化下，呈现出不同的纹理，因而有着天然的美。中国人从鲁班开始，木作器物上都有一种榫卯结构，这种结构体现出中华文化千年传承的特殊性。

我之所以喜欢老房子，是因为我的祖父和父亲从我幼年开始的几十年，他们都是在桂林公园工作。院内的亭台楼阁和花鸟门窗自幼就给我留下了很深的印象。也是那时候的熏陶，为我日后对木作结构的眼光和品位打下了基础。1974 年我 19 岁时，插队到上海闵行梅陇乡的蒋家堂。那是一个能容纳两三百户人家的大院落，曾经在上海也有一定的影响力。当时那个院子有五六十户人家。每逢下雨天，如果打开所有的门，里面每户人家都能走通，并且淋不着雨。每一间房子的木作结构深深地吸引着我，尤其是那些经典到了极致，微妙到了巅毫的榫卯结构，令我由衷地佩服设计的别致与工艺的精巧，更令我对中国古典营造法式产生了浓厚的兴趣。

在全职参与木作文化前，我曾在中石化做了 16 年的采购员，全国各地跑。每到一个城市都会去当地的名胜古迹看看走走，从而对中国的传统文化印象深刻。16 年中，我去了 21 次北京故宫，大雄宝殿的柱子深深吸引着我。

1996 年，我坚持向公司打了辞职报告，想改行全职做木作文化。我天生就喜欢这些木头。在这之前我就已经有了一个小仓库，用以摆放我平时有意无意收来的老家具。我的第一件家具是农村破落大户人家的一个红木梳妆台。当时要价 100 元人民币。那时我们的收入很低，每天只有 1.5 元的收入。我真是难以一下付清，就和房东商量，先给他一点定金。到了年底用结的分红给他钱，就这样买回了我的第一件收藏。

1996 年我正式开了上海龙漕古典家具商行，销售从农村零散收来的大量老家具。商行的客户多为老外、收藏家、艺术画院的画家等。

1999、2000 年，我收藏的老家具已经很多了。我曾和桂林公园签过一个六年的合同，租下鸳鸯楼两栋，也就是现在的桂林公馆，用来陈列我的明清老家具。并用三年的时间在里面免费做了一个古家具的宣传。后来那里因为有了别的项目，我就退了出来。把 300 多件家具送到常熟禧徕乐生活广场的苏作文化博物馆合作展出了三年。

1999 年年底，我到欧洲作了一次考察。去看意大利、法国等地的博物馆，其中意大利的科莫市博物馆对我的触动很大。在回来的飞机上，我就和同行表示，回去以后我不做商人了，要开始做收藏家，把所有的家具都留下来。他们就笑我，10 年前收藏家很神秘，现在的收藏家遍地都是。好的收藏家都是国外的富翁，你这个破家具商怎么做收藏家。我说我是很严肃的，我看好这个未来。它不在于经济，而在于文化。回来以后，我就开始打听。那个时候闵行区的金都路、银都路的地只要有企业开发，都可以购买。我考虑再三，在松江九亭买下一块 16 亩的工业用地用于发展木作文化。

这块地买下至今已有 13 年了。之所以买在这个地方，是因为松江作为一个"府"，是一个文化的发源地。很多家具出自那里。而且九亭位于上海虹桥枢纽区，今后在工业园区中，会有一个大虹桥配套的文化发展。买下后发现有意思的是，吴越王的后裔曾在这里定居，边上有条"盘龙堂"的河直通黄浦江。我的名字里面也有一条龙。所以我打算在这个地方好好弄一弄。

老房子抢救是一项艰巨的工作，需要顽强的毅力。这个过程确实非常艰难。

2000 年买的地原先是农民用来种菜的，因为知道要卖掉，就把大量的城市垃圾倒在了土地上面。买的时候只看到绿油油的长草的地，买好准备挖掘的时候才发现下面都是混凝土的垃圾，要先把这些东西清理掉，才能把我们的基础一点点做上去。

当时的老房子很多。我记得最早收的一栋老房子，是 15 年前还在桂林公园做家具展的时候，那时还没有买土地。但这栋房子很便宜，送到我手上就是 1.3 万元。由此，我们开始收藏老房子。有的是通过当地的政府拍卖，有的则是城市改建过程中的抢救。高速公路拓宽，或者高铁、轻轨经过的时候，要快速把沿线的老房子处理掉。我们必须在几天之内把这些东西完全抢救下来，如果不做，过两天也就推倒不见了。在 13 年里，我们在上海、浙江、安徽、江西等地用这种方式快速抢救了许多老房子。

对于木作结构我也是半路出家，原来对这些东西也不是很懂，但现在我把它研究得很透。凭自己的知识和眼光可以判断一栋老房子是什么年代的，有没有必要去收。从门外汉走到今天这个程度，我也很感谢传统文化对自己的充实。

为了收藏老房子，我去了很多地方。比如徽州的西递、宏村，我一辆车子开进去，七八公里路，车子刮得一塌糊涂。运送材料时，一个拖拉机开进去，把木材、汉白石等一根根拉出来放在路边，再进去拉。来回一趟大约 20 多公里。

有些地方对于祠堂的老房子比较忌讳，因为祠堂是做红白喜事的，里面现多用于存放农民提前做好的棺材。因此对于祠堂不太愿意搜救，放在那里腐烂。对此我感到很着急，觉得这个事情一定要做到底。

在修复老房子的过程中，我一直坚持“修旧如旧”的原则。包括房间里的每一块砖头，每一块石头都要有那种感觉在。曾经也有老外对我说，你一定要学会“ORIGINAL”，就是原汁原味。因为，即使一个铜鼎，你可以把它酸洗得金黄灿亮，但是如果要它再变旧，就需要几千年的过程。这种修复营造虽然很累，但十几年我们也做下来了。

到目前为止，我抢救并已经原汁原味修复好的房子有一万多平方，都是见缝插针，哪有一块土地愿意出让，价钱不论，先把这些东西修复起来。现在我们已经跟松江区政府衔接，在松江造了好几处的房子。我们还和青浦朱家角合作，造了老房子。还有海南岛的一个 19 亿投资的凯宾斯基酒店，里面一个中式的房子，也是一块砖一块瓦运过去建成的。

我凭着一己之力在抢救这些老的房子，干劲十足的时候甚至忘了吃饭，只想把这件事情做好。因为我懂得这些东西的文物价值，要把它做好做精。现在已经不是买一个厂房或者一些老家具的问题，而是关系到文化的传承。我们要把这些文化传承给我们的子孙看，我不希望他们跑到国外去看我们的优秀东西。我们这一辈人花了很大心思去做的事情，一定要把它做得有意义。

在某种程度上，收藏家永远是痛苦的。他有眼光收藏东西，但又不舍得把东西卖出去。我的经费都累积在库房里。有 17 年来收藏的一万件左右的明清苏作文人家具，还有瓷器、玉器等。我的一个手机打了12年没有换，不是不舍得买新的，是因为它对我来说只是一个工具。

我从来没有和我的太太、女儿去一个地方旅游过，因为没有时间，我要做我的事。我说你们可以去任何地方玩，但是我现在手下有80多个员工，有五个跟了我17年。我也怕他们走掉。一个从一开始就培养的、掌握所有数据的黄金搭档走了，确实会带来很大的困难。因此和工人之间也要像家人一样磨合。他们有什么困难我跑在第一线，不管是生病还是家里有什么事，也要先把这些事情解决好再说。

收藏家做得越大，也只是在一段时间内的一个仓库保管员。这个东西我们带不走。买下的土地是50年的使用权。现在13年，投入3 000万资金，可能还会超。看到传统的好东西，会想尽一切办法把它买回来，恢复到原样。虽然难度很大，但是如果不做的话，可能一块东西被别人买走了，还有一块在别的地方，慢慢就流散了。我不想做得很多，只想把它做精一点，把外面市场看不见的真正精品汇聚到"荟珍屋"里。我尽自己30多年的心血把它留在这里，给后人看。说一句可能过头点的话，如果这些老房子再烂掉、破落掉，我想我们活着还有什么意思？圈内的老朋友都因此叫我"木痴"，我也希望第二代或者第三代把这些文化传承下去。

个人的力量是有限的，现在还有很多老房子，我希望通过政府的宣传平台，能够更好地和政府或者大企业家联手合作，把这些传统的东西，不管异地保护也好、移地保护也好、当地保护也好，大家你做一点，我做一点，尽可能地多抢救下来一些。

朵云轩的中华第一槌

杨治堃

谈到现时的中国文物艺术品拍卖，人们总是会谈论起 1993 年朵云轩敲响的第一槌。实际上在朵云轩之前，深圳、北京都曾经拍卖过艺术品，为什么大家记忆犹新、津津乐道的仍是朵云轩的"第一槌"？

当然，在中国说起文物艺术品经营，北京和上海都是绕不开的地域，一个是政治文化中心，一个是经济最发达地区，同时都富有厚实的文物艺术品收藏传统。作为文物艺术品的经营重镇，上海开启了中国艺术品专业拍卖之先河，而北京则成为当今中国艺术品拍卖之高地。世事沧桑，回首往事我们不能不把目光投射到 20 多年前的 20 世纪 90 年代，乃至更远的 20 世纪初。

一、朵云轩的历史及其经营特色

朵云轩笺扇庄于 1900 年(清光绪二十六年)7 月 3 日创办，开张之初的朵云轩设在上海的抛球场南二马路，即如今的黄浦区河南南路九江路口的朝南洋房。目前见到的朵云轩早期《经营项目通告》，其文字是以朱砂色印在四围云纹笺纸上的，引言便是："盖以鱼网龙须早结名流之契，鹤翎凤尾奉扬君子之风，唯笺与扇由来尚已。本号竭秘府之搜罗，供文坛之驱使，千锤百炼云烟则挥洒自如，六角七轮风雅则古今共赏，固无奇之不备，亦有美之必臻。爰胪品目，借资采择。"通告罗列的经营项目除各色名笺、雅扇外，还有徽墨、湖笔及八宝印泥，兼设书画装裱等。

20世纪初叶，在当时的上海河南路、福州路一带云集了大量的笔墨笺扇店铺。为了打开市场，朵云轩笺扇庄主人精心开发文房四宝、笺纸雅扇，加之所选用的材料十分讲究，如书画用纸来源于安徽宣城、扇货来源于苏杭，又注重独创和品质，朵云诗笺、画笺很快便风靡一时。随着笺纸雅扇、文房四宝经营及书画装裱业务的逐步扩大，朵云轩相机从事起中国书画的经营业务，并逐步成为上海同行业中的翘楚。据档案馆的档案记载，至1944年朵云轩的资产已达40万元，远远超过了当时河南路、福州路一带的九华堂、九福堂等经营业务相近的店家。

朵云轩1956年1月至1957年12月公私合营，1958年4月，朵云轩与九华堂、九福堂人员等一起并入上海市黄浦区文化局领导的上海古旧书店。1960年11月，朵云轩同上海古旧书店下属的荣宝斋(内有原先朵云轩等人员)、九华堂、九福堂等九家笺扇庄、画店重组，脱离黄浦区的领导，成立出版社直属于上海市出版局。

1961年元旦，在南京东路422号挂牌朵云轩，成为以木版水印生产为主兼顾经营销售的出版单位。经营范围包括文房用品、书画碑帖印章等收购经销，及以后的字帖、毛泽东诗词和鲁迅诗稿等手迹的出版业务。朵云轩从此揭开了自身发展史上崭新的一页，经营范围及经营实力得到了有力的拓展和补充，从而更有计划有规模地从事征收各类名人书画、碑帖和珍贵古玩的业务。

朵云轩于“文革”期间的1966年8月改名为上海东方红出版社，1972年1月易名为上海书画社，“文革”后的1978年2月定名为上海书画出版社，同时恢复朵云轩名号。在以后的时间里，朵云轩和上海书画出版社是一个单位两块牌子。在朵云轩业务不断拓展的同时，由朵云轩印制业务派生而出的上海书画出版社已逐步发展成为以出版中国书法、绘画和篆刻艺术图书为主的专业美术出版社，年出版新书300余种，其影响名冠全国专业图书市场。

20世纪末的十年是朵云轩大踏步前进的时期，先后依托品牌优势成立了上海朵云轩艺术品拍卖公司、上海朵云轩古玩有限公司、上海朵云轩文化经纪有限公司。

步入21世纪，朵云轩又先后成立了上海朵云轩电子商务有限公司、上海朵云轩艺术进修学校、上海朵云轩文化实业有限公司及上海朵云轩艺术发展有限公司。

二、朵云轩的中国书画经营基础

20 世纪 60 年代初朵云轩重组后，朵云轩的主要经营项目除传统的木版水印、笔墨纸砚等外，海派书画的收购经营亦是一项重要内容。

朵云轩丰富的文物艺术品皮藏及其中国书画的经营，常常成为人们茶余饭后的谈资。这里讲两件事，以便于对朵云轩的艺术品收藏有个大致的了解。

1983 年 6 月，国家文物局成立“中国古代书画鉴定组”，由谢稚柳、启功、徐邦达、杨仁恺、刘九庵、傅熹年、谢辰生等七人组成。该组每年两期对全国各地的博物馆、图书馆、大专院校、文物商店收藏的中国古代书画进行全面系统的考查、鉴定。鉴定组历时八年，行程数万里，足迹遍及 25 个省、市、自治区，121 个县市，208 个书画收藏单位及部分私人的收藏，过目书画作品六万余件。

1986 年，中国古代书画鉴定组在上海相继对上海博物馆、上海美术馆、上海中国画院、上海文物商店、友谊商店等 11 家单位收藏的古代书画进行了逐一甄别。鉴定组来到朵云轩后，令鉴定组专家始料不及的是除上海博物馆外，朵云轩的古代书画藏品数量及品质超乎想象。其中，清代和民国初年的书画作品数量甚至超过了上海博物馆。专家们在朵云轩工作了三个半月，细细审鉴了当时朵云轩所藏重要的中国书画作品。

全国古代书画鉴定工作结束后，鉴定组将鉴定认可的中国古代书画汇编著录，先出版了单辑成 10 册的《中国古代书画目录》，随后陆续出版了 24 卷本的《中国古代书画图目》。结果，朵云轩有 1 172 件书画被收入《中国古代书画目录》，竟超过了上海地区除上海博物馆外其他九家单位总和的 1 097 件；有 212 件书画被录入《中国古代书画图目》。此后，上海博物馆、辽宁省博物馆等分别从朵云轩选调了 84 件和 218 件书画珍品充实库藏，其中有宋赵汝愚《楷书书札》、元佚名《重山殿阁图轴》等难得一见的绝品。

朵云轩书画收藏的实力，经鉴定组专家的揄扬和公开出版，由此盛名远播。

我国的书画、碑刻浩如烟海，博大精深。但其中鱼龙混杂，如何分辨真伪优劣极其不易。朵云轩的业务员们，长期埋首于书画碑帖的故纸堆，翻阅大量的典籍、资料和工具书，细心揣摩，反复比较，对真迹探究确凿的迹象，对赝品辨识复制伪造的蛛丝马迹。正是经过这样长期的艰苦努力和知识积累，朵云轩的业务员们练就了一双火眼金睛，凭借着精湛的业务技艺抢救出不少珍贵的书画碑帖印章，为国家文物的保护和发明作出了重要贡献。

1949年以来，朵云轩先后收集拓片(本)数十万片，其中有唐《化度寺碑》《淳化阁帖》真本、《戏鱼堂帖》《潭帖》《绍兴米帖》、唐拓《七译金刚经》、元刻《松雪斋帖》等一些孤本珍本，单是宋明以上的善本就有上千本。如今，这些珍籍善本多已成为国家历史博物馆以及上海博物馆、辽宁省博物馆的珍藏。

20世纪60年代初朵云轩重组之后，书画碑帖等收藏逐步形成规模。当时为了发掘和收购中国古代书画碑帖等，业务人员骑着三轮货车，走街串巷张贴朵云轩征集收购告示，吸引市民前来出售字画等文物艺术品。有时了解到点滴信息，业务人员总是上门求访，由此获得了诸多价值连城的珍宝。

宋拓《王羲之圣教序》的获得，就是一个生动的事例。一次，朵云轩业务员王壮弘先生来到茂名路张家花园的一户人家，翻看主人取出的一堆价值不大的碑帖时，内中掉出两张残片，王壮弘一看，竟是宋拓《王羲之圣教序》中的两页。原来这部拓片已被主人家拆散，用来作垫纸了。王赶紧动员主人寻找散片，经翻箱倒柜勉强凑出了大部，还缺两页，却遍寻未得。一连几天，王壮弘天天前去帮忙寻找，最后终于从煤炉灶头旁边找了出来。经过精心装裱，这部历尽劫难的国宝级碑帖又重现光彩，后经征调，成为中国历史博物馆的镇馆之宝。

朵云轩依托自身的品牌优势和具有精深专业素养的业务员队伍，长期从事艺术品的经营业务。除了上海，还将经营的触角延伸至各地及境外。朵云轩专业人员中的方去疾、梁子衡、彭仁甫、庄澄章、王壮弘、马成名、张荣德等，在业界具有相当高的知名度和权威性，一支涵养丰沛技业优秀的专业人员队伍推动了朵云轩书画等文物艺术品经营的稳步前行。

三、朵云轩拍卖的时代背景

朵云轩经营的文房四宝在海内外一直享有盛誉，深受书画家的推崇；朵云轩运用木版水印技艺印制的大量笺纸和复制的名家名作，具有极高的艺术品位和以假乱真的艺术效果；朵云轩丰富的文物艺术品特别是中国书画藏品及其经营轶事成为人们久久传颂的谈资。上述三大经营特色和亮点成就了朵云轩在业界的重要地位。

从“文革”结束后到80年代，为了创汇支持国内建设，朵云轩经营的大量书画商品被征调到诸如香港集古斋等对外窗口经销。在国家乃至企业的转折期，朵云轩的经营方式开始逐渐从传统的计划经济模式向依据市场需求进行调整的转型。

当时，随着国内经济体制转型和文物艺术品市场的逐步放开，一方面，由于受国家文物政策的规定，各省市国营的文物商店是文物经营的主渠道，可传统经营思维束缚了经营方式的转变。随着市场的放开，随着个体经营者的不断涌现，对文物艺术品未来的预期，使得拥有艺术品的藏家和物主不愿把藏品出售给国有企业，文物艺术品的征集收购越来越困难。另一方面，中国香港、台湾等地的古董及书画经纪人纷纷涌入大陆，辗转各地搜寻古玩字画，凭借着其业务眼光和成熟的艺术品营销手段，个个赚得盆满钵满。我就曾亲耳听一位中国台湾画商说过，当年他来大陆到朵云轩采购当代海派书画家作品，开始是五元一幅，后来是10元一幅，再后来是15元一幅，都是几百件几百件地买。一般情况下，花几十万就能带走成百上千件名家字画，真是物超所值。而朵云轩好不容易征收来的货品通过门店销售，却卖不出好价钱。

“如何做大朵云轩的规模，提高书画经营的业绩”的课题摆在了时任上海书画出版社(朵云轩)社长、党委书记祝君波同志的面前。

事有凑巧，1991年冬天与祝君波熟识的香港九华堂堂主刘溁先生来上海，传递了香港的文物经营生态发生重大变化的信息。苏富比、佳士得两家世界顶级艺术品拍卖行进军香港，以此为腹地瞄准内地市场，以其在世界范围征集的高端中国文物艺术品集聚香港进行拍卖，以吸引众多内地高端客户。香港当地几位实业家已创办了一家华资拍卖公司——永成古玩拍卖有限公司，创办者擅长古玩杂项，而对中国书画则比较陌生，希望与朵云轩合作，以冀强强联手创出自己的品牌。

祝君波敏锐地捕捉到这一商机，但毕竟是与境外公司的合作，朵云轩没有以往的经营经验可资参考，这一步究竟该如何跨出？

20世纪90年代前后，国内外分别发生了政治风波及东欧剧变，在国内如火如荼的改革开放如何继续推进、如何克服瓶颈的关键时刻，邓小平同志发表了“发展才是硬道理”的南方谈话，明确提出社会主义也有市场经济的论述。鼓励人们积极解放思想，抓住机遇，大胆闯，大胆试。邓小平的南方讲话犹如一场及时甘霖，使企业经营者坚定了按市场经济中商品的本质属性进行运营的信心，这不仅成为国内各行业改革的强大动力，也是朵云轩与境外公司开展经营合作的定心丸。

1992 年 4 月 26 日，朵云轩与永成古玩拍卖有限公司首次合作的春季拍卖会取得相当成功，其中朵云轩提供的多件书画都拍出了远高于朵云轩平日门市经营的价格，如图录第 100 号齐白石《双鸭芙蓉图》轴起拍价 12 万元成交 16 万港元、第 101 号溥儒《山水》四屏估价 10 万元成交 18 万港元。那时港币与人民币的兑换率约 1∶1.18，港元币值高于人民币。通过拍卖会平台，有的平时在朵云轩门市只能卖数千或数万元的书画，到香港只是换了个买卖方式，成交价就翻上去好几十倍。祝君波等亲赴香港拍卖会的朵云轩三位同仁通过拍卖会还结识了不少藏家。拍卖会后，朵云轩的同仁们都非常兴奋，由此萌发了创办拍卖行的想法。

回沪后，朵云轩根据香港的行情，进一步调整了思路，为与永成第二次合作的拍卖会提供的书画更加注重适销对路。1992 年 9 月 27 日，永成秋季拍卖会取得总成交额超过 1 000 万港元的不俗业绩。朵云轩提供的 17 件书画成交 224.5 万港元，这比朵云轩平时卖掉几百件字画的收入还高，这更坚定了朵云轩要在境内自己举办拍卖会的信心。朵云轩与香港永成公司的合作共有四次，即 1992 年、1993 年的各两次。

参加香港的拍卖会，包括考察了与永成差不多同时举办拍卖的佳士得、苏富比拍卖会，使人眼界大开，了解了艺术品一种新的推介平台，学习观摩到国际最先进的艺术品经营方式，这是以后朵云轩创办专业艺术品拍卖公司的最佳镜鉴。同时，也不能不感受到“卧榻之侧”的无形压力，苏富比、佳士得拍卖行比较完善的艺术品拍卖模式、灵活的艺术品征集手段、广泛的人脉渠道和成熟的宣传策划方式，无不表明我们与之存在重大落差。有压力才会有动力，大陆艺术品拍卖行业只有迎头赶上，才能牢牢掌握艺术品拍卖及艺术品市场的话语权和主动权。

四、朵云轩的第一次拍卖

1992 年 5 月 26 日，朵云轩请求成立艺术品拍卖行的报告送呈上级主管单位——上海市新闻出版局，5 月 29 日，市新闻出版局批复同意在浦东创办朵云轩拍卖公司。1992 年 8 月 21 日，上海朵云轩艺术品拍卖公司获颁上海市工商管理局下发的企业法人营业执照。1993 年 1 月，上海市文物管理委员会批复同意朵云轩艺术品拍卖公司具有文物拍卖资质。

在筹备拍卖公司的过程中，书画和鉴定大家谢稚柳先生题写了公司招牌，他还和程十发、马承源、汪庆正共四位先生一起担任了公司的首批顾问，后来追加了陈佩秋和刘旦宅两位先生。永成公司的黄伟明先生给出很多具体的指导，帮助解决了一些拍卖业务操作上的难题。

1993 年 2 月 20 日，朵云轩在静安希尔顿酒店举行了拍卖公司成立大会。老市长汪道涵和时任上海市委宣传部副部长龚心瀚、市新闻出版局局长徐福生等同志出席大会并讲话。公司当时编制 15 人，实际员工仅总经理祝君波、副总经理曹晓堤等四人。而南京东路朵云轩顶楼加盖的一间办公室和一个会议室，就是公司的全部办公场所。几位朵云轩同仁在这个简易房里，紧锣密鼓地筹办第一场拍卖会。

为了筹办朵云轩首届书画拍卖会，业务人员几乎全体出动，到全国各地征集拍品，但收效甚微。如今习以为常的艺术品拍卖在当时并不为国内大众所熟知，人们还是习惯于银货两讫、当场买断的传统做法。对拍卖公司先收下物品，拍卖成交结算后支付货款，拍品拍不掉再退还物主的做法，很多人不理解、不适应。尽管朵云轩业务员兵分两路分别到杭州、南京、扬州、镇江、常州、苏州，以及北京等地征集拍品，但拍品总量不尽如人意，拍期将近而拍品量仅近百件。于是朵云轩门市和库存的一些书画精品被调来补充拍品，其中包括张大千的《晚山看云图》、任伯年的《花鸟虫草册》和蒲华的《设色山水册页》。最后，连征集带补充共有 155 件拍品上拍。

为了敲好“第一槌”，朵云轩特邀上海大学的徐建融教授担任艺术顾问，并负责图录资料编辑；请上海书画出版社编辑张雄先生进行图录版面设计。图录印出后，朵云轩拍卖公司在香港举办了部分拍品的预展，在北京、深圳两地举行拍品巡展。为了使社会公众更多地了解拍卖形式，朵云轩还在上海社科院举办拍卖知识系列讲座，运用海内外相关的拍卖资料，由徐建融、祝君波及曹晓堤主讲。这应该是国内最早的艺术品收藏和拍卖培训。

除了以拍品巡展和拍卖知识培训来招徕客户外，朵云轩还做了重要收藏家诸如中国香港地区的张宗宪先生、罗仲荣先生，新加坡的杨启霖先生等重点客户的工作，也得到了他们很大的支持和帮助。为了多做客户工作，朵云轩还加大了图录投送力度，当时印了5 000册图录，尽可能发送到有需要的客户手中，同时有针对性地进行招商。图录发出去后，朵云轩也做了很多宣传，引起了海内外人士的关注。

著名记者谷苇先生在《文学报》发表的《艺术品拍卖纵横谈》长篇述评，醒目的题记写道："朵云轩艺术品拍卖公司春拍即将开槌。此前，北京、深圳、西安的艺术品拍卖成绩不甚理想。上海此举成耶？败耶？——人们关心着。"余传诗先生写的另一篇长文《朵云轩，你能启动这个市场吗？》刊发在1993年6月17日的《光明日报》上。这些，都反映了人们的期待和担忧。

引入海外的拍卖方式不能照抄照搬，比如在香港参加拍卖的登记手续比较简单，另外，成交确认以英国式的拍卖师记录为凭的方式，在大陆也显然行不通。朵云轩开创性地设计了具有"中国特色"的两个办法，一是领牌登记凭身份证或护照，并复印存档；二是设计了"成交确认书"，落槌后当场填写，由竞买人签名备份。有了本人的签字确认，在以后的钱物交割或法庭诉讼时就有了过硬的凭证，可以省却不必要的麻烦。这两个方法获得了很好的效果，也为后来全国各家拍卖公司所沿用。

1993年6月20日，经过多月精心准备的"朵云轩首届中国书画拍卖会"在静安希尔顿酒店二楼宴会厅举行。下午1点30分拍卖会开槌之前，酒店大厅人头攒动挤得水泄不通。竞买号牌被领走120多个，相对于155件拍品这个领牌比例是非常高了。当然还有更多的人是来观摩，来看热闹的。酒店外85元一张的拍卖会门票已经被黄牛炒过了百元，场内400个席位早早便座无虚席。知名艺术家谢稚柳、程十发、陈逸飞，文物界精英荣宝斋米景扬，瀚海秦公，嘉德王雁南、甘学军，苏富比溥文，佳士得袁小姐；兰馨蔡国声等都亲临现场。座位不够，很多专家只能席地而坐。

拍卖会第一号拍品丰子恺《一轮红日东方涌》轴从四万元起价，在竞拍声中一路走高至12.65万港元，谢稚柳先生登台敲下开拍第一槌，全场响起雷鸣般掌声。该拍品被香港收藏家张宗宪先生竞得。接着，各位藏家对心仪的拍品竞价不止，在拍卖第102号张大千《晚山看云图》轴时再掀高潮，从80万元起拍，一直争抢到130万元落槌，加上佣金以当时的天价143万元成交。这是新中国成立后第一件过百万元的拍品，引得全场轰动。其后第119号拍品任伯年12开《花鸟草虫册》从24万元抢到95万元落槌，加上佣金以 104.5 万元成交。一场拍卖会竟有两件书画拍品超过百万元成交，这在当时几乎是不可想象的，朵云轩首拍便创造了历史。

朵云轩首届拍卖会为吸引世界各地的收藏家，使用的计价单位是港币。整场拍卖会 155 件晚清迄现当代名家书画精品，被专程前来竞拍的台、港、澳及内地买家竞得 117 件，成交总额为 829.73 万港元，成交率高达 75.48％。

这场拍卖不仅是上海开埠 150 多年来举办的首场大型文物艺术品国际拍卖会，也是中国内地第一次专业的文物艺术品拍卖会，其场面之壮观，气氛之热烈，竞拍之激烈，令人瞩目。这场拍卖会后来被人们冠以中国大陆文物艺术品拍卖“第一槌”，被誉为“具有中国艺术史上里程碑的意义”。

但是也有些不同的声音，认为朵云轩拍卖不是“第一槌”，理由是之前在 1992 年 10 月 3 日及 11 日，深圳市动产拍卖行在深圳博物馆举办了“首届当代中国名家字画精品拍卖会”、北京市文物局等主办由北京市拍卖市场执槌的“1992 北京国际艺术品拍卖会”相继举行。

若从单纯的书画拍卖角度而言，似乎朵云轩首拍还在上述两家拍卖之后。但我们不能忽略了作为专业的艺术品拍卖会所必须具备的相应条件，朵云轩不仅是中国大陆第一家正式注册的专业艺术品拍卖公司，引进了国际通行的艺术品拍卖方式，而且还特地汲取了业内各方专业人士的建议，制订了拍卖业务的相关规程（这些规程后来成为大陆艺术品拍卖行业最早的规则）和拍卖操作办法，同时朵云轩作为一家具有经营中国书画 90 余年历史的老字号，拥有一支资历渊博业务过硬的鉴定专家队伍、丰富的书画库藏和广大的客户群体，在当时具备他人所不具备的竞争要素。而当时上海市政府的全力支持和鼓励也是个很大的动力，最难忘的是汪道涵先生不仅亲自出席拍卖公司成立大会及首拍后的庆功宴，还在之前或之后，多次找朵云轩的同志到其家中交谈，给予很多指导。

专业的艺术品拍卖公司，专业的艺术品审鉴人员，规范的拍卖流程和方式，拍卖会的高成交额和高成交率……朵云轩首拍成就了一场专业和规范的艺术品拍卖会，向社会公众奉献了一场令人回肠荡气、回味无穷的艺术品饕餮盛宴。因此，朵云轩首拍被业内视为“中华艺术品拍卖第一槌”可谓实至名归，无可争议。

朵云轩成功敲响第一槌，不仅使世人看到中国文物艺术品拍卖市场崛起的无限希望，更如同一拍激起千重浪，之后，中国嘉德、北京瀚海、北京荣宝、中商盛佳及四川翰雅等各地拍卖公司纷纷创立，拍卖市场出现了百舸争流的局面。

朵云轩首拍的成功不仅在业界引起极大的反响，媒体在拍卖后也给予了充分的报道。当年7月3日《解放日报》发表的由该报记者胡国强先生采写的长篇特稿《槌声响起——记朵云轩首届中国书画拍卖会》，给人留下深刻印象。文中写道："大陆艺术品拍卖业是在政策开放中刚刚起步的。朵云轩首届书画拍卖会虽然比北京、深圳、西安等地晚了一拍，但它却是最成功的，对大陆艺术品市场的形成，意义不可估量。""我们相信，只要改革开放不断推向进步，中国的艺术品市场终究会逐步形成并走向成熟。当这一天来临的时候，请不要忘记1993年6月20日，上海静安希尔顿酒店这紧张激烈、动人心魄的一幕。"胡先生对朵云轩首拍的定位及其意义的预测是极其准确的。说来也是有缘，估计当年连胡先生自己也不曾料到，15年后的2008年8月他成为朵云轩的上级主管单位——上海文艺出版总社的党委书记，翌年9月，以胡国强等组成的文艺出版总社的领导班子，启动了朵云轩与上海书画出版社的分立，朵云轩开始了自己新的发展历程。

朵云轩首拍后，成立于1993年5月的中国嘉德国际拍卖有限公司，于1994年3月举行首届大型春季拍卖会。1994年2月北京瀚海艺术品拍卖公司成立，并于同年9月18日举行首场拍卖会。

1994年7月，国家文物局发布《文物境内拍卖试点暂行管理办法》。

1995年6月，中国拍卖行业协会在北京成立。同年12月15日，国家文物局批准，在中国嘉德、北京瀚海、北京荣宝、中商盛佳、上海朵云轩、四川翰雅等六家企业实行文物拍卖直管专营试点。

1996年7月5日，八届全国人大常委会第二十次会议审议通过《中华人民共和国拍卖法》，于1997年1月1日正式实施。

2002年10月28日，九届全国人大常委会第三十次会议审议通过修订后的《中华人民共和国文物保护法》，自公布之日起施行。2003年7月1日，《文物保护法实施条例》颁布施行。

2003年6月19日，国家文物局颁布《文物拍卖管理暂行规定》，7月14日实施。

2011年9月，中国拍卖行业协会根据拍卖业首个行业标准《文物艺术品拍卖规程》

(SB/T10538—2009),启动了“第一届中国文物艺术品拍卖标准化达标企业评定”工作。2012年,朵云轩拍卖公司成为首批44家达标企业之一。

2013年,朵云轩拍卖公司获评中国拍卖行业AAA级企业。

2014年,朵云轩拍卖公司获评上海市拍卖企业信用资质等级5A级拍卖企业。

目前,上海朵云轩拍卖有限公司是中国拍卖行业协会艺委会副主任单位、上海拍卖行业协会艺委会主任单位。

五、朵云轩的重要拍卖

综观20余年来的朵云轩拍卖史,与整个中国大陆的文物艺术品拍卖史相互交织和促进。20世纪90年代中叶,在全国文物艺术品拍卖公司呈星星火燎原之时,朵云轩也曾探索大陆拍卖与境外拍卖联动模式。1996年年初及年中,朵云轩与“台湾甄藏国际拍卖公司”曾两次以电话连线形式合作,在上海举办该公司拍卖会的分会场。年初的一次分会场设在希尔顿酒店,年中的一次分会场设在海仑宾馆。上海的拍卖客户在分会场举牌,由连线电话报价到台湾拍卖会现场。当时的连线拍卖合作是由祝君波与甄藏公司法人刘国基谈成的。现在回想起来,在网络还不发达的年代,这样跨境合作的事例不说绝无仅有,可能也是凤毛麟角。这说明朵云轩拍卖公司在创办并成功立足后,追求新发展的尝试也是多方位的。

1993年6月的朵云轩首拍,便创造了两件拍品成交额过百万元的佳绩,这也是中国书画在大陆拍卖首次出现的百万元拍品的记录。此后,朵云轩在拍卖中坚持发挥自己中国书画拍卖的强项,曾创出不少新纪录。

2003年初我国遭遇“非典”肆虐。年中“非典”过后,原先蛰伏的艺术品市场突然爆发,画廊与拍卖业迎来转机。这年12月18日结束的朵云轩2003秋季拍卖会经过两天的激烈竞价,收获了朵云轩10年来单场拍卖会及单件拍品成交的最高纪录。拍卖会成交总额8 636万余元,第835号拍品倪田120开《摹任熊大梅诗意册》以880万元成交。

不经意间,中国文物艺术品拍卖市场经历了栉风沐雨的10年,从初期的热情迸发,到而后的市场低迷,拍卖业经历了从感性到理性,直至循序渐进的发展。朵云轩拍卖公司作为国内首家专业艺术品拍卖公司,见证并经历了这10年的坎坷,成就了自身应有的执业操守。由朵云轩拍卖公司推出的拍品，无论其品质的可靠性，还是内涵的艺术性及其所包含的市场价值的准确定位，都得到业内人士的一致认可。

10年来，文物艺术品拍卖企业由最初限定审批的全国六家到全面放开，市场竞争异常残酷且日趋激烈。朵云轩拍卖以专业稳健的经营理念、规范公正的运作实践，始终行进在中国文物艺术品拍卖行业的前列，由此也名登世界上公认的中国几家大的有公信力的专业艺术品拍卖公司的行列。

2004年对于朵云轩拍卖公司而言是值得记上一笔的。

这年3月14日收槌的朵云轩第28届艺术品拍卖交易会，经过三天的激烈争夺，总件数2 246件拍品的拍卖会总成交额达2 800余万元，总成交率高达98.2%，均创朵云轩拍卖有史以来小拍的新高。特别是其成交率，也是迄今为止中国书画拍卖总量超过2 000件的单场拍卖会中罕见的。接踵而至的朵云轩2004春季拍卖会，经过三天的激烈竞拍于7月1日圆满落幕，成交总额高达1.56亿元。这是朵云轩单场拍卖会成交额首次突破亿元大关。结束于12月31日的朵云轩2004年秋季拍卖会，拍卖成交总数1 488件，成交率83.7%，成交总额1.38亿。该场拍卖会值得一记的是第131号拍品明代陈洪绶的绢本《执扇仕女》轴，以1 430万元成交，创下陈洪绶单件作品的最高价，同时也刷新了朵云轩艺术品拍卖会单件拍品最高价纪录。

2004年，朵云轩拍卖公司进行了改制，公司名称由上海朵云轩艺术品拍卖公司更改为上海朵云轩拍卖有限公司，拓展了原先专注于艺术品的经营范围，并改制成有限责任公司。另外，注册资本也由原来的1 000万元增至1 100万元，除原股东上海书画出版社外，增添了新股东——书画社的上级主管单位上海文艺出版总社。

随着2003年下半年艺术品市场的爆发，2004年对于整个文物艺术品拍卖行业来说，酝酿着一种行业结构乃至布局的重大变化。北京保利、北京匡时、浙江西泠印社等拍卖公司应运而生，翌年上述三家公司都举行了首拍。从此，全国文物艺术品拍卖版图完成重构，拍卖业进入了更加激烈的群雄逐鹿的战国时期。集腋成裘，北京地区开始逐渐确立其市场优势地位，并形成全国拍卖高地。

2005年秋拍至2009年春拍是大陆文物艺术品拍卖市场的盘整期，各拍卖公司使出浑身解数应对整体疲软的市场，朵云轩拍卖公司也不例外。其间，朵云轩拍卖的亮点是于2007年12月23日结束的公司成立15周年庆暨2007秋季艺术品拍卖会。该场拍卖会的古代书画专场中，第661号拍品郑板桥的《劲节清风》轴拍出了896万元的高价，第689号拍品李鱓的《富贵多寿》轴拍出了470.4万元，分别创造了郑板桥和李鱓作品成交价的最高纪录。

承接2009年秋拍开始的拍卖市场的复苏趋势，2010年6月30日收槌的朵云轩春季艺术品拍卖会，总成交额达30 561.82万元，是朵云轩拍卖首次突破三亿元大关，成交率83%。两天的拍卖会共推出14个专场1 967件拍品。新设的古今印谱专场，是全球首个印谱拍卖专场，涵盖了明清、民国乃至当代精品印谱，时间跨度约500年，琳琅满目的各种印谱犹如一部浓缩版中国印谱发展史。不管市场风云如何变幻，拍品为王、品质为上始终是朵云轩拍卖追求的目标。2010年春拍显示了朵云轩拍卖在专场拓展和板块设置上的初步尝试，效果是明显的。

2011年7月4日收槌的朵云轩春季艺术品拍卖会，以6.47亿元的总成交额创下朵云轩拍卖新的历史纪录，也是朵云轩单场拍卖会成交总额首次超过六亿元关口。书画名家拍品连创新高，其中第273号刘海粟的《黄山云海》镜片以3 852.5万元的破纪录成交价在2 000多件拍品中拔得头筹，不仅刷新了朵云轩拍卖19年来单件拍品的成交纪录，同时也创造了刘海粟个人作品的最高纪录；第279号郭沫若巨幅书法作品《行书毛主席词》镜片拍出1 955万元，第95号岭南画派代表人物黄幻吾的《幽壑飞瀑》镜片拍出161万元，第98号郑午昌的《万壑松风》轴拍出471.5万元，第385号应野平的《三峡壮游》镜片拍出391万元；2011年是朱屺瞻先生诞辰120周年，由其家属提供的老人百岁作品第45号拍品《异味谁赏卷》拍出356.5万元，上述价格均创出作者个人作品新的成交纪录。第1182号拍品吴昌硕的《富贵神仙》轴也以858万元的高价拍出；第251号拍品陈佩秋的《朵朵红》镜片经过几十轮激烈竞价以253万元成交。吴湖帆、关良、钱松喦等海派名家作品的表现也可圈可点。在油画雕塑专场中，第1753号拍品杨飞云的油画《同行》以1 092.5万元的成交价拍出其个人作品的第二高纪录，第1754号拍品刘孔喜的坦培拉木板作品《青春纪事之六——离离原上草》以391万元创出其个人作品价格新高。诸多中国书画、油画作品连创纪录，为当年的中国艺术品市场增添了绚丽的一笔。

在拍卖市场连年走强的背景下，各种资本争先恐后进入艺术品收藏领域，资本逐利性的无限放大，使得一些拍卖公司违规手段迭出，虚假拍卖风行，一场拍卖会的巨额成交额与实际缴税额严重不对称，致使中拍协于2011年6月上旬紧急约见有关拍卖机构，工商财税部门也介入调查。朵云轩作为艺术品拍卖业为数不多的国有拍卖企业，始终坚守自己的道德底线和社会责任，坚持依靠规范和真诚取信客户、开拓市场的经营战略，以真实拍卖吸引各方客户近悦远来，聚集起稳固的市场人气。

2012年是朵云轩拍卖公司20周年华诞，作为中国文物艺术品市场发展的参与者和见证者，20年来朵云轩一直走在中国文物艺术品市场，尤其是海派艺术市场的最前端。虽然正值沪上寒风凛冽的严冬时节，但拍卖会举办地的四季酒店内火热异常，观展人群络绎不绝，藏家、媒体、艺术品爱好者共襄盛事。而拍卖现场气氛也堪称火爆激烈，号牌你落我举，拉锯战时时上演，走道内站满了各路买家，仿佛回到了艺术品市场最鼎盛的时期。其中，第402号拍品张大千青绿山水绢本《烟江叠嶂》轴及第415号拍品吴湖帆《临韩滉五牛图》手卷分别以5 232.5万元、2 012.5万元成交。第380号拍品江寒汀4本100开《百鸟百卉册》以1 403万元成交。莅临现场的买家都由衷赞叹："姜还是老的辣，朵云轩真的太牛了！"值得一提的是，朵云轩20周年秋拍首开邮品钱币专场，成交额1 790.25万元，成交率高达96.23%，为朵云轩拍卖进军新门类开了个好头。

2012年12月27日，新华社刊发记者孙丽萍女士的文章《拍卖，唯诚信！——朵云轩拍卖公司20年启示录》一文，从"敲响'第一槌'、竖'诚信'招牌""鉴定艺术品真假是'大是大非'""坚守艺术和学术的'风雅'"三个方面揭示了朵云轩拍卖公司以诚信和规范经营作为自己安身立命的根本，从而在拍品品质把关、拍卖真实成交、尊崇艺术内涵诸多方面赢得藏家和社会公众的信赖，成为中国艺术品拍卖市场真正的"验金石"和"定海神针"。文章引发社会和收藏界广泛关注。

在2013年7月9日结束的朵云轩春拍中，第86号拍品《高立千年》轴是齐白石1946年写赠国民政府张镇将军的松鹰图，尺寸为296×70.5厘米，是老人一生罕见巨制，一展其苍莽雄健的笔力和拙朴厚实的气息，经反复竞价，以8 050万元创下该年上半年全国书画单件拍品的最高价，也一举刷新朵云轩单件拍品成交价的历史纪录。

2013年6月，朵云轩拍卖公司为应对市场严峻挑战，整合资源自我加压，组建朵云四季部承担每年四次的小拍工作。朵云四季首期拍卖会于同年9月举行，推出拍品

1 300 余件，成交总额 2 155 余万元，在整个市场低迷的情况下取得开门红。

2014 年，面对宏观经济面的不确定性、市场银根紧缩、竞争加剧以及整个拍卖市场白热化的竞争等外部压力，朵云轩及时调整拍卖业务策略，聚焦精品，深挖海外私人收藏，成功征集到一批优质拍品。其中，香港著名收藏家朱昌言先生所藏书画，特别是一批数十年深藏不露的吴湖帆作品，来源清晰极为珍罕。朵云轩拍卖公司精心策划，量身定制了两个朱昌言藏品专场，并首度在上海、杭州、厦门、北京等四地举办春拍精品全国巡展，充分利用微信、网站等社交新媒体，主推朱昌言藏品，在社会上产生广泛影响，达到了未拍先热的效果。

2014 年 6 月 27 日下午，朱昌言藏书画专场开拍，场内座无虚席，过道也挤得水泄不通，中央电视台、新华社、上海电视台等主流媒体早早到场，等候见证激动人心的时刻。首件第 301 号拍品程十发《锦葵双鸽》轴开拍即引发激烈争夺，最终以 115 万元成交；第 315 号拍品谢稚柳佳作《策杖访友》轴仅 2 平尺，以 50 万元起拍，以 471.5 万元易手；其后，张大千、吴昌硕等名家精品也轻松拍出过百万元高价。最终，专场 79 件拍品无一流标，全部成交。随后登场的朱昌言藏吴湖帆书画专场，荟萃了这位海派大师难得一见的山水、花卉力作，场内叫口不断，高潮迭起。三件吴氏精品——第 415 号拍品《大龙湫》轴、第 416 号拍品《花卉》屏轴四件、第 417 号拍品《荷花鸳鸯》轴接连登场，受到场内外买家激烈拼抢，分别以 1 150 万元、1 437.5 万元、1 035 万元成交。短短十多分钟内，不仅诞生三件千万元级拍品，而且每平尺单价超过 500 万元，不仅为吴氏作品的市场价格标出新高，更彰显出朵云轩百年品牌魅力。在全场热烈的掌声中，这一专场不负众望，再创“白手套”佳绩。朵云轩推出的朱昌言藏品专场，成为当年全国中国书画春拍的最大亮点。在朱昌言藏品专场完美表现的带动下，朵云轩春拍在不利的市场形势下表现稳健，喜讯不断。如金石缘专场，第 1329 号拍品吴昌硕刻李国松自用田黄章以 253 万元成交，第 1409 号拍品 61 克极品黄金黄田黄素方章更是以 460 万元高价成交，轰动金石界。

六、朵云轩拍卖的台前幕后

常言道，聚沙成塔，集商成市。一个繁荣市场的基础，必定是众多行业的兴盛，拍卖也不例外。上海地区的文物艺术品拍卖在新世纪前后曾达到过自己的高峰，在全国名列前茅。那时，上海许多老的艺术品拍卖公司各显神通，新的拍卖公司相继成立，文物艺术品拍卖你追我赶，达成众人拾柴火焰高的喜人局面。而后，与朵云轩几乎有相仿艺术品经营背景的上海文物商店与市文物管理委员会合作，创建新的专业艺术品拍卖公司，更是在上海地区形成朵云轩与之两强争雄的市场格局。

可是近年来，上海地区的文物艺术品拍卖业绩与全国拍卖市场的第一方阵渐行渐远。上海作为全国经济最发达地区，竞争要素齐备的艺术品市场理应创造出令人期待的拍卖业绩。可是，或许是上海人浸入骨髓的市场规则意识和理智秉性，不适合疯狂的炒作和虚幻的泡沫，或许是上海艺术品拍卖市场本身还有待于真正意义的健全和完善，近十年来随着艺术品拍卖的一轮轮热潮，文物艺术品落槌天价迭出，上海地区整个文物艺术品拍卖业绩不升反降，不少专业艺术品拍卖公司的偃旗息鼓，加之原先以物资拍卖为主业旁及艺术品拍卖的公司在严峻市场中的无法作为，上海文物艺术品拍卖市场份额随之不断萎缩。陷入了本地藏家不送拍上海的拍卖公司，国内乃至境外高成交额的艺术品是由上海买家收入囊中的令人深思的怪圈。

与此同时，北京地区新的大型专业艺术品拍卖公司的高调创建、文物艺术品拍卖纪录的不断刷新，市场的集聚效应终于显现。北京，以顶级文物艺术品上拍率的不断提升和远高出各地的拍卖成交额傲视全国拍卖市场。上海，虽然握有文物艺术品拍卖的先机，但整体市场的衰落，只能无奈目送文物艺术品拍卖中心的北移，北京渐成文物艺术品拍卖高地。

在香港地区，佳士得、苏富比两大拍卖行始终坚持其高端艺术品经营路线，其中国文物艺术品的成交额和成交率依然雄冠港地艺术品拍卖市场。

北京、香港及长三角地区成为目前国内文物艺术品拍卖市场鼎足而三的地区。

时光如白驹过隙。我们把目光回溯到朵云轩拍卖公司创办初期。那时祝君波兼任董事长、总经理，配以懂专业的业务副总经理，可以说朵云轩拍卖的经营是祝君波“大胆落墨”，业务副总“小心收拾”，形成了互为表里、相得益彰的经营架构。公司的拍卖业绩处于行业第一方阵。祝君波 1999 年起除担任上海书画出版社的社长、党委书记外，又兼任上海人民美术出版社的社长、党委书记，到了 2000 年 9 月又被提任为上海市新闻出版局副局长。无暇分身的祝君波及时找来了 80 年代中期从朵云轩离职赴日本深造的张荣德先生担任拍卖公司的总经理，负责拍卖公司的日常经营。

从朵云轩拍卖公司的几任业务老总来看，张荣德更像是个职业经理人，这可能是其在日本的读书生活和字画鉴定生涯的经历所形成的特质。张荣德是聘用合同到期后自然解聘的。继张担任公司业务主管的是公司一位副总经理。其中还有个插曲，2005 年初改制后的朵云轩拍卖公司向社会公开招聘业务副总经理，曾有数人应聘，最后选择了一位懂行的外地文物商店的副总经理担任公司的业务老总。新任业务副总经理承担了当年的春拍工作，春拍过后估计是无法融入或者说是不能适应当时的公司氛围，同年 9 月该副总从公司离职，之后其担任了初创的北京保利拍卖公司的副总经理。

外引专业人才的不成功，公司又恢复了在内部选择业务主管的办法，还是由原来的副总经理继续接手公司的业务工作。2009 年初，公司董事会按照新的经营要求聘任了一位没有任何经营管理经验但业务审鉴能力较强的业务员担任业务副总经理。新任业务主管励精图治，又恰逢拍卖市场步入“牛市”，公司拍卖业务风生水起，创造了好多公司的新纪录。2013 年春拍后，该业务副总经理因个人原因离开业务岗位，同年 10 月递交辞职报告离开了朵云轩。

公司业务主管的不断变更，不仅对公司整体业务架构的确立和达成经营理念是不利的，其造成的直接后果便是公司缺乏连贯的经营目标和业务架构的不完整，更麻烦的是每次随着业务老总的变动势必被带走或丧失一批核心客户。这些对于一个竞争性极强行业中的拍卖公司是致命的。这或许是朵云轩拍卖公司这些年来与行业第一方阵渐行渐远的原因之一。

进入新世纪以后，随着人们生活水平的提高，大城市特别是经济发达地区，人们在酒足饭饱之余，热衷于收藏艺术品，有的将之作为股市、房市之外的新的投资项目。加上媒体的推波助澜，原先小宗的艺术品收藏一下子成为全民关注的热点。目前大陆的艺术品拍卖机构犹如过江之鲫，层出不穷。据中国拍卖行业协会统计，截至 2017 年底，不计台港澳地区，全国文物艺术品拍卖公司多达 525 家，较 2016 年净增 74 家，企业规模仍呈持续增长态势，上海地区有 64 家。

朵云轩拍卖公司从创办之初到现在都是完全的国资企业，国营体制具有得天独厚的优势，但毋庸讳言受制于体制、机制的局限，朵云轩拍卖公司在竞争中手脚难以伸展，在经营手段方面绝不似其他所有制的拍卖公司那样可以腾挪变化。

比如，根据中拍协自2011年起每年公开发布的对上一年度文物艺术品拍卖市场的《统计年报》，2010年以来，在全国同行中朵云轩拍卖公司的所得税贡献基本排在前六位，在拍卖成本耗费可控的情况下，所得税额一方面说明公司的盈利水平，另一方面也说明作为国有企业所承担利润指标是必需的。这与民营或个人承包的企业账面上税前利润不高，但个人或企业都过得很滋润可谓天差地别。

又比如，在拍品征集中常常会碰到委托方提出的各种苛刻条件，如“买断”、如“保底”（也是一种买断，与先期买断的差别在于拍卖事后，即拍卖场上没有达到委托人底价的，拍卖公司应以底价买断），如“负佣金”（委托人不但不付佣金，还要求在拍品成交结算后获取买方佣金的一部分）。拍卖公司作为中介平台，根据法律规定是不能买断的，也不可能“保底”，但民营或个人承包的拍卖公司可以个人名义买断然后上拍，或者权衡整批拍品征集效果而同意保底，对其而言钱都是自己的，无非是这个口袋到那个口袋，只要总体盈亏达到预设目标即可。而国有企业的资本金是国家的，个人不可能越俎代庖；另外国企人员不能去做违法的事，这是底线。对于负佣金，民营或是个人承包的企业都能做，道理如上述，但国企不可能做。对于国企的财务审计是完全按照公之于众的法律和拍卖规则来的，负佣金不但是违规的，而且还存在“国资流失”的严重问题。

再者，国有企业强调“三重一大”原则，简单地说即重大事项或大额资金使用必须上会确定。而在实际经营工作中，市场经济时间就是金钱，时机稍纵即逝。这或许又可从另一方面说明朵云轩拍卖的应变能力不及其他所有制拍卖企业的原因。

在拍卖行业竞争异常严酷的今天，一个公司拍卖业绩的高下和影响力往往取决于拍场上重量级拍品的多寡，一些能造成社会热点的拍品必定是各家拍卖公司趋之若鹜的，而往往在这些拍品的征集方面，朵云轩总是逊人一筹，其个中原因不言而喻。

逆水行舟不进则退。近10多年来，朵云轩拍卖因自身的各种原因使得关键的业务活动丧失先机，拍卖业绩随着上海文物艺术品拍卖的整体下滑而逐渐步入慢车道，本身体制机制的短板和孤掌难鸣的无奈，错失了公司更进一步发展的大好时机。

七、朵云轩拍卖的重要意义

前面，我们简略回顾了上海朵云轩拍卖有限公司不管是作为企业个体，还是作为中国文物艺术品拍卖市场20多年来跌宕起伏发展的重要组成部分，从中都有许多值得研究和思索的地方。

每个能在历史上留下一笔浓墨重彩的故事，都有其内在的发展逻辑和独到之处，朵云轩拍卖也概莫能外。朵云轩之所以能够成就“中华第一槌”，既有其企业经营理念创新和敢为天下先的勇气，也有天时地利人和的协调关照。前面所叙述的时代背景可谓天时，朵云轩在业界的影响力及其专业资源(包括但不仅限于人脉、藏品、专业人才)、上海经济蓬勃发展的区位优势是谓地利，而上海市政府领导及有关部门的关心支持以及社会公众的热情参与才是真正的人和。

朵云轩拍卖“中华第一槌”的横空出世，及其之后朵云轩拍卖公司参与起草、修订的中国文物艺术品拍卖行业的诸多规程、规则，无不彰显着朵云轩拍卖对中国文物艺术品拍卖市场筚路蓝缕的开拓之功，朵云轩拍卖开启并引领了中国文物艺术品拍卖市场波澜壮阔的发展历程，这是社会和行业的共识，毋庸置疑。

回首中国大陆文物艺术品拍卖行业25年的发展历程，朵云轩拍卖作为先行者和参与者，同样伴随着拍卖市场的不断发展进步而逐渐成长。朵云轩拍卖的成长和发展，一方面受益于市场的充分竞争和沪地艺术品收藏的丰厚传统，得益于朵云轩百年品牌的影响力，另一方面也是朵云轩拍卖公司长年来始终秉持诚信规范的企业运作，秉持公开公平公正的行业原则，秉持专业审鉴和业绩求实的职业操守，竭力奉献品质上乘的拍品，竭力提升服务质量等多方面努力的结果。朵云轩拍卖正是以自律、真诚和稳健的经营风格获得众多藏家和业内人士的信赖，为推动中国文物艺术品拍卖市场的规范和繁荣，推动买家及收藏家队伍的不断发展与壮大，起到了行业标杆引领和压舱石的重要作用，从而赢得自己在社会上举足轻重的重要地位。

目前，朵云轩拍卖专场主要偏重于中国书画，拍卖门类相对狭窄，专场数屈指可数，单场拍卖会的成交额在全国同行中已经跌出前10之外。面对文物艺术品拍卖市场无所不用其极的残酷竞争手段，浸润于自己百余年的历史传统，朵云轩人坚守底线，不受任何利益诱惑，努力维护自己的品牌口碑，以真实打造拍卖业绩。

从中拍协已经连续公布八年的对各文物艺术品拍卖公司多项经济指标进行统计的数据来看，朵云轩的年度成交总额虽然差强人意，但公司的各项经济指标与自己的拍卖实绩基本吻合，大致名列全国前六至八位。2018 年 8 月 9 日公布的《2017 中国文物艺术品拍卖市场统计年报》披露，在全国 525 家文物艺术品拍卖企业中，朵云轩拍卖公司的纳税总额列全国第八，主营业务利润列全国第六。

作为市场经营主体的朵云轩拍卖公司，在风云诡谲的市场中，如何审时度势确立合乎市场发展趋势的经营目标，如何在困境中奋起，重塑“中华第一槌”的风采，必将是朵云轩人必须直面的重要课题。我们绝不会自馁，更不会妄自菲薄。我们将继续秉持主动创新的理念，努力改善经营及业务模式，积极克服自身存在的不足。

朵云轩拍卖公司将充分发挥自己的文化积淀和品牌优势，深入挖掘艺术品经营的人文内涵，依托朵云轩（集团）拥有的收藏研究、营销拍卖、印制展示、电子商务、培训教育等多种功能和相对完善的产业链条，努力整合博物馆、艺廊、会展、经营等各经营公司的业务力量，深化体制机制改革，借力艺术金融，在着力推进的各项艺术交流、展示、交易等活动中寻觅商机，释放自身产业潜力，深挖各种艺术资源，拓展拍卖业务板块，努力追赶同行中的先进，为上海文化产业助力，一步一个脚印奋力拼搏，致力于以自身实践切实再造朵云轩拍卖新的辉煌。

明止与藏砖

朱明岐

我叫朱明岐，1959年出生。原住嘉定方泰，为配合上海国际赛车场建设，举家迁至嘉定西门。父亲自幼务农，但上过私塾，能拉二胡，喜欢书法，有一点书卷气。我从小取名“明其”。进漳浦小学就读，教语文的许老师在宝鸡岐山当过兵，曾是一位“武士”，却有文化。他说，“其”是代词，无实义，让我改为“明岐”，取“凤鸣岐山”之义。1975年，正值“文革”时期，户籍登记员来核查户口，可能是听惯、说惯、写惯了“路线分歧”之类政治术语的缘故，把我的名字写成了“明歧”。

不久，国家恢复高考，我侥幸考中。继而改革开放，全民经商，我也卷入这个大潮，开厂置业。又因家母曾罹患恶疾，酸疼不已，我平时就致力医药不懈，依据磁生物原理，发明了曼吉磁贴，为国内第一，荣获国家专利，这一发明历经八年，经过数百次试验才获成功，差点把中试室都烧掉。然利之所在，纷争随之而来。不久遭到侵权，不得已通过法律诉讼来维护权益……弹指之间，这些已经是25年前的事情。

20余年来，栉风沐雨，内外奔波，身心俱疲，积累了一定的家底，然而身在商海，总感到与我的素志不合。经商之余，以收藏古籍为乐。有一次，在西泠印社的古籍拍卖会上，为了得到一个善本而与竞拍者争夺，竞价一路飙升，全场气氛紧张，开始时志在必得，不知何故，忽然觉得冥冥中有一个声音在耳边回响：“为何不知止呢？”顿时醒悟，放弃举牌，并且陡生改名之念。当初我的名字叫“明歧”，含有“文革”时代的印记，同时另外可以解释为“多歧亡羊”，典出《列子》。想追回亡羊，就要认清正确的道路。20年来，我兢兢业业，为了追回被“文革”耽搁的光阴，不断地补习进修，大量看书，不断地努力，闯出了一番事业，现在应该适可而止，在文化事业上做一点心里想做、而由于条件限制未能做的事情了。为了鞭策自己，拟把自己的名字“明歧”改为“明止”。然而改名的手续十分繁复，户籍变更，加上社会上各种关系对新名字的不熟悉给企业经营带来的众多麻烦，不是自己心里想改就可改成的。不得已，只好命名自己的堂室之号为“明止”。我的书法老师，著名书法家刘小晴先生欣然给我题写了一块“明止堂”匾额，悬于室内，朝夕晤对，以示警策。

改革开放以来，中国取得了令人瞩目的成就，成了世界第二大经济体，让世界为之惊叹，中国人的物质生活也得到了极大的改观。我是改革开放的受益者，曼吉磁贴公司作为一家私营有限责任公司是第一批在上海市领取工商执照的，从这个角度来说，我也算是第一批富起来的人。经济条件的改善，为文化生活的提升创造了条件，我在物质财富上的“明止”，也为广阔的精神世界开启了大门。最早是涉足古籍收藏，至今藏有万卷古籍，其中还有不少宋元佳刻。古籍与我是有情缘的，我家的老宅有一间是土改时从地主那里分得的，在后来的翻修过程中从宅子的笼梢里取出了很多古籍。当时我年龄很小也看不懂这些书，加上那个特殊时代这些书属于“封资修”，家中是不能有这些书的。听说新华书店收购这些书，我与二哥朱明荣一起把这些旧书担到上海福州路古籍书店，地磅秤上称重卖掉。但这些书对我的影响极大，当手头一宽绰我就想到要买古籍，买回我少年时失去的梦。我出差时经常去冷摊，一见到古籍就买下，后来古籍有了拍卖会我也常去拍卖。古籍中有不少是金石类的书，这些书中有大量的古砖图版或拓片，我也不知道什么原因，我对这些古砖特别有兴趣，也许是我曾经跟着我大哥做过一段时间的泥瓦匠，与砖打过交道，自然有一种亲近感。记得 1995 年我从湖州到安吉推销曼吉磁贴，颠簸了四个多小时，其间走访了不少乡镇卫生院。就在此途中的一个厕所解手时，无意中环顾四周，忽见有一个砖上似有文字，解手完毕我走近仔细察看，的确是一块古字砖，上面清晰模印着“万岁不败”四个字，而且与我所收藏的古籍《千甓亭古砖图释》记载一致，当时我惊喜万分。随即请了当地农民把它挖了出来，付了 50 元钱就拿回了上海，这也算是我收藏古字砖的缘起吧。后来我一边在安吉做生意，一边留意那里的古字砖，随着曼吉磁贴推广到整个江浙地区，再加上红红火火的一浪高过一浪的大规模房地产开发浪潮，农民住宅的动拆迁，我发现几乎每个地方均有古字砖，就这样我征集到了一大批江浙古字砖。其中有一块“北地傅氏”砖特别有价值，它反映了中国历史上第一次大规模的人口迁徙，史称“永嘉南渡”，它可以作为已故著名历史学家陈寅恪先生关于“侨置郡县”的实证。当年陈寅恪先生研究隋唐史时提出了这一理论，得到学界认同。但按照王国维先生关于学术研究需要“双重证据”的观点，这一理论似乎还是有一些不足之处。而字砖上的文字，正好在某种意义上弥补了这一缺憾，古砖可以证史。后来我就根据这块字砖，撰写了《北人高门望族南来会稽考》一文，刊发在《新民晚报》国学论坛上，引起了学术界很大反响。中国先秦史学会副会长宫长为高度评价说，“这是字砖研究领域的力作，现在的不少博导也恐难以写出这样的好文章”。

20多年前安吉那地方不仅是厕所里，农民的宅墙里，甚至田野里也可见到古字砖。记得那年的冬至日，湖州党校的刘老师陪同我祭拜赵孟頫墓，顺道经过安吉，就在农民的田埂上捡到了一块古字砖，我即刻到水渠沟里洗去上面的泥巴，砖上露出了“永开发”三个篆体字，经查看那是一块汉代古砖。有趣的是那个时段中国的天空里回荡着“开发区”三个字，全国到处在搞经济开发区建设，我原以为“开发”这词是现代词语，没想到在2 000年前的大汉帝国时我们的先人已经有了开发的意识。当然透过这块字砖我们依然能感到先人的伟大，它倡导的是“永开发”，是可持续开发，永续开发，似与我们这个时代的开发有所不同，甚至迥然相异，我们的开发有些地方确实过度开发，破坏生态，毁坏历史，令人生悲。不久以后，我在媒体上看到湖南大搞经济开发区，建设成绩斐然，在建设中发现了汉代古墓群。我随即奔赴永州蓝山经济技术开发区考察，一到现场远远望去，那片区域足足见到有100多个汉墓，可能抢救性考古已经结束，推土机已经推平了很多的古墓。在以经济建设为中心的时期，包括后来的高铁、地铁建设热潮中，工期要求紧迫，且线路勘定之后即使发现文物遗址，往往也难于变更避让，只能做一些抢救性的挖掘。工地上到处都是古砖，因量实在太大了，估计考古队也只取走了一些字砖作标样研究，剩下的全部废弃，现场估计有几万块古砖，狼藉一片。因我是轻装简行，能做的只是拍摄视频资料，采集以双手能拿得动为准。环顾四周，到处是抓斗机、推土机和大卡车，一望无边的古墓群裸露在空旷的地面上，一排排古砖上，图案文字隐约可见，我想仔细察看，一跃跳进墓坑里，一脚踩上了古人的头颅，踉跄一下，差点摔倒，定神一看砖上模印着汉隶“永和五年”，显然这是汉代的永和年号。在遗弃的现场我还捡到了汉代双排铭文砖三种，永康、元和等三四个品种，虽品种屈指可数，但真的是收获满满，欣喜不已，看到那么多古砖马上就要被推土机推平，悲从中来。实在是搬也搬不动，要是能够全部搬到上海去该多好啊。经查资料该古墓群是在五里坪，在其南侧约两公里处即汉代南平城故址，长沙马王堆三号墓出土的帛书地图上就标注了“南平城”。这些汉砖是多么有价值呀，古砖是文明的碎片，是历史的黑匣子，然而在压倒一切的经济建设浪潮下顷刻间灰飞烟灭，弃如敝屣，是多么可惜呀。我拍好了视频和照片，顺便给抓斗机师傅敬了一根烟，就在推土机附近又捡了几块样品砖，并恳求师傅工作之余能否把古砖收集保护起来，一块砖我支付你 10 元，就这样我征集到了近 1 000 块湖南汉砖。

经历了上述事情后，我敏锐地意识到这是收集字砖千载难逢的机遇，我停止了古籍的收藏，把时间与财力全部配置在字砖的征集上，马不停蹄地奔走四方，抓紧时间收藏，并开展研究。我清楚：沉睡千年的古砖不是每个历史时期都能大量出现的，清代的大学者阮元得到八块古砖就把自己堂号改成“八砖吟馆”，嘉定乡贤、乾嘉学派的代表人物钱大昕得到了一块古字砖就能考证出一段历史。字砖是有价值的，我内心的灵魂呼唤着我，我必须承接这一历史的使命，我不顾家人的反对，不管朋友们说古砖是有阴气的要带来霉运甚至是灾祸的劝导，“虽千万人吾往矣”。我更清楚：古砖正遭遇中国历史上从来未曾遇到的改革开放大事件。当全国范围的房地产开发热潮和地铁高铁兴建热潮，包括以前的三峡工程，后来的城市化运动结束的时候，古砖随之也将结束，再也无处可觅了。届时我们再想寻找古砖已经不太可能了。我喜欢历史，又是中国先秦史学会的理事，我也有这能力保护和研究古字砖。我有占地 50 亩的厂房，决意腾出一部分堆放古砖。

2013 年 4 月 20 日四川省雅安市芦山县发生 7.0 级大地震，震后我第一时间捐赠了绷带、石膏和曼吉磁贴产品。我以前从古籍文献中了解到雅安地区有古字砖出现，我想大地震带来了大破坏，大破坏必定带来大建设，完全有可能又要出现一大批古砖。地震后在重建家园时我去雅安作了考察，果然，震后的废墟里散落着大量的古砖。我在那里设立了古砖保护临时征集工作站，聘请了当地的老乡作代理人，每月工资 3 000 元，发动农民群众去废墟里捡拾古砖，只要有图案或文字每捡一块 10 元。经过半年时间的努力，在那边征集到了 30 多吨的古砖。由于雅安砖既厚且大，一块足有三四十斤，至今我仍不敢全部堆放到厂房楼上，怕如此之重量工厂楼板难以承受。不过好在这些砖未毁于地震与重建的推土机下。由于地震道路遭受破坏，运输十分困难，没有人愿意运送，我叫我儿子颜朱平想办法，通过他的关系拜见了运输公司老总，请求他帮忙运送这批古砖到上海，这些古砖的运输费用就花了 28.7 万。

为了保护和征集古砖，我发动公司员工参与其中，要求他们平时利用空闲时间到古玩市场上去寻觅和打听。我在湖南长沙设有公司分部，有一天分部经理小林电话我说在长沙找到了一大堆古砖。我随即奔赴长沙，原来这些古砖被一个人们称为"神经病"的中年男子收集着，这些砖都堆放在长沙古玩市场上，经我询问了解到，这些砖是长沙地铁建设中挖出来的，是明清城墙砖，上面都有文字。他告诉我，"由于地铁建设时间紧，工程大，加上这样的古砖在长沙时有发现，扔到了建筑垃圾堆里。就在前几天，长沙北正街拆出数百块砖，文物局管理人员明确说这些古砖不算文物，不值钱，因此我就把它们拉回来了"。就这样，我以 100 元一块，一次收购了近千块古砖。当时我在把砖装车时，有很多人前来围观，人群中不知谁冒出一句："神经病"遇到"神经病"。我呵呵一笑，心想：今天我这个"砖痴"确实遇到"神经病"了，我还真希望中国人多一点这样的对古字砖有保护意识的"神经病"。其实不要说长沙的城墙砖，中国长城砖的命运也一样。在特殊时期，长城砖的命运与共和国一样，我在征集长城砖时，当地农民告诉我说，最早开始拆砖是生产队有组织的行为，还可以计工分。一头毛驴一次可以驮六块砖，一个成年人一次可以背两块砖。拆长城搬砖的原因很简单，就是当时想盖房，"一没砖、二没钱"，现在村里有的房屋还能看见明代长城砖。此外，明代南京城墙砖也不例外，记得我去南京开会入住一个宾馆，在宾馆附近就捡拾到了城墙砖。第二天，南京大学教授、著名六朝史研究专家胡阿祥陪同我去参观石头城，就在散步闲聊时，脚下被东西绊了一下，细看却是明城墙残砖，这真是心中有砖处处有砖，心中想保护古砖，古砖就会来找我。

当然保护征集古砖也会遇到风险，记得早些年去河南许昌便是如此。当时河南的一位张姓古砖爱好者带我到乡下考察，我刚刚进村，便窜出一条恶狗，狂吠不止，把我咬了一口，还好时值冬天，穿了蛮厚的裤子没咬到皮肉。我也有一个职业病，见到老房子就喜欢去转悠，去查看。张姓朋友所引领的农村正好有不少老宅，这些旧房子大多是五六十年代造的。当时全国发起了一场"向鬼要粮"的平坟运动，平坟所出古砖农民都用来建造自家的房屋，因此墙上或地上很容易找到古砖。新农村建设运动要求动迁拆除这些老宅，我就把这些汉代的空心砖基本上全部征购下来。把话扯远了，当我正在一家旧屋边转悠时，一位村民怒目相视，以为我是小偷在踩点，图谋不轨。我连忙解释，我是保护征集古砖的，如有古砖我愿意高价征购。几番好语宽慰，村民也就当自家人了，带我爬上平房屋顶。让我大跌眼镜的是，他竟然用河南的空心画像砖做成了个烟囱，而且效果极好，虽内膛已经熏得漆黑，但砖表面的花纹清晰可辨，竟然是亭长，旁边榜题“门大夫”三字。亭长系列中榜题亭长、门亭长、门下亭长非常多，而门大夫仅见此块，我马上想拆下烟囱，奈何农民即将做饭，死活不愿意，最后在高价的引诱下，以 2 500 元买得了一个破烟囱柱，现陈列在明止堂中国字砖馆中。内膛烟灰漆黑，原始样式丝毫未动，每每看见，不禁莞尔一笑。

更危险的一次是在浙江湖州，那边正在建设高铁，当高铁穿过一座叫“乌陵山”的山时，需要开山炸石，据古籍文献记载此山曾出土万岁不败砖，我勘查现场，古砖大多已经埋填到了边上地基下，仅路面可散见一些，我去的时候，正好放炮开山，雷管已经全部布置妥当。但我不知实情，在禁止入山之前我已经在浓密的山林中穿梭寻找古砖，幸好被爆破巡逻人员及时发现，呵护着将我带离危险之地，如若再迟疑片刻，恐飞溅的石块就送我见马克思了。还好，功夫不负有心人，就在山脚下我还是无意中捡拾到了一块元康万岁不败砖，兴奋之余马上拿出相机拍了一段视频以记下这段危险的经历。

保护和收藏古砖的故事非常多，这一路走来的酸甜苦辣简直可以写一本书。诸如南京南站高铁建设捡拾不少六朝古砖时，重回六朝的那种兴奋无法形容；江西万载县田下古村落，气势恢宏的明清古建筑墙上有大量的私人定制墙砖，看着名门望族，高墙大院，转瞬间拆旧造新，不胜感慨。有人叫我“砖痴”，还有人把我当傻子，知我喜欢砖就卖假砖给我。

20 多年来，我从全国各地收集了三万多块古字砖，其中最多的是汉晋六朝时期的古砖，在位于自己家乡嘉定的厂房中辟出部分厂房，建成了“明止堂中国字砖馆”。其实，古砖收藏在中国有着悠久历史。从宋代起，关于古砖收藏和研究的记载就不绝于史。

自古至今，中国的陶瓷工艺均在世界上享有盛誉，连接中西方的“一带一路”，是丝绸之路，也是陶瓷之路。外国人称“中国”为“China”，这个词语的另一个意义正是“陶瓷”。

中国的建筑，以砖木结构为主，而砖瓦的烧制技术与所用材料，与陶瓷十分接近。古砖的收集、保护和研究，与古陶瓷的收集、保护和研究一样，应该具有相同的价值。然而古陶瓷的收藏，早已成为中国收藏界的一个专门和热门。而对古砖的收藏、保护和研究的重视与古陶瓷相比，不啻有天壤之别。另一方面，古砖瓦一旦暴露到地面与空气接触，极易风化损坏；中国的古砖瓦上往往附有各种文字与图案，在纸张尚未发明及发明之后尚未普及应用的时代，砖上的文字与图案是非常珍贵的文字资料与形象资料。汉晋六朝时代的古砖上往往模印着我们今天想象不到的文字信息与形象资料，具有我们想象不到的历史文化价值。明止堂收藏的字砖具有如下特点：

第一，砖面上的文字信息标示着姓氏职务、籍贯及烧造时期等内容，有些是史籍中有记载的人物，有些是史籍中未记载的。这些文字可以核对或弥补史料不足，包括官职名称及地名、年号等。

第二，砖面上的文字，标示了古代某一时期文字的使用状况、书法面貌及字体结构，具有文字学的资料价值、书法史的学术价值，反映了当时社会的文化面貌与审美取向。

第三，砖瓦的尺寸形状及烧造质量，一定程度上反映了当时的科技水平。一些拱圈砖和异型砖，更反映了当时的数学力学水平。各个地区的不同砖型反映了当时的文化交流状况和不同的地方特色。

第四，相当数量的图形砖，有图案、人物、鸟兽、山水、房屋等，几乎涵盖了现代所有的绘图门类，提供了古代社会的生产生活的具象资料，补充了许多文字资料无法提供的生活习俗、生产生活场景和服饰、建筑资料。

第五，通过对于全国各地古砖的收集、整理和对比，作综合研究，可以筹备成立一门新的学科——字砖学。最终让它像甲骨学、敦煌学、简牍学等学科一样成为一显学。

由于馆藏丰富，研究深入，明止堂已经成为中国先秦史学会中国字砖文化研究与保护中心，中国魏晋南北朝史学会研究基地。2015 年中国社会科学院考古研究所在明止堂设立了古砖保护研究基地。著名历史学家李学勤担任了《字砖研究》期刊的总顾问。中国宋史会会长朱瑞熙先生、中国魏晋南北朝史学会会长楼劲也担任明止堂的学术顾问。

2014 年中国先秦史学会在明止堂举办了首届中国字砖文化学术研讨会。这也是中国历史上第一次会聚一流专家学者对古字砖展开专门研究的盛会。

2015 年，中国魏晋南北朝史学会在明止堂举办第二届中国字砖文化学术研讨会，会长楼劲，副会长韩升、胡阿祥、章义和到会研讨。

2017 年 3 月，明止堂字砖馆受澳大利亚华人资助在墨尔本举办了展览，引起了巨大的反响，中国驻墨尔本总领事黄国斌在开幕式酒会上说，“明止堂是中国文化的大使，做了我们做不到的好事”。

2017 年 9 月，明止堂字砖馆应上海市对外友协邀请，赴波罗的海三国展览并在三国国家图书馆作字砖文化演讲。上海市人大常委会主任殷一璀亲自给拉脱维亚总理讲解古砖里的丝绸之路。本次展览吻合了国家战略，发挥了“一带一路，古砖铺路”的独特作用。

如果我没有对财富的“明止”，那么就没有古砖的收藏、保护和研究。我在复旦哲学系修学时，得知“明止”两字出自《大学》：“大学之道，在明明德，在亲民，在止于至善。”在《周易》艮卦中说，“艮者止也”。“时止则止，时行则行”。《老子》中说“知足不辱，知止不殆”。明止之道，在《庄子》《论语》中都有涉及。隋代大学者王通，著有《止学》，乃止学集大成者。王通曰：“躁生百端，困出妄念，非止莫阻害之蔓焉。”又说：“大智知止，小智唯谋。”魏征、房玄龄师事王通，得止学之传，佐唐太宗成郅治，其成功秘诀在“止”而不在“进”。陶渊明也深谙止学，弃官归隐，采菊东篱；曾国藩信奉止学，一生作为，处处留下“止”之印记。李嘉诚在办公室悬挂“知止”两个大字。反观诸己，降生于跃进之世。及长，经常心存亢进，希冀骤进，有时不免冒进，而甚至谬进。

总体而言，今天的时代物欲横流，幸而天赐我“明止”精义。由“明歧”而“明止”，其义甚深。不明止何能进，非明止何以全？寄命无常须明止，潜神入静臻明止。悟明修止无尽路，明止观空澄我怀，藏拙窥易能获真。唯明止厥中道，止息妄念，心系当下，终归天道。

明止堂中国字砖馆目前由曼吉磁贴公司每年资助 300 万元运行，免费向社会公众开放。欢迎海内外、社会各界朋友前来参观指导，共同研究并增强对古砖的保护。

古砖是不可再生的历史文化遗存，是中华文明的见证者。在因缘具足时我将全部无条件捐给国家，让它发挥更大的社会效应，得到更好的保护，获得更深入的研究。

那些年　那些人

——我的艺槌琐记

林一平

常言道，读好文章，如饮醇酒，久而弥实。老友祝君波曾刊登于《东方早报》的《20年前上海的第一次拍卖》就是这样的好文章。这篇文章，不仅详尽描述我们这代拍卖人为恢复发展中国艺术品拍卖市场的努力，也勾起了我关于艺术品拍卖的许多回忆。在盛世兴收藏、全民话收藏的今天，那些年、那些人却像我心底深处的金子一样，伴随着时光的流逝而越发闪亮。

事情要从1992年说起——

初入艺海，敢闯敢试

作为改革开放后的第一代拍卖人，我有幸亲历了1992年10月11日北京市拍卖市场举办的“92北京国际拍卖会”、1993年6月20日上海朵云轩举办的“朵云轩首届书画拍卖会”、1994年3月27日中国嘉德举办的“嘉德首届艺术品拍卖会”等多场具有划时代意义的大型艺术品拍卖会。

相比起上述几场拍卖活动，1992年6月6日上海拍卖行举办的首届文物艺术品拍卖会无论是拍品数量，还是成交金额，全都相形见绌。但正是那次被《文汇报》以“四十年来第一锤”为题报道的拍卖会，让我迈入了艺术品拍卖的大千世界，也一度引起了全国同行对于开展艺术品拍卖的关注。时至今日，山东省拍卖行业协会会长王延早先生仍念念不忘当时参加拍卖会的情境，多次说起：“我们山东拍卖今天的发展就是来源于当时观摩学习上海拍卖行的那一槌。”

现在回想起，当时自己组织那场拍卖会，可能更多的还是源于再创造一项第一（上海恢复拍卖以来首次文物艺术品拍卖）的朴素想法。因为，这个“第一”原本在 1990 年 11 月 24 日就该属于我们上海拍卖行。

事情是这样的，1990 年我们受上海市公安局刑事侦查处委托，处理一个刑事案件罪犯的赃物。该案犯喜好收藏，有几百件古玩及艺术品。于是，按当时的处理程序，公安局先让文物管理部门挑选，无偿拿走一部分精品。再让文物管理部门下属单位——文物商店以象征性的价格挑走了一部分。剩下连文物商店都不要的、本归旧货商店处理的物品，按当时罚没物资送拍卖行的要求处理。等我们按程序登公告、做展示，将要拍卖前夕，有关部门以涉及超限文物为由，一纸通知要求取消拍卖。当时，我想我们程序合法，加之我年少气盛，决定不予理睬，准备拍卖。怎料，有关部门找到我上级部门，一级级压下来，于是我只好和同事们在 1990 年的 11 月 24 日拍卖当天站在上海工人文化宫小剧场向众多神情茫然、怒气冲冲的竞买人打招呼、发钞票，“对不起，让您白跑一趟，五元的拍卖门票，退还十元”。多年后才知晓，那场拍卖除了几面铜镜，没有什么重要文物。囿于当时的文物政策，文物销售这块领地，岂容他人染指？

青山遮不住，毕竟东流去。经过 1992 年 4 月 25 日那场全市轰动的 BP 机吉祥号码拍卖后，我们上海拍卖行声名鹊起，加之当时文物政策在邓小平同志南方谈话之后，也出现了些许松动。邓小平同志“胆子更大一点，步子更快一点，思想更解放一点”的讲话精神更是让我再次产生了举办上海恢复拍卖以来首次文物艺术品拍卖会的想法。

“现在文物政策已经有所松动，前些日子，已有主流媒体整版报道了蔡子民先生（时任台盟中央主席）撰写的《卖掉几个兵马俑又如何？》的文章，反响强烈，社会对于文物进入流通市场更有利于保护文物的理念已基本认可。我们应该借这股东风做成这场拍卖，也好对市公安局有个交代。”我在公司业务会议上，发表了自己的意见。大家迅速统一了思想，决定组织好这次拍卖会。

好在这次拍卖有新闻点，我们上海拍卖行也有了一定的社会知名度，并且和媒体朋友们有着良好沟通，我们请来了上海电视台、《解放日报》《新民晚报》《文汇报》这四家当时上海新闻界的“四大天王”商量此事。“新闻报道没问题，如果这次拍卖再遭封杀，我们就开展市民大讨论。”上海电视台一资深记者当即表态。“对啊，符合改革开放精神，又不违反政策，还填补了空缺、开创了市场，我们一定配合报道。”众记者纷纷附和。与记者商量下来，我们信心倍增，仿佛已经看到了这次拍卖胜利的曙光。

果然如是，拍卖前两天前来看样、咨询的人就已经络绎不绝。他们对于这首场“艺拍”充满热情，对于那些文物艺术品如数家珍。不过还是有不少收藏人士对于1990年的那次取消拍卖心有余悸，著名书法家洪丕谟先生就问我：“你们不会又取消拍卖吧？”这一问既让我哭笑不得，又倍感欣喜，毕竟我们上拍还是让这些收藏人士印象深刻的，一定要做好这首场艺拍，让他们难以忘怀。

1992年6月6日下午1时30分，我站在上海水晶宫娱乐总汇三楼宴会厅的拍卖台上，望着台下两百多名竞拍者，心潮澎湃。古玩、字画、各类收藏品，这些价值不易确定的物品，终于有了一个最适合的交易流通方式了。1时40分，拍卖开始。场内号牌此起彼伏、竞价激烈。这场由玉器、骨雕、外国摆件、古玩杂件、中国书画等135件拍品组成的拍卖会吸引了众多收藏人士的参与，竞拍气氛非常热烈。一幅朱屺瞻的扇面从40元起拍，经过激烈争夺直至2 000元方才落槌的景象，至今仍为当时在场的著名邮票收藏家唐无忌先生所称道。唐先生在那场拍卖会上手持59号号牌，果断出手，800元一下竞得一座做工考究、造型别致的法国铜鸟大理石座摆件。当时有位手持150号号牌的在三资企业工作的广东小姐一人竞得了许多目标后，对媒体说：“第一场拍卖，肯定有专家来，他们竞争的东西，我就一定要拍下来。”其流露的投资收藏意识和竞买窍门着实令人难忘。

最后，整场拍卖会以成交率74%的结果落下了帷幕。这是上海恢复拍卖后的首场文物艺术品拍卖会。第二天，《文汇报》的《四十年来第一锤》、《新民晚报》的《上海艺术品拍卖昨首次响锤》等报道一度引起了全国同行对于开展艺术品拍卖的关注。

顺势而为，结缘大师

1992年，上海拍卖行举办了首届BP机吉祥号码拍卖、首届工艺品拍卖、首次自备轿车拍照拍卖、首次大哥大号牌拍卖、首次商铺经营使用权拍卖等一系列市场化拍卖活动，取得了社会效应和经济效益的双丰收。

年终盘点，当年我行扭亏为盈实现纯利润五万元，为回报社会、树立品牌，我行向东亚运动会全额捐赠了这笔钱款。“行得春风有夏雨”,1993 年 3 月我们将“东亚之光——首届东亚运动会绘画展精品拍卖会”项目谈了下来,准备在 5 月拍卖。也正是那场拍卖会,我与国画大师程十发先生结缘,开始了我们长达 14 年的交往。

现在想起与发老的初识,仍不胜唏嘘。1993 年的那场画展的规格很高,时任上海市委副书记的陈至立任画展组委会名誉主席,上海市副市长刘振元任主席,程十发先生亲任画展艺术委员会主任。拍卖目标汇聚了梅舒适、洪石苍、陈成球、缪鹏飞、刘国松、朱屺瞻、唐云、吴青霞、程十发等日本、韩国和中国的书画名家作品 90 幅。

拍卖前两天,时任国家计委副主任的郝建秀、上海市副市长刘振元、上海市检察院检察长石祝三、上海市体改委主任胡正昌和程十发先生、陈逸飞先生亲临上海美术馆展示现场。此时,身为艺委会主任的程十发先生已经知道由于各方商定拍卖底价过高,拍卖效果肯定不理想。生性随和的发老在领导面前宽慰我说:“这次画展汇聚了那么多东亚名家,这是上海的骄傲,开拍卖也算是我们的一次尝试,上海拍卖行的担子很重。”在一片轻松的氛围下,我求得了发老和众领导的签名,也简要汇报了运作拍卖的体会。然而,正是这一番宽慰、这一次签名,让我由衷地感佩发老的德艺双馨。也是得益于发老的旁敲侧击,5 月 12 日,在上海商城举行拍卖会上,我们邀请到了时任上海市副市长刘振元先生为拍卖敲响了第一槌。

转眼到了 1994 年初夏,我不揣冒昧登门拜访发老,请他为公司 6 月 18 日举行的大型书画拍卖题词的时候,心情十分忐忑。“林一平,我们见过,老朋友了,一平,一‘呼’,一槌定音,侬做拍卖正好。”发老一见面的幽默,一下子拉近了我们的距离,他话锋一转说:“你们上海拍卖行 1992 年的艺术品拍卖搞得好,开艺术品拍卖之先。不过,艺品拍卖没有书画,美中不足。”我不失时机地说道:“发老,这次我们在兰心大戏院举办的这个书画拍卖是我行第一次大规模书画拍卖,请您给锦上添花。”“好,好,写两句话,祝你们成功。”发老连声应允,让我喜出望外。他铺开纸砚挥毫泼墨,一蹴而就,写下了“一碰定音惊起古今文物,艺风有价合乎世界潮流”。1994 年 6 月 18 日兰心大戏院拍卖现场,当工作人员展开这幅凝结着发老关心、嘱托、希望的题词时,台下掌声阵阵。当天的拍卖名家汇聚、佳作汇集,有位收藏家说得好:“这场拍卖的举行为建立上海艺术品拍卖市场做了有益的探索,不负十发先生所愿。”直到今天,不少见到这幅字的领导、同仁、客户都说:“发老人好，字写得好，写得意思好。”

又扰发老是1995年的初秋。当时，我公司决定为同行提供一个信息交流的平台，主办这全国第一的《拍卖报》。全国第一的《拍卖报》，一定要有一个有分量的报头匹配。一定是人好、字好，还与拍卖有缘的人才合适题这个报头，谁来呢？我反复思索着。这时，桌上《新民晚报》副刊夜光杯《五色笔》专栏中，发老的大名一下映入眼帘。对啊，发老，国画大师、德艺双馨、拍坛老友，发老题字，再佳不过了。于是，我又一次登门打扰发老。才从日本讲学回来的发老递过所题报头，嘱咐道：“办第一份专业报纸，不容易。要办久、办好，一定要坚持百家争鸣。”报纸如期刊印，顺利发行，在全国起到了宣传政策、沟通信息、百家争鸣的作用，在行业内外都享有极高的声誉。如今，报纸已出刊300多期，发老却已乘仙鹤西去，每每忆起，不胜感怀。

再烦发老是1999年10月。在筹办庆祝建行10年过程中，我再一次登门烦扰发老，请他留个墨宝。“十年大庆，恭喜，到时候讨杯喜酒喝喝。”发老一如既往地随和幽默，打消了我的顾虑。他欣然挥毫写下了“十年艰辛铸造辉煌，秉公兴业奉献社会”16个大字。这幅字一直挂在我的办公室，一直鼓励着我不懈努力奋斗，不忘回报社会。

之后，我又与发老见过几面，虽然未及深谈，但他的随和、幽默、率真、善良始终让我难以忘怀。而我一直想请发老为义拍敲一槌的想法，一直未能如愿。槌未敲、人却去，不免伤感，唯留叹息：斯人已去笑貌在，人生槌落风范存。

槌起槌落，艺海无涯

从事拍卖二十几年来，我始终觉得，拍卖的最大魅力，既不是一个个高企的数字，也不是一件件珍稀的拍品，甚至不是一次次成功的喜悦。我认为拍卖的魅力在于能够通过拍卖这个平台接触到不同的行业，接触到不同行业里的精英，见识他们的风采、汲取他们的智慧，并使自己和本企业获得更好的成长。光阴似箭，岁月如梭。二十多年的槌起槌落间，洪丕谟、陈逸飞、张瑞芳这三位海派名家以其鲜明的个性，给我留下了最为深刻的印象。

艺友洪丕谟，学富五车、才高八斗，不仅书法创作开启“洪门”，而且还精通书画评论、书法批评、中医、养生、命相、堪舆诸学科，甚至对于拍卖亦有研究。尤为可贵的是，他为人随和却仗义，处事不争却公允。1992 年初，我正在筹划是否举办上海首届文物艺术品拍卖时。洪丕谟得知后，匆匆赶来，谓我两点：第一，文物艺术品拍卖合乎世界潮流，这是禁不了的；第二，法无禁止皆可行，这是不能禁止的。而到了拍卖前，他又揶揄我说："这次不会又像上次那样取消了吧？"才子情趣，可见一斑。妙摩艺友最令我难忘的一件事，发生在 1997 年 11 月。当月 8 日，我在北京以 2.1 亿元拍出了中央电视台广告标王。返沪次日，早已见到媒体报道的亲朋好友纷纷祝贺我又敲出了一个全国纪录。妙摩艺友却与众不同地打来了一个电话说："一平，下午在公司不要走，我过来。"当我还在揣测妙摩艺友到底唱的哪出时，妙摩艺友已然登临，不紧不慢地说："一平，你拍了 2.1 个亿，送你幅字祝贺祝贺。"展开画轴，"中华第一槌"五字一气呵成、饱蘸墨汁，像极了妙摩艺友为人处事重情深情。可惜，天妒英才，时不假年，2005 年艺友离世，终年 65 岁。如今，这幅字一直挂在我的办公室中，睹物思人，我仍依稀能感受到艺友的音容笑貌。

陈逸飞先生给我印象始终是那么敏锐、睿智。初识陈逸飞先生是在 1993 年东亚运动会画展上，结识陈逸飞先生是在 2003 年。那年，我公司承办了第四届 CCTV 模特大赛上海赛区的赛事活动，陈逸飞先生和我都任赛事评委。在组织过程中，我们多有交流。当谈及艺术品拍卖时，陈逸飞先生说："中国艺术品拍卖市场现在是低谷，机会多多，但缺少画廊的有效运营，可能会严重困扰中国艺术品拍卖的发展。"当谈及模特比赛及选美经济时，陈逸飞先生说："模特、电影、服装和画画一样，都是视觉艺术，视觉经济也必将伴随着视觉艺术的发展而兴旺发达。"现在想来，陈逸飞先生真不愧是国际级的艺术家，其睿智、敏锐着实令人钦佩。眼界决定境界，陈先生是也。

著名表演艺术家张瑞芳于 2012 年 6 月 28 日以 95 岁高龄仙逝。当时，我正在山东日照参加中国拍卖行业协会第四届四次理事会，听闻噩耗，悲怆不已。我自然而然地想起了与张瑞芳老师一起发起"点亮心愿"，一起参与慈善事业的点点滴滴，脑中浮现的全是她那爽朗的笑声、和善的话语以及恒久的爱心。凡是看过《李双双》的人，无不对演艺泰斗张瑞芳老师的形象记忆犹新。而我与张瑞芳老师第一次接触，却是在 2000 年底由上海市慈善基金会举行的一次社会名流座谈会上。正是在那次座谈会上，张瑞芳老师直率地说："当下社会，人们关注金钱的目光多了，关心身边的目光少了，我们这些人受党教育多年，应该多尽点社会责任。"此言一出，回应者众。会上，张瑞芳、秦怡、陈述、王文娟等31位社会名流当即发起了“蓝天下的至爱——点亮心愿”慈善义拍活动，募集捐品，拍卖变现，建立专项基金，定向为贫困老年白内障患者提供医疗资助，以人们的奉献点亮老人的心愿。我清晰地记得，2001年1月6日的拍卖在东方电视台演播大厅举行，由东方电视台全程直播，开创了媒体全程直播拍卖的先河。张瑞芳老师捐出的象牙雕刻“圣雄甘地像”是她50年代出访印度时，《流浪者》中拉兹的扮演者赠送的纪念品。这件物品是当时的第1号拍品，从3 000元起拍，经过数十轮竞价，最终以25 000元拍出。事后，张瑞芳老师谦逊地说：“这样，就能帮助5只眼睛重见光明了。”当天的拍卖46件拍品悉数成交，成交额逾52万元。更为重要的是，“点亮心愿”项目引起了社会强烈反响，引发了社会大众对于慈善事业的热情关注和积极参与。

2008年汶川地震时，张瑞芳老师第一时间向上海市慈善基金会捐赠了《瑞草芳华人间真情——张瑞芳签名图书、影视全集》用于义拍变现。该套凝聚张瑞芳老师一生艺术成就的拍品在2009年1月11日第十届点亮心愿慈善义拍由我公司以两万元竞得。是年2月24日农历正月三十，我再去华东医院探望了张瑞芳老师。当时瑞芳老师心情愉悦地招呼我：“林总，老朋友了，坐坐坐。”在摆放着各种书籍和合影的书桌旁，我们谈起了点亮心愿项目，瑞芳老师无不感慨地说：“自己有能力了，就多帮帮别人。人啊，不能只为钱活。那次发起‘点亮心愿’时候就是这么想的，现在一晃十年了，时间过得真快啊。”接过话茬，我不失时机地请瑞芳老师为公司成立20周年题词。“好，就写‘点亮心愿、结缘慈善’，怎么样？”性格爽朗、思维敏捷的张瑞芳一口答应。取过纸笔，严谨细致、一丝不苟的她，换了副眼镜，摹写了几遍后，才一气呵成地写下了“点亮心愿、结缘慈善——祝贺上海拍卖行成立廿周年”这几个字，并特意将落款日期写在了12月18日。当天，瑞芳老师还与我合影留念、握手话别，并相约下次‘点亮心愿’时亲临现场。现在想来，那一别竟是永诀。唯感欣慰的是，截至2011年12月31日，由瑞芳老师等名流发起的“点亮心愿”项目已募集善款逾4 091万元，已帮助了14 249人重见光明。

20年过去，中国艺术品拍卖市场槌起槌落、精彩纷呈，我格外怀念那些年的奋斗岁月，怀念那些人的音容笑貌。特撰此文，以资纪念。

闻道园对古旧民居的保护

王 卫

作为老建筑的收藏者之一，我经历了老建筑的收藏的始期、中期，其间伴随着老建筑的异地保护的争议，在上海建起了这座闻道园。在座有些朋友去过，闻道园在上海已经14年了，整个园子占地1 000亩，我们从一块平地开始做起。现在里面有建好的古建筑10多栋。说实在的，在当今社会要做园子，没有政府的关心支持是不可能建成的。今天主要的目的是跟大家探讨，老宅收藏如何发挥优势，为中国文化复兴增添光彩。

闻道园收藏老宅的缘起跟大多数收藏者一样，主要是自己喜欢，和其他人都没关系，都经历了一个粗放型收藏到精细型收藏的过程。不论是有意无意，其实都是源于骨子里对中华文化的喜欢。事实上我也很清楚，很多专家、学者一直保持古建筑在原地保护的观点。原地保护一定是上上策。但是如果在原地不能保护的情况下，我们是不是可以考虑一下像我目前这样异地保护的形式？这种形式实际上也是可行。我记得在七年前，我跟阮仪三先生正面交流过，他当时的观点是坚持老宅一定要在原地，离开它的山、它的水一定不会做出什么样的东西。老先生对中国传统文化的热爱很值得我们敬重。当时我的想法是为我所用。为我所用我就要把它拆开来。老宅的修缮、改造的体会，我一直说，一个目的就是为我们现代人所用，这一点我感觉很重要。假如回到300年、500年前，老宅的卫生条件、住宅舒适度、通风、采光都不适宜，还是要回到人使用的本质上。

我深知古建筑保护上上策一定是原址修缮、保护，但需要考虑实际的情况。我记得有一次在安徽黄山，为了看一座明代的建筑，走了18公里，到了山里面，看到了一幢很漂亮的老房子。我和我的设计团队问，这个房子假如能够拆到上海去，有办法修复吗？他们告诉我说不行。为什么？房屋架构全都松掉了。我找到东家说，我出几万块钱，你在原地修好，以后我有时间就来看看这个房子，在这里喝杯茶就可以。他的爸爸妈妈告诉我，这样也不行。为什么？他们儿子要结婚、要找媳妇，这个房子如果不拆掉，就没有宅基地，也就不能建新房子，找不到老婆，没办法传宗接代。这样我也没有办法，不谈了。

后来我在和黄山市的主要领导、各委办局的领导聊天时说，既然黄山要保护民居，又出了很多条例，是不是有可能把有一些宅基地置换出来。他们和我说，那个18公里的山里面就这么一栋房子，你让我怎样去保护起来？老百姓有老百姓的难，政府也有政府的难。

所以我们现在采用了一些中策，把一些没有国家挂牌保护的牌子，通过招标、拍卖等各种途径，从老百姓或村委会手里买下并拆迁过来，建成闻道园。这种做法一开始也被舆论推到风口浪尖。香港《大公报》上有一句话："上海有个王卫专门收藏古宅。"后面有个标题："不知道这些房子合法不合法"。实际上，老房子一定是拿来给人住的。我们曾经看过现在当地的一些老房子，养鸡的、养猪的、养牛的都有。如果把这些房子作为中国古建筑的代表给别人看，既不现实，也不好看。

一个古建筑如果没有人去住，在某种程度上也就没有了故事和历史，失去了它的意义。拆迁来的老房子，我们赋予了它新的功能。里面有书画院、艺术家工作室、餐厅、咖啡厅、卡拉OK等一些大家想要的东西。

闻道园的第一栋房子是一次偶然的机会，我去当地一个古玩市场，看到一栋房子竖在那里。老板介绍说，这是一栋进士第，房子以前的主人是个进士，问我要吗。我说这个房子倒挺好的，我正好有一个一千亩的苗圃，想在里面做一个茶楼。但是这房子已经由一个台湾人出价订下了，准备运到台湾地区去，做一些传统文化的东西。我想这个房子如果运到台湾地区去，就不容易看到了。就加价把这个房子买来，作为我的第一幢古建筑。当时请了同济的一个老师做了设计方案，在以前较小的房子上做了一些扩充，加了一些采光。

本来我想迁一栋老房子就可以。后来有一次，我和同住在上海一个小区的画家汪观清先生同去安徽歙县游玩。当地的一个老书记陪我们看房子的时候说，建设社会主义新农村要推掉6栋老房子。我说这些房子在这里挺好,为什么要推掉。他说因为社会主义新农村,浙江已经推掉了很多古建筑。我私下也会和一些领导沟通,指出这实际上是一种不太妥当的行为,把我们很多民族的古村落都摧毁了。不过现在已经不再去推一群群的古建筑了,只是对一些山顶上水没法到的地方,做一些修缮工作。

闻道园里还有状元楼、楠木厅。楠木厅也是当时社会主义新农村动迁的一个点。当时建在山上,是安徽一个药商的家。现在我们把它做成了一个会所。

闻道园里18座桥有7座是古桥。修桥、筑路都是古人行善积德的事情。我们迁来的桥都是筑盘山公路的过程中,被塌方的沙石堵住的古桥。我们找来挖土机、大吊车将其挖出、重组起来。园里还有戏台、牌坊等古建筑,大家有兴趣可以到闻道园来看看。

另外,我谈谈对老房子改造的体会和思考。

老房子改造实际上有很多种方式。如传统与现代结合、原地改造修缮等,各种改造的思路实际上都可以尝试。闻道园也是在探索中寻找一种改造的思路。设想当年这些老房子的主人在当下的生活状态下,会对自己的宅空间做怎样的升级。

现在政府对老房子的保护力度实际上还是很不够的。有一次我和赵启正先生聊天。我问他陆家嘴的老房子是怎么保护下来的。他说:"王卫,告诉你,这个如果没有我,可能就拆掉了。当时有人竭力要拆,我坚决反对。并且批了一段字:今天我在这里,是我的命令;我死了是我的遗嘱。"如果没有他当年的举措,如今陆家嘴现代化的建筑中可能就没有这么一个亮点。

伍江校长也曾和我聊过,上海的石库门保护问题。他说看着石库门的动迁真的很伤心。他和阮教授一样,都有对于古建筑、石库门真正的热爱。闻道园实际上走了一条古建筑综合体验的道路。依托4A级的旅游景区,把古园林、茶文化、沉香馆、奇石馆、大师工作室等呈现给大家。我们也有古家具,并与同济大学城规学院合作了一个古家具的教学基地。还有一些古代装饰的照相体验,在里面拍很多照片。只有民族的才是世界的。周庄以及其他的一些古镇,在阮教授的带领下,一路走到今天。闻道园在将来也一定还会往前走。它不光是上海的、全国的,也一定会是全世界的。

一代人做一代人的事情。目前的古建筑收藏,是为了未来中国古建筑文化发展的铺垫。中国建筑园林文化,会有向传统致敬的一个阶段,更会延伸出具有传统文化因子,并具有鲜明时代特征的当代建筑。为中国五千年来诗情画意的山水园林城市建设起到一个铺垫作用，就是时代赋予我们这一代老宅收藏者的最大意义。

有人说我有个闻道园，其实我很清楚，自己只是一个临时保管者。这些建筑、古物没有一件是真正属于我的。我曾说过，我们玩的石头长的几亿年，短的几千万年，我们的人生最多百年，你说是石头玩你，还是你玩石头？一定是石头玩你，你走了石头还在。所以这是不争的事实。实际上我们都是临时保管者。只是有这个爱好，觉得要担当起历史赋予我们的责任。

我和我的藏品

屠　杰

我是一个民间木雕艺术家，也是一个各类工艺美术品和书画的收藏家。我有一个自己创建的艺术馆，叫上海中国现代国之宝艺术馆。馆内收藏着许多木雕、石雕、牙雕、竹根雕、瓷瓶等艺术品和工艺品，以及书画。

家传技艺与传承初心

说及木雕藏品，由于这大多与我的创作相关联，这就需说到家传技艺对我的深刻影响和我与木雕相联结的五十年的从艺情缘。我的家族有着木雕技艺，尤其是紫檀雕刻技艺的传承历史。明代的祖先屠诗雨是一个天资聪慧的文人居士，精于绘画与书法，对传统木雕也十分钟爱，时常雕刻一些菩萨形象的木雕作品。后来他木雕技艺日渐精通，就干脆放弃文墨，专事紫檀木雕的创作与研究，刻苦努力而成为木雕名家，与同时代的高深甫、包天成等木雕名家并称为“明朝一代妙技”，成了专为宫廷雕刻制作紫檀家具和木雕器件，以及宫廷园林建筑木件的匠师。清代的又一代传人屠文卿承袭钻研紫檀雕刻技艺，达到了很高的水平，成为“苏派”紫檀雕刻名家，曾被召至宫廷，在京城造办处专司紫檀家具的设计与制作。后来回到了家乡苏州，凭借着高超技艺和社会名气在城西阊门附近开设了红木作坊，为官宦府邸、商贾大宅打造红木家具，还专门研制雕刻各式木雕佛像和各种各样的小摆件。我的曾叔公屠敬书出生在北京，自幼学习紫檀雕刻，年长学成后就为清宫承制各式宫廷家具、紫檀木雕摆件和修缮宫廷建筑的木件。清末民初，他回到了家乡苏州。又随着上海的开埠和发展移居到上海，在当时五方杂处之地老城厢开设了红木作坊。他创作的紫檀雕刻作品曾参加在上海举办的民国教育部第一届全国美术作品展览，精湛的雕刻技艺为时人所赞誉。1932 年 1 月，因日本人轰炸闸北而被迫携家避难，由于生活艰难且加年老体衰，不久他便去世了。我的父亲屠汉民从小随屠敬书学习木雕技艺，后来留学美国成为哈佛大学的博士生，毕业后留校任教授，在油画和木雕方面颇有造诣。中华人民共和国成立后，他为报效祖国毅然选择了回国参加建设，曾在国家交通部门任副总工程师。他一直爱好紫檀雕刻，业余时间雕刻了一些作品，展现出了海派紫檀雕刻艺术兼融中西技法特色的风格。

我是从小就受到家学熏陶和父亲的培养指教。在我五岁多点的时候，有一天，我从家里的床铺底下翻出了一只箱子，里面是刻刀等工具和小的雕刻件，其中有一个“小放牛”，形象是牧童骑在牛背上悠闲吹笛，牧童与牛的姿态活灵活现，让我一下子就喜欢上了它，并由此喜欢上了木雕。父亲看到我有兴趣学习木雕，就开始手把手地教我怎么使用雕刻工具，给我木性较软的木料来练习雕刻，并时常地讲解一些有关木雕的创意造型和选、绘、雕、磨、漆的基本工艺知识，以及圆雕、浮雕、透雕等基本雕刻技法。起初雕的只是汽车、船等一些造型简单的小摆件。经过半年多的时间，再加上自己在掌握雕刻技艺上悟性较高，我已能有模有样地雕刻出了鱼、牛、马等小作品。父亲见我技艺长进较快，就开始让我与他一起雕刻几件人物形象的作品。第一件是一尊黄花梨木的济公像，高约 20 厘米、宽七八厘米，表现的是戴僧帽、穿袈裟、执破扇，笑容满面行走着的济公形象。那个时候正处于“文化大革命”动荡的时期，这件作品断断续续地雕刻了三年多。在这件作品上，父亲付出的心力很多，我用的雕工不多，却由此体会到了很大的成就感和增添了很大的自信力。我热爱木雕，喜爱工艺美术，有了要成为雕塑名家而博得赞赏的梦想，就是从那时候产生和开始的。

我是 1961 年出生的，小学、初中和高中学习时期大都是在那弥漫着“读书无用论”的年代里度过的。但是，父母的教育使我认识和领悟到要多学习、读好书才会有出息，才有可能实现理想、达到事业有成的道理。那一段时期的我，学习上很有兴趣，成绩一直是优秀，同时在热爱木雕之外，还养成了摄影、制作山水盆景、阅读文史、学习书法绘画等课余爱好。初中时参加了学校的船模兴趣小组，曾在父亲的指导下制作出一艘像模像样的四桅海盗船，在上海大世界青年宫举办的全国青少年航模大赛中获得了一等奖。

1978 年，我考取了全国重点大学同济大学。遗憾的是当时学校还没有恢复艺术专业的设置，只能就读于与艺术无关的电气自动化专业。入了大学，虽然感到有点无奈，但是并没有放弃自己的艺术追求，在学好专业知识之余，继续把很多的课余时间用在了进行木雕、石雕、泥塑和为了搞好艺术创作而需积累较深厚的人文知识功底的学习之中。

大学毕业后，我工作了两年多，在前程光明之时毅然选择了出国打工留学，为的是去学习借鉴西方文化艺术、书写自己艺术人生的圆梦之旅。在国外多年，打工谋生计，进修学艺术，游历识经典，丰富了人生经历也丰富了对艺术的理解。

艺商并举，创作收藏

回国后，面对市场经济日益活跃的现实，我认识到搞艺术没有一定的经济基础不行，只有具备了比较厚实的经济实力作后盾，艺术事业才能得到长足发展，领悟到“艺术事业要与创意经济相结合才能有所作为”，从而坚定地选择了走“以商养艺”之路。相继办起了多家经济实体，积累了一些经济实力，随之于 1995 年创建了上海欧亚明清红木雕刻艺术研究所，实现了以商养艺、艺商并举的初衷。

利用研究所这一平台，我既统筹管理着开发生产市场适销的红木家具，又集中精力传承、研究、发展紫檀雕刻技艺，创作了一件又一件紫檀木、黄花梨木、瘿木为主要材质的木雕艺术品。这些木雕艺术品大都成了我所珍爱而舍不得出售的藏品。在未建艺术馆之时，这些藏品都精心地保存在研究所的库房里。多年来，我以木雕作品参加国家和市展览获奖 20 多项，个人被业内专家赞誉为“中国紫檀雕塑第一人”，先后获得“2005 年度上海市侨界十杰”“2007 上海领军人才”、享受国务院的政府特殊津贴、上海和国家级非物质文化遗产项目紫檀雕刻代表性传承人、上海市工艺美术大师、中国工美行业艺术大师等荣誉。

我爱好收藏各类工艺美术品和书画。随着经济条件的宽裕，这 30 多年来，通过自己花钱购买，及艺术界、企业界等一些朋友馈赠的方式，收藏了不少知名艺术家创作的各类工艺美术作品和书画作品。

创建艺术馆

如果将物质享受作为生活幸福的唯一标准，人生就会失去精神支柱。在企业经营和个人艺术创作与收藏顺利发展之际，为展示这些优秀艺术作品、弘扬中华传统艺术文化，实现自己的追求，我亲自规划并筹资创建了上海中国现代国之宝艺术馆。经过两年多的施工，2010 年 5 月，艺术馆竣工开馆。艺术馆毗邻大连路公共绿地，建筑面积 9 000 多平方米，地面五层、地下二层。馆内设置有开展文化艺术活动的多功能大厅和多个展览厅，陈列展示着我和我的工作团队创作的紫檀木为主要材质的 500 余件木雕作品，还有我所收藏的各类工艺美术和书画等藏品。艺术馆是中国博物馆协会团体会员、上海世博会城市文化特色展示馆、中国华侨国际文化交流基地，常年开放接待中外各界人士参观。

对于自己精心营造的艺术馆，我曾经说过："建立起艺术馆，承担的是一种展现艺术活力的责任，代表着一种传承与发展学术的未来。除了媒体的宣传，艺术的宣扬更需要一座桥梁来连接艺术与社会，而艺术馆正是这座桥梁的最佳代表之一。"还说过："我的崇高理想就是，用静态美好的艺术形式弘扬优秀民族精神，尊道崇德，培育社会责任感，力所能及地促进国家文明昌盛。"

木雕藏品

我的藏品中很大一部分是自己几十年来创作的及带领团队成员共同创作的木雕作品，材质多为紫檀木、黄花梨木，其他的是瘿木、黄杨木、檀香木等。

这些木雕藏品有五百余件。题材广泛，有济公、孔子、释迦牟尼、老子、观音、达摩、关公、弥勒佛、钟馗等众多历史人物的雕像，有表现现代人物情态的抽象艺术、现代艺术造型的雕像，还有表现花草虫鱼、禽畜鸟兽、文房用具等形象的雕像、雕件；形制多样，有立像、座像、摆件、匾额、屏风等；大小不一，有长或高两米多的，有长或高不足 30 厘米的。如《烈士除妖》（紫檀木，尺寸 22×25×51 厘米）的钟馗是豹头环眼，铁面虬鬓，目光如炬，神态威严，显现出"以祛邪魅，益静妖氛"的正气凛然的形象。《双龙戏珠香炉》（紫檀木，75×48×78 厘米）炉身下半部有鱼、蟹、花等雕饰环绕，上半部炉身有通散烟气之镂空雕饰，炉身两边各攀附着一条龙，龙口里均衔含着珠，面朝站立于炉盖顶上的麒麟。整体显现大方、吉祥、富贵之气派。运用圆雕、透雕、浮雕等技法，雕刻精细，使作品形貌具有厚重的传统文化蕴涵。《双龙戏珠》(瘿木,46×9×56 厘米)是一件形制为摆件的艺术品,形象地表现了中华民族的伟大图腾——龙:双龙飞腾,虬曲相缠,围绕戏珠,活泼舞动;龙目炯炯,龙形跃动,龙须虬劲,龙鳞细密,形态生动。《双雄会云石立屏》(紫檀木和云石,92×38×193 厘米)由圆屏与托架、基座上下构成。圆屏外框为紫檀木浮雕、镂雕的古朴回纹和吉祥图案;内面为山峰隐现、云雾翻腾图景的天然云石。托架为紫檀木雕的梅花梗,浮雕着茂盛的枝叶、花朵与活跃的喜鹊,生动形象。基座下部用圆雕、透雕等技法雕刻了俯仰对视、相宜相安的双雄——雄鹰和猛虎。《八骏奔腾》扇匾(紫檀木,181×89×4.5 厘米)展现的是在山峦树林之间的道路上八匹骏马奔腾驰骋、英姿飒爽的场景;象征着追求自由、充满力量,予人以积极向上的鼓舞。以扇面形制,布局合适,疏密得当;运用浮雕技法,精细雕刻出飘逸灵动的奔马等形象。《牛气冲天》(紫檀木,80×24×33 厘米)呈现的是一只直面前方、双角直耸、脊背高挺、肋骨凸出的牛。刻意在牛背上用斧斫之,显得瘦骨嶙峋、毛皮斑驳,象征着勇闯新路、开拓发展的领头牛精神。《笔筒》(紫檀木,30×27×96 厘米)是运用深浮雕技法在笔筒造型表面雕刻着古代小城里百姓欢度年节场景:小城依山临水,山峰云雾缭绕,城内树木掩映,人们或闲坐聊天,或舞龙欢腾,或习武练功,或扛物赶路,或敲锣打鼓,或舞狮举灯,或眺望赏景,或洒扫庭院,或持竿垂钓,等等。《吉祥四灵》(紫檀木,40×110×7 厘米)是在一组两件的挂匾上雕刻着中国的四种古代吉祥物——龙、凤、麒麟、龟,运用了浮雕、透雕等技法而精致雕刻。

许多年来的执着钻研和精益求精,我创作出一件件有着很高艺术价值和收藏价值的木雕珍品。如 2001 年捐赠给泰国的开光落座供奉于诗丽吉王后展览中心的黄檀木雕《世纪观音》,高六米,重达 5.3 吨,造型为基座上有象征“欲界、色界、无色界”的三级平台,有四方力士肩负着莲花宝座,千手观音神态端庄地坐着,头戴宝冠,顶上有化佛 10 座与佛龛一座;法身的两手合掌,报身的 38 只手,手中均有一只眼睛,各执莲花、宝塔、乐器等一种法器,化身的 960 只手,手中也各有一只眼睛,分为七层排列,如同孔雀开屏一般往后展开;顶端正中镌有宝珠火焰。整体雕刻细腻,细部缜密,装饰浓厚,气势宏大。2004 年捐赠给上海玉佛禅寺高 2.7 米的紫檀木雕《济困之公》,济公头戴破僧帽,身披破袈裟,右手托葫芦,左手执破扇,揽着一串长长的佛珠,从正面看笑容可掬,侧面看略带嗔意,表现了貌似癫狂,却是行侠仗义、扶危济困的为百姓敬仰膜拜的活佛形象。2005 年在联合国成立60年之际捐赠给联合国组织的高2.1米的紫檀木雕《万世师表》，运用圆雕技法，细腻雕刻，简繁相辅，表现的孔子是天庭开阔，有着浓浓的寿眉、密密的须髯、微眯而炯炯有神的双眼，以及似乎翕动的双唇，面部表情“温而厉，威而不猛，恭而安”，身着长袍，双手交握置于胸前，挺拔而立，神情沉静，若有所思。高2.7米，重逾三吨的紫檀木雕《道德天尊》，老子形象生动而充满气韵：身形伟岸，一手指天，一手指地；天庭饱满、地阁方圆，长寿眉，丹凤眼，双唇微启，长须飘逸，神态慈祥；服饰长袍，宽袖舒展，衣褶顺畅。该件作品于2010上海世博会倒计时1 000天节点的2007年8月捐赠给上海著名道观——浦东钦赐仰殿，供奉于老君阁。陈列在艺术馆一楼多功能大厅的《和谐世界》（紫檀木，105×98×302厘米）生动地刻画了未来佛弥勒双手上挺状如托天、双足赤露踏于莲座的顶天立地、喜乐人间的艺术形象，象征性地表现了力主“和为贵”、强调“和而不同”、昭示尊重差异、崇尚谦让美德、弘扬和平文化的创意。馆藏的《世纪龙舟》（紫檀木，210×93×192.1厘米）是一件大型榫卯雕件组接作品，由百余件榫卯雕件组接而成，扣合严密。龙舟整体都是紫檀木材质，各民族人物是黄杨木材质雕刻，创作于跨入21世纪之际，是楼台式龙舟造型。高1.921米寓意中国共产党成立于1921年；长2.1米寓意进入21世纪；船舷边侧有翻腾的80多朵浪花，船上有载歌载舞的各民族人物，寓意80多年来在中国共产党的领导下，各族人民团结一心，同舟共济，乘风破浪，驶向新的胜利彼岸。《九龙至尊》（紫檀木，124×64×8厘米）是一件挂匾作品，运用了表现一面形象的透雕、浮雕技法，刻有中间正龙、上面升龙、下面降龙共九条龙，形态生动地表现了中华民族的伟大图腾——龙的形象，寓意群贤共济，同铸辉煌。

这些构思巧妙、内涵深刻的木雕藏品，在艺术形象、创意、造型、木韵、技法等方面均有其成熟且独到之处。如，《龙凤观音》（黑檀木，54×36×105厘米）因循材势而巧妙造型，布局合宜，运用了半圆雕、劈雕技法。观音菩萨低眉垂眼，立身于莲花宝座之上，屈左臂端于胸前，立掌向上而伸指向天，垂右臂置于身侧，手持净瓶滴洒圣水以润泽四方；头顶上一翔凤在俯视，脚前边一卧龙在注目；莲花宝座下水流湍急，迸溅出水珠颗颗。《虎啸山林》（紫檀木，70×40×74厘米）依顺材势而巧妙造型，以突兀的崖石凸显着猛虎形神，表现的老虎形象是身躯庞大，肢体粗壮，跃立于山势嶙峋的大山岩崖之上，扭身曲项翘首，粗长尾巴落地，血盆虎口大张，向着远方呼啸，声震生风，尽显凶猛而势不可挡的山林百兽之王威风，寄喻崇尚“虎啸山林百兽惧，吾志浩宇待何许”之远大胸怀与志向。《知足常乐》（紫檀木，31.5×21×57 厘米）中的济公背插蒲扇，颈挂串珠，半披袈裟，袒胸露背，右手拿着狗腿，左手举持葫芦，步态踉跄，笑口常开；“酒肉佛珠与破扇，游历四方似疯癫，笑对人生悲喜事，扶危济困人世间”。在雕刻与髹饰时刻意显露出隐约的木质纹理，使人物的形神更添灵动之感。《鸣》（紫檀木，60×17×35 厘米）的造型是大大小小活泼灵动的鸡、框格构架的圆鸡笼、饱满欲坠的葡萄串和虬曲伸展的藤蔓等，呈现着农家祥和、欢乐的氛围。运用的技法有难度较高、有层次感的通雕，还有圆雕、深浮雕等。

木雕藏品中有同一人物形象的雕件，却是造型不一，因情境不同而神态各异，个性化鲜明。同为观音形象的作品有 20 多件，如《甘露人生》（紫檀木，20×17×60 厘米）刻画的是滴水观音身相的雕像。观音站立于周边浪花翻腾的莲花台上，身穿飘逸的襦裙，头戴高高的天冠，“天冠化佛高千里，念报慈恩常顶戴”，披巾长而垂肩，巾幔遮掩着天冠中的阿弥陀佛佛龛。满面慈祥，神色端庄，一手作法印，一手持净瓶洒水，惠泽众生。《如意观音》（紫檀木，22×17×48 厘米）中的观音站立于莲花座上，神态端庄，左手握持着如意，右手托着玉净瓶，披巾襦裙飘逸，莲花座下浪花翻卷，自然逼真而很有动感。《莲卧观音》（紫檀木，44×11×22 厘米）表现的是观音侧身躺卧于莲花宝座之上、右臂弯肘以手托着头、左手拈持着莲花花苞的枝柄、面呈舒适安宁之态的造型。达摩形象的作品有 40 多件，有坐像、立像、挂匾等形制，表现的人物神形等不同。如《达摩面壁》（紫檀木，23×19×40 厘米）取材于传说中达摩禅院驻锡、面壁修行的故事，刻画了跏趺面壁、双手相合、低首闭目、虔诚庄重的达摩形象。《始祖达摩》（紫檀木，63×45×187 厘米）的达摩是身穿僧袍，右手握着背负的挂有行囊、斗笠与葫芦的杖杆，左手提着长串佛珠，迎风巍然屹立，袖襟与佛珠随风飘动；虬髯浓眉，双目圆瞪，仰望天空，神采坚毅，凝神而思；身侧紧紧地依靠着一幼小弟子，双手合十，抬头循着达摩的目光也在远望，体现的是达摩游历中土而不避艰辛到处以禅法教人的精神。同为关公形象的雕件有 10 多件，各以不同造型表现关公的勇武忠义。如《武神关公》（紫檀木，20×17×61 厘米）的关公是丹凤眼，卧蚕眉，长髯拂胸，身穿铠甲战袍，袍襟衣带飘逸；右手持青龙偃月刀于身侧，左手紧握拳置于身前，昂首挺胸，巍然而立于山石之上，居高临下，目光炯炯注视着下方，表现了相貌堂堂、威风凛凛、英气逼人的一代名将、被后人誉为武神的关公神韵。《夜读春秋》（黑檀，

30.5×22.4×37 厘米)题材选自于“关公夜读春秋”典故。关公身穿铠甲战袍,安坐椅上,右手持书,左手捋须,神情专注地在读书,其神态威严且儒雅,表现了一代名将、忠义之士之风范。

一些木雕藏品体现了西方雕塑艺术的写实手法与中国传统雕塑的写意手法的恰当融合,贴合现代审美观,既着重形象细部处理又讲究意境表现。如《金秋蟹肥》(黑檀木,7×17×23 厘米)表现的是形态逼真的竹篓和数只螃蟹:竹篓的篾片编织细密清晰,螃蟹或用爪挂攀附在竹篓上,或顶挤着篓盖正欲爬出;蟹的双眼突出,似乎在警惕地闪动。雕刻精致,几可乱真,是撷取生活中的自然美而升华为艺术美。《搏》(紫檀木,140×20×52 厘米)以“鲤鱼跳龙门”为题材,造型是一条巧妙保留残缺痕迹来表现“残缺美”的大鲤鱼,它眼睛圆睁,嘴吻大张,腹空肚瘪,身有伤残,以此来赞美不畏艰难、逆流而进、勇于拼搏的精神。《拼搏》(紫檀木,48×15×47 厘米)的造型是牛与虎拼力搏斗的场景:牛为了求得活命,不得不以非死即生的搏斗来与虎进行对抗;牛全力抵住翻身朝天的虎,逼至悬崖峭壁边,虎濒临险境而竭力挣扎反抗;表现出有了勇敢无畏、坚强不屈的精神,才有可能获得生存或胜利的主题。《草原牧歌》(紫檀木,61×11×27 厘米)表现了草原上草肥马壮、群马奔腾、拽杆套马的热烈的牧马场景,运用通雕技法,疏朗、剔透,刀功流畅,细微分明,木韵明显,形象活跃生动。《布袋和尚》(紫檀木,20×20×40 厘米)中的布袋和尚背挂草帽,赤着双足,单腿站立于布袋之上,左手托着元宝,右手举持宝珠,双耳垂肩,脸上满面笑容,笑口大张,笑呵呵地看着人们,“我有一布袋,虚空无挂碍,打开遍十方,入时观自在”,形象活泼生动,雕刻流畅圆润,打磨光亮。

一些木雕藏品运用了根劈雕技法,即利用木材根部斫劈与雕刻并举。劈,如水墨画的大写意;雕,则似精工细描的工笔。表现出具象与抽象并现、粗犷与细腻并存、神似与形似兼备的艺术风格,相得益彰,创意新颖,化怪异为美妙,具有特殊审美效果。如,《禅悦为食》(紫檀木,40×41×32 厘米)是依材势而造型,或劈或雕合理恰当,生动表现了情境中的济公袒胸露腹,坐于山石,一手举持葫芦,一手把扇拄石,迎风而望,笑逐颜开,呈现出禅定喜得而滋养身心之形象。《同登彼岸》(紫檀木,100×44×56 厘米)是在一粗实的根部木段上顺应材势,雕劈并施,表现了济公正乘槎渡水,身躯前倾,腿脚后伸,右手提着串珠与葫芦且支撑于槎上,左手持握着蒲扇,抬头注视着前方彼岸的形象,寓意遇事达观、修行解脱、执着追求、脱离苦难、同享快乐的情境。《只履西去》(紫檀木,45×48×52厘米)取用达摩"只履西归"的传说为题材,展示了达摩在西去途中背负着锡杖、经卷与行囊,一手持只履,一手握木杆,目视前方,神态坚毅的形象。细腻雕刻人物的表情、神态与上半身形态,顺依材势斫劈下部,给人以人物下半身形态的合理想象,形神毕现。

有40多件半抽象或全抽象造型的木雕藏品,通过简明和空间意向强的线条、块面、形体等形成简化变形、夸张美观、意蕴深厚的造型,来传达各种情绪,使观赏者感觉形象的美感,激发自己的想象,体察作品的内蕴和创意。这些木雕藏品均为紫檀木材质,高约30厘米。如《盼》刻画的是年轻母亲的双手高高地托起小宝贝,双眸凝视着孩子可爱的脸蛋,流露出期盼孩子快快长大的眼神。《圆满》刻画的是两个少女身体弯曲,手臂相交,两首相接,形成了一个满满的圆,表现了柔和与完美。《窈窕》刻画的是一个沐浴之后的正在梳理头发的少女,长发飘逸,举手投足尽显优雅窈窕。《行》刻画的是在酷夏炎阳之下一个身姿婀娜、穿着筒裙的女子,右手拎着水罐,左手举着蕉叶遮于头顶,步态轻盈,自在悠闲。《小憩》刻画的是一个蜷腿席坐于地的女子,左手撑着膝,右手支着头,行路劳累,路边小憩。《吻合》刻画的是一对颀长身材的年轻情侣相依相偎在一起,额头相触,双目相视,心灵相通。《跃》表现的是身材修长的少女,双臂高举,围首成圆,示人以活跃、昂扬的精神风貌。

其他工艺美术藏品

我的藏品中有艺术家们创作的木雕、牙雕、石雕等作品和瓷画瓶、紫砂壶等,还有书画作品。这些藏品也都保存陈列于艺术馆里。

木雕作品50多件,材质多种,有黄杨木、白木等;题材多样,有《回娘家》《捉迷藏》《木匠》《踢毽子》《关公》等。其中,有一位仙女托举着盛着两枚寿桃的盘子脚踏祥云翩然而至的黄杨木雕《仙女献桃》,有表现了一个50年代的盛夏时节下乡考察工作后在回城路上稍事休息的普通乡镇干部形象的黄杨木雕《回城》,有创意于陈尧咨射箭和卖油翁酌油故事的黄杨木雕《卖油翁》,有表现敦煌飞天的反弹琵琶这一优美迷人舞姿的黄杨木雕《反弹琵琶》,有表现观世音菩萨坐于天上圆光光环上低着头在观察着人世间众生疾苦声音的白木木雕《观世音菩萨》,有表现手握书卷、低头深思着的杜甫形象的黄杨木雕《诗圣杜甫》。

石雕藏品20余件。如《老树段》，是一件石雕造型壶，即石壶。造型为老树的一截木段。平面的壶盖上呈现出树的年轮状，盖中间生发出的枝芽扭结成为壶钮，壶身呈现干裂的树皮状，壶把与壶嘴由与木段相连的残留枝丫构成，表现出逼真、自然的写实风格。青田石石雕摆件《云蒸霞蔚》为山势妙景之造型，山峦之中，一座山峰兀立高耸，层林叠翠，云朵萦绕，庙宇隐于石阶林荫之中；山峰险峻奇丽，呈云蒸霞蔚之壮观。有寿山石雕《十八罗汉》，精雕细琢而各成一件的18个栩栩如生、神采雅致的罗汉形象。《山花烂漫》珊瑚石摆件形象如崖石上盛开的朵朵花儿，花瓣绽放，紧密相连，烂漫悦人。

牙雕藏品大大小小60余件。有在整根象牙上以阴刻技法雕刻出北宋画家张择端传世名画的《清明上河图》，和依据印度传说而雕刻的《揭钵记》。有运用阴刻技法，在象牙小扇面上雕刻出魏晋时期"竹林七贤"会聚一起喝酒、纵歌场景图画的《竹林七贤》。有《红楼梦书卷》，运用了阴刻技法，雕工极为细腻，造型为打开着的书卷，展现的是名著《红楼梦》第49回章节之页的插图和文字。有《观溪图》，在笔筒造型的筒身外壁上运用阴刻技法刻画了高山、松树、岩石、溪流的环境，两位文人雅士观赏着溪水等风景，边上站立着倒酒举杯来侍候的书童。有运用圆雕技法塑造了传统戏曲《拾玉镯》中貌美钟情的孙玉姣形象的《拾玉镯》。

有紫砂材质摆件和壶10余件。如《天涯共此时》摆件，其造型为一立面崖壁，上面雕刻着图景：高山、瀑布、山涧边的岸石上，站立着一位书生，仰首眺望着天空中高悬的明月；边上刻有诗句"天涯共此时"。有几何形体造型、自然形体造型、水平壶和茶器造型等类型的紫砂壶，精巧别致，各具雅韵。

藏品中有20余件瓷花瓶。如《平安吉祥》镏金彩绘瓷花瓶，瓶身上绘有荷花、池塘和成双成对的鸳鸯、鹤等的图画。《仁者兔》彩绘瓷花瓶，瓶身上的图画表现了兔子的仁慈、文雅、和蔼、爱美之形象，传达中国传统的人与人之间友爱、互助、同情和舍身成仁的道德与精神。《古埃及少女》彩绘瓷花瓶，瓶身描绘有古埃及少女形象的图画。有器型为观音瓶的青花瓷花瓶《扫尽不平》，瓶身描绘着济公肩扛一扫帚，疾恶如仇、乐意而为地去扫平天下不平事。有器型为梅瓶的青花瓷花瓶《弥勒菩萨》，瓶身描绘的形象是佛教中的"大肚能容，容天下难容之事；慈颜常笑，笑世间可笑之人"的弥勒佛。

藏品中的其他工艺美术品种类颇多，数量达 200 余件。有盆底图案为儿童嬉戏场景的陶瓷彩绘底铜盆《婴戏图》、盆底图案为孩童戏弄乌龟的陶瓷彩绘底铜盆《戏龟图》。有造型是老虎步临池渊边沿，目视池中的月影而张口长啸的歙砚《啸月》。有造型为两条鱼游弋至岸边水底的歙砚《鱼翔浅底》。有椭圆蛋形陶瓷彩绘摆件《凤凰祥瑞》，图画表现的是中国古代传说中的百鸟之王——凤凰，彩绘细致入微，色泽沉穆典雅。有黄花梨木材质的台屏《观如来》，上面刻有经文，还有象牙贴嵌的众僧形象与如来显相的图画。有瓷板画挂屏《婴戏图》，四件组合的挂屏上描绘了 100 个古代孩童正在玩着各种游戏。有竹根雕人物造像，取用竹根为材料，以弯曲凸凹或鼓实空洞部位为人物身形，上面粘连着雕刻的人物头像，以竹根须为头发、髯须，创作出 15 个古代人物形象。有集聚百位书画艺术名家印章的《名家百印》印谱。

书画藏品

我的藏品中书画也是重要的组成，有一些书画是当代名家所创作的。

书法类藏品有 40 多件，具有多种书法风格，有行书、草书、隶书、篆书、楷书等字体。其中，有朱玉成、姜春雷的对联，有瑞卡的《念奴娇·赤壁怀古》长卷、王文祥的《爱莲说》、林平的《般若心经》、刘一虎的《多心经》抄文，有王震的《茶禅一道》、陈文禄的《虚心应事》、杨文乾的《大爱无疆》、张景海的《精气神》、郭法曾的《神雕侠侣》等四字横幅，有吴文彬的《龙》多种篆书体“龙”字。

绘画类藏品有 60 多件，技法不同，有中国画、水墨画、油画等，题材不同，有人物画、风景画、山水画、花鸟画等。其中，有杨德珍画的牡丹花盛开的《花卉》、汪琼画的花团锦簇的《吉祥如意》、胡双全画的气势磅礴的《回看天际下天流》、方少青画的具生活雅趣的《羲之爱鹅》、周玉恒描绘长江险景的《峡江情怀》、有杨柳青年画《富贵有余》、车鹏飞画的浓淡相宜的《湖山会友》、鲍石画的山林幽居的《静居》、闫晓璞画的繁花似锦的《花》。还有以诸佛菩萨为题材内容的唐卡卷轴画。

把根留住

——会老堂保护和启示

邢伟英

与老宅相遇的过程

2003年的夏天，我与几位好友在山水相依的东山太湖旁，骑自行车环游，突然想起我先生的家人提到过：在东山陆巷有一所废弃多年的老宅，原本要卖给苏州商人，却因价格问题，一直闲置在那里。

当我骑车路过陆巷的时候，走进了古村幽深的小巷子，经过几次问路，终于在一辆破旧板车的挡板后面，找到了老宅的入口。这个宅子的名字，叫作"会老堂"。与会老堂的相遇也许是偶然，或者说是必然。

院子里杂草横行，围墙外断壁残垣、堆满垃圾；天井里高耸的照墙前，只看见整体向东倾斜的楼厅；好不容易爬到二楼，抬头只见屋顶上一个个大大小小的窟窿，飞鸟进进出出，地板上大小不一的木盆里还积着雨水；唯独值得欣喜的是，四根硕大的柱子和完整的梁架，依然顽强地耸立在那里。

老房子形制虽在，但岌岌可危，就像陆巷村上的老支书说的："会老堂马上就要塌掉了，你还花钱修它干啥，不如推倒重建。"

世界上很多事物都是一种缘分，与会老堂相遇，就是那种一见钟情的缘分。

当然在这之前，我有过修复上海20世纪30年代老洋房的经验，对老房子不感到陌生；同时我对老建筑的喜欢与生俱来，从小在嘉定长大，小时候一直都住在有几进深的老厢房里。

当我从东山回到家里，把修复会老堂的设想原原本本与先生讨论的时候，遭到了他的竭力反对：一则他认为修复会老堂的想法过于疯狂，家族关系、继承问题非常复杂；二则会老堂的年代久远、破损程度十分严重，要想修复几乎没有可能；三则修复老宅需要雄厚资金，我们还很欠缺。

但是在我的一再坚持下，他知道我这人决心已定，必将全力以赴，也只好勉强同意。与此同时，我已经开始琢磨，如何去修，找谁来修？因为这与上海老洋房的修复相比，我面临的挑战不知要大多少倍！

这时，我来到苏州，第一个拜访的对象，就是苏州市吴中区文物管理局。记得那天我带着满腔的热情来到文管局，直奔局长办公室，当时的杨斌全局长狐疑地看着我说（苏州话）："倷一个女同志，倷要修老房子？"

经过一番长谈，我将修复会老堂的想法一五一十地告诉了他，杨局长似乎看到了我修复老宅的决心。他非常详细地介绍了陆巷古村的历史脉络、会老堂的年代特征、地上文物的归类和管理对象以及古建修复的程序，给我上了非常详细的第一课。由此我也深深体会到，苏州政府对古建保护的力度。

遵循"修旧如旧"的原则，文管局委托专家，对会老堂进行了整体勘测，在文管局领导的关心支持下，也在我一次次往返于上海与苏州的日子里，复原、修复方案慢慢出炉了。这套方案的出台，为日后会老堂的多次修复，奠定了良好的基础，使得会老堂的修复从头开始，走上了一条规范科学的道路。

漫长的修复过程

会老堂到现在为止正好 10 年，经历过了两次大修，三次小修。

2007 年，为了解决修复资金的不足，我将只住了五年、位于上海顶级地段的老洋房卖掉。这要感谢中国房产市场的畸形发展，使得这笔买卖所得的收入很好地用于会老堂的修复。

在每次修复会老堂之前，我都会与工程队制定详细的计划和方案，安排具体的施工日程表。看着会老堂在我的精心呵护下，越来越彰显古建筑的内秀和华美，内心充满着激动。但是，每一次修复过程，都会遇到种种阻挠和打击，我曾经有过的绝望、哭泣和疲惫不堪，在现在看来都是必然的经历，也是一份难得的财富。

大家想想，在一个千年古村落里，我一个外来女子，贸然跑到这些世世代代生活在这片土地上的老百姓面前，兴修古建，大动干戈，势必让古村落的村民产生排外心态，施工过程也会对周边村民造成影响。

会老堂在修复摇摇欲坠的楼厅的时候，因整个建筑严重倾斜，需要把屋顶全部翻掉重做，也便于更换腐烂的柱子，拨正墙体。那些历经了几百年风化腐蚀的瓦片，被掀起来的时候，厚厚的灰尘像棉花絮一样，洋洋洒洒的，随风飘落到每家每户，周围的村民半个月不敢开门开窗。记得那天我正好去了解工程进度，一走进老巷子，那些村民见到我个个都是怒目圆睁，冲着我劈头盖脸就说："倷看看，会老堂的灰尘龌龊是龌龊得来，弄得伲窗口勿好开，衣裳勿敢晒，吹下来的灰尘足足有一尺厚。"我赶紧挨家挨户地去赔不是。

说来也是托这些陈年老灰的福，从此以后，陆巷村的大街小巷上的人都知道了：老街上那个常常进进出出的陌生女人，原来就是上海过来的、王家的外孙媳妇，在修会老堂。

俗话说：一方水土养一方人。农村几千年留存下来的乡规旧俗，有的规矩，比法律还要牢不可破。比如家家户户挨着的屋檐落水，基本上都是各家保持 30 厘米的距离，可是轮到我修建回廊的时候，人家就是非要求你留出 70 厘米距离，要不然，就是整个人蹲在地基上，硬是不让你开挖；石灰水不小心滴落到隔壁人家的茶叶树苗上，人家要你赔钱；原来会老堂的老门、老井不能共享了，人家要你赔钱；围墙砌高了，人家要你赔钱。

这种种邻里之间的矛盾，一开始让我觉得迷茫、无助、委屈，在一次次被逼无奈的情况下，我渐渐总结出了一点道理。这个紧挨着太湖的东山半岛，四季花果飘香，太湖鱼虾鲜美，历来有"钻天洞庭"称号的东山人，"靠山吃山靠水吃水"，任何一样作物都可以换取金钱，所以对于依靠山水维持生计的农民，经济赔偿也成为解决矛盾的最好办法，用这个办法可以息事宁人，日后大家也就相安无事。因此作为对自己的安慰，我总结出了一条阿 Q 的道理：钱能解决的问题不是问题。

确切来说，在修复会老堂的那些日日夜夜里，我一边沉迷于中国文化和古建筑的博大精深，一边无奈地与邻居、村民斗智斗勇。但是，每次在我即将丧失信心、筋疲力尽的时候，给我鼓励、给我勇气最多的都是文管局的专家和领导，至今想起都会心存感激。

2011年12月，会老堂被列入江苏省重点文物保护单位。一幢典型的明朝江南民居，得以合理的再利用，受到了很多领导和专家的重视，这不仅是对会老堂这幢古建筑的肯定，也是对我这些年倾心付出的褒奖，在此一并感谢！

我与会老堂的惺惺相惜的过程

也许，在古建筑修复的行业里，很多人都体会到，这是一个投入远远大于回报的投资。会老堂也是同样的情况。

修复后的会老堂，面积1 200平方米，在功能定位上很是让我伤脑筋。我避开了向公众开放的旅游主题，只是希望有喜欢和欣赏中国文化的人，能够与之产生共鸣。

为此，会老堂做成了一个古建筑会馆，有典型苏式家具营造的客房、有以太湖水产为主的餐饮，只对提前预约的客人开放，每周平均一到二批。这些来到会老堂的朋友，常常与我一起感悟这幢老宅给予我们的滋养，感恩祖辈留下的宝贵财富。

这种合理的利用，既给老宅一定的人气，又可以定期维护、保养，不仅使老建筑生气勃勃，也让来到会老堂的朋友感受到宁静和尊敬，当然在这种保护和利用中是不可能有大的商业盈利的，但对于我来说，员工队伍文化素养的提高，日常维护费用的平衡，已经是古建再利用最好的回报了。

很多人都会问我，你是学建筑出身的吗？其实，我的经历与建筑没有任何关系，也许来自遗传，因为我的父亲是学建筑出身的。小时候作为家中长女，在母亲的严格家教下，我承担起照顾家人的责任。我16岁来到部队，10年的军队生活，养成了雷厉风行的行动能力，也培养了我吃苦耐劳的工作作风。

我是一个特别尊重自己梦想的人。为了修复古建筑，我放弃了已经宣布的行长任命（因为之前在银行工作）；为了更好地陪伴会老堂，我提前退休，离开银行的高薪职位；为了从实践到理论对古建筑有个全面的认识，我来到同济大学补课，跟与我女儿同年龄的孩子们一起，从头开始学习建筑专业。

对于修复古建筑，10年前我是一个门外汉，10年后的今天，我用自己的实践经验和热情，不断地学习和提高，越沉越深，充实自己。就说今年刚刚结束的第五次大面积维护，在房屋的安全性和舒适度上，我用所学的专业知识，进行了一次大胆的实践。

一是将部分潮湿地面下挖60厘米，对每一根柱子和柱基进行白蚁检查，更换腐烂的木质柱基，重新进行防潮杀白蚁处理，用中空楼板将地基与地板隔开；二是，请地暖专家多次论证，采用最安全的进口电热采暖设备，加上进口防火地板，来解决江南冬天湿冷难熬的问题。

在前几次维修中，施工队伍都忽略了东西厢房边柱的柱础与木柱相衔接的部位，因为这幢明朝建筑在这个部位有一个与柱子同样大小的木质柱基，用方形榫头与柱子衔接，用来间隔柱子与础石之间的潮气，所以这部分是直接连接地面的、也是最易腐烂的部分。这次在地面下挖过程中，发现这部分柱基因白蚁和潮湿等原因都已腐烂成木灰，我毫不犹豫地将其挖除，用老青石加工成大小匹配的石鼓，替换原有木质柱基，防止柱子继续被腐蚀。（关于柱基这个名称是我自己取的，我翻了很多古建的书没有找到同样的介绍）

正如我之前所说，当你不断地去专注投入于一件事情时，它总能给你带来惊喜。就说在这次的维修工程中，正因为进行防潮下挖的过程，意外发现了压在楼厅南墙下的方砖，有两块落款是“嘉靖十二年春”的二尺金砖，由此，为会老堂建造年代找到了确凿的依据，给了我们一个大大的惊喜。也就是说，会老堂建造于1533年。

顾名思义，会老堂就意味着“会老友，聚新朋，集贤达，遇知己”。我时常感恩，会老堂是历史赠予我最奢侈、最豪华的礼物。同时托会老堂的福，我也收获了许许多多的友谊。这些年来到会老堂的朋友，他们是在表达对中国历史、对中国文化的尊重。而如今我有缘作为一个近500年古建筑的守护者，我只是尽自己的所能完成历史赋予我的这段任务。

会老堂它不属于我，也不属于任何人，她只属于历史。

附录

世界华人收藏家大会始末

祝君波

2007年秋至2014年末，在上海市委宣传部领导下，我和我们秘书团队创始并召开了四届世界华人收藏家大会，以盛世收藏为时代背景，为全球华人收藏家搭建了一个交流平台。至今回忆起来，历历在目。

大约是在2007年10月的某天下午，时任上海市委宣传部部长的王仲伟同志约我谈话。谈话是海阔天空式的，地点在番禺路上的皇冠假日酒店咖啡厅，主题是“以你的工作经历，上海在文化方面还可以做些什么”，用现在的话说就是有作为。我当时已调任东方出版中心工作，但对收藏还是有一点积累。我说现在会议项目或者会议文化影响力很大，比如财富论坛、世界报人大会、世界工程师大会之类，但都是外国人主持的，能不能由我们上海发起世界收藏家大会，或者至少是世界华人收藏家大会。上海作为一个国际文化大都市，应该发起几个属于自己的会展，而不是都跟着老外走。世界收藏家是个大概念，目前尚没有会议组织，办起来影响会很大。因为收藏家层次很高，二是确是独立人群，三是又可讲又可看(展品)，四是中国有十三亿人口，很多人喜欢收藏，对参会者有吸引力。

王仲伟同志听了以后说，设想很好，但恐怕我们现在没有条件开世界收藏家大会，可以考虑先召开世界华人收藏家大会。他说完以后又约我次日去看办公场地，还说钱不要用东方出版中心的，第一届可以由宣传部拨款，以后逐步创收。第二天，在娄山关路虹桥俱乐部，他把706室的钥匙给我，还给了一辆丰田面包车，真是说干就干。王仲伟同志是我在出版局的老领导，他的魄力和行事风格给我留下深刻印象。

一、首届大会的筹备和召开

嗣后，我根据王仲伟同志的意向，分别去找了陈东同志、陈启伟同志和陈燮君同志，听取他们的意见，希望他们给予指示。陈东同志很热情，也很直率，后来她担任收藏家大会组委会主任，我们共事四届八年，合作很愉快。从第一届开始，她就比较放手，每年与她见两三回，大事情请她定，办成了事，也成了朋友。启伟同志那时在新闻办工作，对收藏也有些经验，第一届他参与很多，我们周六上午的工作例会他都来参与，与我一起决定一些大事，给了很多支持。

第一届世界华人收藏家大会定于2008年10月召开，如何开，我们没有底。起先也有过组织江浙沪艺术家展览的设想，后来觉着意思不大，放弃了。早期参与的人员有谢定琨、石建邦等人，大家召开了几次专家座谈会，最后定位大会的核心层是高端收藏人群，以台北清翫雅集、中华文物学会，香港敏求精舍、求知雅集的会员为参照，以论坛、出版和观看展览为大会的主要活动。于是，我和一些朋友进行了组织联络工作。记得我曾在2008年春参加美国书展的同时，拜访了美国西部和东部的收藏家、艺术界朋友，比如丁绍光、曹仲英、陆芳耕、刘冰、钟秀雄、冼程万、李定和、余翠雁先生等，通过我的老朋友张子宁先生，联络了美东地区的收藏家，如冯英祥、马成名、邓仕勋、黄杰英、唐贝洽、林秀槐等人，征求他们会议如何开等意见，最重要的是希望他们来上海参与活动。

在北京，我们拜会了耿宝昌、王世襄、夏更起、陈东升、王雁南、杨伯达、徐邦达夫人滕方、米景扬、傅熹年等。耿老还为我们题词"海纳百川，有容乃大"。当时王世襄和徐邦达先生都还健在。记得我去看王世襄先生的时候是下午，天比较热，他家没开空调，他穿着汗衫出来见我，很朴素，答应做大会顾问，还为我们题了一首诗，印象极其深刻。

我还去了一次香港，拜会敏求精舍当时的会长，葛师科先生等都在场。但会长不热情，不想参与我们大会。后来李大鸣先生是那届唯一代表敏求来参会的会员，他也担任过两届主席。李先生是大收藏家、企业家，收藏古陶瓷量多质高，但没有一点架子。与我个别交谈以后，很快建立了友谊，他来第一届大会讲话，给我很大的鼓励。而求知雅集在陈嘉康会长支持下，会员热情很高，我到港时他们在顶好酒店聚会欢迎，到会人很多，听我介绍设想，态度很积极。除此以外，我还拜会了张宗宪、王世涛、罗仲荣、戴世豪和彭可兆先生，他们都是藏界重要的人物，对我们的大会表示支持。

首届大会的主题确定为“收藏，感知文明，怡养情致”。这也讨论了好久，郑重等先生在开会的时候主张收藏是怡情、玩玩的事，也有把收藏定位很高的意见，后来两者结合，既有保护文明物证的功能，也有玩赏的一面，这就使会议讨论留有很大的空间。

确定大会的主办机构为上海文化发展基金会，发起机构为上海市文物管理委员会、上海市文化广播影视管理局、市政府新闻办和上海市文联，确定宣传部副部长陈东为组委会主任，副主任为四个发起单位的领导陈燮君、朱咏雷、陈启伟、杨益萍。我担任秘书长，负责具体工作。此外，上海十五家机构的负责人都担任委员，对外阵容很强大。

为了开好这个会，我组织了一个兼职的秘书团队，包括朱晓东、顾莹莹、沈毓琪、沈婧、翟红婴、倪淑颖、刘德媛等。程沁是我的硕士生，来参加了会议的后半段筹备，后来成为几届大会都参与的中坚骨干了。因为我平时工作很忙，我们都在每周六开会，平时分头工作，每周抓进度。当时重点抓了三项工作：一是大会论坛设计，二是名家的“口述收藏”，三是大会征文。

2008年10月8日—9日，首届大会开得很成功，取得了意想不到的效果。一是松散的、各自为政的华人收藏家，总算有一种组织形式把大家联系在一起。二是大会在新落成的刚开过“财富论坛——世界500强”的上海国际会议中心召开，效果很好。收藏家戴世豪先生说，我们在海外从来不开大会，这次进了国家的大会堂，感受很深。三是大会的演讲者都是藏界的巨头，使大家一睹风采，三大本的大会资料珍贵，质量高，分量重，大家爱不释手。四是最后一天到苏州参观贝聿铭设计的苏州博物馆、忠王府以及在忠王府听昆曲和评弹，也留下了赏心悦目的一页。加上上海各大报都是组委会成员，也给予积极的报道，一时收藏家大会声名鹊起。

对我个人而言，当时担任东方出版中心的总经理（相当于社长）和党委书记，为首届大会投下无数的心血，绝大部分工作在业余时间完成，但对首届大会能否成功颇有忐忑，达到这样的效果则是意想不到的。

王仲伟、沈晓明、龚学平同志都来与会，对我们肯定有加。陈永泰、李大鸣、蔡一鸣、余秋雨、丁绍光、马未都、杜南发等先生都来演讲，加重了大会的分量。这些人平时请一位都难，我们居然请来了十几位，心里真是乐开了花。令人感动的是旧金山的曹仲英先生也来大会发言，讲得很生动，也许是他第一次登上祖国大陆的大会场，讲得很动情。我认识他有二十余年，他特地说了君波先生请他，他不得不来。第二届大会时，他已过世了。我至今还想念他。王世涛、戴世豪先生是香港上市公司的老板，他们说公司业务那么忙，我们居然在这里坐了两天，听完所有演讲。

王仲伟、沈晓明、陈东三位领导写了贺词。王仲伟同志出席了开幕式，沈晓明同志因事未出席大会，但当天出席了晚宴。开幕式市政府由副秘书长代表宣读了讲话。

首届世界华人收藏家大会顾问有：丁绍光、王世襄、王雁南、冯英祥、杨应群、张海、陈佩秋、陈永泰、范季融、罗仲荣、饶宗颐、耿宝昌、徐邦达、黄君实、黄光男、傅熹年、潘公凯等先生(女士)。

主题演讲的嘉宾有：余秋雨、丁绍光、马未都、洪三雄、杜南发、李大鸣、王雁南、陈夔君、萧春源、石允文、曹仲英、张锐、许杰、王定乾、张子宁等先生(女士)。

专题演讲的嘉宾有：郑重、郎绍君、翁真如、潘深亮、徐政夫、董国强、任道斌、章利国、赵榆、钱道明等先生。

杨澜与收藏家对话的嘉宾有：杨立群、邓仕勋、张宗宪、杨休、孙海芳、蔡一鸣等先生。

曹可凡与鉴定家对话的嘉宾有：黄君实、萧平、陈佩秋、傅益瑶、张浦生、米景扬等先生(女士)。

2008 年大会以“收藏：感知文明，怡养情致”为主题，以收藏文化研究为主旨，成为全球华人收藏家及业界精英的首次聚会，并入选当年度中国网、新华网、《收藏界》等国内 16 家媒体联合推选的“2008 影响中国收藏界十大事件”、台湾地区《艺术新闻》杂志“年度十大艺术新闻”和雅昌艺术网 AAC 艺术中国 2008 年度十大艺术事件。首届大会与会代表 621 人，其中我国港澳台地区 118 人，欧美地区 44 人。与会媒体 100 余家，到场记者 140 余位。总计 800 余人，可谓盛况空前。

大会就收藏涉及的宏观问题和专业问题进行研讨，分析发展趋势，总结收藏经验，阐述独到见解，并回答与会代表的提问。演讲是这届论坛的亮点之一，演讲嘉宾总计37人。演讲涉及的内容有：(1) 大会主题及收藏文化；(2) 收藏学科和历史；(3) 收藏经验和感想；(4) 新观点和建议。

在会前组委会已印制了三本文献，发给与会代表，合计收入118篇原创性文章。其中包括：(1)《收藏文化研究》，从收藏历史、收藏地域、收藏门类、收藏中介等多个角度，尽可能全方位展现华人收藏的沿革、现状和特色，由理论研究专业人士撰稿，字数33万；(2)《收藏理论研究》，从社会学和美学的角度，对收藏的主客体进行研究，是向部分对收藏文化有研究、有见地专业人士的特邀稿件，字数17万；(3)《大会采访录》，对海内外60余位收藏家、艺术家、鉴赏家、经纪人所做的专题采访，以实录的形式整理出版。内容包括收藏故事、收藏理念、收藏经验、收藏家与艺术家和市场的关系等等，总字数达37万。这些采访反映出收藏家的执着、智慧、经验和个性，记录了他们的艰辛、痛苦和欢乐，是人们了解收藏家、进入收藏天地的生动教材。

会后，组委会综合了《收藏文化研究》《收藏理论研究》和《大会采访录》出版了《名家谈收藏(经验篇)》(上、下)、《名家谈收藏(文化篇)》(上、下)四本书。

2008年秋正是中国收藏事业即将爆发式增长的时候，我们推出了大会品牌，得到了各界的响应。比如余秋雨先生、丁绍光先生都来演讲，而且不要演讲费，很少见。杨澜女士也是免费出场，为我们主持了一场嘉宾圆桌会议，很成功。她为人谦虚，专门为与几位嘉宾共进午餐做了充分准备。我也由此对杨澜深有好感。这次大会除了论坛，大会的出版物也做得很好，首次推出了大会采访录，实际上就是口述收藏史，包括王世襄在内几十人的采访，受到好评。还出了两本论文集，也很有分量。我自己的那篇《收藏家的创意性劳动》，也是我论文中最好的几篇之一。那时政策比较宽松，对大家生活也安排比较好。最后一天到苏州博物馆参观、听评弹，把活动推向了高潮。很多名家都随团活动，包括王雁南女士、彭可兆先生。晚上安排吃大闸蟹和绍兴酒(都是朱晓东副秘书长定制的)，大家意犹未尽，希望以后大会继续开下去。

不久，王仲伟同志调到北京工作，他希望我们把大会开下去，争取有一天转向召开世界收藏家大会，这以后，我心里总有一种压力。

二、第二届大会的筹备和召开

2010 年 11 月 5 日—6 日，第二届世界华人收藏家大会在上海展览中心成功举行。大会以“收藏，历史传承和时代创新”为主题，旨在展现华人收藏家在传承中华文明中所做的贡献和注重与时俱进，推动华人收藏事业的深入发展。第二届大会的组织架构有了一点变化，上海文化发展基金会退出主办，原来的上海文管会等四家机构成为主办机构。文联委派陈志强同志担任秘书长，我担任执行副主任。大会吸引了 600 余位来自全国各地以及海外的业界人士和收藏爱好者参加，大会盛况和精彩纷呈的内容引起了包括电视、电台、报纸、杂志、网络在内的两百多家媒体的关注和一致好评。并荣获中华人民共和国文化部《艺术市场》杂志“2010 年度十大艺术事件”，雅昌艺术网“2010 艺术给力上海”年度事件以及“AAC 艺术中国 2010 年度十大艺术事件”等称号。上海市委宣传部将其评为 2010 年上海市重大文化活动之一。我也被台湾《艺术新闻》杂志评选为“2010 十大风云人物”。

时任上海市政协主席的冯国勤同志参加大会并致开幕词。市委宣传部长杨振武同志参加了会前一天的欢迎晚宴，招待了主要嘉宾约 50 人。本来我去请了范曾先生，当时他和《文汇报》打官司，我请他来演讲，他答应了；杨部长本想借我们大会与他见面，缓和一下矛盾，但他最终没有来。

中华五千年灿烂的文化，收藏事业起了功不可没的历史作用，应该给予肯定和总结。同时，时代的巨大变迁也使收藏面临着新变化和新情况，还需加以关注和探讨。因此，这届大会旨在体现过去与未来收藏活动的相互关系，总结历史上收藏的经验和理论，研究现在收藏的新情况、新问题，并就此提出新思想和新对策。主题演讲嘉宾有：张五常、曹兴诚、陈东升、何家良、丁绍光、陈燮君、张宗宪、唐・帕特里夏、马自树、王少方、对中如云、阎振堂、章利国等先生（女士）。

参与“收藏与鉴定”专题论坛的嘉宾有：萧平、孙梅芳、杨凯琳、罗青、徐建融、吴继远、赵月汀、李超、任道斌、潘深亮、黄金源等先生（女士）。

参与“收藏与市场”专题论坛的嘉宾有：龚继遂、张立行、赵榆、李鸣、马天、徐政夫、赵力、马健、徐文强、顾之骅、萧晖荣等先生和陈念女士。

参与“收藏大家谈”的嘉宾有：翁真如、罗启研、朱奎、黄博钧、陈鹏举、张夏帏、王时驷、赵爱国、杨新发、刘波、肖大力、杨永年、陈明成等先生(女士)。

参与“古代书画鉴定”的嘉宾有：傅申、马成名和劳继雄先生。

主持人与收藏家对话的嘉宾有：王薇、李大鸣、杨伯达、陆芳耕、张临生、黄蕙英、葛师科、戴志康等先生(女士)。

2010年大会，编撰出版了《大会论文集》《大会采访录》《中国收藏学初探》《京沪收藏家藏品邀请展图目》和《大会演讲录》。主办方还邀请了京沪两地27位收藏家的411件珍稀藏品参加展出，展品包括书画、瓷器、犀角雕、印章、文玩、铜镜、家具等十余种品类，此类集众多高端私家收藏的展览在国内也尚属首次。会后，参观了浙江省博物馆，欣赏了古琴演奏和越剧表演，宾主欢聚一堂，气氛融洽热烈。

第二届大会在第一届的基础上展开，不是白手起家了，但要有超越，是我们内定的要求。我们把工作的重点放在收藏展、筹款和论坛上。

我们设计了“京沪收藏家藏品邀请展”。首先是选人，根据我们的经验，选了27人。但如何选好藏品，减少争议，实际上难度很大。这也是私人展一贯的难题。国有博物馆有固定的藏品，鉴定、研究都方便，而我们27位私人藏家的东西无法集中预检。最后想出一个办法，有难度的都拍照，背对背请人评议。于是，由丁国兴先生把展品逐一拍照、编目送给专家鉴定。以书画为例，当时请了钟银兰、萧平、张荣德、徐伟达等先生共同把关，有不同意见的就考虑不展，有争议的只展不印图录。瓷器杂项也是如此。这样，质量一流的411件展品选出来了，反响很好。这也是上海地区举办的质量比较高的私家收藏。展览还碰到安全问题和保险问题。当时保费只有30万人民币，但要保的文物量大质高，我们还是说服藏家给予支持，降低底价。比如任伯年的《华祝三多图》当时估价1亿，我们说服物主降到5 000万，展览结束后这件书画在西泠印社拍到了1.7亿元人民币。保险公司接受保险是在展览布展前的几天，差点办不成。另一个问题是安保。我们大会秘书处不是法人团体，自身没有固定的员工，但我们还是担起了责任。当时展览是在上海展览中心的西二馆底楼举办的。我们加装了探头，同时加强了夜间值班，由东方出版中心的应新华处长负责安保。他是责任心极强的人，做了周密的方案，认真移交清点文物，晚上派了四人通宵值班，还租了一条警犬巡逻，确保了五天布展和展览的成功。为了这个展览，沈毓琪大姐和胡韶光先生忙了一年。从鉴定、借展到布展、撤展，每个环节都做了方案，终于确保了展品安全。为了把北京十墨山房的展品运来上海，应新华、沈毓琪两位租了专车，接物、还物跑了两趟。虽然艰难，但这个展览为该届大会添了彩。

第二届大会的论坛和专业论坛品质特别高。第一天大会论坛请到了曹兴诚、陈东升、张五常和丁绍光四位重要嘉宾主题演讲。我在去台湾出差时，专门去曹家拜访，曹先生陪我参观他号称“小故宫”的家庭收藏，我印象中他的收藏以铜佛、青铜器、瓷器和当代艺术为主，面比较广，但收藏以“美”为线索。经过沟通，曹先生对我们大会有所认识，答应来上海演讲，他是一位有思想的收藏家，演讲是以“古代艺术品的现代性”为题的，有高度，但大陆听众不过瘾，他们喜欢听投资方法之类，差别很大。讲得比较好的是张五常，很多人只知道他是经济学家，不知他是位大藏家，尤其在古代书画、林风眠及陈逸飞等作品的收藏方面很有成就。他演讲的题目是“收藏的讯息费用和仓库理论”，很专业，通俗地说他认为乾隆是个收藏的“大仓库”，与乾隆相关的收藏要超过凡·高和莫奈。他认为林风眠也是个“好仓库”，即值得投资的艺术门类。可惜他是用广东话演讲的，虽有其夫人同步翻译，但还有很多人反映听不懂。但是陈东升听得很认真，在发言中给予高度评价，说这是第一位大经济学家对收藏做了理论阐述。陈东升那时已是业界大咖，我也专程到北京去见他和王雁南两位，因为90年代我们共同创业拍卖事业，我与他、秦公一起出席内贸部、文物局的会议，结识较早，他还是很给我面子。那时嘉德已在领跑中国拍卖业，他又创建了泰康人寿保险公司，身价百亿。到大会来演讲也很成功，他主要讲经济与艺术品市场同步发展的现状与趋势。因为他是能做能说的人，在国务院搞过研究，所以讲得不错。此外丁绍光、张宗宪、王少方、章利国等先生也都讲得不错。我们委托中国美院的章利国先生写出了《中国收藏学初探》，虽然不算很成熟，但这是王仲伟同志最初要求我做的工作，我们也完成了，所以章教授在会上对此也做了一个解读性演讲。第一天大会结束时，通过了《大会宣言》，这是这届大会的首创，后来成为一个惯例。《大会宣言》委托陈鹏举先生起草，专家讨论修改，听取意见。结果一致通过。

这次大会主会场在锦沧文华大酒店，展览和分论坛设在展览中心。次日上午的专业分论坛同步开了四场，分别有40人分成四组演讲。但我们也有担心，怕大会论坛以后，分论坛听众不足。结果我会前到各组看一下，大多听众爆满。我在书画鉴定专场听讲，这一场安排在友谊厅底层会场，由张子宁先生主持，安排了三位重量级的演讲嘉宾，我国台北的傅申先生、美国的马成名先生和劳继雄先生。他们的题目也吸引人。我 1988 年即认识傅申先生，当我约他演讲时，他说只给他 45 分钟时间是不够的，请他去起码要有 2 小时演讲，他想讲黄庭坚《砥柱铭卷》的辨真问题。于是，我们讨论后给他一个半小时。傅申的演讲很精彩，他早先怀疑砥柱铭为赝品，后来又肯定它为真品，致使保利将之拍到 4 亿多人民币。一时媒体界议论纷纷。那天，傅申先生用大量的事实以及 PPT 证明此件为真品，听者全神贯注，没有人发出声音，真是一根针掉在地上也能听到声响，静极了。随后马先生讲了另一个热点，从曾巩《局事帖》的回流探索文物回流之路。当时《局事帖》刚刚拍出 1.08 亿的高价，而马先生就是 1996 年在纽约佳士得经手此件拍卖 50 万美元的。他的演讲也吸引人。而劳继雄先生讲中国古代书画鉴定组的八年巡回鉴定经历，总结了谢稚柳、徐邦达、启功等老先生的鉴定思想，也很成功。

后来其他各组向我报告，演讲质量高，听众互动好，效果意想不到的好。

下午，我陪大家去浙江博物馆参观，因该馆古琴收藏馆展有古琴 50 多把，我们在浙博演讲厅组织了一场表演，包括古琴演奏和越剧清唱，来宾也感到赏心悦目。晚上，西泠拍卖行陆总安排了晚宴招待，菜肴丰盛，还有民乐演出，气氛十分融洽。

三、第三届大会筹备及召开

第二届大会成功以后，我在考虑下一届大会应该走出上海，面向海外。把会议推向海外，有助于品牌输出，同时调动当地的资源。当时考虑最合适的地方是港台，因为收藏家比较集中，对大陆的收藏界人士吸引力也比较大。如果第三届在上海召开，效果肯定要打折扣。正巧我听说 2012 年是台北清翫雅集成立 20 周年，台湾收藏界相较香港的敏求雅集而言，要开放很多，而敏求一贯稳健也比较保守。但也有人认为台北开不起来，没有大陆这样的组织能力。我经过几次与曹兴诚先生交往，彼此比较熟识了，就向他提出下届可否在台北开。他信心满满，说："当然可以，谁说台北开不好啊！"

从此以后，便把在台北开会定为目标。当然两地的差异很大，后来证明困难也是不少，可贵的是被我们双方一一克服了。

要召开这样一个跨地区的会议，一是必须建立一个合作机制，于是在台北成立了大会筹备组，主任委员曹兴诚，委员主要是中华文物学会和清翫雅集的会长、副会长，包括王定乾、石允文、李明德、林木和、洪三雄、施俊兆、翁明显、张益周、潘文华诸位先生。我们确定双方每周或经常交流情况，回答对方的提问以及要求。是与不是？同意不同意？为什么？二是必须有明确的分工。双方原则同意会务工作由台北方面为主，大会主题、论坛、内容、出版、论文仍由上海方面全面负责。三是清翫雅集 20 周年的展览画册和专业论坛纳入大会的活动。四是会务费用。台北方面赞助我们 50 间房间，免费提供会场，安排一次招待会，组织“故宫之夜”，让与会代表专场参观。我们还把《旺报》列为协办机构，由林美姿小姐为主，组织对台北收藏家的采访，每篇采访录先在报纸发表，尔后收入上海的大会采访录。

分工中，虽然上海对大会有领导权和掌控权，但台北方面还是充分理解的，所以总体上配合得非常好。由于曹兴诚先生以及清翫雅集(仅 30 多人的高端收藏家团体)和中华文物学会(200 多人)在台湾的知名度和影响力，一些有难度的工作都解决了。第一天晚上的欢迎宴在喜来登酒店举行，我们去了 460 余人，加上全球各地来宾 680 余人，组织得很好。佳士得、苏富比各赞助台方 18 万美金，保证了对大会的支持。加上国内拍卖行保利、嘉德、匡时、西泠的赞助，会议费用得到了保证。为此，我们在喜来登主场为六大拍卖行各做了一块巨幅广告以示回报。大会文献 4 本，都由李维琨、张国樑和丁峰预先去台北通过我朋友王承惠先生安排印出来，保证了安全，避免了大批量在大陆印制运送去台北的困难。两市市领导上海韩正和台北郝龙斌、丁庭宇都写了献词，印在会刊上。丁副市长还到会致辞以示祝贺。由于会议敏感，上海台办也派了李雷鸣副主任到会指导我们工作。尽管这样，还是有点插曲：10 月 23 日上午大会即将开幕，22 日晚饭后我们把次日会议议程印好摆在桌位上，足有几百份之多。到了夜里 11 点，台湾的联系人陈筱君大姐打电话给我，说冯明珠院长明天上午不能与会，原因是政治性的。但她又说，冯院长会在台北故宫博物院迎接你们。我知道无法改变台方的决定，就动员我们秘书处同志把下发的大会议程收回来，连夜重新改印发下去，做完这项工作已是深夜 1 点。当时我很感动，我们的同志毫无怨言，70 多岁的沈老师带头加夜班，加以补救。第二天，没有人发现曾有过这样的变更。

第一天大会主题论坛很成功，是因为我们确定了“收藏，回归人文的精神家园”主题，这在四届大会里是提炼得最好的一次，不断地被发言者提及。同时选择了阮仪三、周功鑫、姜昆、马未都、刘益谦、曹兴诚这些有影响的嘉宾演讲。大会通过了《台北宣言》,显示了全球华人收藏家尤其是两岸收藏家的团结和共识。在传承中华文化上,收藏界高度一致,会议气氛极好,我的心情也很放松。当天晚上,在艾美酒店安排上海的宴请,也有400多人参加。还来了我另外一些朋友,比如世界书局的阎初女士、王安安的兄长王度先生(坐轮椅来的)等。我们在每桌上都放了一瓶金门高粱,几家赞助商都上台致辞、祝酒。第一天大会论坛结束,一切顺利,我紧张了好久的心终于放下来,在艾美的晚宴上我酒也越喝越多,不知不觉就醉了。

睡了一觉起来,赶紧冲了一把浴,让自己清醒一下,然后到会场,这天上午有三个分论坛,大家看我精神饱满,也很惊奇和放心。因为胡志祥先生签证没出来,华人收藏市场专题论坛中他关于上海市场的报告临时由我代述,我不得不上场。结果我那天表现还不错,香港伍加恩小姐说你讲得很好。另外,清翫雅集一组在主会场,也相当不错。

大会期间,我们参观了清翫雅集20周年庆藏品展,他们出了四本画册,准备工作很充分。但展厅设在历史博物馆,面积太小,很多藏品没有充分展现。

24日下午去台北故宫博物院的参观则令我们终生难忘,应该说曹先生他们安排得很好。下午3点,用10余辆大巴把客人带到台北故宫博物院文化中心,400多人坐得满满当当,先听冯明珠院长做了“故宫的前世今生”的演讲,她借助PPT讲得非常清晰、全面,很精彩。而后陈东主任致答谢词,我认为她这次脱稿讲话也精彩。主持人是潘文华先生。在他们讲完以后,潘会长特地说,“这次会议的成功,全靠一位幕后人物,他就是上海的祝君波先生,这两年筹备,我们感受到他的辛勤付出和才华”。于是,大家热烈鼓掌,把我请出来。两年来辛苦的日日夜夜,也就是在这一刻,感到了放松和愉悦。会议以后,“故宫之夜”开始,台北朋友出了100多万台币以及他们的面子(很多人给台北“故宫”捐过文物),安排我们全体人员独享“故宫”仿膳晚宴(全包),并且参观“故宫”各馆。这是多么高级的礼遇啊!多少年后,许多与我同往的大陆同胞说起这次台北“故宫之夜”就激动不已。我记得那晚的一个细节,曹先生特地嘱人把我从馆中找来,在仿膳同桌吃饭,饭后,我与他还有青铜器专家陈佩芬女士一同观赏青铜器,听他们两人切磋意见,那种悠闲、宁静真是难得。后来,陈老师不幸过世,此事回想起来还历历在目。

相关资料如下,2012年10月22日—24日,第三届世界华人收藏家大会首度移师台北喜来登酒店，以“收藏，回归人文的精神家园”为主题，围绕人文精神的回归等内容，总结中国文人收藏的传统精神，倡导坚持收藏责任和职业操守，获得了空前的成功。大会由上海市政府和台北市政府共同担任指导单位，上海世界华人收藏家大会组委会主办，上海文管会等四家机构为发起单位，台北市文化基金会等 3 家协办，这是海峡两岸的一次文化交流盛会，也是全球华人收藏界最为隆重的一次世纪聚会，吸引了来自世界各地的华人收藏家、艺术家以及业界人士 660 余人参加。两岸媒体，如：《解放日报》《文汇报》《新民晚报》、中天电视台、凤凰卫视、东森电视台、《艺术新闻》《典藏》《旺报》都给予大会充分翔实的报道。台湾《艺术新闻》杂志称此次大会为“2012 十大艺术新闻”“堪称全球世界华人收藏界最大盛事”；上海市台办等单位将其评为“2012 年度沪台交流十大新闻”；上海市文联将其评为“2012 重大文化活动项目”。

会议认为当今收藏越来越呈现出与投资相结合的多元倾向，这是经济社会发展的必然结果。但收藏的本源和目的在于人文精神，即保护人类的物质遗产，提升人们的文明素养。这是收藏机构和收藏家存在的根本价值。主题演讲的嘉宾有：阮仪三、周功鑫、马未都、刘益谦、包铭山、曹兴诚、王雁南、童衍方、张丁元、姜昆、张益修、翟健民、郑重、伍嘉恩、杜威、陈浩星等先生（女士）。

参与“清翫雅集·中华文物学会专场”专题论坛的嘉宾有：石允文、林明哲、施俊兆、王耀庭、陈百忠、熊宜敬等先生。

参与“专场对话会”的有：何国庆、潘文华、翁明显、王定乾、黄天才等先生和高玉珍女士。

参与“收藏与文化”专题论坛的嘉宾有：陈鹏举、汪涛、张子宁、傅申、游世勋、周勇、刘波、谢冰等先生。

参与“收藏与市场”专题论坛的嘉宾有：赵力、龚继遂、胡懿勋、黑国强、祝君波、李永亮等先生和孙晖红女士。

参与“王明青与收藏家对话会”的嘉宾有：陈佩芬女士、范季融和霍满棠先生。

大会文献出版是“世界华人收藏家大会”四大载体的重要组成部分。《大会论文集》从不同的角度展现海内外收藏领域的最新研究成果，总结中国文人收藏的传统精神，倡导回归收藏本源，坚守收藏责任。《大会采访录》集中采访了 14 位台湾收藏家，全面展现了他们的收藏理念和实力。此外，新增了广东、江浙以及法国、荷兰、日本和印度尼西亚等地区华人收藏家的访谈录，实现了以往采访范围的突破。《大会演讲录》收录了所有演讲嘉宾的40篇讲稿，共25万余字。

值得一提是大会特邀展览——清翫雅集二十周年庆收藏展。此次展出以器物、珍玩、书画、油画等四个类别全面呈现从器物、书画到现当代艺术的艺术精品，借着这些珍贵的文化载体，探寻每件文物背后所联结诸多不同的文化密码，展览规模宏大，是华人收藏界难得的盛典。大会宣言呼吁，选择收藏事业，头上的天空和心中的道德将是终身的责任和担当。

四、第四届大会的筹备和召开

台北大会成功以后，我们想把大会移到港澳召开。当时相信了澳门艺术馆陈浩星馆长，以为他会热心和有能力把这件事担当起来。为此我们还曾请他来台北观摩会议。但是后来发现我的判断失误，澳门方面没有做好筹备工作。中间有过一次机会，香港的大收藏家也是庄氏集团的老总庄绍绥先生向我发来香港贸易局的文件，邀请我们去香港开会。研究以后，我们提出了一个港澳联合开会的好方案，即设计大会在香港开幕（会期两天），在澳门闭幕（会期两天，包括参观纪念吴湖帆120周年的展览）。但这个方案被陈浩星一口拒绝，不同意我们的合办方案，而要坚持在澳门召开，却又拿不出措施。澳门方面在会议的经费上迟迟不予决定，终于错失时机。

记得2014年春季，我向陈东同志汇报澳门艺术馆的情况，决定第四届会议仍回上海召开。当时分析上海召开的有利条件是，上海新建了刘益谦龙美术馆、陈永泰震旦博物馆、余德耀美术馆和韩天衡艺术馆。我们设想把会议与参观四个博物馆连接起来，这四个馆都是私家收藏，与大会主题相吻合，外埠客人到上海就不虚此行了。于是，第四届大会从港澳又回到了上海。

2014年11月1日—4日，第四届世界华人收藏家大会在上海国际会议中心成功召开并顺利落幕。大会以“收藏家的责任与素养”为主题，强调增强收藏家的担当意识和其文化素养，回归收藏本源，坚守人文传统，以特有的热诚和道义共同担当时代赋予的历史使命。来自世界各地的华人收藏家、艺术家以及业界人士、新闻记者750余人齐聚上海，可谓文化收藏界的一次世纪盛会。有 70 余家海内外媒体对大会进行了充分积极的报道,包括：上海广播电视台、上海第一财经、宁夏卫视、浦江之声、上海外语频道、海峡之声广播电视台、海峡卫视、凤凰卫视、广州广播电视台;新华社上海分社、《人民日报》《解放日报》《文汇报》《东方早报》《新闻晨报》《新民晚报》《上海商报》《青年报》《深圳商报》;《香港商报》《大公报》《典藏》《艺术新闻》;中国艺术品收藏网、雅昌艺术网、东方网、99 艺术网、新浪收藏网、酷 6 网、网易、搜狐、凤凰网等。

吴志明、徐麟等领导出席了开幕式,市政协主席吴志明致开幕词。主题演讲的嘉宾有葛剑雄、庄绍绥、蔡一鸣、翁真如、徐其明、韩天衡等先生。

参与“博物馆专场”的嘉宾有：许杰、何国庆先生和毕宗陶、朱新天、王薇、郑舒兰等女士。

参与“收藏人物专场”的嘉宾有：陈浩星、茅子良及李维琨先生。

参与“艺术收藏与鉴定”专题论坛的嘉宾有：傅申、翟健民、马成名、李大鸣、叶承耀等先生。

参与“当代艺术收藏与市场”专题论坛的嘉宾有：方力钧、余德耀、乔志兵、施俊兆、黄文叡、王南溟等先生和顾维洁女士。

参与“地域收藏文化”专题论坛的嘉宾有：赵榆、许礼平、张子宁、陈筱君、萧春源、王琪森、陈金川等先生(女士)。

“大会主题”论坛分成三节,“主题阐释”有葛剑雄、庄绍绥、蔡一鸣、翁真如、韩天衡、徐其明诸位先生发表了自己关于收藏的经验和看法;“博物馆”专场有许杰、何国庆、毕宗陶、朱新天、王薇、郑舒兰诸位先生(女士)结合自己的工作经验和收藏体会,介绍了美国、英国、法国等海内外各地博物馆在建设、运营、收藏、研究、保护、传播等方面的有益见解,带给大家诸多启发;“收藏人物”部分有陈浩星、茅子良和李维琨先生,分别就吴湖帆、张珩以及近现代以来中华收藏家们的收藏内容、方式、理念、成就等方面作了较为系统的阐述和说明。

2014 年大会出版了《大会论文集》《大会采访录》《中华收藏家名录》(近现代篇)和《大会演讲录》等文献约 140 万字。尤其是加强了对文人收藏历史的梳理和收藏名家的研究,全新推出的记述性文献《中华收藏家名录》(近现代篇),受到与会代表的充分肯定。

这次我们收集了近现代收藏家名录500多人，写出了300多人的传记，为业界提供了一份珍贵文献。这项工作后来继续由韦蔚女士进行下去，又写出了古代部分300多人的名录，功不可没。

近年来，上海的私人博物馆和美术馆事业蓬勃发展，并有旧历史建筑改造利用的特色。组委会安排与会嘉宾参观了余德耀美术馆、龙美术馆、震旦博物馆、韩天衡美术馆，欣赏收藏家的私人藏品。大家对上海在文化建设方面的进步给予肯定，对观摩如此多的高端藏品表示赞许，尤其对龙美术馆正在为纪念吴湖帆诞生120周年而举办的藏品展留下深刻印象。参观龙美术馆，是对刘益谦夫妇的肯定，也让海外人士了解了上海私立美术馆的建设进度。龙美术馆安排的全体会议代表的晚宴，气氛也很热烈。

这届大会提出的“责任素养和担当意识”，是对华人收藏家收藏实践的郑重承诺。大会宣言提出收藏家应该共同担当中华文物历史性传承的责任。收藏不仅是个人的修为和践行，也不只是你拥有还是我拥有的问题，为此，收藏家应以特有的热诚和道义担当使命，完善自我，引领收藏事业健康发展。宣言也在全体大会上获得了通过。

这届会议虽然前期的准备不顺利，没有达到在港澳开会的预期，但是转弯也算及时和顺利，与会者对会议十分满意，会议成果也很丰富。葛剑雄、庄绍绥、韩天衡和朱新天诸位的演讲都很特别。葛先生提出收藏要有世界眼光，要收外国的文物，很有见地；韩天衡先生回顾自己年轻时收藏的艰辛历程，发言很生动。朱新天夫妇在法国办了一个东方博物馆，展览中国和印度的文物，过程十分艰辛，还遭到打劫，差点丧命，她的演讲很感人。

这届会议的难度在于中央八项规定下来以后，对会议以及接待有明确规定，文联领导严格执行，我们秘书团队很多事难办。比如在会议中心办人均80元的午饭，不能安排晚宴。为此，大家想了很多办法，勉强解决。最后半天，惯例是考察，正好嘉定马春雷书记希望我们协助海上文博苑工作，我们就安排大家参观嘉定博物馆、韩天衡艺术馆以及晚餐，在保利大剧院观看文艺演出。

2014年11月，在第四届收藏家大会闭幕后不久，我递交了辞职报告，辞去组委会执行副主任一职。八年四届会议，创出了一个品牌，做了前人没有做过的事情，很有感情，但深知感情不能代替一切。收藏界人士是批松散的高层次人群，要把大家组织起来绝非易事。而往后组织此类会议受到的限制越来越多。现在，是到了我说再见的时候了。

辞职报告上交后，没有任何领导找我谈话以及给我电话。此后，陈志强秘书长另组团队于2016年秋季召开了第五届大会，地点是上海国际贵都大饭店。他邀请我作为嘉宾去演讲。我去现场一看，会议规模小了很多，大牌收藏家也未参会。后来听说组委会领导在临近开会时压缩了会期和规模。再后来，听说文联决定不要开收藏家大会了。想想可惜，就去问我熟识的文联党组书记尤存同志，有没有可能交给我自己筹资开会。他说文联不开，也不会决定把会议名称交给谁。

以后，在海内外碰到很多藏界朋友，他们都问一句话：收藏家大会什么时候开？我知道他们还有期待！2018年11月19日，我在上海碰到中国收藏家协会主席罗伯健同志，他曾参加我们大会，知道大会不再召开也甚感可惜。这是一个大家真正需要又有品牌基础的会议组织，是在上海创办世界收藏家大会的平台，但也应了《红楼梦》里“千里搭长棚，没有不散的宴席”这句话，作为我们个人只能是去完成阶段性成果，而且在我们的体制下，要像国际上的很多会议组织坚持几十年、上百年，实际上也做不到。因为更多的后人只要创自己的品牌，不愿意传承创新。

如果把第五届算上，世界华人收藏家大会存在了10年。在一定意义上，它是一个跨地区的会议组织，有相对稳定的参会人员。它第一次把分散的收藏家团结起来，相互结识，互相交流，把高端收藏引向正确的方向，给业界以鼓舞和引导。它高质量的论坛、出版物以及活动已载入史册，为华人盛世收藏以及文化复兴留下了浓墨重彩的一笔。作为一个经历者，对每一位同事和合作者深怀敬意，感激不尽。

2018年12月5日于上海

附件一：世界华人收藏家大会宣言

附件二：主题演讲嘉宾及演讲题目

附件三：专题论坛演讲嘉宾及演讲题目

附件四：大会论文集目录

附件五：大会采访录目录

附件六：世界华人收藏家大会顾问

附件一：世界华人收藏家大会宣言

2012 年大会宣言

第三届世界华人收藏家大会于 2012 年 10 月 22 日至 24 日在台北喜来登酒店隆重举行。本届大会邀请到 600 余位业界人士及贵宾莅临盛会。阮仪三、曹兴诚、周功鑫、马未都等 63 位专业人士发表了演讲。大会一致认为，本届大会是成功圆满的，在世界华人收藏家大会历史上将具有里程碑的意义。

大会期间，台北清翫雅集邀请全体代表观摩了该会成立二十周年纪念藏品展。大会对此表示诚挚的敬意和谢意。

大会认为，台北是中国大陆以外最重要的中华文物收藏基地。两岸文物和收藏的交流也是当前的热点。台北的收藏家人数多、素质高、基础深厚。在台北召开世界华人收藏家大会，对全球华人收藏界具有积极意义，对会议的成功举行也提供了很重要的保证。

大会期间发表的演讲、论文以及采访录，是会议的重要成果，具有珍贵的学术价值和史料价值，对业界有重要的启示。大会对各位作者表示感谢，并希望业界加强学术研究，不断提高收藏品位和专业水平。

大会举行期间，冯明珠院长拨冗会见了本届大会的全体嘉宾，还为大会提供了参观台北故宫博物院和欣赏珍品的机会。大会对冯院长及其同事表示诚挚的敬意和谢意，祝愿作为中华文化收藏重镇的台北故宫博物院懿德美满，岁月静好。

与会代表充分肯定世界华人收藏家大会的创举及其所走过的历程，认为它以公益性为特征服务业界的旗帜，促进了全球华人的收藏和交流，尤其是每届大会主题所倡导的理念，在收藏界引起共鸣。

大会认为，本届大会提出收藏要回归人文精神家园的主张正逢其时。收藏历来有三个层面，即国家收藏、文人收藏和民间收藏。而对收藏起主导意义的文人收藏，应该淡化金钱，志在传承文明，守护人文情怀，给人们以自信、尊严、宽容、谦恭和力量，而这些正是中华民族的美德和文脉。大会希望，业界同人共同维护华人收藏中人文精神这一最初基石和永恒信念。

大会对当前收藏中过度商业化的倾向表示忧虑，对其中某些突破人文和道德底线的事例表示愤懑。大会呼吁，华人收藏家不仅独善其身，亦当兼济天下。对待中华民族的文明物证和文化遗产，收藏家“人生不满百，常怀千岁忧”，除了满怀敬畏，还应恪守护持。选择收藏事业，头上的天空和心中的道德将是终身的责任和担当。

最后，大会诚挚感谢全体与会者和协办机构、赞助机构的热诚支持和付出，诚挚祝愿世界华人收藏事业前程似锦。

2014年大会宣言

第四届世界华人收藏家大会于2014年11月1日至4日在上海举办。本届大会邀请到600余位业界人士与会。葛剑雄、庄绍绥、蔡一鸣、陈履生、李大鸣、叶承耀、许杰等三十余位专业人士发表了演讲。大会认为，本次大会提出的提升收藏家素养的议题正逢其时，具有现实作用和深远意义。

进入新世纪以来，随着经济、文化的快速发展，在大中华区呈现了收藏的空前盛况。但趋利轻义的倾向有所滋长，收藏家文化底蕴不深的矛盾日益显现。强调提升收藏家的素养，是继台北大会倡导“收藏，回归人文的精神家园”之后又一次提出的严肃命题，希望收藏界认真总结，以回归收藏的本源。

大会期间，与会者参观了上海近年来新建成的私立博物馆、美术馆。大会对上海在文化建设方面的进步给予肯定，对诸位收藏家创办美术馆的行为表示赞许。与会代表认为，中华收藏，从历史上的皇家收藏，到近代以来创建国立博物馆，直至近来大量涌现的私立美术馆，反映了我国收藏事业步入了一个新阶段。收藏家举一家之力创办博物馆，从“独乐乐”走向“众乐乐”，是一个历史的进步，应给予充分的肯定和鼓励。对私立美术馆发展中存在的不足，应满腔热忱地给予帮助和指导。而作为建馆者自身，也应总结经验，不断完善。

大会认为，从台北、香港先行地区的经验看，私人创办美术馆存在诸多的困难，政府和社会应在政策上给予更多的支持。

大会期间，与会代表参加了论坛，感到很受启发。代表们认为，在互联网的时代，人与人之间跨地区、面对面的交流仍然很有必要。

大会认为，本届大会提出的“责任素养和担当意识”，是对当今华人收藏家收藏实践的郑重承诺。收藏家应该共同担当中华文物历史性传承的责任。收藏不仅是个人的修为和践行，也不只是你拥有还是我拥有的问题，为此，收藏家应以特有的热诚和道义担当使命，完善自我，引领收藏事业健康发展。

大会对会议期间收到的论文和学术成果表示肯定，对大会组织的《中华收藏家名录（近现代篇）》给予了高度评价。与会代表认为，在中华收藏文化发展史上，涌现过无数先辈，对中华文明的传承起过重要的历史作用。发掘史料，整理出版，对于今人的收藏仍有借鉴意义。代表们期盼尽早完成这一工程。

大会重申，收藏家应当加强自律，收藏家的品质和修养应当和所收藏的中华文物相称。中华民族的美德和文脉，华人收藏家应当常系在心。当前业界更应淡化金钱，守护心灵。

大会感谢与会者和所有为大会付出心力的朋友、同道。

大会祝愿世界华人收藏事业前程美好。

附件二：主题演讲嘉宾及演讲题目

第一届大会主题演讲

收藏，守护文化的感性符号	余秋雨
中华民族文化的复兴与否在未来的后全球化时代	丁绍光
收藏的目的——文明的坐标	马未都
收藏古文物的启示	洪三雄
好古敏求——我的收藏经验谈	李大鸣
为什么要收藏	曹仲英
海上生明月——中国书画收藏的“大海派”世界	杜南发
关注小名家	郎绍君
艺术生活化，生活艺术化	张　锐
我如何建立海派及近代绘画的收藏体系	石允文
传承文明　保护遗产	陈燮君
以探知历史作为收藏	萧春源
拍卖与文物艺术品收藏和保护	王雁南
与时俱进——谈中国艺术品收藏的新思维	王定乾
收藏家与博物馆文教事业及捐赠	张子宁
综观中华文物在美收藏	许　杰
说说我对收藏家的印象	郑　重

第二届大会主题演讲

中国古代艺术品的现代性	曹兴诚
中国经济的发展与文物艺术品市场	陈东升
新世纪艺术创作与收藏	何家良

第三届大会主题演讲

第四届大会主题演讲

附件三：专题论坛演讲嘉宾及演讲题目

第一届　专题论坛演讲

我的收藏	任道斌
催化高端收藏家社团的诞生	赵　榆
承德念祖　再续新篇	钱道明
三个小发现	徐政夫
收藏与拍卖	董国强
华人收藏在澳大利亚	翁真如
努力创建收藏学及其专业	章利国
书画收藏简论	潘深亮

第二届　收藏与鉴定

收藏伴随着我的创作、鉴赏与研究	萧　平
越窑与越窑鉴赏	孙海芳
关于《鉴赏家王季迁的笔记》	杨凯琳
文伯仁《具区林屋图》《溪山仙馆图》真伪大探案	罗　青
鉴定不是万能的	徐建融
当前仿古瓷的剖析——兼说“眼学”与“科学”	张浦生
谈陶瓷鉴定	吴继远
中国古陶瓷的收藏与鉴定	赵月汀
关于中国早期油画的收藏和鉴定	李　超
书画鉴藏与赵孟頫的艺术	任道斌
古书画鉴定五把钥匙	潘深亮
瓷器的收藏与鉴定	黄金源

第二届　收藏与市场

第二届　收藏大家谈

第二届　古代书画鉴定

第三届　清翫雅集·中华文物学会专场

第三届　收藏与文化

第三届　收藏与市场

北京地区的艺术收藏与现状特征　赵　力
中国艺术品的北美艺术市场　龚继遂
台湾艺术市场四十年变迁评析　胡懿勋
香港的古董及艺术品市场的再进化　黑国强
上海的艺术品市场的结构及其变迁　祝君波
新加坡的中国书画艺术品收藏　孙晖红
日本的中国文物收藏　李永亮
上海的艺术品市场　胡志祥

第四届　艺术收藏与鉴定

书画鉴定通则散论并举例　傅　申
瓷器的收藏与鉴定　翟健民
碑帖鉴定的方法与研究　马成名
家具的收藏和鉴别　叶承耀
高古陶瓷的鉴定和欣赏　李大鸣

第四届　当代艺术收藏与市场

作品和收藏的故事　方力钧
当代艺术收藏和美术馆运动　余德耀
为什么收藏当代艺术　乔志兵
收藏、投资及艺术消费观念的建立　施俊兆
艺术市场与当代艺术创作　顾维洁
从现今市场看艺术收藏和投资的未来性　黄文叡
艺术收藏：在私人与美术馆之间　王南溟

第四届　地域收藏文化

京畿文物收藏家特质与品位	赵　榆
香港旧日收藏家	许礼平
美国书画收藏与捐赠的文化现象——以王己千的 1997 年为例	张子宁
台湾的收藏文化	陈筱君
澳门的收藏文化史	萧春源
论三代海派收藏家群体的构成	王琪森
新加坡上世纪 90 年代美术收藏的冰山一角	陈金川

大会论文集目录

第一届《收藏文化研究》目录

地域历史篇

门类中介篇

《收藏理论研究》目录

第二届《大会论文集》目录

收藏考证篇

收藏门类篇

收藏地域篇

第三届《大会论文集》目录

大家风范篇

收藏研究篇

第四届《大会论文集》目录

收藏历史篇

收藏类别篇

附件五：大会采访录

第一届《大会采访录》目录

第二届《大会采访录》目录

第三届《大会采访录》目录

附件六：世界华人收藏家大会顾问（按姓氏笔画排序）

丁绍光　马自树　王世襄　王雁南　冯英祥　冯骥才　吕章申　杨伯达　杨应群
李大鸣　何家良　余秋雨　张　海　陈永泰　陈佩秋　范季融　范　曾　罗仲荣
饶宗颐　骆锦明　耿宝昌　徐邦达　翁万戈　黄光男　黄君实　曹光诚　葛师科
傅熹年　蔡一鸣　潘公凯

做文人收藏的提倡者、引领者

上海市收藏鉴赏家协会

上海市收藏鉴赏家协会自2005年9月成立至今，已有10多年时间。其诞生，萌发于历史和时代的呼唤；其生存，有赖于志同道合收藏人的携手努力；其发展，得益于经济繁荣的春风和社会各方的支持。

著名诗人、文化学者、文博专家、上海市收藏鉴赏家协会会长陈鹏举先生，在2011年1月大型中国古代书画鉴定工具书《中国古代书画鉴定实录》（九卷本）发布会上作了《亿元时代的文化意义》的主题演讲。他说："当20年前，包括凡·高画作在内的西方艺术品出现亿元价格时，中国的收藏界还是比较无奈，对这表面上的差距也难以认识清楚。中国艺术品的亿元时代是在中国经济发展和文化诉求的大背景下表现得非常真实的事件。它告诉人们，中国的艺术品其实是无价的。因为，艺术品、收藏品是我们的文化符号、精神家园。这个世界上所有的事情可以令人生厌、令人生倦。而只有面对文物、面对历史的时候，你会感觉你精神的境界和家园，使得你在精神上的道路可以走得非常遥远。"

上海市收藏鉴赏家协会就是在中国艺术代表性作品迎接亿元时代的历史阶段孕育并诞生的。世纪初，当代中国经过20多年的改革开放、高速发展，经济水平到了一个全新的高度，文化的声音也越发强劲。许多有心、有意于中国文化的人们忽然发现自己已进入了一个收藏的时代。有媒体说，全国热心于收藏的人已可以千万计。拍卖市场的火爆，古玩市场、文物商店和各类画廊的纷起也为收藏时代的到来作了注脚。这时，上海收藏界一批志同道合的领军人物经商议，决定发起筹建一个致力于弘扬民族文化、传播收藏知识、交流收藏心得、提高鉴赏能力的民间组织，一个能吸引、团结沪上收藏人士的收藏家之家。

顺应社会发展的要求，得到了上海市文联、上海博物馆、上海市文广局、静安区政府，以及一些重要文化企业、高等院校和中国收藏家协会上海九老沙龙等社会组织的支持，经过上海众多收藏家、鉴赏家、文化学者的努力，2005 年 9 月 25 日一个全新的社会团体“上海市收藏鉴赏家协会”正式宣告成立，成为上海市文学艺术界联合会领导下的社团法人组织。协会成立时共吸收 80 多位在收藏领域有丰厚积累和成绩的人士入会，他们中有画家、教师、医生、商人、企业家，也有普通职工和市民。首届会员大会选举卢惠民为会长，陈鹏举、徐友才、陈劲佟、李翊騆、汤云良、余庆民、蔡国声为副会长，余庆民兼任秘书长。

十数年经纬，鲜花开无数。概览上海市收藏鉴赏家协会十几年全貌，大致可以梳理出这样几条经线：

一、在运作中找准协会定位，明确发展方向和重点目标

世界包罗万象，收藏纷繁复杂。收藏的境界有不同层次，收藏的方向和重点也各不相同。作为一个民间收藏组织，应该向何处去，以什么定位和特色行走于业内和社会，是上海市收藏鉴赏家协会必须回答的首要问题。从对象来说，收藏是一个范围非常广的领域，小到筷子、火花，大到国之重器，无所不包。上海市收藏鉴赏家协会怎样根据自身特点，找准定位，明确方向。这个问题，起初大家的认识不完全一致。有的认为，既然收藏业无所不包，何必缚住手脚，自我捆绑。虽然初期意见和认识不同，但协会领导层从来没有放弃思考。2010 年 12 月第一届理事会任期届满后，协会召开会员大会，选举产生了第二届领导班子，陈鹏举先生被推选为协会第二届理事会执行会长、协会法人。晏绍礼、张良仁、余榴良、高阿申、鲁若愚、童衍方等新增选为副会长。其余上届领导均留任。协会这次换届是接力前五年工作，谋求更好发展的重要里程碑。陈鹏举先生对协会的定位和方向有自己深入的思考。主持协会工作后，他认为认真回答这一问题已是协会发展的迫切需要。在他带领下，协会领导班子结合几年来的实践，经过认真研究和思考，在 2011 年 11 月 17 日召开的第二届理事会第二次会议上，通过了关于协会定位的决议。决议说：在文化大发展大繁荣的形势下，重温本会宗旨，理事会认为，应该进一步理清本会文化定位。经过充分讨论，理事会表决通过：以“文人收藏”为协会追求的境界和文化定位，团结和谐，文心相映，传承文明物证，守望文化心灵，更好地发展协会，更好地服务于会员和社会。有了这一定位，协会的发展方向就豁然开朗了。

二、完善运作机制，建立多种活动平台

协会的生命在于活动，良好的运作靠的是完善的机制。协会专职工作人员非常有限。为把活动搞得丰富多彩、健康有序、品高质优，协会于2007年按专业分类成立了玉器、书画、瓷杂、印石篆刻四个专业小组。协会在每年年初制定重要活动和工作计划并做好服务协调，提供一定的软硬件支持外，充分下放权限，发挥专业小组在各自领域的作用和积极性，让他们承担组织各种活动的主体作用。这一机制使协会活动形式有分有合，层次有高有低，规模有大有小，做到了既生动活泼又健康有序，既丰富多彩又品质优良。

要保证协会活动的开展，除了有好机制还要有好平台。在平台建设上协会采用了打开大门，广泛合作的思路。最大限度发挥协会能量、会员作用的同时积极走出去、请进来，争取政府、企事业单位的支持和社会组织、媒体、文化、金融、出版单位的合作。多年来，搭建了展览展示、讲座沙龙、专题节目、专刊专栏、研讨论坛等多种平台。协会的声音、会员的声音、行业的声音通过这些平台与社会交会、交流。

在展览展示上，十多年来协会共举办活动百余场。其中一些或是纪念重大历史文化事件，或是全国性高端活动，或是填补空白的专业性展览，成为协会具有代表性和较大社会影响的展览、展示活动。比如，2006年举办的“古今砚台精品展”“上海民间精品收藏展”。2007年举办的“陈鹏举先生尺牍展”“上海民间田黄、昌化、巴林印章挂件展”；2008年举办的“首届长三角民间收藏精品展”。2011年，配合纪念辛亥革命100周年举办了协会历史上规模和影响最大的“辛亥百年百位名人墨迹展”以及与景德镇合作“辛亥百年景德镇陶瓷大师精品展暨上海市收藏鉴赏家协会聚金展示馆开幕”。100多年前，孙中山先生领导的辛亥革命推翻了中国几千年的帝制，开启了民主政治和文化革新的帷幕。辛亥以来，中国人以百年前进的脚步，留下了难忘的历史成就和人文风采。“辛亥百年百位名人墨迹展”展示了孙中山、黄兴等100多位时代名人的亲笔墨迹，既是为了缅怀先驱英

烈，倾听历史风雷，让今人真切感受100年来中华民族艰苦卓绝的崛起和复兴过程，也是为了传承先辈的革命和人文精神，守护文化遗产和精神家园。2012年协会在松江泰晤士小镇设立旧镇鉴赏馆，协会提供内容在该馆长期展出，几年中举办了“海派文化名家紫砂壶展”“战汉玉器鉴赏推荐展”等展览。经努力协会先后设立了崇宝堂、聚金堂、晏子轩、秦汉胡同、藏雪玉馆、旧镇鉴赏馆等高水平，高质量的专业会所、展馆，成为协会长期展览展示阵地。近几年举办的“笔歌墨舞——程十发文献展”“醉石风流系列展”“平衡之道、至诚守信——中国历代瓷权展”等也在社会上取得很大影响。

除展览展示平台外，协会还举办大量讲座沙龙活动。重要的有，2006年请故宫博物院原副院长、中国玉器研究会会长杨伯达教授主讲的《历史悠久而永葆生机的中国玉文化》，上海宝玉石协会副秘书长，我会理事钱振峰主讲的《现代玉器辨伪》。2010年后，协会每年都会举办若干讲座，一般都由协会会长、副会长、理事或社会名家主讲。如2012年协会与上海东方宣教中心携手举办“东方讲坛·经典艺术系列讲座”，会长陈鹏举主讲《收藏鉴赏中的十大关系》，陈燮君主讲《上海考古与城市文脉》，祝君波主讲《中国艺术拍卖和收藏十大热点和看点》，副会长高阿申、余榴梁、袁慧敏和玉器专业委员会主任姜延亭分别作了《瓷器收藏鉴赏与鉴定》《钱币投资技巧》《印石三宝》《玉器收藏与鉴赏》等讲座。多年来，在协会自己主办的讲座中，本会专家张大根、王双强、刘国斌、苏剑秋、童衍方、王金声等纷纷登台，主讲了《文玩杂谈》《三晋金石文化漫谈》《当代新漆艺赏析与收藏》《丹青百年——历代海派画家》《金石兼书画》《从龚自珍到司徒雷登——近现代文化名人手迹鉴赏与收藏》等专题。

自办报刊或与媒体、文化金融企业合办专刊专栏，并借此开展学术研讨是协会运作的另外两大平台。2008年与上海文化市场研究所合办内部刊物《收藏鉴赏》，2010年协会独自创办内刊《收藏与鉴赏》。这一内刊集协会信息、行业信息为一体，又有专业理论和学术研讨，内容既聚焦专业又丰富多彩，既有新闻价值又有知识内涵。此外，协会于2006年与团市委所属《青年社交》合作办了增刊《青年的文博》，2012年与《新闻晨报》合作办《艺术文玩》专栏，与东方网合办《东方收藏》专栏，2013年与SMG戏剧频道合作举办谈话类节目《中国式奢侈》。协会一连数届参与“世界华人收藏家大会”的成果及2013年协会参与主办的“第二届中国玉器收藏文化研讨会”部分内容都是通过这些媒介发布于社会。另外,协会还主编了《上海民间收藏集锦》《过眼》(第一、第二辑)等专著数种。

三、建章立制,保证协会规范运作

协会自成立之日始,即把制度建设作为一切工作的基础。按照上级主管单位要求和自身需要,协会不断推进制度建设,至今已制定了《财务管理制度》《重大活动申报制度》《印章管理制度》《会员管理制度》《理事会、会长会议制度》《秘书处工作制度》《党务工作制度》等内部管理和工作制度。

十几年来,除上述与时俱进的事业脉络外,我们还可看到,每一年、每一届、每一段的工作都是围绕以下理念和思路在展开、在行进。这样的理念和思路始终穿插在协会的发展过程中。两者纵横交错、经纬交叉,形成协会历史完整轮廓。

一是以打造上海和协会收藏品牌为目标。上海自崛起以来,历来被视为中国文化的半壁江山,收藏业也是如此。上海市收藏鉴赏家协会一直把提升上海收藏界的影响力作为一个目标。一个企业要有拳头产品,一个行业组织也须有人无我有的品格和形象。因此,虽然具体来看上海市收藏鉴赏家协会似乎在做一项项活动、一个个项目,但其中始终贯穿着打造上海和协会收藏品牌的目的。如前述提到的"辛亥百年百位名人墨迹展"、尺牍展、各类玉器展、砚台精品展,以及"第二届全国玉器文化研讨会"等重大活动,树立和打造了上海和协会"人文收藏"、玉石、钱币、陶瓷收藏的重要影响和权威地位。多年来的系列讲座也是协会打造本会专家品牌的成功举措。王金声副会长在文人墨迹收藏上的建树,袁慧敏副会长在印石研究上的成绩,高阿申副会长在陶瓷鉴赏上的功力,姜延亭、钱振峰在玉石领域的影响,余榴梁在钱币、李翊駉、汤云良在杂件领域的地位均成为本会乃至上海收藏界的标杆。

二是以提升上海收藏的文化含量为宗旨。收藏可以是投资,也可以是兴趣,也还可以是生活。但说到底,它事关文化,涉及心灵。怎样使收藏从兴趣把玩、投资理财最终走向文化、走向心灵也是上海市收藏鉴赏家协会始终关注的问题。"文人收藏"的定位和"辛亥百年百位名人墨迹展"的实践,是协会在这方面努力的最重要成果。"辛亥百年百位名人墨迹展"其实是一个系列文化活动。展览其间,陈鹏举先生、祝君波先生、陈子善先生分别作了"辛亥百年人文精神和文人收藏""辛亥百年名人墨迹和收藏""辛亥百年名人墨迹的文化意义”等演讲。上海12家新闻媒体和上视新闻在第一时间对展览作报道。上海文化出版社出版了展品集。在近一个月中，展览先后在上海美术馆和松江美术馆两地展出。在松江美术馆展出期间的参观人数创该馆建馆以来参观人数之最。

三是以引导上海收藏业的良性发展为己任。面对热闹纷繁的收藏业，如何发挥正能量，引导其走良性发展之路，是一个有担当的行业组织的基本职责。上海市收藏鉴赏家协会关于“文人收藏”文化定位的决议更可看作协会给社会的宣言。陈鹏举会长在决议说明中说：历来的收藏大致有三个层面，即皇家收藏、文人收藏和民间收藏。这三个层面，就收藏的心情而言，无所谓高下之分，就内涵和境界而言却又分高下。其中，文人收藏无疑是最高境界。文人收藏是在历史感、审美和人的内心完善方面都代表着收藏的最高境界。如果我们从理论上和实践上逐步走向文人收藏的境界，相信我们的协会将在文化大发展大繁荣的时代背景下，一定能够成为名副其实的上海市收藏鉴赏家协会，一定能够为会员为社会为时代作出符合自己名称的、应有的贡献。

2015年12月，协会召开了第三届会员大会，进行了第二次换届，产生了第三届领导班子。陈鹏举当选为会长，汤云良、余榴梁、高阿声、晏绍礼、陈劲佟、鲁若愚、王金声、袁慧敏、杨雪峰、端木复、王双强、王炜为副会长，樊月芳为秘书长。现在，协会正在第三届领导班子带领下努力为上海的文化事业贡献自己的更多的力量。

三十多年来上海市收藏协会举办过的特色展览

吴少华

上海是一座国际化大都市，它以海纳百川的宽阔胸襟，孕育了引领时代潮流的海派文化。海派收藏是海派文化的重要组成部分。

“寻常阡陌藏珍宝，半壁江山在申城”，这是清末一首竹枝词的词句。自 1843 年开埠后，西风东渐，上海以独特的人文和地理条件，成为中国最具开拓和创新精神的热土。来自长三角甚至更远省份的收藏人士，在这片热土上，共同创造了一种既传递继承传统又富有创新的收藏，从而筑起中国民间收藏的半壁江山。

在党的十一届三中全会改革开放的春风吹拂下，海派收藏再次崛起。1986 年 6 月，由本人发起成立的我国第一个省市级法人收藏组织——上海市收藏协会（当时称“上海收藏欣赏联谊会”）脱颖而出，尽管当时只有 50 余名会员，但已引起社会的高度关注，《解放日报》《新民晚报》《劳动报》《上海工业经济报》《上海商报》甚至《拉萨晚报》都给予了报道。时任国家文化部代部长的周巍峙先生闻讯，为新成立的上海收藏欣赏联谊会题下了“欣赏、求知、联谊、创造”八个字，这八个大字也成了上海市收藏协会的宗旨，写进了协会章程，印上了会员证。

30 多年来，上海市收藏协会秉承“欣赏、求知、联谊、创造”的宗旨，立足上海，面向全国，一路耕耘，一路收获，如今已拥有了 6 000 多名注册会员，下设 16 个专业委员会与 23 个收藏沙龙的大型收藏组织，还组建了民营艺术馆（博物馆）联盟、青年委员会、社区文化建设联盟、上海淘宝（收藏）文化节组委会等众多机构。30 多年来，上海市收藏协会收获了很多的成果，例如1996年与北京故宫博物院合著的《中国收藏与鉴赏》图典，被国家权威部门评为“20世纪最具影响力的百本文博图书”之一。2006年，为庆贺上海市收藏协会20周年，发起了“收藏不忘慈善，真情回报社会”的活动，在革命老区江西上饶市横峰县龙门乡钱家村，捐赠了一座“上海收藏希望小学”，至今仍是国内唯一的以“收藏”命名的希望小学。2007年在我国设置“文化遗产日”保护活动后，上海市收藏协会在市文广局的支持下，创办了“海上年俗系列风情展”，在为沪上农历新年送上一份文化大餐的同时，也为守护我们的历史记忆作出了贡献。这个展示活动，年年出新意，现已成为文化品牌活动，2016年春节大年初二，《人民日报》在头版头条上刊登了信息，受到了市领导的好评。

30多年来，上海市收藏协会为引领我国的民间收藏的发展作出了重要贡献，为弘扬中华民族文化竭尽全力。同时，也为当代海派文化的发展注进了新的养料与理念，作为这个社会组织一路走来的会长，我自然感慨多多。忆往昔，峥嵘岁月，我认为30多年来，这个社团组织举办的数以千计的展览，值得一记，正是这些展览，为收藏飞入平常百姓家发挥了无可代替的作用。笔者择其中一些有特色的展览，以飨读者。

一、“社会团体为社会服务日”展览

1989年10月7日，为纪念国务院颁布《社会团体登记管理条例》两周年，上海市社会团体管理处决定在人民广场举行“社会团体为社会服务日”活动，我会接到通知，要求配合这个活动举办现场展览。

这不仅是上海收藏欣赏联谊会首次向社会公众的一次大展示，也是上海有史以来首次露天收藏公益展览活动。这次活动共有收藏展览、咨询、服务与表演四大类，计23个项目，其中展览是重点，共展出了钟表、钱币、雨花石、石壶、红木小摆设、算具、贝螺、纪念章等八个类目。同时，还举行了“刘国丁南京钟藏馆”开馆仪式。共有百余名会员参加了服务活动，服务对象超过5 000人，这个全市性活动从上午9点一直到下午4点，地点就在人民广场主席台前。其时，市领导相当重视这项活动，谢丽娟副市长出席了活动，并在收藏展柜前仔细询问展示情况，参观的人流一波接一波。

由于这项展览活动时间紧、任务重，还因为在露天搞展览工作量特别大。为了确保活动的成功，前一天晚上我会在上海文庙的外宾室召开了紧急筹备会议，钱币收藏家徐恒皋主动请缨负责整场活动的后勤工作。会议开到了深夜10点半才结束。第二天一早徐恒皋从厂里（江南造船厂）借来了卡车，8点前到上海美术馆装运六只斜面展橱和两只长展桌，又到格致中学借来了20张双人课桌、30张双人课椅以及三块长黑板。在装运展橱时，遇上了麻烦，因上海美术馆坐落在南京路，而南京路商业街白天是禁止卡车通行与装运货物的。正巧徐恒皋弟弟是在人民广场派出所当领导的，在该派出所的支持下，展览器具才得以装运到人民广场，使展览准时开展。

在此，还有一件往事值得一提，为了能及时沟通与指挥协调，我们又通过徐恒皋的关系，向他单位请求调动了三部对讲机，这在当时是不得了的事，因为当时对讲机的使用范围、对讲频道、通话距离等都控制得很严，尤其是在市区，只有少数执行任务的部门才能使用，从此事可以看到社会各界对民间收藏活动的支持热情与帮助。

这是有史以来首次露天公开收藏展览，地点又选在人民广场，其热闹程度可想而知，在拥挤的参观人流中，惊叹声不断，一位记者在留言簿上写道："弘扬中华文化，造福子孙万代！"一位市民道出心声："这次上海收藏欣赏联谊会展览活动非常好，希望今后能长期办下去，有固定的地方向社会开放。"这个露天展览同时还开启了民间收藏鉴赏资讯活动，这在当时是很具有新闻性的。

二、1990年"首届上海民间收藏精品展"

1990年5月5日至14日，被列为"1990年上海艺术节"活动项目之一的"首届上海民间收藏精品展"在上海美术馆举行，这是国内首个大型民间收藏展，不仅轰动全国，而且对国内的民间收藏产生了重要的引领作用。

1990年，上海收藏欣赏联谊会已成立三年。在时任市委副书记兼宣传部部长陈沂同志的亲自关怀下，上海收藏欣赏联谊会正式挂靠上海市文化局，并受到高度重视，时任市文化局局长的孙滨还应邀受聘为协会的名誉会长。市文化局发文确定上海收藏欣赏联谊托管于上海美术馆，时任馆长是方增先，分管我会的副馆长是邵如青，具体负责的是办公室主任张坚。为了更好地展现上海民间收藏的风采，进一步丰富城市文化建设，在张坚主任的支持与策划下，决定在上海美术馆举办一场有史以来最大规模的民间收藏展。这是在很短时间里筹备的展览，不仅得到了广大收藏家的支持，还得到市有关领导部门的重视，被列入了当年“上海艺术节”，原上海市市长汪道涵先生为展览题写了展名。这个展览聚集了沪上近百名收藏家，上万件藏品，展览布置于上海美术馆三、四楼。这些林林总总的展品共计57个门类，大到数米，小至显微镜下才能看得清，古今中外，形形色色。例如许四海的紫砂壶、吴筹中的人民币、余榴樑的钱币、陈运尧钟表、黄国栋的扇子、陈宝财的蝴蝶、杨可扬的藏书票、陈宝定的算盘、包畹蓉的戏服、周长兴的微雕等。《新民晚报》在5月1日刊发了“荟萃收藏精品，堪称弥足珍贵，本市近百名民间收藏家将联合办展览”新闻预报。5月2日，《解放日报》也发了“民间收藏展观精品”的报道，到了5月5日，首届上海民间收藏精品展开幕时，可以用盛况空前来形容了。

这是上海收藏欣赏联谊会首次举办的展览，也是一场轰动上海滩的展览。这不仅是上海收藏界规模空前的大检阅，也是当时上海社会文化的一项盛大活动。不仅吸引了上海人，更吸引了来自全国甚至国外人士的眼球，笔者摘录以下的《收藏家》报记载，以窥当时的盛况。

报道选载一：

5月11日，一辆豪华的大客车驶过南京路，当车行至上海美术馆前时，他们发现了美术馆墙上的精品展横幅，于是，客车调头，缓缓驶进美术馆广场，车上是谁？原来，他们是江苏大屯煤电公司劳模休养团。一行30多人登上了美术馆旋转型楼梯，这些在生产建设战线上挥汗大干的劳动模范，对艺术也有自己的审美观。那精美的微雕，绚丽的雨花石，那写意的根雕和古朴的砚台，深深地吸引了他们。临走时他们在留言簿上写道：“民间珍品激发我们的爱国情热。”朴实的语言包含了多么真挚的感情啊！

报道选载二：

精品展开幕的当天下午，澳大利亚驻沪总领事麦墨瑞先生与夫人携带两个孩子，兴趣盎然地踏进上海美术馆，麦墨瑞一家逐一地观看欣赏起琳琅满目的展品。是那么仔细，那么的认真，他对展品的由衷赞语是了不起，真有意思。

像这样的外宾参观者，还有英国驻沪总领事欧义恩先生一家，日本田岛制作株式会社总务部长神田利治先生，美国上海卡博特化工有限公司总经理柯恩理先生等。他们当时都工作生活在上海，对中国的文化都非常了解与热爱，他们对“首届民间收藏精品展”

展现出的热情，是惊奇后的惊叹，正如美国科恩斯先生在留言簿上写道的："中国人太伟大了。"

在精品展公开对社会展出10天期间，共吸引了三万多观众，最多的一天有5 000人次，要知道当时上海美术馆参观是要买门票的，一张五元，5月14日下午，上海美术馆底楼大厅举行"首届上海民间收藏精品展"闭幕式，然而，三、四楼的展览大厅内，依旧观众如潮。时间已接近闭馆时间，但热情的观众还团团包围着众多的收藏家，以急切的心情请他们在纪念封上题字签名。闭馆时间到了，保安人员开始清场了，没有签到名的观众，恳请再留几分钟。10分钟过去了，关灯了，观众划亮了火柴，为著名微雕大师周长兴照明签字。门关了，周长兴面对如此热情的观众，在楼梯口签名，一直到满足最后一个观众为止。

首届上海民间收藏精品展，就在这样热情下降下帷幕。

三、1992年"上海民间收藏品大展"

1990年上海艺术节"首届上海民间收藏精品展"在上海美术馆成功举办后，产生了强烈的社会反响，也引起了有关部门的关注。1992年5月，市旅游局与南市区人民政府、上海收藏欣赏联谊会共同签署了在南市区三山会馆建立"上海民间收藏品陈列馆"的文件。市旅游局还拨30万元专款对三山会馆进行了展览装修。

三山会馆系福州籍旅沪水果商人于清末集资建造的机构，具有同乡与同业会的性质，所谓"三山"，即福州的代称。这是上海地区唯一修复的对外开放的晚清会馆建筑，也是上海唯一保存下来的上海工人三次武装起义的革命遗址。上海市人民政府于1959年5月26日将三山会馆公布为市级文物保护单位，1985年，在建造南浦大桥时，辟通中山南路，经当时上海市市长汪道涵批准，由市人民政府拨款原地修复三山会馆。历时四个春秋，三山会馆终于恢复了历史面貌。由于当时中山南路较为僻静，且三山会馆又是一座空建筑，很是冷清。为了盘活古建筑资源，在市旅游局的牵头下，南市区人民政府决定，引进上海收藏欣赏联谊会，并在三山会馆辟建"上海民间收藏品陈列馆"，这在当时属开先河之举，引起很大的社会反响。在之后的10年里，三山会馆成为海派收藏的大本营，成为展示海派收藏的大平台，成为上海的一处文化景观，在海内外都产生极大的影响力。

当年的10月7日，经过展览设施装修的三山会馆，隆重举行了开馆之展——“1992年上海民间收藏品大展”，这个大展被列为1992年中国友好观光年全国百项节目及上海十大节庆活动之一，其重要性和影响力由此可见。同时，举行了隆重的“上海民间收藏品陈列馆”揭牌仪式，上海收藏欣赏联谊会正式入驻三山会馆，至今上海市收藏协会的驻会地仍是三山会馆。三山会馆成为上海民间收藏家施展身手的大舞台。

1992年“上海民间收藏品大展”是继1990年上海艺术节“首届上海民间收藏精品展”之后又一次大型的民间收藏大展示。10月7日下午隆重的开幕式由市旅游局副局长道书明主持，南市区区长顾启良、市旅游局张刨镐副局长分别讲话。市政府卢莹辉副秘书长、南市区委书记李伦新为上海民间收藏陈列馆揭牌。近千名中外来客出席了开幕式，因为这是国内首个为民间收藏创建的陈列馆，引起了极大的社会反响，50余家新闻单位报道百余次。

这个大展共有近百名藏家参展，其中展出了许多难得一见的藏品，比如载入1990年版《英国吉尼斯世界纪录大全》的贴金木雕巨屏九龙扇，该扇的展面长达四米，是当时世界上最大的扇子，亦是上海民间收藏品陈列展出过的最大作品。这件艺术品由沪上木雕艺术家王贤宝耗时一年余精心创作而成。该扇由26根扇芯组成，扇面的色调采用中国传统古建筑常用的蓝、黄色组成，九条贴金飞龙腾飞在蓝色的扇面上，显得格外的典雅华贵、古香古色、风姿各异，组成一幅立体的九龙戏珠图，令人赞叹不已，吸引了无数观众，他们纷纷在九龙扇前拍照留念。与巨屏九龙扇相映生辉的是上海著名船模制作收藏家徐滨杰制作的五帆沙船模型。这艘1∶36的精巧船模，全部根据真船按比例缩小而成，舷、舱、桅、梁，钉铆榫合，无一不栩栩如生。据说另一艘同样的姊妹船模，1982年曾陈列于北京人民大会堂上海厅。

在这次大展中，还有一样藏品值得一提，那就是已故收藏家王尊明的历史铭文砚。王尊明先生一生坎坷，却孜孜不倦几十年如一日收古砚，平时秘不示人，这次展出是他唯一的亮相。他的藏品放在三山会馆大殿西小厅，上自秦阿房宫的上林瓦砚，下至吴昌硕铭文砚，犹如一部中华古砚史，绵延数千年，内有东汉错铜铁砚、唐朝箕形砚、宋代蝉形砚、元代圆形瓷砚。其中不少是历代著名文人铭文砚，例如米芾、董其昌、郑板桥、纪晓岚等，弥足珍贵，轰动一时。

大展中还有一件展品令人难忘，那就是在古琴界有南方泰斗之称的龚一送展的一件宋琴，记得当时是我亲自经手的。这件展品放在大厅的玻璃大宝笼中，当时这样的大宝笼只有四个。这件展品当时也很轰动。26年后，为了这段情分，上海市收藏协会在市群众艺术馆举行了30周年庆典大会，龚一先生友情出场，演奏《高山流水》一曲，再叙旧谊，留下一段佳话。

1992年上海民间收藏品大展的成功，不仅开启了上海民间收藏品陈列馆的辉煌，更为上海民间收藏发展起到了引领的作用。

四、海上年俗风情展

2006年6月8日，是我国首个“文化遗产日”，在此基础上，一个以展览传统民俗、守望精神家园为宗旨的展览——“海上年俗风情展”，于2007年2月13日在三山会馆隆重开幕。

当天下午，沐浴着明媚的阳光，大红灯笼挂满了三山会馆门前的中山南路。600余名嘉宾欢聚一堂，在“八仙”踩高跷的长袖和锣鼓中，编草龙、写龙凤字、剪影、编香袋等民间技艺竞相展现。最精彩的是开幕式前表演的富有上海特色的七宝皮影戏，令观众最感新奇是素有“鸟王”之称的周伯诚驯鸟绝技表演。古戏台上布置了传统元素的厅堂陈设，台下挂满了五颜六色的灯谜，整个三山会馆沉浸在一片热闹欢庆祥和的春节氛围中。开幕式由黄浦区文化局查小玲主持，市文广局党委书记刘建、黄浦区副局长沈祖炜，《新民晚报》副总编朱大建，百老德育讲师团团长戚泉木等领导与嘉宾出席开幕式。主办单位之一的上海市群艺馆孟平安馆长首先做了展览介绍。紧接着是别开生面的“对春联”活动，《新民晚报》副总编朱大建出了上联：“金猪拱开兴旺道”，下联由台下观众应对，先后对出“巨龙腾起致富图”“和谐构建艳阳天”“改革尽染大地春”等。台上台下互动，在掌声笑声中，沪上首个年俗展览开幕。

“海上民俗风情展”通过图文并茂的展板，以上海滩五方杂居的过年风俗为脉络，从腊月二十三的“送灶”（小年）、“除夕”“春节”“立春”，一直到正月十五的“元宵”。此外，还将过年期间的其他风俗活动如“祭祖”“人日”“送穷”等列入其中。这些丰富多彩的过年习俗，有的沿袭至今，有的早已淡忘，还有的已消失。展览通过“节令溯源”“岁月信仰”“民间风俗”“饮食文化”“娱乐崇尚”“器物文化”等板块，形象生动地再现了上海人过年的传统习俗与历史情结，同时也反映了海上民族的多元性与多样性。

这次展览最精彩的部分是由上海市收藏协会近50位收藏家提供的千余件年俗文物收藏品，这些形形色色的展品，给人带来了时空的穿越感。例如，民国时期百姓过年的账册，祭祖的“祖宗像”，庙会的金绣招幡，象征岁岁平安的白玉炉瓶，殷实人家的成套银质餐具，以及名刺、拜帖盒、九子盘、财神鞭、虎头帽、玉如意、铜手炉、门神画、红包封、老彩票、年历卡、节目单等，从中折射出传统年俗文化的博大精深，融知识性、情趣性与观赏性于一体。另外，还展出了各种各样的老票证，唤起了人们过年的感慨，也留下了上海人对过年的回忆。上海师大一位老教师看完展览后留言：“感谢主办单位为弘扬民俗文化办了一件好事，希望今后在春节期间年年展出，越办越好。”

正是因为有这样的市民呼声，第二届“海上年俗风情展”又于2008年2月1日在三山会馆开幕，展览以“花样年画”为主题，仍由市文广局与黄浦区人民政府主办。年画，是民间传统年俗活动中最吸引人的艺术形式之一，具有很深的群众基础，展览期间还邀请了天津杨柳青年画传承人霍庆有、山东潍坊年画传承人张运祥及河北武强年画传承人刘少才与宋海泉携带作品参展，并现场表演年画印制。展出的各地年画精品有清中期山东潍县杨家埠的《麒麟送子》、清代天津杨柳青的《蔡状元奇修洛阳桥》、清末沪上王承勋的《新年风俗》，以及民国时期上海小校场的《新拷打寇承御》《华荣归》，还有老月份牌《桃花扇》《红楼韵事》《浴罢听莺图》等。展览引起了社会极大反响，《新民晚报》连续三次报道，《上海电视台》《解放日报》《新闻晨报》《劳动报》《读者导报》《黄浦时报》等，都给予了详细报道。

从此，由上海市收藏协会与上海市群众艺术馆联合承办的“海上年俗风情展”，每年春节期间都会与市民见面，一年一个主题，该展从三山会馆创办后，到上海文庙、长宁区民俗馆、浦东新区图书馆，最后落户于上海群众艺术馆，每年都有创新的内容，从而成为沪上春节期间的一个品牌文化活动，同时也为民间收藏活动的传播拓展了新的领域，取得了新的成果。2016年春节大年初二的《人民日报》头版头条，报道了海上年俗风情展，受到了市领导的好评。

五、2008年海派民间收藏展

为配合“2008年上海世界华人收藏家大会”的举办，我会在市文广局的领导下，于2008年10月6日至13日，在举世瞩目的浦东陆家嘴金茂大厦，举办了一场“海派民间收藏展”，同时拉开了“上海收藏文化周”序幕，13个分会场在全市八个区同时举行。

“2008年海派民间收藏展”由上海市文化广播影视管理局、上海文化发展基金会共同主办，上海市收藏协会、上海市非物质文化遗产保护中心、中国金贸集团时尚生活中心共同承办，展览设在金茂大厦裙楼三楼大厅，共有沪上25家民间博物馆参与该展。该展提出了推动历史文化遗产保护工作，守护我们的精神家园新理念。

琳琅满目的展品精彩纷呈，其中不乏精品。例如清代储秀宫慈禧御用青花大盘、宋代七弦古琴、元代木胎髹漆大法座、明代灵璧石“节庆有余”、清代唐卡千手千眼观音，又例如1891年沪上发行的吕宋彩票套票、1933年中华苏维埃共和国国家银行纸币等，除古玩文物外，还有当代艺术大师的作品，例如钱高潮创作的重达两吨重的鸡血石“桃园结义”大屏，张同禄精心制作的景泰蓝瓜瓣形吉祥瓶，周长兴设计雕刻的“华夏之宝”多宝格，包畹蓉设计创作的全真金大龙男蟒戏服等，都堪称当代的艺术瑰宝。除此以外，还有雨花石、船模、筷具、打灯机、创刊号、三寸金莲、火柴商标等主题展品。其中不少是“上海之最”，如最早的无线电、最早的小火表、最早的公交月票卡、最早的香烟牌子、最早的粮票等。

“2008年海派民间收藏展”是海派民间收藏的一次集体大亮相。10月7日下午，展览会迎来了上海2008年世界华人收藏家大会与会代表，一些海外代表观看后，啧啧称赞，展览使他们了解了上海民间收藏的多样性与精彩性。在对外免费开放的八天里，参观者纷至沓来，人头攒动，最高峰时一天要达到5 000余人次，其中有拄着拐杖的老人，也有成群结队的学生，还有全家一起来的市民，更有来沪旅游的外国人。在展览吸引下，上海大学美术系研究生一行20人前来观摩学习。有一对德国夫妇对展出的戏服惊叹不已，先后来看了三次。10月13日是展览的最后一天，展馆迎来了一批特殊的参观者，他们是中纪委副书记李玉赋、中纪委文化部纪检组组长李洪峰、上海市纪委书记董君舒、上海市委宣传部纪检组组长朱英磊等，他们在市文广局党委副书记刘建的陪同下，饶有兴趣地参观了丰富多彩的海派民间收藏品，并给予了极高的评价。

为配合这次展览，应广大收藏爱好者的要求，主办方于10月12日下午，在金茂大厦二楼宴会厅举办了一场生动的主题报告会，由我与收藏家吴林分别作“解读海派收藏文化”“新时代收藏家长名片”的演讲，后被邀请到东方网做直播，从而有力地配合了“上海2008年世界华人收藏家大会”的举行，也给海外藏家留下了深刻的印象。

这个展览的成功之处，还在于我们设置了13个分会场。这13个分会场分布于本市八个区域，不少是知名度较大的单位，而且这些展示活动都具有较高的艺术价值，例如中福古玩城的“百佛精品展”、上海公安博物馆的“海派名家书画收藏展”、上海文庙的“明清状元匾额展”、云洲古玩城的“海外回流古董藏展”、梅园村艺术馆的“掌中珍玩——鼻烟壶及杂件展”、天山茶城的“景德镇陶瓷大师作品展”等，展览充分体现了海派收藏的文化特色。

六、首届上海市民文化节·市民收藏大展

2013年12月15日举办的“首届上海市民文化节·市民收藏大展”，是上海市收藏协会主办的筹划时间最长、参与人数最多、展出品种最全、社会影响度最广，同时也是举办难度最大的一次展览。

为全面贯彻落实党的十八大精神，扎实推进上海建设国际文化大都市的工作，加快文化民生建设步伐，经市政府批准，“首届上海市民文化节”于2013年3月23日启动，同时启动九大赛事活动(后增加到十大)，“收藏”纳入其中，并要评选出100名市民收藏家。我与朱裕平秘书长应邀加入该项活动领导小组，该领导小组由黄浦区文化局牵头，除市藏协外，参加的单位还有市群艺馆与三山会馆，参与人员有黄浦区文化局副局长朱畅江、文物科周丽君，三山会馆管理处主任王树明、副主任班先福等。整个市民文化节，按春夏秋冬四个阶段推进，按活动计划规定，收藏大展被安排在冬季。

6月7日下午，市民收藏大展组委会在三山会馆举行了隆重的启动仪式，200余位藏界代表与各区县的市民参加了启动仪式。大展活动的主题确定为“收藏：见证历史，传承文明”，旨在通过展览展示，普及提高人们文化遗产保护意识，引导市民群众崇尚科学健康的收藏理念，倡导积极向上的价值取向和文化生活的丰富多样性。在一阵热烈的掌声中，市文广局王小明副局长宣布收藏大展正式启动。

自仪式启动至7月底，通过全市204个街道乡镇社区文化中心及网上报名，涌现了近3 000位报名参赛者。经过8月与9月的初选，在全市17个区县部分系统报名参赛者中，共产生345名候选人。10月份大展组委会在市民文化节指导委员会的布置与指导下，经历了10月15至17日与10月23日，两轮严谨而规范的专家评审，最终产生了100位市民收藏家。终评专家组的阵容特别强大，共九位。市民收藏大展组委会副主任、市藏协会长吴少华出任组长，其余专家为上海刘海粟美术馆馆长张坚，市收藏协会常务副会长兼秘书长朱裕平，上海社科院研究员、著名上海史专家郑祖安，上海拍卖行副总经理陈克涛，上海文物商店原总经理朱力，上海友谊商店古玩部原经理徐国喜，上海公安博物馆专家宁春光，再加上市民文化节指导委员会指导的媒体代表《新民晚报》“品味典藏”主编丹长江。专家组评审方案出来后，经市民收藏大展组委会核审，并经市民文化节指导委员会同意，于11月1日上传东方网公示。

100位市民收藏家资料显示，这些收藏家的产生充分体现了此次大展的参与性、代表性与市民性。名额分布全市全覆盖，其中黄浦区14名，浦东新区9名，普陀区8名，徐汇区7名，松江区6名，静安区5名，闸北区5名，闵行区5名，崇明县(今崇明区)2名，宝山区5名，杨浦区4名，虹口区3名，嘉定区2名，奉贤区2名，长宁、金山、青浦区各1名，社会通道19名，系统1名。其中女性占了13名。年龄最长者为徐汇区推荐的曾宪礼，这是位103岁的老红军，年龄最小者为浦东新区推荐的刘诺，只有13岁。还有一位特殊的入选者，他是黄浦区推荐的宋炳仁，老人从1954年《支部生活》创刊后，一直订阅收藏60年，遗憾的是，进入终评，他不幸仙逝。在一百位市民收藏家中，上海市收藏协会成员占了69名。从评出的百位市民收藏家来看，藏品整体上凸显出海派收藏文化的特色，其中既有历史文化深厚的传统文物，例如陶瓷器，书画，古玩等；又有现代气息浓厚的集藏，例如车模、藏书票、大铜章、世博文化品；还有舶来的艺术器物文化门类，例如打火机、手杖，非洲木雕等；更令人眼前一亮的是，大众收藏门类集体亮相，例如，火花、门券、票证、烟标、报刊、戏单、徽章、酒瓶、纪念标、红色收藏等。海派收藏的代表人物，光彩耀人，有许四海(紫砂)，包畹蓉(京剧戏服)、徐滨杰(船模)，周伯钦(火花)、冯懿有(香烟牌子)、周令和(月票花)、杨韶荣(三寸金莲)、叶文汉(标徽)等。这次评选还有一个特色是，推选出了12位特色市民收藏家，分别是温举珍(旅游扇)、杨金妹(瓷片)、张道华(红楼梦专题)、徐聿强(集报)、陆树华(糖果纸)、胡申南(票证)、包昌善(红包封)、邬久康(墨盒)、黄国祥(竹雕)、钱春阳(古墨)、彭学伟(旅游纪念品)、张建平(地铁卡)。虽然他们没能进入百名之列,但他们的收藏仍然得到了大家的好评。

12 月 15 日,历经半年评选,首届上海市民文化节活动的压轴大戏——“市民收藏大展”在三山会馆隆重开幕,百位市民收藏家的千余件展品,既体现了海派收藏的整体实力和水平,也反映了当代市民收藏的整体实力和水平。展览延续至 2014 年 1 月 14 日,除在建国西路上一号美术馆的主会场外,还设有分会场。组委会编印了《藏海留金》一书,介绍了百名收藏家的风采。

上海私人美术馆、博物馆汇编

龙美术馆(西岸馆)

龙美术馆是由中国收藏家刘益谦、王薇夫妇创办的私立美术馆，目前在上海浦东和徐汇滨江同时拥有两个大规模的场馆——龙美术馆浦东馆和龙美术馆西岸馆。西岸馆位于上海徐汇滨江“西岸文化走廊”的核心位置——龙腾大道3398号，由中国建筑师柳亦春(大舍建筑设计事务所)负责设计建造，建筑总面积约33 000平方米，展示面积达16 000平方米，于2014年3月29日盛大开馆。美术馆主体建筑以独特的“伞拱”结构为建构特征，共分为四层。地上一层、二层为绘画、雕塑、装置、新媒体等当代艺术的展示空间，赋予美术馆建筑以极具敏锐的当代性和创造性。地下一层为中国古代艺术珍品及民国时期美术作品的常设展示空间，“白盒子”式的矩形展厅凸显中国传统艺术的历史传承与博大精深。西岸馆在功能设计上更多地容纳了具有开放性和公众参与性的公共空间，如地上两层有视野开阔的江景餐厅、公共景观庭院、音乐厅、咖啡厅、艺术品商店等，地下一层设有儿童展厅、图书馆、艺术品修复室、艺术书店等，地下二层有300多个车位的停车场。这一切使得艺术不再远离大众，而是与公众的日常休闲生活息息相关，这也正是刘益谦和王薇夫妇创办美术馆的初衷和心愿。

龙美术馆主人的自身收藏包括中国的书画、瓷器、杂件、油画等。其中不乏精品力作。如宋徽宗《写生珍禽图》、清乾隆《青花缠枝花卉团花云龙纹双耳扁壶》、清乾隆《白玉苏武牧羊摆件》、陈逸飞《长笛手》；另外，近年也收入西方艺术品，最轰动的是2015年收藏意大利莫迪利亚尼的《侧卧的裸女》。

荟珍屋

荟珍屋是赵文龙先生用了17年时间，把原本一块杂草丛生的土地精心打造成的一个江南园林古建群。荟珍屋里汇聚明清两代官府、花厅、楼阁、祠堂、牌坊、名门老宅等优秀建筑几十栋。它们都是出自明清两代达官贵人与书香门第，精妙的榫卯结构，令人称奇的雕梁画栋，两人合抱的冬瓜梁，在荟珍屋的建筑群落里处处可见，一步一景。荟珍屋里的这些古建也皆是潦倒中重生，赵文龙先生将它们从拆迁毁灭的边缘抢救回来，再让这些伤痕累累的老房子修复原样异地重生。荟珍屋内除了明清优秀古建外，还珍藏着30多年来，赵文龙先生收藏的明清江南苏作文人精品家具数万件，所藏木作家具品类齐全，品位高，多以优秀的榉木家具为主。赵文龙先生也在2009年受到文化部关注，被评为首批中国木作协会会员，也是目前上海唯一的代表。

2014年，松江区文广局和九亭镇政府决定将荟珍屋作为收藏展示古建筑和江南苏作文人家具的展示区，搭建一个文化创意和对外交流的平台。由此也引来了一些大品牌的青睐，爱马仕在上海旗舰店开幕当天，其家族重要成员在荟珍屋召开了新闻发布会；兰博基尼的新车发布也选择了荟珍屋，新老文化的互动是其亮点。

上海震旦博物馆

震旦博物馆是中国台北震旦集团创办人陈永泰董事长回馈社会的一项文化事业。

上海震旦博物馆现位于上海陆家嘴金融中心区的震旦国际大楼裙楼，由国际著名建筑师安藤忠雄设计，于2013年10月对外公展。博物馆共计六层，总面积为6 316平方米，是一个集典藏、研究、展览、营运、宣传为一体的文化服务事业。博物馆的收藏，分为佛教造像、玉器、陶器、青花瓷器及画像石等多个门类的数千件藏品，并有相关的研究参考品、拓片、出土实物照片等珍贵资料，有不少是购自国际知名拍卖公司的精品。震旦博物馆五楼的图书资料室收藏了丰富的文博专业书籍，其中保有大量的英文及日文善本资料，目前以预约的方式为专业人士提供阅览服务。

在研究专业方面，倡导以“料、工、形、纹”为核心的古器物学研究，敦聘专业人士组成研究团队，并与北京大学考古文博学院合作成立震旦古代文明研究中心，力求在馆校合作的平台上，将古器物学与多学科进行结合，最终达到将古器物复原为物质文化史料的目的。

闻道园

闻道园是国家4A级文化旅游景区，位于上海宝山区罗店镇东北部，宝山工业园区西南部。园区占地1 000余亩，是农业部四星级休闲农业旅游示范园，也是上海目前规模最大的艺术文化园林之一。

闻道园园内以古徽派建筑复建为主要特色，是以古民居、生态观光、休闲旅游、文化艺术交流、餐饮等为一体的生态旅游文化产业园区。园区种植名木古树五万多棵，收藏奇石1 000多方，宋代巴蜀古石刻100余块。设有奇石博物馆、古石刻博物馆、大师书画工作室、长风书院、易荷池、禅茶和沉香文化休闲区等中国传统文化特色突出的景观和休闲场所，是弘扬和研究中华古文化、石文化及中国古民居的好地方。

闻道园荣获上海世博会观光农园、上海农业旅游推荐单位、科普教育基地、上海著名影视拍摄取景地、上海世博会城市特色文化展示馆、上海现代服务业联合会学习考察基地等荣誉称号。

四海壶具博物馆

四海壶具博物馆由著名壶具收藏家、紫砂陶艺家许四海先生创立，展出了从新石器到现代的各类壶具共三百余件，构成了一部脉络清晰的中国壶具发展史，为中国文化发展史提供了极有说服力的实证。

20世纪从90年代开始，许四海就孜孜不倦大力发展茶文化事业，1993年正式经上海市文物管理委员会批准的上海市首家私人博物馆，并落户江桥镇(现为真新街道)，开辟了百佛园，并将四海壶具博物馆移至位于曹安路外环线内的百佛园，为嘉定区的文化建设作出新的贡献，2004年百佛园内的四海壶具博物馆被评中国十大民间博物馆之一，镇馆之宝大亨掇只壶流传有绪，在紫砂届内早已成为公认紫砂壶王，被CCTV《国宝档案》拍摄为专辑——《寻找紫砂壶王(上，下)》。

许四海先生的古壶具收藏在国内名列前茅，共有 1 000 多件，包括明代、清代、民国以及现当代各时期代表性壶具大家的作品。参观以后，大家收获很大。

品臻园

上海·品臻园位于上海朱家角古镇核心位置，项目建筑面积 4.5 万平方米，由朱家角安麓及大夫第、邻湖别院、艺术馆等组成。秦森集团致力于古建收藏及“活态保护”30余年，上海·品臻园作为其首个高端文化商旅地产项目，将近 600 年历史的明代江南第一官厅“五凤楼”、170 余年历史的晚清古戏台复建于园中，并限量呈献 10 栋大夫第，承袭江南名门气度，重现中国建筑礼序之美。

朱家角安麓是由国际顶级奢侈品酒店品牌安缦（Aman）、国内著名综合性旅游企业北京首旅集团、吉合睦集团和泰鸿集团联手为中国量身打造的奢侈品、生活方式酒店。以明代五凤楼和晚清古戏台为核心，共 35 间客房，配有高品质中餐厅、图书馆、中小型会议设施、水疗、太极教练馆、中药房等精选设施。

明止堂中国字砖馆

明止堂中国字砖馆是在上海市嘉定区社会团体管理局注册登记的非营利社会组织，位于上海市嘉定区漳浦路 118 号，是一家民间古砖博物馆。明止堂收藏古砖三万余块，陈列面积近 4 000 平方米。古砖年代从春秋战国到中华民国，主要是秦汉至南朝。馆内陈列年号砖、记事砖、吉语砖和画像砖。它是中国规模最大、品种最多、精品最全、有特色的古字砖专题馆，也是目前世界上收藏字砖最多的陈列馆。中国字砖文化研究与保护中心设在明止堂。明止堂古字砖的收藏缘于堂主朱明歧对古籍的收藏，现藏古籍万卷，其中不少是宋元刻本。中国社科院考古所所长王巍为明止堂题词：“古砖是宝贵的历史文化资源，应当妥善保护认真研究。”

上海中国现代国之宝艺术馆

上海中国现代国之宝艺术馆创建于 2010 年 5 月。地处北外滩区域，与位于大连路公共绿化园地的国歌广场相邻，总占地面积 2 200 平方米。艺术馆地上五层，地下二层，总建筑面积达 9 026 平方米。建筑造型呈现出别具一格的欧洲古典特色与上海石库门风貌相融合的海派艺术建筑风格。整幢大楼红砖红瓦，高大的拱形门柱，雕龙的古铜色大门，花图装饰的门窗，出挑雕花的阳台，红黄色相间的墙面，美观而典雅气派。

艺术馆一楼是 800 多平方米的多功能大厅，设施齐全。其他楼层设有艺术品陈列厅，展示近现代珍贵的木雕、石雕、金属雕、牙雕、瓷雕、彩绘瓷器、书画等艺术精品。

艺术馆的地下一层设置了 2 200 平方米的“屠杰紫檀雕刻艺术精品展”，有“济公百态”“达摩法相”“儒释道文化”“抽象雕塑”“紫檀雕刻工艺”“檀雕艺韵”“现代艺术”七个展区，陈列的展品是国家级非物质文化遗产项目木雕（紫檀雕刻）传承人、中国工美行业艺术大师屠杰先生的创作，选取木雕作品 500 多件和若干玉石雕、竹根雕等作品。

上海万和昊美艺术酒店

上海万和昊美艺术酒店坐落于浦东国际科创中心——张江自贸园区，是全球最重要的艺术酒店。在 Onehome 的艺术空间里，体验与分享了“舒适一日、艺术一天”的理念。

酒店面积 5.5 万平方米，121 位艺术家、设计师的 500 多件艺术品陈列于整个酒店公共区域，真正享受美术馆体验。酒店拥有 319 间艺术客房，别具一格的艺术品与舒适奢华的客房融为一体，有毕加索、达利、安迪沃霍尔等 20 间大师套房，房间内均配有艺术品、艺术图书、有线和无线网络、熨衣设施、迷你吧、衣帽间等设施。酒店的艺术餐厅融合了艺术欣赏和艺术美食品尝的特色用餐体验。位于酒店一楼的 AP 吧、艺术商务中心、哎哦艺术图书馆都是阅览的好去处。主人的收藏以古典工艺美术品和当代艺术品最为突出。

2017 年 9 月 20 日，昊美术馆建成开馆，开馆展为德国影像艺术家朱利安・罗斯菲德个展——“宣言：朱利安・罗斯菲德”。

秦汉胡同国学书院

秦汉胡同国学书院七宝旗舰馆位于上海市闵行区七宝古镇北横沥路 43 号，为传统的四合院建筑。七宝馆融教学、展览、餐饮于一体，建筑面积 1 700 余平方米。七宝馆有琴、棋、书、画教室十余间，在读学员 1 000 余人。七宝旗舰馆拥有丰富的馆藏，名人对联

72幅，青铜器、玉石等古物拓片52幅、印章印谱42册，古籍39套，名人字画80余幅，苏绣作品20余幅。七宝馆收藏分两大主题："文字的力量"以及"匠心与造化"。"文字的力量"主要以承载文字的文明物证为主，主要包括金石拓片、文人手札、文人字画等。"匠心与造化"主要为工艺美术品，包括刺绣、金丝楠木家具、石刻雕像等。

秦汉胡同国学书院以传承和弘扬中华优秀传统文化为崇高使命，以中国传统文化的教育培训、传播发展和学术研究为主要内容，从"大国学、大文化"的视角对中国人的思想哲学、思维秉性、情感特质和文化艺术等进行冷静、客观、深入地研究分析，努力从中萃取能承载中国未来创新和引领民族发展的智慧精华；帮助和引导青少年儿童从小树立欣赏大美、胸怀大爱、顺从大道的人文品格，为现代家庭提供"听香读画，吃墨看茶"的人文艺术环境，向现代社会倡导以和谐友爱为核心，包含分享、创造力、优雅在内的积极精神。

上海观复博物馆

上海观复博物馆位于上海陆家嘴城市新地标——上海中心大厦的37层，设有四个固定展厅：瓷器馆、东西馆、金器馆、造像馆，以及一个临时展厅。

瓷器馆所陈的113件展品，上承五代，下启金元，代表宋代陶瓷的主要面貌。东西馆的109件展品，多为东风西渐，体现了当时欧洲社会流行中国元素，向往中国的工艺及纹样。金器馆的221件展品以中国古代黄金作品为主，中国周围民族与国度的黄金文化为辅，让观者深刻领略黄金文化。造像馆所展的47尊南北朝及唐宋时期汉传佛教造像，明清时期汉藏佛教造像，兼以周边国家佛教造像作品。临展馆是上海观复博物馆的短期特展场地，为将来的多元化策展提供了可能。观复博物馆由马未都先生创建，上海观复仅300多平方米，号称"半亩园"，但精致，有特点。

韩天衡美术馆

韩天衡美术馆坐落于嘉定城区博乐路70号，主体建筑在具有70多年历史的飞联纺织厂原址上改建而成，保留了原建筑高大的烟囱、锯齿形厂房、木顶茶楼等文化沉淀，新增了黑白对比的钢结构框架，先进的文物展示系统，优美的绿化水景，具有强烈的视觉艺术冲击力，是嘉定区政府在公众文化设施建设中的一次重大投入，也是嘉定新一轮文化建设的地标性建筑。

韩天衡美术馆占地 14 000 余平方米，馆藏有 1 136 件韩天衡先生捐赠的艺术珍品，内设有常年展示厅、临时展览厅、演讲厅、贵宾室、茶室和艺术学校等若干个独立的功能区域，具备博物馆和美术馆的双重功能。该馆常年向社会免费开放，常设四个陈列主题，分别是：韩天衡艺术足迹馆、韩天衡作品陈列馆、中国书画陈列馆、文房雅玩陈列馆。1 600 平方米的临时展览厅不定期举办各类高水准的艺术品展览活动，演讲厅每年将举办数场味闲讲堂系列讲座以及各类与艺术相关的讲座。美术馆以传播、研究、教育和娱乐一体化为办馆方向，立足嘉定，辐射周边，为促进和提升广大市民日益增加的文化需求服务。

余德耀美术馆

余德耀先生是印尼华人企业家、艺术慈善家和收藏家。余德耀先生的收藏始于中国当代油画，如今已经建立起一个相当可观的中国当代艺术的收藏体系。余德耀先生举办藏品展览，并大力支持国际专业艺术机构的借展，以增进公众对中国当代艺术的理解和欣赏。

余德耀美术馆始建于 2014 年。坐落于“西岸文化走廊”，东临滨江的龙腾大道，北依丰谷路，由原龙华机场的大机库改建而成。总面积 9 000 多平方米的建筑中，老机库改建的主展厅就占了 3 000 多平方米，其特有的巨大空间与张扬的结构感，与余先生以装置为主的藏品相得益彰。美术馆的基本设计是希望在维持原有的老机库风格基础上，通过对青葱树木和明亮开放型玻璃厅的规划利用，重新设计建筑空间以适应庞大展览的需求。在尊重历史的前提下，历经变革的老机库令美术馆富有视觉冲击力与历史的沧桑感，而新建的玻璃大厅则让其充分体现亲和力，二者融为一体，是当代建筑史上新老融合的代表作之一。

上海玻璃博物馆

上海玻璃博物馆位于宝山区长江西路 685 号上海玻璃仪器一厂的原址。建馆以来，上海玻璃博物馆不断借鉴西方工业园区成功转型的案例经验，在打造博物馆建筑群时引入主题园的概念，将玻璃作为艺术主体、上海玻璃博物馆作为艺术核心，创造全新、多功能化的上海玻璃博物馆园区。主馆内塑造了众多参观亮点，如“万花筒入口”“历史长廊”“玻璃屋”“古玻璃珍宝馆”等，实现着玻璃艺术在空间上的升华。上海玻璃博物馆不断为公众奉献着精彩纷呈的展览，从一年一度的中国古玻璃特展，到吸收全球顶尖玻璃设计品的 Keep It Glassy 特展，玻璃设计与艺术正跨越空间和语言文化的藩篱，将各式跨形态的玻璃设计与艺术藏品共享于众。

雅丹艺术馆

雅丹艺术馆位于上海市嘉定区江桥镇，于 2012 年 4 月 21 日落成开馆，展馆占地面积约 600 平方米。把一块块荒漠中沉睡了亿万年的石头，千里迢迢从新疆戈壁运到上海，经过精心洗涮除去万年的沙壳尘土，使得雅丹石的原貌得以完美浮现，并根据每个展品专门配制了底座托架，初步构成了今天雅丹奇石馆的展示主题。目前存放展出的奇石 300 余件，分为“雅丹佛缘”“古今众生”“生态万象”“田园风光”“古陶韵味”等五个系列。所陈列的芸芸奇石，可谓姿态万千，千奇百怪，揭示了神奇的自然通过亿万年地质变迁形成的珍贵奇迹，为目前中国雅丹石品种最为精彩、集中、丰富、完整的雅丹石馆。雅丹艺术馆本着科学自然、让人受教育的态度，使更多有故事性、趣味性的展品能与广大观众交流评赏。该馆除了奇石，还收藏部分书画，营造出一个特殊的艺术空间。

上海宝龙美术馆

上海宝龙美术馆位于闵行区漕宝路与新镇路的东南交口，占地面积 23 000 平方米，拥有 500 至 1 100 平方米的大小展厅共 10 个。

上海宝龙美术馆开馆同时推出常设展览“书藏楼珍藏展”。“书藏楼”是美术馆创办人许健康先生为纪念其父许书藏老先生而命名的斋号，主要收藏近现代及当代全国书画名家的存世精品。“书藏楼珍藏展”系统展示中国百年以来各地域、各流派具有代表性的艺术家的典藏之作，包括齐白石《咫尺天涯——山水册》、吴湖帆《万松金阙》、黄永玉《朝发辰阳夕宿苍梧》、黄胄《欢腾的草原》、蔡国强《天梯》等近现代及当代百余件名家名作。

作为一家非营利美术馆，宝龙美术馆致力于通过艺术展览、学术交流、公共教育等全方面活动形式，让美术馆成为最佳的文化艺术展示和交流平台，让更多的人领略文化魅力，来美术馆感受艺术之美。

苏宁艺术馆

苏宁艺术馆位于上海市普陀区苏州河畔苏宁天御国际广场，为一座纯法式建筑，地上五层地下一层，建筑面积超过 5 000 平方米。展厅设计上，根据中国传统文化园林建造，蕴含着中国文人治理天下的情怀，借鉴兰亭序曲水流觞、吟咏诗词的风雅，将整个展厅打造成山水园林，让观者仿佛置身于园林中游览一般。

2017 年 11 月 25 日，“博古观今　翰墨承绪”作为苏宁艺术馆开馆大展，从馆藏的 3 000 余件历代名家作品中，重点遴选出了唐、宋、元、明、清至 20 世纪的书画作品 200 余件、器物近 200 件进行展示。分为：“落纸云烟——唐宋元明古代书画作品展区”“笔花墨雨——明清书画作品展区”“朱草诗林——清代书家、扬州画派、宫廷画派、海上画派作品展区”“含英咀华——古董珍玩杂项展区”“鼎新革故——20 世纪书画名家作品展区”这五个单元。

图书在版编目(CIP)数据

海派收藏名家：上下/政协上海市委员会文史资料委员会，上海联文艺术咨询有限公司编著. —上海：上海教育出版社，2019.10
ISBN 978-7-5444-7492-4

Ⅰ.①海… Ⅱ.①政…②上… Ⅲ.①收藏家—访问记—上海 Ⅳ.①K825.41

中国版本图书馆 CIP 数据核字(2019)第 206325 号

责任编辑 邹 楠
封面设计 黄 琛

海派收藏名家(上)(下)
政协上海市委员会文史资料委员会 编著
上海联文艺术咨询有限公司

出版发行 上海教育出版社有限公司
官 网 www.seph.com.cn
地 址 上海永福路 123 号
邮 编 200031
印 刷 启东市人民印刷有限公司
开 本 700×1000 1/16 印张 47.75 插页 2
字 数 760 千字
版 次 2019 年 10 月第 1 版
印 次 2019 年 10 月第 1 次印刷
书 号 ISBN 978-7-5444-7492-4/K·0056
定 价 188.00 元(全二册)